Rankings von Aktiengesellschaften aus entscheidungstheoretischer Sicht

Europäische Hochschulschriften

Publications Universitaires Européennes
European University Studies

Reihe V
Volks- und Betriebswirtschaft

Série V Series V
Sciences économiques, gestion d'entreprise
Economics and Management

Bd./Vol. 2918

PETER LANG
Frankfurt am Main · Berlin · Bern · Bruxelles · New York · Oxford · Wien

Sabrina Tamm

Rankings von Aktiengesellschaften aus entscheidungstheoretischer Sicht

PETER LANG
Europäischer Verlag der Wissenschaften

Die Deutsche Bibliothek - CIP-Einheitsaufnahme

Tamm, Sabrina:

Rankings von Aktiengesellschaften aus entscheidungstheoretischer Sicht / Sabrina Tamm. - Frankfurt am Main ; Berlin ; Bern ; Bruxelles ; New York ; Oxford ; Wien : Lang, 2002
(Europäische Hochschulschriften : Reihe 5, Volks- und Betriebswirtschaft ; Bd. 2918)
Zugl.: Halle-Wittenberg, Univ., Diss., 2001
ISBN 3-631-38642-7

3
ISSN 0531-7339
ISBN 3-631-38642-7

www.peterlang.de

Meinem Mann, Michael Schenk

Inhaltsverzeichnis

Abkürzungsverzeichnis

A	Bayer
A'	Bayer, die Kennzahlenausprägungen sind standardisiert
AHP	Analytischer Hierarchie-Prozeß
B	BASF
B'	BASF, die Kennzahlenausprägungen sind standardisiert
C	Hoechst
C'	Hoechst, die Kennzahlenausprägungen sind standardisiert
CAPM	Capital Asset Pricing Model
CFR	Cash-flow-Rendite
CI	Konsistenzindex
CR	Konsistenzwert
D	Differenz
DAX	Deutscher Aktienindex
EDV	Elektronische Datenverarbeitung
EKR	Eigenkapitalrendite
EKQ	Eigenkapitalquote
EStG	Einkommenssteuergesetz
HGB	Handelsgesetzbuch
Hrsg.	Herausgeber
IAS	International Accounting Standards
LQ	Liquiditätsquote
MADM	Multi attribute decision making
MAUT	Multi attribute utility theory
MAVM	Mittlerer Abstand vom Median
MAVT	Multi attribute value theory
MCDA	Multi criteria decision aid
MCDM	Multi criteria decision making
MODM	Multi objective decision making
N	Nutzwertanalyse
O	Oberziel
O. I.	Obere Intervallgrenzen
O.V.	Ohne Verfasser
P	Performance
P II	PROMETHEE II
PC	Personalcomputer
R	Rendite
R1	Eigenkapitalrendite
R2	Cash-flow-Rendite, Betriebsrendite, Gesamtkapitalrendite
RD	Rangdifferenz
RI	Zufallsindex

RSW	Rendite, Sicherheit, Wachstum
S	Sicherheit
S.	Seite
S1	Eigenkapitalquote
S2	Liquiditätsquote, Beitragsdeckung
U. I.	Untere Intervallgrenze
US-GAAP	US-Generally Accapted Accounting Principles
VG	Vergleichsgruppe
Vgl.	Vergleiche
W	Wachstum
W1	Wachstumsrate Bilanzsumme
W2	Wachstumsrate Umsatzerlöse, Wachstumsrate Anlagevermögen, Wachstumsrate Bruttoerträge
WBS	Wachstumsrate Bilanzsumme
WU	Wachstumsrate Umsatzerlöse
601	Universalbanken
602	Hypothekenbanken
611	Allgemeine Versicherungen
612	Lebensversicherungen
613	Versicherungskonzerne
614	Rückversicherungen

Symbolverzeichnis

$\mathcal{A}$	Alternativenmenge
a_i	Alternative, wobei $i = 1, 2, ..., m$
$b(a_i, a_j)$	relative Wichtigkeit von Attribut i im Vergleich zu Attribut j
$CFR(t_x)$	Cash-flow Rendite im Jahr t_x
d	Differenz
$\in$	Element von
Δ	Differenz
$EKR(t_x)$	Eigenkapitalrendite im Jahr t_x
$EKQ(t)$	Eigenkapitalquote im Jahr t
$\phi^+(.)$	Ausgangsfluß
$\phi^-(.)$	Eingangsfluß
$\phi(.)$	Nettofluß
$H(.)$	Hilfsfunktion
h_j	Anzahl Hierarchieebenen
Γ^+	vollständige Präordnung
Γ	vollständige Präordnung
I	partielle Präordnung, Indifferenz bei PROMETHEE II

i	Laufindex, wobei $i=1, 2, ..., m$
j	Laufindex, wobei $j=1, 2 ..., n$
l	Laufindex, wobei $i=1, 2, ..., m$
$\mathcal{K}$	Kriterienmenge
k_j	Kriterium j, wobei $j=1, 2 ..., n$
$LQ(t)$	Liquiditätsquote im Jahr t
λ_{max}	größter Eigenwert von **M**
M	Paarvergleichsmatrix
m	Anzahl Alternativen
μ	Erwartungswert der Zufallsvariablen X
N	normalisierte Paarvergleichsmatrix
n	Anzahl Kriterien
$P_j(a_i, a_j)$	Präferenzfunktion
P^+	vollständige Präordnung
P^-	vollständige Präordnung
P	partielle Präordnung, Präferenz bei PROMETHEE II
$p(.)$	Präferenzstärke
$\pi(a_i, a_j)$	Präferenzindex
q	Schwellenwert bei PROMETHEE
$\mathcal{R}$	Menge der effizienten Alternativen
R	partielle Präordnung, Unvergleichbarkeit bei PROMETHEE I
$R_j(a_i)$	Rang von Alternative a_i bezüglich des Kriteriums k_j
$RSW_{a_i \in VG_h}$	RSW-Score der Alternative a_i der VG_h
r	Schwellenwert bei PROMETHEE
r_s	Spearman Rangkorrelationskoeffizient
$\mathcal{S}$	Definitionsmenge der Gewichtungsvektoren w
S, $S_{(.)}$	Standardabweichung
$S(VG_h, j)$	Standardabweichung der Kennzahl j der Vergleichsgruppe h
s	Schwellenwert bei PROMETHEE
s_i	Zeilensummen i
σ	Varianz der Zufallsvariablen X,
t	Laufindex
t_x	Laufindex, wobei $x = 1, 2, ...$
$U(.)$	*beliebige additive Funktion*
u_j	Nutzwert, wobei $j = 1, 2, ... n$
VG_h	Vergleichsgruppe h
$v(a_i)$	Wertfunktion von Alternative a_i
$v_j(a_i)$	Nutzwert oder bedingte Wertfunktion von Alternative a_i bezogen auf das Zielkriterium j
$WBS(t)$	Wachstumsrate Bilanzsumme im Jahr t

$WU(t)$	Wachstumsrate Umsatz im Jahr t
w_i	Gewichtungsfaktor des Kriteriums i
w^T	Gewichtevektor
$w_{O_{a_i}}$	Präferenzindex des Oberziels O von Alternative a_i
$\bar{x}$	arithmetisches Mittel
$\bar{x}(VG_h, j)$	arithmetisches Mittel der Kennzahl j der Vergleichsgruppe h
$\tilde{x}$	Median
$\tilde{x}_{0,25}$	25 %-Quartil
$\tilde{x}_{0,75}$	75 %-Quartil
$\tilde{x}_{0,75} - \tilde{x}_{0,25}$	Quartilsabstand
x_{j,a_i}	Kennzahlenrealisation der Kennzahl j der Alternative a_i
y_j	Element, wobei $j = 1, 2, \dots m$
$\mathfrak{Z}$	Zielsystem
z_i	Ziel i
$\prec, \succ$	starke Präferenz
$\Leftrightarrow$	äquivalent zu
∞	unendlich

Tabellenverzeichnis

Abbildungsverzeichnis

1 Einleitung

"The economical, industrial, financial, political or social decision problems are obviously always multicriteria problems."[1]

1.1 Problemstellung

Die Idee des Ranking von Aktiengesellschaften kommt aus der Praxis und wurde erst später wissenschaftlich analysiert. Gilt diese zeitliche Abfolge auch für andere wirtschaftswissenschaftliche Fragestellungen, so ist sie doch für die Erstellung von Rankings und Ratings von Aktiengesellschaften in besonderem Maße relevant.[2] Rankings von Aktiengesellschaften sind Gegenstand kontroverser Diskussionen. Während Praktiker ein hohes Interesse an vergleichenden Performancebewertungen und den resultierenden Rankings zeigen, so stellt die fehlende methodische Fundierung vieler eingesetzter Verfahren einen wesentlichen Kritikpunkt aus Sicht der Theorie dar. So wird – wenn ein vollständig effizienter Kapitalmarkt[3] unterstellt wird – der Informationsgehalt von Rankings, welche kein Prognoseziel verfolgen, negiert. Intention der vorliegenden Arbeit ist es, einen Beitrag zur Reduktion dieser Diskrepanz zu leisten. Zu diesem Zweck wird die Methodik von auf Kennzahlensystemen basierenden Aktienrankings analysiert und neuere Verfahren der multiattributiven Entscheidungstheorie alternativ zu Ihrer Erstellung vorgeschlagen.

Ziel der vorliegenden Arbeit ist es, den Einfluß der verwandten Aggregationsfunktion für ein auf mehreren Kennzahlen basierendes Aktienranking heraus zuarbeiten. Es wird gezeigt, daß die Erstellung eines Unternehmensrankings ein Anwendungsfeld der Entscheidungstheorie ist. Werden mehrere Zielkriterien in die Bewertung eingeschlossen, so können unterschiedliche Verfahren der multiattributiven Entscheidungstheorie zur Modellierung der Präferenzen des Entscheidungsträgers und der Erstellung des Rankings Anwendung finden.

Die in dieser Arbeit analysierten Rankings, welche ein Ordnung[4] aller Alternativen beinhalten, verfolgen das Ziel, die in der Vergangenheit erbrachte Performance der Aktiengesellschaften zu testen. Adressat beziehungsweise Entscheidungsträger der relativen Bewertung ist die Gruppe der Aktionäre. Ihre Präferenzen spiegelt das Ranking wider. Anspruch der relativen Unterneh-

1 Brans, J. P./Mareschal, B. (1994a), S. 1.

2 Vgl. Schmidt, R. (1997a), S. 137 ff.

3 Vgl. May, A. (1994), S. 8 ff., Neumann, M. J. M./Klein, M. (1982), S. 168 ff., Rubinstein, M. (1975), S. 812 ff.

4 Zum Begriff der „Ordnung“ vgl. unter anderem Roy, B. (1980), S. 472 ff.

mensbewertung ist es, den Informationstand der privaten Anleger zu verbessern, welche sich nicht über jede börsennotierte Aktiengesellschaft einzeln informieren können.

Die Gruppe der in dieser Arbeit bewerteten Gesellschaften besteht aus deutschen Aktiengesellschaften, welche zwischen 1994 und 1996 im Amtlichen Handel, dem Geregelten Markt oder Neuen Markt gehandelt wurden. Ausgangspunkt der Analyse ist das von Schmidt entwickelte RSW-Verfahren,[5] beziehungsweise der fundamentale Bewertungsteil des RSW-Tests, der 1997 im Manager Magazin publiziert wurde.[6] Das Ausgangsranking beinhaltet 500 deutsche Aktiengesellschaften, wobei sowohl Industrie-, Handels- und Verkehrsunternehmen als auch Verwalter, Banken und Versicherungen in die Bewertung integriert sind. Die 500 im Ranking von 1997 enthaltenen Unternehmen[7] bilden die Basismenge für die im empirischen Teil der vorliegenden Arbeit gebildeten Stichproben.

Der fundamentale RSW-Test definiert für jede Aktiengesellschaft sechs Kennzahlen, welche standardisiert und unter Verwendung eines Scoring-Modells zu einem Gesamtscore aggregiert werden.[8] Alternativ zu der Verwendung des Scoring-Modells werden in der vorliegenden Arbeit zwei weitere additive, auf Paarvergleichen basierende Verfahren der Entscheidungstheorie untersucht. Die anderen Modellbestandteile des RSW-Verfahrens, wie zum Beispiel die Definition der Kennzahlen sowie ihre Gewichtung oder die Verwendung einer Standardisierung, bleiben weitgehend unverändert.

Das im RSW-Verfahren implementierte Scoring-Modell wird alternativ in dieser Arbeit durch den Analytischen Hierarchie Prozeß (AHP) und PROMETHEE II ersetzt. Damit beinhaltet die vorliegende Arbeit den empirischen Vergleich dreier Methoden. Getestet werden die Modelle großzahlig unter Verwendung einer Alternativenmenge bestehend aus 200 Aktiengesellschaften. Es werden unterschiedliche Stichproben getestet, um differierende Homogenitätsgrade analysieren zu können. Im Rahmen der sich anschließenden Sensitivitätstests werden neben Stichprobenveränderungen auch Modifikationen der Gewichtungsfaktoren, der Standardisierungsmethodik sowie weiterer Parameter getestet.

Bei der Auswahl alternativer Entscheidungsmethoden ist der Forderung nach einem Ranking – das heißt einer vollständigen Ordnung[9] aller Alternativen – als Endergebnis Rechnung zu tragen. Eine Klassifikation oder die Erstellung

5 Vgl. Schmidt, R. (1995b), Schmidt, R. (1990a), Schmidt, R. (1997b).

6 Vgl. Balzer, A. et al. (1997).

7 Vgl. Balzer, A. et al. (1997), S. 198 ff.

8 Vgl. Schmidt, R. (1990a), S. 64 ff.

9 Die Definition der Begriffe „Ranking“ und „vollständige Ordnung“ erfolgt in Abschnitt 2.1.

einer nur partiellen Ordnung genügt hingegen nicht. Diese Forderung liegt im Interesse der Adressaten begründet, welche genaue Informationen darüber verlangen, ob eine Gesellschaft besser oder schlechter als eine beliebige zweite abschneidet. Auch wenn die Performanceunterschiede einzelner Alternativen oft nur gering sind, und eine Klassifikation in Gruppen möglicherweise eine höhere Verläßlichkeit oder Stabilität des Ergebnisses bedeuten würde, wird an dieser Restriktion festgehalten.

Die im folgenden analysierten Rankings beinhalten keine Prognosefunktion. Das bedeutet, daß die getesteten Rankings nicht erstellt werden, um zukünftige Aktienkurse zu schätzen, sondern um die bereits in der Vergangenheit erbrachte Performance für den Anleger transparent zu machen.

1.2 Aufbau der Arbeit

Vor dem Hintergrund der Zielstellung der Arbeit ist es zunächst erforderlich, auf die Grundlagen von Aktienrankings und die Theorie der zu testenden Methoden der multikriteriellen Entscheidungstheorie einzugehen. Durch die Berücksichtigung der Erkenntnisse sowohl der Bilanzanalyse als auch der multikriteriellen Entscheidungstheorie stellt die Arbeit eine Verbindung von zwei Theoriebereichen dar, welche bisher selten gleichzeitig betrachtet wurden: die Bilanzanalyse und Entscheidungstheorie. Es wird sich zeigen, daß das Ranking von Aktiengesellschaften, welches von Seiten der Bilanzanalytiker gut erforscht ist[10] bisher kaum als klassische Anwendung der multikriteriellen Entscheidungstheorie dargestellt wurde. Dies ist um so erstaunlicher, als daß eines der wichtigsten Anwendungsgebiete der Entscheidungstheorie die Bankbetriebslehre und Finanzwirtschaft ist.[11]

Die Arbeit ist gegliedert in fünf Kapitel. Auf die Einleitung folgt in Kapitel 2 eine Einführung zum Ranking von Aktiengesellschaften, welche Grundlagen der Bilanzanalyse, der Kennzahlenanalyse und Aktienbewertung umfaßt. Neben einer genauen Definition der Begriffe „Ranking" und „Rating" (Abschnitt 2.1) müssen für die Bestimmung der Methodik eines Rankings mehrere Merkmale bekannt sein. Es ist festzulegen, was bewertet werden soll (Abschnitt 2.2), für wen das Ranking durchzuführen ist (Abschnitt 2.3.1) und welche Ziele die Adressaten des Rankings haben (Abschnitt 2.3.2).

Neben den genannten grundlegenden Bestimmungsmerkmalen ist für die Festlegung des Verfahrens ausschlaggebend, welche Informationsquellen für die

10 Allgemein anerkannte Verfahren oder Lösungen existieren jedoch bisher nicht.

11 Vgl. Zopounidis, C./Doumpos, M./Matsatisinis, N. F. (1997), Zanakis, S. H./Mavirdes, L. P./Roussakis, E. N. (1986), Telgen, J. (1983), Ashford, R. W./Berry, R. H./Dyson, R. G. (1988), Sprague, R. H./Watson, H. J. (1976), Sprengler, T./Geldermann, J./Rentz, O. (1997b), und Siskos, J./Zopunidis, C. (1987).

Erstellung des Rankings zur Verfügung stehen. Für die Performancebewertung von Aktiengesellschaften ist zwischen nur intern verfügbaren (Abschnitt 2.4.1) und auch extern verfügbaren Informationen (Abschnitt 2.4.2) zu unterscheiden. Basis der Rankings sind im folgenden ausschließlich fundamentale Kennzahlen. Auf die Eigenschaften von Kennzahlensystemen geht kurz Abschnitt 2.5 ein. Allgemeine Bewertungskriterien sowie Kritik an Aktienrankings enthält Abschnitt 2.6. Der Hauptteil des Kapitels ist Abschnitt 2.7, in welchem der von Schmidt entwickelte RSW-Test[12] vorgestellt wird, der die Ausgangsbasis für die in dieser Arbeit analysierten Rankings darstellt. Das Kapitel schließt mit einer Zusammenfassung und der Beschreibung des weiteren Gangs der Arbeit.

Die relative Bewertung von Aktiengesellschaften auf Basis mehrerer Kennzahlen und die Aggregation der Ergebnisse zu einem Ranking gehört zu den Anwendungsfällen der multiattributiven Entscheidungstheorie. Die für diese Arbeit relevanten Grundlagen der Entscheidungstheorie werden in Kapitel 3 erörtert. Dazu zählt die Abgrenzung wichtiger Begriffe (Abschnitt 3.1.1), die Klassifikation relevanter Entscheidungsmethoden (Abschnitt 3.1.2), die Motivation für die Auswahl der in dieser Arbeit verglichenen Methoden (Abschnitt 3.1.3), die Festlegung der Notation (Abschnitt 3.1.4) und die Definition einer allgemeinen additiven Aggregationsfunktion (Abschnitt 3.1.5).

Die vorliegende Arbeit stellt einen Methodenvergleich dar. Ausgewählt wurden neben der Nutzwertanalyse der Analytischer Hierarchie-Prozeß (AHP) und PROMETHEE II. Damit werden nur Methoden basierend auf einer additiven Aggregationsfunktion ausgewählt.[13] Abschnitt 3.2 beinhaltet die allgemeine Beschreibung der Nutzwertanalyse, Abschnitt 3.3 die des AHP und Abschnitt 3.4 die von PROMETHEE II. Kapitel 3 endet mit einer kurzen Zusammenfassung.

Bestandteil von Kapitel 4, dem Kern der Arbeit, sind die empirischen Analysen. Ausgangspunkt ist der fundamentale Bewertungsteil des RSW-Tests. Verändert wird primär eine einzelne Komponente des Tests – die Aggregation in Form der Nutzwertanalyse. Die anderen Bestandteile des Rankings bleiben in der Mehrzahl der Analysen unverändert. Die genaue Zielstellung des Methodenvergleichs ist Abschnitt 4.1, die untersuchten Hypothesen sind Abschnitt 4.2.1 zu entnehmen. Die Beschreibung der genutzten Datenbasis, der Untersuchungsmethodik sowie der verwandten Software ist ebenfalls Bestandteil von Abschnitt 4.2.

Zur Verdeutlichung der Anwendung der drei Verfahren wird einführend in Abschnitt 4.3 die beispielhafte Bewertung von nur drei Aktiengesellschaften

12 Vgl. Schmidt, R. (1995b).

13 Zur Begründung der in dieser Arbeit vorgenommenen Methodenauswahl siehe Abschnitt 3.1.3.

gezeigt. Neben der Darstellung der Methodik in all ihren Teilschritten werden Sensitivitätstests der wichtigen Inputparameter durchgeführt.

Bei den auf großzahligen Alternativenmengen aufbauenden Analysen sind zwei grundsätzlich unterschiedlich gebildete Stichproben zu unterscheiden, zum einen eine aus 200 Industrieunternehmen bestehende Alternativenmenge (Abschnitt 4.4) zum anderen eine Gruppe von 200 Aktiengesellschaften, in welcher jede Branchen enthalten ist (Abschnitt 4.5). Die relative Bewertung von Aktiengesellschaften, welche nur Industrie-, Handels- und Verkehrsunternehmen einschließt, ist weniger komplex. Die Rankings werden gegenüber gestellt und die Auswirkung der Veränderung der Gewichte, der Präferenzfunktionen bei PROMETHEE und die Auswirkung unterschiedlicher Skalenniveaus getestet. Sollen im Rahmen der relativen Bewertung ebenfalls Banken, Versicherungen und Verwalter berücksichtigt werden, stellt sich das Problem der Integration (Abschnitt 4.5.2). Die Auswirkungen der Definition der Standardisierungskreise und der Standardisierungsparameter auf das Ergebnis werden in Abschnitt 4.5.2.3 untersucht. Weitere Sensitivitätstests analysieren die Auswirkungen von Stichprobenveränderungen auf die Rankings. Neben Variationen der Stichprobengröße (Abschnitt 4.5.3) werden insbesondere die Auswirkungen von Ausreißern getestet (Abschnitt 4.5.4). Die Zusammenfassung und situative Bewertung der Ergebnisse ist Bestandteil von Abschnitt 4.6. Die Überprüfung der in Abschnitt 4.2.1 aufgestellten Hypothesen ist Gegenstand von Abschnitt 4.6.3.

Kapitel 5 enthält die Schlußbetrachtung, die neben einer komprimierten Zusammenfassung der Ergebnisse einen Ausblick auf sich anknüpfende Forschungsmöglichkeiten bietet.

2 Unternehmensrankings auf der Basis von Kennzahlensystemen

"The expert judgements of the auditor are based on subjective as well as objective data and no generally accepted rules exist for combining audit data into a judgement."[14]

Die relative Bewertung von Aktiengesellschaften basiert auf Bestandteilen mehrerer Teildisziplinen der Betriebswirtschaftslehre. Zunächst ist die relative Aktienbewertung der Wertpapieranalyse[15] zuzuordnen. Des weiteren sind die Informationsbasis für die Erstellung von Unternehmensrankings die extern verfügbaren handelsrechtlichen Jahresabschlüsse, welche zur Berechnung der einzelnen Kennzahlen herangezogen werden. Damit sind die im folgenden analysierten Rankings ebenfalls Bestandteil der Bilanzanalyse.[16] Als Bilanzanalyse werden „Verfahren der Informationsgewinnung und -auswertung bezeichnet, mit deren Hilfe aus den Angaben des Jahresabschlusses (Bilanz, Gewinn- und Verlustrechnung, Anhang und Lagebericht) Erkenntnisse über die Finanz- und Ertragslage der Unternehmung gewonnen werden."[17] Unternehmensrankings auf der Basis von Jahresabschlüssen sind Elemente der Finanzanalyse.[18] Als Finanzanalyse wird die Untersuchung der freiwillig oder aufgrund gesetzlicher Vorschriften veröffentlichten Informationen von Unternehmen durch Außenstehende mit dem Ziel bezeichnet, die wirtschaftliche Lage des Unternehmens einzuschätzen.[19] Durch ihre entscheidungsvorbereitende Funktion sind Aktienrankings ebenfalls der Entscheidungstheorie zuzuordnen. Die Einordnung in die Gruppe der diskreten mehrkriteriellen Entscheidungsprobleme erfolgt im Abschnitt 3.1.2.

14 Farmer, T. A. (1987), S. 178 ff.

15 Vgl. Büschgen, H. E. (1966), Schmidt, R. (1976).

16 Zur Bilanzanalyse siehe Baetge, J./Thiele, S. (1995), Ballwieser, W. (1993), Coenenberg, A. G. (1997), S. 479 ff., Küting, K./Weber, C. P. (1993), Jacobs, O. (1994), Born, K. (1994), Großfeld, B./Johannemann, U. (1994), Hauschild, J./Leker, J. (1995), Rehkugler, H./Poddig, T. (1993), Huch, B. (1993), Leffson, U. (1984), Meyer, C. (1989), S. 1 ff., Perlitz, M. (1979).

17 Coenenberg, A. G. (1997), S. 536.

18 Vgl. Hauschildt, J. (1987).

19 Vgl. zum Beispiel Gündling, H./Everling, O. (1994), S. 727.

2.1 Begriff des Rankings

Rankings und Ratings können als „Verfahren zur Einschätzung beziehungsweise Beurteilung von Personen, Gegenständen oder Situationen mit Hilfe von Skalen definiert werden.“[20] Dabei versteht man unter einem Ranking „die Herstellung einer Reihenfolge von Objekten gemäß einem Zielkriterium.“[21] Die Beurteilung kann dabei auch auf Basis mehrerer Bewertungskriterien erfolgen. Dies erfordert entweder das Vorhandensein einer Aggregationsfunktion der einzelnen Kriterien zu einem zusammenfassenden Zielkriterium, oder die resultierenden Rankings werden unverbunden nebeneinander dargestellt.[22] Das Ergebnis eines Rankings ist die Ordnung der Objekte beziehungsweise Alternativen.

Die Ergebnisse eines Rankings unterscheiden sich von denen eines Ratings hinsichtlich ihres Meßniveaus nicht. In beiden Fällen sind die Ergebnisse ordinal skaliert. Eine Ordinalskala ist derart definiert, daß die Objekte durch einen Meßvorgang in eine Reihenfolge (Ordnung) gebracht werden. Den Differenzen und Quotienten von Meßdaten einer Ordinalskala kommt keine Bedeutung zu.[23] Durch die Rangordnung können den Objekten Zahlen zugeordnet werden (Ränge), doch sagen die Zuordnungszahlen nichts über die Abstände der Merkmalsausprägungen aus.[24]

Rankings und Ratings unterscheiden sich dahingehend, daß idealtypischerweise nicht zwei Objekten eines Rankings derselbe Rang zugeordnet wird, wogegen bei einem Rating Güteklassen gebildet werden. Den Objekten einer Güteklasse wird derselbe Rang zugewiesen, daß heißt es kann nicht abgeleitet werden, ob der Anwender ein Element einer Güteklasse einem anderen Element derselben Güteklasse vorzieht oder nicht. Es wird vereinfachend davon ausgegangen, daß der Anwender zwischen den Objekten derselben Güteklasse indifferent ist. Die Anzahl der Güteklassen eines Ratings ist in der Mehrzahl der Fälle viel kleiner als die Anzahl der Objekte. Ein Beispiel für ein Rating ist die Vergabe von Noten nach dem deutschen Schulsystem.

Das Ergebnis eines Rankings ist die vollständige Ordnung der Objekte. Unter einer vollständigen Ordnung soll die Ordnungsrelation einer „strengen Ordnung“ verstanden werden. In der Mathematik ist eine strenge Ordnung derart definiert, daß sie im Sinne eine Ordnungsrealisation sowohl transitiv, irreflexiv

20 Everling, O. (1995), Sp. 1601. Vgl. ebenso: Schmidt, R. (1980), S. 57, Zangenmeister, C. (1971), S. 164 ff., Baden, K. (1992), S. 9.

21 Schmidt, R. (1997a), S. 140.

22 Ein Beispiel hierfür ist das Performance-Ranking der 500 im Standard & Poor's-Aktienindex enthaltenen Aktiengesellschaften (vgl. o.V. (1997a), o.V. (1997b)) oder das Rating der DAX-Werte von Börse Online, welches Rendite und Risiko unverbunden nebeneinander darstellt (vgl. Dietz, P./Kruse, G./Otto, S. (1996), S. 18 ff.).

23 Vgl. unter anderem Büning, H., Trenkler, G. (1978), S. 21.

24 Vgl. Bosch, K. (1992), S. 3.

als auch vollständig ist.[25] Wird im folgenden von einer vollständigen Ordnung gesprochen, so wird hiermit überdies eine Ordnungsrelation gemeint sein, in der jedem Element ein Rang zugeordnet wurde und idealtypisch nicht zwei unterschiedliche Elemente denselben Rang erhalten.

Bewertet werden kann in Form eines Ratings jede beliebige Objektgruppe. Damit soll der Begriff Rating nicht vorab auf die Einstufung der Bonität eines Schuldners,[26] auch Bond-Rating[27] genannt, beschränkt werden, wie dies zum Beispiel bei Büschgen der Fall ist.[28]

Aus einem Ranking kann ein Rating abgeleitet werden, indem eine Gruppe von Objekten anhand ihrer Bewertung zu einer Notenklasse zusammengefaßt werden.[29] Das bedeutet, daß ein Teil der im Ranking enthaltenen Information aufgegeben wird. Umgekehrt kann ein Rating nicht in ein Ranking überführt werden, da nur in Ausnahmefällen die in dem Rating enthaltenen Informationen ausreichen, um eine Rangfolge der Objekte ableiten zu können.[30]

In der Praxis wird oft dadurch Verwirrung geschaffen, daß die Begriffe Ranking und Rating unklar voneinander abgegrenzt werden. Ein Beispiel für eine der obigen Definition nicht entsprechende Zuordnung ist die von dem Magazin „Bilanz" veröffentlichte Bewertung von Geschäftsberichten.[31] Obwohl jedem der 100 bewerteten Unternehmen ein Rang zugeordnet wird, und die Ränge in einer Liste vollständig publiziert werden,[32] bezeichnet Bilanz die Analyse als Geschäftsberichte-Rating.[33] Die ungenaue Abgrenzung von Rankings und Ratings findet sich nicht nur in der Praxis. Wenig positiv fällt die Monographie von Rüsberger zum Thema „Banken-Rating"[34] auf. Der Arbeit wird eine Definition von „Ratings" und „Rankings" vorangestellt,[35] welche in

25 Vgl. unter anderem Zimmermann, H. J./Gutsche, L. (1991), S. 15 ff.

26 Um eine eindeutige Abgrenzung zu ermöglichen, wird das Rating von Schuldnern zur Beurteilung des Verzugsrisikos auch Kreditrating genannt. Vgl. Everling, O. (1989), Everling, O. (1991d), S. 21 ff., Bodensohn, K. (1996), Hoffmann, P. (1991), Serfling, K./Badack, E./Jeiter, V. (1996), S. 633 ff.

27 Vgl. Altman, E. I. (1989), Perry, L. G./Cronan, T. P./Henderson, G. V. (1985).

28 Vgl. Büschgen, H. E. (1989), S. 566 ff. Siehe ebenfalls Raimbourg, P. (1990), S. 13 ff., Steiner, M. (1992), S. 509 ff., v. Randow, P. (1995), S. 140 ff.

29 Ein Beispiel für ein Rating, welches aus einem Ranking abgeleitet wird, enthält seit 1994 der im Manager Magazin veröffentlichte RSW-Test. Vgl. Schmidt, R. (1995b), S. 11, Schmidt, R. (1994), S. 34, Baden, K./Wilhelm, W. (1994), S. 127 ff.

30 Vgl. Schmidt, R. (1990a), S. 58, Everling, O. (1995), Sp. 1601 ff.

31 Vgl. o. V. (1999a).

32 Vgl. o. V. (1999a), S. 90 ff.

33 Vgl. o. V. (1999a), S. 86.

34 Vgl. Rüsberg, L. (1992).

35 Vgl. Rüsberg, L. (1992), S. 8.

Übereinstimmung mit keiner anderen theoretischen oder praktischen Arbeit ist. Als Folge wird zum Beispiel das von Schmidt entwickelte RSW-Verfahren[36] fälschlicherweise als „Rating" bezeichnet.[37]

Wie bereits erläutert, ist es das Ziel der vorliegenden Arbeit die Analyse von Rankingverfahren. Wenn im folgenden darüber hinaus Ratings erörtert werden, so liegt dies an dem genannten engen Zusammenhang beider Bewertungsformen. Das bedeutet nicht, daß die vorliegende Analyse für die Entwicklung eines Ratings als Grundlage zu empfehlen ist. Vielmehr muß davon abgeraten werden, ein Ranking durchzuführen und daraus ein Rating abzuleiten, wenn der Adressat ausschließlich an einer ordinalen Klassifikation der Objekte interessiert ist. Um ein Rating zu erzeugen, gibt es weitere, hier nicht vorgestellte Verfahren,[38] die unter Umständen zu einer thematisch exakteren Gruppierung der Alternativen kommen, als wenn die Bewertung aus einer vollständigen Ordnung direkt abgeleitet wird.

Ein Rankingverfahren wird bestimmt durch die konkrete Adressatengruppe des Rankings, die verfolgten Bewertungsziele, die zur Verfügung stehenden Informationsquellen und durch die Objekte, welche gerankt werden sollen. Auf diese Bestimmungsmerkmale wird im folgenden eingegangen.

2.2 Objekte von Rankings

Objekte von Rankings sind nicht an finanzwirtschaftliche Fragestellungen gebunden, noch finden sie hier ihre häufigste Anwendung.[39] Vielmehr kann jede beliebige, aus mehr als einem Objekt bestehende Menge gerankt werden. Damit eine Bewertung sinnvoll durchgeführt werden kann, muß neben den Objekten definiert sein, welche Ziele der Adressat des Rankings verfolgt. Gleichzeitig müssen diese Ziele durch ein oder mehrere Kriterien meßbar sein. Die Attributsausprägung jedes Kriteriums einer jeden Alternative müssen bei der Durchführung des Rankings bekannt sein.[40]

Die Beispiele für Rankings sind vielfältig. Gerankt werden zum Beispiel Schweizer Golfplätze nach ihrer Attraktivität,[41] die 50 wichtigsten bildenden Künstler der Schweiz,[42] Hotels nach der Attraktivität für Gäste,[43] und Hoch-

36 Vgl. Schmidt, R. (1995b), Abschnitt 2.7.

37 Vgl. Rüsberg, L. (1992), S. 9.

38 Vgl. einleitend Vincke, P. (1992), S. 27 ff.

39 Vgl. Schmidt, R. (1997a), S. 141 ff.

40 Die Begriffe „Ziel", „Alternative" und „Kriterium" werden in Abschnitt 3.1.1 definiert.

41 Vgl. o. V. (1998a), S. 152 ff.

42 Vgl. o. V. (1997c), S. 140 ff.

43 Vgl. zum Beispiel o. V. (1998b), S. 70 ff.

schulen hinsichtlich ihrer Lehrqualität.[44] Weitet man die Suche nach Beispielen für Rankings über die „wirtschaftsnahen“ Anwendungen auf alle Wissensbereiche aus, so kann eine fast unendlich lange Liste von Rankings erzeugt werden.[45] Viel diskutierte Beispiele sind auch im Sport zu finden.[46] Ein besonders stark beachtetes Ranking ist die Siegerliste der deutschen Fußballbundesliga.[47]

Grundsätzlich können dieselben Objekte sowohl in Form eines Ranking als auch eines Rating beurteilt werden. Nicht das Analyseobjekt, sondern das Bewertungsziel gibt vor, ob ein Ranking oder ein Rating der Objekte durchgeführt werden soll. In wirtschaftswissenschaftlichen Zusammenhängen wird der Begriff „Rating“ jedoch besonders häufig mit einigen speziellen Anwendungen assoziiert. Typische Anwendungsfälle von Ratings sind Versicherungs-,[48] Länder-[49] oder Branchenratings.[50] Kombinationen dieser Ratings sind ebenfalls häufig.[51]

Objekte der in dieser Arbeit analysierten Rankings sind Unternehmen. Die empirische Analyse schließt weiter eingrenzend ausschließlich börsennotierte deutsche Aktiengesellschaften[52] ein, auch wenn die Methodik des fundamentalen Tests ebenfalls auf nicht börsennotierte Aktiengesellschaften und andere Kapitalgesellschaften angewandt werden kann.[53] Durch die Eingrenzung auf nur deutsche Unternehmen entfallen die Probleme, welche mit dem Vergleich internationaler Jahresabschlüsse verbunden sind.[54]

44 Vgl. Weber, K. (1994), Kolen, M. J. (1988).

45 Anwendungsbeispiele sind die Bewertung von Offizieren mit dem Zweck der Beförderung. Vgl. Bana e Costa, C. A./Rodrigues, J. C. (1990), und das Ranking von Energiekraftwerken. Vgl. Sarin, R. K. (1980).

46 Vgl. Golden, B. L./Wasil, E. A. (1978).

47 Zum Einfluß des ausgewählten Rankingverfahrens auf die Bestimmung der Sieger in der Fußballbundesliga. Vgl. Sieg, G. (1993), Sieg, G. (1994).

48 Vgl. Everling, O. (1992b), o. V. (1993), Kahlenberg, R. M. (1995), Kasten, H. H. (1995), Moll-Iffland, E. (1995), Schulz, J. (1995), Sönnichsen, C. (1992), Henry, A. (1996).

49 Vgl. Heinemann, F. (1995), S. 10 ff., Everling, O. (1998), S. 481 ff.

50 Vgl. Everling, O. (1995), Sp. 1606 ff. Weitere Anwendungsbeispiele für Ratings sind die Bewertung von Vorzugsaktien bezüglich ihres Ausfallrisikos, vgl. Everling, O. (1992a), und die Bewertung von Pfandbriefen, vgl. Heigl, H. R. (1995).

51 Zum Beispiel werden im bei der Bayrischen Landesbank Rahmen des Ratings für die Immobilienfinanzierung sowohl ein Objektrating, ein Bonitätsrating des Schuldners, ein Länderrating und weitere Faktoren zu einem Gesamturteil verbunden. Vgl. Lehner, A. H. (1995), S. 366.

52 Zu den Besonderheiten von Aktiengesellschaften siehe Bea, F. X. (1995), Sp. 1613 ff.

53 Vgl. Baden, K./Wilhelm, W. (1993b).

54 Vgl. Oesterreich, A./Spengel, C. (1996), S. 383 ff.

Beispiele für publizierte Rankings von Aktiengesellschaften gibt es viele.[55] Hierzu zählen das im Magazin „Bilanz“ veröffentlichten Ranking von 100 Schweizer Unternehmen.[56] „Capital“ veröffentlicht regelmäßig gleich mehrere Aktienrankings, wozu ein Shareholder Value Test von 100 deutschen Aktiengesellschaften,[57] ein Performancetest von 200 Unternehmen, an dem unter anderem Küting und Loistl mitwirken[58] und weitere Analysen[59] gehören. Von den nicht deutschsprachigen Analysen sei beispielhaft die Bewertung in „Management Today“[60] genannt. „TopBusiness“ publizierte in der Vergangenheit ein von Baetge erstelltes Ranking.[61] Der umfassenste Performancetest in Deutschland ist das jährlich vom „Manager Magazin“ veröffentlichte Ranking, welches die Bewertung von 500 deutschen Aktiengesellschaften beinhaltet.[62] Der Performancetest von 1997[63] ist die Basis der Analysen in dieser Arbeit.

Nachdem beschrieben wurde, was die Objekte eines Rankings sein können, ist der nächste Schritt die genaue Bestimmung der Adressaten oder der Adressatengruppe und die von ihnen verfolgten Ziele.

2.3 Adressaten und Ziele von Rankings

Ziele und Adressaten von Rankings lassen sich nicht getrennt bestimmen, sondern bedingen einander. Das heißt, daß jedes auf einen bestimmten Adressaten zugeschnittene Ranking dessen Ziele berücksichtigen muß,[64] und dieselben Rankingobjekte in Abhängigkeit von der Adressatengruppe mit unterschiedlichen Methoden zur Berücksichtigung unterschiedlicher Ziele bewertet werden.

55 Zu einem umfassenden Überblick über Verfahren der relativen Unternehmensbeurteilung vgl. Baden, K. (1992), S. 50 ff.

56 Vgl. Kienzle, A. (1996), S. 38 ff., Löhrer, G. (1994), S. 24 ff.

57 Vgl. Prand, P./Jahn, T. (1997), S. 93 ff.

58 Vgl. Luber, T./Nitschke, R. (1999), S. 40 ff., Enzweiler, T./Friese, U./Nitschke, R. (1997), S. 60 ff., Claßen, W./Enzweiler, T./Hillebrand, W. (1996), S. 36 ff.

59 Vgl. Hillebrand, W. (1996), S. 87 ff., Hillebrand, W. (1995), S. 58 ff.

60 Vgl. Hasell, N. (1995), S. 38 ff.

61 Vgl. Zdral, W. (1994), S. 21 ff.

62 Vgl. Schmidt, R./Wilhelm, W. (1987), Schmidt, R./Wilhelm, W. (1988), Baden, K. et al. (1989), Baden, K. et al. (1990), Baden, K. et al. (1991), Baden, K. et al. (1992), Baden, K./Wilhelm, W. (1993b), Baden, K./Wilhelm, W. (1994), Baden, K./Wilhelm, W. (1995), Baden, K./Wilhelm, W. (1996), Balzer, A. et al. (1997), Döhle, P. et al. (1998).

63 Vgl. Balzer, A. et al. (1997).

64 Vgl. Schmidt, R. (1997a), S. 142.

2.3.1 Adressaten

Für jedes Rankingobjekt lassen sich unterschiedliche Adressatengruppen definieren, aus deren Perspektive die Alternativen bewertet werden könnten. Die Rankingmethode wird durch den Adressaten und die von ihm verfolgten Ziele vorgegeben. Eine Bewertung ist von der Zielstellung des Betrachters abhängt, und abhängig vom Betrachter können kontroverse Ergebnisse erzeugt werden.

Potentielle Adressatengruppen von Unternehmensrankings sind alle Stakeholder. Als Stakeholder werden zurückgehend auf Freeman[65] alle Individuen bezeichnet, welche die Ziele einer Organisation (hier Unternehmen) beeinflussen können oder welche von deren Zielerreichung betroffen sind,[66] womit interne als auch externe Einflußgruppen impliziert werden. Die Stakeholder sind die Eigenkapitalgeber (insbesondere Aktionäre), Fremdkapitalgeber (insbesondere Banken), Kunden, Lieferanten, Mitarbeiter und Gewerkschaften, das Top-Management, Konkurrenten, Kammern und Verbände, Gemeinden und Regierungen.

Adressaten der Mehrzahl der publizierten Unternehmensrankings sind die Kapitalgeber. Dabei ist strikt zu unterscheiden, ob es sich um Fremdkapitalgeber oder Eigenkapitalgeber handelt, da beide Gruppen substantiell unterschiedliche Ziele verfolgen. Für die relative Bewertung von Aktiengesellschaften aus der Sicht der Aktionäre beziehungsweise Eigenkapitalgeber werden daher andere Verfahren angewandt, als sie Fremdkapitalgeber nutzen.[67]

Die zentrale Frage für den Fremdkapitalgeber ist die Einschätzung der Bonität seines Schuldners. Dazu wird durch Credit Ratings[68] das Kreditausfallrisiko[69] klassifiziert, das heißt, das Ziel der Credit Ratings ist die Prognose von Kreditausfällen.[70] Zur Bonitätsanalyse[71] ist neben der Bewertung der Rentabilität eines Unternehmens die Einschätzung der Vermögens- und Ertragskraft von

65 Vgl. Freeman, R. E. (1984).

66 Vgl. Freeman, R. E. (1984), S. 25 ff.

67 Vgl. Schmidt, R. 1990, S. 57.

68 Vgl. Reuter, A. (1996), Wolf, M. F. (1994), Baetge, J./Sieringhaus, I. (1996), Hoffmann, P. (1991), Anders, U./Szczesny, A. (1998), S. 892 ff., Betsch, O. et al. (1997), Heinke, V. G. (1999), Perry, L. G./Cronan, T. P. (1986), Dambolena, J. G./Khoury, S. J. (1980), Mahmood, M. A./Lawrence, E. C. (1987), Reuter, A. (1996), Ohlenroth, W./Reuter, A. (1985), S. 336 ff., Heinke, V. G./Steiner, M. (2000a), Heinke, V. G./Steiner, M. (2000b).

69 Vgl. Leker, J./Schewe, G. (1998), S. 877 ff., Jahn, E. (1994), S. 823 ff.

70 Zur ökonomischen Bedeutung von Insolvenzen und Insolvenzprognosen siehe Thiele, O./Lohmann, K. (1995), S. 2 ff. Speziell zur Früherkennung von Insolvenzen siehe Schmidt, R. (1990b), Baetge, J. (1989), Baetge, J./Huß, M. (1986), S. 606 ff., Leker, J. (1994), Heddergott, S. (1988), Schneider, D. (1985). Eine der ersten Insolvenzprognosen auf der Basis von Bilanzkennzahlen führte 1968 Altman durch. Vgl. Altman, E. I. (1968).

71 Vgl. Baetge, J./Sieringhaus, J. (1996), Augath, P. O. (1996), Sperber, H./Mühlenbruch, M. (1995), Dicken, A. J. (1999), Linnhoff, U./Pellens, B. (1994).

besonderer Bedeutung.[72] Adressaten von Credit Ratings sind unter den Fremdkapitalgebern insbesondere Banken.[73]

Adressaten des RSW-Tests sind Aktionäre[74] – die Messung der Performance erfolgt auf Basis der von den Eigenkapitalgebern verfolgten Zielen. Dabei soll die Gruppe der Aktionäre weit gefaßt sein und auch potentielle Aktionäre implizieren.

Das RSW-Ranking wendet sich an private Anleger. Der Aktionär ist ein Individuum und keine Gruppe beziehungsweise Unternehmung.[75] Institutionelle Anleger werden nicht aus der Adressatengruppe ausgeschlossen, jedoch werden die Besonderheiten dieser Gruppe im RSW-Verfahren nicht explizit reflektiert. Grundsätzlich sollte erwartet werden können, daß institutionelle Anleger über mehr und detailliertere Informationsquellen verfügen und auf die Informationsverarbeitungs- und Informationsverdichtungsfunktion des Rankings nicht angewiesen sind.

Aus internen, nicht publizierten Leserbefragungen des „Manager Magazins“ ist bekannt, daß der RSW-Test neben privaten Anlegern sowohl vermehrt von den Mitarbeitern der im Test bewerteten Aktiengesellschaften als auch den Konkurrenten der Unternehmen gelesen wird. Diese Tatsache kann als Indiz dafür gewertet werden, daß auch deutsche Unternehmen sich der Bedeutung des Shareholder Value[76] zunehmend bewußter werden und sich grundsätzlich darüber informieren, welche Aktiengesellschaften aus der Perspektive der Aktionäre besonders vorteilhaft abschneiden.

2.3.2 Ziele

In dem Maße, wie ein absoluter Unternehmenswert nicht losgelöst vom Zweck seiner Wertermittlung berechnet werden kann,[77] kann auch eine Gruppe von Unternehmen nicht ohne vorherige Zieldefinition in Form eines Rankings bewertet werden.

Aktiengesellschaften können unter Berücksichtigung sehr differierender Ziele in Form eines Rankings bewertet werden. So wird regelmäßig getestet, welches Unternehmen den optisch am besten gestalteten Geschäftsbericht hat.[78]

72 Vgl. unter anderem Thiele, O./Lohmann, K. (1995), S. 7 ff.

73 Vgl. zum Beispiel Heinke, V. G./Steiner, M. (2000a), S. 1 ff.

74 Vgl. Schmidt, R. (1990a), S. 63.

75 Zu den Unterschieden hinsichtlich der Investitionsentscheidungen von Individuen und Unternehmen siehe zum Beispiel Chamberlain, T. W. (1996).

76 Vgl. Rappaport, A. (1999), S. 39 ff., Schmidt, R. (1993), S. 277 ff.

77 Vgl. Moxter, A. (1983), S. 6, Drukarczyk, J. (1996), S. 93 ff.

78 Vgl. o. V. (1999a), S. 86 ff., Büttner, U. (1996).

Speziell bezogen auf Kleinaktionäre erstellte zum Beispiel „Capital" ein Ranking hinsichtlich der Aktionärsfreundlichkeit.[79]

Das Ziel des RSW-Tests ist die Messung der vergangenheitsorientierten Performance[80] aus Sicht der Aktionäre. Unter „Performance" soll dabei der Erfolg eines Unternehmens in einem definierten Zeitraum verstanden werden. Dabei kann die Performance eines Unternehmens nicht absolut sondern nur relativ im Vergleich zu einer festzulegenden Vergleichsgruppe von Unternehmen beurteilt werden.[81]

Spätestens nach der Entwicklung des Capital Asset Pricing Models (CAPM) durch Markowitz[82] muß zur Bestimmung der Performance von Aktiengesellschaften neben der Bestimmung der Rendite auch das spezifische Risiko in die Bewertung eines Unternehmens eingehen. Aufbauend auf dem CAPM und den Ergebnissen der Untersuchung von exzellenten Unternehmen, welche den Wachstumsfaktor als wichtigen Performanceindikator herausgestellt haben,[83] mißt der RSW-Tests Performance auf Basis von drei Kriterien: Rentabilität, Sicherheit und Wachstum.[84] Wenn der gesamten Arbeit auch ausschließlich diese Zieldefinition zugrunde liegt, so können die Ergebnisse auf andere Performancetests von Aktiengesellschaften leicht übertragen werden.

Es ist zu betonen, daß Rankings von Aktiengesellschaften Verfahren der relativen Unternehmensbewertung sind. Sie unterscheiden sich damit grundlegend von der absoluten Unternehmensbewertung,[85] deren Ziel die Ermittlung des Unternehmenswertes, zum Beispiel zur Kaufpreisfindung, ist. Das verfolgte Ziel des RSW-Tests ist nicht die absolute Performancemessung, sondern die vergleichende Bewertung der Performance einer Gruppe von Aktiengesellschaften in Form eines Rankings.

Die Bewertung der Performance einer Aktiengesellschaft kann aus zwei Gründen erfolgen. Zum einen wird der Zweck verfolgt, die in der Vergangenheit

79 Vgl. Prandl, P. (1998), S. 410 ff.

80 Allgemein zur Messung von Performancekennzahlen siehe Rappaport, A. (1999), S. 15 ff., Drukarczyk, J. (1997), S. 218 ff., Chen, S. N./Cheng, F. L. (1986), S. 1410 ff.

81 Eine enge Definition von Performance wie sie zum Beispiel im Rahmen des Asset Management von Sharpe (vgl. unter anderem Wolter, H.-J. (1995), S. 387 ff.) entwickelt wurde, liegt der vorliegenden Arbeit nicht zugrunde.

82 Vgl. Markowitz, H. M. (1959).

83 Vgl. Schmidt, R. (1990b), S. 67.

84 Der von Schmidt entwickelte RSW-Test wird ausführlich in Abschnitt 2.7.3.2 vorgestellt.

85 Eine Einführung in die Unternehmensbewertung in der deutschen Literatur geben: Drukarczyk, J. (1996), Ballwieser, W. (1995), Richter, F. (1997). Weiterführend siehe auch: Ballwieser, W. (1990), Drukarczyk, J. (1995), Copeland, T./Koller, T./Murrin, J. (1993), Funk, J. (1995), Hachmeister, D. (1996), Peemöller, V. H./Bömelburg, P./Denkmann, A. (1994).

gezeigte Performance zu messen. Zum anderen werden Performancetests durchgeführt, um zukünftige Kursentwicklungen zu prognostizieren.

Das Ziel der vorliegenden Arbeit ist die Messung der in der Vergangenheit erzielten Performance. Eine Prognose zukünftiger Entwicklungen erfolgt nicht. Damit sind die analysierten Aktienrankings erneut von der Bonitätsanalyse abzugrenzen, deren Ziel immer auch eine Prognose impliziert.

Es könnte an der gewählten Aufgabenstellung kritisiert werden, daß sie uninteressant sei, weil die erwartete zukünftige Performance bereits vollständig in den Aktienkursen reflektiert ist. „A company's stock price is the clearest measure of market expectations about its performance."[86] Auch wenn die Erwartungen in den Kursen vollständig reflektiert sind, und die Annahme von der halbstrengen Informationseffizienz[87] der Kapitalmärkte nicht in Frage gestellt wird, ist die Messung der Performance in der Vergangenheit nicht unnötig. So ist die Frage, welche Aktiengesellschaft eine gute oder schlechte Performance aufweist, auf Basis der Kursentwicklung nicht einfach zu beantworten, auch wenn die Börse kaum zeitverzögert auf neue Unternehmensinformationen reagiert. Die Kursperformance eines Unternehmens wird durch die Auswahl des Anfangs- und des Endzeitpunkts der Messung mitbestimmt. Neben der Kursentwicklung über einen bestimmten Zeitraum sollte in die Bewertung eingehen, wie stark der Kurs im Analysezeitraum geschwankt ist. Hier stellt sich das Problem, wie die Kursentwicklung und die Schwankung, zum Beispiel gemessen als Semivarianz oder einfache Streuung, zu einem Maß zusammengefaßt werden sollen.[88] Praktiker sind sich dieser Schwierigkeiten durchaus bewußt und zeigen ein sehr großes Interesse an Performancevergleichen.

Es ist in Frage zu stellen, inwieweit zukünftige Entwicklungen bereits durch die Performance in der Vergangenheit vorgegeben sind. Eine vollständige Erklärung der Zukunft aus der Vergangenheit bedeutet eine deterministische Sicht, der nicht zugestimmt werden kann. Gerade kurz- bis mittelfristig zeigt sich, daß nur ein kleiner Teil der Aktienkurse fundamental prognostiziert werden kann. Der unerklärte Bestandteil der Kursentwicklung wird durch psychologische Faktoren im Verhalten der Marktteilnehmer erklärt[89] oder als Ineffizienz[90] des Marktes beschrieben und bleibt somit kaum faßbar.

Es sei darauf hingewiesen, daß die analysierten Rankings einen wesentlichen Teilschritt hin zu einer besseren Performancemessung beinhalten. Als Pro-

86 Rappaport, A. (1987), S. 57.

87 Vgl. zum Beispiel May, A. (1994), S. 12 ff.

88 Eine Möglichkeit der Verbindung ist im neuen RSW-Test implementiert. Vgl. Schmidt, R. (1995b), S. 11, Abschnitt 2.7.4.

89 Vgl. zum Beispiel Bromann, O./Schiereck, D./Weber, M. (1997), S. 603.

90 Vgl. Löffler, G. (1999), S. 139 ff.

gnose wird eine Aussage über zukünftige Ereignisse definiert, welche sowohl auf Beobachtungen als auch auf einer Theorie beruht.[91] Jede Prognose muß damit empirisch fundiert sein und darf kein bloßes Raten darstellen. Gleichzeitig ist eine sachlogische Begründung der Prognose sowie die Angabe von Prämissen der Aussage notwendig. Erklärtes Ziel der in dieser Arbeit analysierten Rankings ist es, diese Beschreibung beziehungsweise Messung zu verbessern. Diese kann verbunden mit einer Theorie über die zukünftige Marktentwicklung für die Erstellung neuer, besserer Prognosen genutzt werden.

Es sei angemerkt, daß über die sachlogischen Begründungen von Prognosethesen keinesfalls Einigkeit herrscht und Prognosetests nicht ohne Probleme an die empirischen Analysen angehängt werden können. So werden sowohl zyklische als auch antizyklische Handelsstrategien für den deutschen Aktienmarkt getestet.[92] Die Liste der Begründungszusammenhänge von bereits aufgestellten Thesen über den Zusammenhang der vergangenen und der zukünftigen Performance ist groß. Zu den wichtigsten Prognosetests gehören die Arbeiten von Fama und French, die Überrenditen bei Portefeuilles bestehend aus amerikanischen Aktiengesellschaften mit einem geringen Verhältnis von Buch- zu Marktwert zeigen.[93] Dem widerspricht die Analyse von Loughran, die keinen signifikanten Zusammenhang zwischen Buch- und Marktwerten und zukünftigen Aktienkursen zeigt.[94] Weitere Tests bezüglich des Zusammenhangs von fundamentalen Informationen und zukünftigen Aktienkursentwicklungen haben Abarbanell/Bushee,[95] Abarbanell/Bernard,[96] Beermann[97] und Lachnit[98] durchgeführt. Grundsätzlich ist bei der Formulierung der Thesen zwischen kurz- und langfristigen Handelsstrategien zu unterscheiden.[99]

Zusammenfassend sei betont, daß das Ziel der in Kapitel 4 analysierten Rankings die Messung der Performance der Vergangenheit ist. Thesen über den Zusammenhang von vergangener Performance und zukünftigen Kursentwicklungen werden nicht angeschlossen.

91 Vgl. zum Beispiel Hansmann, K. W. (1995), S. 269.

92 Vgl. Schiereck, D./Weber, M. (1995), S. 6 ff., Bromann, O./Schiereck, D./Weber, M. (1997), S. 603 ff.

93 Vgl. Fama, E. F./French, K. R. (1995), S. 131 ff.

94 Vgl. Loughran, T. (1997).

95 Vgl. Abarbanell, J. S./Bushee, B. J. (1997).

96 Vgl. Abarbanell, J. S./Bernard, V. L. (1992).

97 Vgl. Beermann, K. (1976), S. 49 ff.

98 Vgl. Lachnit, L. (1979), S. 328 ff.

99 Vgl. Schiereck, D./Weber, M. (1995), S. 4 ff.

2.4 Informationsquellen

Die Menge der möglichen Informationsquellen kann in intern und extern verfügbare Informationen unterteilt werden. Neben der Beschreibung der genutzten Informationsquelle erfolgt im folgenden deren Bewertung.

2.4.1 Intern verfügbare Informationen

Als intern verfügbare Informationen[100] werden die Informationsquellen zusammengefaßt, welche ausschließlich innerhalb der Unternehmung zur Verfügung stehen und nicht nach außen kommuniziert werden.

Im Rahmen einer internen Analyse besteht grundsätzlich unbeschränkter Zugriff auf sämtliche im Unternehmen existierende Informationen. Zu diesen Informationen gehören die Kostenrechnung, die Finanzplanung, der Auftragsbestand, die Kreditlinien und weitere Quellen. Der Vorteil einer internen Analyse ist, daß die informationssammelnde Stelle Einfluß auf das entstehende Material hat und gleichzeitig das benötigte Material, sofern es nicht vorhanden ist, erstellen kann.[101]

Stehen für eine Unternehmensanalyse interne Informationen zur Verfügung, so ist die Bewertung wesentlich umfassender und zuverlässiger als die externe Analyse es sein kann.[102] Interne Daten können aktueller, zutreffender und zukunftsorientierter sein.[103]

Es kann als ausgeschlossen gelten, daß zur Erstellung eines großzahligen Aktienrankings für alle Aktiengesellschaften vergleichbare interne Informationsquellen zur Verfügung stehen, weshalb für Rankings auf extern publizierte Informationen zurückgegriffen werden muß.

2.4.2 Extern verfügbare Informationen

Für eine externe Analyse stehen ausschließlich die Informationen zur Verfügung, welche entweder aufgrund freiwilliger Maßnahmen oder gesetzlicher Vorschriften durch die Unternehmensführung publiziert werden.[104] Darüber hinaus werden als externe Informationen die von Dritten erstellten und allgemein zugänglichen Informationen bezeichnet.

100 Zur Definition des Begriffs „Information" siehe Bode, J. (1997), S. 449 ff., Schneider, D. (1995), S. 42 ff., Schneider, D. (1987), S. 200 ff.

101 Vgl. Küting, K./Weber, C. P. (1993), S. 6.

102 Vgl. Coenenberg, A. G. (1997), S. 479.

103 Vgl. Küting, K./Weber, C. P. (1993), S. 6.

104 Vgl. Coenenberg, A. G. (1997), S. 4, Küting, K./Weber, C. P. (1993), S. 6.

Zu den extern verfügbaren Informationen zählen der handelsrechtliche Jahresabschluß (wozu der Einzelabschluß und der wichtigere Konzernabschluß zählt), Zwischenberichte wie Quartals- und Halbjahresberichte, Reden auf der Hauptversammlung, Presse- und Bilanzkonferenzen, Aktionärsbriefe, Werbeschriften, Unternehmenszeitungen, ad hoc Mitteilungen und alle anderen von dem Unternehmen regelmäßig oder in Sonderfällen publizierten Informationen. Wichtige nicht vom Unternehmen selbst publizierte Informationen sind die Informationen der Banken, Publikationen von Fach- und Wirtschaftsverbänden, Tages- und Fachzeitschriften, Mitteilungen der Börsen, Informationen von Konjunkturforschungsinstituten und Veröffentlichungen des Statistischen Bundesamtes.[105] Neben den sogenannten Printmedien gewinnt auch hier das Internet zunehmend an Bedeutung.

Von den extern verfügbaren Informationen ist der Jahresabschluß die wesentlichste Informationsquelle.[106] Er ist das zentrale Instrument der externen Rechnungslegung. Zweck der Erstellung des handelsrechtlichen Jahresabschlusses ist die Rechenschaftslegung gegenüber unternehmensexternen Personen, damit sie eigenverantwortlich Entscheidungen über ihre zukünftige Beziehung zu dem publizierenden Unternehmen treffen können.[107] Es ist realistisch, davon auszugehen, daß unternehmensinterne Personen anderen Personengruppen Informationen vorenthalten wollen, um ihre eigene Situation zu verbessern. Dabei erfüllt der Jahresabschluß einer Aktiengesellschaft primär drei Funktionen: eine Informationsfunktion, eine Ausschüttungsbemessungsfunktion sowie eine Dokumentationsfunktion.[108] Im Rahmen seiner Informationsfunktion[109] soll er speziell die Eigner und Gläubiger bei ihren Entscheidungen unterstützen.

Nach §§ 264 ff. HGB sind Unternehmen zur Erstellung eines Jahresabschlusses verpflichtet. Börsennotierte Aktiengesellschaften werden darüber hinaus nach § 65 (1) BörsZulV dazu verpflichtet, den von ihnen aufgestellten Jahresabschluß und Lagebericht unverzüglich nach Fertigstellung dem Publikum zur Verfügung zu stellen. Damit ist gewährleistet, daß von jeder der zu rankenden (börsennotierten) Aktiengesellschaften ein Geschäftsbericht externen Interessenten zur Verfügung steht.

105 Vgl. Küting, K./Weber, C. P. (1993), S. 7 ff. Eine sehr umfassende Aufstellung der US-amerikanischen Quellen, welche für eine Unternehmensbewertung herangezogen werden können, geben Copeland, T./Koller, T./Murrin, J. (1993), S. 401 ff.

106 Vgl. Albach, H. (1988), S. 71.

107 Vgl. Bieg, H. (1995), Sp. 276.

108 Vgl. Pellens, B. (1988), S. 32. Schildbach nennt nur zwei Funktionen, die Dokumentationsfunktion gehört für ihn zur Informationsfunktion. Vgl. Schildbach, T. (1986), S. 7 ff.

109 Vgl. Coenenberg, A. G. (1997), S. 7 ff., Küting, K./Weber, C. P. (1991), S. 47 ff.

Bestandteile des Jahresabschlusses sind die Bilanz,[110] die Gewinn- und Verlustrechnung, der Anhang,[111] Lagebericht,[112] die Segmentsberichtserstattung und optional weitere Elemente. Neben den quantitativen Daten können qualitative Informationen aus einem Geschäftsbericht entnommen werden. Für die Auswertung von qualitativen Informationen bieten sich insbesondere Expertisesysteme[113] an. Ein Beispiel für eine qualitative Analyse auf Basis von Jahresabschlüssen[114] ist die Arbeiten von Werner[115].

Ein ernst zu nehmendes Problem des Jahresabschlusses ist seine fehlende Zeitnähe. Da der Offenlegung eine aufwendige Erstellungs-, Prüfungs- und Fertigungsarbeit vorausgeht und die gedruckten Exemplare im Vergleich zu anderen Informationsquellen erst spät verfügbar sind, werden zunehmend Quartalsberichte, Halbjahresberichte, Zwischenberichte, Aktionärsbriefe, Vorabberichte oder Analystenkonferenzen über den zu erwartenden Jahresabschluß im voraus herausgegeben beziehungsweise durchgeführt. Die Information des eigentlichen Jahresabschlusses wird mehr oder weniger vorweggenommen.[116] So werden besonders bei börsennotierten Aktiengesellschaften die wesentlichsten Zahlen, wie die Umsatz- und Ergebnisentwicklung, regelmäßig vor der Veröffentlichung des Abschlusses publiziert. Der Jahresabschluß wird gewissermaßen zu einem „Echo“. Dies spricht jedoch nicht gegen die Bedeutung des Jahresabschlusses und die Notwendigkeit der Verpflichtung der Aktiengesellschaften diesen aufzustellen, sondern bewirkt nur, daß der Zeitpunkt der Veröffentlichung weniger relevant wird, da viele Informationen zu diesem Zeitpunkt bereits bekannt sind.

Die Verwendung des Jahresabschlusses zur Bewertung von Aktiengesellschaften wird häufig kritisiert.[117] Kritisch in bezug auf den Aussagegehalt ist zu vermerken, daß ein Jahresabschluß die wirtschaftliche Situation des Unternehmens nur unvollständig ausweist. „Ein alles umfassendes Bild der wirtschaftlichen Lage des Unternehmens gibt der Jahresabschluß nicht“.[118] Wichtige qualitative Daten wie zum Beispiel die Marktstellung der Aktiengesellschaft, eine objektive Bewertung des technischen Know-how oder die Einstufung der Qualität des Managements fehlen.

110 Vgl. Baetge, J. (1992), S. 189 ff.

111 Vgl. Küting, K./Weber, C. P. (1991), S. 329 ff.

112 Vgl. Coenenberg, A. G. (1997), S. 15 ff., Küting, K./Weber, C. P. (1991), S. 319 ff.

113 Vgl. Mertens, P. (1989), S. 835 ff.

114 Eine Einführung und Definition der Inhaltsanalyse liefert Schmidt, R. (1992).

115 Vgl. Werner, U. (1991), S. 198 ff., Werner, U. (1990), S. 1014 ff.

116 Vgl. zum Beispiel Schildbach, T. (1986), S. 9.

117 Vgl. Ballwieser, W. (1993), Sp. 219 ff.

118 Baetge, J. (1994), S. 1.

Bei der Bewertung deutscher Aktiengesellschaften ist neben den genannten Grenzen des Jahresabschlusses zu beachten, daß zunehmend differierende Rechnungslegungsvorschriften Anwendung finden, die die Vergleichbarkeit der Jahresabschlüsse beeinträchtigen. Neben die bereits durch das HGB gebotenen Wahlrechte und Ermessensspielräume treten nun noch abweichende Rechnungslegungsgrundsätze. Beide Faktoren führen zu Verzerrungen, die nur sehr aufwendig und auch dann nicht gänzlich bereinigt werden können. Jedoch handelt es sich hierbei nicht um ein spezifisches Problem der vorliegenden Arbeit, sondern um eine allgemeine, mit der Auswertung von Jahresabschlüssen verbundene Problematik, die in zunehmendem Maße Gegenstand betriebswirtschaftlicher Diskussionen in diesem Gebiet ist.[119]

Zusammenfassend kann zur Verwendung des Jahresabschlusses als alleinige Informationsquelle für die analysierten Unternehmensrankings festgehalten werden, daß der Jahresabschluß trotz aller Grenzen ein sehr gutes Instrument für die Beurteilung von Unternehmen darstellt.[120] Die Zusammenhänge zwischen Bilanzkennzahlen und Marktdaten deutscher Aktiengesellschaften wurden empirisch mit hoher Signifikanz nachgewiesen,[121] wohingegen die Verwendung der DVFA-Ergebnisse insbesondere bei Prognosen eine nur geringe Verläßlichkeit zeigten.[122] Sicherlich sind weitere Reformen und Vereinheitlichungen der Rechnungslegungsvorschriften besonders für mehrere Länder umfassende Analysen erstrebenswert. Aber auch ohne weitere Verbesserungen kann die verwandte Informationsquelle als gut und aussagestark bewertet werden.

2.5 Kennzahlen und Kennzahlensysteme als Basis von Rankings

Die nachfolgend analysierten Rankings basieren ausschließlich auf Kennzahlen, was bedeutet, daß die in die Bewertung eingehenden Ziele und Kriterien auf Basis von Kennzahlen gemessen werden.

Eine Kennzahl ist definiert als eine Zahl, welche die gewünschten Informationen in aussagekräftiger, komprimierter Form wiedergibt.[123] Man unterscheidet absolute und relative Zahlen.[124] Eine absolute Zahl ist eine Bestands- oder

119 Vgl. Pellens, B. (1997), S. 6 ff., Goebel, A. (1995), S. 2489 ff.

120 Vgl. Albach, H. (1988), S. 69 ff., Lachnit, L. (1979), S. 388, Burger, A./Schellberg, B. (1994), S. 406.

121 Vgl. Harris, T. S./Lang, M./Möller, H. P. (1995), S. 1016 ff., Harris, T./Lang, M./Möller, H. P. (1994), S. 187 ff., Pellens, B. (1989), S. 107 ff., Müller, W. (1992), S. 128 ff.

122 Vgl. Hüfner, B./Möller, H. P. (1997).

123 Vgl. Rudolph, F. (1993), S. 97, Reichmann, T. (1995), Sp. 1201, Leffson, U. (1984), S. 167 ff., Staudt, E. et al. (1985), S. 22 ff., Lachnit, L. (1979), S. 15.

124 Vgl. Staudt, E. et al. (1985), S. 25 ff.

Bewegungszahl. Dies können Einzelzahlen, Summen, Differenzen und Mittelwerte sein.[125] Dagegen stellt eine relative Kennzahl eine Verhältniszahl dar, welche aus zwei Komponenten besteht: einer Beobachtungszahl im Zähler und einer Bezugszahl im Nenner. Verhältniszahlen sind Gliederungs-, Beziehungs- und Indexzahlen.[126]

Für die Performancemessungen werden im Unterschied zum Ranking von Größeneigenschaften ausschließlich relative Kennzahlen genutzt. So sind beispielsweise bei Industrieunternehmen nicht der absolute Cash-flow oder Jahresüberschuß von Bedeutung für die Performancemessung. Beide Größen sind nur im Verhältnis zum Gesamtumsatz des entsprechenden Unternehmens für die Performancemessung wichtig.

Da der Aussagegehalt einer einzelnen Kennzahl begrenzt ist, verwenden nur wenige Analysten zur Bewertung eines Unternehmens eine einzelne Kennzahl,[127] sondern aggregieren mehrere Finanzkennzahlen.[128] Um den Informationsgehalt insgesamt zu steigern, werden mehrere Kennzahlen zu einem Kennzahlensystem zusammengefaßt. Als Kennzahlensystem wird die Gesamtheit von auf logische und deduktive Weise geordneten Kennzahlen bezeichnet, die betriebswirtschaftlich sinnvolle Aussagen über Unternehmungen oder Teile derselben vermitteln.[129] Empirisch konnte gezeigt werden, daß es eine typische Kennzahlenstruktur erfolgreicher und weniger erfolgreicher Unternehmen einer bestimmten Branche gibt.[130]

Es werden Kennzahlensysteme zur internen und zur externen Analyse unterschieden.[131] Zum Zweck der internen Analyse werden Kennzahlensysteme als Planungs-, Steuerungs- und Kontrollinstrumente eingesetzt.[132] Bei der Bilanzanalyse handelt es sich um ein externes System der Kennzahlenanalyse.[133] Ratings sind dieser Gruppe zuzuordnen.

125 Vgl. zum Beispiel Küting, K./Weber, C. P. (1993), S. 24. Beispiele für absolute finanzwirtschaftliche oder Bilanzzahlen sind der Umsatz, der Gewinn, die Anzahl der Mitarbeiter im Jahresdurchschnitt oder die Bilanzsumme.

126 Vgl. zum Beispiel Küting, K./Weber, C. P. (1993), S. 25 ff.

127 Eines der wenigen Beispiele für ein Performance-Ranking von Unternehmen basierend auf einer einzelnen Kennzahl ist die Bewertung von Sabel. Vgl. Sabel, H. (1996), S. 113 ff.

128 Vgl. Rehkugler, H./Poddig, T. (1993), S. 211, Königs, J./Roodhooft, F. (1997), S. 1331.

129 Vgl. Küting, K./Weber, C. P. (1993), S. 27, Hecker, R. (1975), S. 12 ff., Meyer, C. (1994), S. 9 ff., Vetschera, R. (1995), S. 25.

130 Vgl. März, T. (1983), S. 233.

131 Vgl. Reichmann, T. (1990), S. 20 ff.

132 Vgl. Reichmann, T. (1995), Sp. 1201 ff., Küting, K./Weber, C. P. (1993), S. 27.

133 Vgl. Hauschildt, J. Leker, J. (1995), S. 252.

Eine Schwierigkeit bei der Definition eines Kennzahlensystems besteht in der Auswahl der Kennzahlen. Aus der großen Menge der möglichen Relativzahlen, welche zur Bewertung der wirtschaftlichen Lage zur Verfügung stehen,[134] sind die aussagefähigsten zu identifizieren. Dieser Aspekt wird in der Literatur häufig betont.[135] Weniger im Bewußtsein der Bilanzanalytiker ist, daß ebenfalls die Auswahl der Aggregationsmethode und die Gewichtung der Kennzahlen das Ergebnis wesentlich mitbestimmen.

Für eine theoretische Fundierung der Jahresabschlußanalyse ist nicht nur von Dieter Schneider[136] häufig plädiert worden,[137] nach wie vor existiert eine Theorie zur Bilanzanalyse jedoch nicht, und die Fundamentalanalyse[138] entbehrt einer grundlegenden Theorie. Für das Ranking von Aktiengesellschaften bedeutet dies, daß es als unstrittig bewertet werden kann, daß der Jahresabschluß die wichtigste Informationsquelle ist, wenn interne Informationen nicht zur Verfügung stehen. Es kann größtenteils als konsensfähig gelten, daß ein sinnvolles Kennzahlensystem basierend auf Jahresabschlußinformationen die relative Performance von Aktiengesellschaften bewerten kann. Welche Kennzahlen ein solches System enthalten soll und wie sie aggregiert werden sollen, ist strittig. Der Rückgriff auf neuronale Netze zur Klassifikation von Unternehmen[139] kann als ein Indiz dafür gesehen werden.

Das Ziel der vorliegenden Arbeit ist zu zeigen, in welchem Umfang das Resultat eines Kennzahlensystems – hier Rankings – durch die Kriteriengewichte und das Aggregationsverfahren bestimmt wird und welches System für welche Zwecke mehr oder weniger geeignet ist.[140]

134 Der handelsrechtliche Jahresabschluß einer Aktiengesellschaft bietet allein über 200 Positionen zur Kennzahlenbildung.

135 Vgl. zum Beispiel Baetge, J. (1996), S. 225.

136 Vgl. Schneider, D. (1989).

137 Vgl. zum Beispiel Burger, A. (1994b).

138 Vgl. Schmidt, R. (1995a), Sp. 829 ff.

139 Vgl. Burger, A./Buchhart, A. (1998), S. 409 ff., Longo, J. M./Long, M. S. (1997), Österreicher, A./Piotrowski-Allert, S. (1996), Erxleben, K. et al. (1992), Desai, V. S./Crook, J. N./Overstreet, G. A. (1996), Dietz, J./Füser, K./Schmidtmeier, S. (1997), Burger, A. (1994a), Baetge, J./Krause, C./Mertens, P. (1994), Wilson, R. L./Sharda, R. (1994), Rehkugler, H./Poddig, T. (1993), S. 295 ff., Rehkugler, H./Poddig, T. (1992), Goede, K./Weinrich, G. (1996).

140 Auf mögliche rechtliche Folgen eines Rankings oder Ratings für den Emittenten oder das bewertete Unternehmen kann im Rahmen der vorliegenden Arbeit nicht eingegangen werden. Vgl. hierzu v. Randow, P. (1996), v. Randow, P. (1995).

2.6 Bewertungskriterien und Kritik

Zur Bestimmung der Qualität eines Rankings sind mehrere Bewertungskriterien heranzuziehen. Da die Mehrzahl der in der Literatur zu findenden Anforderungskriterien zur Bewertung von Aktiengesellschaften sich auf Ratings und nicht Rankings bezieht, wird im folgenden ebenfalls auf Ratings eingegangen.

Die wichtigsten Kriterien zur Bewertung eines Rankings sind:

- Informationsgehalt und Aktualität,
- Transparenz,
- Neutralität und
- Eignung des Verfahrens und des Erstellers.

Die grundsätzliche Intention jedes Rankings ist, den oder die Adressaten darüber zu informieren, in welchem Maße ihre Ziele durch die einzelnen zu bewertenden Alternativen der Bewertungsmenge erfüllt werden, und diese Information in stark komprimierter Form – einer Note oder einer Einordnung in eine Reihenfolge – zu kommunizieren. Ist der Informationsgehalt der Methode zu gering, so hat das Ranking oder Rating keinen Nutzen.[141]

Der Informationsgehalt von Rankings, welche keine Prognosefunktion enthalten, ist selten in der Literatur empirisch überprüft worden.[142] Bezogen auf den Informationsgehalt eines Credit Ratings hingegen ist der methodische Versuchsaufbau relativ einfach. Der Aussagegehalt eines Ratings kann zum Beispiel dadurch getestet werden, daß untersucht wird, ob die Änderung eines Ratings zu einer Reaktion am Aktienmarkt führt.[143] Eine andere Möglichkeit ist, zu untersuchen, ob das Rating die zukünftige Performance eines Wertpapiers beeinflußt[144] beziehungsweise Wertpapiere einer bestimmten Ratingklasse eine bessere Rendite aufweisen als andere.[145] Einen Überblick über empirische Analysen, welche den Informationsgehalt von Ratings testen, geben Steiner/Heinke.[146]

Eng verbunden mit dem Informationsgehalt ist die Forderung nach der Aktualität eines Rankings.[147] Der Informationsgehalt des Rankings nimmt mit sinkender Aktualität ab. Sind die in einem Ranking verarbeiteten Informationen zu alt, so sind sie bereits in anderer Form dem Adressaten zugekommen und das

141 Zum Informationsgehalt von Ratings siehe zum Beispiel Steiner, M./Heinke, V. G. (2000).

142 Eine Ausnahme ist zum Beispiel die Untersuchung von Baden, vgl. Baden, K. (1992), S. 223 ff.

143 Vgl. Barron, M. J./Clare, A. D./Thomas, S. H. (1997), Felton, J./Hearth, D./Liu, P. (1995), Kaserer, C. (1995), Crabbe, L./Post, M. A. (1994), Matolcsy, Z. P./Lianto, T. (1995), Hand, J. R. M./Hothausen, R. W./Leftwich, R. W. (1992).

144 Vgl. Nayar, N./Rozeff, M. S. (1994), S. 1431 ff.

145 Vgl. Collins, M. C./Wansley, J. W./Robins, B. (1995).

146 Vgl. Steiner, M./Heinke, V. G. (1996), S. 586 ff.

147 Vgl. Serfing, K./Badack, E./Jeiter, V. (1996), S. 648, Jahn, E. (1995), S. 31.

Ranking besitzt für ihn nur noch einen geringeren Wert. In der Forderung nach Aktualität unterscheiden sich Rankings nicht von jeder beliebigen Form der Marktanalyse, deren ökonomischer Wert deutlich sinkt, je älter die Analyse ist.

Die Transparenz des Urteils ist eine ebenfalls häufig geforderte Eigenschaft eines Rankings.[148] Als transparent wird eine Methode dann bezeichnet, wenn sie vollständig dokumentiert ist und von Außenstehenden in jedem ihrer Teilschritte nachvollzogen werden kann. Dieser Anforderung wird gerade von Ratingagenturen häufig nicht entsprochen, welche die verwandten Bewertungsschlüssel geheimhalten. Zum Beispiel veröffentlichen Moody's[149] und Standard & Poor's[150] ihre Bewertungsmethoden nicht vollständig. Kommt es zu unterschiedlichen Bewertungen, so ist dem Außenstehenden nicht klar, ob diese durch voneinander abweichende Methoden, durch Zufallsfehler oder andere Faktoren zustande kommen.[151] Ist die Bewertung nicht transparent, entsteht überdies die besonders unerwünschte Wirkung, daß einzelne Ratings manipuliert werden können.[152] Das Ziel eines Rankings ist das Gegenteil, nämlich die Informationsasymmetrie zwischen Kapitalgeber und Unternehmen zu reduzieren.[153]

Die Neutralität der Rating- und Rankingersteller ist zu fordern. Ein unabhängiges Urteil ist nicht zu erwarten, wenn der Ersteller vom Kunden abhängig ist. Besteht diese Neutralität nicht, muß der Leser der Bewertung zu Recht davon ausgehen, daß einseitige Manipulationen enthalten sein können. Die Informationsfunktion für den Adressaten schwindet. Sobald Adressat und Ersteller des Rankings nicht identisch sind, ist die Überprüfung der Neutralität erforderlich.

Auf die Bedeutung der Eignung des Erstellers wird in der Literatur zu recht regelmäßig hingewiesen.[154] Verfügt die Ratingagentur oder der Ersteller des Rankings über zu wenig Personal oder sind die Mitarbeiter mangelnd qualifiziert, wirkt sich dies negativ auf den Informationsgehalt des Rankings aus. Folglich sind die Punkte „Informationsgehalt" und „Eignung des Erstellers" eng miteinander verknüpft.

148 Vgl. Jahn, E. (1995), S. 31, Serfing, K./Badack, E./Jeiter, V. (1996), S. 648 ff.

149 Vgl. Moody's Investor Service (Hrsg.) (1999), S. 3 ff., Moody's Investor Service (Hrsg.) (1998), S. 1 ff., Berblinger, J. (1996), S. 31 ff.

150 Vgl. Standard & Poor's (Hrsg.) (1998b), S. 3ff., Standard & Poor's (Hrsg.) (1999b), S. 1 ff., Standard & Poor's (Hrsg.) (1999a), S. 1 ff., Standard & Poor's (Hrsg.) (1997), S. 1 ff. Siehe auch Felton, J./Hearth, D./Liu, P. (1995), S. 976 ff., Collins, M. C./Wansley, J. W./Robinson, B. (1995), S. 329 ff., Standard & Poor's (Hrsg.) (1999c), S. 4 ff., Standard & Poor's (Hrsg.) (1998a), S. 3 ff.

151 Vgl. Shields, M. D. (1983), S. 285.

152 Vgl. Serfling, K./Pries, A. (1990), S. 383.

153 Vgl. Steiner, M./Heinke, V. G. (1996), S. 610 ff., Wagner, W. C. (1991), S. 69 ff., Kaserer, C. (1995), S. 265.

154 Vgl. Jahn, E. (1995), S. 31.

Die Wichtigkeit der Auswahl des Rankingverfahrens wird in der Literatur oft übergangen. Selbstverständlich ist jedoch nicht nur eine grundsätzlich hohe Qualifikation und Sorgfalt des Erstellers zu fordern, sondern auch, daß dieser befähigt ist, eine Methode auszuwählen, die die Ziele des Adressaten unverzerrt widerspiegelt.

In der Literatur werden weitere Beurteilungskriterien für Ratings genannt. So sieht Hirsch[155] in der Stabilität des Ratingsystems ein Indiz für dessen Verläßlichkeit. Er fordert, daß sich „Ratings bei geringfügigen Veränderungen der Entscheidungsparameter überhaupt nicht verändern dürfen."[156] Dieser Argumentation ist zu widersprechen. Zunächst ist unklar, was Hirsch unter „geringfügig" versteht. Des weiteren wird im empirischen Teil dieser Arbeit gezeigt, daß die Stabilität des Ergebnisses nicht nur von der Methode selbst, sondern auch von der Größe der Alternativenmenge abhängt. Je größer die Menge der zu bewertenden Unternehmen ist (und je ähnlicher sich diese sind), desto sensitiver reagieren ein Ranking und ein Rating auf Veränderungen der Modellparameter. Dieser Umstand, auch wenn er besonders aus der Sicht vieler Anwender ausgesprochen unangenehm ist, ist gewünscht. Das Ranking soll die Präferenzen der Adressatengruppe möglichst genau widerspiegeln. Ändern sich die Präferenzen oder die Alternativenausprägungen leicht, so soll sich dies im Ergebnis niederschlagen.

Um nicht ausschließlich die in der Literatur zu Rankings enthaltenen Bewertungskriterien zu berücksichtigen, sollen ebenfalls allgemein akzeptierte Beurteilungskriterien herangezogen werden. Es ist zu überprüfen, ob diese Gütekriterien vollständig durch die genannten Bewertungskriterien abgedeckt werden.

Grundsätzlich sind drei Kriterien zur Beurteilung der Qualität von Daten, die bei einem Meßvorgang erhoben wurden,[157] heranzuziehen: die Objektivität, die Reliabilität und die Validität.[158] Nur wenn diese Gütekriterien erfüllt werden, kann aus einer Untersuchung eine verläßliche Schlußfolgerung gezogen werden.

Ein Meßvorgang ist dann objektiv, wenn die Meßergebnisse nicht abhängig vom Untersuchungsleiter sind. Das Ziel- und Wertesystem des Durchführenden darf nicht das Ergebnis beeinflussen. Von Interpretationsobjektivität wird gesprochen, wenn kein Spielraum für die subjektive Interpretation des Untersuchungsleiters besteht. Den Anforderungen der Objektivität genügen Rankings nicht in jeder Hinsicht. Da sie die Präferenzen einer konkreten Adressatengruppe möglichst genau widerspiegeln sollen, sind sie in dem Sinne subjektiv.[159]

155 Vgl. Hirsch, U. (1996).

156 Hirsch, U. (1996), S. 663.

157 Das Ranking von Unternehmen kann als ein Meßvorgang interpretiert werden. Gemessen wird mit einem Ranking der Grad der Erreichung der Ziele der Adressaten.

158 Vgl. zum Beispiel Murrell, S./Plant, R. T. (1997), S. 307 ff.

159 Weitere Ausführungen zur Subjektivität von Rankings folgen.

Als Reliabilität einer Methode wird untersucht, inwieweit Meßergebnisse, die unter gleichen Bedingungen und identischen Meßverfahren erzielt werden, übereinstimmen. Die Reliabilität eines Rankings gehört zur Eignung der Methode. Sie sollte explizit berücksichtigt werden. Grundsätzlich sind Verfahren vorzuziehen, die vollständig in Form einer Software implementiert sind. Falls manuelle Eingriffe erforderlich sind, sollten diese systematisch erfolgen.

Die Validität ist das Ausmaß, in dem eine Meßmethode tatsächlich das Konstrukt mißt, das gemessen werden soll.[160] Die Validität ist identisch mit dem Informationsgehalt eines Verfahrens und in bezug auf Aktienrankings von besonderer Bedeutung.

Neben den Gütekriterien – und oft mit diesen vermischt – werden eine Anzahl von Kritikpunkten genannt. Primär werden an Unternehmensrankings und -ratings in der Literatur drei Aspekte kritisiert:

- die relative Bewertung
- die Heterogenität des Urteils und
- die Subjektivität.[161]

Rankings ermöglichen nur eine relative Einordnung der bewerteten Aktiengesellschaften. Ein Rating ist sogar nur eine ordinale Einstufung. Diesbezüglich wird bezweifelt, ob der Aussagegehalt eines einzelnen Symbols[162] als vollständiges Bonitätsurteil genügen kann.[163] Natürlich bieten diese Meßniveaus weniger Informationen als eine kardinale Analyse. Das Ranking enthält generell keine Information darüber, wie groß der Performanceunterschied einzelner Alternativen ist. Es wird kritisiert, daß ein mehrdimensionaler Datenkörper auf ein eindimensionales Maß reduziert wird.[164] Gegen den Kritikpunkt des Informationsverlusts bei einem nur intervallskalierten oder ordinalen Ergebnis sprechen empirische Analysen wie die von Perry/Cronan/Henderson, welche am Beispiel von Wertpapierratings gezeigt haben, daß auf Basis von „nur“ ordinalen Daten bessere Prognoseergebnisse erzielt werden konnten, als bei der Verwendung kardinaler Informationen.[165] Zu demselben Ergebnis kommt die Analyse von Kane und Meade.[166]

160 Vgl. Jäpel, W. (1985), S. 62 ff., Chander, P. G./Shinghal, R./Radhakrishan, T. (1997), S. 281 ff.

161 Vgl. Jahn, E. (1995), Serfling, K./Pries, A. (1990).

162 Einen Überblick über die bekanntesten Ratingsymbole gibt zum Beispiel Merkl, J. (1996), S. 40 ff.

163 Vgl. Jahn, E. (1995), S. 31, Serfling, K./Pries, A. (1990), S. 383.

164 Vgl. Pfisterer, S. (1989), S. 5.

165 Vgl. Perry, L. G./Cronan, T. P./Henderson, G. V. (1985), S. 14 ff.

166 Vgl. Kane, G. P./Meade, N. L. (1997), S. 67 ff.

Des weiteren wird die Heterogenität des Urteils kritisiert.[167] Zwischen den einzelnen Branchen bestehen teilweise große Unterschiede, die sich in unterschiedlichen Kennzahlen ausdrücken. Viele Kennzahlen haben nur innerhalb eines streng brancheninternen Vergleichs einen Aussagewert.[168] Zum Beispiel ist es nicht sinnvoll, Eigenkapitalquoten über alle Branchen direkt vergleichen zu wollen. Den Differenzen zwischen den Branchen muß die Rankingmethode Rechnung tragen. Ebenfalls heterogen sind bei einer mehrkriteriellen Analyse die Kennzahlenausprägungen eines Unternehmens. Je nach Verfahren wird dieser Aspekt mehr oder weniger gut berücksichtigt. Es sollte überprüft werden, ob Skaleneffekte das Ergebnis nicht systematisch verzerren[169] und die Aggregation der einzelnen Kriterien sinnvoll ist.

Fast jeder Autor kritisiert die mit einem Ranking verbundene Subjektivität.[170] Ist dieser Punkt grundsätzlich auch eng mit der Neutralität des Erstellers verbunden, so zielt die Kritik auf einen anderen Aspekt. Besonders die Auswahl der Kriterien und ihre Gewichtung werden, da sie subjektiv erfolgen, negativ bewertet.[171] Dabei wird in der Regel übersehen, daß auch die Auswahl der Aggregationsmethode und die Bestimmung der Alternativenmenge subjektiv ist, und beide Aspekte sich ebenso gravierend auf das Ergebnis auswirken können.[172] Ratings enthalten immer subjektive Komponenten,[173] was intendiert ist. Weshalb subjektive Schätzungen bei der Methodendefinition notwendig und wünschenswert sind, wird in Kapitel 3 in der Einordnung des Aktienrankings als Bestandteil der präskriptiven Entscheidungstheorie ausführlich hergeleitet.[174] Hier soll jedoch festgehalten werden, daß kein Unternehmensranking den Anspruch erheben kann, Unternehmen objektiv zu klassifizieren, sondern die Bewertungen immer durch die Interessen des Adressaten vorgegeben sind. Dennoch sind für den Fall, daß Adressat und Untersuchungsleiter zwei unterschiedliche Personen sind, die Ergebnisse vom Messenden unabhängig und können so die Forderung nach Objektivität wie im obigen definiert erfüllen.

Zusammenfassend ist zu den aufgeführten Kritikpunkten zu bemerken, daß es sich mehr um Eigenschaften als um nicht erwünschte Effekte handelt. Rankings stellen immer nur eine relative Form der Bewertung dar. Das Urteil basiert auf teilweise sehr heterogenen Informationen. Hier sollte immer überprüft werden, wie sinnvoll die eingesetzte Methode eine Aggregation ermög-

167 Vgl. Jahn, E. (1995), S. 31.

168 Vgl. Serfling, K./Pries, A. (1990), S. 383.

169 Das Auftreten von Skaleneffekten wird empirisch in Abschnitt 4.2.1.4 analysiert.

170 Vgl. Baetge, J. (1994), S. 2.

171 Vgl. Keyzlar, F./Wagner, B. (1996), S. 25.

172 Die empirische Überprüfung dieser These erfolgt in Kapitel 4.

173 Vgl. Hirsch, U. (1996), S. 659 ff.

174 Vgl. insbesondere Abschnitt 3.1.2.

licht. Rankings sind subjektiv, sie sollen die Präferenzen einer fokussierten Adressatengruppe widerspiegeln. Die Bewertungsmethode und das Ergebnis können objektiv überprüft werden. Sind diese Eigenschaften nicht erwünscht, so sollte eine andere Bewertungsmethodik herangezogen werden.[175]

Ein Ranking kann ebenso wie ein Rating nicht die Anforderungen an eine exakte Unternehmensanalyse erfüllen, wohl aber kann es einen empirisch-systematischen Hinweis auf die Performance eines Unternehmens geben. Für den Adressaten sollten Rankings einen Beitrag zur Kostensenkung darstellen, indem sie helfen, die Informationssuche und –verarbeitung deutlich zu reduzieren.

2.7 Das RSW-Verfahren als Beispiel eines Rankings von Aktiengesellschaften

2.7.1 Überblick

Das RSW-Verfahren[176] ist ein für die Bewertung der Performance von Unternehmen auf Basis von Jahresabschlüssen von Reinhart Schmidt entwickelter Unternehmenstest. Erstmals veröffentlicht wurde das Ranking im Manager Magazin im November 1987 mit einem Untersuchungsumfang von 304 deutschen Aktiengesellschaften der Branchen Industrie, Handel und Verkehr.[177] 1988 wurde das RSW-Verfahren auf Banken und Versicherungen ausgeweitet.[178] Seit November 1988 wurden regelmäßig 500 börsennotierte, deutsche Aktiengesellschaften aller Branchen bewertet. Die Ergebnisse dieser Rankings wurden bis 1998 jährlich im „Manager Magazin“ veröffentlicht.[179]

1994 ist das Verfahren um die Analyse der Börsenkursentwicklung für die Performancemessung erweitert worden.[180] Zusätzlich zur fundamentalen Bewertung erfolgt seither die Analyse der Kursperformance.[181] Basis für die empirischen Analysen in Kapitel 4 ist allein die fundamentale Bewertung des RSW-Tests in seiner Version von 1998, wie sie in Abschnitt 2.7.3 beschrieben wird. Da auf die Börsenbewertung jedoch häufig verwiesen wird, wird das Verfahren hier vollständig in seiner Form von 1997[182] vorgestellt.

175 Eine vom Adressaten unabhängige Unternehmensbewertung gibt es nicht.

176 Vgl. Schmidt, R. (1990a), Schmidt, R. (1995b), Schmidt, R. (1997b).

177 Vgl. Schmidt, R./Wilhelm, W. (1987), S. 233 ff.

178 Vgl. Schmidt, R./Wilhelm, W. (1988), S. 137 ff.

179 Vgl. Schmidt, R./Wilhelm, W. (1987), S. 233 ff.

180 Vgl. Schmidt, R. (1995b), S. 1.

181 Vgl. Schmidt, R. (1995b), S. 7 ff.

182 Vgl. Schmidt, R. (1997b).

Neben dem ausschließlich deutsche Unternehmen umfassenden Ranking existiert seit 1990 zusätzlich ein Ranking für die 500 größten europäischen Aktiengesellschaften.[183] Da der Gegenstand der folgenden Analyse ausschließlich deutsche Unternehmen sind, werden die Besonderheiten des Europa-Tests nicht dargestellt.[184]

Die jüngste gravierende Veränderung der Methodik des RSW-Tests wurde 1999 im Rahmen der Analyse von 500 europäischen Aktiengesellschaften vorgenommen.[185] In Abschnitt 2.7.6 wird die veränderte Methodik kurz beschrieben. Basis für weitere Analysen im Rahmen der vorliegenden Arbeit ist sie nicht.

2.7.2 Zielsetzung und theoretischer Bezugsrahmen

Das Ziel des RSW-Verfahrens ist, eine umfassende, nachvollziehbare und vergleichbare Beurteilung von Unternehmen auf der Basis von veröffentlichten Informationen aus Sicht der Anteilseigner zu erlangen.[186] Die Bewertung der Performance der Unternehmen erfolgt vergangenheitsorientiert. Das Ergebnis ist ein Ranking, also eine relative Einordnung aller bewerteten Aktiengesellschaften.

Gemessen wird die Performance sowohl fundamental als auch bei der Bewertung der Börsenentwicklung auf Basis von drei Kriterien: *Rendite (R)*, *Sicherheit (S)* und *Wachstum (W)*, woher der Name der Methode – *RSW-Verfahren* – stammt.[187]

Die Verwendung der Dimensionen Rendite, Sicherheit und Wachstum wird von Schmidt[188] sowohl theoretisch als auch empirisch begründet: Vorliegende Faktoranalysen zeigen, daß die Rentabilität den höchsten Erklärungsbeitrag bei der Trennung von erfolgreichen und nicht erfolgreichen Unternehmen aufzeigt.[189] Den theoretischen Bezugsrahmen für die Definition der Kennzahlen liefert zunächst der Ansatz von Markowitz, welcher für Kapitalanlageentscheidungen die gleichzeitige Berücksichtigung von Rendite und Risiko einer Aktie fordert.[190] Überdies sind die Einflußfaktoren, welche die Unternehmensqualität bedingen und den Indikatoren, welche diese Qualität anzeigen, Bestimmungsgründe der drei Dimensionen. Eingegangen sind als theoretische Fundierung

183 Vgl. Gatermann, M./Ulrich, S. (1990), S. 65 ff.

184 Vgl. dazu unter anderem Baden, K. (1992), S. 122 ff.

185 Vgl. o. V. (1999b), S. 204 ff.

186 Vgl. Schmidt, R. (1990a), S. 63.

187 Vgl. Schmidt, R./Wilhelm, W. (1987), S. 239 ff.

188 Vgl. Schmidt, R. (1990a), S. 63.

189 Vgl. dazu unter anderem Baden, K. (1992), S. 117.

190 Vgl. Markowitz, H. M. (1959).

hier die Analysen über exzellente Unternehmen[191], welche die Bedeutung des Unternehmenswachstums aufzeigt, sowie die Untersuchungen zur Bonitätsanalyse und Insolvenzprognose[192] von Unternehmen.

2.7.3 Vorgehensweise der Analyse der fundamentalen Daten

Die fundamentale Analyse des RSW-Tests besteht aus fünf Teilschritten: der Auswahl der Aktiengesellschaften, der Auswahl und Definition der Kennzahlen, der Herstellung ihrer Vergleichbarkeit, der Gewichtung sowie der abschließenden Verdichtung der Kennzahlen.[193]

2.7.3.1 Auswahl der Unternehmen

Als große Stärke des RSW-Verfahrens ist zu sehen, daß in einem Ranking Aktiengesellschaften jeder Branche bewertet werden können. Diese Verbindung wird über die Kennzahlenauswahl und –definition sowie die Aggregation zu einem Score erreicht.[194] Die zu bewertenden Unternehmen besteht aus vier Hauptgruppen:

- Industrie-, Handels- und Verkehrsunternehmen,
- Verwaltungsgesellschaften,
- Banken (Geschäfts- und Hypothekenbanken) sowie
- Versicherungen (Holdinggesellschaften, Schaden-, Lebens- und Rückversicherer).[195]

Die Auswahl der Aktiengesellschaften ist eine wichtige Vorentscheidung.[196] Die Selektion der Alternativenmenge erfolgt jährlich auf Basis derselben Regeln. Die Menge der im „Manager Magazin" bewerteten Aktiengesellschaften ist auf exakt 500 Gesellschaften beschränkt. Natürlich könnten auch größere oder kleinere Gruppen analysiert werden. Die Alternativenmenge setzt sich aus den Unternehmen des Amtlichen Handels, des Geregelten Marktes und Neuen Marktes zusammen. Unternehmen, welche ausschließlich im Freiverkehr gehandelt werden, sind nicht Bestandteil des Rankings.

Damit eine Aktiengesellschaft fundamental bewertet werden kann, müssen rechtzeitig zur Auswertung die Jahresabschlüsse der letzten drei Geschäftsjahre vorliegen. In die Auswertung der Börsenperformance können darüber hinaus nur

191 Vgl. Albach, H. (1988), S. 69 ff., Peters, P., Waterman, R. (1982).

192 Vgl. Altman, E. I. (1968), S. 589 ff., Grenz, T. (1987).

193 Anstelle von fünf Teilschritten untergliedert Schmidt die Vorgehensweise in sechs Einzelschritte. Vgl. Schmidt, R. (1990a), S. 65.

194 Vgl. Schmidt, R. (1990a), S. 66.

195 Vgl. Schmidt, R. (1995b), S. 2.

196 Vgl. Schmidt, R. (1990a), S. 65.

die Aktiengesellschaften einbezogen werden, die zum Zeitpunkt der Auswertung mindestens eineinhalb Jahre börsennotiert waren. Des weiteren können andere Gründe zu einem Ausschluß einer Gesellschaft führen.[197] So kann für Aktiengesellschaften mit negativem Eigenkapital nicht immer sinnvoll eine Eigenkapitalrendite berechnet werden. Von den verbleibenden Aktiengesellschaften werden, um eine Gruppe von genau 500 Unternehmen zu erhalten, die mit dem geringsten absoluten Free-float[198] ausgeschlossen.

2.7.3.2 Auswahl und Definition der Kennzahlen

Ausgangspunkt für die Berechnung der Kennzahlen der fundamentalen Analyse bilden die Jahresabschlüsse der letzten drei Geschäftsjahre.[199] Aus der Vielzahl der möglichen Kriterien wurden drei Scores ausgewählt, welche auf Basis von insgesamt sechs Kennzahlen gemessen werden.[200]

Der Fundamentalscore (der Endscore des Fundamentaltests) setzt sich aus drei Teilscores, dem Renditescore, dem Sicherheitsscore sowie dem Wachstumsscore, zusammen. Die drei Teilscores werden jeweils auf Basis von zwei Kennzahlen gemessen. Um dem Anspruch der Vergleichbarkeit unterschiedlicher Branchengruppen entsprechen zu können, ist bewußt jeweils eine Kennzahl je Score so definiert, daß sie über alle Branchen hinweg gleich gebildet werden kann und dieselbe Aussagekraft besitzt.[201] Diesen Anforderungen entsprechen die Eigenkapitalrendite (R1), die Eigenkapitalquote (S1) und die Wachstumsrate der Bilanzsumme (W1). Die zweite Kennzahl je Dimension ist dagegen bezogen auf die jeweilige Branchengruppe individuell definiert worden.[202] Die Renditekennzahlen sind in Tabelle 1, die Sicherheitskennzahlen in Tabelle 2 und die Wachstumskennzahlen in Tabelle 3 zusammengefaßt.

Die Renditekennzahlen R1 und R2 werden über drei Jahre berechnet. Um neben der Entwicklung auch die Aktualität zu berücksichtigen, wird ein Durchschnitt aus drei gewichteten Renditekennzahlen gebildet, wobei die Gewichtung im Verhältnis 1:2:3 erfolgt, so daß das letzte Jahr das höchste Gewicht enthält.[203] Optimal ist nicht eine starke prozentuale Steigerung der Rentabilität, sondern das Erreichen und Halten einer vergleichsweise überdurchschnittlichen Rendite.

197 Vgl. Schmidt, R./Wilhelm, W. (1987), S. 237.

198 Vgl. zum Beispiel Loistl, O. (1993), S. 760.

199 Vgl. Döhle, P. et al. (1998), S. 208, Schmidt, R. (1995b), S. 3. Bis 1993 wurden Banken und Versicherungen auf der Basis von fünf aufeinander folgenden Geschäftsjahren bewertet. Vgl. Baden, K. et al. (1992), S. 154.

200 Vgl. unter anderem Balzer, A. et al. (1997), S. 196.

201 Vgl. Schmidt, R. (1995b), S. 3.

202 Vgl. Schmidt, R. (1990a), S. 68 ff.

203 Vgl. Schmidt, R. (1995b), S. 4.

Tabelle 1 Rendite

Kennzahlen	Kürzel	Branchen
Eigenkapitalrendite	R1	Alle Branchen
Cash-flow-Rendite, gemessen durch das Verhältnis von Cash-flow zu Umsatz	R2	Industrieunternehmen
Gesamtkapitalrendite vor Steuern und Zinsen	R2	Verwaltungsgesellschaften
Betriebsrendite, gemessen durch Teilbetriebsergebnis zu Betriebsergebnis	R2	Banken
Betriebsrendite, gemessen durch versicherungstechnisches Ergebnis zuzüglich Kapitalergebnis zu den Bruttoerträgen	R2	Versicherungen

Quelle: Schmidt, R. (1995c), S. 6.

Tabelle 2 Sicherheit

Kennzahlen	Kürzel	Branchen
Eigenkapitalquote	S1	Alle Branchen
Liquiditätsquote, gemessen durch liquide Mittel und Wertpapiere zum Gesamtvermögen am Ende des letzten Geschäftsjahres	S2	Industrieunternehmen, Verwaltungsgesellschaften
Liquiditätsquote, gemessen durch liquide Mittel einschließlich Anleihen zur Bilanzsumme am Ende des letzten Geschäftsjahres	S2	Banken außer Hypothekenbanken
Erweiterte Liquiditätsquote	S2	Hypothekenbanken
Beitragsdeckung, gemessen durch Eigenkapital am Ende des letzten Geschäftsjahres im Verhältnis zu den Beiträgen für eigene Rechnung	S2	Versicherungen

Quelle: Schmidt, R. (1995c), S. 6.

Sowohl S1 als auch S2 werden ausschließlich auf Basis der Werte des letzten analysierten Geschäftsjahres berechnet. Das Wachstum wird bei beiden Kennzahlen über zwei Jahre berechnet, das heißt, daß die Bilanzsumme, der Umsatz, die Bruttoerträge beziehungsweise die Bruttobeiträge am Ende des letzten der drei Geschäftsjahre ins Verhältnis zu den entsprechenden Werten am Ende des ersten Geschäftsjahres gesetzt werden. Das Wachstum wird als geometrisches Mittel berechnet. Alle sechs Kennzahlenwerte werden in Prozent angegeben.

Tabelle 3 Wachstum

Kennzahlen	Kürzel	Branchen
Wachstumsrate Bilanzsumme	W1	Alle Branchen
Prozentuale Wachstumsrate des Umsatzes	W2	Industrieunternehmen
Prozentuale Wachstumsrate des Anlagevermögens	W2	Verwaltungsgesellschaften
Prozentuale Wachstumsrate der Bruttoerträge, gemessen durch alle Zins- und Provisionserträge sowie Beteiligungserträge	W2	Banken
Prozentuale Wachstumsrate der Bruttobeiträge	W2	Versicherungen

Quelle: Schmidt, R. (1995c), S. 7.

Der fundamentale Teil des RSW-Tests ist so aufgebaut, daß er gleichsam auf Gesellschaften mit beschränkter Haftung oder nicht börsennotierte Aktiengesellschaften angewandt werden kann.[204] Im Test von 1993 sind zusätzlich zu den börsennotierten Gesellschaften mehr als 100 große, nicht börsennotierte Kapitalgesellschaften in die Analyse mit einbezogen worden.[205]

Die Auswahl der fundamentalen Kennzahlen im RSW-Verfahren ist sowohl theoretisch als auch durch empirische Analysen belegt.[206] Zusätzlich profitiert das Ranking von der langjährigen Erfahrung von Schmidt im Hinblick auf die Anwendung von Unternehmensrankings. So unterscheiden sich die Definitionen der sechs Fundamentalkennzahlen in der Fassung des Rankings von 1988 und 1994 deutlich von den für den Test von 1987 verwandten Definitionen.

Zur Messung der Rendite wurden 1987 die Gesamtkapitalrendite des zuletzt publizierten Geschäftsjahres (R1) und die Gesamtkapitalrendite des Vorjahres (R2) verwandt.[207] Um die Performance stärker aus der Sicht des Aktionärs – des Eigenkapitalgebers – zu messen und die stark differierende Eigenkapitalquoten der analysierten Gesellschaften zu berücksichtigen, wird R1 ab 1988 als Eigenkapitalquote definiert. Eine stärkere Orientierung in Richtung Shareholder Value[208] wird ebenfalls durch die Definition von R2 als Cash-Flow-Rendite für Industrieunternehmen beziehungsweise Betriebsrendite für Banken und Versi-

204 Vgl. Schmidt, R. (1995b), S. 3, Baden, K. et al. (1990), S. 132.

205 Vgl. Baden, K./Wilhelm, W. (1993b), S. 93 ff.

206 Vgl. Abschnitt 2.7.2.

207 Vgl. unter andem Baden, K. (1992), S. 92 ff.

208 Vgl. Rappaport, A. (1999). Siehe auch Schmidt, R. (1993), S. 277 ff.

cherungen und Gesamtkapitalrendite für Verwaltungsgesellschaften in der Version ab 1994 erzielt.[209]

1987 wurde das Wachstum anhand des Fixed-Assets-Faktors (W1) und des Börsenwertfaktors 1987 (W2) gemessen.[210] Die Bewertung von Unternehmen aller Branchengruppen in einem Ranking machte eine differenziertere Herangehensweise erforderlich. Um als erste Wachstumskennzahl (W1) eine Kennzahl zu verwenden, welche sinnvoll über alle Branchen – auch Verwaltungsgesellschaften – definiert werden kann, wurde der Fixed-Asset-Faktor durch das Bilanzsummenwachstum ersetzt.[211] Die Definition von W2 erfolgt ab 1988 wie in Tabelle 3 dargestellt branchenspezifisch, indem in Abhängigkeit von der Branchengruppe das Wachstum des Umsatzes, des Anlagevermögens oder der Bruttoerträge berechnet wird.

Detailliert werden im folgenden die genauen Kennzahlendefinitionen für die Gruppe der Industrie-, Handels- und Verkehrsunternehmen aufgeführt. Für die anderen Branchengruppen sei auf die Ausführungen von Schmidt verwiesen.[212]

R1: Eigenkapitalrendite (EKR)

$$EKR = \frac{3 \cdot EKR(t_3) + 2 \cdot EKR(t_2) + 1 \cdot EKR(t_1)}{6}$$

R2: Cash-flow-Rendite (CFR)

$$CFR = \frac{3 \cdot CFR(t_3) + 2 \cdot CFR(t_2) + 1 \cdot CFR(t_1)}{6}$$

S1: Eigenkapitalquote (EKQ)

$$EKQ(t) = \frac{\text{Eigenkapital} - \text{nicht durch Eigenkapital gedeckter Fehlbetrag}}{\text{Bilanzsumme} - \text{nicht durch Eigenkapital gedeckter Fehlbetrag}}$$

209 Vgl. Schmidt, R. (1995b), S. 5.

210 Vgl. Schmidt, R./Wilhelm, W. (1987), S. 246.

211 Vgl. Schmidt, R. (1990a), S. 71.

212 Vgl. Schmidt, R. (1994), S. 90 ff.

S2: Liquiditätsquote (LQ)

$$LQ(t) = \frac{\text{Liquide Mittel} + \text{Wertpapiere des Umlaufvermögens}}{\text{Bilanzsumme des Vorjahres} - \text{nicht durch Eigenkapital gedeckter Fehlbetrag}}$$

W1: Wachstumsrate Bilanzsumme (WBS)

$$WBS(t_3) = \left(\sqrt{\frac{Bilanzsumme(t_3)}{Bilanzsumme(t_1)}} - 1 \right) \cdot 100$$

W2: Wachstumsrate Umsatzerlöse (WU)

$$WU(t_3) = \left(\sqrt{\frac{Umsatzerlöse\ (t_3)}{Umsatzerlöse\ (t_1)}} - 1 \right) \cdot 100$$

Die Ermittlung der sechs Kennzahlen je Unternehmen erfolgt auf Basis einer am Lehrstuhl von Schmidt entwickelten Software.

2.7.3.3 Herstellung der Vergleichbarkeit

Bevor die einzelnen Kennzahlenrealisationen in Form eines Scoring-Verfahrens gewichtet und aggregiert werden, muß eine Normierung der Werte durchgeführt werden.[213] Die Herstellung der Vergleichbarkeit ist notwendig, um die einzelnen Kennzahlen eines Unternehmens sinnvoll zu einem Gesamtscore aggregieren zu können. Erfolgte sie nicht, würden Skaleneffekte das Ranking signifikant verzerren. So unterscheidet sich zum Beispiel die Spannweite der Wachstumskennzahlen erheblich von der Spannweite der Liquiditätsquote. Letztere würde, wenn eine Normierung nicht vorgenommen würde, kaum einen Effekt auf das Ergebnis haben, erstere würde es dominieren.

Die Vergleichbarkeit der Kriterien wird im RSW-Verfahren durch eine Standardisierung in Form einer z-Transformation erzielt. Durch eine z-Transformation werden beliebig verteilte Zufallsvariablen nach dem zentralen Grenzwertsatz[214] in die standardisierte Normalverteilung überführt. Dazu wird von jeder Kennzahlenausprägung der Erwartungswert dieser Kennzahl subtrahiert und die Differenz durch die theoretische Standardabweichung dividiert. Geschätzt werden der Erwartungswert durch das arithmetische Mittel und die theoretische Standardabweichung durch die empirische Standardabweichung.

213 Vgl. Schmidt, R. (1995b), S. 3.

214 Vgl. zum Beispiel Schlittgen, R. (1991), S. 228.

Jede Kennzahl wird standardisiert, indem sie zunächst einem Standardisierungskreis zugeordnet wird. Für den fundamentalen Test von 1997 wurden 25 Standardisierungskreise gebildet.[215] Die Größe der Vergleichsgruppen differiert stark. So umfaßt die Vergleichsgruppe zur Standardisierung der Eigenkapitalrendite (R1) und der Wachstumsrate der Bilanzsumme (W1) alle fundamental analysierten Aktiengesellschaften, während andere Standardisierungskreise aus nur wenigen Aktiengesellschaften (den Lebensversicherungen) bestehen.

Die standardisierten Werte sind so zu interpretieren, daß sie eine Maßzahl für die Abweichung eines Unternehmens vom Durchschnitt aller Unternehmen unter Berücksichtigung der Standardabweichung sind[216] – bei den spezifischen Kennzahlen gilt dies entsprechend zum relevanten Standardisierungskreis. Das heißt, daß positive Werte eine überdurchschnittliche, negative eine unterdurchschnittliche Performance symbolisieren.

2.7.3.4 Gewichtung der Kennzahlen

Nachdem die sechs Kennzahlen für jede Aktiengesellschaft standardisiert sind, wird der fundamentale RSW-Score gebildet, indem die standardisierten Kennzahlen mit den entsprechenden Gewichtungsfaktoren multipliziert werden. Die Gewichtungsfaktoren sind in Tabelle 4 zusammengefaßt.

Zwischen Rendite, Sicherheit und Wachstum erfolgt die Gewichtung im Verhältnis 4:1:1.[217] Damit geht die Rendite zu zwei Dritteln und die anderen Scores jeweils mit einem Sechstel in den Gesamtscore ein. Die Kennzahlen R1 und R2, S1 und S2 sowie W1 und W2 werden jeweils im Verhältnis 2:1 gewichtet.

Die Wahl der Gewichte ist subjektiv.[218] Das Gesamtgewicht der Renditekennzahlen R1 und R2 wird mit zwei Dritteln angesetzt, die Kennzahlengruppen Sicherheit und Wachstum werden jeweils mit einem Sechstel berücksichtigt. Damit werden die Dimensionen Rendite, Sicherheit und Wachstum im Verhältnis 4:1:1 statt in dem RSW-Verfahren von 1987[219] mit 2:1:1 gewichtet. Diese Modifikation der Gewichtung ist durch die großen Bedeutung der Rendite aus der Sicht des Aktionärs begründet. Innerhalb der Kennzahlengruppen werden die nicht branchenspezifischen Kennzahlen (R1, S1 und W1) mit zwei Dritteln und die sich an der Branchengruppe orientierende Kennzahlen mit einem Drittel gewichtet.

215 In Tabelle 68 in Abschnitt 4.5.2.3.1 der vorliegenden Arbeit sind die 25 Standardisierungsgruppen und die für das Ranking von 1997 berechneten Standardisierungsparameter zusammengefaßt.

216 Vgl. Schmidt, R. (1995b), S. 3.

217 Vgl. Schmidt, R. (1990a), S. 71.

218 Vgl. Schmidt, R. (1990a), S. 72.

219 Vgl. Wilhelm, W., Schmidt, R. (1987), S. 233 ff.

Tabelle 4 Gewichtungsfaktoren im fundamentalen RSW-Test

Score	Kennzahl		Gewicht	Prozent
Renditescore	R1	Eigenkapitalrendite	4/9	44,44 %
	R2	Cash-flow-Rendite/ Betriebsrendite/ Gesamtkapitalrendite	2/9	22,22 %
Sicherheitsscore	S1	Eigenkapitalquote	1/9	11,11 %
	S2	Liquiditätsquote/ Beitragsdeckung	1/18	5,56 %
Wachstumsscore	W1	Wachstumsrate Bilanzsumme	1/9	11,11 %
	W2	Wachstumsrate Umsatz/ Wachstumsrate Anlagevermögen/ Wachstumsrate Bruttoerträge	1/18	5,56 %

Quelle: Schmidt, R. (1995c), S. 4.

2.7.3.5 Verdichtung der Kennzahlen

Die Verdichtung der Kennzahlen zum fundamentalen RSW-Score erfolgt durch einfache Addition aller standardisierten Kennzahlen, welche vorher mit ihrem kennzahlenspezifischen Gewicht multipliziert wurden. Mit der Standardisierung und Gewichtung lautet die Formel zur Berechnung des fundamentalen RSW-Scores:[220]

$$RSW_{a_i \in VG_h} = \sum_{j=1}^{6} \frac{x_{j,a_i} - \bar{x}(VG_h, j)}{s(VG_h, j)} w_j$$

wobei:

a_i	Alternative i (hier Aktiengesellschaft i)
i	Laufindex der Alternativen, wobei i=1, 2, ...n
VG_h	Vergleichsgruppe h
h	Laufindex der Vergleichsgruppen, wobei h=1, 2, ...
$RSW_{a_i \in VG_h}$	fundamentaler RSW-Score der Alternative a_i, Element von VG_h
j	Laufindex der Kennzahlen, wobei j=1, 2 ...6

220 Vgl. Schmidt, R. (1990a), S. 71 ff.

x_{j,a_i}	Kennzahlenrealisation der Kennzahl *j* der Alternative a_i
$\overline{x}(VG_h, j)$	arithmetisches Mittel der Kennzahl *j* der Vergleichsgruppe *h*
$s(VG_h, j)$	Standardabweichung der Kennzahlen *j* der Vergleichsgruppe *h*
w_j	Gewichtungsfaktor der Kennzahl *j*

Parallel zur Bestimmung des fundamentalen RSW-Scores wird der Börsenscore jeder Aktiengesellschaft ermittelt.

2.7.4 Analyse der Börsenperformance

Seit 1994 ist zusätzlich zur Auswertung der Jahresabschlüsse im RSW-Test die Bewertung der Börsenperformance enthalten.[221] Unter der Analyse der Börsenperformance ist die Bewertung der Kursentwicklung der einzelnen Aktiengesellschaft in dem untersuchten Zeitraum zu verstehen. Die Analyse der Börsenperformance geht dabei im Rahmen des RSW-Tests über die in der Praxis fast immer isolierten Bewertungen von Gewinnsteigerungen, Dividendenrenditen oder die Berechnung des Kurs/Gewinnverhältnisses hinaus.[222] Der Aktionär soll durch die Aggregation mehrerer Börsenkennzahlen zu einem Gesamtscore in seinen Anlageentscheidungen unterstützt werden.

In Übereinstimmung zu der fundamentalen Analyse wird die Kursentwicklung über drei Jahre bewertet.[223] Der genaue Zeitraum der fundamentalen Analyse hängt, wie beschrieben, von dem Geschäftsjahr der jeweiligen Aktiengesellschaft ab. Da das Geschäftsjahr der meisten Unternehmen mit dem Kalenderjahr übereinstimmt, beginnt und endet der Zeitraum der Börsenanalyse sechs Monate später. Diese Verschiebung ist gewollt, um aktuellere, nach dem Geschäftsjahresabschluß festzustellende Börsenentwicklungen berücksichtigen zu können.[224]

Der erste wichtige Schritt der Börsenbewertung ist die Aufbereitung der Ausgangsdaten, wozu die eigentlichen Kurse, die Dividenden, aber auch Kapitalmaßnahmen gehören, um die die Kurse zu bereinigen sind. Ist dieser in der Anwendung oft aufwendige Schritt abgeschlossen, werden drei Börsenkennzahlen berechnet. Konkret werden zur Ermittlung der Börsenperformance Rendite, Sicherheit und Wachstum anhand je einer Kennzahl gemessen.

Die Rentabilität wird bestimmt, indem die mittlere Rendite bei einer sechsmonatigen Anlagedauer unter Berücksichtigung von Dividenden herangezogen

221 Vgl. Baden, K./Wilhelm, W. (1994), S. 106 und S. 126 ff.

222 Vgl. Schmidt, R. (1995b), S. 7.

223 Vgl. Döhle, P. et al. (1998), S. 242.

224 Vgl. Schmidt, R. (1995b), S. 1.

werden.[225] Konkret werden dazu die vergangenen drei Jahre in elf überlappende Sechsmonatszeiträume eingeteilt. Dazu werden die Halbjahre um ein Quartal versetzt angeordnet. Dies geschieht mit dem Ziel, die Zahl der Halbjahresrenditen zu vergrößern. Eine Haltedauer von einem halben Jahr[226] wird aus steuerlichen Gründen unterstellt.[227] Alle Renditen werden indexbereinigt. Die Indexbereinigung dient dem Zweck, daß auch Aktiengesellschaften bewertet werden können, die nicht über den gesamten Zeitraum von drei Jahren börsennotiert waren.

Zur Messung der Sicherheit dient die Standardabweichung der Renditen, welche mit negativem Vorzeichen in den Börsenscore eingeht. Die Standardabweichung wird auf Basis der für die Messung der Rentabilität gebildeten indexbereinigten elf Halbjahresrenditen kalkuliert. Da eine hohe Volatilität ein Zeichen für eine geringe Sicherheit und somit unerwünscht ist, wird sie mit minus Eins multipliziert, bevor sie in den Börsengesamtscore eingeht.[228]

Die marktbereinigte Wertentwicklung der Aktien über den gesamten Analysezeitraum von drei Jahren bildet das Wachstumsmaß. Dazu wird der Kurs am Ende des Analysezeitraums durch den Kurs am Anfang des Analysezeitraums geteilt. Da davon auszugehen ist, daß es innerhalb von drei Jahren zu Kapitalmaßnahmen kommt, wird der Nenner in der Regel ein bereinigter Kurs sein. Für die Wachstumskennzahl wird ebenfalls eine Indexbereinigung vorgenommen.[229] Auch wenn dieses Maß hoch mit der Börsenrendite korreliert, ist es wichtig, es einzubeziehen, da Rendite und Sicherheit (so wie sie definiert sind) keine Auskunft darüber geben, ob eine positive Rendite am Anfang oder am Ende der drei Jahre erzielt wurde.

Sind von einem Unternehmen sowohl Stamm- als auch Vorzugsaktien börsennotiert, so werden die drei Kennzahlen für beide Gattungen berechnet und beide gehen als gemittelte Renditen in den Test mit ein.[230] Gleiches geschieht bei Namens- und Inhaberaktien. Jedoch gehen maximal zwei Gattungen in das Ranking ein. Hierzu werden die zwei Formen mit der höchsten Marktkapitalisierung verwandt.[231]

Die berechneten Kennzahlen werden wie bei der fundamentalen Analyse standardisiert, indem von jeder Kennzahlenausprägung der zugehörige Mittel-

225 Vgl. Baden, K./Wilhelm, W. (1996), S. 70.

226 Die Spekulationsfrist wurde 1999 für private Anleger von sechs auf zwölf Monate verlängert. Vgl. EStG § 23.

227 Vgl. Schmidt, R. (1995b), S. 8.

228 Vgl. Döhle, P. et al. (1998), S. 242.

229 Vgl. Schmidt, R. (1995b), S. 9.

230 Sowohl Stamm- als auch Vorzugsaktien sind zum Beispiel von SAP und MLP börsennotiert. Vgl. Baden, K./Wilhelm, W. (1995), S. 160, Döhle, P. et al. (1998), S. 242.

231 Vgl. Schmidt, R. (1995b), S. 9.

wert abgezogen wird und die Differenz durch die Standardabweichung dividiert wird. So wird sichergestellt, daß die relative Position eines Unternehmens unter Berücksichtigung der Schwankungsbreiten richtig wiedergegeben wird.[232] Eine Differenzierung nach Branchen und Standardisierungskreisen erfolgt bei der Börsenbewertung natürlich nicht.

Die drei standardisierten Kennzahlen jeder Aktiengesellschaft werden gewichtet, wobei die Sicherheitskennzahl mit 1/2 (50 %) die höchste Gewichtung erhält. Die Rendite wird mit 1/3 (33,33 %) und das Wachstum mit 1/6 (16,67 %) multipliziert.[233] Hiermit geht das Risiko genauso stark in den Börsenscore ein wie die Summe aus Rendite und Wachstum.

Die Teilscores ergeben sich durch die Multiplikation der Gewichte mit den standardisierten Kennzahlen. Der Börsenscore wird in einem letzten Schritt als Summe der drei Teilscores berechnet. Ein positiver Börsenscore bedeutet eine überdurchschnittliche Performance, ein negativer Börsenscore eine unterdurchschnittliche Marktentwicklung.

2.7.5 Gesamtanalyse

Die zwei Analysekomponenten – die der fundamentalen Bewertung und der Börsenkursentwicklung – werden zu einer einzigen Kennzahl aggregiert.[234] Dazu wird das arithmetische Mittel des Fundamental- und Börsenscores berechnet, beide Bewertungen gehen damit gleichgewichtet in den Endscore ein. Das Ergebnis ist der Gesamtscore. Würde ein Unternehmen genau im Durchschnitt aller gerankten Aktiengesellschaften liegen, so hätte es einen Gesamtscore von null.

Das Ergebnis sind nicht nur Rankings in Form von Rangtabellen beziehungsweise sogenannten „Hitlisten". Seit 1994 werden regelmäßig aus den Rankings auch Ratings abgeleitet.[235] Sowohl beim Fundamentalscore als auch beim Börsenscore wird das Rating wie folgt gebildet: die besten 5 % der Unternehmen erhalten das Rating „A", die 5 % bis 25 % besten das Rating „B", die 25 % bis 75 % besten das Rating „C", die 75 % bis 95 % besten das Rating „D" und die schlechtesten 5 % der 500 bewerteten Aktiengesellschaften erhalten das Rating „E".[236] Da das Rating aus dem Ranking abgeleitet wird und weniger Information erhält, wird das RSW-Verfahren vereinfachend den Unternehmensrankings zugeordnet, auch wenn es ein Ranking und ein Rating beinhaltet. Die folgenden Analysen beziehen sich ausschließlich auf das Ranking. Die empiri-

232 Vgl. Schmidt, R. (1995b), S. 7.

233 Vgl. Döhle, P. et al. (1998), S. 242.

234 Vgl. Schmidt, R. (1995b), S. 1, Döhle, P. et al. (1998), S. 242 ff.

235 Vgl. Baden, K./Wilhelm, W. (1994), S. 126 ff.

236 Vgl. Schmidt, R. (1995b), S. 11.

schen Ergebnisse könnten jedoch ohne viel Aufwand auf das Rating übertragen werden.

Im Idealfall stimmen fundamentales Rating und Börsenrating überein beziehungsweise liegen nah beieinander. Bei einigen Unternehmen kommt es jedoch zu gravierenden Differenzen. Mögliche Gründe für größere Abweichungen beim Fundamental- und Börsenscore sind vielfältig. Ein Grund für eine bessere Börsen- als Fundamentalperformance kann ein Turn-around sein.[237]

2.7.6 Der Europa-Test in seiner Fassung von 1999

Mit dem Ziel einer stärkeren Shareholder Value Ausrichtung des RSW-Tests wurde die Methodik zur Bewertung der 500 europäischen Aktiengesellschaften 1999 grundlegend verändert.[238] Sämtliche empirische Analysen der vorliegenden Arbeit sind vor dieser Umstellung des Tests vorgenommen worden und konnten daher die jüngste Veränderung der Methodik nicht mit einbeziehen. Die Herangehensweise des Europa-Tests in seiner Fassung von 1999 wird im folgenden kurz beschrieben.

Im Unterschied zu dem RSW-Verfahren, wie es in Abschnitt 2.7.2 bis 2.7.5 beschrieben wurde, wird seit 1999 zur Messung der fundamentalen Performance und Börsenperformance jeweils eine Kennzahl berechnet: die fundamentale Überrendite und die Überrendite an der Börse.

Die fundamentale Überrendite ist definiert als Differenz der Eigenkapitalrendite und der Eigenkapitalkosten.[239] Die Eigenkapitalrendite ergibt sich als Prozentsatz des korrigierten Gewinns nach Steuern bezogen auf das korrigierte Eigenkapital. Der Gewinn wird – wie im Rahmen des fundamentalen RSW-Tests von 1998[240] – um außerordentliche Erträge bereinigt. Das Eigenkapital wird je nach angewandter Bilanzierungsmethodik harmonisiert.[241] Die Eigenkapitalkosten werden in direkter Anlehnung an das CAPM als Summe des risikofreien Zinssatzes und der Risikoprämie der Aktiengesellschaft ermittelt. Der risikofreie Zinssatz wird in Anlehnung an die aktuelle Verzinsung von Bundesanleihen festgelegt.

Die Überrendite an der Börse ergibt sich als Differenz zwischen Total-Shareholder-Return und Eigenkapitalkosten. Der Total-Shareholder-Return wie-

237 Vgl. Schmidt, R. (1995b), S. 2.

238 Für Erklärungen der Methodik siehe o. V. (1999b). Das konkrete Ranking ist o. V. (1999c), S. 208 ff., zu entnehmen.

239 Vgl. o. V. (1999b), S. 206.

240 Vgl. Abschnitt 2.7.3.2.

241 Vgl. o. V. (1999b), S. 206.

derum ist definiert als durchschnittlicher jährlicher Ertrag des Aktieninvestments aus der Kursentwicklung und der gezahlten Dividende über zwei Jahre.[242]

Die fundamentale Überrendite und die Überrendite an der Börse werden zu einer Kennzahl – der Shareholder Value Performance – zusammengefaßt, indem das arithmetische Mittel der standardisierten Überrenditen berechnet wird. Die Standardisierung der beiden Überrenditen ist erforderlich, da die Ausgangswerte unterschiedliche Verteilungen aufweisen, die sich insbesondere hinsichtlich ihrer Varianz stark unterscheiden. Die Standardisierung erfolgt auf Basis der z-Transformation.[243] Abschließend wird das Mittel aus den standardisierten Überrenditen mit 1.000 multipliziert, um die Lesbarkeit der Punktwerte zu erhöhen.[244]

Eine Unterscheidung unterschiedlicher Branchengruppen und die gesonderte Berechnung ihrer fundamentalen Performance – wie sie in den Tests vor 1999 erforderlich war und in Abschnitt 2.7.3 beschrieben wurde – entfällt. Die Bestimmung der fundamentalen Eigenkapitalrendite kann über alle Branchen vorgenommen und ohne den Zwischenschritt einer Transformation verglichen werden. Die Eigenkapitalkosten wiederum werden für jedes Unternehmen individuell berechnet. In die Bestimmung der spezifischen Risikoprämie fließen Besonderheiten der jeweiligen Branchen direkt ein. Für die Bewertung von 500 ausschließlich deutschen Aktiengesellschaften auf Basis der modifizierten Methodik liegen bisher keine publizierten Ergebnisse vor.

2.7.7 Annahmen des RSW-Verfahrens

Das RSW-Verfahren impliziert eine Reihe von Grundannahmen, welche im folgenden beschrieben werden. Das Ergebnis des RSW-Tests – das Ranking – spiegelt eine Abbildung der Ziele und Präferenzen all der Adressaten wider, die den Annahmen des Verfahrens zustimmen. Negativ formuliert bedeutet dies, daß das Modell keine Abbildung der Präferenzen des Anwenders liefert, wenn eine der Bedingungen des Verfahrens nicht erfüllt ist.[245] Die folgenden Ausführungen konzentrieren sich insbesondere auf den fundamentalen RSW-Test, wie er in Abschnitt 2.7.3 beschrieben wurde, da ausschließlich er Basis der empirischen Analysen in Kapitel 4 ist.

Bezogen auf die Formulierung des Zielsystems und die Definition der Kennzahlen trifft der fundamentale RSW-Test in seiner Fassung von 1998[246]

242 Vgl. o. V. (1999b), S. 206.

243 Die Aggregation der Kennzahlen entspricht der in Abschnitt 2.7.3.5 aufgeführten Formel mit dem Unterschied, daß es sich nicht mehr um sechs sondern nur zwei Kennzahlen handelt.

244 Vgl. o. V. (1999b), S. 206.

245 Vgl. unter anderem Eisenführ, F./Weber, M. (1994), S. 115.

246 Vgl. Döhle, P. et al. (1998), S. 208 ff.

eine Reihe von Annahmen. Die erste Annahme hierbei ist, daß die Performance von Aktiengesellschaften anhand von drei Zielen – Rendite, Sicherheit und Wachstum – gemessen wird. Der Test setzt weiter voraus, daß die Jahresabschlüsse von Aktiengesellschaften eine aussagefähige Datenquelle für die Bewertung der vergangenheitsorientierten Performance sind. Daß die drei Ziele anhand der sechs definierten Kennzahlen gemessen werden, ist ebenfalls als Annahme des Verfahrens zu interpretieren.

Durch die Verwendung eines Scoring-Modells zur Aggregation der Kennzahlen müssen für die sinnvolle Anwendung des RSW-Verfahrens die selben Voraussetzungen erfüllt sein, wie sie für Scoring-Modelle im allgemeinen gelten.[247] Bezogen auf das RSW-Verfahren ergeben sich folgende Annahmen: Durch die Verwendung eines additiven Modells stimmt der Anwender zu, daß eine Kompensationsmöglichkeit der einzelnen Ziele innerhalb des Zielsystems erwünscht ist. Da das RSW-Verfahren eine lineare Aggregationsfunktion beinhaltet, ist die Grundannahme noch weitreichender. Die Implementierung eines linearen Modells setzt als Prämisse voraus, daß die vollständige Substituierung aller Kriterien mit den Zielen des Adressaten übereinstimmt. Weitere formale Bedingungen für die Existenz einer additiven Aggregationsfunktion sind die einfache Präferenzunabhängigkeit bezogen auf alle Alternativen, die wechselseitige Präferenzunabhängigkeit und die Differenzunabhängigkeit.[248] Ein Scoring-Modell kann darüber hinaus nur dann eingesetzt werden, wenn die Ziele der Adressaten konsistent sind.

Neben der Verwendung einer additiven linearen Funktion werden die Kennzahlenausprägungen im Rahmen des RSW-Verfahrens standardisiert und mit Kriteriengewichten multipliziert, um abschließend einen Gesamtscore berechnen zu können. Die Kennzahlenausprägungen werden standardisiert, um eine Vergleichbarkeit der für unterschiedliche Branchen abweichend definierten Kennzahlen zu erzeugen. Die z-Transformation erfolgt mit der Annahme, daß alle standardisierten Kennzahlen die gleiche Verteilung aufweisen, daß nämlich alle Daten standardnormalverteilt sind. Darüber hinaus impliziert dieser Verfahrensschritt die Grundannahme, daß die Performance der einzelnen Branchen im Analysezeitraum im Durchschnitt gleich ist. Diese Prämisse folgt aus dem Vorgehen, daß die Mittelwerte der Kennzahlenausprägungen R2, S1, S2 und W2 für den jeweiligen Standardisierungskreis berechnet und diese ohne die Vornahme eines Branchenabschlags in die Standardnormalverteilung überführt werden.

Die Kriteriengewichte, wie sie im Rahmen des RSW-Verfahrens eingesetzt werden, geben ein Austauschverhältnis zwischen den Kriterien an. Sie geben vor, in welchem Verhältnis ein Kriterium durch ein anders substituiert werden kann.

247 Vgl. Eisenführ, F./Weber, M. (1994), S. 115 ff., oder Abschnitt 3.2.3.

248 Vgl. Abschnitt 3.2.3.

2.7.8 Würdigung und Kritik

Basis für die Reflexion des RSW-Verfahrens im folgenden werden die oben aufgeführten Annahmen des Verfahrens sein. Es wird hinterfragt werden, welche Konsequenzen aus den Annahmen des Tests abzuleiten sind und wie diese zu beurteilen sind. Überdies wird auf die in Abschnitt 2.6 aufgeführten allgemeinen Bewertungskriterien für Rankings eingegangen.

Die folgende Kritik bezieht sich auf das RSW-Verfahren in seiner Fassung von 1998,[249] welches Basis der Analysen der vorliegenden Arbeit ist. Die jüngste Version des RSW-Tests[250] stellt – wie in Abschnitt 2.7.6 beschrieben – eine grundlegende Änderung des Verfahrens dar. Wegen dieser gravierenden Änderung ist die Mehrzahl der folgenden Kritikpunkte nicht relevant für das aktuelle Verfahren.

Das RSW-Verfahren definiert – wie oben dargestellt – drei Ziele, anhand derer die Performance von Aktiengesellschaften vergangenheitsorientiert gemessen werden soll. Es ist zu hinterfragen, weshalb genau diese Ziele definiert wurden und ob die Definition von Performance mit den Präferenzen der Adressatengruppe übereinstimmt. Aufbauend auf diesen Überlegungen ist zu prüfen, ob die sechs fundamentalen Kennzahlen in genügendem Maße dem Anspruch gerecht werden, diese Ziele zu messen. Es ist zu diskutieren, ob die sechs Kennzahlen den Anforderungen an ein Kennzahlensystem genügen.

Auf Basis der Ziele Rendite, Sicherheit und Wachstum wird im RSW-Verfahren die Performance von Aktiengesellschaften gemessen. Es könnte gefragt werden, ob diese drei Ziele mit dem Zielsystem der Adressatengruppe – den Zielen der Aktionäre – übereinstimmen. Die Präferenzen von Aktionären sind empirisch insbesondere in Deutschland noch unzureichend erforscht. Die Ergebnisse entsprechender empirischer Tests zum Anlageverhalten wurden bisher zu selten veröffentlicht, als daß klare Antworten über die Präferenzstrukturen von deutschen Anlegern vorlägen. In Ermangelung eindeutiger empirischer Erkenntnisse bezüglich der Präferenzen der Adressaten und um ein sachverständiges Ergebnis zu erhalten, ist die Definition von Performance aus der Finanzierungstheorie abgeleitet worden.

Die Rendite kann unzweifelhaft als das wichtigste Anlageziel eines Aktionärs klassifiziert werden. Fundamental ist das beste Maß zum Messen der Rentabilität die Eigenkapitalrentabilität.[251] Auch Lachnit definiert als erste Kennzahl seines Kennzahlensystems zur Beurteilung von Unternehmen eine Eigenkapitalrentabilitätskennzahl.[252] Der Zusammenhang zwischen Aktienrenditen und

249 Vgl. Döhle, P. et al. (1998), S. 208 ff.

250 Vgl. o. V. (1999b).

251 Vgl. Bartram, W. (1996), S. 394 ff.

252 Vgl. Lachnit, L. (1979), S. 307 ff.

veröffentlichtem Jahresgewinn ist hoch.[253] Um nicht nur den Jahresüberschuß, sondern auch den Cash-flow[254] zu berücksichtigen,[255] bietet sich die gleichzeitige Verwendung einer Kennzahl zur Messung der Cash-flow-Rendite an. Eine Cash-flow-Umsatzrentabilität ist ebenfalls Bestandteil des Unternehmensratings von Baetge.[256]

Um Aussagen über die Performance einer Aktie ableiten zu wollen, darf spätestens seit Markowitz[257] die Rentabilität nicht ohne das zugehörige Risiko gemessen werden. Auch empirische Untersuchungen bestätigen, daß Rendite und Risiko die wichtigsten Anlagekriterien sind[258] und ihren positven Zusammenhang.[259] Einen Überblick über den Stand der Forschung zur Beziehung von Risiko und Rendite geben Wiemann/Mellewigt.[260] Das Risiko[261] oder positiv, ausgedrückt die Sicherheit, welche mit Aktien verbunden ist, ist ebenfalls für Gläubiger[262] von großer Bedeutung. Die Berücksichtigung des Risikos darf in keiner Performancemessung von Unternehmen fehlen.

Wachstumskennzahlen werden im Zusammenhang mit der Performancemessung selten genannt und sind nicht Bestandteil der meisten Rankings.[263] Dies muß als ein Nachteil dieser Verfahren aus der Sicht des Aktionärs und als ein Vorteil des RSW-Verfahrens bezeichnet werden. Das Wachstum eines Unternehmens ist für den Anteilseigner wichtig.[264] Der Aktienkurs ist eine Funktion der zukünftig erwarteten Gewinne. Daß dabei die prognostizierten Umsatz- und Bilanzwachstumsraten von großer Bedeutung sind, zeigt zum Beispiel die Marktkapitalisierung vieler Aktiengesellschaften am Neuen Markt, die ohne die Berücksichtigung des erwarteten Wachstums nicht zu erklären wäre.

An einen Zielkatalog werden die folgenden Bedingungen gestellt: Vollständigkeit, Operationalisierbarkeit, Dekomponierbarkeit, Redundanzfreiheit und

253 Vgl. Harris, T. S./Lang, M./Möller, H. P. (1995), S. 1016 ff.

254 Zur Definition des Cash-flows auf Basis des Bilanzrichtliniengesetzes oder des Aktiengesetzes siehe Hauschildt, J. (1987), S. 149 ff.

255 Zur Messung der Unternehmensperformance kommt dem Cash-flow eine besondere Bedeutung zu. Vgl. zum Beispiel Lawson, G. H. (1996), S. 717 ff.

256 Vgl. Baetge, J. (1994), S. 6.

257 Vgl. Markowitz, H. M. (1959).

258 Vgl. Müller, W. (1992), S. 215 ff.

259 Vgl. unter anderem Wallmeier, M. (2000), S. 27.

260 Vgl. Wiemann, V./Mellewigt, T. (1998),S. 552 ff.

261 Vgl. Collins, J. M./Ruefli, T. W. (1992), S. 1708 ff.

262 Vgl. Everling, O. (1991c), S. 609 ff.

263 Vgl. Baetge, J. (1994), S. 1 ff., Enzweiler, T./Friese, U./Nitschke, R. (1997), S. 79 ff.

264 Das Gewinnwachstum wird zum Beispiel von Lynn als wichtigstes Performancemaß dargestellt. Vgl. Lynn, M. (1996), S. 26.

Minimalität.[265] Was diese Charakteristika in bezug auf ein Entscheidungsproblem konkret bedeuten, beschreiben Keeney/Raiffa in knapper Form wie folgt: "It is important in any decision problem that the set of attributes be complete, so that it covers all the important aspects of the problem; operational, so that it can be meaningfully used in the analysis; decomposable, so that aspects of the evaluation process can be simplified by breaking it down into parts; nonredundant, so that double counting of impacts can be avoided; and minimal, so that the problem dimension is kept as small as possible."[266]

Die drei Dimensionen zur Performancemessung können als ein vollständiges Kennzahlensystem bewertet werden, das heißt der zu messende Gegenstand – die Performance – wird vollständig gemessen. Ein System der Wertpapieranalyse ebenfalls basierend auf den drei Kennzahlen Rendite, Sicherheit und Wachstum entwickelte Schwab.[267] Nicht berücksichtigt werden im RSW-Test weitere Kriterien wie soziale und ökologische Aspekte.[268] Sie spielen als Anlagekriterien eine deutlich untergeordnete Rolle und sollten auch, um dem Anspruch an eine minimale Anzahl an Kennzahlen zu genügen, nicht aufgenommen werden.

Durch die Beschränkung bei Definition der Kennzahlen auf veröffentlichte Daten des Jahresabschlusses ist das Kennzahlensystem als uneingeschränkt operationalisierbar zu bewerten. Darüber hinaus ist das Kennzahlensystem des RSW-Verfahrens als redundanzfrei und widerspruchsfrei zu bewerten; die fundamentalen Kennzahlen sind positiv korreliert, jedoch ist keine Korrelation so hoch, daß der Ausschluß einer Kennzahl möglich wäre. Insgesamt wird die Auswahl der fundamentalen Kriterien vom Schrifttum als sachverständig bewertet.[269]

Bezogen auf die Bewertung der Börsenperformance liegen bisher keine Einschätzungen in der Literatur vor. Wie die Performance auf Basis von Kursen zu messen ist, wurde in der deutschen Forschung bisher größtenteils vernachlässigt. Dies ist wenig verständlich, da die Berechnung historischer Renditen nicht trivial ist.[270] Das Hinzunehmen der Bewertung der Börsenperformance hat den Test verbessert. Zum einen ist er aktueller geworden, zum anderen ist so die Bewertung besonders derjenigen Unternehmen verbessert worden, die auf Basis der fundamentalen Informationen nur verfälscht zu bewerten sind. Zu dieser Gruppe gehören zum Beispiel Substanzwerte. Eine Kombination von funda-

265 Vgl. Eisenführ, F./Weber, M. (1994), S. 58 ff.

266 Keeney, R. L./Raiffa, H. (1976), S. 50.

267 Vgl. Schwab, K. C. (1983), S. 73 ff.

268 Vgl. Botschen, G./Koll, O./Noisternig, M. (1995), S. 503, Nguyen-Khac, T. Q./Homolka, W. (1995).

269 Vgl. zum Beispiel Jacobs, O. (1994), S. 180.

270 Vgl. Hielscher, U. (1990), S. 23 ff.

mentalen und Börsendaten zur Messung der Performance von Aktiengesellschaften nimmt ebenfalls Zhu vor.[271]

Als Datenquellen für die Ermittlung der fundamentalen Performance dienen Jahresabschlüsse. In Abschnitt 2.4.2 wurde bereits eine Bewertung dieser Datenbasis vorgenommen. Es ist festzuhalten, daß der Jahresabschluß die wirtschaftliche Lage eines Unternehmens nicht absolut vollständig und unverzerrt wiedergibt. Trotz aller Grenzen muß der Jahresabschluß jedoch als ein aussagestarkes Instrument und beste extern verfügbare Informationsquelle für die Beurteilung von Aktiengesellschaften interpretiert werden. Die Einbeziehung nur intern verfügbarer Daten würde eine sehr geringe Operationalisierbarkeit bewirken. Die Ergänzung der fundamentalen Daten um Börsenkurse führte zu einer stärkeren Aussagekraft der genutzten Datenquelle insgesamt.

Für die Existenz einer additiven Aggregationsfunktion, wie sie das RSW-Verfahren nutzt, müssen drei formale Bedingungen erfüllt sein: die einfache Präferenzunabhängigkeit, die wechselseitige Präferenzunabhängigkeit und die Differenzunabhängigkeit. Die Definition und Erklärung dieser Bedingungen erfolgt in Abschnitt 3.2.3. Ob Ziele oder Kriterien Präferenzunabhängig sind, sollte anhand der Präferenzen der Adressaten ermittelt werden. Präferenzunabhängigkeit läßt sich beispielsweise nicht aus der Korrelation oder statistischen Unabhängigkeit von Kennzahlenrealisationen ableiten. Empirische Tests zur Überprüfung der genannten formalen Bedingungen für die Verwendung einer additiven Aggregationsfunktion sind eine wichtige Voraussetzung für die Anwendung der Nutzwertanalyse stehen für den RSW-Test aber noch aus.

Inhaltlich impliziert die Verwendung einer linearen additiven Aggregationsfunktion, daß eine vollständige Substituierbarkeit der Kriterien erwünscht ist. Durch die Kriteriengewichte wird im Rahmen des RSW-Verfahrens die Austauschrate zwischen den einzelnen Kriterien festgelegt. So können unterdurchschnittliche Kennzahlenausprägungen in einigen Kriterien durch überdurchschnittliche Ausprägungen in anderen Kriterien ausgeglichen werden.

Die Kompensationsmöglichkeit der Ziele erscheint als Modellannahme mit den Präferenzen der Mehrheit der Aktionäre übereinzustimmen. Kritischer ist zu sehen, daß die lineare Aggregationsfunktion nicht nur eine Kompensationsmöglichkeit, sondern eine vollständige Substituierbarkeit der Kriterien bewirkt. Die vollständige Kompensierbarkeit als Annahme hat zur Folge, daß beispielsweise ein Unternehmen, welches in fünf von sechs fundamentalen Kennzahlen unterdurchschnittliche Kriterienrealisationen aufweist und nur in einem Kriterium sehr positiv bewertet wird, dennoch als überdurchschnittlich gut eingestuft werden kann – sofern die eine positive Kennzahlenrealisation nur genügend hoch ist. Mag dieser Fall auch theoretisch konstruiert klingen und als unwahrscheinlich eingestuft werden, so fielen bei der Anwendung des RSW-Verfahrens in der

271 Vgl. Zhu, J. (2000), S. 107.

Gruppe der getesteten 500 Unternehmen häufiger Aktiengesellschaften mit vergleichsweise unausgewogenen Kennzahlenrealisationen auf. Das Ranking, welches diesen Unternehmen zugewiesen wurde, ließ Zweifel an der Verwendung einer einfachen linearen Aggregationsfunktion aufkommen. Wahrscheinlich werden die Präferenzen der Adressaten besser durch eine Aggregationsfunktion abgebildet, die einen Ausgleich der Kriterien vorsieht, jedoch keine vollständige Substituierbarkeit. Dieser Kritikpunkt ist ein zentraler Ansatzpunkt für die Modifikation des RSW-Verfahrens in dieser Arbeit. Alternativ zum Scoring-Verfahren werden Methoden getestet werden, die eine nur eingeschränkte Substituierung der Kriterien als Grundannahme voraussetzen.

Die Integration aller börsennotierten Gesellschaften zu einem Ranking wird durch die Standardisierung der Kennzahlen ermöglicht.[272] Diese Integration unterschiedlicher Branchen zu einem Ranking ist als ein besonders positiver Aspekt des RSW-Verfahrens zu bewerten. Die Standardisierung der Kennzahlen unterscheidet das Verfahren von vielen anderen Rankings. Ebenfalls eine Standardisierung in Form einer z-Transformation verwendet zum Beispiel Jensen zur Performancebewertung unterschiedlicher Unternehmensgruppen.[273]

Zwei Grundannahmen sind mit der Vornahme einer Standardisierung im RSW-Verfahren verbunden: Die Performance der einzelnen Branchen ist in den Kriterien R2, S1, S2 und W2 gleich gut und die standardisierten Zahlen weisen eine Standardnormalverteilung auf. Insgesamt fehlt es an vergleichenden empirischen Analysen über die Performance unterschiedlicher Branchen am deutschen Aktienmarkt. Es ist bisher nicht eindeutig geklärt, ob es über einen längeren Zeitabschnitt branchenabhängige Performanceunterschiede am deutschen Aktienmarkt gab. Theoretisch ist der Annahme einer durchschnittlich gleichen Performance unterschiedlicher Branchen jedoch nicht zu widersprechen.

Die Annahme, daß die standardisierten Kennzahlenausprägungen eine Standardnormalverteilung aufweisen, wird aus dem zentralen Grenzwertsatz[274] abgeleitet. Die Güte der Approximation der Verteilung durch die Standardnormalverteilung wird zum einen durch die Größe der Alternativenmenge und zum anderen durch die Verteilung der Ursprungsdaten bestimmt. Generell gilt, daß die Approximation durch die Standardnormalverteilung um so besser ist, je größer und je symmetrischer die Ausgangsverteilung der Daten ist. Ob die standardisierten RSW-Kennzahlen tatsächlich approximativ normalverteilt sind, müßte getestet werden. Ohne statistische Tests zur Überprüfung der Verteilung durchzuführen kann die Annahme der Normalverteilung für Standardisierungskreise mit einer großen Alternativenmenge – wie zum Beispiel die Gruppe der Industrieunternehmen oder Verwalter – als unproblematisch eingestuft werden.

272 Vgl. Abschnitt 2.7.3.3.

273 Vgl. Jensen, R. E. (1971), S. 39.

274 Vgl. zum Beispiel Schlittgen, R. (1991), S. 228 ff.

Andere Standardisierungskreise – insbesondere die der Versicherungsunternehmen – sind jedoch so definiert, daß sie wenig Alternativen enthalten.[275] Die Verwendung einer z-Transformation ist bei kleinen Standardisierungskreisen bedenklich, da das arithmetische Mittel und die empirische Standardabweichung unrobuste Lage- beziehungsweise Streuungsmaße sind. Durch Ausreißer können verzerrte Standardisierungsparameter geschätzt werden.

Ein zusätzlicher unerwünschter Nebeneffekt der Standardisierung der Kennzahlen im RSW-Verfahren ist das Auftreten von Rangumkehrungen[276] bei Stichprobenveränderungen. So zeigte es sich bei der Anwendung des fundamentalen RSW-Tests zur Bewertung großer Alternativenmengen, daß Stichprobenveränderungen auch Auswirkungen auf die Rangfolge von Alternativen innerhalb einer Teilmenge haben konnten, selbst wenn die Alternativen dieser Teilmenge nicht verändert wurden. Die empirische Überprüfung steht noch aus, wann und in welchem Umfang es bei der Anwendung des RSW-Verfahrens zu Rangumkehrungen kommen kann.

An der Anwendung des RSW-Verfahrens in diesem Punkt ist zu kritisieren, daß die Kriteriengewichte nicht an die jeweils realisierten Kennzahlenausprägungen angepaßt wurden. Die Nutzwertanalyse fordert, daß die Scoring-Funktion und die Gewichtungsvektoren in Abhängigkeit von den tatsächlichen Ausprägungen der Kennzahlen festgelegt werden. Dieser Einwand ist genau dann zu entkräften, wenn sichergestellt ist, daß durch die Standardisierung der Kennzahlen alle Kriterienausprägungen dieselbe Verteilung und damit ein nahezu identisches Ausprägungsintervall aufweisen. Ob die standardisierten Kennzahlen dieselbe Verteilung aufweise, müßte statistisch geprüft werden.

Insgesamt ist die Vornahme einer Standardisierung der Kennzahlen wie oben beschrieben als positiv zu bewerten. Die Definition der Standardisierungsparameter sollte jedoch überprüft werden und ist ein weiterer Ansatzpunkt für die Analysen in dieser Arbeit. Es wird getestet werden, wie empfindlich das RSW-Verfahren tatsächlich auf Ausreißer reagiert und ob andere, robustere Aggregationsmethoden alternativ vorgeschlagen werden können. Die Möglichkeit des Auftretens von Rangumkehrungen ist als negativ zu bewerten und ebenfalls Ansatzpunkt für empirische Analysen und Vorschläge für Modellmodifikationen im folgenden.

Die erörterten Aspekte beziehen sich auf den Informationsgehalt des RSW-Rankings. Neben der Eigenschaft des Informationsgehalts, der aus den Grundannahmen des Verfahrens abzuleiten ist, gibt es weitere, weniger wichtige aber auch zu berücksichtigende Bewertungskriterien für ein Ranking. Zu nennen sind

275 Die genaue Anzahl von Alternativen je Standardisierungskreis im Test von 1997 ist zum Beispiel Tabelle 68 in Kapitel 4 dieser Arbeit zu entnehmen.

276 Das Phänomen der „Rangumkehrung“ wird in Abschnitt 3.3.4 ausführlich erklärt und definiert.

hier die Aktualität der Ergebnisse, die Transparenz des Verfahrens sowie die Neutralität und die Eignung des Erstellers und Verfahrens.

Die Aktualität des RSW-Verfahrens ist hoch. Das Geschäftsjahr eines Teils der analysierten Aktiengesellschaften endet erst Ende März; Anfang November (also sieben Monate später) wird der Test veröffentlicht. Wenn berücksichtigt wird, daß zwischen Abschluß des Geschäftsjahres und Veröffentlichung des Jahresabschlusses immer einige Monate liegen, die Auswertung Zeit erfordert und nach dem Vorliegen des Tests die redaktionelle Arbeit folgt, ist dies schnell. Durch die Börsenbewertung wird die Entwicklung bis Ende Juni mit abgebildet. Insgesamt kann das Verfahren als sehr aktuell eingestuft werden.

Eine vollständige Transparenz des RSW-Verfahrens ist dadurch gegeben, daß zusätzlich zu dem Erscheinen des Rankings im „Manager Magazin" seit 1989 jährlich eine Software vertrieben wird.[277] Mit dem Programm können unterschiedliche Auswertungen erstellt werden. Die Software enthält für jedes bewertete Unternehmen auch sämtliche Teilergebnisse. Die Methodik des RSW-Tests ist in zahlreichen Publikationen[278] vollständig beschrieben und wird durch das jährlich erscheinende Handbuch[279] zur Software komplementiert.

Die Neutralität des Erstellers ist uneingeschränkt gegeben. Interessenkonflikte zwischen dem auswertenden Institut von Schmidt und dem „Manager Magazin" bestehen nicht. Das „Manager Magazin" ist an einer objektiven Bewertung interessiert, bei der kein Unternehmen bevorzugt oder benachteiligt wird. Jährlich ist die Novemberausgabe mit dem Leitartikel „500 Aktien im Test" die am besten verkaufte Ausgabe des Jahres. Es besteht keinerlei Interesse, Einfluß auf das Ergebnis zu nehmen und die Popularität des Rankings vielleicht zu gefährden.

Durch die vollständige Implementierung des Verfahrens in einer Software ist gewährleistet, daß eine Wiederholung des Rankings zu demselben Ergebnis führt. Nicht nur der Schätzung der Gewichte[280] sondern die Auswahl der gesamten Methode ist subjektiv, um die Präferenzen der Adressatengruppe abbilden zu können.

Eine Unabhängigkeit des Verfahrens vom Meßleiter besteht nur bedingt. Bei jedem Ranking werden manuelle Korrekturen erforderlich. Die Kennzahlen müssen in wichtigen Ausnahmefällen verbessert werden. Gründe hierfür sind Eingabefehler in den Jahresabschlußdaten, mit denen bei jeder Datenquelle gerechnet werden muß. Es zeichnet die Erfahrung des Anwenders aus, diese Fehler zu erkennen. Darüber hinaus gibt es weitere Gründe für Verzerrungen,

277 Vgl. Baden, K. et al. (1989), S. 219.

278 Vgl. insbesondere Schmidt, R. (1995b), Schmidt, R. (1990a), Baden, K. (1992), S. 107 ff.

279 Vgl. unter anderem Schmidt, R. (1997b), Schmidt, R. (1994).

280 Vgl. Jacobs, O. (1994), S. 180, Wagner, W. C. (1991), S. 105 ff.

die manuell korrigiert werden müssen. Auch wenn einige Kritiker die Möglichkeit von manuellen Korrekturen als Manipulation bezeichnen, macht gerade die Kontrolle der Kennzahlen durch einen Experten die Güte eines Unternehmensrankings aus. Ohne diese könnten zum Beispiel gravierende Wechsel im Konsolidierungskreis, auch wenn sie nur auf Konzernumstrukturierungen zurückzuführen sind, eine Aktiengesellschaft durch die Auswirkung auf die entsprechenden Wachstumsraten unbegründet zum Testsieger machen.[281] Es könnte argumentiert werden, daß bei perfekten Tests manuelle Korrekturen nicht notwendig werden. Dieser Aussage ist zuzustimmen. Daß aber zum Beispiel Eingabefehler vollständig ausgeschlossen werden können, und jede Ausnahmesituation wie die einer Konzernumstrukturierung vollständig vom Verfahren antizipiert wird, ist als unrealistisch zu interpretieren.

Die Qualifikation des Erstellers des Rankings kann als uneingeschränkt sehr hoch bewertet werden. Der internationale Stand der Forschung zur Messung von Performance, der Zusammenhang zwischen Buch- und Marktbewertung und Bilanzanalyse sind in dem Verfahren bearbeitet.[282] Für ein Unternehmensranking ist grundsätzlich an zwei Punkten Expertenwissen erforderlich: bei der Konzeption des Tests, aber auch bei der Kontrolle der Durchführung.

Spätestens durch die Kombination von fundamentaler Analyse und Börsenbewertung kann das Ranking als abgerundet gelten. Die Kombination bewirkt neben der höheren Aktualität insbesondere, daß Unternehmen, die durch eines der Bewertungsverfahren nur verfälscht analysiert werden, durch den anderen Teil der Bewertung in ihrer Einordnung korrigiert werden. Beispiele für Unternehmen, die fundamental oft nur ungenügend bewertet werden, sind Substanzwerte. Im umgekehrten Fall wird das Ranking von Aktiengesellschaften, die zum Beispiel aufgrund einer zeitweiligen Präferenz der Börsen für eine einzelne Branche in der Börsenbewertung unverdient gut abschneiden, relativiert.

2.8 Zusammenfassung der bisherigen Ergebnisse und Gang der weiteren Untersuchung

Die empirischen Analysen in Kapitel 4 basieren vollständig auf dem RSW-Verfahren. Die Objekte des RSW-Rankings sind börsennotierte Aktiengesellschaften. Seine Adressaten sind Aktionäre. Das Ziel des Tests ist die Bewertung der relativen Performance aus der Sicht des Aktionärs. Die Performance wird vergangenheitsorientiert gemessen. Als Informationsquellen für die fundamentale Bewertung werden Jahresabschlüsse genutzt. Informationsbasis für die Börsen-

281 Die Gründe für manuelle Korrekturen werden ausführlich in Abschnitt 4.2.2.2 beschrieben.

282 Vgl. Baden, K. (1992), S. 117.

bewertung sind die um Kapitalmaßnahmen bereinigten Aktienkurse. Sowohl fundamental als auch für die Börsenbewertung sind Kennzahlen im RSW-Verfahren ausgewählt und definiert worden, welche in einem Kennzahlensystem zusammengefaßt werden. Zur Aggregation wird ein Scoring-Modell genutzt. Die Kennzahlenausprägungen werden unter Verwendung einer z-Transformation standardisiert, anschließend gewichtet und zu einem Gesamtscore addiert.

Das Ergebnis ist ein Ranking. Dies bedeutet, daß alle bewerteten Aktiengesellschaften in eine vollständige Ordnung überführt werden. Die absolute Höhe des Gesamtscores ist ohne Aussagekraft und nur die relative Stellung jedes Unternehmens von Bedeutung. Es wurde gezeigt, daß aus dem Ranking durch eine einfache Zuordnungsvorschrift ebenfalls ein Rating mit fünf Notenklassen abgeleitet wird.

Die Ansatzpunkt für die folgenden Analysen werden aus der Kritik an den Grundannahmen des RSW-Verfahrens abgeleitet. Als zentraler Punkt ist hier die Annahme der vollständigen Substituierbarkeit der Kriterien durch die Verwendung einer linearen, additiven Aggregationsfunktion zu nennen. Es wird hinterfragt werden, welche Verfahren alternativ zu der Verwendung eines Scoring-Modells eingesetzt werden können. Neben der Veränderung des Aggregationsverfahrens wird in einem späteren Schritt die Auswahl der Standardisierungsparameter verändert. Stichprobenänderungen sind ebenfalls Bestandteil der Sensitivitätstests in Kapitel 4 um das Auftreten von Rangumkehrungen zu testen.

Scoring-Modelle sind der Gruppe der Nutzwertanalyse[283] zuzuordnen und gehören zu den Methoden der Entscheidungstheorie. Die Wissenschaft im Bereich der multikriteriellen Entscheidungstheorie hat sich in den letzten zwanzig Jahren stark weiterentwickelt und viele neue Methoden wurden zur Bewertung von Attributen auf Basis mehrerer Kriterien entwickelt. Diese theoretische Entwicklung ist primär von Mathematikern und von Wirtschaftswissenschaftlern aus dem Bereich des Operations Research oder der Wirtschaftsinformatik vorangetrieben worden. Die Neuerungen vollzogen sich ohne explizite Berührungen zu den Gebieten der externen Bilanzanalyse oder Finanzierungstheorie. Unternehmensrankings werden im Bereich der Wirtschaftswissenschaften der externen Bilanzanalyse zugeordnet. Daß es sich gleichzeitig bei der relativen Unternehmensbewertung um ein klassisches Anwendungsbeispiel der Entscheidungstheorie handelt, wird hingegen kaum thematisiert.

Das Ziel der vorliegenden Arbeit ist an diesem Punkt anzusetzen. Es wird theoretisch und empirisch gezeigt werden, daß die Methodik des Rankings – insbesondere auch das Aggregationsmodell – einen signifikanten Einfluß auf das Ergebnis hat. Für viele Anwendungsbeispiele wurde die Bedeutung der Aggre-

283 Vgl. Abschnitt 3.2.

gationsregeln auf das Ergebnis bereits analysiert,[284] für das Ranking von Aktiengesellschaften fehlen diese Analysen bisher. Zu diesem Zweck wird in Kapitel 3 eine Einordnung von Rankings in die Entscheidungstheorie vorgenommen. Es werden zusätzlich zum Scoring-Modell zwei alternative Methoden ausgewählt und beschrieben. In Kapitel 4 erfolgt die empirische Überprüfung des Einflusses der drei Verfahren auf das Ranking. Es wird kein einfacher Vergleich der Ergebnisse, sondern die Analyse der Sensitivität des Rankings auf unterschiedliche Methodenvarianten vorgenommen. Eine wichtige Einschränkung hinsichtlich der Methodenauswahl ist die Vorgabe, daß das Ergebnis ein vollständiges Ranking sein soll, und alle Aktiengesellschaften in dasselbe Ranking zu integrieren sind.

Bestandteil der folgenden Analyse ist ausschließlich die fundamentale Bewertung im Rahmen des RSW-Tests. Die Analyse beschränkt sich auf diesen Teil des Rankings, da er auf sechs und nicht nur drei Kriterien basiert und durch die Notwendigkeit der Bildung unterschiedlicher Standardisierungkreise eindeutig der komplexere und anspruchsvollere Teil der beiden Kennzahlensysteme ist. Mit relativ wenig Aufwand können die erzielten Ergebnisse auf die Bewertung der Börsenperformance übertragen werden.[285]

284 Ein Beispiel ist das Aufzeigen der Auswirkung der Abstimmungsregeln auf die Bestimmung der Austragungsstätte der Olympischen Spiele. Vgl. Eichner, T./Pfingsten, A./Wagner, A. (1996).

285 Vgl. Kapitel 5.

3 Multiattributive Entscheidungstheorie

> *"Almost any important decision engages multiple values. Often these go together; the shortest route from A to B is usually the fastest. But when they do, you are scarcely aware that you have to make a decision. The tough problems arise when, within the set of options you have, doing well on one value requires that you do poorly on an other."*[286]

3.1 Grundlagen

Die Erstellung eines Aktienrankings stellt ein typisches Anwendungsbeispiel der multikriteriellen Entscheidungstheorie dar. Den Aktionär interessiert, welche Gesellschaften in der Vergangenheit eine gute, welche eine schlechte Performance aufgewiesen haben, und wie die Unternehmen auf Basis ihrer Performance geordnet werden können. Das Auswählen einer besten Alternative, das Sortieren der Alternativen zu vordefinierten Klassen und das Ordnen einer Gruppe von Alternativen sind klassische Aufgabestellungen der multiattributiven Entscheidungstheorie.[287]

Das Besondere an der im folgenden analysierten Problemstellung ist, daß die Aktiengesellschaften unter Berücksichtigung mehrerer Kriterien zu bewerten sind. Dabei ist es nicht das Ziel der vorliegenden Arbeit, ein für einen Zeitraum möglichst optimales Ranking von Aktiengesellschaften zu erzeugen, sondern Methoden zu vergleichen, die dem Adressaten helfen, die zu analysierende Ausgangsmenge differenziert zu beurteilen.[288]

Die Aufgabe der Entscheidungstheorie[289] ist es, dem Adressaten bei der Lösung von Problemen – insbesondere mit multikriteriellen und konfliktären Zielen – zu helfen.[290] „Entscheidungen setzen Strukturierungsleistungen des Trä-

286 V. Winterfeld, D./Edwards, W. (1986), S. 5.

287 Vgl. Vanderpooten, P. (1990), S. 189 ff.

288 Die vollständige Zielstellung dieser Arbeit enthält Abschnitt 1.1.

289 Eine Einführung in die Entscheidungstheorie geben Eisenführ, F./Weber, M. (1994), Bunn, D. W./Silverman, B. G. (1995), Rehkugler, H. (1986), Raiffa, H. (1968), Laux, H. (1991), Laux, H. (1993), Salinger, E. (1993), v. Winterfeld, D./Edwards, W. (1986), Pfohl, H. C./Braun, G. E. (1981), Vlek, C./Timmermans, D./Otten, W. (1993), Rander, R. (1972), Luce, R. D./Raiffa, H. (1967), S. 12 ff. Speziell zur multikriteriellen Entscheidungstheorie siehe auch Hwang, C.-L./Masud, A. S. (1979), Hwang, C.-L./Yoon, K. (1981), Weber, M. (1983), Lootsma, F. A. (1992), Zionts, S. (1990), Ester, J. (1987), Fandel, G. (1980), Pawlak, Z./Slowinski, R. (1994).

290 Vgl. Edwards, W./v. Winterfeldt, D./Moody, D. L. (1988), S. 443.

gers des Entscheidungsprozesses voraus, die darin bestehen, das zu lösende Entscheidungsproblem zu definieren. Eine Problemdefinition verlangt die Benennung von Zielen, Umweltentwicklungen und Handlungsalternativen. [...] Die Lösung besteht in einer Handlungsempfehlung auf der Basis einer zielgerechten Evaluierung der Handlungsalternativen."[291]

In dem Sinne, daß Entscheidungen stets zukunftsorientiert sind, die Performancemessung jedoch vergangenheitsorientiert erfolgt, handelt es sich bei der Bewertung von Aktiengesellschaften nicht um das Treffen einer Entscheidung sondern um einen Prozeß des Selektierens beziehungsweise Ordnens. Ein Aktienranking kann einer Entscheidung vorausgehen, wenn der Adressat des Rankings die vorgenommene Ordnung mit einer Entscheidungsregel verknüpft und auf Basis dieser zum Beispiel Aktienkäufe oder -verkäufe vornimmt. Die eigentliche Erstellung eines Rankings jedoch – auch wenn es sich um ein Anwendungsbeispiel der Entscheidungstheorie handelt – ist vergangenheitsorientiert und impliziert keine Entscheidung.

Bevor einzelne Verfahren der multiattributiven Entscheidungstheorie beschrieben und klassifiziert werden können, müssen einige wenige Begriffsdefinitionen vorangestellt werden.

3.1.1 Abgrenzung wichtiger Begriffe

Die in der Literatur der multikriteriellen Entscheidungstheorie wohl am häufigsten verwandten Begriffe sind „Ziel", „Kriterium" und „Alternative". Während einige Autoren diese Ausdrücke genau definieren und sie inhaltlich klar voneinander abgrenzen,[292] verwenden andere die Begriffe so, daß sie untereinander ausgetauscht werden können.[293] Die vorliegende Arbeit unterscheidet zwischen den genannten Begriffen. Folgende Begriffsdefinitionen werden zugrunde gelegt:

Die Bedeutung des Begriffs „Ziel" ist intuitiv relativ eindeutig. Als Ziel werden in dieser Arbeit zukünftige, gewollte Zustände einer gestaltbaren Realität verstanden.[294] Ziele können in einem unterschiedlichen, differenziert zu messenden Umfang erfüllt werden. Das bedeutet, unter einem Ziel soll eine Eigenschaft in Kombination mit einer Angabe über die Präferenz des Entscheiders bezüglich dieser Eigenschaft verstanden werden. Hwang/Masud formulieren dies wie folgt: "Goals are things desired by the decision maker expressed

291 Ossadnik, W. (1998), S. 12.

292 Vgl. zum Beispiel Hwang, C. L./Yoon, K. (1981), S. 16, Zoints, S. (1980), S. 540 ff.

293 So unterscheidet Raiffa nicht zwischen Kriterium und Attribut. Vgl. Raiffa, H. (1968), S. 247.

294 Vgl. Hauschildt, J. (1977), S. 7 ff., Wäscher, G. (1982), S. 33.

in terms of a specific state in space and time."[295] Nicht relevant für die vorliegende Arbeit ist die häufig im amerikanischen Sprachraum aufzufindende Definition von Zielen als „priori values or levels of aspiration. These are to be either achieved or surpassed in terms of specific state in space and time".[296] Ziele werden im folgenden so formuliert, daß sie in unterschiedlichem Maße erfüllt werden können und über Zielgrößen[297] meßbar sind. Damit Ziele operationalisierbar sind, ist neben der Zielgröße eine Zielvorschrift und ein Zeitbezug notwendiger Bestandteile der Zielformulierung.[298] Anhand von Kriterien wird überprüft, in welchem Maße ein Ziel erfüllt ist. Damit sind Kriterien die Basis jeder konkreten Bewertung im Rahmen einer Entscheidung. "A criterion is a measure of effectiveness."[299]

In der Entscheidungstheorie werden Kriterien häufig über eine bestimmte Alternativenmenge $\mathcal{A}$ definiert: "We define a criterion as a function [...], defined on $\mathcal{A}$, taking its values in a totally ordered set, and representing the decision-maker's preferences according to some kind of view."[300] In dieselbe Richtung geht die Definition von Bouyssou: "A criterion is a real-valued function on the set $\mathcal{A}$ of alternatives, such that it appears meaningful to compare two alternatives a and b according to a particular point of view on the sole basis of the two numbers g(a) and g(b)."[301]

In Abgrenzung zu Zielen und Kriterien werden als Alternativen konkrete Objekte bezeichnet, zwischen denen der Entscheider auszuwählen oder die er zu bewerten hat. Als Alternativenmenge wird die Menge der Alternativen bezeichnet, die zum Entscheidungspunkt dem Entscheidungsträger zur Auswahl stehen. Als Synonyme für Alternativen werden auch die Begriffe Aktion,[302] Handlungsalternative[303] oder Handlungsmöglichkeit[304] gebraucht. Im Rahmen dieser Arbeit sind die zu bewertenden Alternativen ausschließlich deutsche börsennotierte Aktiengesellschaften.[305]

295 Hwang, C. L./Masud, A. S. (1979), S. 13. Im Rahmen dieser Arbeit ist es nicht notwendig, tiefer auf die unterschiedlichen Definitionen und Unterscheidungen von „Ziel" einzugehen. Vgl. dazu zum Beispiel Toumela, R. (1990), S. 1 ff.

296 Hwang, C. L./Yoon, K. (1981), S. 16.

297 Vgl. zum Beispiel Wäscher, G. (1982), S. 34.

298 Vgl. Wäscher, G. (1982), S. 34 ff.

299 Hwang, C. L./Yoon, K. (1981), S. 16.

300 Vincke, P. (1992), S. 27.

301 Bouyssoun, D. (1990), S. 59.

302 Vgl. Hax, H. (1985), S. 123 ff.

303 Vgl. Laux, H. (1991), S. 5 ff.

304 Vgl. zum Beispiel Schneider, D. (1995), S. 60 ff.

305 Die genaue Definition der möglichen Alternativenmenge erfolgt in Abschnitt 4.2.2.

Die Begriffe Attribut und Alternative werden nicht synonym verwandt. Als Attribut wird eine von möglicherweise vielen Eigenschaften einer Alternative bezeichnet. "Attributes are the characteristics, qualities or performance parameters of alternatives."[306] Von Attributen ist zu fordern, daß sie möglichst alle für den Entscheidungsträger relevanten Aspekte seiner Präferenz in operationaler Form abdecken.[307] Die Begriffe „Methode", „Verfahren" und „Modell" werden in dieser Arbeit nahezu austauschbar gebraucht.[308]

3.1.2 Klassifikation von multikriteriellen Entscheidungsmodellen

Ein Teilbereich der Entscheidungstheorie kann zur Lösung der Problemstellung der vorliegenden Arbeit herangezogen werden. Um eine Einordnung zu ermöglichen, werden die gebräuchlichen Klassifikationsmöglichkeiten genannt, und die Fragestellung dieser Arbeit zugeordnet.

Die gebräuchlichste Form der Klassifikation von Entscheidungsproblemen erfolgt auf Basis ihrer Zielstellung. Die Entscheidungstheorie unterscheidet präskriptive und deskriptive Problemstellungen. In Abhängigkeit davon, ob der Entscheider die Auswirkungen seiner Handlung kennt, spricht man von Entscheidungen unter Sicherheit oder Unsicherheit.[309] Ebenso ist bezogen auf den Entscheidungsträger zu differenzieren, ob es sich um eine Individual- oder Gruppenentscheidung[310] handelt. Die Einteilung in diskrete (multiattributive) und stetige Entscheidungsmodelle erfolgt unter Berücksichtigung des relevanten Alternativenraums. Die zuerst genannte Gruppe der multikriteriellen Entscheidungstheorie wird auf Basis der Auswertung der Art der zur Verfügung stehenden Informationen oder des Grades der gewünschten Kompensation der Attribute unterteilt.

Die Bewertung der Performance der analysierten Aktiengesellschaften erfolgt in der vorliegenden Arbeit vergangenheitsorientiert auf Basis von fundamentalen Informationen. Die benötigten Informationen liegen vor der Erstellung des Rankings vollständig vor. Entscheidungen unter Unsicherheit werden in dieser

306 Hwang, C. L./Masud, A. S. (1979), S. 12.

307 Vgl. Eisenführ, F./Weber, M. (1986), S. 907.

308 Wenn im folgenden von „Modell" gesprochen wird, ist dieser Begriff nicht mit dem des „Unternehmensmodells" gleichzusetzen.

309 Häufiger als Entscheidungen unter Sicherheit sind in einem wirtschaftlichen Kontext Entscheidungen unter unvollständiger Information, insbesondere asymmetrischer Information. Vgl. Schneider, D. (1995), S. 4 ff.

310 Vgl. Ali, I./Cook, W. D./Kress, M. (1986), Colson, G./Mareschal, B. (1994), Barzilai, J./Cook, W. D./Krees, M. (1986), Cook, W. O./Krees, M. (1985), Mangelsdorff, L. (1990).

Arbeit nicht behandelt.[311] Ebenso handelt es sich bei den analysierten Fragestellungen um keine Gruppenentscheidungen. Besonderheiten von durch Gruppen getroffenen Entscheidungen werden nicht analysiert.

Die Erstellung von Rankings von Aktiengesellschaften – wie sie in dieser Arbeit vorgenommen werden – sind ausschließlich Bestandteil der präskriptiven Entscheidungstheorie. [312] In der Literatur wird die Bewertung von Unternehmen ebenfalls als deskriptives Problem[313] behandelt.[314] Eine deskriptive Zielstellung verfolgt die vorliegende Arbeit jedoch nicht. Das heißt, es wird nicht untersucht, wie Menschen in der Realität Unternehmen bewerten und vorgegebene Kennzahlen aggregieren – diese Herangehensweise wäre deskriptiv – vielmehr wird dem Adressaten eine Hilfe angeboten, die benötigten Informationen konsistent und unter Berücksichtigung seiner Ziele zu verarbeiten.

Die Problemstellung der vorliegenden Arbeit ist ein Anwendungsbeispiel der multikriteriellen Entscheidungstheorie. „Multiple criteria decision making (MCDM) refers to making decisions in the presence of multiple, usually conflicting, criteria.“[315] Damit wird als multikriterielles Problem eine Entscheidungssituation bezeichnet, welche folgende Merkmale aufweist: Der Entscheidungsträger verfolgt mehrere Ziele. Diese Ziele stehen häufig in einem konfliktären Verhältnis zueinander.[316] Gleichzeitig werden die Ziele anhand unterschiedlicher Maßstäbe gemessen, so daß die Ziele an sich nicht unmittelbar miteinander vergleichbar sind.[317] Anders als bei Hwang/Yoon wird als relevante Entscheidungssituation der MCDM[318] nicht die Berechnung, beziehungsweise

311 Eine gute Einführung in die Entscheidungstheorie unter Unsicherheit geben zum Beispiel Laux, H. (1993), S. 1 ff., Huber, G. P. (1974), Eisenführ, F./Weber, M. (1994), S. 199 ff. Siehe auch Schmidt, U. (1996), Czogala, E./Roubens, M. (1989), Bamberg, G. (1996). Wäre das Ziel der Untersuchung, die zukünftig sich am besten entwickelnden Aktiengesellschaften zu identifizieren, so wäre dies eine klassische Problemstellung unter Unsicherheit.

312 Zur ausführlichen Darstellung der Grundprinzipien und Erkenntnisziele der präskriptiven Entscheidungstheorie vgl. Bamberg, G./Coenenberg, A. G. (1992), S. 2 ff., Bell, D. E./Raiffa, H./Tversky, A. (1988), S. 9 ff., Eisenführ, F./Weber, M. (1994), S. 4 ff., Laux, H. (1991), S. 13 ff., Roy, B. (1977), S. 197 ff.

313 Zur Darstellung der Grundprinzipien der deskriptiven Entscheidungstheorie vgl. Bamberg, G./Coenenberg, A. G. (1992), S. 4 ff., Bell, D. E./Raiffa, H./Tversky, A. (1988), S. 9 ff., Laux, H. (1991), S. 12 ff., Oelsnitz, D. v. d. (2000), S. 158 ff.

314 Vgl. Rommelfanger, H./Unterharnscheidt, D. (1987), Rommelfanger, H./Unterharnscheidt, D. (1988).

315 Hwang, C. L./Yoon, K. (1981), S. 1.

316 Diese Problemstellung ist als realitätsnah zu bewerten. Vgl. zum Beispiel Eisenführ, F. (1992), S. V.

317 Vgl. Hwang, C. L./Yoon, K. (1981), S. 2.

318 Die französische Schule der Entscheidungstheorie spricht anstelle von MCDM meist von MCDA (multiple criteria decision aid). Damit wird betont, daß die multikriterielle Ent-

die Auswahl der besten Alternative[319], sondern in Übereinstimmung mit Vincke,[320] auch das Gruppieren[321] oder das Ordnen[322] der Alternativen verstanden.

Unter dem Oberbegriff der multikriteriellen Entscheidungstheorie werden zwei Klassen von Problemstellungen unterschieden: die diskreten oder multiattributiven und die kontinuierlichen Entscheidungsprobleme.[323] Die Unterscheidung erfolgt anhand der Alternativenmenge.[324] Grundsätzlich sind explizit definierte und implizit – das heißt durch Restriktionen – vorgegebene Alternativenmengen zu unterscheiden. Im Rahmen der implizit definierten Alternativenmengen gibt es zum einen Alternativenmengen mit endlich vielen Alternativen beziehungsweise diskreten Variablen. Die Verfahren zur Lösung von diskreten Variablen werden multiattributive Verfahren (englisch: multi attribute decision making, MADM) genannt. Zum anderen gehören zu der Klasse der implizit definierten Alternativenmengen Problemstellungen mit kontinuierlichen Variablen – die Alternativenmenge ist unendlich groß. Verfahren zur Lösung dieser Fragestellung werden im englischen als Methoden des multi objective decision making (MODM)[325] bezeichnet. Die Ziele sind in Form quantifizierbarer Ziel-

scheidungstheorie nur eine Hilfe im Entscheidungsprozeß sein kann. Sie dient nur der Entscheidungsunterstützung (aid). Entscheidungen treffen (making) kann nur der Entscheidungsträger. Wenn diese Überzeugung auch von der Verfasserin vollständig geteilt wird, ist diese Unterscheidung für die vorliegende Arbeit nicht wesentlich. Einen Überblick über die Theorie der multikriteriellen Entscheidungshilfe geben zum Beispiel Bana e Costa, C. A./Vincke, P. (1990), Vincke, P. (1992), Roy, B. (1977). Siehe auch Ostanello, A. (1990), Vansnick, J. C. (1990).

319 Vgl. Hwang, C. L./Yoon, K. (1981), S. 2.

320 Vgl. Vincke, P. (1992), S. 28.

321 Roy benutzt nicht den Begriff „Klassifizieren“, sondern „Sortieren“. „Die Entscheidung wird durch ein Sortieren vorbereitet, das durch eine Zuordnung jeder Aktion zu einer Kategorie zustande kommt.“ Roy, B. (1980), S. 472. Vgl. auch Roy, B./Vincke, P. (1981), S. 207, Vincke, P. (1992), S. 28.

322 Diese Aufgabenstellung wird in der englischsprachigen Literatur als „ranking problem“ bezeichnet. Vgl. Roy, B./Vincke, P. (1981), S. 207, Vincke, P. (1992), S. 28.

323 Dies ist die in der Literatur vorherrschende Einteilung. Vgl. zum Beispiel Hwang, C. L./Yoon, K. (1981), S. 2 ff., Zionts, S. (1980), S. 543. Eine Dreiteilung wie sie Zimmermann/Gutsche vornehmen, sie nennen zusätzlich die entscheidungstechnokratischen Ansätze, wird in dieser Arbeit nicht verfolgt. Vgl. Zimmermann, H. J./Gutsche, L. (1991), S. 27. Auf die dadurch entstehenden Ungenauigkeiten bezüglich der Zuordnung einzelner Methodenvarianten wird in der Arbeit hingewiesen werden. Genauso ist eine Unterteilung in vier Teilgebiete möglich. Vgl. Zionts, S. (1990), S. 33 ff.

324 Vgl. Ossadnik, W. (1998), S. 12.

325 Zur Klassifikation und Erklärung der kontinuierlichen Verfahren (MODM) vgl. Hwang, C. L./Masud, A. S. (1979), Keeney, R. L./Raffia, H. (1976). Siehe auch Duesing, E. (1983), Gershon, M./Duckstein, L. (1983), Narasimhan, R./Vickery, S. K. (1988), S. 881

funktionen (englisch: „objectives") gegeben.[326] Aufgrund der gleichzeitig zu optimierenden Zielfunktionen werden diese Modelle auch „Vektoroptimierungsmodelle"[327] genannt.

Bei multiattributiven Problemstellungen ist die Menge der Alternativen im Unterschied zu den MODM-Verfahren endlich, oft sogar sehr klein. Die Alternativen sind vorab explizit gegeben; der Lösungsspielraum ist diskret. Bewertet wird jede Alternative anhand ihrer Attribute, beziehungsweise der Ausprägung ihrer Attribute.[328] Da die Problemstellung der vorliegenden Arbeit ein klassischer Anwendungsfall der multiattributiven Entscheidungstheorie ist, werden im folgenden ausschließlich diese Methoden dargestellt.

Um die mannigfachen Methoden der multiattributiven Verfahren besser überblicken zu können und Anhaltspunkte zur Auswahl eines geeigneten Verfahrens zu geben, werden zwei Klassifikationsmöglichkeiten dargestellt.

Die erste Einordnung der diskreten multikriteriellen Verfahren ist eine Klassifikation auf Basis der Art der gegebenen Information. Diese wohl am häufigsten zu findende Unterscheidung ist auf Hwang/Yoon zurückzuführen.[329] Je nach Problemstellung und in Abhängigkeit von dem Urteilsvermögen des Entscheiders sind unterschiedliche Informationen verfügbar. Die Einteilung der Informationen erfolgt zweistufig. Die erste Stufe unterscheidet nach der Art der vorliegenden Information die drei Fälle: „keine Information", „Information über Attribute" und „Information über Alternativen". Wie in Abbildung 1 graphisch dargestellt erfolgt eine Unterscheidung nach der Qualität der Information auf der zweiten Stufe.

Die MADM-Methoden sind den einzelnen Gruppen zuzuordnen. Verfahren, die über die Ausprägungen der einzelnen Attribute hinaus keine weiteren Informationen benötigen – sind das Dominanz-Prinzip,[330] die Maximin-[331] oder Maxi-

ff., Evans, G. H. (1984), Kornbluth, J. S. H./Steuer, R. E. (1980), Dinkelbach, W. (1980), Prevot, M./Chouaf, M. (1984).

326 Eine detaillierte Definition stetiger Problemstellungen findet sich bei Hwang, C. L./Masud, A. S. (1979), S. 6 ff.

327 Vgl. zum Beispiel Ossadnik, W. (1998), S. 39 ff., Zimmermann, H. J./Gutsche, L. (1991), S. 110 ff.

328 Vgl. Hwang, C. L./Yoon, K. (1981), S. 3.

329 Vgl. Hang, C. L./Yoon, K. (1981), S. 8 ff. Dieselbe Einteilung benutzen auch Zimmermann, H. J./Gutsche, L. (1991), Ossadnik, W. (1998), S. 25 ff., Götze, U./Bloech, J. (1995), S. 140 ff.

330 Vgl. Ossadnik, W. (1998), S. 24, Zimmermann, H.-J./Gutsche, L. (1991), S. 42, Park, K. S./Kim, S. H./Yoon, W. C. (1996).

331 Vgl. Chen, S.-J./Hwang, C. L. (1992), S. 28 ff., Hwang, C. L./Yoon, K. (1981), S. 61 ff., Zimmermann, H.-J./Gutsche, L. (1991), S. 43.

max-Strategie.[332] Die Methoden, die Informationen über Attribute verlangen, sind nach der Qualität der erforderlichen Information differenziert in Abbildung 2 aufgeführt.

Abbildung 1 Klassifikationsmöglichkeit multiattributiver Entscheidungstheorien nach der Art der gegebenen Informationen

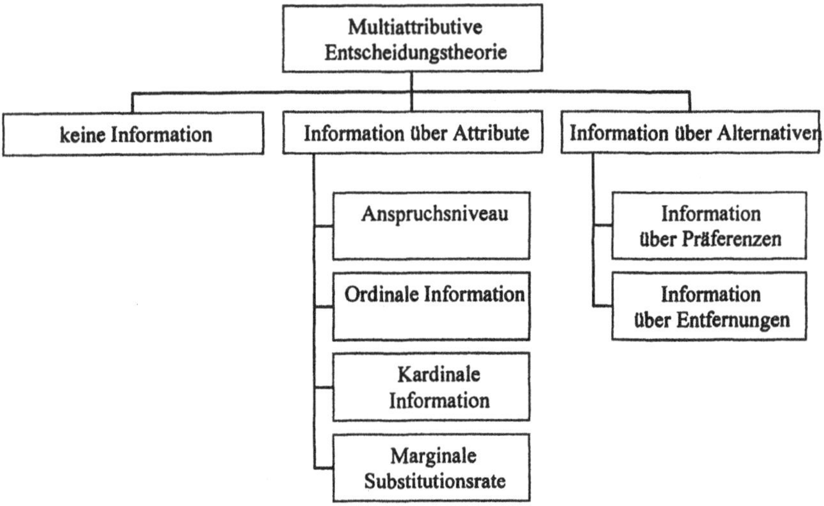

Quelle: In Anlehnung an Hwang, C. L./Yoon, K. (1981), S. 9.

Für die vorliegende Arbeit sind die ein kardinales Meßniveau voraussetzenden Verfahren von besonderer Bedeutung. Hierzu gehören unter anderem die lineare Zuordnungsmethode,[333] der AHP,[334] die Nutzwertanalyse,[335] ELECTRE,[336] TOPSIS[337] und PROMETHEE.[338] Zu der Gruppe der multiattributiven Methoden gehören darüber hinaus eine Vielzahl hier nicht erwähnter Methoden.[339] Informationen über die Alternativen wiederum gehen in die LINMAP-

332 Vgl. Zimmermann, H.-J./Gutsche, L. (1991), S. 44, Hwang, C. L./Yoon, K. (1981), S. 64 ff., Ossadnik, W. (1998), S. 24 ff.

333 Vgl. Hwang, C. L./Yoon, K. (1981), S. 93 ff., Ossadnik, W. (1998), S. 28 ff., Zimmermann, H.-J./Gutsche, L. (1991), S. 60, Chen, S.-J./Hwang, C. L. (1992), S. 35 ff.

334 Vgl. Abschnitt 3.3.

335 Vgl. Abschnitt 3.2.

336 Vgl. Roy, B. (1980), Roy, B. (1990b), Roy, B./Bouyssou, D. (1986), S. 200 ff.

337 Vgl. Chen, S.-J./Hwang, C. L. (1992), S. 38 ff., Hwang, C. L./Yoon, K. (1981), S. 128 ff.

338 Vgl. Abschnitt 3.4.

339 Vgl. Vetschera, R. (1994), Sun, M./Steuer, R. E. (1996), Cook, W. P./Kress, M./Seiford, L. M. (1996), v. Huylenbroeck, G. (1995), Korhonen, P. J./Wallenius, J./Zionts, S.

Methode,[340] die interaktive einfache additive Gewichtung[341] oder die multidimensionale Skalierung mit Idealpunkten[342] ein. Zur Lösung der Problemstellung dieser Arbeit können die Verfahren implementiert werden, die auf der Auswertung kardinaler Informationen basieren.

Abbildung 2 Multiattributive Methoden bei verfügbaren Informationen über die Attribute

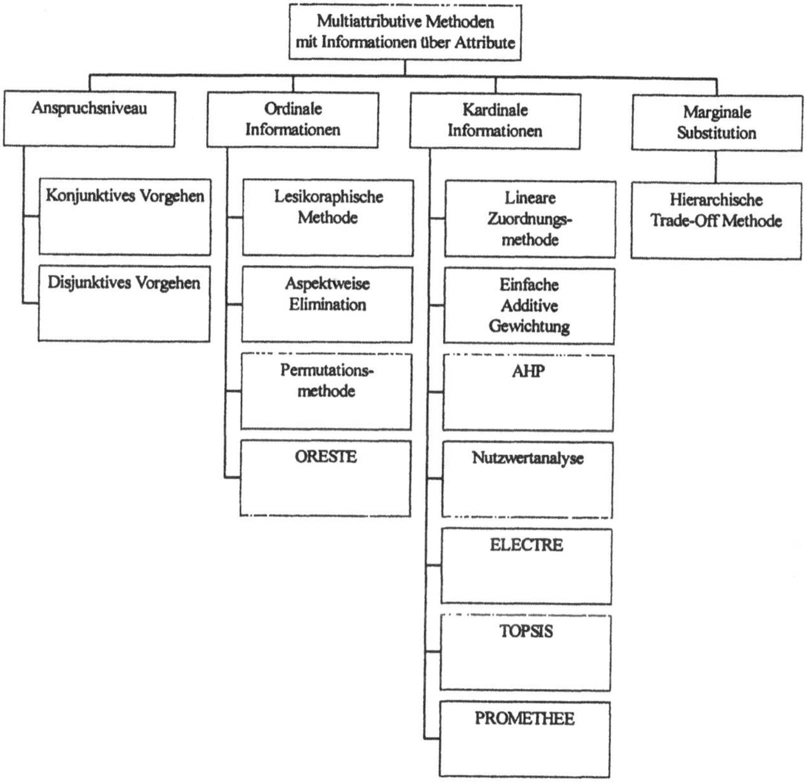

Quelle: In Anlehnung an Hwang, C. L./Yoon, K. (1981), S. 9 und Götze, U./Bloech, J. (1995), S. 141.

(1984), Korhonen, P. J./Wallenius, J./Zionts, S. (1980), Matarazzo, B. (1990), Ester, J. (1993), Weber, M. (1983b), Jacquet-Lagrèze, E./Siskos, J. (1982), Martel, J. M./Avignon, G. R. d. (1982), Levine, P./Pomerol, J. C. (1986), Larichev, O. I./Moshhoich, H. M. (1995), Matarazzo, B. (1988), Scarelli, A./Venzi, L. (1997).

340 Vgl. Hwang, C. L./Yoon, K. (1981), S. 154 ff.

341 Vgl. Hwang, C. L./Yoon, K. (1981), S. 168 ff.

342 Vgl. Hwang, C. L./Yoon, K. (1981), S. 177 ff.

Eine weitere Klassifizierungsmöglichkeit ist die Einteilung der multiattributiven Verfahren in „kompensatorische" und „nicht-kompensatorische" Methoden.[343] Kompensatorische Verfahren ermöglichen es, die ungünstige Ausprägung bezüglich einer Zielgröße durch eine günstige Eigenschaft bei einer anderen Zielgröße auszugleichen. Nicht-kompensatorische Methoden erlauben diesen Ausgleich nicht. So kann ein schlechter Wert eines Attributes nicht durch einen guten Wert eines anderen Attributs ausgeglichen werden. Jedes Attribut wird für sich bewertet und der Vergleich verschiedener Alternativen erfolgt auf der nicht aggregierten Attributsebene.

Zu den nicht-kompensatorischen Modellen gehören zum Beispiel die Dominanzmethode, die Maximin-Methode, die Maximax-Strategie oder die Lexikographische Methode.[344] Einige Autoren[345] erörtern zum Beispiel die Lexikographische Methode als ein Verfahren zur Lösung von echten multikriteriellen Problemstellungen und nennen es gleichwertig mit Verfahren, die eine Gewichtung der Kriterien erfordern. Gerade bei der Lexikographischen Methode ist jedoch zu kritisieren, daß das Kriterium, nach welchem zuerst geordnet wird, das Ergebnis vollständig dominiert. Es ist Zimmermann/Gutsche zuzustimmen, wenn sie in Frage stellen, ob diese Methode ein multikriterielles Verfahren im engeren Sinne ist.[346]

Kompensatorische Modelle ermöglichen, wie erwähnt, einen Ausgleich der einzelnen Attribute einer Alternative. Es kann somit zu einem Ausgleich zwischen den einzelnen Kriterienausprägungen kommen. Ein einzelnes Attribut ist nur ein Merkmal unter mehreren, welche eine Alternative charakterisieren. Bei der Bewertung von Aktiengesellschaften ist eine ausgleichende Wirkung der Bewertungskriterien erwünscht. Die vollständig nicht-kompensatorischen Verfahren – wie zum Beispiel das lexikographische Verfahren – werden nicht ausgewählt. Wie stark die Kompensation zwischen den einzelnen Kriterien sein soll, ist nicht vorab festgelegt. Unterschiedlich stark kompensierende Verfahren werden in der vorliegenden Arbeit getestet und ihre Auswirkungen auf das Ranking von Aktiengesellschaften verglichen.

Die in dieser Arbeit analysierte Problemstellung kann wie folgt zusammengefaßt werden: Die relative Bewertung von Aktiengesellschaften in Form eines Rankings ist ein Anwendungsbeispiel der multiattributiven Entscheidungstheorie. Adressat der Rankings sind Aktionäre oder potentielle Aktionäre. Die Bewertung der Alternativen erfolgt unter Berücksichtigung mehrerer, diskreter Kriterien. Diese sind in der Regel konfliktär, und es soll eine Kompensation der

343 Diese Einteilung wurde vorgeschlagen von Hwang, C. L./Yoon, K. (1981), S. 24 ff.

344 Vgl. Salinger, E. (1993), S. 33 ff., Nakamura, Y. (1997), S. 3 ff., Ossadnik, W. (1998), S. 26 ff., Zimmermann, H.-J./Gutsche, L. (1991), S. 49 ff.

345 Vgl. zum Beispiel Sieben, G./Schildbach, T. (1994), S. 48 ff.

346 Vgl. Zimmermann, H. J./Gutsche, L. (1991), S. 49 ff.

einzelnen Ziele möglich sein. Es werden alternative Methoden gesucht, die eine nicht vollständige Substitution der Kriterien erzeugen können. Die Information über den Zielerreichungsgrad kann kardinal gemessen werden.

3.1.3 Auswahl der zu vergleichenden multiattributiven Methoden

Nachdem Klassifikationsmöglichkeiten multikriterieller Verfahren aufgezeigt wurden und benannt wurde, welche Gruppe von Verfahren grundsätzlich zur Lösung der hier fokussierten Problemstellung relevant ist, werden die in dieser Arbeit konkret getesteten Verfahren ausgewählt.

Es wird seit langem darauf aufmerksam gemacht, daß die Auswahl der geeignetsten multikriteriellen Methoden aus der Gruppe der anwendbaren Methoden in sich selbst ein multikriterielles Problem darstellt, dessen Ergebnis nicht immer einfach zu finden ist.[347] Gründe hierfür sind, daß die Vielzahl der zur Verfügung stehenden Methoden bezüglich ihrer Annahmen über die Präferenzen des Anwenders stark differieren und unterschiedliche Formen von Informationen über die Präferenzen des Anwenders als Input benötigen. Da die Methodenauswahl einen entscheidenden Einfluß auf das Ergebnis hat, ist diesem Schritt besondere Aufmerksamkeit zu schenken. “Choosing the ‘best’ MCDM method is [...] a problem that is as important as the structuring of the decision situation.”[348] Auf eines der zur Auswahl von Modellen der multikriteriellen Entscheidungstheorie entwickelten Expertensysteme[349] wird in dieser Arbeit nicht zurückgegriffen.[350] Die zu berücksichtigenden Aspekte bei der Auswahl einer oder mehrerer multiattributiver Methoden zur Entscheidungsunterstützung sind die konkrete Ausgangssituation, die in den Modellen enthaltenen Annahmen sowie die Informationsanforderungen der Methoden.[351]

Das zu lösende Problem ist so definiert, daß das Ergebnis eine vollständige Ordnung, ein Ranking, sein soll. Diese Anforderung stellt eine signifikante Einschränkung der potentiell zur Verfügung stehenden Methoden dar. Die Begründung für diese Einschränkung ist bereits in der Problemstellung in Abschnitt 1.1

347 Vgl. unter anderem Hwang, C. L./Yoon, K. (1981), S. 210, Ozernoy, V. M. (1992), S. 160 ff.

348 Ozernoy, V. M. (1992), S. 159.

349 Vgl. unter anderem Tecle, A./Duckstein, L. (1990), S. 20 ff., Ozernoy, V. M. (1992), S. 164 ff.

350 An den Auswahlverfahren ist zu kritisieren, daß sie eine Entscheidungshilfe für die Auswahl zwischen recht unterschiedlichen Verfahren liefern (siehe zum Beispiel die Auswahlmenge bei Tecle, A./Duckstein, L. (1990), S. 21), aber die genaue Spezifizierung der besten Methode aus einer Gruppe von Methoden mit ähnlichen Eigenschaften in der Regel nicht sicherstellen.

351 Vgl. Ozernoy, V. M. (1992), S. 160.

erörtert worden. Die Frage, ob der Verzicht auf eine vollständige Ordnung und die Gruppierung der Aktiengesellschaften zu Performanceklassen (die Erstellung von Ratings) nicht stabilere und verläßlichere Ergebnisse erzeugt werden könnten, wenn die dementsprechenden Methoden ebenfalls zugelassen würden, wird in dieser Arbeit nicht untersucht.

Als Annahme soll in dem Aggregationsmodell enthalten sein, daß die einzelnen in die Bewertung eingehenden Kriterien kompensatorisch in das Ranking aggregiert werden. Die Gruppe der nicht-kompensatorischen Verfahren fallen somit aus der Menge der zur Verfügung stehenden Methoden sofort heraus. Die Begründung hierfür liegt in der Wertigkeit der Kriterien. Keines der Kennzahlen oder Ziele soll in seiner Bedeutung so viel wichtiger als die anderen sein, daß es das Ranking determiniert. Eine unterschiedliche Wertigkeit der einzelnen Kriterien ist jedoch gewünscht und soll durch die Präferenzen des Anwenders im Modell berücksichtigt werden können.

Auf die Informationsanforderungen der Methoden ist im vorigen Abschnitt eingegangen worden. Die zur Verfügung stehenden Informationen sind intervallskaliert. Dieses hohe Informationsniveau soll von den Methoden genutzt werden.

Für das RSW-Verfahren wählte Schmidt zur Aggregation der Kennzahlen ein durch die Verwendung transformierter Kennzahlen modifiziertes Scoring-Modell aus. Das zur Nutzwertanalyse gehörende Verfahren zählt zu den additiven Methoden und setzt als Meßniveau intervallskalierte Daten voraus. Die Nutzwertanalyse erfüllt die genannten Anforderungen. Gleichzeitig sind die Voraussetzungen der Nutzwertanalyse[352] bei der Erstellung eines Aktienrankings erfüllt. Ein weiterer Grund für die Verwendung des Scoring-Modells ist der Wunsch der Anwender nach relativ einfachen, nicht zu komplexen Modellen.[353] Dieses Argument ist jedoch – unabhängig davon, daß es regelmäßig von Praktikern vorgebracht wird – wenig stichhaltig. Das Ziel sollte die Erstellung richtiger und nicht einfacher Modelle sein.

Alternativ zur Nutzwertanalyse sollen im folgenden ähnliche Methoden auf Basis des Beispiels der relativen Bewertung von Aktiengesellschaften getestet werden. Die Verfahren sollen neben der Erfüllung der bereits aufgeführten Kriterien ebenfalls eine kompensatorische und additive Verknüpfung der Kriterien gewährleisten, aber keine vollständige Substitution der Kennzahlenausprägungen enthalten. Modelle, welche dieser Anforderung entsprechen, sind die auf Paarvergleichen basierenden Verfahren. Die wichtigsten in der Literatur der multiattributiven Entscheidungstheorie diskutierten Methoden dieser Kategorie sind der AHP, ELECTRE und PROMETHEE.

352 Auf die Voraussetzung wird in Abschnitt 3.2.3 eingegangen.

353 Vgl. zum Beispiel die Untersuchung von Kottelmann, J. E./Davis, F. D. (1991).

Der von Saaty entwickelte AHP[354] kann zur relativen Bewertung von Aktiengesellschaften herangezogen werden. Das Ergebnis ist in jedem Fall wie gefordert eine vollständige Ordnung der Alternativen. Die Methode setzt kardinales oder ordinales Informationsniveau voraus und basiert im Kern auf einer additiven Aggregationsfunktion. In welchem Maße die Substitution der Kennzahlen erfolgt, wird anhand des konkreten Anwendungsbeispiels zu testen sein. Aufgrund der umfangreichen US-amerikanischen Literatur zum AHP und der vielfältigen Anwendungsbeispiele[355] ist zu vermuten, daß die Methode bereits zur Bewertung von Aktiengesellschaften herangezogen wurde. Der Verfasserin ist jedoch kein Performance-Ranking und ebenfalls keine großzahlige Bewertung europäischer Aktiengesellschaften bekannt, welches unter Anwendung des AHP erstellt wurde.

Die ELECTRE-Verfahren gehören nicht zu den Methoden mit einer additiven Aggregationsfunktion und bieten sich nicht zur Erstellung eines Rankings an, da das Ergebnis der unterschiedlichen Verfahrensausprägungen jeweils nur eine partielle Präordnung und nur in Ausnahmefällen eine vollständige Ordnung ist.[356] Abgesehen von der vorgegebenen Problemstellung, welche eine vollständige Ordnung aller Alternativen fordert, bietet sich die Erstellung einer aus über 100 Alternativen bestehenden nicht-vollständigen Präordnung nicht an, da diese nicht mehr überschaubar dargestellt werden kann.

Die Gruppe der PROMETHEE-Verfahren basiert auf Paarvergleichen und PROMETHEE II, im Gegensatz zu den anderen Methoden der Familie,[357] schließt mit einem Ranking, einer vollständigen Ordnung. Daß PROMETHEE II sinnvoll zur relativen Bewertung von Unternehmen eingesetzt werden kann, analysierten bereits Brans und Mareschal durch die Entwicklung der Software „Bankadvisor“, welche basierend auf der Anwendung von PROMETHEE II und vier fundamentalen Kennzahlen der Bonitätsbewertung von Unternehmen dient.[358]

Aufgrund dieser Überlegungen wird in dieser Arbeit ein Dreimethodenvergleich der Nutzwertanalyse, des AHP und von PROMETHEE II vorgenommen. Weitere als die drei ausgewählten Verfahren erfüllen die im obigen aufgeführten Anforderungen. Zum Beispiel könnten auch Methoden der Nutzwertanalyse mit alternativen nicht linearen Nutzenfunktionen, die ebenfalls eine eingeschränkte Kompensation der Kriterien bewirken können, analysiert werden. Der AHP und PROMETHEE II wurden als Alternativen zum Scoring-Modell ausgewählt, weil

354 Die Methodik wird in Abschnitt 3.3 vorgestellt werden.

355 Vgl. Abschnitt 3.3 und die dort angegebene Literatur sowie insbesondere die Internet-domäne.

356 Vgl. den Überblick von Roy, B. (1990b), S. 174.

357 Vgl. Abschnitt 3.4.2.4.

358 Vgl. Brans, J. P./Mareschal, B. (1990), S. 242 ff., Jäger, A. (1988), S. 324 ff.

es sich um im Vergleich zur Nutzwertanalyse relativ junge Verfahren handelt, die eine wachsende Anzahl von Anhängern finden und häufig eingesetzt werden.[359] Dabei ist der AHP der nordamerikanische Schule der Entscheidungstheorie zuzuordnen. PROMETHEE hingegen gehört der Klasse der Outrankingverfahren an, welche vorrangig in Frankreich und Belgien entwickelt wurde. Die Verfahren werden im folgenden alternativ zum Scoring-Modell im Rahmen des RSW-Tests eingesetzt. Es wird analysiert werden, wie für den konkreten Anwendungsfall des Rankings von Aktiengesellschaften der AHP und PROMETHEE II genutzt werden können und wie groß der Unterschied der Ergebnisse zu dem der als klassisch einzuordnenden Nutzwertanalyse ist. Die Eignung der Verfahren für das Anwendungsbeispiel wird im Anschluß an die empirischen Analysen[360] in Abschnitt 4.6 situativ diskutiert.

In diesem Abschnitt wurde bewußt nicht auf eine Kriterienliste zur Auswahl der am besten geeigneten Methode zurückgegriffen.[361] Welche Kriterien sinnvoll für die Bewertung von multiattributiven Verfahren zur Erzeugung eines Rankings von Aktiengesellschaften unterschiedlichster Branchen herangezogen werden können, wird sich erst ergeben, nachdem die empirischen Tests und Sensitivitätsuntersuchungen in Kapitel 4 abgeschlossen sind. Es wird sich zeigen, daß die Eignung der drei Methoden (Nutzwertanalyse, AHP und PROMETHEE II) nicht nur von ihren Prämissen abhängt, beziehungsweise ihre Eignung nicht für die konkrete Problemstellung abschließend theoretisch bewertet werden kann. Aus diesem Grund enthält erst Abschnitt 4.6.3 eine abschließende selektive Bewertung der Methoden auf Basis der Kriterien, welche sich in der empirischen Analyse als wesentlich herausgestellt haben. Resümierende Tendenzaussagen, welches der Verfahren für welche Problemstruktur und welche Präferenzen des Entscheidenden besser geeignet ist, finden sich dort.

3.1.4 Grundlagen und Notation

Der Arbeit liegt folgende Notation zugrunde:[362]

$$\mathcal{A} = \{a_1, a_2, ..., a_m\}$$

sei eine endliche Menge von Alternativen a_i, $i = 1, 2, ..., m$.

359 Vgl. hierzu die Verweise in Abschnitt 3.3 und Abschnitt 3.4.

360 Vgl. Abschnitt 4.3, Abschnitt 4.4 sowie Abschnitt 4.5.

361 Vgl. Al-Shemmeri, T./Al-Kloub, B./Pearman, A. (1996), S. 554 ff., Rohrmann, B./Schütz, H. (1993), S. 8 ff., Janssen, R./Nijkamp, P. (1985), S. 505 ff.

362 Die Notation der Arbeit ist bewußt so gewählt, daß sie mit der Mehrzahl der multiattributiven Literatur möglichst korrespondiert. Eine ähnliche Notation verwenden zum Beispiel Eisenführ, F./Weber, M. (1994), S. 113 ff., Keeney, R. L./Raiffa, H. (1976), S. 67 ff.

Grundsätzlich soll $m = 1$ zugelassen werden, auch wenn eine Problemstellung mit nur einer möglichen Alternative keine Selektion zuläßt. Jede Alternative wird anhand von n Kriterien bewertet, das heißt es existieren Abbildungen

$$k_j : \mathcal{A} \rightarrow \mathbb{R}, j = 1, 2, ..., n$$

die jeder Alternative a_i, $i = 1, 2, ..., m$, eine Ausprägung $f_j(a_i)$ bezüglich des Kriteriums k_j zuordnen.

Des weiteren sei

$$\mathcal{K} = \{k_1, k_2, ..., k_n\}$$

eine endliche Menge von Kriterien mit k_j, $j = 1, 2, ..., n$. Die Kriterien entsprechen den Zielen, anhand welcher die Alternativen bewertet werden sollen. Im Spezialfall $n = 1$ ist die Problemstellung monokausal und gehört damit nicht zur Gruppe der multikriteriellen Entscheidungstheorie. Im folgenden werden ausschließlich Fragestellungen mit $n > 1$ betrachtet. Die Kennzahlausprägung einer Alternative a_i bezüglich eines Kriteriums k_j wird symbolisiert durch $f_j(a_i)$.

Tabelle 5 Ergebnismatrix

	k_1	k_2	...	k_j	...	k_n
a_1	$f_1(a_1)$	$f_2(a_1)$	...	$f_j(a_1)$	...	$f_n(a_1)$
a_2	$f_1(a_2)$	$f_2(a_2)$	...	$f_j(a_2)$	...	$f_n(a_2)$
...	...	...	...	...	...	...
a_i	$f_1(a_i)$	$f_2(a_i)$	...	$f_j(a_i)$	...	$f_n(a_i)$
...	...	...	...	...	...	...
a_m	$f_1(a_m)$	$f_2(a_m)$	...	$f_j(a_m)$	...	$f_n(a_m)$

Quelle: In Anlehnung an Brans, J. P./Mareschal, B. (1994b), S. 298.

Die Ausgangsdaten eines so definierten Problems können in Form einer Ergebnismatrix[363] - wie sie beispielsweise in Tabelle 5 dargestellt ist – zusammengestellt werden. Die Ergebnismatrix wird ebenso Bewertungstabelle,[364] Entscheidungsmatrix[365] oder Zielerreichungsmatrix[366] genannt.[367]

363 Vgl. zum Beispiel Bitz, M. (1981), S. 11, Rehkugler, H. (1986), S. 86, Zimmermann, H. J./Gutsche, L. (1991), S. 3.

364 Von einer „Bewertungstabelle" beziehungsweise „evaluation table" sprechen Brans, J. P./Mareschal, B. (1994b), S. 298.

365 Vgl. unter anderem Eisenführ, F./Weber, M. (1994), S. 35, Hwang, C. L./Yoon, K. (1981), S. 17, Sieben, G./Schildbach, T. (1994), S. 30.

366 Vgl. Zimmermann, H. J./Gutsche, L. (1991), S. 36.

367 In der Literatur finden sich auch Entscheidungsmatrizen, welche neben mehreren Zielvariablen und Alternativen auch unterschiedliche Umweltzustände abbilden. Da in dieser

Basierend auf der obigen Notation wird ein multikriterielles Problem mit folgender Struktur definiert:

$$„Max" \{(f_1(a_i), f_2(a_i), \ldots, f_j(a_i), \ldots, f_n(a_i)) \mid a_i \in \mathcal{A}\}$$

Bei obiger Zielfunktion handelt es sich um keine übliche Maximierungsbedingung sondern um eine Maximierungsvorschrift im Sinne der Vektormaximierung. Über diese Basisnotation hinaus, werden die zur Erklärung und Anwendung der einzelnen Methoden benötigten Symbole erst im folgenden, bei der Beschreibung des Modells eingeführt.

3.1.5 Methoden mit additiver Aggregationsfunktion

Die fundamentalen Unternehmensdaten sind von jeder Aktiengesellschaft bekannt – Unternehmen von denen die Bilanzen und Gewinn- und Verlustrechnungen des analysierten Zeitraums zum Zeitpunkt der Bewertung nicht vorliegen, müssen aus der Bewertung ausgeschlossen werden. Damit ist sichergestellt, daß Informationen über die zu bewertenden Alternativen vorliegen und die Ergebnismatrix definiert ist. Die Ausgangsdaten, die berechneten sechs Kennzahlen, haben ein intervallskaliertes Meßniveau. Um die sechs Kennzahlen zu einem Gesamtergebnis zusammenzuführen, bedarf es einer Aggregationsfunktion.[368] Die drei im folgenden analysierten Verfahren gehören zu den multiattributiven Methoden, die auf einer additiven Aggregation basieren.

Eine multiattributive Methode ist dann eine additive Methode, wenn die Funktion

$$U(a_i) = \sum_{j=1}^{m} w_j u_j \left[f_j(a_i) \right]$$

erfüllt ist, wobei $u_j[f_j(a_i)]$ eine beliebige, streng monoton nicht fallende Funktion von $f_j(a_i)$ ist.[369] Die Funktion für das additive Modell ist hier vereinfacht angegeben.

Die Darstellung der Methodik in den folgenden Abschnitten ist wie folgt gegliedert: Die Beschreibung der Nutzwertanalyse erfolgt in Abschnitt 3.2, des AHP in Abschnitt 3.3 und die von PROMETHEE II in Abschnitt 3.4.

Arbeit unter Sicherheit getroffene Entscheidungen analysiert werden, ist eine solche Darstellung nicht notwendig.

368 Zur Definition einer Aggregationsfunktion siehe unter anderem Vincke, P. (1982b), S. 22 ff. Bezüglich der Besonderheiten der Aggregation von Präferenzen vgl. Vincke, P. (1982a), S. 17 ff.

369 Vgl. zum Beispiel Roy, B. (1990c), S. 326.

3.2 Nutzwertanalyse

3.2.1 Grundgedanke

Die Nutzwertanalyse stellt ein Entscheidungshilfeverfahren dar, welches dem Entscheidungsträger in komplexen Entscheidungssituationen mit Mehrfachzielen bei seiner Auswahlentscheidung unterstützt.[370] „Nutzwertanalyse ist die Analyse einer Menge komplexer Handlungsalternativen mit dem Zweck, die Elemente dieser Menge entsprechend den Präferenzen des Entscheidungsträgers bezüglich eines multidimensionalen Zielsystems zu ordnen. Die Abbildung dieser Ordnung erfolgt durch die Angabe der Nutzwerte (Gesamtwerte) der Alternativen."[371]

Die Grundidee der Nutzwertanalyse besteht darin, eine Entscheidungshilfe durch die Berechnung des Nutzens einer Alternative zu geben.[372] Es wird dem Entscheider empfohlen, die Alternativen auf Basis ihres Nutzwertes zu ordnen, um ein vollständiges Ranking zu erhalten oder die Alternative mit dem höchsten Nutzwert auszuwählen.[373] Der Nutzen einer Alternative ist definiert als eine Funktion der Teilnutzen, die die Alternative bezüglich der Ziele des Zielsystems hat.[374] Dabei berücksichtigt die Funktion zur Aggregation der Teilnutzen die Präferenzen des Entscheidungsträgers hinsichtlich der Erreichung unterschiedlicher Ziele. Die Teilnutzen, Zielgewichte und Aggregationsfunktionen werden aus den Präferenzurteilen des Entscheiders abgeleitet.[375] Eine Fülle von Verfahren werden in der Literatur vorgestellt, welche im Sinne der obigen Definition zu der Klasse der Nutzwertanalyse gehören. Zu ihnen zählt Weber[376] folgende Methoden: die multiattributive Nutzentheorie (MAUT),[377] die multiattri-

370 Vgl. Weber, M (1992), Sp. 1435.

371 Zangemeister, C. (1976), S. 45.

372 Vgl. zum Beispiel Weber, M. (1992), Sp. 1435.

373 Vgl. Keeney, R. L./Raiffa, H. (1976), S. 131, Zangemeister, C./Bomsdorf, E. (1983), S. 375.

374 Vgl. Weber, M. (1992), Sp. 1435.

375 Vgl. Schneeweiß, C. (1990), S. 14. Besonders wenn mehrere Kriterien zu berücksichtigen sind, ist es für den Entscheidungsträger schwierig, seine Präferenzen in Form einer Funktion zu artikulieren. Vgl. unter anderem Kiss, L. N./Martel, J. M./Nadeau, R. (1994), S. 311 ff. Welcher Methoden Entscheidungsträger sich in der Praxis bedienen, um ihre Präferenzen abzubilden, analysierten unter anderem Davey, A./Olson, D./Wallenius, J. (1994).

376 Vgl. Weber, M. (1992), Sp. 1436.

377 Vgl. v. Winterfeldt, D./Edwards, W. (1986), S. 259 ff., Fishburn, P. C. (1989), S. 259 ff., Schneeweiß, C. (1991), S. 125 ff., Keeney, R. L./Raiffa, H. (1976), S. 219 ff.

butive Werttheorie (MAVT),[378] Scoring-Modelle[379] und die im deutschen Sprachraum im engeren Sinne als Nutzwertanalyse bezeichneten Verfahren.[380]

Die aufgezählten Verfahren unterscheiden sich hinsichtlich vieler Details.[381] Ziel dieser Arbeit ist es nicht, eine detaillierte und vergleichende Betrachtung der einzelnen Methoden zu liefern. Eine verbindliche Definition aller zur Nutzwertanalyse gehörenden Verfahren und ihre klare Abgrenzung fehlt bisher in der deutschsprachigen Literatur. Ihre Erstellung wäre grundsätzlich wünschenswert, würde aber wenig dem inhaltlichen Erkenntnisziel dieser Arbeit dienen. Statt dessen werden im folgenden die Hauptschritte der Nutzwertanalyse beschrieben. Da das RSW-Verfahren auf einem Scoring-Modell basiert,[382] orientieren sich die folgenden Ausführungen an dieser Methodik.[383]

Scoring-Modelle können als eine Verfahrensgruppe innerhalb der Nutzwertanalyse verstanden werden. Methodisch nur unscharf von anderen Nutzwertverfahren abzugrenzen, zeichnen sich Scoring-Modelle dadurch aus, daß sie außer der Anforderung, Alternativen auf Basis von Teilscores zu bewerten, diese zu gewichten und zu einem Gesamtscore zu aggregieren,[384] keinen weiteren methodischen Bedingungen unterliegen. Innerhalb der Nutzwertanalyse können die Scoring-Modelle als relativ schlecht und am wenigsten einheitlich definierte Verfahrensgruppe charakterisiert werden. So verzichtet zum Beispiel der Beitrag von Weber/Krahnen/Weber über Scoring-Verfahren vollständig auf eine spezielle Definition der Scoring-Modelle oder ihre Abgrenzung zur Nutzwertanalyse.[385] Die angelsächsische Literatur zur Entscheidungstheorie behilft sich hier, indem sie schlicht von „Simple Additive Weighting Method" spricht,[386] wenn sie eine einfache, additive Nutzenfunktion beschreibt und sich nicht auf die theoretisch gut fundierten MAUT oder MAVT bezieht.

378 Vgl. Dyer, J. S./Sarin, R. K. (1979), S. 810 ff., Keeney, R. L. Raiffa, H. (1976), S. 66 ff.

379 Vgl. Strebel (1975), S. 45 ff., Dreyer, A. (1974), aber auch Weber, M./Krahnen, J./Weber, A. (1995), Friedman, D. (1983), Nau, R. F. (1985), Winkler, R. L. (1994).

380 Vgl. Zangemeister, C. (1976), Schneeweiß, C. (1991), S. 120 ff., Beckmann, A. (1978).

381 Der Unterschied zwischen den im engeren als Nutzwertanalyse bezeichneten Verfahren und der MAUT ist bei Schneeweiß aufgeführt. Vgl. Schneeweiß, C. (1991), S. 148 ff.

382 Vgl. Schmidt, R. (1990a), S. 69 ff.

383 Wenn hierbei einzelne Teilschritte nicht in Übereinstimmung mit jeder Beschreibung der Scoring-Modelle sind, so ist darauf hinzuweisen, daß gerade ihre Darstellung in der Literatur Widersprüche enthält. So definiert Dreyer als Ziel jedes Scoring-Modells die Auswahl nur einer einzelnen Alternative. Vgl. Dreyer, A. (1974), S. 256. Dem widersprechen zum Beispiel Marchant, T. (1997), S. 1, Strebel, H. (1975), S. 108 ff.

384 Vgl. Hwang, C. L, Yoon, K. (1981), S. 25, Moore, J. R./Baker, N. R. (1969), S. B 213.

385 Vgl. Weber, M./Krahnen, J./Weber, A. (1995), S. 1621.

386 Vgl. zum Beispiel Hwang, C. Y./Yoon, K. (1981), S. 99 ff., Belton, V./Vickers, S. (1990), S. 319.

Es soll betont werden, daß, auch wenn die Begriffe „Nutzwertanalyse“ und „Scoring-Modell“ in dieser Arbeit stellenweise vermeintlich austauschbar verwandt werden, Scoring-Modelle nur eine Verfahrensgruppe von mehreren innerhalb der Gruppe der Nutzwertanalyse sind,[387] und es sich hierbei nicht um Synonyme handelt.

Im folgenden Abschnitt wird die Vorgehensweise der Methodik beschrieben. Da zur Anwendung des RSW-Tests nur ein Ausschnitt der Nutzwertanalyse angewandt wird, erfolgt die Beschreibung des Verfahrens im Rahmen dieser Arbeit verkürzt. Die Nennung der Voraussetzungen der Nutzwertanalyse erfolgt anschließend in Abschnitt 3.2.3 erst nach der Darstellung des Verfahrens, da so die Verfahrensschritte und die Teilergebnisse als bekannt vorausgesetzt werden können. Selbstverständlich ist bei der Anwendung jeder Methode jedoch umgekehrt zu vorzugehen – vor der Anwendung einer Methode ist die Erfüllung ihrer Annahmen zu überprüfen.

3.2.2 Vorgehensweise

Im Rahmen der Nutzwertanalyse unterscheidet Weber fünf Hauptschritte.[388] Es sind im einzelnen:

- die Bestimmung des Zielsystems,
- die Ermittlung der Zielerreichungsgrade der Alternativen,
- die Auswahl einer Aggregationsfunktion, Bestimmung der Nutzenfunktionen und der Zielgewichte,
- die Berechnung des Nutzens jeder Alternative und das Ordnen der Alternativen sowie
- eine Sensitivitätsanalyse.

Die einzelnen Hauptschritte werden in den folgenden Abschnitten erörtert.

3.2.2.1 Bestimmung des Zielsystems und Ermittlung der Zielerreichungsgrade der Alternativen

Die Ergebnismatrix wie sie in Abschnitt 3.1.4 definiert wurde, wird als bekannt vorausgesetzt. Damit ist das Zielsystem bereits bestimmt und die Zielerreichungsgrade der Alternativen bereits ermittelt. Als nächster Schritt erfolgt die Auswahl einer Aggregationsfunktion und die Bestimmung der Wertfunktionen.

387 Vgl. v. Nitzsch, R. (1992), S. 23.

388 Vgl. Weber, M. (1992), Sp. 1436 ff. Eine andere Einteilung in nur drei Verfahrensschritte findet sich bei Schneeweiß. Vgl. Schneeweiß, C. (1990), S. 14 ff. Wieder eine andere Einteilung geben Blohm/Lüder oder Strebel. Vgl. Blohm, H./Lüder, K. (1991), S. 175, Strebel, H. (1975), S. 52.

3.2.2.2 Bestimmung des Aggregationsmodells und der Wertfunktionen

Der Anwender der Nutzwertanalyse muß für jede entscheidungsrelevante Alternative die Ausprägungen der einzelnen Kriterien des zuvor festgelegten Zielsystems ermitteln. Die Ermittlung dieser Werte erfolgt unter Verwendung einer multiattributive Wertfunktionen $v(a_i)$.

Generell wird die Funktion, die die Alternativen anhand ihrer Konsequenzen bewertet und die Präferenzen des Anwenders bezüglich seiner mehrfachen Ziele abbildet, als Wertfunktion bezeichnet.[389] Ziel der Wertfunktion ist es, jeder Merkmalsausprägung einen Nutzwert zuzuordnen.[390] Anders ausgedrückt: Durch eine funktionale Relation (Wertfunktion oder Scoring-Funktion) werden die unterschiedlich dimensionierten realen Alternativenausprägungen in die Menge der reellen Zahlen (Nutzwerte oder Scores) transformiert.[391] Es liegt die Annahme zugrunde, daß die multiattributive Wertfunktion unverzerrt die Präferenz des Entscheidungsträgers widerspiegelt.[392]

Eine multiattributive Wertfunktion $v(a_i)$ ist eine Funktion, die jeder Alternative a_i eine reelle Zahl derart zuordnet, daß der Wert der Alternative a_i genau dann größer als der Wert einer Alternative a_j ist, wenn der Entscheider a_i gegenüber a_j präferiert:[393]

$$v(a_i) > v(a_j) \quad \Leftrightarrow \quad a_i \succ a_j \qquad \text{für } a_i, a_j \in \mathcal{A}$$

Es wird vorausgesetzt, daß eine multiattributive Wertfunktion $v(a_i)$ existiert, die gewährleistet, daß obige Bedingung erfüllt ist.

Um die multiattributiven Wertfunktion $v(a_i)$ zu bestimmen, ist eine Aggregationsfunktion notwendig. Bei der Auswahl der Form der Aggregationsfunktion hat der Entscheidungsträger die Wahl zwischen unterschiedlichen Amalgationsmöglichkeiten. Im Rahmen dieser Arbeit wurde bereits festgelegt, daß nur additive Aggregationsfunktionen[394] im folgenden analysiert werden.[395] Es sei jedoch noch einmal darauf hingewiesen, daß es eine Vielzahl anderer Aggregationsfunktionen gibt.[396]

Neben der Aggregationsfunktion sind die eindimensionalen Wertfunktionen $v_j(a_i)$ zu bestimmen, welche auch Einzelwertfunktionen genannt werden. Dazu

389 Vgl. Eisenführ, F./Weber, M. (1994), S. 95.

390 Vgl. Meierhofer, L. (1983), S. 88 ff.

391 Vgl. Dreyer, A. (1974), S. 257.

392 Vgl. Strebel, H. (1975), S. 257.

393 Vgl. Eisenführ, F./Weber, M. (1994), S. 95.

394 Vgl. Eisenführ, F./Weber, M. (1994), S. 111.

395 Vgl. Abschnitt 3.1.3.

396 Vgl. Brockhoff, K. (1976), S. 207, Meierhofer, L. (1983), S. 98, Strebel, H. (1975), S. 84 ff., v. Winterfeldt, D./Edwards, W. (1986), S. 276, Roy, B. (1990), S. 326, Malakooti, B. (1985), S. 190 ff.

werden in der Literatur unterschiedliche Methoden vorgestellt.[397] Hierzu zählen zum Beispiel die Fraktil-Methode[398] oder Methoden, die keine festgelegte Vorgehensweise zur Bestimmung der Wertfunktion besitzen. In der Praxis ist letztgenannte Vorgehensweise stark verbreitet. Die eindimensionalen Wertfunktionen $v_j(a_i)$ werden auf das Intervall [0, 1] normiert.[399]

Die multiattributive Wertfunktion $v(a_i)$ bestimmt den Wert einer Alternative a_i durch

$$v(a_i) = \sum_{j=1}^{m} w_j v_j(a_i)$$

Dabei ist w_j das Gewicht des Zielkriteriums. Statt von einer multiattributiven Wertfunktion $v(a_i)$ wird im Rahmen der Scoring-Modelle auch von „Scoring-Funktion" gesprochen.[400]

Die Grundidee der Nutzwertanalyse besteht darin, die multiattributive Wertfunktion $v(a_i)$ als einfache Funktion der eindimensionalen Wertfunktionen $v_j(a_i)$ bezüglich der einzelnen Kriterien k_j darzustellen. Die einzelnen zur Nutzwertanalyse gehörenden Funktionen unterscheiden sich hinsichtlich der Dekomposition der Wertfunktionen. Auf unterschiedliche Art wird sichergestellt, daß die Dekomposition mit den Präferenzen des Entscheiders übereinstimmt.[401] Die genauen Voraussetzungen hierfür werden in Abschnitt 3.2.3 genannt.

Im nächsten Schritt ermittelt der Anwender die Gewichte für die multiattributive Wertfunktion $v(a_i)$.

3.2.2.3 Ermittlung der Gewichte

Eine Schlüsselkomponente bei der Entwicklung eines additiven Modells bildet die Bestimmung der Gewichte, beziehungsweise die Methode, anhand derer die Attributsgewichte ermittelt werden.[402] Wegen ihrer Bedeutung für das gesamte Ergebnis werden im folgenden nach der Definition des Gewichtungsvektors einige Verfahren zur Ermittlung von Gewichten vorgestellt.

397 Vgl. v. Winterfeldt, D./Edwards, W. (1986), S. 249 ff., siehe auch Farquhar, P. H. (1984), S. 1288 ff.

398 Vgl. Weber, M. (1992), Sp. 1441.

399 Vgl. Vgl. Eisenführ, F./Weber, M. (1994), S. 113.

400 Vgl. Dreyer, A. (1974), S. 257.

401 Grundsätzlich ist die Bestimmung einer Nutzenfunktion, welche die Präferenzen des Entscheiders richtig wiedergibt, als schwierig zu charakterisieren. Vgl. Neufville, R. d./McCord, M. (1984), S. 464 ff., Barron, F. H. (1987), S. 194 ff.

402 Vgl. Barron, F. H./Barrett, B. C. (1996), S. 1515.

Die Bestimmung von Gewichten[403] ist ein Verfahrensschritt, welchen die meisten Methoden zur Lösung multikriterieller Probleme beinhalten.[404] Der Gewichtungsvektor w_j ist dabei so definiert, daß er den Wertzuwachs angibt, der entsteht, wenn ein Attribut $f_j(a_i)$ von seiner schlechtesten Ausprägung auf seine beste Ausprägung verändert wird, während alle anderen Attributsausprägungen unverändert bleiben.[405]

Sind alle Ziele wechselseitig präferenzunabhängig,[406] so wird jedem Kriterium k_j ein Gewicht w_j in Form einer nicht negativen Zahl zugeordnet.[407] Die einzelnen Gewichte werden durch einen Gewichtevektor w^T zusammengefaßt:

$$w^T = (w_1, w_2, \ldots, w_j, \ldots, w_n)$$

Die im folgenden verwandten Gewichte können Werte im Intervall [0,1] annehmen und sind dabei so normiert, daß sie die Bedingung:

$$\sum_{j=1}^{n} w_j = 1$$

erfüllen.

Die Bestimmung des Gewichtevektors kann durch verschiedene Methoden erfolgen.[408] Zur Bestimmung der Gewichte bei Anwendung der Nutzwertanalyse können folgende Methoden eingesetzt werden: das Direct-Ratio-Verfahren, das Trade-Off-Verfahren und das Swing-Verfahren. Die genannten Methoden werden im folgenden kurz beschrieben.

403 Eisenführ/Weber machen darauf aufmerksam, daß es korrekt wäre, anstelle von Gewichten von Skalierungskonstanten zu sprechen. Wegen der allgemeinen Verbreitung des Begriffs „Gewicht“ verwenden jedoch auch sie diesen. Vgl. Eisenführ, F./Weber, M. (1994), S. 113. Konsequent nur von Skalierungskonstanten sprechen Keeney/Raiffa oder Farmer. Vgl. Keeney, R. L./Raiffa, H. (1976), S. 121 ff., Farmer, T. A. (1987), S. 178 ff.

404 Vgl. Mareschal, B. (1988), S. 54.

405 Vgl. Eisenführ, F./Weber, M. (1994), S. 113.

406 Zur genauen Definition der wechselseitigen Präferenzunabhängigkeit vgl. Abschnitt 3.2.3.

407 Ältere Arbeiten sprechen von positiven und negativen Kriterien, wobei den negativen Kriterien negative Gewichte zugeordnet werden. Vgl. Strebel, H. (1975), S. 80. Da in dieser Arbeit vorausgesetzt wird, daß sämtliche Kriterien so definiert sind, daß ihre positive Ausprägung erwünscht ist, werden negative Gewichtungsfaktoren ausgeschlossen.

408 Der jüngste strukturierte und umfassende Überblick über Verfahren zur Bestimmung von Gewichten bei additiven Präferenzfunktionen wurde von Fishburn veröffentlicht. Vgl. Fishburn, P. C. (1967). Siehe auch Hwang, C. L./Yoon, K. (1981), S. 41 ff., v. Winterfeldt, D./Edwards, W. (1986), S. 287 ff., v. Nitzsch, R. (1992), S. 88 ff.

Das in der Praxis am häufigsten eingesetzte Verfahren zur Bestimmung von Gewichten ist das „Direct-Ratio-Verfahren".[409] Der Entscheider ordnet die Attribute zunächst nach ihrer Wichtigkeit. Das am wenigsten wichtige Ziel erhält in der Regel eine Punktzahl von 10.[410] Anschließend werden jeweils zwei Attribute miteinander verglichen.[411] Die Wichtigkeit eines Attributs im Vergleich zu einem anderem Attribut wird vom Entscheider durch eine Verhältniszahl angegeben. Aus ihnen können die Gewichte einfach abgeleitet und normiert werden.[412]

Eisenführ/Weber kritisieren das Direct-Ratio-Verfahren dahingehend, daß die Frage nach der Wichtigkeit einer Zielgröße sinnlos sei. Nicht die Variable selbst, sondern nur die Differenz zwischen den Ausprägungen der Variablen ist wichtig.

Beim Trade-Off-Verfahren,[413] einer theoretisch gut fundierten Methode,[414] werden die Gewichte dadurch bestimmt, daß der Entscheider die Austauschrate, bei welcher er zwischen zwei Kriterien indifferent ist, bestimmen muß. Dazu müssen ihm seine Wertfunktionen $u_j(f_j(a_i))$ bekannt sein.[415]

Zur Bestimmung der Gewichtungsfaktoren nach dem Trade-Off-Verfahren wird so vorgegangen, daß nach einem Alternativenpaar gesucht wird, welches sich nur in genau zwei Attributen unterscheiden und ansonsten als gleichwertig betrachtet wird.[416] Aus einer Indifferenzaussage dieser Art können die Gewichte ermittelt werden. Wenn zum Beispiel zwei Alternativen a_1 und a_2 bezüglich jedes Kriteriums die gleichen Attributsausprägungen haben, sich nur bezüglich

409 In Anlehnung an Eisenführ/Weber wird, um die Methode möglichst exakt zu fassen, in der vorliegenden Arbeit der englische Begriff „Direct Ratio" zur Bezeichnung des Verfahrens verwand. Vgl. Eisenführ, F./Weber, M. (1986), S. 918 ff.

410 Vgl. v. Nitzsch, R./Weber, M. (1991), S. 977, Weber, M./Borcherding, K. (1993), S. 3. Ebenso könnte die Alternative mit jeder anderen Punktzahl bewertet werden, zum Beispiel mit 1. Vgl. Eisenführ, F./Weber, M. (1986), S. 918, Weber, M./Eisenführ, F./v. Winterfeldt, D. (1988), S. 436.

411 Dazu kann zum Beispiel das Halbmatrizenverfahren genutzt werden. Vgl. Strebel, H. (1975), S. 95 ff.

412 Ein numerisches Beispiel für dieses Verfahren findet sich bei Weber. Vgl. Weber, M. (1983a), S. 103 ff. Eine sehr ausführliche zusammenfassende Darstellung enthält das Ablaufdiagramm von Strebel. Vgl. Strebel, H. (1975), S. 102.

413 Vgl. Keeney, R. L. Raiffa, H. (1976), S. 66 ff., v. Nitzsch, R. (1992), S. 95 ff.

414 Vgl. Weber, M./Borcherding, K. (1993), S. 3.

415 Von Nitzsch diskutiert eine zweite Form von hier nicht erörterten Trade-Off-Verfahren. Sie ist dadurch charakterisiert, daß dem Entscheider die Wertfunktionen nicht bekannt sind und eine simultane Ermittlung der Einzelpräferenzfunktionen erfolgt. Vgl. v. Nitzsch, R. (1992), S. 98 ff.

416 Ein numerisches Beispiel zur Bestimmung von Gewichten anhand des Trade-off-Verfahrens bieten Eisenführ/Weber. Zhu/Anderson geben ein empirisches Beispiel. Vgl. Eisenführ, F./Weber, M. (1994), S. 122, Zhu, S. H./Anderson, N. H. (1991), S. 39.

der Kriterien k_u und k_v unterscheiden und der Entscheidungsträger zwischen den Alternativen indifferent ist, so kann hieraus wegen des zugrunde liegenden Aggregationsmodell die Gleichung

$$w_u\, k_u + w_v\, k_v = w_u\, k_u + w_v\, k_v$$

abgeleitet werden. Für n Kriterien und $n-1$ solcher Gleichungen ist das Gleichungssystem zur Bestimmung der Gewichte eindeutig zu lösen, vorausgesetzt die Informationen sind nicht redundant.

Probleme bei der Nutzung dieses Verfahrens treten zum Beispiel auf, wenn die Attribute nur wenige mögliche Ausprägungen haben oder wenn die geringe Veränderung eines Attributs einen so großen Präferenzunterschied bedeutet, daß dieser durch keine realistische Veränderung des anderen Attributs kompensiert werden kann.[417]

Beim Swing-Verfahren[418] sucht der Entscheider zunächst die schlechteste, der im Bereich der Attributsbandbreite möglichen Alternative aus. Bezüglich dieser gibt er die Wertunterschiede zu anderen Alternativen an. Es werden so viele Alternativen zur schlechtesten in Beziehung gesetzt, wie Gewichte zu bestimmen sind. Dabei sind sämtliche Alternativen in der Art konstruiert, daß ihre Attribute entweder die beste oder die schlechteste Realisation innerhalb der realisierten Bandbreite haben.[419] Die Gewichte werden anschließend anhand der angegebenen Wertunterschiede berechnet.[420]

Der Nachteil des Swing-Verfahrens ist, daß es für den Entscheidungsträger schwierig ist, die oft künstlichen Alternativen auf einem kardinalen Nutzenniveau zu beurteilen. Der Austausch der Ausgangsalternative durch eine realistischere, weniger schlechte Alternative kann das Swing-Verfahren weiter verbessern.[421] Die zu vergleichenden Attributsausprägungen sollten nicht zu nah beieinander liegen. Auch hier ist eine anschließende Konsistenzprüfung empfehlenswert.

Der Anwender muß bei der Auswahl eines Verfahrens zum Schätzen der Gewichte stets beachten, daß unterschiedliche Verfahren für denselben Anwendungsfall zu unterschiedlichen Ergebnissen führen. Dies wurde in zahlreichen

417 Vgl. Eisenführ, F./Weber, M. (1994), S. 124 ff.

418 Vgl. v. Winterfeldt, D./Edwards, W. (1986), S. 275. Im Kern stellt das Swing-Verfahren eine Übertragung des Direct-Ratio-Verfahrens auf die holistischen Verfahren dar. Vgl. v. Nitzsch, R. (1992), S. 102.

419 Vgl. Eisenführ, F./Weber, M. (1986), S. 918.

420 Eine detaillierte Beschreibung, wie nach dem Swing-Verfahren vorgegangen werden kann und ein numerisches Beispiel geben Eisenführ/Weber. Vgl. Eisenführ, F./Weber, M. (1994), S. 126 ff. Ein weiteres numerisches Beispiel findet sich bei Weber/Eisenführ/Winterfeldt. Vgl. dazu Weber, M./Eisenführ, F./v. Winterfeldt, D. (1988), S. 436.

421 Vgl. Eisenführ, F./Weber, M. (1994), S. 127.

Tests nachgewiesen.[422] So zeigt die Untersuchung von von Nitzsch/Weber auf der Basis eines großzahligen Experiments, daß die geschätzten Gewichte je nach eingesetzter Schätzmethode deutlich voneinander abweichen.[423] Auch die Untersuchung von Borcherding/Eppel/Winterfeldt zeigt deutliche Unterschiede in der Schätzung der Gewichte in Abhängigkeit von der eingesetzten Methode.[424]

Wünschenswert wäre es, wenn theoretisch oder praktisch entschieden werden könnte, welches Verfahren zum Schätzen von Gewichten optimal ist. Auch wenn Gewichte – wie erwähnt – eine große Bedeutung für MADM haben und fast jede Methode sie nutzt, gibt es doch nur wenig abgesicherte Erkenntnisse bezüglich der Validität der unterschiedlichen Verfahren.[425] Eine abschließende Beurteilung, welches Verfahren die richtigen Gewichtungsvektoren schätzt, kann schwerlich erfolgen. Der Grund hierfür ist „the 'true' target weights remain unknown, or perhaps from a different perspective, are defined by the methodology."[426] Zum selben Ergebnis kommen Weber/Borcherding: "There are no criteria for determining which is the true weight since it is not clear which elicitation procedure is the least biased."[427]

Der Konflikt, welches Verfahren am besten zur Schätzung von Gewichtungsvektoren geeignet ist, kann auch nicht durch das von Borcherding/Eppel/Winterfeldt vorgeschlagene Maß der externen Validität aufgelöst werden. Sicher ist den Autoren zuzustimmen, daß ein hohes Maß an externer Validität erwünscht ist und bei mehreren Verfahren dasjenige präferiert werden soll, welches bei sonst gleichen Eigenschaften eine höhere externe Validität aufweist.[428] Doch muß kritisch bemerkt werden, daß eine geringe externe Validität zunächst nur aussagt, daß die Testpersonen die Wichtigkeit der Bewertungskriterien gemessen an der Beurteilung von Experten nur ungenügend schätzen konnten. Die Präferenzen der Experten und die der Testpersonen können differieren. Auch wenn im Extremfall die Gewichte die Präferenz der Testgruppe perfekt widerspiegeln würden, kann es sein, daß eine geringe externe Validität gemessen wird. Ist überdies der Anwender des Verfahrens nicht eine Person sondern eine Gruppe von Personen – die Gruppe der Anleger zum Beispiel – erhöht dies die Komplexität der Fragestellung zusätzlich.

422 Vgl. Barron, F. H./Barrett, B. E. (1996), S. 1515 ff., Borcherding, K./Eppel, T./v. Winterfeldt, D. (1991), S. 1603 ff., Choo, E. U./Wedley, W. C. (1985), S. 345 ff., Eisenführ, F./Weber, M. (1986), S. 920 ff., Jaccard, J./Brinberg, D./Ackerman, L. J. (1986), S. 463 ff., Zhu, S. H./Anderson, N. H. (1991), S. 36 ff.

423 Vgl. v. Nitzsch, R./Weber, M. (1991), S. 977 ff.

424 Vgl. Borcherding, K./Eppel, T./v. Winterfeldt, D. (1991), S. 1603 ff.

425 Vgl. v. Nitzsch, R. (1992), S. 108, Weber, M./Borcherding, K. (1993), S. 10 ff.

426 Barrett, B. E./Barron, F. H. (1996), S. 1515.

427 Weber, M./Borcherding, K. (1993), S. 10.

428 Vgl. Borcherding, K./Eppel, T./v. Winterfeldt, D. (1991), S. 1603.

Im Gegensatz zu deskriptiven Anwendungen ist bei der hier unterstellten präskriptiven Fragestellung die Güte der Vorhersagequalität nicht primäres Ziel der Untersuchung. Wozu wäre eine Präskription notwendig, wenn man die Qualität der Entscheidungsunterstützung am beobachtbaren Verhalten messen könnte?[429] Die Güte der Bewertung der Performance ist, wie in Abschnitt 2.3.2 dargestellt, nicht durch eine Konkurswahrscheinlichkeit zu messen.

Trotz des großen Einflusses des Verfahrens auf die zu schätzenden Gewichte konnte von einigen Autoren festgestellt werden, daß die Ergebnisse, somit die Rankings der einzelnen Verfahren, hoch miteinander korrelieren.[430] Diesem Ergebnis wird jedoch in einigen Studien widersprochen.[431] Im empirischen Teil dieser Arbeit wird überprüft werden, in welchem Maße die Rankingergebnisse von Aktiengesellschaften von den geschätzten Gewichten abhängen.[432]

Da das Schätzen von Kriteriengewichten für keinen Entscheidungsträger eine einfache Aufgabe ist,[433] und Gewichte einen erheblichen Einfluß auf das Ergebnis haben, wird im folgenden auf Hauptfehlerquellen eingegangen.

3.2.2.4 Fehlerquellen bei der Bestimmung der Gewichte

Eine Verzerrung[434] bei der Bestimmung der Kriteriengewichte kann auf zwei Arten hervorgerufen werden: Zunächst kann eine Verletzung der zugrundeliegenden Theorie und ihrer Axiomatik auftreten. Genauso kann als zweite Möglichkeit die Präferenzvorstellung des Entscheiders exakt sein und den Axiomen entsprechen. Dennoch kann der Entscheidungsträger in Abhängigkeit von der Befragungsmethode systematisch verschiedene Präferenzurteile abgeben.[435] Diese Fehler bei der Bestimmung der Kriteriengewichte sind in der mangelnden Informationsverarbeitung des Entscheiders begründet.

Die beiden in der Literatur am häufigsten erwähnten und empirisch nachgewiesenen Fehlerquellen bei der Bestimmung von Gewichten sind der Bandbreiten- und der Splitting-Effekt. Beide werden im folgenden erörtert.

Kriteriengewichte sind nur in bezug auf bestimmte Ausprägungsintervalle der Kriterien sinnvoll interpretierbar. Das bedeutet, daß zur Bestimmung von Gewichten sowohl die Wichtigkeit des Ziels als auch die Bandbreite in der die

429 Vgl. v. Nitzsch, R. (1992), S. 106.

430 Dies ergab zum Beispiel die Untersuchung von Farmer. Vgl. Farmer, T. A. (1987), S. 192. Vgl. auch Borcherding, K./Eppel, T./v. Winterfeldt, D. (1991), S. 1604.

431 Vgl. zum Beispiel Mareschal, B. (1988), S. 54 ff.

432 Vgl. Abschnitt 4.3.3.6, 4.3.4.4.1, 4.4.3.

433 Vgl. zum Beispiel Bana e Costa, C. A. (1988), S. 159.

434 Siehe auch Johnson, E. J./Schade, D. A. (1989), S. 406 ff.

435 Vgl. Büning, H./Trenkler, G. (1978), S. 57, Schlittgen, R. (1991), S. 133.

Attributsausprägungen auftreten von Bedeutung ist.[436] Die Bandbreite ist definiert als die Differenz der maximalen und minimalen Attributsausprägung eines Kriteriums. Sie wird auch Spannweite genannt.[437]

Die Wichtigkeit eines Ziels in einem additiven Modell hängt von der Bandbreite der möglichen Zielausprägungen ab.[438] Das bedeutet, daß der Entscheider die Gewichte in Abhängigkeit von der Bandbreite der reellen Zielausprägungen bestimmen muß. So wird theoretisch gefordert, daß die Zielgewichte bei unterschiedlichen Bandbreiten der Zielausprägungen in einem genau zu errechnenden Verhältnis variieren müssen.[439] Bleibt die tatsächliche Variation deutlich hinter der geforderten zurück, spricht man von einem Bandbreiten-Effekt. Er besagt, daß der Entscheider in dem entsprechenden Fall nicht in der Lage ist, Zielgewichte konsistent zu ermitteln.[440]

Empirische Untersuchungen wie zum Beispiel ein Experiment von von Nitzsch/Weber[441] haben gezeigt, daß das Ausmaß des Bandbreiten-Effekts abhängig ist von der Methode zur Bestimmung der Zielgewichte. Das Direct-Ratio-Verfahren schnitt bei einem von ihnen durchgeführten Experiment auffallend schlecht ab.[442] Dies kann damit begründet werden, daß ein Verfahren, welches pauschal Präferenzaussagen ableitet, ohne die Attributsausprägungsintervalle zu berücksichtigen, nicht zu zuverlässigen Ergebnissen führen kann.[443] Dabei geht von Nitzsch so weit, an allen dekompositorischen Verfahren zu beanstanden, daß sie jeglicher meßtheoretischer Fundierung entbehren. Nur bei den holistischen Verfahren würden die Zielgewichte in Beziehung zu der Bandbreite der möglichen Zielausprägungen gebracht, wie es die Theorie fordert.[444]

In betriebswirtschaftlichen Anwendungen wird häufig gegen dieses Prinzip verstoßen. „Die (oft gestellte) Frage nach der Wichtigkeit eines Ziels ist falsch gestellt – sie sollte immer mit der Gegenfrage nach der Bandbreite der Zielgröße beantwortet werden."[445]

436 Vgl. unter anderem Weber, M. (1992), S. 1442.

437 Vgl. Zimmermann, H. J./Gutsche, L. (1991), S. 63.

438 Vgl. unter anderem v. Nitzsch, R./Weber, M. (1991), S. 971, Zimmermann, H. J./Gutsche, L. (1991), S. 63.

439 Vgl. v. Nitzsch, R./Weber, M. (1991), S. 971.

440 Vgl. v. Nitzsch, R./Weber, M. (1991), S. 972.

441 Vgl. v. Nitzsch, R./Weber, M. (1991).

442 Vgl. v. Nitzsch, R./Weber, M. (1991), S. 980.

443 Vgl. Eisenführ, F./Weber, M. (1994), S. 139 ff.

444 Vgl. v. Nitzsch, R. (1992), S. 106.

445 V. Nitzsch, R./Weber, M. (1991), S. 985.

Zur Generierung von Zielen kann es für den Anwender nützlich sein, die Ziele in Unterziele aufzuspalten.[446] Dieses grundsätzlich sehr sinnvolle Vorgehen kann dazu führen, daß ein in mehrere Unterziele aufgespaltenes Ziel insgesamt stärker gewichtet wird als das gleiche nicht aufgespaltene Ziel. Das heißt, es besteht die Gefahr, daß aggregierte Ziele untergewichtet beziehungsweise disaggregierte Ziele übergewichtet werden. Eine Verzerrung dieser Art wird Splitting-Effekt oder Splitting-Bais genannt.[447]

Der Splitting-Bais konnte auf der Basis von Experimenten nachgewiesen werden.[448] So besagte die Haupthypothese der Untersuchung von Eisenführ/Weber, daß die Summe der Gewichte der Unterziele aufgespaltener Oberziele größer ist, als das Gewicht des Oberziels, und somit eine systematische Verzerrung existiert.[449] Überprüft und deutlich bestätigt wurde diese Hypothese auf der Basis von Fragebögen, welche von 261 Studenten der Betriebswirtschaftslehre beantwortet wurden. [450] Als Entscheidungssituation wurde die Arbeitsauswahl der Studenten nach Abschluß ihres Studiums gewählt.

Die Untersuchung von Weber/Eisenführ/Winterfeldt zeigt über die grundsätzliche Bestätigung eines Splitting-Effekts eine Abhängigkeit von der verwandten Methode zur Bestimmung der Gewichte auf. Dabei schnitt die Conjoint-Methode besser als das Direct-Ratio-Verfahren oder das Swing-Verfahren ab.[451]

Neben der Überprüfung der Unverzerrtheit der Schätzung der Gewichte sollte der Entscheider überprüfen, ob eine Alternative im Hinblick auf jedes Kriterium besser ist als alle anderen Elemente der Alternativenmenge, das heißt, es sollte nach dominierenden Alternativen gesucht werden. Auf der Basis jeder zulässigen Kombination von Gewichtungskombinationen kann – vorausgesetzt die Einzelwertfunktionen und die zugehörige Aggregationsfunktion sind fixiert – eine Reihenfolge der zu bewertenden Alternativen abgeleitet werden. Für den speziellen Fall, daß alle zulässigen Gewichtungskombinationen die gleiche Reihenfolge der Alternativen ergeben, ist das Ergebnis trivial. Ohne die

446 Zur Generierung von hierarchischen Zielsystemen mit Unterzielen vgl. zum Beispiel Keeney, Raiffa (1976), S. 41 ff., v. Winterfeldt, D./Edwards, W. (1986), S. 63 ff., Zangenmeister, C./Bomsdorf, E. (1983), S. 375 ff.

447 Vgl. Eisenführ, F./Weber, M. (1986), S. 913, Weber, M./Eisenführ, F./v. Winterfeldt, D. (1988), Weber, M./Borcherding, K. (1993), S. 7.

448 Vgl. Eisenführ, F./Weber, M. (1986), S. 913 ff., Weber, M./Eisenführ, F./v. Winterfeldt, D. (1988), S. 438.

449 Vgl. Eisenführ, F./Weber, M. (1986), S. 914.

450 Vgl. Eisenführ, F./Weber, M. (1986), S. 925.

451 Vgl. Weber, M./Eisenführ, F./v. Winterfeldt, D. (1988), S. 443.

Gewichte schätzen zu müssen, kann eine eindeutige Aussage über die Vorziehenswürdigkeit der Alternativen gemacht werden.[452]

Dominanz wird definiert über den Vergleich von zwei Alternativen. Die Alternative a_i dominiert Alternative a_l genau dann, wenn für mindestens ein Kriterium k_{j^*} gilt

$$f_{j^*}(a_i) > f_{j^*}(a_l) \qquad \text{für ein } j^* \in J$$

und für alle übrigen Kriterien die Bedingung

$$f_j(a_i) \geq f_j(a_l) \qquad \text{für alle } j \in J, j \neq j^*$$

erfüllt ist.[453]

Das Konzept der Dominanz ist deshalb interessant, da es nur auf der Ebene der einzelnen Kriterien einen Vergleich vornimmt. Es enthält keine Annahmen über die Art und Weise, wie die unterschiedlichen Kriterien verknüpft oder gewichtet werden sollen. Da – wie diskutiert – das Schätzen des Gewichtevektors nicht unproblematisch ist, macht es Sinn, den Alternativenraum auf dominante Alternativen zu überprüfen. Ihr Auftreten ist um so unwahrscheinlicher, je mächtiger die Menge der Alternativen $\mathcal{A}$ ist, und je kleiner die Ausprägungsintervalle sind.[454] Für den in dieser Arbeit analysierten Anwendungsfall ist es wegen der als sehr groß zu bewertenden Alternativenmenge deren Attributsausprägungen nah beieinander liegen sehr unwahrscheinlich, daß eine Alternative existiert, die alle anderen Alternativen dominiert.

Die dieser Arbeit zugrundeliegende Fragestellung geht davon aus, daß der Anwender seine Präferenzen bezüglich der von ihm angegeben Ziele kennt. Dabei ist das Schätzen richtiger Parameter mit den oben genannten Problemen verbunden. Auf die besonderen Verfahren zur Bestimmung von Gewichten bei unvollständiger Information wird nicht eingegangen, sondern lediglich auf ihre Existenz hingewiesen.[455]

452 Das Dominanz-Prinzip stellt somit eine Alternative zur Bestimmung von Kriteriengewichten bei multikriteriellen Problemstellungen dar. Streng genommen ist es daher falsch, sie in diesen Abschnitt einzugliedern. Da aber das Dominanz-Prinzip für das Erstellen von vollständigen Reihenfolgen von geringer Bedeutung ist, soll in dieser Arbeit nur kurz darauf hingewiesen werden, daß das Suchen nach optimalen Alternativen die Entscheidung maßgeblich vereinfachen kann.

453 Das Konzept der Dominanz wird unter anderem ausführlich beschrieben von v. Winterfeldt, D./Edwards, W. (1986), S. 388 ff., Bamberg, G./Coenenberg, A. G. (1992), S. 35 ff., Hwang, C. L./Yoon, K. (1981), S. 58 ff., Keeney, R. L./Raiffa, H. (1976), S. 69 ff., Sieben, G./Schildbach, T. (1994), S. 48 ff.

454 Vgl. Eisenführ, F./Weber, F. (1994), S. 134.

455 Vgl. dazu Mosler, K. (1991), S. 87 ff., Weber, M. (1985a), S. 311 ff., Weber, M. (1985b), S. 1365 ff.

3.2.2.5 Nutzenberechnung

Ist die Aggregationsfunktion fixiert, ist der vierte Schritt – die Berechnung des Gesamt-Nutzwertes oder Gesamt-Scores jeder Alternative – einfach. Er entspricht der Bewertung jeder Alternative durch ihre Wertfunktion.[456] Da das Prinzip der Nutzwertermittlung relativ einfach ist, wird auf eine graphische Darstellung der Methodik verzichtet.[457]

Zwei Fragestellungen sind zu unterscheiden: Interessiert sich der Entscheider nur für die beste Alternative, so wählt er die mit dem höchsten Nutzwert $v(a_i)$ aus. Besagt die Fragestellung, daß ein Ranking erstellt werden soll, so werden alle Alternativen auf Basis ihres Nutzwertes $v(a_i)$ sortiert; das Ergebnis entspricht einer vollständigen Ordnung.

3.2.2.6 Sensitivitätsanalyse

Im letzten Schritt wird dem Anwender empfohlen zu untersuchen, wie stark das Ergebnis von den Ausgangsdaten und den Präferenzaussagen des Adressaten abhängt. „Umfassende Sensitivitätsanalysen, als Mittel zur Gewinnung weiterer entscheidungsrelevanter Informationen verstanden, sind als wesentlicher Bestandteil von Scoring-Modellen anzusehen."[458]

Allgemein ist die Aufgabe von Sensitivitätstests einfach zu definieren: "Sensitivity analysis is a study to determine how possible changes or errors in parameter values affect model outputs."[459] Allgemein dient die Sensitivitätsanalyse damit der „Prüfung der Empfindlichkeit einer Lösung auf Änderungen der Umgebungsbedingungen."[460]

Im Kontext der multikriteriellen Entscheidungstheorie definiert Rios Insua Sensitivitätsuntersuchungen nur als Variationen der Gewichtungsvektoren: "Sensitivity problems arise when there is no alternative which is optimal for every $w \in \mathcal{S}$ [...]. The identification of all of them is called global sensitivity analysis."[461] Diese Definition grenzt jedoch die Sensitivitätsanalyse zu stark ein. Nicht nur die Gewichtungsvektoren als Inputgrößen, sondern auch Veränderungen zum Beispiel der Stichprobe, des Aggregationsmodells sollen analysiert werden.[462]

456 Vgl. zum Beispiel Zangemeister, C./Bomsdorf, E. (1983), S. 376 ff.

457 Vgl. zur graphischen Darstellung der Berechnung des Gesamt-Nutzwertes Zangemeister, C. (1976), S. 59, Zangemeister, C./Bomsdorf, E. (1983), S. 377, bezogen auf Scoring-Modelle Strebel, H. (1975), S. 42 ff.

458 Strebel, H. (1975), S. 267. Vgl. auch Farquhar, P. H. (1984), S. 1283, Zangemeister, C./Bomsdorf, E. (1983), S. 378, Weber, M. (1992), Sp. 1443.

459 Rappaport, A. (1967), S. 441. Siehe auch Morgenstern, O. (1950), S. 47 ff.

460 Thome, R. (1989), Sp. 1774.

461 Rios Insua, D. (1990), S. 24.

462 Vgl. Abschnitt 4.2.1.

Im Rahmen der Sensitivitätsanalyse sind verschiedene Formen von Parametervariation zu unterscheiden: Zum einen können die Parameter individuell oder simultan variiert werden. Zum anderen ist es möglich, diskrete oder kontinuierliche Parametervariationen vorzunehmen.

Das Überprüfen der Sensitivität ist ein wichtiger Schritt im Rahmen des Testens von Methoden zur Erstellung eines Aktienrankings. Obwohl die Literatur zur Entscheidungstheorie eine Vielzahl von Anwendungsbeispielen und Theorien zur Überprüfung der Sensitivität von Lösungen beinhaltet, fokussiert nur ein geringer Teil dieser Arbeiten eine ähnliche Aufgabenstellung wie die vorliegende Arbeit. Analysen, deren Vorgehensweise nicht auf diese Arbeit übertragen werden können, sind Entscheidungen unter Unsicherheit[463] und stetige Entscheidungsprobleme (MODM).[464]

Untersuchungen der Sensitivität einer Lösung setzen eine Definition der Verben „robust" beziehungsweise „stabil" voraus. Mareschal schlägt drei unterschiedliche Definitionen vor, um unterschiedliche Aussagen bezüglich der Stabilität einer Lösung bei Sensitivitätsanalysen der Gewichte machen zu können: „full stability", „partial stability" und „subset stability".[465] Da in dieser Arbeit sehr große Stichproben[466] analysiert werden, und – wie sich zeigen wird – nur kleinste Veränderungen der Inputgrößen das Ranking auffällig modifizieren,[467] ist bei den folgenden Tests auch die schwächste Form der Stabilität nicht gegeben. Aus diesem Grund kann im folgenden nicht absolut beurteilt werden, ob ein Modell stabil ist oder nicht. Nur aus dem Vergleich mehrerer Sensitivitätsuntersuchungen kann geschlossen werden, welches Verfahren in bezug auf welche Veränderungen stabiler ist als ein anderes Verfahren bei gleichen Inputveränderungen. Neben den Gewichtungsvektoren können Sensitivitätsanalysen bezüglich der einzelnen Nutzwertfunktionen sowie der Veränderungen der Alternativenmenge durchgeführt werden.

Ein Indikator für die besondere Wichtigkeit von Sensitivitätsanalysen im Rahmen der Nutzwertanalysen ist das Vorliegen von Ausreißern. Wenn einige Alternativen im Hinblick auf bestimmte Kriterien auffallende Kriterienausprägungen aufweisen, sollten für diese Anwendungsfälle Sensitivitätsanalysen durchgeführt werden. Mehrere Autoren bewerten auch das Auftreten von relativ eng beieinander liegenden Gesamt-Scores als dringenden Anlaß, eine Sensitivi-

463 Vgl. Evans, J. R. (1984), Wendell, R. E. (1985), Lackes, R. (1992), Perlitz, M. (1977), Schneller, G. O./Sphicas, G. (1985).

464 Vgl. Jansen, B. et al. (1997), Lee, J. K./Hurst, E. G. (1988), Gal, T. (1973), Dinkelbach, W. (1969), Evans, J. R. (1984).

465 Vgl. Mareschal, B. (1988), S. 56 ff.

466 Verglichen mit der üblichen Bewertung von zehn oder weniger Alternativen, ist das Ranking von 200 Aktiengesellschaften als eine sehr große Stichprobe zu klassifizieren.

467 Vgl. zum Beispiel Abschnitt 4.4.3.

tätsanalyse durchzuführen.[468] Letztgenanntem ist zu widersprechen. Da die Skalen transformierbar sind, kann der Abstand zwischen dem Nutzwert von Alternativen verändert werden, ohne inhaltliche Auswirkungen zu haben. Die Größe des Abstands ist als unerheblich zu bewerten. Die Forderung nach Mindestabständen ist nicht sinnvoll.[469]

Je nach Fragestellung des Entscheidungsproblems können unterschiedliche Ansatzpunkte für Sensitivitätsanalysen unterschieden werden. Ist nur nach der besten Alternative gefragt, so ist es für den Entscheidungsträger aufschlußreich zu wissen, bei welchen kritischen Werten die ausgewählte Alternative nicht mehr optimal ist. Kritische Werte können zum Beispiel für Gewichte berechnet werden.

Sensitivitätsanalysen zur Analyse der Robustheit von vollständigen Rangfolgen sind prinzipiell ähnlich aufgebaut. Wie aber bereits erwähnt wurde, kann die Berechnung kritischer Werte bei großen Stichproben Schwierigkeiten bereiten. Wird versucht, kritische Werte zu berechnen, die mindestens eine Rangumkehrung des Ergebnisses verursachen, so können diese kaum unterscheidbar nah bei ihren Ausgangswerten liegen.

Als ein wesentlicher Parameter eines Nutzwertmodells, dessen Sensitivität zu messen ist, sind die Gewichtungsfaktoren zu nennen. Sensitivitätsanalysen von Gewichten sind wegen der Normierung der Gewichte nicht trivial.[470] Wenn die Summe aller Gewichte konstant gleich Eins sein soll, müssen Annahmen darüber getroffen werden, wie sich die anderen Gewichte verändern sollen, wenn das Gewicht eines Attributs vergrößert oder verkleinert wird. Eine von vielen möglichen Annahmen ist, daß sich bei der Variation eines Gewichts die anderen Attributsgewichte in ihrem Verhältnis zueinander nicht verändern sollen.[471] Genauso kann es sinnvoll sein, in Form von Sensitivitätstests zu untersuchen, wie eine vollständig andere Definition des gesamten Gewichtevektors sich auf das Ergebnis auswirkt. Oder es wird analysiert, welche minimale Änderung der Zielgewichte erforderlich ist, damit die Nutzwerte zweier Vergleichsalternativen gleich groß werden.[472] Durch letztgenanntes Vorgehen kann bewertet werden, ob zwei Alternativen als gleichwertig oder signifikant unterschiedlich zu sehen sind.

Die beiden zuerst genannten Methoden bezeichnet Mareschal als mehr oder weniger willkürlich: "The weights are modified in a more or less arbitrary way

468 Vgl. zum Beispiel Dreyer, A. (1974), S. 267.

469 Vgl. Weber, M./Krahnen, J./Weber, A. (1995), S. 1625.

470 Vgl. Eisenführ, F./Weber, M. (1994), S. 135.

471 Vgl. Eisenführ, F./Weber, M. (1994), S. 135.

472 Diese Vorgehensweise schlagen Zangemeister/Bomsdorf vor. Vgl. Zangemeister, C./ Bomsdorf, E. (1983), S. 379.

and the changes in the results are examined."[473] An dieser Vorgehensweise ist zu kritisieren, daß sie oft unvollständig ist – alle Variationsmöglichkeiten sind in der Regel nicht überprüfbar, gleichzeitig sind die Sensitivitätstests zeitaufwendig und dadurch auch teuer. Als Alternative hierzu schlägt Mareschal vor, Stabilitätsintervalle zu definieren.[474]

Im Rahmen der Sensitivitätsanalyse von Gewichten, sind Stabilitätsintervalle nach Mareschal so definiert, daß sie alle Werte enthalten, die das Gewicht eines Kriteriums annehmen kann, ohne daß sich das neue Ergebnis von dem durch die Ausgangsgewichte bestimmten Ergebnis unterscheidet. Die übrigen Gewichte sollen dabei konstant bleiben.[475] Dies ist nur möglich, wenn die Normierungsbedingung aufgegeben wird oder unter „konstant" nur „in konstantem Verhältnis zueinander" zu verstehen ist. Stabilitätsintervalle können für eine Reihe von additiven MCDA-Methoden berechnet werden.

Das Berechnen von Stabilitätsintervallen stellt grundsätzlich eine sehr empfehlenswerte Form der Sensitivitätsanalyse von Gewichten dar. Wie im empirischen Teil dieser Arbeit jedoch gezeigt wird,[476] kann dieses Verfahren nur bei Anwendungen mit relativ wenigen Alternativen sinnvoll genutzt werden. Sobald die Menge der Alternativen groß ist und die Alternativen einander ähnlich sind, ergeben sich marginal kleine Stabilitätsintervalle.

Ein Ausweg, um das Verfahren von Mareschal dennoch nutzen zu können, ist die Verkleinerung der Stichprobe und der Vergleich weniger Alternativen. Wie diese Auswahl vorzunehmen ist, und wie viele Elemente analysiert werden sollen, kann nicht eindeutig beantwortet werden. Eine Verkleinerung der Stichprobe bedingt jedoch, daß der Vorteil des Verfahrens – die vollständige, systematische Überprüfung – wegfällt. Die Berechnung von Stabilitätsintervallen erfolgt in dieser Arbeit nur zum Testen der Sensitivität des Rankings von drei Aktiengesellschaften.[477]

Ein ähnliches Verfahren der kritischen Gewichtsanalyse schlagen Zangemeister/Bomsdorf vor.[478] Es kann berechnet werden, welche Gewichtsveränderung Δw_j notwendig ist, damit zwei Alternativen mit ursprünglich unterschiedlichem Nutzwert einen gleichen Nutzwert erhalten. Dabei soll die Lösung des Problems so erfolgen, daß die zur Erreichung der Nutzgleichheit minimal er-

473 Mareschal, B. (1988), S. 54.

474 Vgl. Mareschal, B. (1988), S. 54. Ein Vorgehen dieser Art wurde bereits früher vorgeschlagen und angewandt. Dabei wird oft nicht explizit von Stabilitätssintervallen gesprochen. Vgl. Rios Insua, D. (1990), S. 25. Vetschera nennt die Intervalle „Sensitivitätsbereiche". Vgl. Vetschera, R. (1986), S. B106 ff.

475 Vgl. Mareschal, B. (1988), S. 54.

476 Vgl. zum Beispiel Abschnitt 4.3.2.6.1.

477 Vgl. Abschnitt 4.3.2.6.1, 4.3.3.6, 4.3.4.4.1.

478 Vgl. Zangemeister, C./Bomsdorf, E. (1983), S. 379 ff.

forderliche Gewichtsveränderung ermittelt wird. Dieser Ansatz entspricht dem mathematischen Vorgehen zum Errechnen der Stabilitätsintervallgrenzen. Anders als Mareschal schlagen Zangemeister/Bomsdorf unterschiedliche Minimierungsstrategien zur Bestimmung von Δw_j vor.[479] Um bewerten zu können, ob die errechnete Gewichtsvariation groß oder klein ist, werden Empfindlichkeitsmaße eingeführt.[480] Wenngleich ihre Definition auch durchaus plausibel ist, so ist die Bestimmung der Bezugsbasis nicht unproblematisch und nur eine von mehreren denkbaren Möglichkeiten. Große oder sehr kleine Variationen wird der Entscheider auch ohne Empfindlichkeitsmaße leicht identifizieren können. Die wichtige und sensible Entscheidung, ob mittelgroße Variationen zu groß oder noch akzeptabel sind, kann jedoch auch bei diesem Verfahren dem Entscheider nicht abgenommen werden.

Die mit der Analyse großer Alternativenmengen verbundenen Probleme stellen sich auch hier. Die Anzahl der möglichen Paarvergleiche wächst mit der Anzahl der Alternativen exponentiell. Praktisch sind durch den Einsatz der EDV alle Fragestellungen zu lösen. Die Übersichtlichkeit und die Möglichkeit Schlußfolgerungen zu ziehen leiden jedoch erheblich. Die berechneten minimalen Gewichtsänderungen werden in der Regel das Intervall [0,1] fast vollständig ausschöpfen. Aufschlußreiche Fragestellungen wären zum Beispiel: Ist die Nutzengleichheit der besten und schlechtesten Alternative erzielbar? Wie groß ist die ursprünglich maximale Nutzendifferenz zweier Alternativen, deren Nutzengleichheit durch Veränderung der Gewichte erhalten werden kann?[481]

Die Darstellung der unterschiedlichen Verfahren zur Bestimmung der Kriteriengewichte und die Nennung typischer Fehlerquellen haben gezeigt, daß das Schätzen der Gewichte kein leichter Schritt der Entscheidungsfindung beziehungsweise Entscheidungsvorbereitung ist. Daraus sollte jedoch nicht die Schlußfolgerung gezogen werden, daß es besser wäre, auf Verfahren zurückzugreifen, die keine Informationen über die relative Wichtigkeit der Kriterien benötigen.[482] Methoden dieser Art nutzen weniger Informationen. Dem entspre-

479 Zangemeister/Bomsdorf schlagen ein Verfahren der simultanen und ein zweites der selektiven, paarweisen Gewichtsveränderung vor. Vgl. Zangemeister, C./Bomsdorf, E. (1983), S. 380 ff.

480 Vgl. Zangemeister, C./Bomsdorf, E. (1983), S. 384 ff.

481 Auf die Definition von unscharfen Gewichten wird in dieser Arbeit nicht eingegangen. Vgl. dafür zum Beispiel Meier, K. (1992), S. 113 ff.

482 Ein Verfahren, welches keine Gewichtung der Kriterien verlangt, ist zum Beispiel ELECTRE IV. Vgl. Roy, B./Hugonnard, J. C. (1982). Darüber hinaus existiert eine Klasse von interaktiven Verfahren, welche keine Informationen über die Präferenzen des Entscheiders benötigt. Vgl. Rosinger, E. E. (1991).

chend ist ihr Ergebnis in den meisten Fällen weniger realitätsnah.[483] „So the use of weights gives us the opportunity to modelize more closely the real aspects of a decision problem.“[484]

Die bisherigen Ergebnisse können wie folgt zusammengefaßt werden: Die Bestimmung der relativen Wichtigkeit der Kriterien bietet die Chance, die Entscheidungssituation realitätsnah zu modellieren. Zur Fixierung der Gewichte können unterschiedliche Verfahren verwandt werden, die sich hinsichtlich ihrer Güte und Aufwendigkeit unterscheiden. Es existieren eine Reihe von Fehlerquellen und kognitiven Verzerrungen. Die Festlegung der Gewichte hat einen entscheidenden Einfluß auf das Ergebnis der meisten Entscheidungsmodelle. Wie groß dieser Einfluß im konkreten Einzelfall ist, sollte getestet werden.

3.2.3 Voraussetzungen

Die Anwendung der Nutzwertanalyse kann nur zu sinnvollen Bewertungsergebnissen führen, wenn ihre Modellvoraussetzungen erfüllt sind. Hierbei handelt es sich um eine Fülle von Prämissen, die in der Praxis nur unzureichend bekannt sind, so daß ihre Einhaltung oft bezweifelt werden kann.[485] Wird das Modell dennoch angewandt, so kommt es wahrscheinlich zu Fehlentscheidungen.

Die Voraussetzungen der Nutzwertanalyse mit additiver Aggregationsfunktion werden im folgenden aufgezeigt. Die Bedingungen für Nutzwertanalysen mit nicht einfacher additiver Aggregation bleiben, da sie für die vorliegende Anwendung nicht relevant sind, unerwähnt. Hier sei auf den Beitrag von Dyer/Sarin[486] verwiesen, welcher auch die Voraussetzungen multiplikativer und komplexerer Aggregationsfunktionen zusammenfaßt.

Für die Anwendung der Nutzwertanalyse mit additiver Aggreagtionsfunktion wird zunächst vorausgesetzt, daß das Entscheidungsproblem und die zu beurteilenden Alternativen vorgegeben sind. Es wird vorausgesetzt, daß die Präferenzen des Entscheidungsträgers konsistent sind. Für die sinnvolle Ableitung eine additiven linearen Aggregationsfunktion ist es notwendig, daß Unabhängigkeitsbedingungen erfüllt sind. Diese Bedingung – das heißt die Verwendung einer linearen Aggregationsfunktion – hat zur Folge, daß die einzelnen Ziele innerhalb des Zielsystems vollständig untereinander kompensiert werden können.

483 Wie unterschiedlich die Ergebnisse einer Bewertung sein können, wenn in einem Fall Informationen über die Präferenzen des Entscheiders vorliegen, und im anderen nicht, zeigt Daniels. Vgl. Daniels, R. L. (1994), S. 272 ff.

484 Mareschal, B. (1988), S. 54.

485 Vgl. Weber, M./Krahnen, J./Weber, A. (1995), S. 1621, Strebel, H. (1975), S. 108.

486 Vgl. Dyer, J. S./Sarin, R. K. (1979).

Auf die Prämisse der notwendigen Unabhängigkeitsbedingungen muß erklärend eingegangen werden: Die Wahl der additiven Wertfunktion impliziert bei mehr als zwei Zielen, daß die Ziele wechselseitig präferenzunabhängig sein müssen. Nur wenn diese Bedingung ebenfalls erfüllt ist, kann sinnvoll von Zielgewichten gesprochen werden.[487] Die Bedingung der wechselseitigen Präferenzunabhängigkeit leitet sich aus der einfachen Präferenzunabhängigkeit ab. Diese ist in Anlehnung an Eisenführ/Weber[488] wie folgt definiert:

Gegeben sind

$$a_1 = (f_1(a_1); \dots, f_{j-1}(a_1), f_j(a_1), f_{j+1}(a_1), \dots, f_n(a_1))$$
$$a_2 = (f_1(a_1); \dots, f_{j-1}(a_1), f_j(a_2), f_{j+1}(a_1), \dots, f_n(a_1))$$

zwei Alternativen a_1 und a_2, die sich nur hinsichtlich der Ausprägung des Kriteriums k_j unterscheiden sowie

$$a_3 = (f_1(a_3); \dots, f_{j-1}(a_3), f_j(a_1), f_{j+1}(a_3), \dots, f_n(a_3))$$
$$a_4 = (f_1(a_3); \dots, f_{j-1}(a_3), f_j(a_2), f_{j+1}(a_3), \dots, f_n(a_3))$$

zwei weitere Alternativen a_3 und a_4, die sich ebenfalls nur hinsichtlich der Ausprägung des Kriteriums k_j unterscheiden, aber bezüglich k_j dieselben Ausprägungen aufweisen wie a_1 und a_2. Dann heißt das Kriterium k_j *einfach präferenzunabhängig* von den übrigen Kriterien, wenn

$$a_1 \succeq a_2 \Rightarrow a_3 \succeq a_4$$

für beliebige Ausprägungen aller Kriterien gilt.[489]

Für die Bestimmung der Präferenzunabhängigkeit ist es nicht erheblich, ob die Ziele miteinander korreliert sind.[490] Das Vorliegen einer Präferenzunabhängigkeit leitet sich ausschließlich aus der Präferenz des Entscheiders ab.[491] Zur Verdeutlichung wird auf das Beispiel der Präferenz eines Autokäufers bezüglich der Autofarbe von Eisenführ/Weber[492] verwiesen: Beim Autokauf soll die Farbe eines der relevanten Auswahlkriterien darstellen. Für den Autokäufer kommen nur weiße oder schwarze Wagen in Frage. Bei jedem Modell sind beide Farben erhältlich. Wenn nun die Farbe Weiß bei alle Modellen vorgezogen wird (oder die Farbe Schwarz), so ist das Attribut einfach präferenzunabhängig von allen anderen Attributen. Zieht der Autokäufer aber eine Automarke in Weiß und eine zweite Automarke in Schwarz vor, so ist die Bedingung der einseitigen Präferenzunabhängigkeit nicht erfüllt.

487 Vgl. Weber, M. (1992), Sp. 1439.

488 Vgl. Eisenführ, F./Weber, M. (1994), S. 115 ff. Siehe auch Mosler, K. C. (1984), S. 1312 ff.

489 Vgl. Eisenführ, F./Weber, M. (1994), S. 115 ff.

490 Vgl. Weber, M. (1992), Sp. 1440.

491 Vgl. Strebel, H. (1975), S. 64.

492 Vgl. Eisenführ, F./Weber, M. (1994), S. 116.

Um das additive Modell sinnvoll nutzen zu können, muß jede Realisation eines Kriteriums von jeder anderen präferenzunabhängig sein. Darüber hinaus wird für ein Problem mit mehr als zwei Kriterien gefordert, daß die Präferenz einer Teilmenge von Kriterienrealisationen unabhängig von der entsprechenden Restmenge ist. Die wechselseitige Präferenzunabhängigkeit ist wie folgt definiert:

Eine Menge von Kriterienausprägungen ist dann *wechselseitig präferenzunabhängig*, wenn jede Teilmenge dieser Kriterienrealisationen präferenzunabhängig von ihrer jeweiligen Komplementärmenge ist.[493]

Neben der einfachen und der wechselseitigen Präferenzunabhängigkeit muß für die Gültigkeit einer meßbaren Wertfunktion die Differenzunabhängigkeit gegeben sein.

Seien

$$a_1 = (f_1(a_1); \dots , f_{j-1}(a_1), f_j(a_1), f_{j+1}(a_1), \dots , f_n(a_1))$$
$$a_2 = (f_1(a_1); \dots , f_{j-1}(a_1), f_j(a_2), f_{j+1}(a_1), \dots , f_n(a_1))$$

zwei Alternativen a_1 und a_2, die sich nur hinsichtlich der Ausprägung des Kriteriums k_j unterscheiden und

$$a_3 = (f_1(a_3); \dots , f_{j-1}(a_3), f_j(a_1), f_{j+1}(a_3), \dots , f_n(a_3))$$
$$a_4 = (f_1(a_3); \dots , f_{j-1}(a_3), f_j(a_2), f_{j+1}(a_3), \dots , f_n(a_3))$$

zwei weitere Alternativen a_3 und a_4, die sich ebenfalls nur hinsichtlich der Ausprägung des Kriteriums k_j unterscheiden, aber bezüglich k_j dieselben Ausprägungen aufweisen wie a_1 und a_2. Dann heißt das Kriterium k_j *differenzunabhängig* von den übrigen Kriterien, falls

$$(a_1 \rightarrow a_2) \sim (a_3 \rightarrow a_4)$$

für beliebige Ausprägungen aller Kriterien gilt, daß heißt wenn der Wertunterschied zwischen den Alternativen a_1 und a_2 stets dem zwischen a_3 und a_4 gleich ist.[494]

Sind die Prämissen der additiven Nutzwertanalyse für viele Anwender auch recht abstrakt, gibt es doch einfache Indizien, die gegen ihre Erfüllung sprechen. So spricht das Auftreten von Interaktionen zwischen Kriterien eindeutig gegen eine Präferenzunabhängigkeit.[495] Stellt der Entscheider Interaktionen zwischen den Kriterien fest, muß er nicht erst die Präferenzunabhängigkeit prüfen.

Trotz aller Probleme hinsichtlich der Bedingungen der Nutzwertanalyse ist es immer sinnvoll zu fragen, ob nicht durch Modifikationen des additiven Modells die Prämissen eingehalten werden können. Da die Anwendung einer Nutzwertanalyse die Entscheidungssituation sehr vereinfachen kann, ist es immer lohnend, über Veränderungen nachzudenken, bevor das ganze Modell ab-

493 Vgl. Dyer, J. S./Sarin, R. K. (1979), S. 812, Keeney, R. L./Raiffa, H. (1976), S. 111.

494 Vgl. Eisenführ, F./Weber, M. (1994), S. 117.

495 Vgl. Bouyssou, D./Pirlot, M./Vincke, P. (1996), S. 2.

gelehnt wird.[496] Ein kritisches Hinterfragen, ob die notwendigen Modifikationen noch die Präferenz des Entscheiders widerspiegeln, ist aber in jedem Fall erforderlich.

3.2.4 Kritik und häufige Anwendungsfehler

Die Nutzwertanalyse und speziell Scoring-Modelle sind relativ einfache, mit geringem Rechenaufwand durchführbare und gut nachvollziehbare Verfahren der Entscheidungsfindung mit mehrfacher Zielsetzung. Die Einfachheit des additiven Modells kann als primärer Grund für seine weite Verbreitung gesehen werden. Gerade in der Praxis sind Scoring-Modelle sehr beliebte Verfahren.[497] Der Vorteil der Nutzwertanalyse ist, daß ihr Einsatz zu einer systematischen Strukturierung des Problems führt. Sie bietet bei richtiger Anwendung die Möglichkeit, die Präferenz des Entscheiders korrekt abzubilden und trägt dann zu einer methodisch exakten Entscheidungsunterstützung bei.[498] Weitere Vorteile der Nutzwertanalyse sind die Transparenz der Entscheidungsfindung und des zugrunde gelegten Wertsystems.[499]

Neben den klaren positiven Effekten der Nutzwertanalyse ist schon früh und von vielen Autoren auf die mit der Verwendung eines additiven Modells verbundenen Schwierigkeiten hingewiesen worden.[500] Die an der Nutzwertanalyse und speziell den Scoring-Modellen geübte Kritik kann dabei in zwei Bereiche geteilt werden: Zum einen sind die direkt aus der Methode abzuleitenden Mängel zu nennen. Zum anderen ist auf die häufigen Anwendungsfehler der Verfahren einzugehen.[501]

Der häufig von Praktikern gegen Scoring-Modelle vorgebrachte Einwand ist, daß sie nicht mit objektiv überprüfbaren Größen arbeiten, und durch die Subjektivität besonders bei der Auswahl der Gewichte zu willkürlichen Ergebnissen führen.[502] Diesem Einwand ist entgegenzuhalten, daß Zielsysteme keinen Anspruch auf eine allgemeine Gültigkeit erheben, sondern individuelle Präfe-

496 Vgl. v. Winterfeldt, D./Edwards, W. (1986), S. 309.

497 Vgl. Schneeweiß, C. (1991), S. 148.

498 Vgl. Weber, M. (1992), Sp. 1446, Belton, V./Vickers, S. (1990), S. 330 ff.

499 Vgl. Strebel, H. (1975), S. 146, Moore, J. R./Baker, N. R. (1969), S. B 214.

500 Vgl. unter anderem Brockhoff, K. (1976), S. 210 ff., Weber, M./Krahnen, J./Weber, A. (1995), S. 1623 ff., Starr, M. K./Zeleny, M. (1977), S. 20 ff.

501 Die Diskussion von Anwendungsfehlern mag an dieser Stelle verwundern. Fehler in der Anwendung des AHP oder von PROMETHEE werden in dieser Arbeit nicht explizit erörtert. Da gerade aber Scoring-Modelle im Gegensatz zu letztgenannten Methoden einfach zu implementieren sind, und sie sich wie beschrieben in der Praxis großer Beliebtheit erfreuen, werden hier überdurchschnittlich häufig Anwendungsfehler in der Literatur diskutiert. Vgl. zum Beispiel Weber, M./Krahnen, J./Weber, A. (1995).

502 Vgl. Strebel, H. (1975), S. 145.

renzen abzubilden versuchen. Durch die individuelle Bestimmung der Gewichtungsfaktoren werden Austauschverhältnisse zwischen den Kriterien bestimmt, welche eine genauere Abbildung der Präferenzen der Adressatengruppe ermöglichen.

Ernst zu nehmen ist die Kritik, daß die Aggregation der Informationen bezüglich einer Alternative zu einem Gesamtnutzen mit Informationsverlust verbunden ist. "Extensive information is first gathered (with respect to all major attributes) on all feasible alternatives. Then, this valid, expensive and useful information is combined into a single value upon which the evaluation of alternatives is based. When all information is 'collapsed' into a single value the differences between alternatives tend to get smaller and the decision task correspondingly more difficult."[503] Wie sich zeigen wird, führt die Nutzwertanalyse aufgrund dieser Informationsverdichtung gerade dann zu ungenauen Ergebnissen, wenn die Ausprägung der einzelnen Kriterien beim Vergleich der Alternativen stark uneinheitlich sind.

Neben der theoretischen Kritik soll an dieser Stelle auf die Anwendungsfehler der Nutzwertanalyse hingewiesen werden. Einen Überblick über die häufigsten Anwendungsfehler von Scoring-Modellen geben Weber/Krahnen/Weber.[504] Sie nennen elf typische Quellen:

1. Die Ziele sind nicht präferenzunabhängig.
2. Ziele mit gleicher Wichtigkeit werden definiert.
3. Die Bandbreite der Bewertungsskala ist zu groß.
4. Der Bandbreiten-Effekt wird bei der Schätzung der Gewichte zu wenig berücksichtigt.
5. Unsicherheit wird nur unangemessen berücksichtigt.
6. Nutzwerte werden als absolute Zahlen interpretiert.
7. Mindestabstände der Gesamt-Scores werden gefordert, um eindeutige Präferenzen bestimmen zu können.
8. Zielgewichte werden als absolutes Maß der Wichtigkeit interpretiert.
9. Ersatzkriterien werden übermäßig gewichtet.
10. Durch Delegation wechselt der Entscheidungsträger. Dies wird nicht reflektiert.
11. Bei Gruppenentscheidungen kommt es zu unangemessenen Anwendungen des Scoring-Verfahrens.

Auf die erste Fehlerquelle ist im vorangehenden Abschnitt als wichtige Voraussetzung der Nutzwertanalyse ausführlich eingegangen worden. Die Nichterfüllung der Voraussetzungen des Modells in der Realität ist ein wichtiger, vielleicht der wichtigste Anwendungsfehler. Strebel bewertet diesen Nachteil des

503 Starr, M. K./Zeleny, M. (1977), S. 20.

504 Vgl. Weber, M./Krahnen, J./Weber, M. (1995), S. 1623 ff.

Verfahrens jedoch durch die Vorteile des Modells als überkompensiert.[505] Dieser Aussage kann nicht zugestimmt werden. Sind die Prämissen nicht erfüllt, werden die Präferenzen des Entscheiders falsch wiedergegeben. Die Vorteile des Modells können dies nicht ausgleichen.

Die Punkte 10 und 11 können als Interpretationsfehler zusammengefaßt werden, die bei Gruppenentscheidungen und Delegationsproblemen möglich sind. Da die hier untersuchte Problemstellung nur Entscheidungen einer Person untersucht, darf dieser Aspekt ausgeklammert werden.[506]

Einige Anwender von Scoring-Modellen halten Zielsysteme mit möglichst vielen gleich wichtigen Zielen für besonders gut formuliert (Punkt 2).[507] Diese Annahme ist falsch und führt dann zu Fehlentscheidungen, wenn hierdurch Ziele mit geringerer Wichtigkeit vernachlässigt werden oder besonders wichtige Punkte zu gering bewertet werden. Intention des Scoring-Modells ist es gerade, unterschiedlich bedeutende Ziele zu einem System verbinden zu können, so daß die Präferenzen des Entscheiders möglichst realitätsnah reflektiert werden.

Eine übermäßige Bandbreite der Bewertungsskalen (Punkt 3) bedeutet, daß die Bandbreite der möglichen Ausprägungen eines Zieles zu groß festgelegt wurde. Um sicherzustellen, daß alle Ausprägungen innerhalb der Bewertungsskala liegen, neigen Anwender dazu, die Bandbreiten zu groß anzugeben. Dies führt zu Fehlern, wenn hierdurch die Differenzierbarkeit der realistischen Merkmalsausprägungen geschmälert wird. Die Bestimmung der Zielgewichte wird durch zu große Bandbreiten ebenfalls erschwert.[508]

Anwendungsfehler bei der Fixierung der Gewichte thematisieren die Punkte 4, 8 und 9. Auf die mangelnde Berücksichtigung der Bandbreite (Punkt 4) bei der Schätzung der Gewichte (Bandbreiten-Effekt) ist bereits ausführlich eingegangen worden.[509] Daß Zielgewichte nur situationsspezifisch interpretiert werden dürfen (Punkt 8), das heißt, nur im Zusammenhang zum Zielsystem und den Bandbreiten der Zielausprägungen zu verstehen sind, wurde betont.

Eine übermäßige Gewichtung von Ersatzkriterien (Punkt 9) ist dann festzustellen, wenn die eigentlichen Zielkriterien nur mit einem immensen Aufwand meßbar sind. Gerne wird in diesen Fällen auf Ersatzkriterien zurückgegriffen, die die wirklichen Ziele nur mittelbar bestimmen, aber einfach zu erheben sind. Wird bei der Verwendung der Ersatzkriterien das Gewicht des Ausgangskriteriums beibehalten, so führt dies zu Fehlern.[510] Der Nutzenbeitrag von Ausgangs-

505 Vgl. Strebel, H. (1975), S. 146.

506 Siehe ausführlich Weber, M./Krahnen, J./Weber, A. (1995), S. 1626.

507 Vgl. Weber, M./Krahnen, J./Weber, A. (1995), S. 1623.

508 Vgl. Weber, M./Krahnen, J./Weber, A. (1995), S. 1623.

509 Vgl. Abschnitt 3.2.2.4.

510 Vgl. Weber, M./Borcherding, K. (1993), S. 3 ff.

ziel und Ersatzkriterium führt nicht zu einer vollständigen Übereinstimmung. Die Zielgewichte des Ersatzkriteriums müssen folglich kleiner sein.

Zu einer unangemessenen Berücksichtigung von Unsicherheit (Punkt 5) kommt es, wenn das Scoring-Modell eine unsichere Entscheidungssituation abbilden soll. Risiko wird im Modell nicht explizit berücksichtigt und kann nur durch zusätzliche Bewertung der Alternativen und Sensitivitätstests eingeschätzt werden.[511]

Da im Rahmen der Nutzwertanalyse die Skalen der Zielerreichungsgerade auf Skalen des Nutzens dieser Zielerreichungsgrade abgebildet werden, sind Nutzwerte nicht als absolute Zahlen zu interpretieren (Punkt 6). Die Wertfunktionen können durch unterschiedliche Transformationen verändert werden, ohne daß diese einen Einfluß auf das Ergebnis haben. So kann die Wertfunktion mit jedem positiven Faktor multipliziert oder durch Addition und Subtraktion von Konstanten verschoben werden. Daher haben Nutzwerte nur eine relative Bedeutung und besitzen außerhalb des Modells keine Aussagekraft.[512] Hiermit ist auch zu erklären, warum die Forderung nach Mindestabständen (Punkt 7)[513] nicht sinnvoll sein kann.

Bei all den genannten möglichen Quellen von Anwendungsfehlern und der theoretischen Kritik an der Nutzwertanalyse stellt sich abschließend die Frage, ob die Anwendung von Nutzwertanalysen empfohlen werden kann. Weber/ Borcherding kommen im Ergebnis zu einer klaren Empfehlung bezüglich der multiattributiven Werttheorie: "With all these challenges to MAVT should we not use other methods like AHP or others? Our answer is a clear 'no'. Other methods use procedures like the ratio procedure to derive the weights and thus are prone to the same bais. Other methods do not even offer a convincing answer as to how the decision maker should behave in the light of certain problems (e. g. AHP for range effect)."[514]

Die Nutzwertanalyse ist eine sehr gut erforschte Methode beziehungsweise Methodengruppe. Es kann dem Anwender dienlich sein, daß die häufigsten Anwendungsfehler sehr gut erforscht sind, da er sie bei Kenntnis dieser Fehlerquellen vermeiden kann. Entsprechen die Prämissen des Modells und insbesondere der linearen, additiven Verknüpfung seinen individuellen Präferenzen, so kann die Anwendung der Nutzwertanalyse und des Scoring-Modells im speziellen sehr empfehlenswert zur Entscheidungsunterstützung sein.

511 Vgl. Weber, M./Krahnen, J./Weber, A. (1995), S. 1624.

512 Vgl. Weber, M./Krahnen, J./Weber, A. (1995), S. 1625.

513 Vgl. Abschnitt 3.2.2.6.

514 Weber, M./Borcherding, K. (1993), S. 11.

3.3 Analytischer Hierarchie-Prozeß

Der AHP (Analytische Hierarchie-Prozeß) wurde in den siebziger Jahren von Saaty zur Lösung multiattributiver Entscheidungsprobleme entwickelt[515] und seitdem in der Praxis vielfältig angewandt[516] sowie theoretisch analysiert.[517] Der AHP kann als intuitive, relativ einfache Methode der Formulierung und Analyse von Entscheidungen charakterisiert werden. Um das Verfahren zu erklären, bedient sich die Mehrzahl der Veröffentlichungen konkreter Beispiele.[518] Im folgenden werden davon abweichend die grundlegende Methode sowie ihre Voraussetzungen abstrakt beschrieben. Modifikationen[519] oder die Anwendbarkeit des AHP für Gruppenentscheidungen[520] werden hier nicht vorgestellt. Zur besseren Veranschaulichung sei auf Abschnitt 4.3.2 und die zahlreichen Beispiele in der Literatur verwiesen.[521]

3.3.1 Grundgedanke

Der Name der Methode enthält die drei Bestandteilen der Grundidee des AHP: nämlich *analytisch* zu arbeiten, eine *Hierarchie* aufzubauen und dies in Form von *Prozessen* zu tun.

Analytisch bedeutet, daß die Entscheidungsunterstützung im Rahmen des AHPs mathematisch und auf Basis von logischen Begründungen erfolgt. Das ist bei einer sehr einfachen holistischen Entscheidung, bei der der Entscheider eine Alternative nur intuitiv auswählt, nicht der Fall. Wenn sich zum Beispiel beim Kauf eines Autos der Entscheider intuitiv für eine Automarke entscheidet, ohne dies begründen zu können, so ist dies kein analytisches Vorgehen. Andererseits stellt so definiert das Adjektiv „analytisch" keine große Einschränkung dar; „all

515 Vgl. Saaty, T. L. (1977). Siehe auch Saaty, T. L. (1980), Saaty, T. L. (1986), Saaty, T. L. (1990a), Harker, P. T. (1989), Saaty, T. L./Vargas, L. G. (1990).

516 Einen umfangreichen Überblick über die Vielzahl der in der Literatur dokumentierten Anwendungsbeispiele geben Golden/Wasil/Levy. Vgl. Golden, B. L./Wasil, E. A./Levy, D. E. (1989). Zur Erörterung weiterer Anwendungsfälle siehe auch Saaty, T. L./Vargas, L. G. (1990), Ossadnik, W. (1994), Weber, K. (1994), Lootsma, F. A. (1980).

517 Wahrscheinlich den umfangreichsten und aktuellsten Überblick über den Stand der Forschung zum AHP gibt die Internetdomäne www.expertchoice.com/hierarchon/references/reflist.html. Vgl. auch Kamenetzky, R. D. (1982).

518 Vgl. Saaty, T. L. (1980), S. 12 ff., Harker, P. T. (1989), S. 6 ff.

519 Vgl. Tung, S. L./Tang, S. L. (1998), Basak, I. (1997), Cheng, C.-H. (1996).

520 Vgl. Saaty, T. L. (1989), Ramanathan, R./Ganesh, L. S. (1994), Honert, R. C./Lootsma, F. A. (1996).

521 Vgl. die Übersicht von Golden, B. L./Wasil, E. A./Levy, D. E. (1989).

methods which seek to describe a decision are analytic since they must use mathematical/logical reasoning."[522]

Der AHP strukturiert das Entscheidungsproblem mittels Bildung einer Hierarchie. Dabei ist unter Hierarchie allgemein ein System zu verstehen, dessen Elemente unterschiedlichen Ebenen zugeteilt werden. Jede Ebene beeinflußt nur die nächst höhere Ebene und kann entsprechend selber ausschließlich durch niedrigere Ebenen beeinflußt werden. Die Elemente innerhalb einer Ebene dürfen sich nicht beeinflussen, das heißt sie müssen von einander unabhängig sein.[523]

Drei grundlegende Hierarchieebenen werden im Rahmen des AHP unterschieden: Ziele, Kriterien und Alternativen.[524] Weitere Hierarchiestufen, in der Regel Unterkriterien, können integriert werden. Den Aufbau einer einfachen Hierarchie veranschaulicht Abbildung 3. Natürlich kann in Abhängigkeit von der Entscheidungssituation die Hierarchie drei,[525] vier[526] oder mehr[527] Ebenen umfassen. Die letzte Hierarchiestufe besteht immer aus den Alternativen.[528] Somit ist jedes Element der letzten Hierarchiestufe mit jedem Element der vorletzten Hierarchiestufe verbunden.[529]

Durch das Aufbrechen eines komplexen Entscheidungsproblems in unterschiedliche Ebenen kann der Entscheider kleine, überschaubare Aspekte in einzelnen Schritten analysieren. Die sequentielle Vorgehensweise verbessert die Güte der Entscheidung.[530] Saaty begründet sein Vorgehen mit der aus der Psychologie stammenden Erkenntnis,[531] die besagt, daß Menschen nur sieben plus oder minus zwei Elemente zur selben Zeit miteinander vergleichen können.[532]

522 Harker, P. T. (1989), S. 13.

523 Vgl. Saaty, T. L. (1980), S. 11.

524 Vgl. Forman, E. H. (1990), S. 305 ff., Harker, P. T. (1989), S. 13.

525 Vgl. Saaty, T. L. (1977), S. 258, Saaty, T. L. (1980), S. 43, Saaty, T. L. (1986), S. 842.

526 Vgl. Harker, P. T. (1989), S. 8, Saaty, T. L. (1980), S. 113 ff., Forman, E. H. (1990), S. 308 ff.

527 Vgl. zum Beispiel Saaty, T. L. (1980), S. 13, Emshoff, J. R./Saaty, T. L. (1982), S. 140 ff., Mitchell, K. H./Wasil, E. A. (1989), S. 208, Dolan, J. G. (1989), S. 247.

528 Vgl. Bryson, N./Mobolurin, A. (1995), S. 379.

529 Die Abbildung der mehrstufigen Zielhierarchie von Lillich muß als falsch bewertet werden. Vgl. Lillich, L. (1992), S. 75. Die letzte Hierarchieebene, die Alternativen, werden auf der Basis jedes Kriteriums in einem multiattributiven Modell gemessen, somit muß jede Alternative mit jedem Element der zweitletzten Stufe verbunden werden.

530 Sequentielle Problemlösungen sind daher auch Bestandteil anderer multikriterieller Entscheidungsmodelle. Vgl. zum Beispiel Korhonen, P. J./Wallenius, J. (1983), S. 195 ff.

531 Vgl. Saaty, T. L./Kearns, K. P. (1985), S. 44 ff.

532 Vgl. Miller, G. A. (1956), S. 81 ff. Weitere Vorteile der Nutzung einer hierarchischen Struktur nennt Saaty. Vgl. Saaty, T. L. (1980), S. 14.

Abbildung 3 Hierarchiestruktur im AHP

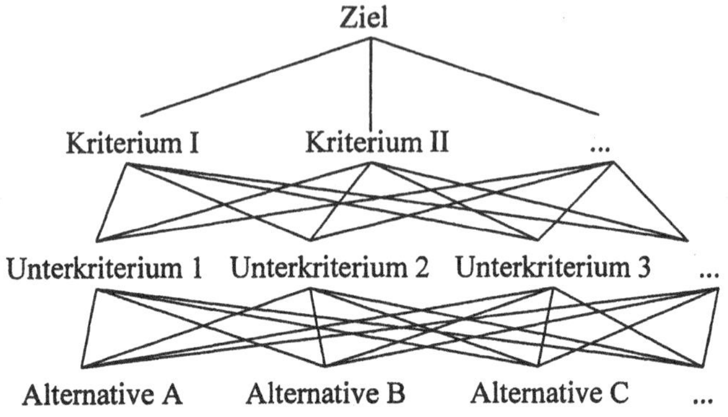

Quelle: In Anlehnung an Saaty, T. L. (1980), S. 43.

Wichtige Entscheidungsprobleme werden zumeist nicht schnell gelöst. Sie bedürfen eines Prozesses, um über das Problem nachzudenken, eventuell neue Informationen zu beschaffen oder um bei Gruppenentscheidungen verhandeln zu können. "This process is unavoidable and is in fact quite healthy; the AHP is meant to aid and not destroy this natural process of decision making."[533]

3.3.2 Vorgehensweise

Die Anwendung des AHP auf ein beliebiges Entscheidungsproblem kann in fünf Phasen gegliedert werden.[534] Wenn das Entscheidungsziel definiert ist, strukturiert der Entscheider das Problem im ersten Schritt hierarchisch. Danach wird jedes Element einer Hierarchieebene mit jedem anderen Element derselben Hierarchieebene verglichen und die abgeleitete Bewertung der Paarvergleiche in einer Matrix zusammengefaßt. In der dritten Phase wird auf Basis jeder dieser Paarvergleichsmatrizen ein Gewichtungsvektor berechnet. Die Konsistenz der Ergebnisse wird gemessen, und zuletzt erfolgt die abschließende Bewertung der Alternativen. Abbildung 4 zeigt die Phasen in Form eines Flußdiagramms. Es wird deutlich, daß das Auftreten von Inkonsistenzen zu neuen Paarvergleichen und Gewichtsbestimmungen führen kann.

533 Harker, P. T. (1989), S. 13.

534 Saaty selber nennt acht Phasen. Vgl. Saaty, T. L. (1983), S. 329 ff.

Abbildung 4 Flußdiagramm zur Vorgehensweise des AHP

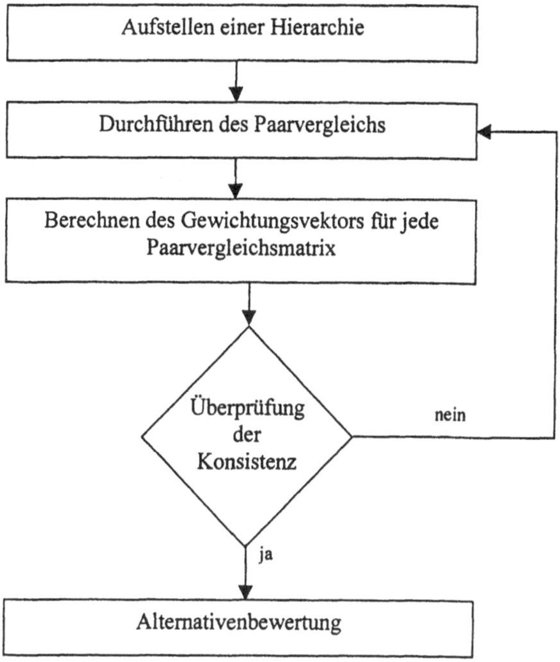

Quelle: In Anlehnung an Zimmermann, H. J./Gutsche, L. (1991), S. 70 und Haedrich, G./Kuß, A./Kreilkamo, E. (1986), S. 121.

In der Praxis ist es möglich, daß die einzelnen Schritte ineinander übergehen beziehungsweise gleichzeitig gelöst werden. So erfolgen das Aufstellen einer Paarvergleichsmatrix und ihre Konsistenzprüfung oft unmittelbar zusammen. Die erste Phase, das Aufstellen einer Hierarchie, ist im letzten Abschnitt beschrieben worden.[535] Die zweite, dritte und vierte Phase sind Teil der Gewichtsbestimmung. Der letzte Schritt ist die Alternativenbewertung.

Der AHP nutzt ein eigenes Verfahren zur Bestimmung von Gewichten.[536] Auf der Basis der Definition und hierarchischen Strukturierung des Problems

535 Eine ausführliche, theoretische Beschreibung der Hierarchiebildung im AHP findet sich bei Saaty. Vgl. Saaty, T. L. (1980), S. 73 ff.

536 Vgl. Saaty, T. L. (1980), S. 17 ff., Saaty, T. L./Vargas, L. G. (1990), S. 15 ff., Belton, V./Gear, T. (1982), S. 228 ff., Belton, V./Gear, T. (1985), S. 375 ff., Escobar, M. T., Moreno-Jiménez, J. M. (2000), S. 154 ff.

erfolgt die Bestimmung der relativen Wichtigkeit eines Kriteriums durch Paarvergleiche. Dabei muß im Rahmen des AHP – in Übereinstimmung mit jedem hierarchisch strukturierten Zielsystem – jedes Gewicht jeweils innerhalb seiner Hierarchieebene und relativ zu dem entsprechenden Oberziel ermittelt werden.

Für den Fall, daß der Entscheidungsträger die relative Wichtigkeit eines Attributs in bezug zu jeder anderen Attributsausprägung desselben Kriteriums beurteilen kann, läßt sich anhand der Eigenvektor-Methode[537] aus dieser Information ein Gewichtevektor ableiten.[538] Zur Bestimmung von *n* Gewichten muß der Entscheider dabei $n \cdot (n-1)/2$ Paarvergleiche von Attributsausprägungen numerisch bewerten. Es bezeichnet $b(a_i, a_j)$ $(1 \leq i \leq n,\ 1 \leq j \leq n)$ die relative Wichtigkeit des i-ten Attributes gegenüber dem j-ten Attribut.[539] Die Beziehung zwischen $b(a_i, a_j)$ und w_i beziehungsweise w_j gestaltet sich wie folgt

$$b(a_i, a_j) = \frac{w_i}{w_j}$$

Jede Bewertung wird durch eine Verhältniszahl angegeben. Für die Wertung gibt Saaty eine 9-Punkte-Skala vor.[540] Möglichkeiten der Transformation des verbalen Vergleichs in ein numerisches Gewichtsverhältnis sind Tabelle 6 zu entnehmen. Nach der Bewertung der Wichtigkeit des i-ten Attributs im Vergleich zum j-ten Attribut sucht der Entscheidungsträger die am ehesten zutreffende Zahl aus. Werte kleiner als 1 werden gewählt, wenn das Attribut *i* unwichtiger ist als Attribut *j*.

537 Diese Methode zur Bestimmung von Gewichten wird bei Zimmermann/Gutsche unter der Überschrift „Gewichtevektor“ zusammengefaßt. Vgl. Zimmermann, H. J./Gutsche, L. (1991), S. 54 ff. Schneeweiß diskutiert sie als „Eigenwert-Verfahren“. Vgl. Schneeweiß, C. (1991), S. 165 ff. Den Begriff „Eigenvektor-Methode“ benutzen Hwang/Yoon. Vgl. Hwang, C. L./Yoon, K. (1981), S. 41 ff.

538 Eine verallgemeinerte Form, einen Eigenvektor zu bestimmen, findet sich bei Takeda/Yu/Cogger. Vgl. Takeda, E./Yu. P. L./Cogger, K. O. (1985), S. 393 ff. Im Rahmen dieser Arbeit wird nur das Verfahren beschrieben, welches auch Grundlage des im AHP genutzten Gewichtungsverfahrens ist. Saaty nutzt ausschließlich rechte Eigenvektoren. Zur Bestimmung der Gewichte nach dem linken Eigenvektor-Verfahren siehe zum Beispiel Tung, S. L./Tang, S. L. (1998), S. 124 ff.

539 In der Mehrzahl der Literatur wird das Symbol a_{ij} für die Bewertung eines Paarvergleichs verwandt. Vgl. zum Beispiel Saaty, T. L. (1980), S. 14 ff., Weber, M. (1995), S. 187. Hier wird davon abgewichen, damit keine Verwechslung mit dem Symbol einer Alternative a_i erfolgen kann.

540 Vgl. Saaty, T. L. (1980), S. 53 ff.

Tabelle 6 Skala der relativen Wichtigkeit für Paarvergleichsurteile im AHP

Skalenwert	Definition	Interpretation
1	gleich wichtig	Beide Elemente tragen gleich zur Erreichung des Ziels bei
3	etwas wichtiger	Erfahrung und Einschätzung sprechen für eine leicht größere Bedeutung eines Elements im Vergleich zu einem anderen
5	spürbar wichtiger	Erfahrung und Einschätzung sprechen für eine erheblich größere Bedeutung eines Elements im Vergleich zu einem anderen
7	viel wichtiger	Ein Element wird stark präferiert und seine Dominanz hat sich in der Praxis gezeigt
9	extrem wichtiger	Es handelt sich um den größtmöglichen Bedeutungsunterschied zwischen zwei Elementen
2, 4, 6, 8	Zwischenwerte	Dann zu vergeben, wenn ein Kompromiß nötig ist
1/k $k \in \{1, ..., 9\}$		Wenn bei dem Vergleich von zwei Elementen A und B der Wert k gewählt wird, dann ergibt sich der Wert 1/k beim Vergleich von B mit A

Quelle: Saaty, T. L. (1980), S. 54 und Saaty, T. L. (1983), S. 332.

Die resultierenden Paarvergleiche $b(a_i, a_j)$ werden in Form einer Matrix[541] ***M*** zusammengefaßt:

$$M = \begin{pmatrix} b(a_1,a_1) & b(a_1,a_2) & \dots & b(a_1,a_n) \\ b(a_2,a_1) & b(a_2,a_2) & \dots & b(a_2,a_n) \\ \vdots & \vdots & & \vdots \\ b(a_n,a_1) & b(a_n,a_2) & \dots & b(a_n,a_n) \end{pmatrix}$$

Für i = j gilt generell $b(a_i, a_j) = 1$. Die Anzahl der Spalten und Zeilen wird hier durch n symbolisiert. Diese Anzahl kann, muß aber nicht mit der Anzahl der Alternativen identisch sein. Die resultierende Paarvergleichsmatrix ***M*** kann, durch Saaty vorgegeben, nur die ganzzahligen Koeffizienten 1 bis 9 und ihre Kehrwerte enthalten.[542]

541 Der Begriff „Matrix“, die Unterteilung einer Matrix in Spalten und Zeilen sowie einfache mathematische Rechenoperationen mit Matrizen werden als bekannt vorausgesetzt. Vgl. hierzu zum Beispiel Jaeger, A./Wäscher, G. (1987), S. 162 ff.

542 Vgl. Saaty, T. L. (1977), S. 244 ff.

Anhand von zwei Konsistenzbedingungen ist zu untersuchen, ob der Entscheider alle Paarvergleiche widerspruchsfrei geschätzt hat. Die Bedingungen lauten wie folgt:[543]

$$b(a_i, a_j) = 1/b(a_j, a_i) \qquad \text{für } i, j = 1, \ldots, n$$

$$b(a_i, a_j) = b(a_i, a_z)\, b(a_z, a_j) \qquad \text{für } i, j, z = 1, \ldots, n$$

Die erste Bedingung überprüft, ob es sich um eine reziproke Matrix handelt. Dagegen fordert die zweite Bedingung, daß bei einer konsistenten Schätzung die relative Wichtigkeit $b(a_i, a_j)$ ermittelt werden kann, indem man die relative Wichtigkeit $b(a_i, a_z)$ des i-ten Attributs gegenüber einem beliebigen dritten Attribut mit der relativen Wichtigkeit $b(a_z, a_j)$ dieses Attributs gegenüber dem j-ten Attribut multipliziert.

Die konsistente Matrix hat folgende allgemeine Form:

$$M = \begin{pmatrix} 1 & b(a_1, a_2) & \ldots & b(a_1, a_n) \\ 1/b(a_1, a_2) & 1 & \ldots & b(a_2, a_n) \\ \vdots & \vdots & & \vdots \\ 1/b(a_1, a_n) & 1/b(a_2, a_n) & \ldots & 1 \end{pmatrix}$$

Wenn unterstellt werden könnte, daß der Entscheider nur konsistente Schätzungen abgibt, würde sich die Anzahl der notwendigen Paarvergleiche auf $(n - 1)$ reduzieren. In der Praxis wird es aber kaum einem Entscheidungsträger möglich sein, alle Gewichte gerade im Hinblick auf die zweite Bedingung sofort konsistent zu schätzen.[544] Gegebenenfalls auftretende Inkonsistenzen können in einem weiteren Schritt aufgelöst werden.[545]

Die in der Paarvergleichsmatrix $\boldsymbol{M}$ enthaltenen Informationen werden in einen Gewichtevektor $\boldsymbol{w}^T$ überführt.[546] Dazu wird der Eigenvektor der Matrix $\boldsymbol{M}$ berechnet. Seine normalisierte Form entspricht dem Gewichtevektor $\boldsymbol{w}^T$. Im einzelnen geht man dazu wie folgt vor:[547] Jede Spalte wird so normiert, daß ihre Summe genau Eins ergibt. Die normiere Matrix $\boldsymbol{N}$ ist dann wie folgt definiert:

543 Vgl. Saaty, T. L. (1980), S. 167 ff., Hwang, C. L./Yoon, K. (1981), S. 42.

544 Vgl. zum Beispiel Saaty, T. L. (1980), S. 51 ff., v. Nitzsch, R. (1993), S. 112, Saaty, T. L./Vargas, L. G. (1990), S. 15.

545 Vgl. dazu unter anderem Ossadnik, W. (1998), S. 96 ff.

546 Eine detaillierte Beschreibung der Bestimmung des Eigenwertes und dazugehörigen Eigenvektors für konsistente und inkonsistente Matrizen findet sich bei Schneeweiß oder Lillich. Vgl. Schneeweiß, C. (1991), S. 165 ff., Lillich, L. (1992), S. 79 ff. Ein numerisches Beispiel geben Hwang/Yoon. Vgl. Hwang, C. L./Yoon, K. (1981), S. 42 ff.

547 Vgl. zum Beispiel Saaty, T. L. (1980), S. 19 ff.

$$N = \begin{pmatrix} b(a_1,a_1)/\sum_{i=1}^{n} b(a_i,a_1) & \dots & b(a_1,a_n)/\sum_{i=1}^{n} b(a_i,a_n) \\ \vdots & & \vdots \\ b(a_n,a_1)/\sum_{i=1}^{n} b(a_i,a_1) & \dots & b(a_n,a_n)/\sum_{i=1}^{n} b(a_i,a_n) \end{pmatrix}$$

Der nächste Schritt ist die Berechnung der Zeilensummen.[548] Die einzelnen Zeilensummen werden durch s_i symbolisiert:

$$N \cdot \begin{pmatrix} 1 \\ 1 \\ \vdots \\ 1 \end{pmatrix} = \begin{pmatrix} s_1 \\ s_2 \\ \vdots \\ s_n \end{pmatrix}$$

Der Gewichtungsvektor w^T entspricht dem Eigenvektor der Matrix M mit dem Eigenwert[549] n. Somit muß der Vektor der Zeilensummen durch n dividiert werden, um zu w^T zu kommen:

$$w^{\mathrm{T}} = \begin{pmatrix} s_1 / n \\ s_2 / n \\ \vdots \\ s_n / n \end{pmatrix} = \begin{pmatrix} w_1 \\ w_2 \\ \vdots \\ w_n \end{pmatrix}$$

Je mehr Ziele existieren, desto unwahrscheinlicher ist ein im ersten Schritt vollständig konsistentes Ergebnis. Sobald mehr als zwei Kriterien zu berücksichtigen sind, scheint eine auf Anhieb konsistente Schätzung der Paarvergleichsmatrix eher eine Ausnahme zu sein.[550]

Bei all den Problemen, eine konsistente Paarvergleichsmatrix M zu schätzen, muß dem AHP zugute gehalten werden, daß Saaty nicht notwendigerweise verlangt, daß M konsistent ist.[551] Vielmehr wird vorgeschlagen, die Paarvergleiche zu überprüfen, wenn sie einen zu bestimmenden Konsistenzindex überschreiten.[552] Der Konsistenzindex *CI* (consistency index) ist definiert als:

$$CI = \frac{\lambda_{\max} - n}{n - 1}$$

wobei λ_{max} der größte Eigenwert von M ist. Er läßt sich wie folgt berechnen:[553]

548 Vgl. Weber, K. (1995), S. 188.

549 Vgl. Jaeger, A./Wäscher, G. (1987), S. 263 ff.

550 Vgl. unter anderem v. Nitzsch, R. (1993), S. 112.

551 Vgl. Forman, E. H. (1990), S. 295.

552 Vgl. Saaty, T. L./Vargas, L. G. (1990), S. 16 ff., Leung, L. C./Cao, D. (2000), S. 102 ff.

553 Vgl. Weber, K. (1995), S. 188.

$$M \cdot \begin{pmatrix} w_1 \\ w_2 \\ \vdots \\ w_n \end{pmatrix} = \begin{pmatrix} u_1 \\ u_2 \\ \vdots \\ u_n \end{pmatrix}, \lambda_{\max} = \begin{pmatrix} 1 & 1 & \dots & 1 \end{pmatrix} \begin{pmatrix} u_1 / w_1 \\ u_2 / w_2 \\ \vdots \\ u_n / w_n \end{pmatrix} (1/n)$$

Ist M konsistent, so ist $\lambda_{max} = n$.[554]

Um beurteilen zu können, ob eine Paarvergleichsmatrix M hinreichend konsistent ist, wurden für jede Matrixgröße reziproke Zufallsmatrizen auf der Grundlage der von Saaty vorgegebenen 9-Punkte-Skala erzeugt. Ihr durchschnittlicher Konsistenzindex wurde berechnet und Zufallsindex RI (random index) genannt.[555] Die Ergebnisse zeigt Tabelle 7.

Tabelle 7 Werte des Zufallsindex RI

n	2	3	4	5	6	7	8	9	10
RI	0,00	0,58	0,90	1,12	1,24	1,32	1,41	1,45	1,49

Quelle: Saaty, T. L. (1983), S. 335.

Die Berechnung der in Tabelle 7 angegebenen Werte des Zufallsindizes RI ist abhängig von der Anzahl der zufällig ermittelten Paarvergleichsmatrizen. Andere Versuchsreihen, in welchen eine größere Anzahl reziproker Zufallsmatrizen erzeugt wurden, kamen zu leicht abweichenden Ergebnissen.[556]

Für jede Paarvergleichsmatrix M kann nun ein Konsistenzwert CR (consistency ratio) bestimmt werden, indem der Konsistenzindex CI durch den Zufallsindex RI dividiert wird:[557]

$$CR = \frac{CI}{RI}$$

Somit wird die vom Entscheider angegebene Paarvergleichsmatrix einer zufälligen Matrix gegenübergestellt. Für $CR > 0,1$ schlägt Saaty vor, die Paarvergleichsmatrix M neu zu überprüfen.[558] Kleinere Konsistenzwerte gelten als akzeptabel und sollen als ausreichend konsistent interpretiert werden.

Die Literatur zum AHP weist zu Recht darauf hin, daß eine konsistente Schätzung der Paarvergleichsmatrix M nichts über die Güte des Urteils aussagt. Eine große Konsistenz ist notwendig, aber nicht hinreichend für eine gute Ent-

554 Vgl. Saaty, T. L. (1980), S. 18 ff.

555 Vgl. Saaty, T. L./Vargas, L. G. (1990), S. 17.

556 Vgl. Golden, B. L./Wang, Q. (1989), S. 70.

557 Vgl. Saaty, T. L./Vargas, L. G. (1990), S. 17.

558 Vgl. Saaty, T. L. (1983), S. 335. Möglichkeiten zur Erhöhung der Konsistenz werden ebenfalls dort diskutiert. Zu Gründen für inkonsistente Schätzungen nennt vgl. Forman, E. H. (1990), S. 302 ff.

scheidung. "It is possible to be perfectly consistent but consistently wrong. It is more important to be accurate than consistent."[559] Der Gewichtevektor w^T wird ebenfalls, wie im Rahmen der Eigenvektor-Methode beschrieben, aus den angegebenen Paarvergleichen abgeleitet.[560]

Nachdem jeder Gewichtungsvektor bestimmt wurde, ist die Bewertung der einzelnen Alternativen im Rahmen des AHP einfach. Um die auf der letzten Hierarchieebene befindlichen Alternativen nach ihrer Präferenz ordnen zu können, wird das Gewicht jeder Alternative im Hinblick auf das Oberziel auf der höchsten Hierarchieebene bestimmt. Diese Gewichte sind reelle Zahlen im Intervall [0,1]. Optimal ist die Alternative mit dem höchsten Gewicht, wenn das Oberziel zu maximieren ist. Ebenso können die Alternativen auf Basis dieses Gewichts eindeutig sortiert werden und ein vollständiges Ranking abgeleitet werden.

Abbildung 5 Bewertung eines Elementes a_i im Hinblick auf das Oberziel O

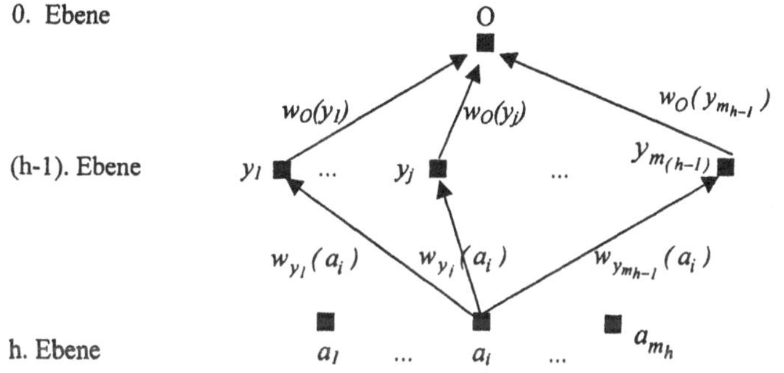

Quelle: In Anlehnung an Zimmermann, H. J. Gutsche, L. (1991), S. 71.

Der AHP nutzt für die Wertaggregation jeder Alternative eine lineare Präferenzfunktion. Das Gewicht einer Alternative im Hinblick auf das Oberziel wird in der englischsprachigen Literatur „overall ranking"[561] oder „overall priority"[562] genannt. Im folgenden wird dieses Gewicht allgemein als „Präferenzindex" bezeichnet[563] und durch das Symbol $w_O(a_i)$ gekennzeichnet,

559 Forman, E. H. (1990), S. 304.

560 Vgl. auch Saaty, T. L. (1977), S. 235 ff., Saaty, T. L. (1983), S. 332 ff.

561 Saaty, T. L. (1977), S. 266.

562 Harker, P. T. (1989), S. 16.

563 Von einem Präferenzindex bei AHP sprechen zum Beispiel Schneeweiß und Lillich. Vgl. Schneeweiß, C. (1991), S. 172, Lillich, L. (1992), S. 81.

dabei steht O für das Oberziel und a_i für die zu bewertende Alternative. Die Anzahl der Hierarchieebenen sei h, eine natürliche Zahl. Mit y_j werden die Elemente auf der zweitletzten Hierarchieebene bezeichnet.

Die Anzahl der Elemente auf den einzelnen Hierarchiestufen ist nicht zwingend identisch. Auf der untersten Hierarchiestufe befinden sich m_h Alternativen, auf der Ebene $h\text{-}1$ sind m_{h-1} Elemente – siehe zur Verdeutlichung Abbildung 5. Ferna ist $w_{y_i}(a_i)$ definiert als das Gewicht von a_i beim Vergleich der h. Ebene im Hinblick auf y_j und $w_O(y_j)$ ist das bereits bekannte Gewicht von y_j aus der $(h\text{-}1)$. Ebene im Hinblick auf das Oberziel O.[564]

Der abschließende Präferenzindex $w_O(a_i)$ von Alternative a_i wird berechnet, indem für jeden Weg von a_i nach O die Gewichte entlang eines Weges miteinander multipliziert und die resultierenden Produkte addiert werden.[565]

$$w_O(a_i) = \sum_{j=1}^{m_{h-1}} w_{y_j}(a_i) w_O(y_y)$$

$$i = 1, 2, \dots m_h$$

Der AHP endet mit der Berechnung des Präferenzindizess $w_O(a_i)$ für jede Alternative a_i. Ist das Oberziel zu maximieren, so ist die Alternative mit dem größten Präferenzindex die im Sinne der vorgegebenen Präferenzstruktur beste Alternative. Für den Fall, daß ein Ranking abgeleitet werden soll, sind die Alternativen anhand ihres Präferenzindizes zu ordnen.

Wenn auch nicht als einen einzelnen, festen Bestandteil, so diskutiert natürlich auch die Literatur zum AHP das Durchführen von Sensitivitätstests im Anschluß an den vollständigen Entscheidungsprozeß.[566] Als wichtigster Aspekt wird hier das Testen der Sensitivität des Ergebnisses auf Veränderungen der Gewichte genannt.[567]

3.3.3 Theoretische Grundlagen

Als Reaktion auf die Kritik, daß der AHP keine axiomatische Fundierung besäße, formulierte Saaty[568] vier Axiome. Sie wurden später von Harker/Vargas[569] weiter beschrieben und gelten als theoretische Grundlage des AHP. Im Rahmen

564 Vgl. zum Beispiel Zimmermann, H. J., Gutsche, L. (1991), S. 71 ff.

565 Vgl. ausführlich Harker, P. T. (1989), S. 16.

566 Vgl. zum Beispiel Saaty, T. L. (1980), S. 192 ff.

567 Vgl. Forman, E. H. (1990), S. 314 ff.

568 Vgl. Saaty, T. L. (1986), S. 844 ff.

569 Vgl. Harker, P. T./Vargas, L. G. (1987), S. 1384 ff.

dieser Arbeit genügt es, die Axiome zu nennen. Auf ihre mathematische Formulierung wird nicht eingegangen.[570]

Axiom 1 Jedes Alternativenpaar a_i und a_j aus einer Alternativenmenge $\mathcal{A}$ kann vom Entscheidungsträger bezüglich jedes Kriteriums k_j aus einer Menge von Kriterien $\mathcal{K}$ relativ bezüglich seine Präferenz bewertet werden.[571] Die resultierende aus Paarvergleichen $b(a_i, a_j)$ bestehende Paarvergleichsmatrix $\boldsymbol{M}$ ist reziprok, das bedeutet:

$$b(a_i, a_j) = 1 / b(a_j, a_i) \quad \text{für alle } a_i, a_j \in \mathcal{A}$$

Die in Axiom 1 enthaltene Bedingung, auch Reziprozität genannt, wurde bereits im letzten Abschnitt erläutert. Wenn ein Entscheidungsträger eine Alternative im Hinblick auf ein Kriterium für dreimal besser hält als eine andere, so muß er auch zustimmen, daß letztgenannte im bezug auf dasselbe Kriterium dreimal schlechter ist, als die zuerst genannte Alternative.

Axiom 2 Werden zwei Alternativen a_i und a_j aus $\mathcal{A}$ bezüglich eines Kriteriums miteinander verglichen, so bewertet der Entscheider nie eine Alternative als unendlich viel besser als die andere Alternative,[572] das bedeutet:

$$b(a_i, a_j) \neq \infty \qquad \text{für alle } a_i, a_j \in \mathcal{A}$$

Die zweite Bedingung verbietet das Vorliegen einer unendlich großen Präferenz. Dies ist sinnvoll, da in diesem Fall keine wirkliche Entscheidungssituation vorläge. Wird eine Alternative im Hinblick auf ein Kriterium als unendlich viel besser bewertet, so ist diese Alternative als besser zu beurteilen, ohne daß die anderen Alternativen berücksichtigt werden müßten.[573]

Dieses Axiom, auch Vergleichbarkeit genannt,[574] wird von Saaty weit ausgelegt. So sagt Saaty, daß kleine Elemente nicht mit großen direkt verglichen werden können, ohne daß große Fehler in der Entscheidung auftreten. Er fordert, daß nur homogene Elemente miteinander verglichen werden können.[575] Die Frage, was homogene Elemente sind und wann eine Alternativenmenge nicht ausreichend homogen ist beziehungsweise wie Heterogenität getestet werden soll, wird nicht beantwortet.

570 Vgl. dazu Saaty, T. L. (1986), S. 844 ff., Harker, P. T./Vargas, L. G. (1987), S. 1384 ff., Ossadnik, W. (1998), S. 99 ff.

571 Vgl. Harker, P. T. (1989), S. 14.

572 Vgl. Harker, P. T./Vargas, L. G. (1987), S. 1385 ff.

573 Vgl. Zimmermann, H. J./Gutsche, L. (1991), S. 67.

574 Vgl. Ossadnik, W. (1998), S. 100.

575 Vgl. Saaty, T. L. (1994), S. 598.

Axiom 3 Das Entscheidungsproblem kann als Hierarchie in dem hier verwandten Sinne dargestellt werden.

Da nicht jedes Problem in Form einer Hierarchie wiedergegeben werden kann, ist diese Bedingung nicht trivial. Ein Beispiel für ein Entscheidungsproblem, in dem nicht klar zu unterscheiden ist, was Kriterien, Unterkriterien oder Alternativen sind und somit keine Hierarchie definiert werden kann, beschreibt Harker.[576] Als Ausweg zur Lösung dieser Probleme wird eine „Supermatrix-Technik“ vorgeschlagen.[577]

Axiom 4 Alle Kriterien, Unterkriterien und Alternativen mit Bedeutung für das gegebene Problem sind in der Hierarchie enthalten.[578] Die intuitive Vorstellung des Entscheidungsträgers bezüglich des Problems soll möglichst exakt durch Kriterien und Alternativen und zugewiesene Prioritäten repräsentiert werden.

Diese Vollständigkeitsbedingung besagt, daß alle für die Entscheidung relevanten Elemente in der Hierarchie enthalten sein müssen. Dabei sind zum Beispiel auch die Alternativen zu berücksichtigen, die nur mit geringer Wahrscheinlichkeit vom Entscheidungsträger gewählt werden. Der Grund für dieses Axiom wird im folgenden Abschnitt verdeutlicht. Es wird gezeigt, daß sich das Ergebnis des AHP durch Hinzufügen oder Weglassen einer irrelevanten Alternative verändern kann.

3.3.4 Kritik

Nachdem die Methodik des AHP vorgestellt wurde, soll das Verfahren abschließend gewürdigt und auf mögliche Schwächen hingewiesen werden. Nach wenigen allgemeinen Bemerkungen setzt die Kritik am AHP an den von Saaty aufgestellten Axiomen an und gliedert sich entsprechend.

Für ein relativ junges Verfahren ist der AHP überdurchschnittlich gut und ausführlich dokumentiert. Die Methodenbeschreibung reicht von sehr einfachen Einführungen[579] bis hin zu abstrakten, primär für Wissenschaftler geschriebenen Aufsätzen.[580] Die Methode ist weit verbreitet und wird häufig angewandt.

Der AHP benötigt zur Bewertung mehrerer Alternativen die Unterstützung einer Software. Die Matrizenoperationen werden schnell zu aufwendig, als daß sie ohne PC gelöst werden könnten. Der Entscheidungsträger ist aber nicht auf

576 Vgl. Harker, P. T. (1989), S. 22 ff.

577 Vgl. Saaty, T. L./Takizawa, M (1986), S. 232 ff., Harker, P. T./Vargas, L. G. (1987), S. 1394 ff., Ossadnik, W. (1998), S. 124 ff.

578 Vgl. Harker, P. T. (1989), S. 14.

579 Vgl. Saaty, T. L. (1980), Saaty, T. L./Kearns, K. P. (1985).

580 Vgl. zum Beispiel Saaty, T. L. (1977), Saaty, T. L. (1986).

die Nutzung einer speziellen AHP-Software[581] angewiesen. Der Einsatz von Tabellenkalkulationsprogrammen wie zum Beispiel Excel reicht für die Lösung der relativ einfachen Matrizenoperationen aus.[582]

Axiom 1 fordert, daß für jedes beliebige Alternativenpaar der Alternativenmenge vom Entscheidungsträger bezogen auf ein Kriterium ein Paarvergleich durchgeführt werden kann. Zudem soll das Ergebnis in Form einer reziproken Matrix darstellbar sein.

Kritisch ist an der Eigenvektor-Methode zur Bestimmung der Kriteriengewichte zu bewerten, daß es bei einer größeren Anzahl von Kriterien für den Entscheidungsträger aufwendig wird, alle notwendigen Paarvergleiche durchzuführen. Für Problemstellungen mit sehr vielen Teilzielen ist das Schätzen der relativen Wichtigkeit eines Attributs in bezug zu jeder anderen Attributsausprägung desselben Kriteriums kaum möglich. In der Praxis kann deshalb dieses Verfahren bei großen Anwendungsfällen mit vielen Kriterien nicht empfohlen werden.

Ausschließlich konsistente Paarvergleiche abzugeben ist schwierig.[583] Sicherlich sind die meisten Individuen überfordert, für mehr als drei Alternativen eine im ersten Schritt konsistente Paarvergleichsmatrix aufzustellen. Positiv ist festzuhalten, daß der AHP auch nicht vollständig konsistente Bewertungen zuläßt und ein Maß für die Akzeptanz von Inkonsistenzen angibt. Kritisch ist wiederum, daß die Bestimmung der Zufallsindizes *RI* von der Anzahl der erzeugten Zufallsmatrizen abhängig. Die Bewertung, ob eine Inkonsistenz akzeptabel ist oder nicht, erscheint daher um so mehr als willkürlich beziehungsweise zufällig.

Axiom 2 besagt, daß eine Alternative nie unendlich viel besser sein kann als eine andere. Die Anerkennung der Definition der möglichen Skalenwerte nach Saaty stellt ebenfalls eine Annahme des AHPs dar. Auch wenn die Definition der möglichen Skalenwerte eng mit Axiom 2 verbunden ist, ist an der Definition der Axiome von Saaty zu kritisieren, daß diese Annahme des Modells nicht in die Axiome aufgenommen wurde.[584]

Die Beschränkung auf eine 9-Punkte-Skala ist problematisch.[585] Isoliert betrachtet kann diese Beschränkung durchaus sinnvoll sein. In einem größeren System jedoch können sich durch diese Einschränkung Inkonsistenzen selber bedingen. Wird zum Beispiel $b(a_1, a_2)$ mit 2 und $b(a_2, a_3)$ mit 5 bewertet, müßte, damit das Ergebnis konsistent ist, $b(a_1, a_3) = 10$ gelten können. Dieses Problem

581 Einen Überblick über die für die Nutzung des AHP entwickelten Programmpakete geben Ossadnik, W. (1998), S. 134 ff., Weber, K. (1994), S. 132 ff.

582 Eine vergleichende Beurteilung von Individuallösungen wie Excel oder Mathematica oder Komplettlösungen wie EcPro zur Anwendung des AHP findet sich bei Ossadnik, W. (1998), S. 137 ff.

583 Vgl. die Ausführungen in Abschnitt 3.3.2.

584 Vgl. unter anderem Saaty, T. L. (1986), S. 844 ff.

585 Vgl. Zimmermann, H. J./Gutsche, L. (1991), S. 91.

wird im empirischen Teil der Arbeit besonders deutlich werden.[586] Über dies beeinflußt die Anzahl der Skalen das Ergebnis. Die Verwendung von mehr als oder weniger als neun Skalen kann zu einer Veränderung des Rankings der Alternativen führen.

Als weiterer Kritikpunkt an der 9-Punkte-Skala ist die Definition und Interpretation der einzelnen Skalenwerte zu nennen. Was bezogen auf einen konkreten Tatbestand zum Beispiel der Unterschied zwischen „spürbar wichtiger“ und „viel wichtiger“ sein soll, kann nur schwerlich beantwortet werden. Die Definition der einzelnen Skalen ist nicht trennscharf.

Saaty fordert, daß die zu bewertenden Kriterien ausreichend homogen sein müssen. Wenn dies uneingeschränkt vorausgesetzt werden kann, nämlich daß die Kennzahlenausprägungen der einzelnen Kriterien ähnlich sind, ist die Bestimmung der Gewichte und Nutzengrößen unproblematisch. Für die Bewertung von Kriterien mit abweichenden Kennzahlenausprägungen beziehungsweise Ausprägungsintervallen ist der AHP nicht anzuwenden, da bei der Bewertung der Paarvergleiche und damit der Fixierung der Gewichte mit Ausnahme der letzten Hierarchieebene die Kriterienausprägungen nicht berücksichtigt werden. Es ist zu hinterfragen, ob die Einschränkung auf homogene Ausgangsmengen sinnvoll überprüft werden kann beziehungsweise wie „homogen“ von Saaty definiert wird.

Axiom 3 fordert die Darstellung des Entscheidungsproblems in Form einer Hierarchie. Der Entscheider wird bei Anwendung des AHP gezwungen, das Entscheidungsproblem zu strukturieren und die Gewichte nicht nur intuitiv, sondern methodengestützt zu schätzen. Durch diesen Tatbestand ist zu erwarten, daß die Entscheidungshilfe durch den AHP bei unerfahrenen Anwendern zu überdurchschnittlich guten Ergebnissen führt – Voraussetzung dafür ist selbstverständlich, daß die Modellvoraussetzungen erfüllt sind.

Axiom 4 ist als Vollständigkeitsbedingung zu interpretieren und gilt in dieser Form auch für andere Entscheidungshilfeverfahren wie zum Beispiel die Nutzwertanalyse. Ist die Forderung nach einer vollständigen Aufführung aller Kriterien, Unterziele und Alternativen auch kein für den AHP spezifischer Tatbestand, so ist eine mit diesem Axiom in Verbindung stehende Eigenschaft des AHP von zentraler Wichtigkeit – nämlich die Verletzung des Rationalitätspostulats „Unabhängigkeit von irrelevanten Alternativen“. Das Postulat besagt: “If an alternative is eliminated from considering, then the new group ordering for the remaining alternatives should be equivalent to the original group ordering for the same alternatives.”[587] Anders ausgedrückt: Die Präferenz von Alternative a_1 über Alternative a_2 soll nur durch die Alternativen selbst bestimmt werden.[588]

586 Vgl. Abschnitt 4.3.3.6.

587 Honert, R. C. v. d. Lootsma, F,. A. (1996), S. 363.

588 Vgl. Keyser, W. d./Peeters, P. (1996), S. 458.

Das Hinzufügen oder Weglassen einer weiteren Alternative a_3 darf keinen Einfluß auf die Präferenz von a_1 über a_2 haben, solange hiermit keine Veränderungen der Problemstellung verbunden sind.

Das beschriebene Problem wird in der Literatur als Rangumkehrung[589] diskutiert, und ist im Rahmen des AHP der am häufigsten kritisierte Effekt.[590] Als Rangumkehrung wird der Tatbestand benannt, daß sich das Ranking von zwei Alternativen zueinander durch das Hinzufügen oder Weglassen einer dritten Möglichkeit verändert.[591] Der Effekt ist deshalb besonders gravierend, als daß er nicht nur durch das Fehlen von irrelevanten Alternativen, sondern durch jede Veränderung der Untersuchungsmenge hervorgerufen werden kann.

Saaty und Vargas[592] geben für konsistente Paarvergleichsmatrizen eine Formel an, mit deren Hilfe das Auftreten einer Rangumkehrung vorausgesagt werden kann. Da im empirischen Teil unterschiedliche Stichprobenveränderungen getestet werden, wäre es als eine Ausnahme zu bewerten, wenn all die bei einem Test ausgetauschten Alternativen den in dem Satz festgelegten Bedingungen entsprechen würden, und es zu keiner Rangumkehrung käme.

Als Ursache für Rangumkehrungen ist im AHP die Summennormierung anzusehen.[593] Durch das Hinzufügen einer Alternative ändert sich die absolute Differenz der Ausprägungen.[594] Abhängig von der hinzugefügten Alternative sind diese Änderungen unterschiedlich. Ein einfaches numerisches Beispiel gibt Ossadnik.[595] Das eine additive Aggregation zur Bestimmung des Präferenzindizes verwandt wird,[596] ist eine Modellannahme und hätte in Form eines Axioms definiert werden sollen. Wie bei der Nutzwertanalyse mit additiver Nutzwertfunktion ist zu hinterfragen, ob eine additive Wertfunktion die Präferenzen des Entscheiders richtig widerspiegelt. Die Auswirkung der Annahme einer additiven Aggregation als Wertfunktion in Verbindung mit der Eigenvektor-Methode zur Bestimmung der Gewichte bedingt die Möglichkeit von Rangumkehrungen.

589 In der deutschsprachigen Literatur wird anstelle von „Rangumkehrungen" ebenfalls von „Rankingumkehrungen" (vgl. Sieg, G. (1993), S. 7), „Rank Reversals" (vgl. v. Nitzsch, R. (1993), S. 114) oder „Rangumkehr" (vgl. Zimmermann, H. J./Gutsche, L. (1991), S. 91) gesprochen. In der vorliegenden Arbeit wird der Begriff „Rangumkehrung" verwandt.

590 Vgl. Belton, V./Gear, T. (1983), S. 228 ff., Dyer, J. S. (1990a), S. 252 ff., Dyer, J. S. (1990b), Harker, P. T./Vargas, L. G. (1990), S. 171 ff., Saaty, T. L./Vargas, L. G. (1984b) Winkler, R. L. (1990), Saaty, T. L. (1990b), S. 262 ff.

591 Vgl. Harker, P. T./Vargas, L. G. (1990), S. 271.

592 Vgl. Saaty, T. L./Vargas, L. G. (1984b), S. 514.

593 Vgl. v. Nitzsch, R. (1993), S. 114 ff.

594 Vgl. Monsuur, H. (1996), S. 387 ff.

595 Vgl. Ossadnik, W. (1998), S. 120 ff.

596 Vgl. Abschnitt 3.3.2.

Für Dyer ist das Phänomen der Rangumkehrungen ein Indiz dafür, daß die Rangfolge der Alternativen im AHP insgesamt völlig willkürlich ist.[597] Er folgert daraus, daß der AHP generell nicht angewandt werden sollte. Dieser Meinung wird von anderen Autoren widersprochen. Forman zum Beispiel argumentiert, daß die Möglichkeit von Rangumkehrungen wünschenswert ist.[598] Er gibt folgendes Beispiel an: "Consider the evaluation and ranking of employees in a small office with half a dozen or so employees. John, who is reasonably good at analysis and good at relating to customers is the only employee who is proficient in the use of personal computers. As in many offices today, the ability to use PC's well is fairly important and because of this, John is evaluated as the most valuable of the employees, with Susan ranking as second most valuable. Subsequently, two more employees are hired, each of whom can use computers fairly well, but not as well as John. A new evaluation is performed and Susan is evaluated as the most 'valuable' with John now second. This is reasonable and occurs because the allocation of value for ability with PC's has been diluted, with John still getting the largest share, but not as much as before."[599] Die geschilderte Bewertungssituation ist als realistisch zu interpretieren. Menschen bewerten eine Menge von Alternativen relativ zueinander. Daher ist zuzustimmen, daß die Möglichkeit von Rangumkehrungen durchaus sinnvoll und erwünscht sein kann.

Zur Bewertung und für das Ranking von Aktiengesellschaften hingegen ist die Möglichkeit des Auftretens von Rangumkehrungen nicht wünschenswert. Die Alternativen werden isoliert bewertet. Ob eine Aktiengesellschaft besser als eine zweite ist, soll ausschließlich durch den direkten Vergleich ihrer Kennzahlenausprägungen bestimmt werden. Rangumkehrungen stellen somit bei der Bewertung der Methoden in dieser Arbeit ein unerwünschtes (aber nicht vollständig inakzeptables) Phänomen dar. Wäre die Aufgabenstellung anders definiert und zum Beispiel ein nach Risiko-Rendite-Gesichtspunkten optimales Portefeuille[600] von zehn Aktiengesellschaften gesucht, so wären Rangumkehrungen wünschenswert.

Das Phänomen der Möglichkeit von Rangumkehrungen wird im empirischen Teil dieser Arbeit häufig – nicht nur bei der Anwendung des AHP – festzustellen sein. Es handelt sich um einen wichtigen Aspekt im Rahmen des Methodenvergleichs. Dabei ist von Interesse, ob es auf der Basis eines reellen Bei-

597 Vgl. Dyer, J. S. (1990a), S. 252.

598 Vgl. Forman, E. H. (1992), S. 126.

599 Forman, E. H. (1992), S. 126.

600 Vgl. Markowitz, H. M. (1959), aber auch Rios-Garcia, S./Rios Insula, S. (1983), Nakayama, H./Takeguchi, T./Sano, M. (1983).

spiels zu Rangumkehrungen kommen kann und wie stark in diesem Fall dieser Effekt zu bewerten ist.[601]

3.4 PROMETHEE II

3.4.1 Grundgedanke

PROMETHEE II ist eines von mehreren Verfahren zur Entscheidungsunterstützung innerhalb der PROMETHEE-Familie. Zu den Outranking-Verfahren gehörend, leitet sich der Name PROMETHEE aus *P*reference *R*anking *O*rganisation *Meth*od for *E*nrichment *E*valuations ab. Die Methode wurde von Brans entwickelt und 1982 erstmals vorgestellt,[602] um den Entscheidungsträger in Situationen zu unterstützen, in denen keine klaren Dominanzbeziehungen zwischen den Alternativen abgeleitet werden können.

In den 60er Jahren entstand unter Führung von Roy[603] ein europäischer Ansatz der multikriteriellen Analyse, welcher als „Outranking" oder im Deutschen als „Prävalenzsatz" bezeichnet wird. Kerngedanke der Outranking-Methoden ist es, eine Entscheidungstheorie zu entwickeln, welche den Entscheider auch in Situationen mit unvollständigen oder widersprüchlichen Informationen unterstützt.[604]

Werden in der klassischen Entscheidungstheorie nur Situationen analysiert, in denen jede Alternative in jedem Kriterium stets mit jeder anderen vergleichbar ist, so ist es das Ziel der Outranking-Verfahren, die Präferenzbeziehung zu erweitern. Der Entscheidungsträger erhält die Möglichkeit, seine Vorliebe bezüglich des Vergleiches von zwei Alternativen nicht nur als indifferent oder strikte Präferenz, sondern auch als schwache Präferenz zu bewerten.[605] Ebenso können die Alternativen als nicht vergleichbar klassifiziert werden.[606] Eine Al-

601 Vgl. insbesondere Abschnitt 4.4.5 dieser Arbeit.

602 Vgl. Brans, J. P. (1982).

603 Vgl. Roy, B. (1980), Roy, B. (1990b), Vincke, P. (1986), S. 164 ff.

604 Vgl. Bouyssou, D./Vincke, P. (1995), Roy, B. (1990b), Vincke, P. (1986), S. 164.

605 Die Outrankingverfahren können damit unscharfe Informationen verarbeiten. Sie bilden jedoch eine eigenständige Gruppe und werden nicht der Fuzzy Theorie zugeordnet. Eine ausführliche Abhandlung der Fuzzy Decision Supportsysteme gibt Rommelfanger. Vgl. Rommelfanger, H. (1994). Siehe auch Zimmermann, H. J. (1986), Blin, J. M. (1977), Jacquet-Lagrèze, E. (1982), Munda, G. (1995), Martel, J. M./Avignon, G. R. d./ Couillard, J. (1986), Zimmermann, H. J. (1990), Goumas, M./Lygerou, V. (2000).

606 Vgl. Roy, B./Vincke, P. (1984), S. 1325, Roy, B. (1980), S. 468. In jüngerer Vergangenheit sind als Reaktion hierauf auch Scoring-Modelle entwickelt worden, welche Unvergleichbarkeiten zulassen. Vgl. Bryson, N./Mobolurin, A./Ngwenyama, O. (1995).

ternative wird einer anderen vorgezogen ("decision a outranks decision b"[607]), wenn die Argumente für die Alternative a signifikant und die für Alternative b sprechenden Kriterien nicht zu stark sind. Die entstehenden Outranking-Relationen müssen weder vollständig noch transitiv sein.[608]

Ähnlich wie der AHP basiert PROMETHEE II auf Paarvergleichen. Anders als bei vielen klassischen MADM-Verfahren wird der Zielerreichungsgrad der einzelnen Kriterien einer Alternative nicht zu einem einzigen Index aggregiert,[609] sondern der Zielerreichungsgrad eines Kriteriums einer Alternative wird direkt mit jeder anderen Alternative in diesem Kriterium verglichen. Die Bewertung der Paarvergleiche wird erst in einem zweiten Schritt für jede Alternative aggregiert. Wie sich zeigen wird, bewirkt die Verwendung des Paarvergleichs eine besondere Robustheit der Methode gegen Ausreißer.

Die älteste Outranking-Methode ist ELECTRE[610], von der inzwischen sechs Varianten existieren.[611] Weitere bekannte Outranking-Verfahren sind PROMETHEE und ORESTE.[612]

3.4.2 Vorgehensweise

Die generelle Vorgehensweise teilt sich in zwei Phasen:

- die Konstruktion einer Outranking-Relation und
- die Auswertung dieser Relation, um den Entscheidungsträger zu unterstützen.[613]

Brans und Vincke stellen PROMETHEE als einen modifizierten Ansatz aufbauend auf der ELECTRE-Methode dar.[614] ELECTRE benötigt mehrere Parameter, deren Werte vom Entscheider zu bestimmen sind. Während einige dieser Parameter eine reelle ökonomische Bedeutung haben, haben andere einen nur technischen Charakter, beeinflussen das Entscheidungsergebnis aber wesentlich. Dieser Einfluß ist für den Entscheidungsträger nicht immer transparent. Diese Kritikpunkte aufzulösen, war Ausgangspunkt der Entwicklung von

607 Vincke, P. (1986), S. 164.

608 Vgl. Zimmermann, H. J./Gutsche, L. (1991), S. 204, Vincke, P. (1986), S. 164.

609 Vgl. zum Beispiel Spengler, T./Geldermann, J./Rentz, O. (1997a), S. 417.

610 Vgl. unter anderem Roy, B. (1980), Roy, B. (1990b), Schärlig, A. (1996), S. 73 ff., Crama, Y. (1983).

611 Vgl. Roy, B. (1990b), S. 174.

612 Vgl. Roubens, M. (1982), Pastijn, H./Leysen, J. (1989). Über die genannten Verfahren hinaus wurden weitere auf der Idee des Outranking basierende Methoden entwickelt. Vgl. unter anderem Avignon, G. R. d./Vincke, P. (1988).

613 Vgl. Brans, J. P./Vincke, P. (1985), S. 648, Olson, D. L. (1996), S. 109 ff., Brans, J. P./Vincke, P./Mareschal, B. (1986), S. 228.

614 Vgl. Brans, J. P./Vincke, P. (1985), S. 648.

PROMETHEE. Brans wollte eine einfache Methode entwickeln, die leicht vom Entscheidungsträger verstanden werden kann.[615]

Das PROMETHEE-Verfahren beruht im wesentlichen auf einer Erweiterung des Begriffs Kriterium.[616] Es werden durch PROMETHEE sechs Funktionen zur Bestimmung von Präferenzstärken vorgeschlagen.

Die Definition der Alternativenmenge $\mathcal{A}$ wird als abgeschlossen vorausgesetzt. Ebenso sind die Kriterien k_j bekannt, auf Basis welcher die Entscheidung erfolgen soll, daß heißt die Kriterienmenge $\mathcal{K}$ ist definiert. Eine besondere Methodik zur Identifikation der Kriterien wird im Rahmen der Beschreibung der Methodik von PROMETHEE nicht vorgeschlagen. Damit setzten die Autoren voraus, daß jeder Anwender ohne besondere Hilfestellung die relevante Alternativenmenge, die Bewertungskriterien und die mit ihnen verbundenen Kriteriengewichte entsprechende seine Präferenzen vollständig angeben kann.

Die Anwendung von PROMETHEE beginnt, nachdem die Alternativenmenge und die Kriterien fixiert sind. Das bedeutet, die Ergebnismatrix – wie sie in Abschnitt 3.1.4 definiert wurde – ist Ausgangspunkt der Analyse.[617]

3.4.2.1 Präferenzfunktionen

Die Verallgemeinerung der Kriterien basiert bei PROMETHEE auf der Einführung einer Präferenzfunktion $P_j(a_i, a_l)$, welche die Präferenz des Entscheidungsfällers hinsichtlich einer Alternative a_i in bezug zu einer anderen Alternative a_l bezogen auf das Kriterium k_j angibt.[618] Diese Präferenzfunktion wird für jedes Kriterium k_j gesondert definiert. Die Präferenzfunktion kann dabei Werte des Intervalls [0,1] annehmen. Je kleiner die Funktionswerte, um so geringer ist die Präferenz des Entscheiders für eine der beiden Alternativen; je näher der Wert bei 1 liegt, desto größer ist seine Präferenz für eine Alternativ im Vergleich zur zweiten. Bei strikter Präferenz nimmt die Präferenzfunktion den Wert 1 an. Die Funktion ist monoton wachsend und nimmt den Wert Null an, wenn die Differenz negativ ist.[619] Ein Beispiel für den Graph einer solchen Funktion stellt Abbildung 6 dar.

Betrachtet werden multikriterielle Probleme der Art, wie sie in Abschnitt 3.1.4 definiert wurden. Jedes Kriterium ist zu maximieren. Mit k_j wird ein be-

615 Vgl. Brans, J. P./Mareschal, B. (1994), S. 1 ff.

616 Vgl. Brans, J. P./Vincke, P. (1985), S. 647.

617 Vgl. Brans, J. P./Mareschal, B. (1990), S. 217.

618 Vgl. Brans, J. P./Vincke, P. (1985), S. 649.

619 Vgl. Mareschal, B. (1986), S. 61.

stimmtes Kriterium der n Kriterien symbolisiert, a_i und a_l[620] sind zwei beliebige Alternativen.

Die zugehörige Präferenzfunktion $P_j(a_i, a_l)$ von a_i in bezug zu a_l hinsichtlich des Kriteriums k_j wird definiert als:

$$P_j(a_i,a_l)=\begin{cases} 0 & \text{für } f_j(a_i)\leq f_j(a_l), \\ p\left[f_j(a_i),f_j(a_l)\right] & \text{für } f_j(a_l)>f_j(a_l). \end{cases}$$

Der Entscheidungsträger ist nicht mehr nur indifferent oder zieht eine Alternative der anderen klar vor, zwischen Indifferenz und Präferenz gibt es Differenzierungsmöglichkeiten. Durch die Entwicklung von Präferenzfunktionen P_j wird eine beliebige Abstufung der Präferenzstärke ermöglicht.[621]

Für praktische Anwendungsfälle wird die Präferenzfunktion als Funktion der Differenz der Werte von $f_j(a_i)$ und $f_j(a_l)$ definiert:

$$p[f_j(a_i), f_j(a_l)] = p[f_j(a_i) - f_j(a_l)]$$

Die Differenz wird im folgenden durch d_j symbolisiert:

$$d_j = f_j(a_i) - f_j(a_l)$$

Im weiteren wird die Präferenzfunktion $P_j(a_i, a_j)$ verkürzend durch $p(d_j)$ symbolisiert.

Abbildung 6 Allgemeine Form der Präferenzfunktion

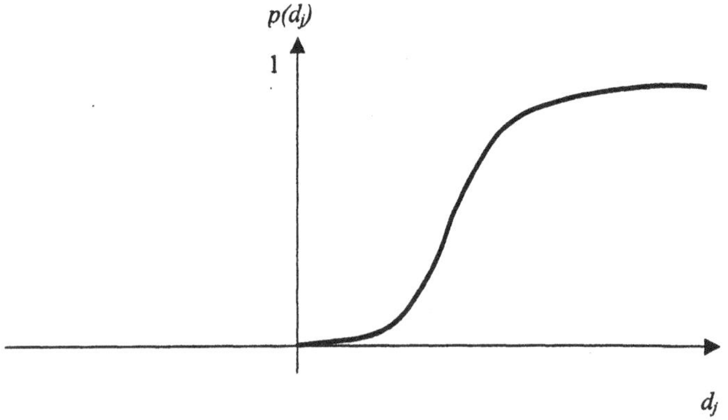

Quelle: Brans, J. P./Mareschal, B. Vincke, P. (1984), S. 479.

Für die Mehrzahl der Anwendungsmöglichkeiten gehen Brans, Mareschal und Vincke davon aus, daß sechs Funktionstypen für die Abbildung einer Präfe-

620 Abweichend von der bisherigen Darstellung werden zwei beliebige Alternativen mit a_i und a_l statt a_i und a_j gekennzeichnet, da j für die Spezifizierung der Kriterien verwandt wird.

621 Vgl. Brans, J. P./Vincke, P./Mareschal, B. (1986), S. 228 ff.

renzfunktion genügen.[622] Für jede Präferenzfunktion sind maximal zwei Parameter vom Entscheidungsträger zu bestimmen.

Typ 1: Gewöhnliches Kriterium

$$p(d_j) = \begin{cases} 0 & \text{für} \quad d_j \leq 0 \\ 1 & \text{für} \quad d_j > 0 \end{cases}$$

Nur wenn $f_j(a_i) = f_j(a_l)$ ist, liegt bei der Präferenzfunktion des gewöhnlichen Kriteriums Indifferenz vor. Sobald einer der Werte größer ist als der andere, hat der Entscheider eine strikte Präferenz für die Alternative mit dem größeren Wert. Kein Parameter muß festgelegt werden. Das gewöhnliche Kriterium enthält keine Erweiterung des Begriffs Präferenzstärke und es erlaubt dem Entscheidungsträger, ein Kriterium im herkömmlichen Sinne zu definieren.[623] Die graphische Darstellung der Funktion des gewöhnlichen Kriteriums zeigt Abbildung 7.

Die Abbildung der Präferenzfunktionen im folgende sind im Gegensatz zu der ursprünglichen Darstellung von Brans, Mareschal und Vincke[624] nicht symmetrisch. Um die Methode möglichst einfach zu erklären, wurde auf die Einführung der Hilfsgröße $H(d_j)$ verzichtet.[625] An der Ordinate wird im folgenden die Präferenzstärke $p(d_j)$ und nicht $H(d_j)$ abgetragen. Entsprechend beziehen sich die Funktionen nicht auf den Betrag der Differenz $|d_j|$, sondern nur auf die einfache Differenz d_j.[626] Die Darstellung der Funktionen in dieser Arbeit ist im positiven Abschnitt der x-Achse identisch mit der ursprünglichen Darstellung, für negative x-Werte nimmt die Funktion jedoch stets den Wert Null an.

Typ 2: Quasi-Kriterium

$$p(d_j) = \begin{cases} 0 & \text{für} \quad d_j \leq q \\ 1 & \text{für} \quad d_j > q \end{cases}$$

Beim Quasi-Kriterium ist der Entscheidungsfäller so lange zwischen zwei Alternativen indifferent, wie die Differenz von $f(a_i)$ und $f(a_l)$ den Schwellenwert

622 Vgl. Brans, J. P./Mareschal, B, Vincke, P. (1984), S. 480 ff.

623 Vgl. Brans, J. P./Vincke, P. (1985), S. 650.

624 Vgl. Brans, J. P./Mareschal, B./Vincke, P. (1984), S.481.

625 $H(d_j)$ ist dabei definiert als:

$$H(d_j) = \begin{cases} P(a_i, a_l) & \text{für } d_j \geq 0, \\ P(a_l, a_i) & \text{für } d_j \leq 0. \end{cases}$$

626 Die gleiche Darstellungsform findet sich zum Beispiel bei Mladineo, N./Margeta, J./Brans, J. P./Mareschal, B. (1987), S. 219, Zimmermann, H. J./Gutsche, L. (1991), S. 222 ff.

q nicht überschreitet – wie in Abbildung 8 dargestellt. Der Parameter q ist eine nicht negative reelle Zahl, die vom Entscheider festzulegen ist.[627]

Abbildung 7 Gewöhnliches Kriterium

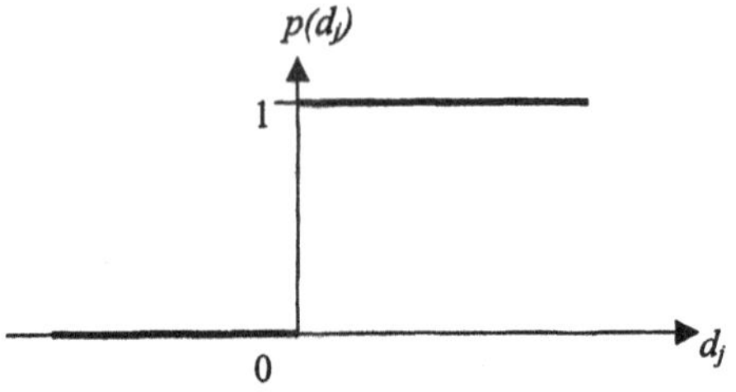

Quelle: Vincke, P. (1992), S. 74.

Abbildung 8 Quasi-Kriterium

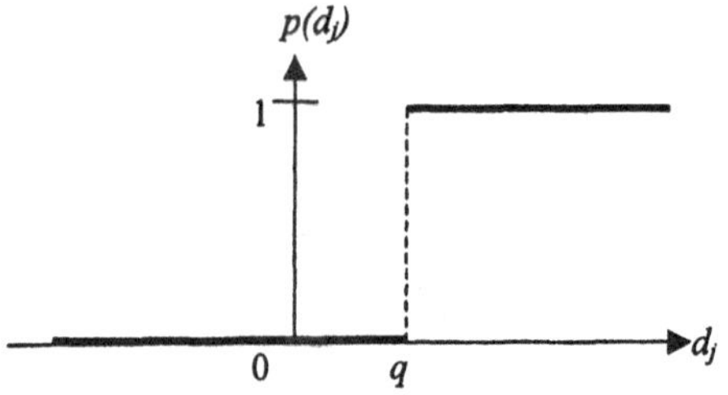

Quelle: Vincke, P. (1992), S. 74.

Typ 3: Kriterium mit linearer Präferenz

$$p(d_j) = \begin{cases} 0 & \text{für } d_j \leq 0 \\ d_j / s & \text{für } 0 < d_j \leq s \\ 1 & \text{für } s < d_j \end{cases}$$

Die Präferenzfunktion mit linearer Präferenz ermöglicht es dem Entscheidungsträger, die Präferenz für Differenzen d_j zwischen 0 und s linear zu modellieren. Die Stärke der Präferenz wächst, wie in Abbildung 9 zu sehen ist, linear mit der Steigung $1/s$. Oberhalb des Schwellenwertes s liegt strenge Präferenz vor. Dabei sind die Schwellenwerte s wie q als nicht negative, reelle Zahlen zu bestimmen.[628]

627 Vgl. Brans, J. P./Mareschal, B. (1990), S. 222 ff., Schärlig, A. (1996), S. 130 ff.

628 Vgl. Brans, J. P./Vincke, P. (1985), S. 650 ff.

Abbildung 9 Kriterium mit linearer Präferenz

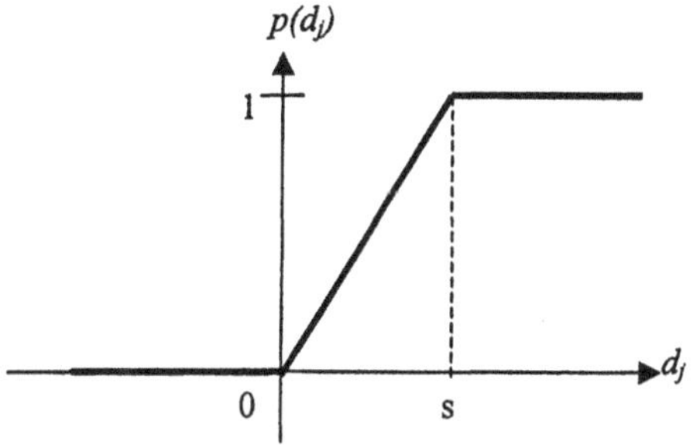

Quelle: Vincke, P. (1992), S. 74.

Das Stufen-Kriterium hat eine wie in Abbildung 10 dargestellte Form. Natürlich können auch Kriterien mit mehr als zwei Stufen definiert werden. Die zu vergleichenden Alternativen werden als indifferent betrachtet, solange *d* kleiner als *q* ist. Ist d größer als *q* und kleiner als *s*, so spricht man von schwacher Präferenz (1/2). Höhere Differenzen symbolisieren die strikte Präferenz.[629]

Typ IV: Stufen-Kriterium

$$p(d_j) = \begin{cases} 0 & \text{für } d_j < q \\ 1/2 & \text{für } q \leq d_j < s \\ 1 & \text{für } s < d_j \end{cases}$$

Abbildung 10 Stufen-Kriterium

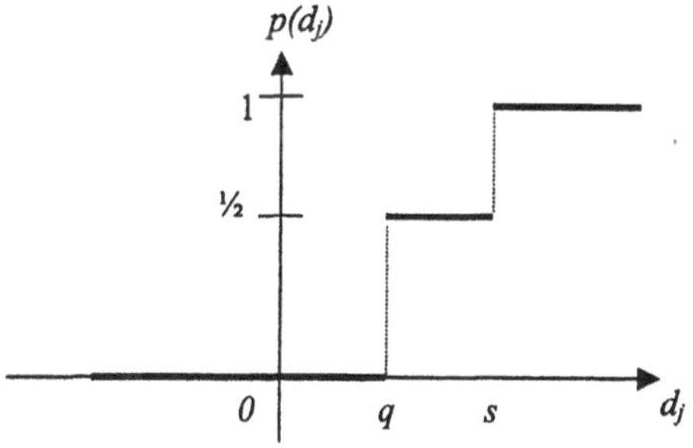

Quelle: Vincke, P. (1992), S. 74.

Durch die Kombination von Typ II und Typ III entsteht das Kriterium mit linearer Präferenz und Indifferenzbereich, welches in Abbildung 11 dargestellt ist. Solange die Differenz der Alternativen den Schwellenwert *q* nicht über-

629 Vgl. Brans, J. P./Vincke, P. (1985), S. 651.

schreitet, ist der Entscheider indifferent zwischen den Aktionen. Für Differenzen größer als q wächst die Präferenz progressiv bis d gleich s ist.[630] Es folgt wieder strenge Präferenz.

Abbildung 11 Kriterium mit linearer Präferenz und Indifferenzbereich

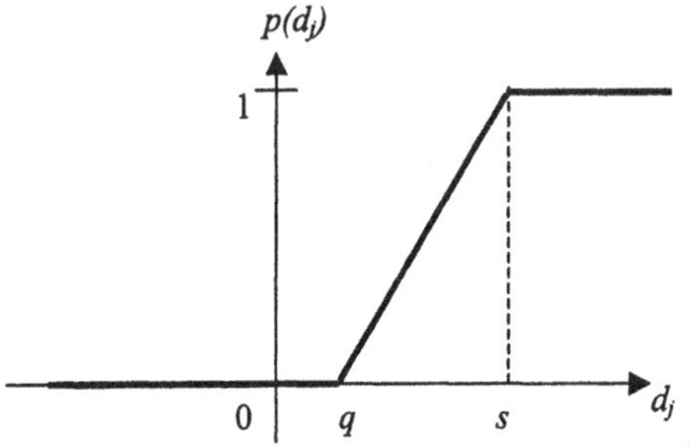

Quelle: Vincke, P. (1992), S. 74.

Typ V: Kriterium mit linearer Präferenz und Indifferenzbereich

$$p(d_j) = \begin{cases} 0 & \text{für } d_j \leq q \\ \dfrac{d_j - q}{s - q} & \text{für } q < d_j \leq s \\ 1 & \text{für } s < d_j \end{cases}$$

Die Präferenz wächst streng monoton für positive Differenzen beim Gaußschen Kriterium. Aber auch für sehr große Differenzwerte nähert sich die Präferenzfunktion dem Wert 1 nur an, nimmt ihn jedoch nicht exakt an, das heißt, die Präferenz geht – wie in Abbildung 12 dargestellt – nicht in strenge Präferenz über. Der Parameter r,[631] der Wendepunkt der Funktion, ist als reelle, positive Zahl vom Entscheider vorzugeben.[632] Die Gaußsche-Präferenzfunktion hat aufgrund ihrer Form besonders günstige Stabilitätseigenschaften.[633] So sind die Ergebnisse recht unempfindlich gegenüber Parameteränderungen von r.

630 Vgl. Brans, J. P./Vincke, P. (1985), S. 651.

631 Um Verwechslungen mit dem Symbol für die Standardabweichung δ zu vermeiden, wird der Schwellenwert des Gaußschen Kriteriums im folgenden durch r dargestellt.

632 Vgl. Brans, J. P./Vincke, P./Mareschal, B. (1986), S. 230, Brans, J. P./Vincke, P. (1985), S. 651.

633 Vgl. Zimmermann, H. J./Gutsche, L. (1991), S. 226.

Typ VI: Gaußsches Kriterium

$$p(d_j) = \begin{cases} 0 & \text{für } d_j \leq 0 \\ 1 - exp\left\{ -\dfrac{d_j^2}{2r^2} \right\} & \text{für } d_j > 0 \end{cases}$$

Abbildung 12 Gaußsches Kriterium

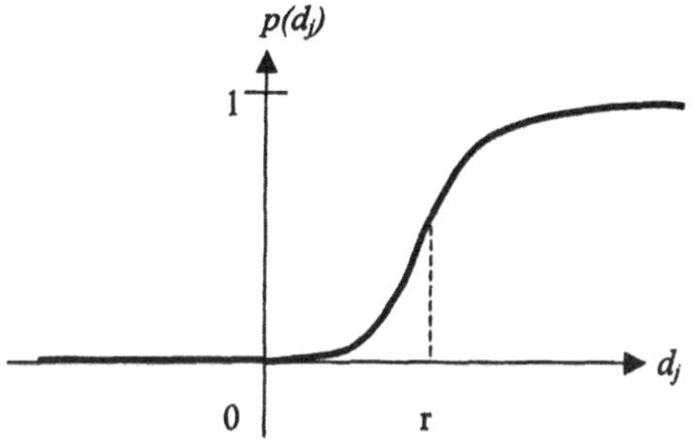

Quelle: Vincke, P. (1992), S. 74.

Die Mehrzahl der Anwendungsfälle kann durch die sechs vorgeschlagenen Präferenzfunktionen modelliert werden. Sollte es aber notwendig sein, kann die Methode durch weitere Funktionstypen leicht ergänzt werden. Zum Beispiel wurden für den Vergleich von Produktionsprozessen in der Eisen- und Stahlproduktion neue Präferenzfunktionen vorgeschlagen. Ausgangspunkt der Verwendung recht ungewöhnlicher Transformationsfunktionen waren hier die Auswertungen von Simulationstests.[634] Weitere Modifikationen nahm zum Beispiel Karkazis vor.[635]

Für den Entscheidungsträger ist es oft schwierig, die passende Präferenzfunktion auszuwählen oder die Parameter so zu bestimmen, daß sie seine Präferenz richtig widerspiegeln. Eine besondere Hilfestellung wird im Rahmen der Methodenbeschreibung nicht angeboten. Auch wenn von den Entwicklern von PROMETHEE betont wird, daß die Präferenzfunktionen speziell so entwickelt wurden, daß sie eine ökonomische Bedeutung haben,[636] erleichtert das nicht immer diese Aufgabe. Grundsätzlich ist festzuhalten, daß die Auswahl der Präferenzfunktionen und die Fixierung der Parameter einen entscheidenden Einfluß auf das Ergebnis hat.[637]

634 Vgl. Geldermann, J./Sprengler, T./Rentz, O. (1996), S. 13 ff.

635 Vgl. Karkazis, J. (1989), S. 295 ff.

636 Vgl. Mareschal, B./Brans, J. P. (1988), S. 70.

637 Vgl. Abschnitt 4.3.4.4.2.

3.4.2.2 Konstruktion des bewerteten Outranking-Graphen

Es wird vorausgesetzt, daß der Entscheider für jedes Kriterium k_j eine Präferenzfunktion P_j spezifiziert und ein Gewicht w_j bestimmt hat. Für die Bestimmung der Gewichte wird keine bestimmte Methode vorgeschlagen.[638] Der Präferenzindex einer Alternative a_i bezüglich einer anderen Alternative a_l, symbolisiert durch $\pi(a_i, a_l)$, ist dann definiert als der gewichtete Durchschnitt der Präferenzfunktion P_j[639]

$$\pi(a_i, a_l) = \sum_{j=1}^{m} w_j P_j(a_i, a_l)$$

Der Präferenzindex mißt die Präferenz von a_i in bezug zu a_l über alle Kriterien. Das bedeutet, je näher der Index bei 1 liegt, desto mehr wird die Alternative a_i der Alternative a_l vorgezogen, wenn gleichzeitig alle Kriterien betrachtet werden.[640] Für den Vergleich von identischen Alternativen nimmt der Präferenzindex den Wert 0 an, das heißt $\pi(a_i, a_i) = 0$.

Ein bewerteter Outranking-Graph veranschaulicht die Outranking-Relation. Dabei wird auf der Alternativenmenge $\mathcal{A}$ eine Outranking-Relation definiert als Menge aller Präferenzindizes, welche auf Basis aller in dem System möglichen Paarvergleiche berechnet werden können. Die Outranking-Relation wird graphisch so dargestellt, daß die Knoten des Graphen den Alternativen entsprechen. Die Knoten werden jeweils durch zwei einander entgegengerichtete Pfeile miteinander verbunden. Der Pfeil von a_i nach a_l wird mit dem Präferenzindex $\pi(a_i, a_l)$ und der Pfeil von a_l nach a_i mit dem Präferenzindex $\pi(a_l, a_i)$ bewertet. Ein Beispiel für einen bewerteten Outranking-Graph mit nur zwei Alternativen ist in Abbildung 13 dargestellt.

Die ursprünglichen Grenzen der Präferenzbeziehung zwischen zwei Kriterien ist durch den bewerteten Outranking-Graphen maßgeblich erweitert. So muß zum Beispiel, wenn die Alternative a_i die Alternative a_l in jedem Kriterium gemessen auf Basis der Ziel des Entscheidungsträgers bessere Kennzahlenausprägungen aufweist, also $\pi(a_l, a_i) = 0$, dennoch $\pi(a_i, a_l)$ nicht notwendig gleich 1 sein.

638 Zusätzlich zu den in Abschnitt 3.2.1 beschriebenen Verfahren wurden zur Bestimmung der Gewichte von Outrankingmodellen beziehungsweise nicht kompensatorischen Modellen neue Methoden entwickelt. Vgl. Solymosi, T./Dombi, J. (1986), S. 35 ff., Vansnick, J. C. (1986), S. 288 ff.

639 Vgl. Brans, J. P./Vincke, P, Mareschal, B (1986), S. 232.

640 Vgl. Mareschal, B./Brans, J. P. (1988), S. 70.

Abbildung 13 Bewerteter Outranking-Graph

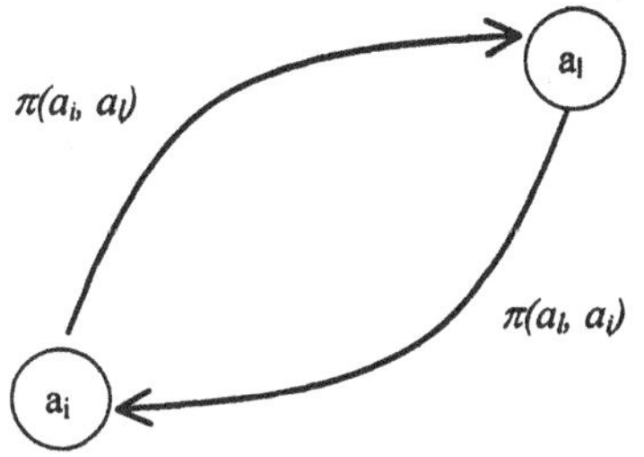

Quelle: Brans, J. P./Mareschal, B. (1994b), S. 301.

In der Realität entstehen häufig bewertete Outranking-Graphen, die das Ableiten einer klaren Präferenzbeziehung nicht mehr sinnvoll ermöglichen, wie zum Beispiel bei $\pi(a_i, a_l) = 0.55$ und $\pi(a_l, a_i) = 0,45$ – präferiert der Entscheider a_i vor a_l oder ist er indifferent zwischen den beiden Alternativen? Dennoch können für den Entscheidungsträger gerade diese Graphen – wenn die Anzahl der Alternativen sehr klein ist und die Ableitung einer eindeutigen Präferenzbeziehung nur schwer möglich ist – sehr informativ sein. Die Bewertung von mehr als zwei Alternativen durch einen bewerteten Outranking-Graphen gestaltet die Frage nach der präferierten Alternative entsprechend komplexer.[641]

3.4.2.3 Auswertung der Outranking-Relation

Auch wenn der bewertete Outranking-Graph dem Entscheider wertvolle Informationen bietet, genügen diese in der Regel zur Entscheidungsvorbereitung nicht. Um die Auswertung der verschiedenen Outranking-Relationen operationalisierbarer zu gestalten, bedient man sich dreier Flüsse: Ausgangsfluß, Eingangsfluß und Nettofluß.[642] Diese sind wie folgt definiert:

$$\phi^+(a_i) = \sum_{l=1}^{m} \pi(a_i, a_l)$$

Der Ausgangsfluß $\phi^+(a_i)$ einer Alternative a_i ist die Summe aller Bewertungen der Pfeile, welche den Knoten verlassen. Abbildung 14 zeigt einen Ausgangsfluß. Der Ausgangsfluß, auch positiver Outranking-Fluß genannt, ist ein Maß für die Eigenschaft von a_i, im Vergleich zu den anderen Alternativen vom Entscheidungsträger präferiert zu werden.[643] Je größer der Ausgangsfluß, desto

641 Vgl. zum Beispiel Briggs, T./Kunsch, P. L./Mareschal, B. (1990), S. 2 ff.

642 Als weiteren Fluß definieren Mareschal und Brans einen, sich nur auf ein Kriterium und eine Alternative beziehenden Fluß. Vgl. Mareschal, B./Brans, J. P. (1988).

643 Vgl. Abbildung 14.

besser ist die Alternative. „$\phi^+(a)$ represents the power of a, it gives its outranking character.“[644]

Abbildung 14 Ausgangsfluß

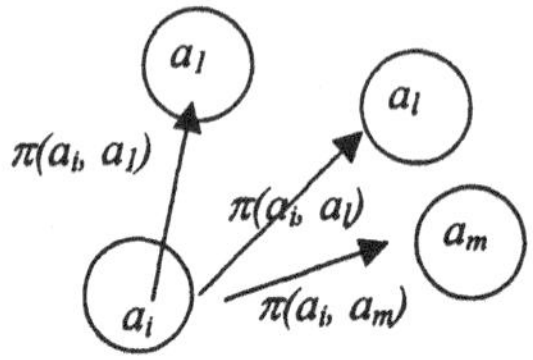

Quelle: Brans, J. P./Mareschal, B. (1990), S. 227.

Entsprechend ist der Eingangsfluß $\phi^-(a_i)$ einer Alternative a_i als die Summe aller Bewertungen der Pfeile, welche in den Knoten einmünden, definiert und in Abbildung 15 dargestellt.

$$\phi^-(a_i) = \sum_{l=1}^{m} \pi(a_l, a_i)$$

Der Eingangsfluß, auch negativer Outranking-Fluß genannt, mißt die Eigenschaft von a_l, selbst von anderen Alternativen dominiert zu werden. Der Eingangsfluß ist in Abbildung 15 dargestellt.[645] Je kleiner der Wert desto besser ist die Alternative. "$\phi^-(a)$ represents the weakness of a, it gives its outranked character."[646]

Abbildung 15 Eingangsfluß

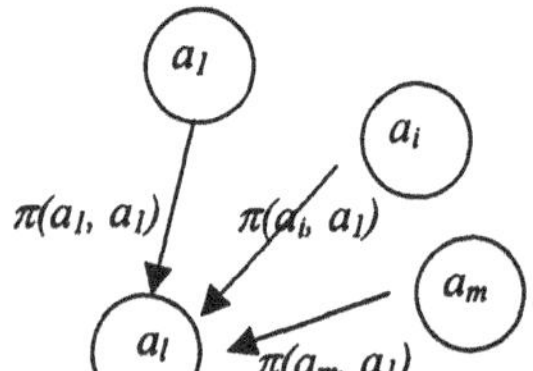

Quelle: Brans, J. P./Mareschal, B. (1990), S. 227.

Zur besseren Übersichtlichkeit können alle Präferenzindizes und Flüsse in einer aggregierten Präferenztabelle zusammengestellt werden.

644 Brans, J. P./Mareschal, B. (1990), S. 227.

645 Vgl. Mareschal, B. (1988), S. 55.

646 Brans, J. P./Mareschal, B. (1990), S. 227.

Tabelle 8 Aggregierte Präferenztabelle

	a_1	a_2	...	a_m	$\sum_{l=1}^{n} \pi(a_i, a_l)$
a_1	$\pi(a_1,a_1)$	$\pi(a_1,a_2)$	...	$\pi(a_1,a_m)$	$\phi^+(a_1)$
a_2	$\pi(a_2,a_1)$	$\pi(a_2,a_2)$	...	$\pi(a_2,a_m)$	$\phi^+(a_2)$
...	...	...		...	...
a_m	$\pi(a_m,a_1)$	$\pi(a_m,a_2)$	...	$\pi(a_m,a_m)$	$\phi^+(a_m)$
$\sum_{i=1}^{n} \pi(a_i, a_l)$	$\phi^-(a_1)$	$\phi^-(a_2)$	...	$\phi^-(a_m)$	

Quelle: in Anlehnung an Brans, J. P./Mareschal, B. (1990), S. 240.

Der Nettofluß $\phi(a_i)$[647] einer Alternative a_i faßt den Ausgangs- und den Eingangsfluß zusammen, indem er ihrer Differenz entspricht:

$$\phi(a_i) = \phi^+(a_i) - \phi^-(a_i)$$

Der Nettofluß mißt auf vereinfachende Weise die Präferenz des Entscheiders für Alternative a_i.[648]

Um spezielle Entscheidungsprobleme zu lösen, muß die Outranking-Relation mittels der berechneten Flüsse ausgewertet werden. Verschiedene Problemstellungen können, wie im folgenden gezeigt wird, betrachtet werden.

3.4.2.4 Auswertung durch PROMETHEE II

Die Zielsetzung des Entscheidungsträgers kann ein Auswahlproblem sein – es ist die beste Alternative auszuwählen – oder sollen die Alternativen von der besten zur schlechtesten geordnet werden. Man spricht von einem Ranking-Problem.[649] Im ersten Fall genügt als Ergebnis eine partielle Präordnung. PROMETHEE I liefert Lösungen für Probleme mit dieser Fragestellung. Im zweiten Fall ist eine vollständige Präordnung der Alternativen notwendig. PROMETHEE II endet mit einer vollständigen Präordnung.[650] Zur Erzeugung eines vollständigen Rankings kann daher nur PROMETHEE II angewandt werden. PROMETHEE I wird – da es nicht Bestandteil der folgenden empirischen Analysen ist – nicht erörtert.[651]

647 Vgl. Bouyssou, D. (1992), S. 61 ff.

648 Vgl. Brans, J. P./Mareschal, B./Vincke, P. (1984), S. 483.

649 Vgl. Brans, J. P./Vincke, P. (1985), S. 652 ff.

650 Vgl. Mareschal, B./Brans, J. P. (1988), S. 70.

651 Eine ausführliche Darstellung der Methodik von PROMETHEE I findet sich bei Brans, J. P./Vincke, P. (1985), Mareschal, B. (1988), Brans, J. P./Mareschal, B./Vincke, P. (1994).

Neben PROMETHEE I und II wurde PROMETHEE III[652], das auf einer Erweiterung des Indifferenzbereichs beruht, entwickelt. PROMETHEE IV[653] bewertet stetige Alternativen. PROMETHEE V[654] sieht die Berücksichtigung von Nebenbedingungen vor. Schließlich werden bei PROMETHEE VI[655] Gewichte nicht als Punkte sondern als Intervalle geschätzt. Auf die vier letztgenannten Verfahren wird in der vorliegenden Arbeit nicht eingegangen. Visuelle Modellierungsmethoden wie GAIA[656] oder Methodenerweiterungen wie zum Beispiel EXPROM[657] bleiben ebenfalls unerörtert.

PROMETHEE II wird angewandt, wenn als Ergebnis eine vollständige Präordnung – also ein Ranking ohne Unvergleichbarkeiten – erzeugt werden soll. Die Informationen des Ausgangs- und Eingangsflusses werden zu dem Nettofluß verdichtet. Eine Alternative ist um so besser, je größer ihr Nettofluß ist. Das Ranking wird wie folgt gebildet:

a_i wird a_l vorgezogen $(a_i P a_l)$: $\Leftrightarrow \quad \phi(a_i) > \phi(a_l)$,

a_i ist indifferent zu a_l $(a_i I a_l)$: $\Leftrightarrow \quad \phi(a_i) = \phi(a_l)$. [658]

Eine vollständige Reihenfolge zu erzielen bedingt bei PROMETHEE II einen Informationsverlust. Die Ergebnisse sind weniger realitätsnah.[659] Die ausgleichende Wirkung des Nettoflusses zwischen Ausgangs- und Eingangsfluß kann unerwünscht sein.

3.4.3 Voraussetzungen

Die mit der Anwendung von PROMETHEE verbundenen Modellannahmen werden von Brans, Mareschal oder Vincke nicht explizit genannt, weshalb im folgenden auf andere Quellen und eigene Ausführungen zur Zusammenfassung der Voraussetzungen der Methode zurückgegriffen werden muß. Die aus den Prämissen sich ergebenden Konsequenzen werden in der anschließenden Kritik in Abschnitt 3.4.4 diskutiert.

Voraussetzung für die Anwendung von PROMETHEE II ist das Vorliegen einer definierten Alternativenmenge $\mathcal{A}$. Der Entscheider benennt *m* Kriterien,

652 Vgl. Brans, J. P./Mareschal, B./Vincke, P. (1984), S. 484 ff.

653 Vgl. Brans, J. P./Mareschal, B./Vincke, P. (1984), S. 484 ff.

654 Vgl. Brans, J. P./Mareschal, B. (1992), Abu-Taleb, M. F./Mareschal, B. (1995), Brans, J. P./Mareschal, B. (1994b).

655 Vgl. Brans, J. P./Mareschal, B. (1994a).

656 Vgl. Brans, J. P./Mareschal, B. (1990), S. 229 ff., Brans, J. P./Mareschal, B. (1994a), Brans, J. P./Mareschal, B. (1994b).

657 Vgl. Diakoulaki, D./Koumoutsos, N. (1991).

658 Vgl. Brans, J. P./Mareschal, B. (1990), S. 229, Brans, J. P./Vincke, P. (1985), S. 653, Brans, J. P./Mareschal, B./Vincke, P. (1984), S. 484.

659 Vgl. Brans, J. P./Vincke, P. (1985), S. 654.

auf Basis welcher die Alternativen bewertet werden sollen. Die Ausgangsdaten müssen mindestens ordinales Meßniveau[660] aufweisen.

Für jedes Kriterium ist vom Entscheidungsträger ein Gewichtungsfaktor anzugeben, der das gewünschte Austauschverhältnis zwischen den Kriterien beziehungsweise ihren Attributsausprägungen bestimmt. PROMETHEE basiert auf der Auswertung von Paarvergleichen. Für jedes Kriterium muß das Messen einer Differenz sinnvoll sein.[661]

Ferna ist für jedes Kriterium vom Entscheidungsträger eine Präferenzfunktion $p(d_j)$ zu definieren, welche seine Präferenz für Differenzen der jeweiligen Kriterienausprägungen widerspiegelt, indem er den Differenzen Werte zwischen 0 und 1 zuordnet.

Die Aggregation der einzelnen Präferenzbeziehungen – Outranking-Relationen – zu einem zusammenfassenden Präferenzindex erfolgt unter Verwendung einer additiven Verknüpfung.

3.4.4 Kritik

Unter den Outranking-Verfahren hat PROMETHEE einen wichtigen Stellenwert erlangt.[662] Seine häufige Anwendung[663] ist auf die im Vergleich mit ELECTRE leichte Verständlichkeit und die benutzerfreundliche Software PROMCALC[664] und MEDICIS[665] zurückzuführen.

Ableitend aus dem Prämissen ist an PROMETHEE zu kritisieren, daß die Methode nur dann angewandt werden kann, wenn der Entscheider seine Präferenz hinsichtlich der Differenz von zwei Kennzahlenausprägungen eines Kriteriums auf einer Verhältnisskala[666] angeben kann. Die Verwendung einer Präferenzfunktion – wie sie im vorletzten Abschnitt definiert wurde – setzt voraus, daß jeder Differenz ein Wert des Intervalls [0, 1] zugeordnet wird. Die abgeleiteten Präferenzwerte weisen das höchst mögliche Meßniveau auf, indem sie verhältnisskaliert sind.[667] Grundsätzlich sind auch nur ordinal skalierte Ausgangsdaten durch PROMETHEE zu aggregieren, die genannte Anforderung be-

660 Zur Definition von Ordinalskalen vgl. zum Beispiel Büning, H./Trenkler, G. (1978), S. 20 ff.

661 Vgl. Keyser, W. d./Peeters, P. (1996), S. 458.

662 Vgl. Keyser, W. d./Peeters, P. (1996), S. 457.

663 Vgl. Al-Rashdan, D. et al. (1999), Briggs, T./Kunsch, P. L./Mareschal, B. (1990), Karkazis, J. (1989), Mladineo, N./Margeta, J./Brans, J. P. et al. (1987), Hens, L./Pastijn, H./Struys, W. (1992).

664 Vgl. Brans, J. P./Mareschal, B. (1994b), Brans, J. P./Mareschal, B. (1990), S. 250.

665 Vgl. Bois, P. d. et al. (1989).

666 Vgl. zum Beispiel Büning, H./Trenkler, G. (1978), S. 21 ff.

667 Vgl. Keyser, W. d./Peeters, P. (1996), S. 458.

züglich der Definition der Präferenzfunktion stellt jedoch eine gravierende Einschränkung dar. Die Transformation von zum Beispiel ordinalen Ausgangsdaten in Präferenzaussagen und Verhältnisskalen ist nicht unmöglich stellt jedoch hohe Anforderungen an den Anwender. Insgesamt ist zur Definition der erforderlichen Präferenzfunktionen zu sagen, daß die Ableitung einer Präferenzaussage aus den Differenzunterschieden für viele Anwender nicht einfach sein dürfte.

Die Definition der Gewichte im Rahmen von PROMETHEE impliziert eine Substituierbarkeit der Kriterien im Rahmen der durch die entsprechenden Gewichte vorgegebenen Austauschverhältnisse.[668] Entsprechend ist zu fordern, daß der Entscheidungsträger die Gewichte genügend exakt festlegen kann und dem dadurch fixierten Austauschverhältnis unter den Kriterien zustimmt. Die Gewichte müssen das Meßniveau der Verhältnisskala aufweisen. Der Grad der Substituierbarkeit kann bei der Anwendung von PROMETHEE durch den Anwender bestimmt werden.

Ein großer Vorteil der Methodenfamilie ist neben der Erweiterung des Präferenzbegriffs ihr Aufbauen auf Paarvergleichen. So wird wie bei der Anwendung des AHP gewährleistet, daß nur vergleichbare Kriterien direkt verglichen werden, jedoch nicht direkt vergleichbare Größen in einem Entscheidungsmodell integriert werden können. Ein weiterer Vorteil ist, daß der Grad der Substituierbarkeit der einzelnen Ziele beziehungsweise Kriterien vom Entscheidungsträger selbst modelliert werden kann.

PROMETHEE erfordert zur Bewertung großer Alternativenmengen relativ rechenaufwendige Matrizenoperationen. Diesen Tatbestand in Zeiten immer leistungsstärkerer PC zu kritisieren, ist wenig treffend. Sicherlich handelt es sich um ein Verfahren, welches für mehr als drei Alternativen nicht bequem im Kopf gelöst werden kann. Relevanter als zunehmend unbedeutende Rechenzeiten ist, daß das Ergebnis bei großen Ausgangsmengen nicht ohne Analyse der Rechenschritte kontrolliert werden kann.

Sowohl die partiellen als auch die vollständigen Präordnungen von PROMETHEE basieren auf einem Paarvergleich aller Alternativen zueinander. Das bedeutet, daß jede Alternative hinsichtlich jedes Kriteriums mit jeder anderen Alternative verglichen wird. Somit kann das Hinzufügen oder Weglassen einer Alternative die durch PROMETHEE erzeugte Präordnung verändern. "The relative position in the preorder between two actions can change by adding or deleting an action."[669]

Die Reihenfolge zweier Alternativen in der Präordnung ist als Präferenz zu interpretieren. Es ist Keyser und Peeters selbstverständlich zuzustimmen, wenn sie fordern, daß die Präferenz von Alternative a_i über Alternative a_l nur durch

668 Vgl. Keyser, W. d./Peeters, P. (1996), S. 458.

669 Keyser, W. d./Peeters, P. (1996), S. 458.

die Alternativen selbst bestimmt werden darf.[670] Dieser Effekt ist in Abschnitt 3.3.4 bei der Bewertung des AHP als „Rangumkehrung" bereits beschrieben und definiert worden. Wie bei der Anwendung des AHP, reagiert auch das auf der Basis von PROMETHEE II erzeugte Ranking sensitiv auf Stichprobenveränderungen.

Im empirischen Teil der vorliegenden Arbeit wird gezeigt, daß dieser Kritikpunkt nicht nur theoretische Relevanz hat, und zu seinem Nachweis nicht auf unrealistische Zahlenbeispiele zurückgegriffen werden muß.[671] Auch wenn die Literatur das Auftreten von Rangumkehrungen durch Stichprobenveränderungen bei PROMETHEE weniger häufig kritisiert als bei dem AHP,[672] ist der theoretische Tatbestand gleich zu bewerten.

Grundsätzlich ist bezüglich der Bewertung von PROMETHEE zu hoffen, daß die Methodenfamilie über den französischen Sprachraum hinaus in der internationalen Entscheidungstheorie zukünftig mehr Beachtung erfährt. Aufbauende theoretische Forschungen und empirische Anwendungen von PROMETHEE würden zu einem besseren Verständnis bezüglich der Vor- und Nachteile der Methode führen und Verbesserungen ermöglichen.

3.5 Zusammenfassung der theoretischen Ergebnisse

Die Einordnung von Unternehmens- beziehungsweise Aktienrankings als ein Anwendungsbereich der Bilanzanalyse erfolgte in Kapitel 2. Zentraler Bestandteil des Kapitels ist die Beschreibung des RSW-Verfahrens. Es wurde erörtert, daß die Adressaten des Rankings Aktionäre sind und das Ergebnis die vergangenheitsorientierte Performancemessung ist. Die für den fundamentalen Teil des Rankings genutzte Informationsquelle ist der Jahresabschluß. Auf Basis der in ihm enthaltenen quantitativen Angaben werden sechs Kennzahlen gebildet und durch ein Scoring-Modell zu einem Gesamtscore aggregiert. Der Ansatz für die weitere Analyse war die Fragestellung, welche zum Scoring-Modell alternativen Aggregationsformen sinnvoll sind.

In Kapitel 3 wurde gezeigt, daß Aktienrankings klassische Anwendungsbeispiele multiattributiver Entscheidungsmethoden sind. Drei Methoden der multiattributiven Entscheidungstheorie wurden in diesem Kapitel beschrieben: die Nutzenanalyse, der AHP und PROMETHEE II.

Die Nutzwertanalyse beziehungsweise das Scoring-Modell ist das bekannteste der drei ausgewählten multiattributiven Verfahren. Da besonders bei PRO-

670 Vgl. Keyser, W. d./Peeters, P. (1996), S. 458.

671 Vgl. insbesondere Abschnitt 4.5.3.

672 Vgl. Belton, V./Gear, T. (1983), S. 228 ff., Dyer, J. S. (1990a), S. 252 ff., Dyer, J. S. (1990b), Harker, P. T./Vargas, L. G. (1990), S. 171 ff., Saaty, T. L./Vargas, L. G. (1984b), Winkler, R. L. (1999), Saaty, T. L. (1990b), S. 262 ff.

METHEE II nicht vorausgesetzt werden kann, daß die Methode vielen Lesern vorab bekannt ist, wurden die Verfahren in all ihren Teilschritten beschrieben. Obwohl sowohl die Nutzwertanalyse als auch der AHP und PROMETHEE II zu den multiattributiven Methoden basierend auf kardinalen Informationen hinsichtlich der Angabe der Präferenzen und additiver Aggregation gehören, können sie als recht unterschiedlich bewertet werden.

Wie stark unterschiedlich die mit den drei Verfahren ermittelten Rankings in bezug auf das Anwendungsbeispiel sind, wird in Kapitel 4 empirisch auf Basis von Sensitivitätsuntersuchungen gezeigt. Zunächst werden die Zielstellung der empirischen Analyse herausgearbeitet und elf Hypothesen formuliert, die zur Strukturierung der Analysen dienen. Die dann folgenden Tests werden entsprechend der Fragestellung auf Basis unterschiedlichster Stichproben durchgeführt. Das Ziel der Analysen ist nicht die Eruierung der besten, sondern der für spezifische Präferenzen geeigneten Methode. Entsprechend ist das abschließende Ergebnis eine fallbezogene Auswertung.

4 Empirische Untersuchung zu multiattributiven Aktienrankings

„As much openness as possible when using MCDA ... is certainly a very efficient way to maintain objectivity."[673]

Nachdem die Nutzwertanalyse, der AHP und PROMETHEE II zur relativen Performancemessung und Erzeugung von Rankings dargestellt worden sind, werden in diesem Kapitel die Verfahren auf Basis einer großzahligen Stichprobe von Aktiengesellschaften empirisch getestet und ihre Ergebnisse verglichen. Bevor Abschnitt 4.2 die zu testenden Arbeitshypothesen zusammenfaßt, soll die generelle Zielstellung der empirischen Untersuchung dargestellt werden.

4.1 Ziel der empirischen Untersuchung

Ziel der folgenden empirischen Analyse ist nicht das einfache Finden der besten Methode für die Erstellung eines Aktienrankings. Wie bereits häufig betont wurde, kann es kein in bezug auf jeden Anforderungspunkt überlegenes Verfahren für die vorliegende Fragestellung geben. Das in dieser Arbeit verfolgte Anliegen ist deutlich differenzierter. Es sind primär drei Aufgabenstellungen, die, obwohl sie sich überschneiden, einzeln wie folgt zu beschreiben sind:

1. Es wird gezeigt, wie die drei zu testenden Verfahren zur Entscheidungsfindung der beschrieben Aufgabenstellung konkret genutzt werden können, und wie sie praktisch anzuwenden sind. Dabei ist grundsätzlich von Interesse, ob im Rahmen des gezeigten Beispiels die Methoden die Realität unterschiedlich erfassen, und ob sie die benötigten Ausgangsdaten unterschiedlich erzeugen.[674]
2. Neben der Darstellung der Anwendbarkeit ist es Aufgabe der vorliegenden Arbeit, in Form von Sensitivitätsanalysen ein besseres Verständnis für das Ausmaß der Robustheit, Anfälligkeit oder Realitätsnähe der Modelle zu erzeugen. Diese Aspekte sind unabdingbar, um den Grad der Zuverlässigkeit der Verfahren bewerten zu können.
3. Auf Basis der Analyse der Ergebnisse soll abgeleitet werden, wann die Methoden zu ähnlichen, wann zu differierenden Ergebnissen kommen. Darüber hinaus soll bewertet werden, welches Verfahren welche individuellen Präferenzen besser abbilden kann.

673 Le Téno, J. F./Mareschal, B. (1998), S. 524.

674 Ausgangsdaten sollten richtiger als „erzeugte", denn als „gegebene" Werte interpretiert werden. Vgl. Roy, B./Bouyssou, D. (1985), S. 483.

Es ist zu betonen, daß die erzielten Ergebnisse direkt von dem konkreten Anwendungsbeispiel bestimmt werden. Vorab muß darauf hingewiesen werden, daß jedes Ergebnis direkt durch das konkrete Anwendungsbeispiel bestimmt wird. Die analysierten Methodeneigenschaften können nie isoliert bewertet werden. Jede aus empirischen Analysen abgeleitete Empfehlung einer Methode kann nur unter Berücksichtigung der Ausgangsdaten und der Präferenzen des Entscheiders erfolgen.

Die beschriebenen Ziele spiegeln sich in der Struktur dieses Kapitel wider. Eine ausgrenzende Zuordnung der drei Aufgabenstellungen zu den folgenden Abschnitten erfolgt nicht, sie wäre auch nicht erstrebenswert. Folgende Verbindung gilt daher nur als Orientierung: Nachdem in Abschnitt 4.2 die konzeptionelle Gestaltung beschrieben worden ist, wird Abschnitt 4.3 die ausführliche, praktische Darstellung der Funktionsweisen der Methoden enthalten. Die Anfälligkeit oder Robustheit wird in Form von Sensitivitätstests getestet. Diese enthält Abschnitt 4.4, 4.5, 4.3. Einen zusammenfassenden Vergleich und eine situative Bewertung enthält Abschnitt 4.6. Die Gliederung der Abschnitte 4.3 bis 4.5 folgt der Definition der Hypothesen im folgenden Abschnitt.

4.2 Konzeptionelle Gestaltung der empirischen Untersuchung

Um eine strukturierte, nachvollziehbare und überprüfbare Vorgehensweise zu gewährleisten, enthält dieser Abschnitt die Darstellung der Methodik. Dazu wird zunächst detailliert auf die dieser Untersuchung zugrundeliegende Hypothesenbildung eingegangen. Die genutzte Datenbasis der Unternehmensdaten wird beschrieben. Anschließend erfolgt die Beschreibung der Untersuchungsmethodik, wobei empirische Methodenvergleiche aus der Literatur zur Gegenüberstellung herangezogen werden. Abschnitt 4.2.4 dient der Erörterung der verwandten Software.

4.2.1 Hypothesenbildung

Die Formulierung von Untersuchungshypothesen kann in unterschiedlicher Weise erfolgen. Die klassische Vorgehensweise, um testbare Aussagen ableiten zu können ist, Hypothesen so zu formulieren, daß sie die Nichtexistenz des Zusammenhanges beschreiben, welchen man nachweisen möchte. Grund hierfür ist, daß die Übereinstimmung eines empirischen Sachverhalts mit der Hypothese nie ihr Beweis sein kann, und eine Hypothese so lange als gültig zu gelten hat, bis sie falsifiziert ist.[675] Im folgenden wird im Gegensatz dazu die umgekehrte Vorgehensweise gewählt. Es wird in Form von Hypothesen der Zusammenhang

675 Vgl. Popper, K. R. (1973), S. 7 ff.

formuliert, der empirisch vermutet wird und nachgewiesen werden soll. Letztgenanntes Vorgehen wird im folgenden gewählt, da es für die vorliegende Arbeit weniger von Interesse ist, ob ein Zusammenhang generell existiert oder statistisch signifikant widerlegt werden kann – diese Schlußfolgerungen sind (wie gezeigt werden wird) oft trivial. Vielmehr wird es von Bedeutung sein zu testen, wie stark die einzelnen Ursache-Wirkungs-Zusammenhänge sind. Auf die klassische Formulierung der Hypothesen als Wenn-Dann- oder Je-Desto-Sätze wird verzichtet.

Die Formulierung der Hypothesen im folgenden gibt den Ablauf der empirischen Untersuchungen vor. Es werden sechs Bereiche untersucht, denen die Hypothesen zugeordnet werden können.

4.2.1.1 Methoden der Aggregation

Ziel der gesamten empirischen Analyse ist es aufzuzeigen, welchen Einfluß die Verwendung unterschiedlicher Entscheidungsmethoden auf die Bildung eines Rankings haben. Zunächst soll untersucht werden, ob die Anwendung der Methoden (Nutzwertanalyse, AHP und PROMETHEE II) das Ergebnis beeinflußt. Diesen Zusammenhang in Form einer Hypothese zu formulieren ist trivial. Die Gegenthese könnte mühelos anhand einfacher Beispiele falsifiziert werden. Wegen ihrer Wichtigkeit für die Arbeit wird dennoch der Tatbestand, daß die Auswahl des Aggregationsverfahrens das Ergebnis beeinflußt, in Form einer Hypothese festgehalten.

Bei der Anwendung der Nutzwertmethode kommt es wegen der einfachen additiven Aggregation der Kriterien zu einer vollständigen Substituierbarkeit. Diese vollständige Substitution der Kennzahlenausprägungen soll bei der Anwendung von PROMETHEE II nicht vorliegen[676] – diese Eigenschaft war ein wichtiges Argument für die Auswahl einer Outranking-Methode. Wie stark das PROMETHEE II-Ranking aufgrund einer geringeren Substitution einzelner Werte tatsächlich von dem des Scoring-Modells abweicht, ist ein wichtiger Aspekt der folgenden Analyse. Wie der AHP auf Ausreißer reagiert, bleibt ebenfalls empirisch zu testen.

Konkret werden zwei Hypothesen zur Analyse der Aggregationsverfahren untersucht:

Hypothese 1 Die Wahl der Methode zur Aggregation der Kennzahlen hat Einfluß auf das Ranking.

Hypothese 2 Der Grad der Substituierbarkeit des einzelnen Kriteriums ist im Hinblick auf das Gesamtergebnis je nach Methode unterschiedlich.

676 Vgl. Le Téno, J. F./Mareschal, B. (1998), S. 522.

4.2.1.2 Gewichtungsvektoren

Das Ergebnis des Rankings wird mit beeinflußt durch den Gewichtungsvektor. Dieser Effekt ist intendiert bei jeder Methode, die das Schätzen von Kriteriengewichten voraussetzt oder beinhaltet, und bewirkt, daß die Präferenzen des Entscheiders präziser durch das Modell abgebildet werden können.

Je nach angewandter Methode ist ein unterschiedliches Verfahren zur Bestimmung der Gewichte erforderlich. Ebenso haben in Abhängigkeit von der verwandten Methode Gewichtungsfaktoren eine unterschiedliche Bedeutung. Isoliert die Sensitivität der Rankings in Abhängigkeit von veränderten, zufällig gewählten Gewichtungsfaktoren zu messen, ist somit methodisch nicht unproblematisch. Das dieses Vorgehen im folgenden dennoch gewählt wird, ist durch die starke Kritik an der Verwendung von Gewichtungsfaktoren zu begründen. Die in der Literatur zu findende Kritik an Aktienrankings zollt dem Tatbestand, daß Gewichtungsvektoren subjektiv geschätzt werden und sie das Ergebnis beeinflussen, viel Aufmerksamkeit.[677] Um dieser Argumentation nicht nur theoretisch zu widersprechen wird empirisch analysiert, in welchem Maße die Definition der Gewichtungsvektoren das Ergebnis beeinflussen kann. Es soll gezeigt werden, daß die Sensitivität des Ergebnisses auf differierende Gewichtungsvektoren je nach Methode unterschiedlich groß ist.

Hypothese 3 Die Sensitivität des Rankings auf Veränderungen des Gewichtungsvektors ist je nach verwandter Methode unterschiedlich groß.

4.2.1.3 Präferenzfunktionen

Bei der Anwendung von PROMETHEE II müssen neben der Definition der Kriterien und der Schätzung des Gewichtungsvektors auch Präferenzfunktionen für jedes Kriterium definiert werden. Grundsätzlich ist die Abbildung der Präferenz in Form von Präferenzfunktionen für PROMETHEE entwickelt worden, um durch das Schaffen von Indifferenzbereichen und Bereichen mit schwacher Präferenz das Ergebnis genauer modifizieren zu können.

Es soll gezeigt werden, in welchem Maße das resultierende Ranking der Aktiengesellschaften auf die Definition unterschiedlicher Präferenzfunktionen reagiert. Interessant ist insbesondere die Einschätzung des maximalen Einflusses der Präferenzfunktion im Vergleich zum maximalen Einfluß der Gewichtungsvektoren auf das Ranking.

Durch die Wahl der Präferenzfunktionen kann überdies gesteuert werden, in welchem Umfang die einzelnen Kriterien hinsichtlich ihrer Aggregation zu einem Gesamtergebnis substituierbar sind. Bei früheren empirischen Tests

677 Vgl. zum Beispiel Küting, K./Weber, C. P. (1993), S. 373, Baetge, J. (1994), S. 1 ff., Baetge, J./Sieringhaus, I. (1996), S. 225.

konnte am Beispiel der Bewertung von Aktiengesellschaften gezeigt werden, daß das durch PROMETHEE II erzeugte Ranking bei geeigneter Definition aller Präferenzfunktionen sogar mit dem auf Basis der Nutzwertanalyse erzeugten Ranking identisch sein kann.[678] Drei Hypothesen sollen – aus dieser Fragestellung abgeleitet – untersucht werden:

Hypothese 4 Die Definition unterschiedlicher Präferenzfunktionen bei PROMETHEE II hat Einfluß auf das Ranking.

Hypothese 5 Der Einfluß, den die Definition der Präferenzfunktionen auf das Ergebnis hat, ist auch bei maximalen Schwellenwerten geringer als der, welchen die Schätzung des Gewichtungsvektors besitzt.

Hypothese 6 Die Nutzwertanalyse und PROMETHEE II können bei bestimmter Definition der Präferenzfunktionen zum selben Ergebnis kommen.

4.2.1.4 Skaleneffekte

Die Bandbreiten der Attributsausprägungen der einzelnen Kriterien differierenden teilweise stark.[679] Damit das Ranking nicht durch bestimmte Kriterien dominiert wird, ohne daß sich der Entscheidungsträger dessen bewußt ist darf keines der angewandten Modelle eine Verzerrung durch unterschiedliche Bandbreiten der Kennzahlenausprägungen bewirken.

Bei fehlerfreier Anwendung der Nutzwertanalyse, die das Bestimmen der Gewichtungsfaktoren unter Berücksichtigung der Ausprägungsintervalle der Kennzahlen bedingt, sollte es zu dieser Art der Verzerrung der Ergebnisse nicht kommen. Eine fehlerfrei Anwendung der Nutzwertanalyse ist wahrscheinlicher, wenn nicht das Direct-Ratio-Verfahren zur Bestimmung der Kriteriengewichte angewandt wird.[680]

Für die Bestimmung der Gewichtungsfaktoren beziehungsweise Nutzengrößen auf Ebene der Paarvergleiche der Ziele im Rahmen der Anwendung des AHP kann nicht selbstverständlich geschlußfolgert werden, daß unterschiedliche Intervalle der Kennzahlenausprägungen zu keinen Verzerrungen des Ergebnisses führen. So wie Saaty das Vorgehen zur Bewertung der Paarvergleiche auf allen Hierarchieebenen beschreibt,[681] werden die realisierten Kennzahlenausprägungen erst auf der untersten Hierarchieebenen im Rahmen des direkten Ver-

678 Vgl. Tamm, S. (1997), S. 16 ff.

679 Vgl. Abschnitt 2.7.3.3.

680 Vgl. Eisenführ, F./Weber, M. (1994), S. 139 ff.

681 Vgl. Saaty, T. L. (1980), S. 17 ff., Saaty, T. L./Vargas, L. G. (1990), oder Abschnitt 3.3.2.

gleichs der Kennzahlenausprägungen berücksichtigt. Der Paarvergleich der Ziele auf höheren Hierarchieebenen wird jedoch aus pauschalen Wichtigkeitsaaussagen abgeleitet, ohne das auf die konkreten Intervalle der Kennzahlenrealisationen Rücksicht zu nehmen ist. Es wird für den AHP getestet werden, ob die Berücksichtigung der Ausprägungsintervalle ausschließlich auf der Ebene bei der Bewertung der Paarvergleiche der Kennzahlenausprägungen zur Bestimmung der Nutzengrößen genügt, um eine Verzerrung der Ergebnisse durch unterschiedliche Skalenniveaus der Kennzahlen auszuschließen.

Hypothese 7 Differierende Skalenniveaus bei den Ausprägungen der einzelnen Kriterien haben keinen Einfluß auf das Ranking bei Anwendung des AHP.

4.2.1.5 Standardisierungsverfahren

Das Ziel der analysierten Rankings ist es, Unternehmen unterschiedlicher Branchen und auf das Basis mehrerer Kriterien differierender Skalenniveaus in Form eines einzigen Tests bewerten zu können. Das RSW-Verfahren enthält als wichtigen Bestandteil zur Herstellung der Vergleichbarkeit einen Zwischenschritt, in welchem die Kennzahlenausprägungen standardisiert werden.[682] Die Standardisierung erfolgt im RSW-Test auf Basis einer z-Transformation. Empirisch wird gezeigt, welchen Einfluß die Entscheidung für eine bestimmte Standardisierungsmethode auf das Ranking hat, und wie sich hinsichtlich ihrer Wirkung auf das Ergebnis andere Standardisierungsverfahren verhalten.

Hypothese 8 Wird ein Standardisierungsverfahren zur Herstellung der Vergleichbarkeit der Kriterien verwandt, so ist diese Wahl der Standardisierungsparameter nicht ohne Einfluß auf das Ergebnis.

4.2.1.6 Stichprobendefinition

Als ein zentraler Analysepunkt der vorliegenden Arbeit soll für die drei Methoden getestet werden, ob die Veränderung der Stichprobendefinition Einfluß auf das Ranking hat. Am AHP und PROMETHEE II wurde in Kapitel 3 bereits theoretisch kritisiert, daß es bei Anwendung dieser Methoden zu Rangumkehrungen[683] aufgrund von Stichprobenänderungen kommen kann. Ein einfaches Scoring-Modell ist resistent gegen Stichprobenmodifikationen, die Reaktion des RSW-Tests muß noch getestet werden.

Grundsätzlich können zwei Formen der Stichprobenveränderung unterschieden werden: Veränderungen der Stichprobengröße (Vergrößerungen oder Verkleinerungen der Menge) und der Austausch eines Teils der zu bewertenden

682 Vgl. Abschnitt 2.7.3.3.

683 In Abschnitt 3.3.4 ist der Begriff „Rangumkehrung" definiert.

Aktiengesellschaften bei konstanter Stichprobengröße. Werden einzelne Alternativen ausgetauscht, so können große oder relativ kleine Teilmengen ausgetauscht werden. Des weiteren kann unterschieden werden, ob bei der Veränderung der Stichprobe nur reell existierende Alternativen oder auch fiktive Aktiengesellschaften hinzugezogen werden.

Ein Teilproblem, welches zu dieser Problemstellung gehört, ist die Reaktion auf Ausreißer. Da es möglich und wahrscheinlich ist, daß einige der zu bewertenden Aktiengesellschaften in einem oder mehreren Kriterien extrem gute oder extrem schlechte Kennzahlenrealisationen aufweisen, ist es für den Entscheidungsträger wichtig zu wissen, ob das Hinzufügen oder Ausschließen von Ausreißern das Ranking der übrigen Gesellschaften verändert.

Hypothese 9 Die Definition der Stichprobe beeinflußt das Ergebnis in der Art, daß auch die Rangfolge innerhalb von nicht modifizierten Teilmengen sich verändern kann.

Hypothese 10 Einzelne Ausreißer können das Ergebnis verzerren.

4.2.2 Datenbasis

Die Datenbasis der vorliegenden Analyse wird im folgenden beschrieben. Dazu werden die genutzten Datenbanken und die notwendige Aufbereitung der Daten dokumentiert. Es werden die Stichprobenauswahl und der Untersuchungszeitraums begründet.

4.2.2.1 Genutzte Datenbanken

Die genutzten Datenbanken[684] umfaßt die vollständigen Abschlüsse aller börsennotierten deutschen Aktiengesellschaften ab 1985. Die Unternehmen, die im Freiverkehr[685] gehandelt werden, sind nur in Ausnahmefällen enthalten. Die Datenbanken werden regelmäßig um Neuemissionen vervollständigt. Die Erfassung geschieht zeitnah. Damit stehen für jede dieser Gesellschaften die detailliert eingegebenen Positionen der Bilanz, der Gewinn- und Verlustrechnung, des Anlagespiegels sowie weitere quantitative Daten wie die Mitarbeiteranzahl oder die Dividendensumme zur Verfügung. Grundsätzlich werden die

684 Als Datenbasis des empirischen Tests konnte auf die am Institut für Betriebswirtschaftslehre der Universität Kiel aufgebauten und am Lehrstuhl für Finanzwirtschaft und Bankbetriebslehre der Martin-Luther-Universität Halle-Wittenberg weitergeführte Datenbanken von Prof. Dr. Reinhart Schmidt zugegriffen werden. Wenn im folgenden verkürzt von „Datenbank Halle“ gesprochen wird, so sind damit diese Quellen gemeint.

685 Vgl. v. Rosen, R. (1989), S. 90 ff.

Konzernabschlüsse[686] erfaßt. Nur wenn ein Unternehmen ausschließlich einen Einzelabschluß[687] veröffentlicht, wird dieser eingegeben. Qualitative Informationen werden nicht systematisch aufgenommen. Ausnahmen hiervon sind das Verfahren der Gewinn- und Verlustrechnung oder die Abschlußart.

Neben den Konzernabschlüssen konnte auf die Ergebnisse des RSW-Tests beziehungsweise auf die jährlich im „Manager Magazin" veröffentlichten Daten und Rankings in elektronischer Form zurückgegriffen werden. Ebenso standen die in Form einer Software jährlich zusammengestellten und über das „Manager Magazin" vertriebenen Daten zur Verfügung. Auf diese Quellen wurde nur in Ausnahmefällen zurückgegriffen.

Datenbanken, welche Bilanzen sowie Gewinn- und Verlustrechnungen inzwischen auch von deutschen Aktiengesellschaften kommerziell anbieten, wurden nicht genutzt. Anbieter von Bilanzdatenbanken sind zum Beispiel Hoppenstedt, Primark oder Bloomberg.

Informationen über die Entwicklungen der Kurse der analysierten Aktiengesellschaften sind die Basis der Börsenbewertung des RSW-Test, gehen aber nicht in die fundamentalen Rankings ein.

4.2.2.2 Aufbereitung der Daten

Ausgangspunkt des Rankings sind die Bilanzen, Gewinn- und Verlustrechnungen sowie der Anlagespiegel von drei aufeinanderfolgenden Geschäftsjahren jeder Gesellschaft. Die Abschlüsse werden über eine Eingabemaske erfaßt und liegen dann in Form von dBASE-Dateien vor. Die Kennzahlen werden durch ein auf diese dBASE-Dateien zugreifendes Programm unter Berücksichtigung der Branchenzugehörigkeit automatisch berechnet.

Die automatisch berechneten Kennzahlen können nicht ohne teilweise notwendige manuelle Korrekturen weiter verwandt werden. Von den 3000 fundamentalen Kennzahlen (500 Unternehmen mit je sechs Kennzahlen) mußten für das Ranking von 1997 158 Werte manuell korrigiert werden.

Die wichtigsten Gründe, welche eine manuelle Korrektur erforderlich machen, sind:

- der Wechsel der Abschlußart innerhalb der drei untersuchten Jahre,
- Rumpfgeschäftsjahre in mindestens einem der drei untersuchten Jahre und
- Goodwill-Abschreibungen in einer gemessen an der Bilanzsumme signifikanten Größe in mindestens einem Jahr.

Ein Wechsel der Abschlußart bedeutet, daß ein Unternehmen in den drei auszuwertenden Jahren nicht nur Einzelabschlüsse oder nur Konzernabschlüsse

686 Vgl. HGB § 290 ff., Ebeling, R. M. (1995), S. 2 ff., Baetge, J. (1992), S. 77 ff., Coenenberg, A. G. (1997), S. 349 ff., Küting, K./Weber, C.-P. (1991), S. 55 ff.

687 Vgl. Coenenberg, A. G. (1997), S. 4 ff., Pellens, B. (1988), S. 156 ff.

veröffentlicht, sondern die Abschlußform wechselt. Stellt ein Unternehmen für zwei Jahre nur einen Einzelabschluß, jedoch zusätzlich einen Konzernabschluß für das dritte Jahr auf, so bedingt dieser Wechsel eine falsche Berechnung des Wachstums, wenn die Wachstumskennzahlen nicht manuell korrigiert würden.

Das Auftreten von Rumpfgeschäftsjahren ist relativ selten. Als Rumpfgeschäftsjahr werden Geschäftsjahre bezeichnet, die kürzer oder (was seltener der Fall ist) länger als zwölf Monate sind. Meist sind Rumpfgeschäftsjahre durch Umstrukturierungsmaßnahmen in einem größeren Konzernverbund motiviert. Damit die Wachstumsraten über vergleichbare Zeiträume gebildet werden, und die Eigenkapital- und Betriebsrenditen gleiche Zeitlängen bewerten, sind auch hier manuell durchzuführende Korrekturen erforderlich.[688]

Goodwill-Abschreibungen,[689] das heißt die Verrechnungen der immateriellen Geschäfts- oder Firmenwerte, können in Deutschland auf unterschiedliche Art und Weise vorgenommen werden.[690] Diese differierende Publizität kann eine Verzerrung des ausgewiesenen Eigenkapitals bewirken. Aktiengesellschaften, die in einem stärkeren Umfang und erfolgsneutral ihren Goodwill abschreiben, können insbesondere hinsichtlich der Eigenkapitalrendite ungerechtfertigt besser abschneiden als andere. Um dieser Verzerrung entgegenzuwirken, werden Goodwill-Abschreibungen vereinheitlicht.

Die durch Wechsel der Abschlußart, Rumpfgeschäftsjahre und Goodwill-Abschreibungen erforderlichen Korrekturen werden systematisch für alle betroffenen Alternativen durchgeführt. Korrekturen der Goodwill-Abschreibungen wurden bei jeder Aktiengesellschaft durchgeführt, deren Firmenwert im Analysezeitraum mindestes 10 % der Bilanzsumme ausmachte.

Über die drei genannten Gründe hinaus gibt es weitere Faktoren, welche manuelle Korrekturen erforderlich machen. Neben dem Wechsel der Abschlußart gibt es zum Beispiel weniger offensichtliche Veränderungen des Konsolidierungskreises, welche nicht ökonomisch bedingt sind und korrigiert werden müssen. Als Beispiel ist hier der Wechsel der Rechnungslegung (zum Beispiel von HGB auf IAS oder US-GAAP) zu nennen.

Die Mehrzahl der Veränderungen des Konsolidierungskreises konnte in der Vergangenheit durch Korrekturen ausgeglichen werden. In Ausnahmefällen kommt es jedoch vor, daß Veränderungen so gravierend sind, daß die Entwicklung eines Unternehmens über drei Jahre nicht sinnvoll berechnet werden kann. In den äußerst seltenen Fällen, wo Wachstumsraten nicht sinnvoll analysiert

688 Vgl. Baden, K. et al. (1990), S. 133.

689 Wenn im folgenden von Goodwill-Abschreibungen die Rede ist, so sind damit sowohl die erfolgswirksamen Abschreibungen als auch die erfolgsneutralen Sofortverrechnungen mit Rücklagen gemeint.

690 Vgl. zum Beispiel Coenenberg, A. G. (1997), S. 412 ff.

werden konnten, wurde in der Vergangenheit diese Aktiengesellschaft aus der Analysemenge ausgeschlossen.[691]

4.2.2.3 Auswahl der Alternativenmenge

Basis der Analyse ist der 1997 vom Manager Magazin publizierte Performancetest. Durch den RSW-Test wurden genau 500 Aktiengesellschaften bewertet. Die 500 Aktiengesellschaften sind, wie in Abschnitt 2.7.3.1 beschrieben, nur eine Teilmenge aller im gesamten Analysezeitraum im Amtlichen Handel, Geregelten Markt oder Neuen Markt gehandelten Aktiengesellschaften.[692]

Die Ausgangsmenge besteht aus 500 Aktiengesellschaften, die im Test von 1997[693] bewertet wurden. Die Ausgangsmenge der 500 Alternativen ist vollständig dokumentiert. In Form einer Ergebnismatrix sind in Tabelle A6 im Anhang die ursprünglichen Kennzahlenausprägungen jeder Alternative aufgeführt.

Als Datenmenge für die empirische Analyse dieser Arbeit hätte entweder die gesamte Ausgangsmenge mit 500 Alternativen oder eine Teilmenge verwandt werden können. Es wurde letztere Vorgehensweise gewählt. Basis der empirischen Untersuchungen ist dabei aber nicht eine einzige Stichprobe, sondern mehrere Mengen, welche sich in ihrer Größe und Homogenität (bezogen auf die Branchenvielfalt) unterscheiden.

Basis der ersten Analysen in Abschnitt 4.3 ist eine sehr kleine Stichprobe bestehend aus nur drei Chemieunternehmen. Da der Zweck dieses Abschnitts ist, die Funktionsweise der drei Methoden praktisch zu veranschaulichen und die Modellschritte explizit aufzuführen, wäre die Verwendung einer größeren Alternative weder notwendig noch sinnvoll.

In Abschnitt 4.4 werden die drei Methoden anhand der Bewertung einer großzahligen Stichprobe verglichen. Der Einfluß unterschiedlicher Branchen und Standardisierungskreise auf das Ergebnis sollte dabei zunächst ausgeschlossen werden, so daß die Stichprobe 200 Industrieunternehmen[694] bilden. Die Gesellschaften, bei denen manuelle Korrekturen durchgeführt worden sind, wurden in einem ersten Schritt ausgeschlossen. Aus den verbleibenden Industrieunternehmen wurde die Zufallsstichprobe gezogen.[695]

Wiederum eine neue Stichprobe ist die Datenbasis der Analysen in Abschnitt 4.5. Die Untersuchungsmenge bilden 200 Aktiengesellschaften jeder Branche. Um dabei die Gruppe der Banken und Versicherungen nicht zu klein

691 Vgl. Schmidt, R./Wilhelm, W. (1987), S. 237.

692 Vgl. www.dai.de/infos/notierte_ags.html.

693 Vgl. Balzer, A. et al. (1997), S. 198 ff.

694 Wenn hier und im folgenden von Industrieunternehmen gesprochen wird, so wird verkürzt die Gruppe der Industrie-, Handels- und Verkehrsunternehmen damit bezeichnet.

695 Zu Anfang von Abschnitt 4.4 wird auf das Verfahren zur Bildung der Zufallsstichprobe ausführlich eingegangen.

werden zu lassen, was bei einer reinen Zufallsstichprobe der Fall gewesen wäre, wurden alle in der Ausgangsmenge enthaltenen Verwaltungsgesellschaften, Banken und Versicherungen eingeschlossen. Dabei handelt es sich um 60 Verwalter und 59 Banken beziehungsweise Versicherungen. Die für eine Stichprobe mit genau 200 Elementen noch benötigten 81 Industriewerte wurden zufällig gezogen. Unternehmen mit manuellen Korrekturen wurden nicht ausgeschlossen.

Auf die Bewertung der gesamten Ausgangsmenge der 500 Aktiengesellschaften wurde in dieser Arbeit verzichtet. Die Gründe hierfür sind, daß die Ergebnisse noch deutlich unübersichtlicher und graphisch nur noch schlecht darstellbar gewesen wären, jedoch verglichen mit der Analyse von 200 Unternehmen keinen zusätzlichen Erkenntnisgewinn ergeben hätten. Des weiteren sprach gegen eine größere Stichprobe, daß die genutzte Analysesoftware (Visual Basic in Verbindung mit Excel) für größere Stichproben mit mehr als 256 Elementen nicht anwendbar ist. Kein Grund für eine Beschränkung sind beim heutigen Stand der Technik Computerkapazitäten und Rechenzeiten. Auch die auf Matrizenoperationen basierenden Methoden PROMETHEE und AHP, welche polynomial wachsende Rechenzeiten aufweisen, können großzahlig sehr komfortabel angewandt werden.

4.2.2.4 Untersuchungszeitraum

Basis des RSW-Test sind grundsätzlich drei aufeinanderfolgende Jahre. Für das 1997 veröffentlichte Ranking[696] wurden die Geschäftsjahre 1994, 1995 und 1996 ausgewertet. Der Untersuchungszeitraum der folgenden Analyse entspricht diesen drei Geschäftsjahren. Für den fundamentalen Test bedeutet dies, daß die Geschäftsberichte von 1994 bis 1996 Basis der Bewertung jeder Aktiengesellschaft sind.

Das Geschäftsjahr entspricht in Deutschland in der Mehrzahl der Fälle dem Kalenderjahr. Beginnt und endet das Geschäftsjahr jedoch abweichend nicht mit dem Jahreswechsel, erfolgt die Zuordnung wie folgt: Als Geschäftsjahr 1996 werden alle Jahresabschlüsse bezeichnet, die nach dem 31. März 1996 und vor dem 1. April 1997 abschließen. Der Beginn des Geschäftsjahres ist bei dieser Zuordnung unwesentlich. Die Zuordnung für die Geschäftsjahre 1994 und 1995 erfolgt entsprechend.

Für die vorliegende Arbeit wurde der Untersuchungszeitraum so gewählt, daß er noch möglichst zeitnah ist, keine Wechsel der Publikationsvorschriften in ihm stattfanden und keine externen Schocks auftraten.[697] Der Untersuchungszeitraum von 1994 bis 1996 kann als repräsentativ bewertet werden. Die Anzahl der

696 Vgl. Balzer, A. et al. (1997), S. 150 ff.

697 Als externer Schock für die deutsche Wirtschaft kann zum Beispiel die Wiedervereinigung bezeichnet werden.

bereits zu diesem Zeitraum am Neuen Markt notierten Aktiengesellschaften ist gering.

4.2.3 Untersuchungsmethodik

Die angewandte Untersuchungsmethodik wird stark durch die Größe der zu bewertenden Alternativenmengen bestimmt, da für die Analyse kleiner Stichproben andere Verfahren des Methodenvergleichs zur Verfügung stehen, als bei großzahligen Mengen. So ist es bei kleinen Stichprobengrößen sinnvoll, die vollständigen Rankings anzugeben.[698] Auch bei nicht vollständigen Präordnungen ist hier eine graphische Darstellung möglich.

Die erste Analysereihe in Abschnitt 4.3 dient der empirischen Veranschaulichung der Methodik. Die drei Methoden werden dazu in ihrer Funktionsweise mit ihren Teilschritten und Teilergebnissen unter Anwendung einer kleinen Stichprobe beschrieben. Da nur drei Aktiengesellschaften bewertet werden, können die sich ergebenden drei Rankings einfach vollständig dargestellt werden. Für jede Methode wird analysiert, wie sensitiv das Ergebnis auf Veränderungen der Gewichtungsvektoren reagiert. Wegen der kleinen Stichprobe kann hierzu die Methode der Bestimmung kritischer Werte[699] genutzt werden. Neben dem Einfluß der Gewichtungsvektoren wird die Sensitivität hinsichtlich der Bildung von Standardisierungskreisen und Präferenzfunktionen bei Anwendung der Nutzwertanalyse, beziehungsweise von PROMETHEE II untersucht.

Die Auswahl der Analysemethodik für den Methodenvergleich in Abschnitt 4.4 und 4.5 stellt sich schwieriger dar. Grund für die größeren Probleme bei der Festlegung der Untersuchungsmethodik für die großzahligen Methodenvergleiche und die zugehörigen Sensitivitätstests war, daß die in der Literatur vollständig publizierten empirischen Methodenvergleiche von vergleichbaren Fragestellungen stets auf kleinen Alternativenmengen basieren. So vergleichen Roy/Bouyssou[700] die multiattributive Nutzentheorie und ELECTRE III für das Anwendungsbeispiel der Standortentscheidung eines Atomkraftwerks auf der Basis von neun Alternativen. Die Autoren wählten eine graphische Interpretation der Ergebnisse. Despontin/Lehert/Roubens[701] vergleichen für das Testen von Verbraucherorganisationen drei Methoden und bewerten 22 Alternativen. Sie nennen die besten Alternativen, welche sich aus 49 Versuchsreihen ergeben. Von Nitzsch[702] zeigt die Unterschiede des AHP und der Nutzentheorie für das einfache Beispiel des Autokaufs und benutzt dazu lediglich zwei Alternativen.

698 Vgl. unter anderem Salminen, P./Hokkanen, J./Lahdelma, R. (1998), S. 486 ff.

699 Vgl. Abschnitt 3.2.2.6.

700 Vgl. Roy, B./Bouyssou, D. (1985), Roy, B./Bouyssou, D. (1986).

701 Vgl. Despontin, M./Lehert, F./Roubens, M. (1986).

702 Vgl. v. Nitzsch, R. (1993).

Eine aus 15 Alternativen bestehende Alternativenmenge verwenden Moshkovich/Schellenberger/Olson[703] zur Gegenüberstellung von SMART und ZAPROS. Der von Salminen/Hokkanen/Lahdelma[704] durchgeführte Vergleich von drei Methoden, wobei maximal 22 Alternativen bewertet werden, kommt sogar ohne eine besondere Interpretationsform der Ergebnisse aus, die Rankings werden einfach einander gegenübergestellt. Die multiattributive Nutzentheorie (MAUT) und PROMETHEE II vergleichen Raju/Pillai auf der Basis von fünf Alternativen.[705] Die Reihe könnte fortgesetzt werden. Die Nutzung einer großzahligen Alternativenmenge ist kaum zu finden beziehungsweise die Vergleichsmethodik wird nicht publiziert.

Die Methodik der Sensitivitätsanalysen stößt im folgenden auf ähnliche Probleme. Zwar existiert eine Reihe von Veröffentlichungen über das Anfertigen von Sensitivitätsanalysen für betriebliche Entscheidungsprobleme, die Arbeiten beziehen sich jedoch fast ausschließlich auf Entscheidungen unter Unsicherheit oder stetige Entscheidungsprobleme.[706] Stimmt die Fragestellung der bereits dokumentierten Analysen mit der in dieser Arbeit überein, so basieren diese wiederum ausschließlich auf der Untersuchung einer kleinen Alternativenmenge. Ein Beispiel hierfür ist die Analyse von Karagiannidis/Moussiopoulos, die nur fünf Alternativen vergleichen.[707]

Für den großzahligen Methodenvergleich von Rankings von Aktiengesellschaften zeigte sich eine zweidimensionale graphische Gegenüberstellung der Rankings als nützlich. Wegen der Einschränkung auf die zweidimensionale Ebene werden in jeder Abbildung nur zwei, nicht drei Methoden direkt verglichen.[708] Da jede der 200 Alternativen nur durch einen Punkt repräsentiert ist, dieser jedoch nur in Ausnahmefällen beschriftet ist,[709] enthält diese Form der Darstellung keine Information darüber, wie sich das Ranking eines spezifischen Unternehmens genau verändert hat. Diesem Nachteil steht der Vorteil entgegen, daß der Leser schnell eine konkrete Vorstellung über das Ausmaß der Veränderung hat. Die graphische Interpretation ist dabei oft besonders aussagestark.

Die resultierenden Rankings sind nur in Ausnahmefällen vollständig im Text aufgeführt. Eine vollständige Auflistung aller Rankingergebnisse in tabellarischer Form würde in der Arbeit zu viel Raum einnehmen. Zur Einsicht der vollständigen Rankings wird daher oft auf die entsprechende Tabelle im Anhang verwiesen. Nur eine explizite Darstellung eines Teils der Rankings erwies sich

703 Vgl. Moshkovich, H. M./Schellenberger, R. E./Olson, D. L. (1998).

704 Vgl. Salminen, P./Hokkanen, J./Lahdelma, R. (1998).

705 Vgl. Raju, K. S./Pillai, C. R. S. (1999).

706 Vgl. Abschnitt 3.2.2.6.

707 Vgl. Karagiannidis, A./Moussiopoulos, N. (1997), S. 439 ff.

708 Vgl. zum Beispiel Abbildung 25.

709 Vgl. zum Beispiel Abbildung 26.

im Text als zweckmäßig. Eine für den Aktionär besonders interessante Information ist die Auswirkung der Methoden auf das Ranking der besten Unternehmen.[710] Aus diesem Grund werden die Namen der besten zehn oder besten zwanzig Aktiengesellschaften in tabellarischer Form aufgelistet.[711]

Neben der Darstellung der Ergebnisse wird die Übereinstimmung der Rankings durch den Spearman Rangkorrelationskoeffizient[712] gemessen. Der Spearman Rangkorrelationskoeffizient (r_s) wurde entwickelt, um ein Maß für den Zusammenhang von zwei Variable zu erhalten. Diese Maß kann ebenfalls als Teststatistik für statistische Tests auf Unabhängigkeit genutzt werden. Zur Berechnung des Rangkorrelationskoeffizienten nach Spearman werden den zwei zu vergleichenden Stichprobenreihen Ränge zugewiesen. Aus den zwei Rangwertreihen berechnet Spearman den gewöhnlichen Korrelationskoeffizienten nach Pearson und benutz ihn als Maß für die Korrelation zwischen zwei Variablen.[713] Das Maß kann ebenso für die Bestimmung der Korrelation von Rankings genutzt werden.[714] In diesem Fall entfällt der erste Teilschritt der Berechnung.

Die Sensitivität der Ergebnisse der großzahligen Stichproben erfolgt nicht auf Basis der Bestimmung von kritischen Werten. Da bereits kleinste Änderungen der Gewichte bei einer Stichprobe bestehend aus 200 Elementen zu Rangänderungen führen, wurden beliebig ausgewählte alternative Gewichtungsvektoren getestet. Zum Aufzeigen der Veränderung im Rahmen der Sensitivitätstests wurden dieselben Darstellungsmethoden wie beim Methodenvergleich genutzt.

Es ist anzumerken, daß bislang Literaturbeiträge für die Anfertigung von großzahligen Vergleichen von diskreten Alternativenmengen auf der Basis multikriterieller Entscheidungsverfahren fehlen. Sehr wünschenswert wäre die Entwicklung einer umfassenden Methodik zum Vergleich von multiattributiven Verfahren und entsprechenden Sensitivitätstests, welche auf kleine und große Stichproben angewandt werden kann.

710 Das Interesse für die besten Alternativen ist bei vielen anderen Anwendungen auch zu finden. Besonders ausgeprägt ist es beim Sport.

711 Vgl. zum Beispiel Tabelle 40.

712 Vgl. Büning, H./Trenkler, G. (1978), S. 250 ff., Bosch, K. (1992), S. 58 ff., Pfanzagl, J. (1978), S. 277 ff.

713 Vgl. Büning, H./Trenkler, G. (1978), S. 250 ff.

714 Ebenfalls den Spearman Rangkorrelationskoeffizienten benutzen Schmidt, R. (1991), S. 14 ff., Diakoulaki, D./Koumoutsos, N. (1991), S. 337 ff.

4.2.4 Genutzte Software

Speziell für die Anwendung des AHP und von PROMETHEE empfiehlt sich schon zur Bewertung kleiner Stichproben die Nutzung eines PC und entsprechender Software.

Für die Anwendung von Methoden der Entscheidungstheorie stehen eine Vielzahl von Standardsoftwarepaketen zur Verfügung. Ein speziell für die Unterstützung von multikriteriellen Entscheidungen konzipiertes Programm ist zum Beispiel LEVI[715]. Einen Überblick über die wichtigsten Softwareprogramme der MCDM geben unter anderem von Nitzsch und Schauff.[716] Die Anzahl der Überblicksartikel ist groß.[717]

Allein für die ausschließliche Anwendung des AHP existiert eine große Anzahl von unterstützender Software. Einen Überblick über diese auf dem Markt befindliche AHP-Software geben unter anderem Ossadnik/Lange[718] oder Weber.[719] Die wohl bekannteste Software ist das unter anderem von Saaty entwickelte Expert-Choice.[720] Wenn auch in geringerem Umfang als für die Anwendung des AHP, steht auch für PROMETHEE I und PROMETHEE II Standardsoftware zur Verfügung.[721]

Für die Fragestellung dieser Arbeit bot sich die Anwendung eines Standardsoftwarepaketes nicht an. Auch wenn es inzwischen eine Software geben mag, die sowohl den AHP als auch PROMETHEE II unterstützt, kann ausgeschlossen werden, daß im selben Paket auch die Anwendung des RSW-Tests (inklusive der Bildung unterschiedlicher Standardisierungskreise und der Standardisierung) unterstützt wird. Darüber hinaus war es bei der Entscheidung für eine Software wichtig, daß Sensitivitätstests und graphische Auswertungen mit Excel angeschlossen werden können. Die Möglichkeit der Nutzung spezifischer statistischer Testmaße wie des Spearman Rangkorrelationskoeffizienten[722] ist gleichfalls ein wichtiges Kriterium.

Die diversen Anforderungen konnten nur durch eine eigene Programmierung in Kombination mit einem Tabellenkalkulationsprogramm gelöst werden. Als Tabellenkalkulationsprogramm bot sich Excel durch seine große Mächtigkeit an Funktionen an. Die Nutzwertanalyse beziehungsweise der RSW-Test ist unkompliziert mit Excel zu lösen. Für die Umsetzung der Fallabfragen bei

715 Vgl. Löhne, L./Peldschus, F. (1993).

716 Vgl. v. Nitzsch, R./Schauff, M. (1995).

717 Vgl. zum Beispiel Giocoechea, A./Stakhiv, E. Z./Li, F. (1992).

718 Vgl. Ossadnik, W./Lange, O. (1999).

719 Vgl. Weber, K. (1995), S. 196, Weber, K. (1993), S. 127 ff.

720 Vgl. Weber, K. (1993), S. 136 ff.

721 Vgl. unter anderem Brans, J. B./Mareschal, B. (1994a).

722 Vgl. Abschnitt 4.4.2.

PROMETHEE II und die Berechnung der Gewichte war neben einfacher Tabellenkalkulation die Programmierung von Fallabfragen erforderlich. Aus diesem Grund wurde die Durchführung der drei Methoden in Visual Basic realisiert. Die anschließenden Auswertungen und graphischen Umsetzungen erfolgten dann wieder in Excel.

4.3 Beispielhafte Analyse von drei Aktiengesellschaften

4.3.1 Festlegung der Alternativenmenge

Die Nutzwertanalyse, AHP und PROMETHEE II sind bisher ausschließlich theoretisch beschrieben worden.[723] Zum besseren Verständnis ihrer Funktionsweisen zeigt dieser Abschnitt ein konkretes Anwendungsbeispiel. Bevor großzahlige Versuche durchgeführt werden, von denen nur die Ergebnisse dokumentiert sind, soll auf Basis einer sehr kleinen Stichprobe die Methodik in all ihren Einzelschritten erläutert werden.

Zur Darstellung der Funktionsweise der drei Methoden könnte jedes beliebige Bewertungsproblem herangezogen werden. Der Zielstellung der Arbeit entsprechend wird jedoch kein fiktives Anwendungsbeispiel, sondern die Bewertung von Aktiengesellschaften auf der Basis reeller Fundamentaldaten gewählt. Der Analysezeitraum umfaßt die Geschäftsjahre 1994, 1995 und 1996.

Die Menge der zu bewertenden Alternativen wurde so klein wie möglich gehalten. Konkret wurden drei Aktiengesellschaften ausgewählt. Ein Vergleich von nur zwei Elementen wurde als unzureichend erachtet, da die Aussagekraft der Sensitivitätstests in diesem Fall zu gering gewesen wäre. Eine größere Stichprobe aus vier oder mehr Alternativen hätte den Vergleich unnötig kompliziert werden lassen.

Die Auswahl der drei Unternehmen könnte durch eine Zufallsstichprobe erfolgen. Dagegen spricht, daß die Ergebnisse des Vergleichs inhaltlich sinnvoll interpretierbar und die Erstellung des Rankings nicht trivial sein sollen. Die Alternativenmenge wurde daher möglichst homogen gewählt, was durch die Auswahl von Aktiengesellschaften einer einzelnen Branche und ähnlicher Performance gewährleistet ist. Dazu wurden drei große im DAX enthaltene Chemiekonzerne[724] ausgewählt:

- Bayer (A)
- BASF (B)

723 Vgl. Abschnitt 3.2, 3.3, 3.4.

724 Die Bezeichnung „Chemiebranche“ ist als Oberbegriff zu interpretieren, welcher auch die Pharmaunternehmen umfaßt.

- Hoechst[725] (C).[726]

Die Auswahl ist willkürlich. Es wurden bewußt nicht alle im DAX enthaltenen Chemiekonzerne ausgewählt – Degussa-Hüls, Henkel und Schering fehlen – um das Beispiel so klein und so einfach wie möglich zu halten. Natürlich hätte auch jede andere Branche betrachtet werden können.

Bei der Anwendung des AHP und von PROMETHEE II wird in diesem Abschnitt das Ziel verfolgt, die Idee des RSW-Tests so wenig wie möglich zu verändern. Der RSW-Test entsprich einer Form der Nutzwertanalyse. Wenn im folgenden eine Methodik als Nutzwertanalyse, AHP beziehungsweise PROMETHEE II überschrieben ist, dann ist damit nicht das entsprechende Verfahren an sich sondern das Verfahren implementiert in den RSW-Test gemeint.

Neben der Erklärung der Methodik werden erste grundlegende Anwendungsprobleme analysiert. Es wird gefragt, wie die einzelnen Methoden die von ihnen benötigten Ausgangsdaten erzeugen. Die Ergebnisse werden anschließend verglichen.

Vorausgesetzt wird bei der Anwendung von PROMETHEE, daß das Problem bereits definiert ist. Die Alternativenmenge $\mathcal{A}$ ist bestimmt mit $\mathcal{A}=\{a_{Bayer}, a_{BASF}, a_{Hoechst}\}$. Verkürzend werden die Alternativen auch mit folgenden Symbole dargestellt: $\mathcal{A}=\{a_A, a_B, a_C\}$, wobei wie im obigen eingeführt A für Bayer, B für BASF und C für Hoechst steht.

Ebenso wurde festgelegt, auf Basis welcher Kriterien k_j die Alternativen a_i zu bewerten sind. Es gibt sechs Kriterien beziehungsweise Kennzahlen, die wie folgt abgekürzt werden: k_1 entspricht R1, k_2 entspricht R2, k_3 entspricht S1, k_4 entspricht S2, k_5 entspricht W1 und k_6 entspricht W2.[727] Diese Ausgangswerte werden in Form einer Ergebnismatrix zusammengefaßt, die Darstellungsform ist dieselbe wie sie für Tabelle 9 gewählte. Die Kennzahlausprägung einer Alternative a_i bezüglich eines Kriteriums k_j wird symbolisiert durch $f_j(a_i)$.[728]

4.3.2 Nutzwertanalyse

Als erste Methode wird das Ausgangsverfahren, das Scoring-Modell, zur Bewertung der drei Aktiengesellschaften genutzt. Der RSW-Test basiert auf einem

725 Hoechst fusionierte 1999 mit der französischen Rhône-Poulenc zu Aventis.

726 Im RSW-Test von 1997 erzielte BASF bei der Bewertung der Fundamentaldaten von 500 Aktiengesellschaften den Rang 110, Bayer den Rang 122 und Hoechst den Rang 151. Vgl. Balzer, A./Ehren, H./Nölting, A. (1997), S. 200 ff.

727 Um die Lesbarkeit der Arbeit zu erhöhen, werden die Kriterien im Text nicht durchgängig mit ihrem Symbol k_j sondern ebenfalls durch R1, R2, S1, S2, W1 und W2 bezeichnet. Der weniger mit dem RSW-Test vertraute Leser kann so den Symbolen leichter eine inhaltliche Bedeutung zuordnen – R steht für Rendite, S für Sicherheit und W für Wachstum.

728 Vgl. Abschnitt 3.1.4.

Scoring-Modell. Statt „Scoring-Verfahren" wird auch der allgemeinere Begriff „Nutzwertanalyse" verwandt. Wie theoretisch beschrieben, kann die Nutzwertanalyse in fünf Hauptschritte unterteilt werden.[729] Diese werden im folgenden einzeln durchgeführt und dokumentiert. Damit entspricht die Vorgehensweise der zur Beschreibung der Nutzwertanalyse verwandten Einteilung und nicht der des RSW-Tests, wie er in Abschnitt 2.7 beschrieben ist. Inhaltlich bleibt der RSW-Test unverändert.

4.3.2.1 Bestimmung des Zielsystems

Der RSW-Test soll die Performance von Aktiengesellschaften aus der Sicht eines potentiellen Anlegers messen. Die Performance wird nach Schmidt[730] auf Basis von drei Dimensionen gemessen: Rendite, Sicherheit und Wachstum. Diese werden durch je zwei Kennzahlen gemessen: R1 (k_1), R2 (k_2), S1 (k_3), S2 (k_4), W1 (k_5) und W2 (k_6). Die genaue Definition der einzelnen Größen wird in Abhängigkeit von der Branche bestimmt.[731] Die sechs Kennzahlen bilden das Zielsystem des fundamentalen RSW-Tests. Damit umfaßt das Anwendungsbeispiel den Vergleich von drei Alternativen unter Verwendung von sechs Kriterien.

4.3.2.2 Bestimmung der Zielerreichungsgrade der Alternativen

Ist die Alternativenmenge bestimmt und ist entschieden, auf Basis welcher Kriterien die Bewertung erfolgt, so kann der Zielerreichungsgrad einer Alternative berechnet werden. Hoechst, Bayer und BASF gehören als Chemiekonzerne zu der Gruppe der Industrieunternehmen. Die Kennzahlen zur Bewertung von Industriewerten sind im RSW-Test die Eigenkapitalrendite (R1), die Cash-flow-Rendite (R2), die Eigenkapitalquote (S1), die Liquiditätsquote (S2), die Wachstumsrate der Bilanzsumme (W1) und die Wachstumsrate des Umsatzes (W2).[732]

Der Analysezeitraum umfaßt, wie erwähnt, die Geschäftsjahre 1994, 1995 und 1996, das heißt t_3=1996, t_2=1995 und t_1=1994. Jedes der Unternehmen hat für die drei Jahre einen Konzernabschluß veröffentlicht. Einige Kennzahlen – besonders die Eigenkapitalrendite – scheinen aufwendig in ihrer Berechnung zu sein, tatsächlich ist die Bestimmung der Kennzahlen jedoch einfach. Manuelle Korrekturen mußten nicht vorgenommen werden. Die Kennzahlenausprägungen sind in Tabelle 9 zusammengefaßt.

729 Vgl. Abschnitt 3.2.2.

730 Vgl. Schmidt, R./Wilhelm, W. (1987), S. 233 ff., Schmidt, R. (1991), S. 3.

731 Vgl. zum Beispiel Schmidt, R. (1994), S. 88 ff.

732 Die genaue Definition der Kennzahlen enthält Abschnitt 2.7.3.2.

Tabelle 9 RSW-Kennzahlen von Bayer, BASF und Hoechst

	R1	R2	S1	S2	W1	W2
Bayer (A)	21,4409	11,7124	42,5821	9,5757	8,0391	5,8057
BASF (B)	20,6567	13,0697	46,8671	8,7531	4,7296	5,6797
Hoechst (C)	19,3930	11,7684	32,8018	0,9977	16,5559	1,2911

Quelle: Datenbank Halle.

Eine kurze Betrachtung der sechs Kennzahlenausprägungen ergibt, daß kein Unternehmen die anderen dominiert, das heißt keine Alternative ist in allen Werten besser als eine der anderen Alternativen. Auch wenn Hoechst nur bei sehr hoher Gewichtung des Bilanzwachstums die präferierte Aktiengesellschaft eines Entscheiders sein wird, ist die Frage, ob Bayer eine bessere oder schlechtere Performance hat als BASF, nicht sofort zu beantworten. Die Lösung des Problems ist nicht trivial und die Anwendung eines multiattributiven Entscheidungsmodells grundsätzlich sinnvoll.

4.3.2.3 Bestimmung der Einzelwertfunktionen und Ermittlung der Einzelnutzen

Nachdem die sechs Kennzahlenausprägungen für jede Aktiengesellschaft berechnet wurden, ist ihr Nutzwert zu ermitteln. Dazu müssen bei dem RSW-Verfahren zur Herstellung der Vergleichbarkeit die berechneten Kennzahlen standardisiert werden. Der Nutzwert von Alternative a_i bezogen auf das Zielkriterium k_j ist die entsprechend standardisierte Kennzahl.

Am Beispiel der drei Aktiengesellschaften wird deutlich, daß die Notwendigkeit zur Herstellung der Vergleichbarkeit nicht nur besteht, um unterschiedliche Branchen wie Banken und Industrieunternehmen miteinander vergleichen zu können, sondern damit durch unterschiedliche Spannweiten der Kennzahlenausprägungen die Auswertung nicht verzerrt wird.[733] Zum Beispiel ist die Eigenkapitalquote bei Industrieunternehmen durchschnittlich viel größer als die Wachstumsquote dieser Branche und könnte das gesamte Ergebnis dominieren. Um die unterschiedlichen Kennzahlen aggregieren zu können, muß daher erst ihre Vergleichbarkeit hergestellt sein. Die Standardisierung erfolgt, wie in Abschnitt 2.7.3.3 beschrieben, auf Basis einer z-Transformation. Dazu wird für jeden Standardisierungskreis und jede Kennzahl das arithmetische Mittel $\bar{x}$ und die Standardabweichung S berechnet. Die ursprünglichen und die transformierten Werte (A', B', C') sind Tabelle 10 zu entnehmen.

733 Zur differenzierten Begründung, warum die Herstellung der Vergleichbarkeit der Kennzahlen notwendig ist. Vgl. Schmidt, R. (1990a), S. 69 ff.

Eine Standardisierung auf Basis einer nur aus drei Aktiengesellschaften bestehenden Vergleichsgruppe, im folgenden durch VG I abgekürzt, ist zu kritisieren. Wie in späteren Sensitivitätstests gezeigt wird, kann es grundsätzlich bei der Anwendung der Nutzwertanalyse durch Änderungen der Stichprobengröße und der damit verbundenen Änderung der Standardisierungsparameter zu Rangumkehrungen im Gesamtergebnis kommen.[734] Die Standardisierung ist als nicht representativ einzustufen. Ein Austausch der wenig robusten z-Transformation durch robustere Transformationsmöglichkeiten[735] bietet hier keine Lösung. Sinnvoll kann das Nutzen von Lage- und Streuungsmaßen größerer Mengen sein. Da die Werte in Tabelle 10 wahrscheinlich durch Standardisierungsparameter verzerrt sind, die nicht die Verteilung repräsentieren, werden im folgenden zwei Alternativen berechnet. An dem Vorgehen im folgenden ist zu kritisieren, daß die Suche nach einer geeigneten Vergleichsgruppe entfallen würde, wenn die Festlegung der Einzelwertfunktionen und der Gewichtungsfaktoren vorab auf die Kennzahlenausprägungen der Stichprobe angepaßt worden wären.

Tabelle 10 Standardisierung der Kennzahlenwerte auf Basis von VG I

	A	B	C	$\bar{x}$	S	A'	B'	C'
R1	21,4409	20,6567	19,3930	20,4969	1,0333	0,9136	0,1547	-1,0683
R2	11,7124	13,0697	11,7684	12,1835	0,7680	-0,6134	1,1539	-0,5405
S1	42,5821	46,8671	32,8018	40,7503	7,2093	0,2541	0,8484	-1,1025
S2	9,5757	8,7531	0,9977	6,4422	4,7330	0,6621	0,4883	-1,1503
W1	8,0391	4,7296	16,5559	9,7749	6,1012	-0,2845	-0,8269	1,1114
W2	5,8057	5,6797	1,2911	4,2588	2,5709	0,6017	0,5527	-1,1544

Quelle: Eigene Berechnungen.

Als erste Alternative werden die Kennzahlen der drei Unternehmen auf Basis aller im Test von 1997[736] enthaltenen Chemie- und Pharmaunternehmen standardisiert. Diese zweite Vergleichsgruppe (VG II) besteht aus 19 Unternehmen. Die neuen Standardisierungsparameter und standardisierten Kennzahlen sind in Tabelle 11 enthalten.

734 Vgl. Abschnitt 4.5.3.

735 Vgl. Abschnitt 4.5.2.3.

736 Vgl. Balzer, A. et al. (1997), S. 198 ff.

Tabelle 11 Standardisierung der Kennzahlenwerte auf Basis von VG II

	A	B	C	$\bar{x}$	S	A'	B'	C'
R1	21,4409	20,6567	19,3930	19,6503	9,2402	0,1938	0,1089	-0,0279
R2	11,7124	13,0697	11,7684	9,7197	3,5854	0,5558	0,9344	0,5714
S1	42,5821	46,8671	32,8018	33,7248	8,9177	0,9932	1,4737	-0,1035
S2	9,5757	8,7531	0,9977	6,8776	4,8446	0,5569	0,3871	-1,2137
W1	8,0391	4,7296	16,5559	19,0046	31,5293	-0,3478	-0,4528	-0,0777
W2	5,8057	5,6797	1,2911	8,2470	8,5979	-0,2839	-0,2986	-0,8090

Quelle: Eigene Berechnungen.

Wird der Vergleich mit 19 Elementen als noch immer zu klein empfunden, bietet sich die Möglichkeit, die gesamte Vergleichsgruppe des RSW-Tests, somit alle Industrieunternehmen, auszuwählen. Von den 513 fundamental bewerteten Aktiengesellschaften sind 394 Industrieunternehmen in der dritten Vergleichsgruppe (VG III) zusammengefaßt.[737] Die Standardisierungsparameter wurden aus der Berechnung des RSW-Tests übernommen.[738] Die Ergebnisse differieren teilweise erheblich zu den bisher ermittelten Werten, wie Tabelle 12 zeigt.

Durch die drei dargestellten Standardisierungen der Kennzahlen von Bayer, BASF und Hoechst sollte verdeutlicht werden, in welchem Umfang die Auswahl der Vergleichsgruppe die Herstellung der Vergleichbarkeit beeinflußt. Die Standardisierungsparameter unterscheiden sich teilweise erheblich. Zur besseren Vergleichbarkeit wurden die berechneten Werte in Tabelle 13 zusammengefaßt. Die Auswahl weiterer sinnvoller Standardisierungskreise ist selbstverständlich möglich. Da das Problem der Stichprobendefinition und seine Auswirkungen auf das Ergebnis der Nutzwertanalyse in Abschnitt 4.5.3 ausführlich untersucht werden, soll es hier genügen, nur drei Vergleichsgruppen zu analysieren.

737 Die Ausgangsmenge bestand 1997 aus 513 Aktiengesellschaften, da fundamental auch die 13 Börsenneulinge mit bewertet wurden. Vgl. Balzer, A. et al. (1997), S. 158.

738 Vgl. Balzer, A. et al. (1997), S. 196. Die Werte sind im Manager Magazin gerundet publiziert.

Tabelle 12 **Standardisierung der Kennzahlenwerte von Bayer, BASF und Hoechst auf Basis von VG III**

	A	B	C	$\bar{x}$	S	A'	B'	C'
R1	21,4409	20,6567	19,3930	7,0111	29,2909	0,4926	0,4659	0,4227
R2	11,7124	13,0697	11,7684	7,4719	7,9048	0,5364	0,7082	0,5435
S1	42,5821	46,8671	32,8018	31,9893	15,7541	0,6724	0,9444	0,0516
S2	9,5757	8,7531	0,9977	9,2079	10,3748	0,0355	-0,0438	-0,7914
W1	8,0391	4,7296	16,5559	6,3509	18,9359	0,0892	-0,0856	0,5389
W2	5,8057	5,6797	1,2911	4,7691	16,6440	0,0623	0,0547	-0,2090

Quelle: Eigene Berechnungen.

Tabelle 13 **Zusammenfassung der berechneten Standardisierungsparameter**

	$\bar{x}$			S		
	VG I	VG II	VG III	VG I	VG II	VG III
R1	20,4969	19,6503	7,0111	1,0333	9,2402	29,2909
R2	12,1835	9,7197	7,4719	0,7680	3,5854	7,9048
S1	40,7503	33,7248	31,9893	7,2093	8,9177	15,7541
S2	6,4422	6,8776	9,2079	4,7330	4,8446	10,3748
W1	9,7749	19,0046	6,3509	6,1012	31,5293	18,9359
W2	4,2588	8,2470	4,7691	2,5709	8,5979	16,6440

Quelle: Eigene Berechnung.

Die berechneten Lagemaße weichen teilweise erheblich voneinander ab. Dabei ist nicht einfach zu bestimmen, welche Vergleichsgruppen sich mehr ähneln. Bezogen auf einige Kennzahlen unterscheiden sich VG I und VG II stark. So liegt die durchschnittliche Eigenkapitalquote (S1) von Bayer, BASF und Hoechst wesentlich über dem Branchen- und Industriedurchschnitt. Gleichzeitig ist die durchschnittliche Eigenkapitalrendite (R1) der Chemie- und Pharmaunternehmen jeweils ähnlich und deutlich höher als im Industriedurchschnitt. Die Streuungsparameter werden, was zu erwarten war, mit zunehmendem Stichprobenumfang bis auf wenige Ausnahmen größer. In welchem Maße die unterschiedlichen Standardisierungsmaße das Gesamtergebnis beeinflussen, wird im folgenden gezeigt.

4.3.2.4 Aggregationsfunktion

Nachdem für jede Aktiengesellschaft und jedes Kriterium ein Nutzwert berechnet wurde, kann die Präferenz des Entscheidenden bezüglich einer Alternative durch eine Aggregationsfunktion abgebildet werden. Es sind zwei Teilschritte zu unterscheiden: die Bestimmung der Wertfunktion und die Schätzung der Zielgewichte.

Die einzelnen Nutzwerte einer Alternative werden beim RSW-Test gewichtet und additiv zu einem Gesamtscore aggregiert. Die Wertfunktionen sind bereits definiert. Die allgemeine Funktion der additiven Wertfunktion der Nutzwertanalyse wurde zu Beginn von Abschnitt 3.1.5 und die Funktion des RSW-Verfahrens ausführlich in Abschnitt 2.7.3.5 genannt.

Die Gewichtung der Kennzahlen und das Aggregieren der gewichteten Nutzwerte zu einem Gesamtscore wird im folgenden, anders als in der Wertfunktion, in einer Phase erfolgen. Der Gewichtungsvektor wird so übernommen, wie er durch das RSW-Verfahren in seiner aktuellen Form bestimmt ist.[739] Dieser Schritt – die Nutzung der Gewichtungsfaktoren ohne ihre Anpassung an die Kennzahlenausprägungen – ist nur dann zulässig, wenn die Annahme zutrifft, daß nach der Standardisierung sämtliche Kennzahlen die selbe Verteilungsfunktion aufweisen. Zum Schätzen der Gewichte wurde nach nicht dokumentierter Aussage von Schmidt bei der Entwicklung des RSW-Verfahrens das Direct-Ratio-Verfahren verwandt. R1 wurde als wichtigstes Kriterium mit w_1=0,4444 bewertet. Der vollständige Gewichtungsvektor ist Tabelle 14 zu entnehmen. Die Gewichte sind normiert.

Zur Gewichtung der Kennzahlen wird jeder standardisierte Wert mit seinem Gewicht multipliziert. Die auf Basis von VG I berechneten Ergebnisse zeigt Tabelle 14. Es fällt auf, daß auch negative Nutzenwerte realisiert werden. Dies ist durch die Transformation der Kennzahlenausprägungen auf eine Standardnormalverteilung begründet. Üblicherweise werden davon abweichend die Einzelnutzen auf das Intervall [0, 1] normiert.

739 Vgl. Schmidt, R. (1995b), S. 4.

Tabelle 14 Gewichtung der auf der Basis von VG I standardisierten Kennzahlenwerte

	A'	B'	C'	w_j	A'w_j	B'w_j	C'w_j
R1	0,9136	0,1547	-1,0683	0,4444	0,4060	0,0687	-0,4748
R2	-0,6134	1,1539	-0,5405	0,2222	-0,1363	0,2564	-0,1201
S1	0,2541	0,8484	-1,1025	0,1111	0,0282	0,0943	-0,1225
S2	0,6621	0,4883	-1,1503	0,0556	0,0368	0,0271	-0,0640
W1	-0,2845	-0,8269	1,1114	0,1111	-0,0316	-0,0919	0,1235
W2	0,6017	0,5527	-1,1544	0,0556	0,0335	0,0307	-0,0642

Quelle: Eigene Berechnung.

Tabelle 15 enthält die Ergebnisse der unter Verwendung von Vergleichsgruppe VG II standardisierten Werte und Tabelle 16 die entsprechenden Werte für VG III.

Tabelle 15 Gewichtung der auf der Basis von VG II standardisierten Kennzahlenwerte

	A'	B'	C'	w_j	A'w_j	B'w_j	C'w_j
R1	0,1938	0,1089	-0,0279	0,4444	0,0861	0,0484	-0,0124
R2	0,5558	0,9344	0,5714	0,2222	0,1235	0,2076	0,1270
S1	0,9932	1,4737	-0,1035	0,1111	0,1103	0,1637	-0,0115
S2	0,5569	0,3871	-1,2137	0,0556	0,0310	0,0215	-0,0675
W1	-0,3478	-0,4528	-0,0777	0,1111	-0,0386	-0,0503	-0,0086
W2	-0,2839	-0,2986	-0,8090	0,0556	-0,0158	-0,0166	-0,0450

Quelle: Eigene Berechnung.

Tabelle 16 **Gewichtung der auf der Basis von VG III standardisierten Kennzahlenwerte**

	A'	B'	C'	w_j	$A' \cdot w_j$	$B' \cdot w_j$	$C' \cdot w_j$
R1	0,4926	0,4659	0,4227	0,4444	0,2189	0,2070	0,1879
R2	0,5364	0,7082	0,5435	0,2222	0,1192	0,1574	0,1208
S1	0,6724	0,9444	0,0516	0,1111	0,0747	0,1049	0,0057
S2	0,0355	-0,0438	-0,7914	0,0556	0,0020	-0,0024	-0,0440
W1	0,0892	-0,0856	0,5389	0,1111	0,0099	-0,0095	0,0599
W2	0,0623	0,0547	-0,2090	0,0556	0,0035	0,0030	-0,0116

Quelle: Eigene Berechnung.

Die gewichteten Kennzahlenwerte differieren, wie zu erwarten war, in Abhängigkeit des genutzten Standardisierungskreises erheblich.

4.3.2.5 Nutzenberechnung

Nachdem die Kennzahlen jeder Aktiengesellschaft standardisiert und gewichtet wurden, werden sie zu dem RSW-Score verdichtet, um ein Ranking ableiten zu können. Dieser Schritt beinhaltet die Berechnung des Gesamtnutzens. Eine Besonderheit des RSW-Verfahrens ist, daß dazu die Gesamt-Scores mit 100 multipliziert werden (was das Ergebnis selbstverständlich nicht beeinflußt). Da die Berechnung einfach ist, wird auf die Dokumentation der Zwischenergebnisse verzichtet. Die Ergebnisse sind für die drei Vergleichsgruppen in Tabelle 17 zusammengefaßt.

Tabelle 17 **Zusammenfassung der RSW-Scores**

	A	B	C
RSW-Score VG I	33,6605	38,5414	-72,2020
RSW-Score VG II	29,6497	37,4366	-1,8002
RSW-Score VG III	42,8167	46,0394	31,8616

Quelle: Eigene Berechnung.

Abschließend werden die Aktiengesellschaften auf Basis ihres RSW-Scores beziehungsweise ihres Gesamtnutzens geordnet. Je größer der Wert ist, desto besser ist die Alternative. Jedes der drei getesteten Szenarien führt für das Beispiel Bayer, BASF und Hoechst zum selben Ergebnis, nämlich, daß BASF besser ist als Bayer, und Bayer wiederum besser als Hoechst. Die abschließende Präferenzordnung – das Ranking – lautet somit:

$$B \succ A \succ C$$

4.3.2.6 Sensitivitätstests

In Form von Sensitivitätstests wird im folgenden überprüft, wie robust das erzielte Ranking ist. Eine erste Sensitivitätsanalyse wurde durch das Heranziehen von unterschiedlichen Vergleichsgruppen zur Generierung der Standardisierungsparameter bereits durchgeführt. Wie gezeigt wurde, erwies sich das Ergebnis hier als stabil. Weitere, vielleicht auch weniger sinnvolle oder unrealistische Vergleichsgruppen können genutzt werden. Ohne alle Variationen durchzuspielen, wird durch Hinzuziehen einer weiteren Vergleichsgruppe getestet werden, ob durch diese Modifikation bei gleichzeitigem Beibehalten aller anderen Inputgrößen das Ranking verändert werden kann.

Überdies wird die Sensitivität der Lösung hinsichtlich Variationen der Gewichtungsfaktoren getestet. Andere Inputparameter werden in diesem Abschnitt nicht verändert. Der Vergleich mit dem AHP oder PROMETHEE II erfolgt in Abschnitt 4.3.5. Die Stichprobe wird in diesem Abschnitt nicht variiert.

4.3.2.6.1 Veränderung der Gewichte

In welchem Maße die konkrete Bewertung der drei Aktiengesellschaften von den genutzten Gewichtungsfaktoren abhängt, wird im folgenden analysiert. Es wurde bereits in Abschnitt 4.2.1.2 darauf hingewiesen, daß der Vergleich der folgenden Analysen nur begrenzt interpretiert werden kann, da die Bedeutung der Gewichtungsfaktoren in Abhängigkeit von der verwandten Methode eine grundlegend andere ist.

Da die zu analysierende Stichprobe sehr klein ist, wird das von Mareschal vorgeschlagene Verfahren der Berechnung von Stabilitätsintervallen verwandt.[740] Für jeden Gewichtungsfaktor w_j wird ein Stabilitätsintervall berechnet. Jedes Stabilitätsintervall hat eine Ober- und eine Untergrenze; das ursprüngliche Gewicht liegt innerhalb dieses Intervalls. Durch die Definition des Gewichtevektors[741] ist die maximale Obergrenze jedes Stabilitätsintervalls 1, die minimale Untergrenze beträgt 0. Sinn des Stabilitätsintervalls ist es, dem Entscheidungsträger zu zeigen, innerhalb welcher Bandbreiten er den entsprechenden Gewichtungsfaktor modifizieren kann, ohne daß sich das Ergebnis ($B \succ A \succ C$) ändert. Den Berechnungen liegt die Annahme zugrunde, daß die übrigen

740 Vgl. Mareschal, B. (1988), S. 56 ff. Die Vorteile dieser Vorgehensweise wurden in Abschnitt 3.2.2.6 erörtert.

741 Vgl. Abschnitt 3.2.2.3.

Gewichte in ihrem Verhältnis zueinander konstant bleiben – die Summe aller Gewichte ist konstant gleich 1. Die in Tabelle 19 enthaltenen sechs Stabilitätsintervalle sind unter Verwendung der ersten Vergleichsgruppe ermittelt worden.[742]

Tabelle 19 Stabilitätsintervalle der Gewichte berechnet auf Basis von VG I

	Ausgangsgewicht	Untere Intervallgrenze	Obere Intervallgrenze
R1	0,4444	0	0,4780
R2	0,2222	0,2001	0,9499
S1	0,1111	0,0315	1
S2	0,0556	0	0,2627
W1	0,1111	0	0,1845
W2	0,0556	0	0,5270

Quelle: Eigene Berechnung.

Die Grenzen der Stabilitätsintervalle werden durch das Lösen einfacher Gleichungssysteme berechnet.[743] Neben den durch die Intervallgrenzen angegebenen Zahlen, kann es weitere Grenzwerte zwischen 0 und 1 geben, deren Über- oder Unterschreitung ebenfalls Rangumkehrungen bewirkt. Angegeben sind die jeweiligen Grenzen, die dem Ausgangsgewicht am nächsten liegen.

Die Zahlen sind wie folgt zu interpretieren. Beispielsweise ist das Gewicht w_3 im Rahmen des RSW-Tests mit 0,1111 geschätzt worden. Werden ausschließlich Bayer, BASF und Hoechst im Rahmen der Nutzwertanalyse auf Basis von VG I miteinander verglichen, so kann w_3 auch kleiner (bis w_3=0,0315) oder beliebig viel größer (bis w_3=1) geschätzt werden, ohne daß sich das Ergebnis verändert. Für diesen Fall kann die Schlußfolgerung gezogen werden, daß das Gewicht von S1 das Ergebnis kaum verändern kann. Bezüglich des Gewichtes von W1 ergibt sich ein anderes Bild: w_5 muß von dem Ausgangsgewicht w_5=0,1111 nur leicht auf w_5>0,1845 erhöht werden, damit sich das Ergebnis ändert und A (Bayer) besser bewertet wird als B (BASF). Das Ergebnis ist in diesem Fall stark von dem Gewichtungsfaktor des Bilanzsummenwachstums abhängig.

742 Die Tabelle enthält Rundungsfehler.

743 Da die Annahme getroffen wurde, daß die nicht fokussierten Gewichte in ihrem Verhältnis zueinander konstant bleiben, sind für jedes Stabilitätsintervall drei Gleichungssysteme mit jeweils zwei Gleichungen und einer Unbekannten zu lösen.

Neben den berechneten Stabilitätsintervallen ist theoretisch besonders von Interesse, ob eine vollständige Umkehrung des Rankings, das heißt C $\succ$ A $\succ$ B, durch alleinige Veränderung der Gewichtungsfaktoren zu erzielen ist. Für die auf der Basis von VG I errechneten Werte[744] wäre dies möglich, indem das der Kennzahl W1 zugeordnete Gewicht w_5 durch eine Zahl größer als 0,4945 geschätzt wird und die anderen Gewichte entsprechend verändert werden, aber in ihrem Verhältnis zueinander konstant bleiben.

Die Wahl der Vergleichsgruppe beeinflußt die Größe der Stabilitätsintervalle. Die unter Verwendung der zweiten und dritten Vergleichsgruppe zur Standardisierung der Kennzahlen ermittelten Intervalle sind Tabelle 19 und Tabelle 20 zu entnehmen.

Tabelle 19 Stabilitätsintervalle der Gewichte berechnet auf Basis von VG II

	Ausgangsgewicht	Untere Intervallgrenze	Obere Intervallgrenze
R1	0,4444	0	0,7102
R2	0,2222	0,0208	0,9632
S1	0,1111	0	1
S2	0,0556	0	0,3525
W1	0,1111	0	0,4896
W2	0,0556	0	0,8500

Quelle: Eigene Berechnung.

Der Vergleich der Tabellen zeigt deutlich, daß die Robustheit des Ergebnisses im Hinblick auf sich ändernde Gewichtungsfaktoren auch durch die Wahl der Vergleichsgruppe beeinflußt wird. So wurden zum Beispiel für w_1 drei unterschiedliche Stabilitätsintervalle berechnet: [0; 0,4780] für VG I,[745] [0; 0,7102] für VG II und [0; 0,7485] für VG III.

744 Vgl. Tabelle 10 und Tabelle 14.

745 Vgl. Tabelle 18.

Tabelle 20 Stabilitätsintervalle der Gewichte berechnet auf Basis von VG III

	Ausgangs-gewicht	Untere Intervallgrenze	Obere Intervallgrenze
R1	0,4444	0	0,7485
R2	0,2222	0,0422	0,9526
S1	0,1111	0	1
S2	0,0556	0	0,3288
W1	0,1111	0	0,2497
W2	0,0556	0	0,8200

Quelle: Eigene Berechnung.

Ohne die Signifikanz zu testen, kann gesagt werden, daß die Ergebnisse in Tabelle 19 und in Tabelle 20 ähnlich sind, wogegen die unter Verwendung von VG I berechneten Werte stärker abweichen. Dieser Tatbestand ist inhaltlich als erfreulich zu bewerten, da VG II und VG III zwar unterschiedliche, aber sinnvoll nutzbare Vergleichsgruppen sind, während die erste Vergleichsgruppe, wie in Abschnitt 4.3.1.2 erörtert, viel zu klein ist und nicht zur Standardisierung herangezogen werden sollte.

Tabelle 21 Stabilitätsintervalle der Gewichte berechnet auf Basis von VG III

	Ausgangs-gewicht	Untere Intervallgrenze	Obere Intervallgrenze
R1	0,4444	0	0,7485
R2	0,2222	0,0422	0,9526
S1	0,1111	0	1
S2	0,0556	0	0,3288
W1	0,1111	0	0,2497
W2	0,0556	0	0,8200

Quelle: Eigene Berechnung.

Es ist festzuhalten, daß durch das Schätzen der Gewichte das Ergebnis beeinflußt wird. Wie stark der Einfluß ist, hängt bei Verwendung der Nutzwertanalyse direkt vom untersuchten Anwendungsbeispiel, das heißt, von der Anzahl und den Zielerreichungsgraden der Alternativen, ab. Überdies hat die

Wahl der Vergleichsgruppe zur Standardisierung einen Einfluß. Die Sensitivität des Rankings bezüglich unterschiedlicher Gewichte ist für jedes Kriterium einzeln zu bestimmen. Sie kann innerhalb eines Gewichtevektors stark schwanken.

4.3.2.6.2 Veränderung der Standardisierungskreise

Drei unterschiedlich definierte Standardisierungskreise sind zur Bewertung von Bayer, BASF und Hoechst bereits genutzt worden. Die Nutzwertanalyse kam in jedem dieser Fälle zum selben Ergebnis. Damit hat das Ergebnis auf die bisher getesteten Veränderungen robust reagiert.

Grundsätzlich können verschiedene Analysen durchgeführt werden, um die Sensitivität einer Lösung in bezug auf unterschiedlich definierte Standardisierungskreise und damit unterschiedliche Standardisierungsparameter zu untersuchen. Das hier untersuchte Bewertungsproblem nutzt zwölf Lage- beziehungsweise Streuungsparameter, die in Tests einzeln oder gleichzeitig variiert werden können. Ausgangspunkt der Sensitivitätsanalysen können neu definierte und reell existierende Vergleichsgruppen sein oder die Parameter können direkt verändert werden, ohne daß eine inhaltliche Interpretation der Daten in diesem Fall möglich ist.

Nur eine Fragestellung, nämlich, ob andere Standardisierungsparameter zu einer Rangumkehrung des Ergebnisses führen können, wird im folgenden untersucht. Es wird dazu nach Standardisierungsparametern gesucht, die zu einer Veränderung des Rankings führen. Diese Fragestellung ist praktisch weniger relevant, da mit der Veränderung der Standardisierungsparameter, der Veränderung der Einzelwertfunktionen, auch die Gewichtungsfaktoren angepaßt werden müssen. Da die Auswahl der genutzten Standardisierungsparameter jedoch einen wesentlichen Einfluß auf das Ergebnis hat – wie in Abschnitt 4.5.2.3 gezeigt werden wird – soll an dieser Stelle bereits der Einfluß der Standardisierungskreise anhand des ausgewählten Beispiels untersucht. Dabei ist von den oben definierten Vergleichsgruppen jeweils nur ein Parameter verändert worden, die anderen blieben konstant. Drei Beispiele veränderter Streuungsparameter werden gezeigt, die Rangumkehrungen bewirken. Weitere Möglichkeiten wären zu finden.

Ein Beispiel für eine Variation des Ausgangsrankings ist, aufbauend auf VG I, die Modifikation der Standardabweichung von R1 (s_{R1}). Alle anderen Werte blieben konstant. Ursprünglich ist s_{R1} mit 1,0333 berechnet worden. Tabelle 22 zeigt, daß kleinere Standardabweichungen, so zum Beispiel s_{R1}=0,5 oder kleiner, zu einer Rangumkehrung bei BASF und Bayer führen.

Tabelle 22 Veränderung des Rankings durch Modifikation von VG I

	RSW-Score			Rang		
	A	B	C	A	B	C
VG I	33,6605	38,5414	-72,2020	2	1	3
VG I*	76,6914	46,1456	-122,8370	1	2	3

* Abweichend von VG I ist s_{R1}=0,5.

Quelle: Eigene Berechnung.

Auch die Verwendung einer inhaltlich sinnvolleren und stabileren Vergleichsgruppe, wie VG III es ist, führt nicht zu deutlich robusteren Ergebnissen. Tabelle 23 enthält hierfür zwei wieder willkürlich herausgegriffene Beispiele.

Tabelle 23 Veränderung des Rankings durch Modifikation von VG III

	RSW-Score			Rang		
	A	B	C	A	B	C
VG III	42,8167	46,0394	31,8616	2	1	3
VG III *	149,1339	146,6606	123,1262	1	2	3
VG III **	44,6225	43,7965	-9,3871	1	2	3

* Abweichend von VG III ist s_{R1}=5.
** Abweichend von VG III ist s_{S2}=1.

Quelle: Eigene Berechnung.

Durch starkes Reduzieren der Standardabweichung von R1 (zum Beispiel s_{RI}=5 anstatt ursprünglich 29,2909) oder das Reduzieren von s_{SI} (von 10,3748 auf s_{SI}=1 oder kleiner) kann das Ranking verändert werden. Ähnliche Wirkungen haben die Veränderungen anderer Parameter. Diese Aussage ist jedoch nicht allgemeingültig. Einige Parameter, wie zum Beispiel das arithmetische Mittel und die Standardabweichung der Kennzahl S1 bei VG III, können beliebige reelle Zahlen annehmen, ohne daß sich das Ranking von BASF, Bayer und Hoechst verändern.

Ein Zusammenhang zwischen der Sensitivität der Lösung auf Gewichtsveränderungen und Modifikationen der Standardisierungsparameter konnte gezeigt werden. Immer dann, wenn das Stabilitätsintervall eines Kriteriums als Untergrenze Null enthält, kann durch das Vergrößern des entsprechenden Streuungsparameters ebenfalls keine Veränderung des Ergebnisses erzielt werden. Ebenso gilt die Umkehrschlußfolgerung: Kann ein Gewichtungsfaktor nicht beliebig erhöht werden, ohne daß sich das Ranking ändert, so kann der gleiche Effekt, eine Rangumkehrung, durch eine genügend kleine Standardabweichung erreicht werden.

Zusammenfassend ist festzuhalten, daß die Wahl des Standardisierungskreises das Ergebnis beeinflußt und daß auch bei kleinen Stichproben Rangumkehrungen durch Änderung dieser Parameter erzeugt werden können. Wenn die Einzelwertfunktionen und damit auch die Standardisierungsparameter jedoch zusammen mit den Gewichten verändert worden wären – so wie es die Nutzwertanalyse fordert, hätte dieser Effekt gerade nicht auftreten dürfen.

4.3.3 Analytischer Hierarchie-Prozeß

Der AHP gliedert sich, wie in Abschnitt 3.3.2 beschrieben, in fünf Phasen: das Bilden einer Hierarchie, den Paarvergleich, das Berechnen des Gewichtevektors, Konsistenzüberprüfungen und die abschließende Alternativenbewertung. Diese Schritte werden im folgenden anhand des Beispiels dokumentiert. Sensitivitätstests schließen den Abschnitt ab.

4.3.3.1 Bilden einer Hierarchie

Das Entscheidungsproblem ist im ersten Schritt in Form einer Hierarchie darzustellen. Wie Abbildung 16 zu entnehmen ist, kann die Problemstellung des RSW-Tests in vier Hierarchiestufen gegliedert werden.

Abbildung 16 Hierarchische Darstellung des RSW-Tests

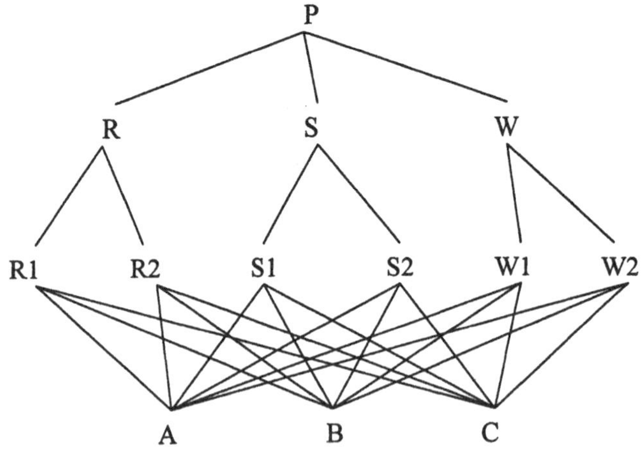

Quelle: Eigene Darstellung.

Die erste Hierarchieebene, das Oberziel, ist die Performance. Es sollen alle Aktiengesellschaften auf Basis ihrer fundamentalen Performance vollständig geordnet werden. Die zweite Hierarchieebene enthält die Ziele, aus welchen sich das Oberziel zusammensetzt, bezogen auf das RSW-Verfahren sind dies die drei Ziele: Rendite (R), Sicherheit (S) und Wachstum (W). Die resultierenden sechs Kennzahlen k_j bilden die dritte Hierarchiestufe. Die Elemente der letzten Hierarchieebene beinhalten die drei zu bewertenden Alternativen: Bayer (A), BASF (B) und Hoechst (C).

4.3.3.2 Aufstellen der Paarvergleichsmatrizen

Unter der Durchführung eines Paarvergleichs, das heißt, dem Schätzen der Paarvergleichsmatrizen, wird im Rahmen des AHP der Vergleich jedes Elements einer Hierarchiestufe mit jedem anderen Element derselben Hierarchiestufe verstanden. Dabei wird, da die höchste Stufe nur aus einem Oberziel besteht, mit der zweiten Ebene begonnen. Quelle für die Bewertung der Kriterien ist die Aussage von Schmidt, die Wichtigkeit von Rendite zu Sicherheit zu Wachstum entspräche dem Verhältnis 4:1:1.[746] Diese Aussage ist in Tabelle 24 in Form von Paarvergleichen umgesetzt worden. Inhaltlich ist nach Saaty der Skalenwert 4 als Zwischenwert zwischen „etwas wichtiger“ und „spürbar wichtiger“ zu interpretieren.[747]

Tabelle 24 Vergleich der Ziele im Hinblick auf die Performance

Performance	R	S	W
R	1	4	4
S	¼	1	1
W	¼	1	1

Quelle: In Anlehnung an Schmidt, R. (1990), S. 72.

Aus dem Vergleich der Elemente der dritten Hierarchieebene werden in gleicher Weise Paarvergleichsmatrizen abgeleitet. Die Information, daß R1 ein wenig wichtiger ist als R2 und das Verhältnis von S1 zu S2 beziehungsweise von W1 zu W2 ebenso zu bewerten ist,[748] kann numerisch durch 2 beziehungsweise ½ ausgedrückt werden. Der Skalenwert 2 ist der Zwischenwert zwischen „gleich wichtig“ und „etwas wichtiger“. Das Ergebnis sind drei Paarvergleichsmatrizen, die in Tabelle 25 enthalten sind.

746 Vgl. Schmidt, R. (1990a), S. 72.

747 Vgl. Saaty, T. L. (1977), S. 246.

748 Vgl. Schmidt, R. (1990a), S. 72, Schmidt, R. (1995b), S. 4.

Tabelle 25 Vergleich der Kennzahlen im Hinblick auf die einzelnen Ziele

Rendite	R1	R2
R1	1	2
R2	½	1

Sicherheit	S1	S2
S1	1	2
S2	½	1

Wachstum	W1	W2
W1	1	2
W2	½	1

Quelle: In Anlehnung an Schmidt, R. (1990), S. 72.

Die gleiche Vorgehensweise wiederholt sich bezüglich des Vergleichs der Aktiengesellschaften auf der letzten Hierarchieebene. Divergierend zu Ebene 2 und 3 liegen hier keine subjektiven Bewertungen für den Paarvergleich zugrunde, statt dessen werden – wie in einem Beispiel von Saaty und Kearns[749] - für den Paarvergleich ausschließlich objektive Daten, nämlich die Kennzahlenausprägungen, herangezogen. Hier wird deutlich, daß in diesem Fall der AHP nicht an die 9-Punkte-Skala gebunden ist. Als Eigenschaft des AHP ist hier zu nennen, daß alle Bewertungen wegen der Quotientenbildung dimensionslos sind. Die Matrizen faßt Tabelle 26 zusammen.

Tabelle 26 Vergleich der Alternativen im Hinblick auf die unterschiedlichen Kennzahlen

R1	A	B	C
A	1	1,0380	1,1056
B	0,9634	1	1,0652
C	0,9045	0,9388	1

R2	A	B	C
A	1	0,8961	0,9952
B	1,1159	1	1,1106
C	1,0048	0,9004	1

749 Vgl. Saaty, T. L./Kearns, K. P. (1985), S. 50 ff.

S1	A	B	C
A	1	0,9086	1,2982
B	1,1006	1	1,4288
C	0,7703	0,6999	1

S2	A	B	C
A	1	1,0940	9,5978
B	0,9141	1	8,7733
C	0,1042	0,1140	1

W1	A	B	C
A	1	1,6997	0,4856
B	0,5883	1	0,2857
C	2,0594	3,5005	1

W2	A	B	C
A	1	1,0222	4,4967
B	0,9783	1	4,3991
C	0,2224	0,2273	1

Quelle: Datenbank Halle und eigene Berechnung.

4.3.3.3 Berechnung der Gewichtungsvektoren

Die Gewichtungsvektoren werden aus den einzelnen oben dargestellten Paarvergleichsmatrizen abgeleitet. Die Anzahl der Gewichtungsvektoren entspricht somit der Anzahl der Matrizen. Beginnend mit den Informationen der Tabelle 24 berechnet sich der Eigenvektor wie folgt: Die Paarvergleichsmatrix M wird zu N normiert, indem jede Zahl durch ihre Spaltensumme dividiert wird.

$$M = \begin{pmatrix} 1 & 4 & 4 \\ 1/4 & 1 & 1 \\ 1/4 & 1 & 1 \end{pmatrix},$$

$$N = \begin{pmatrix} 4/6 & 4/6 & 4/6 \\ 1/6 & 1/6 & 1/6 \\ 1/6 & 1/6 & 1/6 \end{pmatrix}$$

Multipliziert man **N** mit dem entsprechenden Einheitsvektor von rechts, so ergibt sich ein Spaltenvektor bestehend aus drei Zeilensummen:

$$N * \begin{pmatrix} 1 \\ 1 \\ 1 \end{pmatrix} = \begin{pmatrix} 2 \\ 1/2 \\ 1/2 \end{pmatrix}$$

Wird letztgenannter Vektor durch n (im vorliegenden Fall ist n=3) dividiert, so erhält man im letzten Schritt den Gewichtungsvektor w_P^T.

$$w_P^T = N * \begin{pmatrix} 1 \\ 1 \\ 1 \end{pmatrix} * 1/3$$

Um kennzeichnen zu können hinsichtlich welches Elements der Gewichtevektor geschätzt wurde, ist ein zusätzlicher Index eingeführt worden. In diesem Fall ist es der Index „P“, welcher angibt, daß die Gewichte im Hinblick auf das Oberziel „Performance“ berechnet wurden.

$$w_P^T = \begin{pmatrix} 2/3 \\ 1/6 \\ 1/6 \end{pmatrix}$$

Alle weiteren Gewichtungsvektoren werden entsprechend berechnet. Die Gewichtungsvektoren der Kennzahlen der dritten Hierarchiestufe sind:

$$w_R^T = \begin{pmatrix} 2/3 \\ 1/3 \end{pmatrix} \quad w_S^T = \begin{pmatrix} 2/3 \\ 1/3 \end{pmatrix} \quad w_W^T = \begin{pmatrix} 2/3 \\ 1/3 \end{pmatrix}$$

Aus den Paarvergleichsmatrizen der Alternativen leiten sich ebenso sechs Nutzengrößen ab, die zur Verbesserung der Übersichtlichkeit in einer Tabelle (vgl. Tabelle 27) abgebildet werden.

Tabelle 27 Nutzengrößen der vierten Hierarchiestufe

	w_{R1}^T	w_{R2}^T	w_{S1}^T	w_{S2}^T	w_{W1}^T	w_{W2}^T
A	0,3487	0,3204	0,3483	0,4955	0,2741	0,4544
B	0,3359	0,3576	0,3834	0,4529	0,1613	0,4445
C	0,3154	0,3220	0,2683	0,0516	0,5646	0,1011

Quelle: Eigene Berechnung.

Ändert sich die Menge der zu bewertenden Alternativen und bleiben die Präferenzangaben des Entscheiders konstant, dann müßten nur die Gewichtungsvektoren der letzten Hierarchiestufe neu kalkuliert werden.

4.3.3.4 Überprüfung der Konsistenz

Die Überprüfung der Konsistenz erfolgt auf Basis der in Abschnitt 3.3.2 beschriebenen Konsistenzbedingungen:

$$b(a_i, a_j) = 1/\, b(a_j, a_i) \qquad \text{für alle } i, j = 1,\ldots, m \qquad \text{und}$$

$$b(a_i, a_j) = b(a_i, a_z) \cdot b(a_z, a_j) \qquad \text{für alle } i, j, z = 1,\ldots, m$$

Beginnend mit der ersten Paarvergleichsmatrix, der Schätzung der relativen Wichtigkeit der Ziele Rendite, Sicherheit und Wachstum unter Berücksichtigung des Oberziels Performance, werden die Bedingungen schrittweise überprüft.

$$M = \begin{pmatrix} 1 & 4 & 4 \\ 1/4 & 1 & 1 \\ 1/4 & 1 & 1 \end{pmatrix}$$

Auf den ersten Blick ist zu sehen, daß es sich um eine reziproke Matrix handelt. So ist zum Beispiel:

$$b(a_1, a_3) = \frac{1}{4} \equiv \frac{1}{4} = \frac{1}{b(a_3, a_1)}$$

Die zweite Gleichung ist ebenso für alle möglichen Paarvergleichskombinationen erfüllt. Zwei Beispiele sind hier willkürlich herausgegriffen:

$$b(a_1, a_3) = 4 = 4 \cdot 1 = b(a_1, a_2) \cdot b(a_2, a_3)$$

$$b(a_2, a_1) = \frac{1}{4} = 1 \cdot \frac{1}{4} = b(a_2, a_3) \cdot b(a_3, a_1)$$

Da die Matrix konsistent ist, ist der Eigenwert λ_{max} von M gleich m und der Konsistenzindex CI und damit auch der Konsistenzwert CR gleich Null.

$$\lambda_{\max} = m \;\rightarrow\; CI = \frac{\lambda_{\max} - m}{m-1} = 0 \;\rightarrow\; CR = \frac{CI}{RI} = 0$$

Das selbe Ergebnis erhält man für jede weitere Paarvergleichsmatrix. Dies gilt insbesondere für die Matrizen in Tabelle 26.

4.3.3.5 Bewertung der Alternativen

Um das Prinzip der Alternativenbewertung zu veranschaulichen, werden die berechneten Gewichte den Graphen der Abbildung 16 zugeordnet. Damit die einzelnen Werte lesbar sind, wird hier die Abbildung der bewerteten Hierarchien in drei Abbildungen aufgespalten und für jede Alternative eine einzelne Abbildung erstellt. Im einzelnen sind dies Abbildung 17, Abbildung 18 und Abbildung 19.

Abbildung 17 Bewertete Hierarchie des RSW-Tests für Alternative A

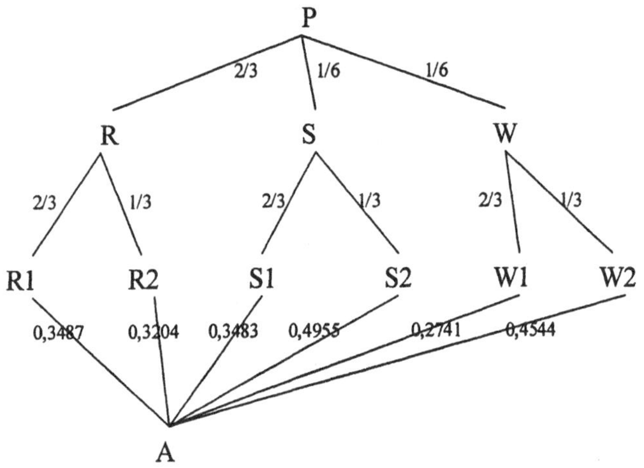

Quelle: Eigene Darstellung.

Der abschließende Präferenzindex $w_P(a_A)$ von Alternative a_A wird berechnet, indem für jeden Weg von A nach P die Gewichte beziehungsweise Nutzwerte entlang eines Weges miteinander multipliziert und die resultierenden Produkte addiert werden.

$$w_P(a_A) = 0{,}3487 \cdot 2/3 \cdot 2/3 + 0{,}3204 \cdot 1/3 \cdot 2/3 + 0{,}3483 \cdot 2/3 \cdot 1/6 + 0{,}4955 \cdot 1/3 \cdot 1/6 + 0{,}2741 \cdot 2/3 \cdot 1/6 + 0{,}4544 \cdot 1/3 \cdot 1/6 = 0{,}3481$$

Ebenso wie für Alternative A wird der abschließende Präferenzindex von B und C berechnet.

Abbildung 18 Bewertete Hierarchie des RSW-Tests für Alternative B

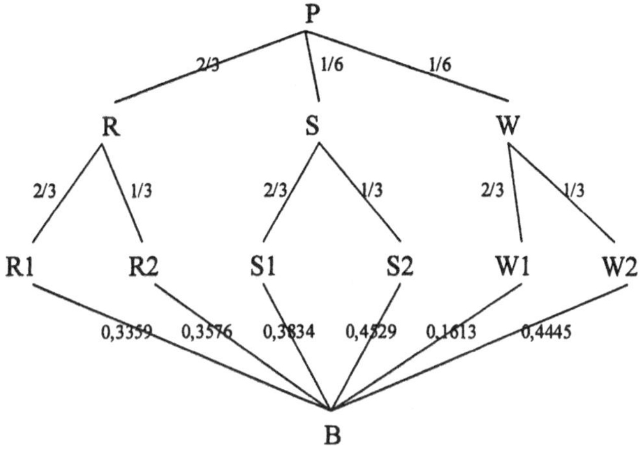

Quelle: Eigene Darstellung.

Der Präferenzindex von a_B ist:

$$
\begin{aligned}
w_P(a_B) &= 0{,}3359 \cdot 2/3 \cdot 2/3 + 0{,}3576 \cdot 1/3 \cdot 2/3 + 0{,}3834 \cdot 2/3 \cdot 1/6 + \\
&\quad 0{,}4529 \cdot 1/3 \cdot 1/6 + 0{,}1613 \cdot 2/3 \cdot 1/6 + 0{,}4445 \cdot 1/3 \cdot 1/6 \\
&= 0{,}3391
\end{aligned}
$$

Abbildung 19 Bewertete Hierarchie des RSW-Tests für Alternative C

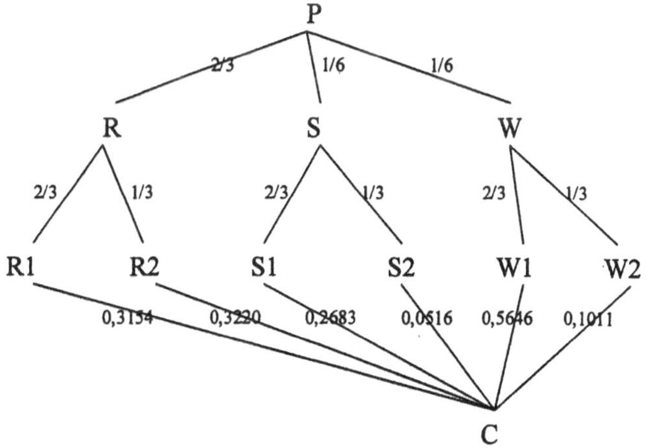

Quelle: Eigene Darstellung.

Für a_C ergibt sich folgender Präferenzindex:

$$w_P(a_C) = 0{,}3154 \cdot 2/3 \cdot 2/3 + 0{,}3220 \cdot 1/3 \cdot 2/3 + 0{,}2683 \cdot 2/3 \cdot 1/6 + 0{,}0516 \cdot 1/3 \cdot 1/6 + 0{,}5646 \cdot 2/3 \cdot 1/6 + 0{,}1011 \cdot 1/3 \cdot 1/6 = 0{,}3127$$

Die zusammenfassende Bewertung der Alternativen auf Basis des AHP veranschaulicht Abbildung 20.

Abbildung 20 Abschließende Bewertung der Alternativen A, B und C

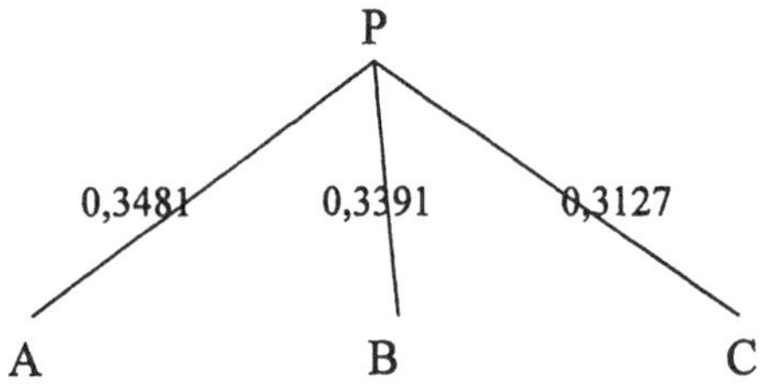

Quelle: Eigene Darstellung.

Wenn die Alternativen nach ihrer Performance geordnet werden, so ist unter Verwendung des AHP A (Bayer) die beste Alternative. B (BASF) ist die zweitbeste und C (Hoechst) die schlechteste der drei Alternativen, wobei die Präferenzindizes von Bayer und BASF sich kaum unterscheiden. Die abschließende Präferenzordnung lautet:

$$A \succ B \succ C$$

Das AHP Ranking wird in Abschnitt 4.3.5 mit den durch die Nutzwertanalyse und PROMETHEE II erzeugten Ergebnissen verglichen.

4.3.3.6 Sensitivitätstests

Wie robust das erzielte Ranking ist, wird im folgenden analysiert. Auch wenn in der Literatur Sensitivitätstests nicht als fester Bestandteil bei der Anwendung des AHP etabliert wurden,[750] sind diese selbstverständlich für den AHP nicht weniger wichtig als bei der Anwendung der Nutzwertanalyse.[751] So kann zum Beispiel auf Basis von speziell für den AHP entwickelten Tests überprüft wer-

750 Vgl. Saaty, T. L. (1977), Saaty, T. L. (1980), Saaty, T. L./Vargas, L. G. (1990), Harker, P. T. (1989). Wenn Sensitivitätsanalysen auch nicht als abschließende Phase des AHP gefordert werden, haben selbstverständlich auch Saaty und andere Autoren Stabilitätstests durchgeführt, um zum Beispiel die Robustheit des Eigenvektors zu messen. Vgl. Saaty, T. L. (1980), S. 192 ff., Webber, S. A./Apostolou, B./Hassell, J. M. (1996). Darüber hinaus wurden eine Vielzahl von Simulationstests durchgeführt. Vgl. zum Beispiel Arbel, A./Vargas, L. G. (1992), S. 64 ff.

751 Vgl. Saaty, T. L. (1980), S. 192 ff.

den, ob einzelne Alternativen sich statistisch signifikant in ihrer Bewertung voneinander unterscheiden.[752] Da das Ziel der vorliegenden Analyse nicht das Finden der besten Aktiengesellschaft sondern ein Ranking ist, wird dieser Ansatz nicht weiter verfolgt.

Wie bei der vorangegangenen Sensitivitätsanalyse soll nicht die Variation aller möglichen Inputgrößen betrachtet werden. So bleibt die Stichprobenauswahl konstant.[753] Die Kennzahlendefinitionen und der Untersuchungszeitraum werden ebenso nicht verändert.

Das Bilden einer Hierarchie hat nur dann Einfluß auf das Ranking, wenn hierdurch das Schätzen der Paarvergleiche zu neuen Ergebnissen führt, und die berechneten Gewichte, das heißt die Präferenzindizes, sich verändern. Wenn die Präferenzen des Entscheiders aber feststehen, und er diese fehlerfrei in Form von Paarvergleichen artikulieren kann, so hat die gewählte Hierarchie keinen Einfluß auf die Bewertung.

Der Einfluß der Gewichte auf das Ranking wird im folgenden analysiert. Gewichtungsvektoren wurden aus dem Paarvergleich der Attribute der zweiten, dritten und vierten Hierarchieebene abgeleitet. Da Modifikationen der vierten Hierarchieebene nur durch eine Veränderung der Alternativenmenge oder der Kennzahlendefinition zu erlangen sind – welche erst später untersucht werden – fokussiert dieser Abschnitt ausschließlich Änderungen der Gewichtungsvektoren der zweiten und dritten Hierarchiestufe.

Das gängige Vorgehen zur Erlangung unterschiedlicher Gewichtungsvektoren wäre die neue Entwicklung einer Paarvergleichsmatrix. Aus diesen könnten in einem zweiten Schritt die Gewichte und dann das neue, eventuell veränderte Ranking abgeleitet werden. Da das Ausmaß der im Rahmen des AHP und der Bewertung auf Basis der 9-Punkte-Skala[754] möglichen Bewertung aber weniger interessant ist als die grundsätzliche Robustheit der Lösung und diese mit der Nutzwertanalyse und PROMETHEE II verglichen werden sollen, wird hier eine andere Vorgehensweise gewählt. Wie bereits im vorigen Sensitivitätstest gezeigt, werden Stabilitätsintervalle für jedes Gewicht ausgerechnet. Als Ober- und Untergrenze sind im folgenden alle reellen Zahlen zwischen 0 und 1 zugelassen. Würden nur auf Basis der 9-Punkte-Skala tatsächlich bestimmbare Gewichtungsfaktoren zugelassen, so wäre die Möglichkeitsmenge kleiner. Die Gewichte sind bisher zumeist als Quotient angegeben, werden aber im folgenden als reine Dezimalzahlen dargestellt.

752 Vgl. Rosenbloom, E. S. (1996).

753 Vgl. zur Einschätzung, wie groß der durch die Auswahl der Stichprobe entstehende Einfluß bei Anwendung des AHP ist, Abschnitt 4.4.5.

754 Vgl. Saaty, T. L. (1977), S. 246, Saaty, T. L. (1980), S. 54.

Tabelle 28 **Stabilitätsintervalle der Gewichte der zweiten Hierarchieebene berechnet für den Vergleich Bayer, BASF und Hoechst**

		Ausgangs-gewicht	Untere Intervallgrenze	Obere Intervallgrenze
	R	0,6667	0	0,8996
P	S	0,1667	0,0473	0,5781
	W	0,1667	0,0591	0,2882

Quelle: Eigene Berechnung.

Tabelle 28 enthält die Stabilitätsintervalle der Gewichte der Ziele – diese sind die Kriterien der zweiten Hierarchiestufe – welche im Hinblick auf die Performance bewertet wurden. Von keinem Intervall ist die Untergrenze Null und die Obergrenze Eins, was bedeutet, daß durch entsprechende Änderung jedes Gewichtungsfaktors eine Rangumkehrung erzeugt werden kann. Besonders unrobust ist das Ziel „Wachstum“. Die theoretisch interessante Frage, ob eine vollständige Umkehrung des ursprünglichen Rankings durch Änderung der Gewichte auf der zweiten Hierarchieebene möglich ist, muß verneint werden. Jedoch kann durch eine hohe Gewichtung des Ziels Wachstum – wenn W mit einem Gewicht größer als 0,4314 geschätzt würde – Hoechst (C) die am besten bewertete Alternative werden.

Das Stabilitätsintervall von R ist mit [0; 0,8996] das größte. Da die Rendite als wichtigstes Ziel bewertet wurde, ist dieses Ergebnis erfreulich: Nur eine extrem hohe Gewichtung der Rendite kann, wenn alle anderen Faktoren konstant bleiben, eine Änderung des Rankings bewirken. Es schließt sich die Frage an, welchen Skalenwert R im Vergleich zu S und W erhalten müßte, damit die Obergrenze 0,8996 überschritten wird. Dazu wird unterstellt, daß der Entscheider sich bei der Bewertung der Paarvergleiche an die vorgegebene 9-Punkte-Skala hält und nur natürliche Zahlen zwischen 1 und 9 beziehungsweise deren Kehrwerte verwendet. Ebenso sind nur konsistente Paarvergleichsmatrizen zugelassen. Auch die stärkst mögliche Bewertung von R mit dem Skalenwert 9 – was als „R ist extrem viel wichtiger als S oder W“ zu interpretieren ist – würde nur zu einer Gewichtung von R mit 9/11 also 0,8182 führen. Dieser Wert kann berechnet werden, wenn die Beziehung der anderen Kriterien zueinander konstant oder bekannt ist. Das bedeutet, daß in diesem Fall jede im Rahmen der 9-Punkte-Skala zulässige Bewertung von R möglich ist, ohne daß eine Rangumkehrung erzeugt werden kann.

In gleicher Weise ist zu überprüfen, ob die Untergrenzen der Stabilitätsintervalle von S und W ausgeschöpft werden können. Der minimal im Rahmen der 9-Punkte-Skala vergebbare Wert ist 1/9. Werden auf derselben Hierarchiestufe insgesamt drei Elemente miteinander verglichen, sind nur konsistente Paarvergleiche zugelassen. Sind S und W gleich wichtig, so ist der entsprechende minimal realisierbare Gewichtungsfaktor von S oder W gleich 1/11 beziehungsweise 0,0909. Damit kann sowohl die untere Stabilitätsintervallgrenze von S (0,0473), als auch die von W (0,0591) nicht unterschritten werden.

Die aufgezeigten Ergebnisse verdeutlichen, daß, wenn die Gewichte auf Basis der Eigenvektor-Methode und der 9-Punkte-Skala von Saaty vergeben werden, die Wahl der Gewichtungsfaktoren, wie bereits kritisiert, sehr eingeschränkt ist. Werden nur konsistente Paarvergleiche betrachtet, so kann das kleinste und das größte mögliche Gewicht in Abhängigkeit von der Anzahl der zu vergleichenden Elemente einfach berechnet werden. Da für die weiteren Sensitivitätstests diese Grenzen von Interesse sind, faßt Tabelle 29 diese bis zum Vergleich von zehn Elementen auf einer Hierarchiestufe zusammen.

Tabelle 29 **Grenzen des Schätzens der Gewichte durch die Verwendung der 9-Punkte-Skala von Saaty**

Anzahl verglichener Elemente	Minimal mögliches Gewicht	Maximal mögliches Gewicht
2	0,1000	0,8182
3	0,0526	0,7500
4	0,0357	0,6923
5	0,0270	0,6429
6	0,0217	0,6000
7	0,0182	0,5625
8	0,0156	0,5294
9	0,0137	0,5000
10	0,0122	0,4734

Quelle: Eigene Berechnungen.

Die Gewichte in Tabelle 29 können wie folgt interpretiert werden: Ist ein Bewertungsproblem so definiert, daß auf einer beliebigen Hierarchiestufe zum Beispiel neun Kriterien (Elemente) miteinander verglichen werden sollen, so kann das Gewicht eines Kriteriums mit minimal 0,0137 und maximal 0,5 geschätzt werden. Will der Entscheider beim Vergleich von neun Elementen derselben Hierarchieebene ein Kriterium jedoch mit einem Wert größer 0,5 bewerten, so ginge dieses auf Basis der 9-Punkte-Skala nicht. Der einzige Ausweg wäre die neue Definition der Hierarchie – die Ebene mit neun Elementen müßte in zwei Ebenen geteilt werden.

Grundsätzlich ist festzuhalten, daß in der praktischen Anwendung die Reduktion bei der Bewertung von Vergleichen auf einer Skala mit nur neun Abstufungen zwar zu reellen, aber möglicherweise nicht sinnvollen Einschränkungen führt.

Das beschriebene Problem ist eine Kritik an der 9-Punkte-Skala, welche nicht mit dem AHP gleichzusetzen ist. Forman klassifiziert die Aussage: „AHP is constrained because of its 9 point scale...“[755] zu Recht als Fiktion und betont, daß an der 9-Punkte-Skala bei Nutzung des AHP nicht festgehalten werden muß.[756] Saaty erkennt das Problem ebenfalls; es äußert sich auch beim Vergleich von Elementen mit stark unterschiedlichen Zielerreichungsgraden. Das Resultat ist eine sehr geringe Konsistenz.[757] Saaty unterbreitet jedoch keine Lösungsvorschläge, sondern klammert Probleme dieser Art aus, indem er durch ein Axiom fordert, daß nur homogene Elemente miteinander verglichen werden dürfen.[758] Sind die Alternativen nicht homogen, so müssen sie geclustert werden. Die Cluster sind dann einzeln zu bewerten.[759] Dieser Vorschlag wird im weiteren nicht vertieft, da in einem Ranking alle Alternativen bewertet werden sollen.

Nachdem die Stabilitätsintervalle der Zielgewichte der zweiten Hierarchiestufen diskutiert worden sind, zeigt Tabelle 30 die Stabilitätsintervalle der Gewichte der Kennzahlen der dritten Ebenen. Es handelt sich um drei Vergleiche von jeweils zwei Elementen: R1 und R2 werden im Hinblick auf das Ziel Rendite, S1 und S2 im Hinblick auf das Ziel Sicherheit und W1 mit W2 im Hinblick auf das Ziel Wachstum miteinander verglichen.

Die oberen Intervallgrenzen von W1 und W2 können, auch wenn nur zwei Kriterien zu vergleichen sind, nicht überschritten werden. Nur die Obergrenzen der Stabilitätsintervalle von W1 und W2 sind zu beachten. Wie das Verhältnis von S1 zu S2 gewählt wird, ist ohne Auswirkung auf das Ranking. Die Gewichtung von R1 darf hingegen im Verhältnis zu R2 nicht zu klein sein, wenn das Ergebnis unverändert bleiben soll.

Die berechneten Stabilitätsintervalle lassen, auch wenn sie gut isoliert interpretiert werden können, keinen Vergleich mit den für die Nutzwertanalyse kalkulierten Intervallen zu. Da dieser Vergleich wichtig ist, um schließen zu können, welche Methode bei der Bewertung von Bayer, BASF und Hoechst stärker oder schwächer auf Änderungen der Gewichte reagiert, werden die Gewichte der zweiten und dritten Hierarchiestufe multipliziert und für sie neue Stabili-

755 Forman, E. H. (1992), S. 129.

756 Vgl. Forman, E. H. (1992), S. 129.

757 Vgl. Saaty, T. L. (1994), S. 598 ff., Murphy, C. K. (1993), S. 138 ff.

758 Vgl. Saaty, T. L. (1988), S. 844 ff., Harker, P. T./Vargas, L. G. (1987), S. 1384 ff.

759 Vgl. Saaty, T. L. (1994), S. 598 ff.

tätsintervalle berechnet. Die entsprechenden Werte zeigt Tabelle 31. Da die Hierarchie zum Schätzen der Paarvergleiche beziehungsweise Gewichte wichtig ist, aber das Ergebnis von der Anzahl der Hierarchiestufen nicht abhängig ist, ist dieses Vorgehen zulässig.[760]

Tabelle 30 Stabilitätsintervalle der Gewichte der dritten Hierarchieebene berechnet für den Vergleich Bayer, BASF und Hoechst

		Ausgangsgewicht	Untere Intervallgrenze	Obere Intervallgrenze
R	R1	0,6667	0,3975	1
	R2	0,3333	0	0,6025
S	S1	0,6667	0	1
	S2	0,3333	0	1
W	W1	0,6667	0,1435	0,8786
	W2	0,3333	0,1214	0,8565

Quelle: Eigene Berechnung.

Tabelle 31 Stabilitätsintervalle der Gewichte der zweiten und dritten Hierarchieebene berechnet für den Vergleich Bayer, BASF und Hoechst

		Ausgangsgewicht	Untere Intervallgrenze	Obere Intervallgrenze
R	R1	0,4444	0	1
	R2	0,2222	0	0,3734
S	S1	0,1111	0	0,2921
	S2	0,0556	0	1
W	W1	0,1111	0,0343	0,2075
	W2	0,0556	0	1

Quelle: Eigene Berechnung.

760 Es wird unterstellt, daß keine Bewertungsfehler gemacht werden.

Die Betrachtung der bisher berechneten Stabilitätsintervalle und die in Tabelle 31 enthaltenen Intervallgrenzen können zu dem falschen Schluß führen, daß die Ergebnisse nicht völlig übereinstimmen. Da jeweils die Annahme getroffen wurde, daß die nicht modifizierten Gewichte in ihrem Verhältnis zueinander konstant bleiben, kommt es zu dieser Verzerrung.

Die sechs Stabilitätsintervalle sind unterschiedlich groß. Das Ergebnis reagiert unterschiedlich sensitiv auf die Änderung der Gewichtungsfaktoren in Abhängigkeit von dem betrachteten Kriterium. Bei drei von sechs Kriteriengewichten (R1, S2 und W2) ist das Ergebnis sogar stabil, Rangumkehrungen können hier durch Veränderungen der Gewichte nicht erzeugt werden. Eine vollständige Rangumkehrung kann in keinem der gezeigten Fälle erzielt werden. Jedoch wenn W1 mit w_5>0,2075 bewertet würde, wäre Hoechst die beste Alternative.

4.3.4 PROMETHEE II

Bei der Anwendung von PROMETHEE II sind, wie in Abschnitt 3.4.2 erörtert, drei Hauptschritte zu unterscheiden: die Definition der Präferenzfunktionen, die Konstruktion des bewerteten Outranking-Graphen sowie die Auswertung der Outranking-Relation. Diese Schritte werden im folgenden am Beispiel der Bewertung von Bayer, BASF und Hoechst beschrieben. Nachdem die Alternativenmenge und die sechs Kennzahlen definiert wurden,[761] ist im Rahmen von PROMETHEE für jedes Kriterium eine Präferenzfunktionen zu definieren.

4.3.4.1 Definition der Präferenzfunktionen

Für jedes Kriterium ist eine Präferenzfunktion zu definieren, welche die Präferenz des Entscheiders bezogen auf ein Kriterium hinsichtlich einer Alternative in bezug zu einer anderen Alternative angibt. Diese Besonderheit von PROMETHEE ist, Präferenzen in Abhängigkeit von der Ausprägung der Differenz modellieren zu können. Um PROMETHEE II anwenden zu können, ist eine Präferenzfunktion für jede der sechs Kennzahlen zu definieren. Dazu kann eine der sechs von Brans/ Mareschal/Vincke vorgeschlagenen Funktionstypen[762] ausgewählt oder eine neue Präferenzfunktion entwickelt werden.

Die Auswahl der Präferenzfunktion für jedes Kriterium kann als eine Entscheidungsdimension interpretiert werden, die die Nutzwertanalyse oder der AHP nicht kennen. Das bedeutet, der Entscheidungsträger muß neu nach seinen Präferenzen gefragt werden. Die Präferenz kann nicht aus den im RSW-Test enthaltenen Angaben abgeleitet werden.

Die im folgenden ausgewählten Präferenzfunktionen wurden von der Verfasserin im Hinblick darauf ausgewählt, welche Präferenz ein rational handeln-

761 Vgl. Abschnitt 4.3.1.

762 Vgl. Abschnitt 3.4.2.1.

der Investor hat. Die Auswahl wird im einzelnen begründet. Damit kann die folgende Auswahl wie jede andere Modellspezifikation nur eine plausible Schätzung aber nicht objektiv richtig sein. Wie schon häufig betont, ist eine Parameterschätzung gut, wenn sie die Präferenzen des Entscheidenden in hohem Maße widerspiegeln.

Bezogen auf die Rendite einer Aktiengesellschaft ist es sinnvoll davon auszugehen, daß der Entscheider sensitiv gegenüber auch sehr kleinen Renditedifferenzen ist. Jede meßbare Einheit, die er mehr auf sein eingezahltes Kapital ausgezahlt bekommt, nimmt er wahr. Die Präferenzfunktion der Eigenkapitalrendite (R1) soll daher durch das gewöhnliche Kriterium abgebildet werden.[763] Die Ausprägung von Kennzahl R1 der Alternative a_i wird durch $f_1(a_i)$ symbolisiert.[764]

$$p_1(f_1(a_i)-f_1(a_l))=\begin{cases}0 & \text{für } (f_1(a_i)-f_1(a_l))\leq 0\\ 1 & \text{für } (f_1(a_i)-f_1(a_l))>0\end{cases}$$

Abbildung 21 Präferenzfunktion des Kriteriums R1

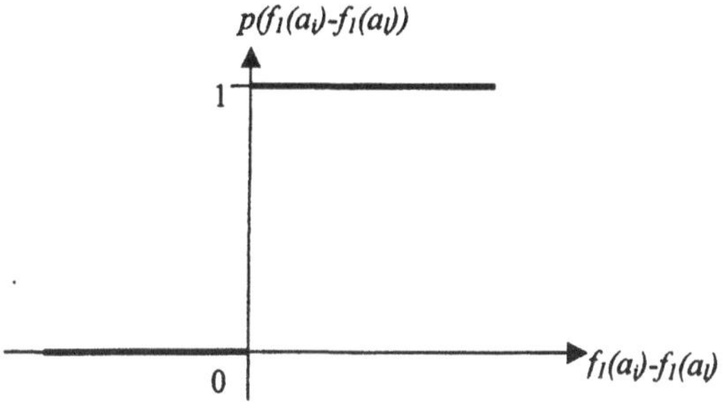

Quelle: Eigene Darstellung.

Die in Abbildung 21 dargestellte Präferenzfunktion ist wie folgt zu interpretieren: Sobald die Eigenkapitalrendite der Alternative a_1 größer ist als die von Alternative a_2 – auch die kleinste Differenz ist ausreichend – zieht der Entscheider die Alternative a_1 der Alternative a_2 strikt vor.

Die Präferenzfunktion der Cash-flow-Rendite k_2 wird auf Grund derselben Überlegung ebenfalls durch das gewöhnliche Kriterium dargestellt:

$$p_2(f_2(a_i)-f_2(a_l))=\begin{cases}0 & \text{für } (f_2(a_i)-f_2(a_l))\leq 0\\ 1 & \text{für } (f_2(a_i)-f_2(a_l))>0\end{cases}$$

Die graphische Darstellung dieser Funktion ist mit Ausnahme der Achsenbeschriftungen identisch mit Abbildung 21.

763 Vgl. Abbildung 21.

764 Vgl. Abschnitt 3.1.4.

Die Präferenz des Entscheiders bezüglich der Differenzen unterschiedlicher Eigenkapitalquoten (S1) könnte ebenfalls in Form der Präferenzfunktion des gewöhnlichen Kriteriums abgebildet werden. Hier wird aber im Widerspruch dazu argumentiert, daß nur sehr kleine Unterschiede der Eigenkapitalquote nicht mehr oder weniger Sicherheit für den Anleger bedeuten. Zum Beispiel wird ein Unternehmen mit einer Eigenkapitalquote von 73 % nicht als sicherer wahrgenommen als ein Unternehmen mit 72 % Eigenkapital. Ebenso gibt es Bereiche, in denen nur von einer schwachen Präferenz gesprochen werden kann. So ist zum Beispiel S1=73 % nur als geringfügig besser als S1=69 % zu interpretieren. Es bietet sich das Stufenkriterium zur Darstellung der Präferenz an, wie es in Abbildung 22 graphisch dargestellt ist. Eine ähnliche Präferenzstruktur hätte durch die Nutzung des Gaußschen Kriteriums erzeugt werden können. Einen Anwender, der selten mit mathematischen Funktionen arbeitet, könnte jedoch die Definition von Schwellenwerten für das Stufenkriterium einfacher fallen.

Als Konstanten für das Stufenkriterium sind $q=2$ und $s=6$ festgelegt worden:

$$p_3(f_3(a_i)-f_3(a_l))=\begin{cases} 0 & \text{für } (f_3(a_i)-f_3(a_l))<2 \\ \frac{1}{2} & \text{für } 2\leq(f_3(a_i)-f_3(a_l))<6 \\ 1 & \text{für } 6<(f_3(a_i)-f_3(a_l)) \end{cases}$$

Abbildung 22 Präferenzfunktion des Kriteriums S1

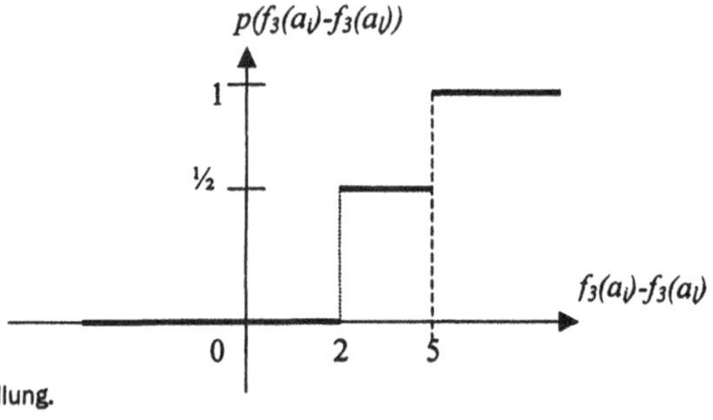

Quelle: Eigene Darstellung.

Da die Kriterienausprägungen im vorliegenden Fall Prozentzahlen sind, zeigt sich hier, daß es sinnvoller wäre, relative Schwellenwerte zu benutzen statt q und s als Konstante zu definieren. Ist der Anleger bezüglich einer Eigenkapitalquote von 85 % oder 86 % auch vollständig indifferent, so ist ein Unterschied von S1=5 % beziehungsweise S1=6 % beachtlich. Anstatt q=2 und s=6 zu schätzen, würde es die Präferenz eines Investors besser reflektieren, beide Schwellenwerte als Funktion zu definieren. Entsprechend würde die Präferenzfunktion lauten:

$$p_3(f_3(a_i)-f_3(a_l))=\begin{cases} 0 & \text{für} \quad \dfrac{f_3(a_i)-f_3(a_l)}{f_3(a_i)}<0{,}02 \\ \dfrac{1}{2} & \text{für} \quad 0{,}02\leq\dfrac{f_3(a_i)-f_3(a_l)}{f_3(a_i)}<0{,}06 \\ 1 & \text{für} \quad 0{,}06\leq\dfrac{f_3(a_l)-f_3(a_l)}{f_3(a_i)} \end{cases}$$

Für den konkreten Vergleich der Alternativen Bayer, BASF und Hoechst ist diese Differenzierung nicht dringend notwendig, da die realisierten Kennzahlen von S1 weder extrem klein noch sehr groß sind.

Die Präferenzfunktion der Liquiditätsquote (S2) wird ebenso wie S1 durch ein Stufen-Kriterium dargestellt, jedoch sind hier die Schwellenwerte niedriger anzusetzen, da die Liquiditätsquote eine deutlich kleinere Bandbreite aufweist als die Eigenkapitalquote. Abweichungen kleiner als 0,5 steht der Entscheider indifferent gegenüber. Differenzen zwischen 0,5 und 1 bedingen eine nur schwache Präferenz. Die Präferenzfunktion lautet:

$$p_4(f_4(a_i)-f_4(a_l))=\begin{cases} 0 & \text{für}\ (f_4(a_i)-f_4(a_l))<0{,}5 \\ \dfrac{1}{2} & \text{für}\ 0{,}5\leq(f_4(a_i)-f_4(a_l))<1 \\ 1 & \text{für}\ 1<(f_4(a_i)-f_4(a_l)) \end{cases}$$

Die graphische Darstellung der Präferenzfunktion entspricht mit anderen Konstanten Abbildung 22. Das Angeben von Funktionen anstelle von konstanten Schwellenwerten wäre auch hier sinnvoller; für das konkrete Anwendungsbeispiel ergeben sich aber keine Verzerrungen.

Die Präferenz von Differenzen hinsichtlich der Wachstumsraten sowohl der Bilanzsumme (W1) als auch des Umsatzes (W2), sollen anhand des Kriteriums mit linearer Präferenz abgebildet werden. Grund für die Auswahl des Kriteriums mit linearer Präferenz ist, daß der Entscheidende jede positive Differenz als gut bewertet, allerdings führen nur kleine Unterschiede noch nicht zu einer strikten Präferenz. Ein s-förmiger Funktionsverlauf hätte ebenfalls gewählt werden können. Unterschiedliche Wachstumsraten sollen größer als der Schwellenwert von *s*=1 zu einer starken, kleiner als *s*=1 zu einer schwachen Präferenz führen. Die Funktionen lauten:

$$p_5(f_5(a_i)-f_5(a_l))=\begin{cases} 0 & \text{für}\ (f_5(a_i)-f_5(a_l))<0 \\ f_5(a_i)-f_5(a_l) & \text{für}\ 0\leq(f_5(a_i)-f_5(a_l))<1 \\ 1 & \text{für}\ 1<(f_5(a_i)-f_5(a_l)) \end{cases}$$

beziehungsweise

$$p_6(f_6(a_i)-f_6(a_l))=\begin{cases} 0 & \text{für}\ (f_6(a_i)-f_6(a_l))<0 \\ f_6(a_i)-f_6(a_l) & \text{für}\ 0\leq(f_6(a_i)-f_6(a_l))<1 \\ 1 & \text{für}\ 1<(f_6(a_i)-f_6(a_l)) \end{cases}$$

Die Präferenzfunktion von W1 ist in Abbildung 23 dargestellt, für W2 wäre sie entsprechend.

Abbildung 23 Präferenzfunktion des Kriteriums W1

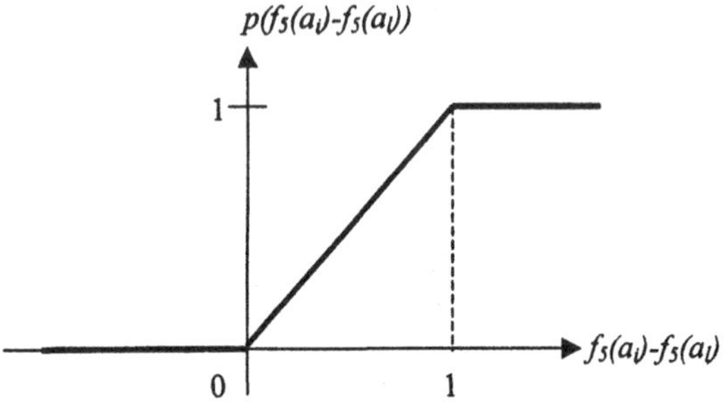

Quelle: Eigene Darstellung.

Zu begründen, warum das Kriterium mit linearer Präferenz und nicht das Stufenkriterium oder das Gaußsche Kriterium ausgewählt wurde, ist grundsätzlich nicht einfach. Da die Funktionen ähnlich sind, kann nur der individuelle Investor entscheiden, welches Kriterium seine Präferenz am besten reflektiert. Kritisch ist anzumerken, daß diese Entscheidungen den Entscheidungsträger überfordern können. Wer kann sicher bestimmen, ob seine Präferenz bezüglich eines konkreten Ziels besser durch das Kriterium mit linearer Präferenz oder durch das Gaußsche Kriterium abgebildet wird?

Gerade weil die Auswahl der Präferenzfunktion und der zugehörigen Schwellenwerte bezogen auf Sicherheit und Wachstum nicht eindeutig zu sein scheint, sind Sensitivitätstests mit unterschiedlichen Präferenzfunktionen unabdingbar. Nur so kann eingeschätzt werden, in welchem Maße die Auswahl anderer Präferenzfunktionen die Ergebnisse verändern würden. Diese Vergleiche enthält Abschnitt 4.3.4.4.2.

4.3.4.2 Konstruktion des bewerteten Outranking-Graphen

Nachdem für jedes der sechs Zielkriterien eine Präferenzfunktion ausgewählt wurde, ist der bewertete Outranking-Graph zu konstruieren. Zum Schätzen der Kriteriengewichte wird im Rahmen von PROMETHEE keine spezielle Methode benutzt. Wie bei den einzelnen Zielkriterien wird davon ausgegangen, daß der Gewichtungsvektor bekannt ist. Die Gewichte werden aus dem RSW-Verfahren übernommen: w_1=0,4444, w_2=0,2222, w_3=0,1111, w_4=0,0556, w_5=0,1111 und w_6=0,0556. Der Präferenzindex π ist dann definiert als:

$$\pi(a_i, a_l) = \sum_{j=1}^{m} w_j P_j(a_i, a_l)$$

Da das Beispiel drei Alternativen enthält, sind sechs Präferenzindizes zu berechnen. Da $\pi(a_i, a_j)$ nur in Ausnahmefällen gleich $(1-\pi(a_i, a_j))$ ist, können hier keine Symmetrieeigenschaften ausgenutzt werden.

$$\pi(a_A, a_B) = w_1 p_1(f_1(a_A)-f_1(a_B)) + w_2 p_2(f_2(a_A)-f_2(a_B)) + w_3 p_3(f_3(a_A)-f_3(a_B)) + w_4 p_4(f_4(a_A)-f_4(a_B)) + w_5 p_5(f_5(a_A)-f_5(a_B)) + w_6 p_6(f_6(a_A)-f_6(a_B)) =$$

$$0{,}4444\, p_1(21{,}4409-20{,}6567) + 0{,}2222\, p_2(11{,}7124-13{,}0697) + 0{,}1111\, p_3(42{,}5821-46{,}8671) + 0{,}0556\, p_4(9{,}5757-8{,}7531) + 0{,}1111\, p_5(8{,}0391-4{,}7296) + 0{,}0556\, p_6(5{,}8057-5{,}6797) =$$

$$0{,}4444\, p_1(0{,}7842) + 0{,}2222\, p_2(-1{,}3575) + 0{,}1111\, p_3(-4{,}2850) + 0{,}0556\, p_4(0{,}8226) + 0{,}1111\, p_5(3{,}3095) + 0{,}0556\, p_6(0{,}1260) =$$

$$0{,}4444\cdot 1 + 0{,}2222\cdot 0 + 0{,}1111\cdot 0 + 0{,}0556\cdot 0{,}5 + 0{,}1111\cdot 1 + 0{,}0556\cdot 0{,}1260 =$$

$$0{,}5903$$

$$\pi(a_A, a_C) = w_1 p_1(f_1(a_A)-f_1(a_C)) + w_2 p_2(f_2(a_A)-f_2(a_C)) + w_3 p_3(f_3(a_A)-f_3(a_C)) + w_4 p_4(f_4(a_A)-f_4(a_C)) + w_5 p_5(f_5(a_A)-f_5(a_C)) + w_6 p_6(f_6(a_A)-f_6(a_C)) = 0{,}6667$$

$$\pi(a_B, a_A) = w_1 p(f_1(a_B)-f_1(a_A)) + w_2 p(f_2(a_B)-f_2(a_A)) + w_3 p(f_3(a_B)-f_3(a_A)) + w_4\, p(f_4(a_B)-f_4(a_A)) + w_5 p(f_5(a_B)-f_5(a_A)) + w_6 p(f_6(a_B)-f_6(a_A)) = 0{,}2778$$

$$\pi(a_B, a_C) = w_1 p(f_1(a_B)-f_1(a_C)) + w_2 p(f_2(a_B)-f_2(a_C)) + w_3 p(f_3(a_B)-f_3(a_C)) + w_4\, p(f_4(a_B)-f_4(a_C)) + w_5 p(f_5(a_B)-f_5(a_C)) + w_6 p(f_6(a_B)-f_6(a_C)) = 0{,}8889$$

$$\pi(a_C, a_A) = w_1 p(f_1(a_C)-f_1(a_A)) + w_2 p(f_2(a_C)-f_2(a_A)) + w_3 p(f_3(a_C)-f_3(a_A)) + w_4\, p(f_4(a_C)-f_4(a_A)) + w_5 p(f_5(a_C)-f_5(a_A)) + w_6 p(f_6(a_C)-f_6(a_A)) = 0{,}3333$$

$$\pi(a_C, a_B) = w_1 p(f_1(a_C)-f_1(a_B)) + w_2 p(f_2(a_C)-f_2(a_B)) + w_3 p(f_3(a_C)-f_3(a_B)) + w_4\, p(f_4(a_C)-f_4(a_B)) + w_5 p(f_5(a_C)-f_5(a_B)) + w_6 p(f_6(a_C)-f_6(a_B)) = 0{,}1111$$

4.3.4.3 Auswertung der Outranking-Relation

Die Outranking-Relation wird ausgewertet, indem die berechneten Werte in Form einer aggregierten Präferenztabelle zusammengefaßt werden, siehe Tabelle 32. Ausgangs- ($\phi^+(a_i)$) und Eingangsfluß ($\phi^-(a_i)$) entsprechen den Summen der Zeilen beziehungsweise den Summen der Spalten.

PROMETHEE II bewertet eine Alternative als um so besser, je größer ihr Nettofluß ist. Die Informationen des Ausgangs- oder Eingangsflusses werden nicht genutzt.[765]

Tabelle 32 Aggregierte Präferenztabelle der Alternativen *A*, *B* und *C*

	A	*B*	*C*	ϕ^+
A	0	0,5903	0,6667	1,2570
B	0,2778	0	0,8889	1,1737
C	0,3333	0,1111	0	0,4444
ϕ^-	0,6111	0,6944	1,5556	

Quelle: Eigene Berechnung.

Zur Auswertung der aggregierten Präferenztabelle durch PROMETHEE II wird der Nettofluß $\phi(a_i)$ der drei Alternativen genutzt. Als Differenz des Ausgangs- ($\phi^+(a_i)$) und Eingangsflusses ($\phi^-(a_i)$) und wird er wie folgt berechnet:

$$\phi(a_A) = \phi^+(a_A) - \phi^-(a_A) = 1,2570 - 0,6111 = 0,6457$$
$$\phi(a_B) = \phi^+(a_B) - \phi^-(a_B) = 1,1737 - 0,6944 = 0,4793$$
$$\phi(a_C) = \phi^+(a_C) - \phi^-(a_C) = 0,4444 - 1,5556 = -1,1112$$

Die beste Aktiengesellschaft ist die Alternative mit dem höchsten Nettofluß: Bayer (A). Das abschließende Ranking ergibt sich durch Ordnen der Gesellschaften anhand ihres Nettoflusses:

$$\text{Bayer (A)} \succ \text{BASF (B)} \succ \text{Hoechst (C)}$$

4.3.4.4 Sensitivitätstests

Die Stabilität des durch Nutzung von PROMETHEE II erzielten Rankings wird im folgenden getestet. Ähnlich wie bei dem AHP sind Sensitivitätsanalysen nicht als ein fester Verfahrensbestandteil in der Anwendung von PROMETHEE etabliert worden. Ein großer Teil der auf Basis von PROMETHEE II gelösten Entscheidungsprobleme schließt jedoch Stabilitätsuntersuchungen ein.[766]

Zwei Typen von Inputparametern werden modifiziert: Wie im Rahmen der Nutzwertanalyse und des AHP wird die Empfindlichkeit der Lösung auf Verän-

765 Vgl. Abschnitt 3.4.2.4.

766 Vgl. Dias, L. C./Costa, J. P./Clímaco, J. N. (1998). Die Software zur Anwendung von PROMETHEE, PROMCALC & GAIA, beinhaltet umfangreiche Tools für Sensitivitätsanalysen. Vgl. Brans, J. B./Mareschal, B. (1994a), S. 2 ff.

derungen der Gewichte untersucht. Wie bei den zwei bisher getesteten Methoden können Stabilitätsintervalle für jedes Kriterium berechnet werden.

Die Verwendung von Präferenzfunktionen bei PROMETHEE kann als eine eigene, zusätzliche Dimension von Inputgrößen interpretiert werden. Die Wirkung der Definition der Präferenzfunktionen wird in einem zweiten Schritt analysiert.

4.3.4.4.1 Veränderung der Gewichte

Die Stabilität der Lösung hinsichtlich unterschiedlichster Gewichtungsfaktoren wird wie in den Sensitivitätsanalysen zuvor durch Stabilitätsintervalle gemessen. Die untere und die obere Intervallgrenze werden durch das Gleichsetzen zweier Präferenzindizes für jedes Gewicht berechnet. Die Definition der einzelnen Präferenzfunktionen bleibt dabei konstant[767] und wird erst im folgenden Abschnitt variiert. Auf die Herleitung der mathematischen Bestimmung der Grenzen von Stabilitätsintervallen bei PROMETHEE II wird im Rahmen dieser Arbeit verzichtet.[768]

Das in Tabelle 33 dargestellte Bild ähnelt den Ergebnissen der anderen Methoden. Wie zuvor können durch Veränderung der Gewichtungsfaktoren Rangumkehrungen erzielt werden. Fast ausschließlich handelt es sich hierbei um das Tauschen der Rankingposition von BASF und Bayer. Hoechst kann wieder nur durch eine sehr hohe Gewichtung des Kriteriums W2 zum besten Unternehmen werden: in dem hier gezeigten Fall müßte w_5>0,5294 geschätzt werden. Wie zu erwarten war, sind die Intervalle unterschiedlich groß. Das Gewicht von S2 kann jeden Wert zwischen 0 und 1 annehmen, ohne Einfluß auf das Ranking zu haben. Ist sich der Entscheider sicher, daß R1 überdurchschnittlich stark (also w_1>0,2) gewertet werden soll, so ist auch hier die genaue Fixierung des Faktors ohne Bedeutung für das Ergebnis, wenn die anderen Gewichte in ihrem Verhältnis zueinander unverändert bleiben.

767 Vgl. Abschnitt 4.3.4.1.

768 Vgl. dazu Mareschal, B. (1988), S. 57 ff.

Tabelle 33 Stabilitätsintervalle der Gewichte

	Ausgangs-gewicht	Untere Intervallgrenze	Obere Intervallgrenze
R1	0,4444	0,2080	1
R2	0,2222	0	0,4010
S1	0,1111	0	0,4434
S2	0,0556	0	1
W1	0,1111	0,0357	0,3646
W2	0,0556	0	0,7197

Quelle: Eigene Berechnung.

4.3.4.4.2 Veränderung der Präferenzfunktionen

Eine zentrale Entscheidung des Entscheidungsträgers bei der Anwendung von PROMETHEE ist die Auswahl der Präferenzfunktion und die Definition der erforderlichen Konstanten. In welchem Maße das konkrete Ergebnis von der Bestimmung der Präferenzfunktion abhängt, sollte in jedem Fall getestet werden. Für weniger erfahrene Anwender von PROMETHEE können Sensitivitätsanalysen an dieser Stelle besonders wichtig sein, da der Einfluß unterschiedlicher Präferenzfunktionen auf das Ergebnis von ihnen vorab nur schlecht eingeschätzt werden kann.

Die Stabilität des Rankings auf unterschiedliche Definitionen der Präferenzfunktion jeder Kennzahl wurden getestet. Dazu wurde zunächst für jedes Kriterium einzeln eine Testreihe durchgeführt. In einem ersten Schritt wurde nur die Präferenzfunktion nur eines Kriteriums verändert, alle anderen Präferenzfunktionen (und der Gewichtevektor) blieben konstant.

Die durch Variation der Präferenzfunktion von R1 erzeugten Rankings sind in Tabelle 34 zusammengestellt. Jede der sechs von Brans/Mareschal/ Vincke vorgeschlagenen Präferenzfunktionen wurde zur Bewertung unterschiedlicher Kennzahlenausprägungen von Kriterium R1 (k_l) genutzt und getestet. Die Anzahl und die Auswahl der spezifischen Schwellenwerte q, s und r sind willkürlich festgelegt; die Anzahl der Tests könnte beliebig vergrößert werden. Ziel war es, den gesamten Umfang möglicher Veränderungen des Rankings aufzuzeigen. Dabei ist die Auswahl vieler Schwellenwerte als inhaltlich nicht sinnvoll zu kritisieren. Die Eigenkapitalrendite (R1) von Bayer ist mit 21,4409 % die höchste, die von Hoechst mit 19,3930 % die kleinste der drei Aktiengesellschaften. Wählt der Entscheider als gewöhnliches Kriterium zum Beispiel das Quasi-Kriterium und schätzt er q = 2,05 oder größer, dann bedeutet dies inhaltlich, daß er indifferent bezüglich der Ausprägung von R1 ist. Es ist möglich, aber sehr unwahrscheinlich, daß dies der Einschätzung eines reellen Investors entspricht. Schwellenwerte größer oder gleich 10 zum Beispiel können für R1 als inhaltlich vollständig sinnlos abgelehnt werden.

Tabelle 34 **Veränderungen des Rankings durch unterschiedliche Definitionen der Präferenzfunktion von R1**

Typ der Präferenzfunktion	q	s	r	Rang 1	Rang 2	Rang 3
Gewöhnliches Kriterium	0	0	0	Bayer	BASF	Hoechst
Quasi-Kriterium	0,1	0	0	Bayer	BASF	Hoechst
	0,25	0	0	Bayer	BASF	Hoechst
	0,5	0	0	Bayer	BASF	Hoechst
	1	0	0	BASF	Bayer	Hoechst
	2	0	0	BASF	Bayer	Hoechst
	10	0	0	BASF	Hoechst	Bayer
Kriterium mit linearer Präferenz	0	0,25	0	Bayer	BASF	Hoechst
	0	0,5	0	Bayer	BASF	Hoechst
	0	1	0	BASF	Bayer	Hoechst
	0	2	0	BASF	Bayer	Hoechst
	0	10	0	BASF	Bayer	Hoechst
Stufen-Kriterium	0,25	0,5	0	Bayer	BASF	Hoechst
	0,5	1	0	Bayer	BASF	Hoechst
	5	10	0	BASF	Bayer	Hoechst
Kriterium mit linearer Präferenz und Indifferenzbereich	0,25	0,5	0	Bayer	BASF	Hoechst
	0,5	1	0	Bayer	BASF	Hoechst
	5	10	0	BASF	Bayer	Hoechst
Gaußsches Kriterium	0	0	0,25	Bayer	BASF	Hoechst
	0	0	0,5	Bayer	BASF	Hoechst
	0	0	1	BASF	Bayer	Hoechst
	0	0	2	BASF	Bayer	Hoechst
	0	0	10	BASF	Hoechst	Bayer

Quelle: Eigene Berechnung.

Die Auswertung von Tabelle 34 zeigt Rangumkehrungen für jede Präferenzfunktion mit hohen Schwellenwerten. Da die drei Eigenkapitalrenditen dicht beieinander liegen, verwundert dieses Ergebnis nicht. Ebenso wie bei der Sensitivitätsanalyse unterschiedlicher Gewichtungsfaktoren ist eine Rangumkehrung von Bayer und BASF leicht zu erzeugen. Dagegen verändert sich nur in zwei der 23 getesteten Fälle der Rang von Hoechst. Diese zwei Fälle können wegen ihrer inhaltlichen Irrelevanz zur Bewertung der Alternativen ausgeschlossen werden.

Die Erklärung, wie es zu der Reihenfolge BASF, Hoechst, Bayer kommen kann, ist einfach. Dasselbe Ranking erzeugt der Entscheidende nämlich, wenn er R1 mit $w_1=0$ gewichten würde. Das bedeutet, daß durch die Wahl einer Präferenzfunktion mit extrem hohen Schwellenwerten (wie hier das Quasi-Kriterium mit $q=10$ oder das Gaußsche Kriterium mit $r=10$) derselbe Effekt erzielt werden kann, wie durch das Eliminieren des Kriteriums.

Zu den in Tabelle 34 für Kriterium R1 dargestellten Tests wurden entsprechende Versuche für jedes andere Kriterium durchgeführt. Die Konstanten q, s und r wurden dabei in Abhängigkeit von den Realisationen der Kriterien von Bayer, BASF und Hoechst leicht modifiziert. Die Anzahl der durchgeführten Sensitivitätsanalysen hätte beliebig vergrößert werden können. Die Ergebnisse sind im Anhang in Tabelle A1 bis Tabelle A5 zusammengefaßt.

Obiger Vergleich zeigt zwei Ergebnisse: Das Ranking kann durch unterschiedliche Definitionen der Präferenzfunktion verändert werden, wenngleich eine vollständige Rangumkehrung nicht durch die Modifikation der Präferenzfunktion zu erzielen ist. Letztgenanntes trifft ebenfalls die Modifikation der Präferenzfunktionen von R2,[769] S1,[770] S2[771] und W2[772] zu.

Vergleicht man dieses Ergebnis mit den in Tabelle 33 zusammengefaßten Stabilitätsintervallen, so zeigt sich ein einfacher Zusammenhang: Immer dann, wenn durch jede Verringerung des Gewichtungsfaktors eines Kriteriums[773] das Ranking nicht verändert werden kann, kann auch die Veränderung der Präferenzfunktion keine Rangumkehrung bewirken.[774] Voraussetzung dafür ist, daß als Ausgangsmodell für das untersuchte Kriterium das gewöhnliche Kriterium als Präferenzfunktion definiert wurde oder hätte definiert werden können, und daß dasselbe Ranking erzeugt worden wäre. Das gewöhnliche Kriterium kann als die Präferenzfunktion charakterisiert werden, welches die höchste Sensitivität unterschiedlicher Kennzahlenausprägungen hat.

Nachdem in Sensitivitätstests die Auswirkungen unterschiedlicher Präferenzfunktionen für jede einzelne Kennzahl isoliert betrachtet wurden, drängt sich die Frage auf, wie das Ergebnis reagiert, wenn jede der sechs Präferenzfunktionen gleichzeitig modifiziert wird. Wie sich das Ranking verändert, kann nicht ohne weiteres aus den bereits durchgeführten Tests abgelesen werden, da einzelne Effekte sich möglicherweise kompensieren.

769 Vgl. Tabelle A1 im Anhang.

770 Vgl. Tabelle A2 im Anhang.

771 Vgl. Tabelle A3 im Anhang.

772 Vgl. Tabelle A5 im Anhang.

773 Es wird unterstellt, daß die anderen Gewichte in ihrem Verhältnis zueinander konstant bleiben.

774 Einen ähnlichen Zusammenhang weist Vetschera für die Anwendung von ELECTRE I nach. Vgl. Vetschera, R. (1986), S. B116.

Um die Anzahl der Tests überschaubar zu halten, wurde die vereinfachende Einschränkung getroffen, daß die Präferenzfunktionen der sechs Kennzahlen gleich definiert sind. Da die Ergebnisse wieder sehr stark durch die Auswahl der Stichprobe beeinflußt werden und nicht zu verallgemeinern sind, wird auf eine differenziertere Betrachtung verzichtet. Tabelle 35 enthält die ausgewählten Ergebnisse.

Tabelle 35 Veränderungen des Rankings durch unterschiedliche Definitionen der Präferenzfunktion aller Kennzahlen gleichzeitig

Typ der Präferenzfunktion	q	s	r	Rang 1	Rang 2	Rang 3
Gewöhnliches Kriterium	0	0	0	Bayer	BASF	Hoechst
Quasi-Kriterium	0,1	0	0	Bayer	BASF	Hoechst
	0,25	0	0	Bayer	BASF	Hoechst
	0,5	0	0	Bayer	BASF	Hoechst
	1	0	0	BASF	Bayer	Hoechst
	2	0	0	BASF	Bayer	Hoechst
	10	0	0	*	*	*
Kriterium mit linearer Präferenz	0	0,25	0	Bayer	BASF	Hoechst
	0	0,5	0	Bayer	BASF	Hoechst
	0	1	0	Bayer	BASF	Hoechst
	0	2	0	Bayer	BASF	Hoechst
	0	10	0	Bayer	BASF	Hoechst
Stufen-Kriterium	0,25	0,5	0	Bayer	BASF	Hoechst
	0,5	1	0	BASF	Bayer	Hoechst
	5	10	0	Bayer	BASF	Hoechst
Kriterium mit linearer Präferenz und Indifferenzbereich	0,25	0,5	0	Bayer	BASF	Hoechst
	0,5	1	0	BASF	Bayer	Hoechst
	5	10	0	Bayer	BASF	Hoechst
Gaußsches Kriterium	0	0	0,25	Bayer	BASF	Hoechst
	0	0	0,5	Bayer	BASF	Hoechst
	0	0	1	Bayer	BASF	Hoechst
	0	0	5	BASF	Bayer	Hoechst
	0	0	10	BASF	Bayer	Hoechst

* Keine Unterscheidung der Alternativen möglich.

Quelle: Eigene Berechnung.

Es war zu erwarten, daß es Rangumkehrungen gibt. In einem Fall ist der Schwellenwert q so groß gewählt, daß kein Ranking mehr erzeugt wurde. Das bedeutet, bei einem derart großen Indifferenzbereich konnten die Alternativen nicht mehr unterschieden werden (siehe Quasi-Kriterium mit $q=10$).

Grundsätzlich erwies sich das ursprüngliche Ergebnis als relativ stabil. Die Häufigkeit der Veränderung des Rankings in Tabelle 35 ist niedriger als bei ausschließlicher Variation der Präferenzfunktion einer speziellen Kennzahl wie zum Beispiel der Eigenkapitalrendite.[775] Die Anzahl der Rangumkehrungen läßt einen kompensierenden Effekt der unterschiedlichen Kriterien erkennen.

Neben der primären Fragestellung, wann es durch die Wahl der Präferenzfunktion zu einer Veränderung des Rankings kommt, kann eine Empfehlung für die Anwendung von PROMETHEE II aus der Sensitivitätsanalyse abgeleitet werden. Das gewöhnliche Kriterium ist bei konstanter Gewichtung die sensitivste Form der Bewertung eines Kriteriums. Werden Indifferenzbereiche eingeführt, welche jede andere Präferenzfunktion implizieren, so ist dieser Effekt als eine Art der schwächeren Gewichtung von genügend kleinen Kennzahlendifferenzen zu begreifen. Das bedeutet, daß zum Beispiel die Wahl eines Quasi-Kriteriums mit $q=1$ für ein bestimmtes Kriterium die gleiche Auswirkung hat, wie das Gewichten dieses Kriteriums mit $w=0$, wenn die Differenzen der Kriterienrealisationen alle kleiner als 1 sind. Dieses Ergebnis ist trivial und aus der Definition der Präferenzfunktionen einfach abzuleiten.

Der Zusammenhang zwischen Gewichten und Präferenzfunktion kann von einem unerfahrenen Anwender genutzt werden. Ist der Entscheidungsträger sehr unsicher bei der Definition der Präferenzfunktionen und ist nur eine kleine Menge von Alternativen zu bewerten, kann es sinnvoll sein, zunächst für jede Kennzahl das gewöhnliche Kriterium auszuwählen und die Stabilitätsintervalle jedes Gewichtes auszurechnen. Erweist sich ein Kriterium als vollständig unsensitiv auf Gewichtsmodifikationen, dann ist eine weitere Empfindlichkeitsdifferenzierung in Form von anderen gewöhnlichen Kriterien bei diesem Kriterium ohne jede Auswirkung auf das Ergebnis. Grundsätzlich sollten jedoch alle Präferenzfunktionen ausschließlich auf Basis von inhaltlichen Überlegungen definiert werden.

4.3.5 Vergleich der Ergebnisse

Nachdem eine Fülle von Sensitivitätstests mit den unterschiedlichsten Ergebnissen aufgezeigt wurde, sollen die ursprünglichen Rankings verglichen werden. Dazu sind in Tabelle 36 die Rankings noch einmal zusammengestellt.

775 Vgl. Tabelle 34.

Tabelle 36 Zusammenstellung der auf Basis der drei Methoden erzeugten Rankings

	Rang 1	Rang 2	Rang 3
Nutzwertanalyse	BASF (B)	Bayer (A)	Hoechst (C)
AHP	Bayer (A)	BASF (B)	Hoechst (C)
PROMETHEE II	Bayer (A)	BASF (B)	Hoechst (C)

Quelle: Eigene Auswertung.

Der AHP und PROMETHEE II kommen zum selben Ergebnis, die Nutzwertanalyse bewertet hingegen BASF als die beste der drei Alternativen. Weshalb die drei Methoden zu unterschiedlichen Ergebnissen kommen, wird im folgenden analysiert.

Hoechst ist von jeder der drei Methoden als die am wenigsten vorteilhafte Aktiengesellschaft bewertet worden. Diese Einschätzung ist, wie in den Sensitivitätstests gezeigt wurde, eindeutig. Nur eine sehr hohe Gewichtung von W1 konnte die Bewertung von Hoechst ändern. Daher reduziert sich die Frage nach dem Grund der differierenden Rankings auf die Analyse der Alternativen Bayer und BASF. Weshalb bewertet die Nutzwertanalyse im Gegensatz zum AHP und PROMETHEE II BASF besser als Bayer?

Bei Verwendung der Nutzwertanalyse wird ein Nutzwert aus jeder Kennzahlenrealisation abgeleitet, welche gewichtet und addiert werden. Demzufolge ist bei diesem Verfahren nicht nur von Bedeutung, in wie vielen Kriterien eine Alternative besser ist als eine zweite Alternative, sondern ebenso, wie groß die Kennzahlendifferenzen sind.

BASF wird bei Anwendung der Nutzwertanalyse besser als Bayer bewertet, auch wenn Bayer in vier der sechs Kriterien höhere Kennzahlenausprägungen aufweist. Das Ergebnis wird durch die Kennzahlen R2 und S1 getrieben. Das bedeutet, daß die höhere Cash-flow-Rendite (R2) und Eigenkapitalquote (S1) von BASF nicht durch die anderen Kennzahlen kompensiert werden. Die Differenz der Kennzahlenausprägung von R2 und S1 ist summiert größer als die Differenz der übrigen Kriterien. Die Gewichtung der Kennzahlen ändert dieses Ergebnis nicht. Zur Verdeutlichung sind die Kennzahlenausprägungen der beiden Alternativen (welche schon in Tabelle 9 zusammengestellt wurden) sowie ihre Differenzen in Tabelle 37 zusammengefaßt.

Tabelle 37 Kennzahlenausprägungen von Bayer und BASF

	R1	R2	S1	S2	W1	W2
Bayer (A)	21,4409	11,7124	42,5821	9,5757	8,0391	5,8057
BASF (B)	20,6567	13,0697	46,8671	8,7531	4,7296	5,6797
$a_{j,A} - a_{j,B}$	0,7842	-1,3573	-4,2850	0,8226	3,3095	0,1260

Quelle: Datenbank Halle und eigene Berechnung.

Das Ergebnis der Nutzwertanalyse wird, wie gezeigt, auch nicht durch die Standardisierung verändert. Die Eigenkapitalrenditen (R1) der drei Unternehmen liegen dicht beieinander. Wird als Vergleichsgruppe für die Standardisierung VG I gewählt, so wird die nur kleine Streuung der drei Werte von R1 berücksichtigt; die Nutzwerte zeigen einen deutlich größeren Abstand.[776] Dennoch wird auch hier die gute Bewertung von BASF durch seine gute Cash-flow-Rendite und höhere Eigenkapitalquote nicht ausgeglichen.

Auf Basis des AHP wird Bayer besser bewertet als BASF. Der Präferenzindex jeder Alternative kann als ein Gewicht interpretiert werden, welches durch die Eigenvektor-Methode bestimmt wird. Wie bereits betont fällt auf, daß die Präferenzindizes von Bayer (0,3481) und BASF (0,3391) dicht beieinander liegen. Ein Vergleich der aus den Paarvergleichsmatrizen der Alternativen abgeleiteten Gewichtungsvektoren[777] ergibt, daß die Bewertung von Bayer und BASF besonders in bezug auf die Wachstumsrate des Umsatzes stark voneinander abweicht. Dies haben auch die Sensitivitätstests gezeigt – das Stabilitätsintervall von W1 war auffallend klein. Ein etwas geringeres Umsatzwachstum oder eine kleinere Kennzahlenrealisation in einem anderen Kriterium von Bayer würde das Ranking ändern. Die Kriterien sind wie bei Anwendung der Nutzwertanalyse vollständig substituierbar.

PROMETHEE II bewertet wie der AHP Bayer besser als BASF. Die Begründung für dieses Ranking ist jedoch eine andere. Das Ergebnis von PROMETHEE II bei dem Vergleich von zwei Alternativen kann schnell überschlagen werden. Da Bayer in vier von sechs Kriterien eine bessere Performance hat als BASF ist zu vermuten, daß Bayer besser bewertet wird. Das endgültige Ranking der Aktiengesellschaften würde sich nur dann zu Gunsten von BASF ändern, wenn R2 oder S1 stark übergewichtet würden[778] oder die jeweiligen Präferenzfunktionen von R1, S2, W1 oder W2 genau so definiert wären, daß die Differenz von ausreichend vielen Kennzahlenausprägungen in einen Indifferenzbereich fiele.

776 Vgl. Tabelle 10.

777 Vgl. Abschnitt 4.3.2.3.

778 Vgl. Tabelle 33.

Die zusätzlichen Informationen über die Ziele des Adressaten, welche bei der Anwendung von PROMETHEE II in die Definition der Präferenzfunktionen und die Festlegung der Schwellenwerte eingeflossen sind, führten hier im Vergleich zu den anderen beiden Verfahren zu keinen tieferen Erkenntnissen. Sollten kleine Alternativenmengen mit weniger als zehn Alternativen – und nicht wie im Rahmen dieser Arbeit eigentlich beabsichtigt große Mengen – analysiert werden, so wäre die Anwendung von PROMETHEE I vorzuziehen. Durch die Erstellung einer vollständigen Ordnung bei der Nutzung von PROMETHEE II werden Informationen „verschenkt". Auch wenn die graphischen Darstellungen der Outranking-Relationen als Ergebnis von PROMETHEE I für größere Alternativenmengen schwer zu überschauen sind, sind sie zum Vergleich kleiner Alternativenmengen vorzuziehen und enthalten mehr Informationen als ein einfaches Ranking.

Als abschließendes Ergebnis der Bewertung von Bayer, BASF und Hoechst kann festgehalten werden, daß die Performance von Bayer und BASF besser gewesen ist als die von Hoechst. Der Unterschied von BASF zu Bayer ist klein. Um beurteilen zu können, welches Unternehmen eine bessere Performance hatte, muß der Entscheider seine Präferenzen genau kennen.

Für jede der drei Methoden sind abschließend Sensitivitätsanalysen durchgeführt worden. Die Untersuchungen unterschiedlicher Gewichte sind für jede Methode gleich getestet worden und können miteinander verglichen werden. Die berechneten Stabilitätsintervalle wurden in Tabelle 38 einander gegenübergestellt.

Die Methoden reagierten unterschiedlich robust auf Veränderungen der Gewichte. War für ein Verfahren das Gewicht eines Kriteriums ohne Bedeutung für das Ergebnis – zum Beispiel w_3 im Rahmen der Nutzwertanalyse – so beeinflußte das Gewicht von S1 bei Anwendung des AHP oder PROMETHEE II das Ranking erheblich. Die Stabilitätsintervalle des AHP und von PROMETHEE II scheinen einander ähnlich zu sein. Eine Aussage dieser Art ist jedoch von der gewählten Stichprobe abhängig und ohne allgemeine Gültigkeit.

Welche Methode sensitiver auf Veränderungen der Gewichte reagiert hat, könnte statistisch ermittelt werden. Das Ergebnis würde jedoch höchstgradig von der gewählten Stichprobe abhängen. Der Vergleich von nur drei Elementen kann keinesfalls repräsentativ sein; eine andere Auswahl der Alternativen könnte zu vollständig differierenden Erkenntnissen führen. Anstatt weitere kleine Stichproben zu ziehen und zu analysieren wird im folgenden Abschnitt eine große Stichprobe untersucht. Ein Vergleich der Sensitivitätsanalysen unterschiedlicher Gewichte wird erfolgen.

Tabelle 38 **Vergleich der Stabilitätsintervalle der Gewichte**

		Nutzwertanalyse*		AHP		PROMETHEE II	
		U. I.	O. I.	U. I.	O. I.	U. I.	O. I.
R1	0,4444	0	0,7485	0	1	0,2080	1
R2	0,2222	0,0422	0,9526	0	0,3734	0	0,4010
S1	0,1111	0	1	0	0,2921	0	0,4434
S2	0,0556	0	0,3288	0	1	0	1
W1	0,1111	0	0,2497	0,0343	0,2075	0,0357	0,3646
W2	0,0556	0	0,8200	0	1	0	0,7197

* Zur Standardisierung der Daten wurde die dritte Vergleichsgruppe genutzt (VGIII).
U. I. Untere Intervallgrenze
O. I. Obere Intervallgrenze.

Quelle: Eigene Berechnung.

Zusammenfassend darf der dargestellte Vergleich der Bewertung von nur drei Aktiengesellschaften als erstaunlich ergiebig bewertet werden, auch wenn von einem Beispiel keine generelle Aussagekraft zu erwarten ist. Gerade auf Basis einer nur kleinen Stichprobe konnte die Methodik gut erklärt werden. Die sensitiven Inputparameter jedes Verfahrens wurden herausgestellt. Der Nachteil der sehr kleinen Stichprobe ist die fehlende generelle Aussagekraft des Methodenvergleichs. Diese Lücke schließt die folgende Analyse einer großzahligen Stichprobe.

4.4 Großzahlige Analyse einer Branche

4.4.1 Festlegung der Alternativenmenge

Im folgenden wird eine großzahlige Alternativenmenge bestehend aus börsennotierten Industrieunternehmen analysiert. Bewertet wird im folgenden eine Teilmenge der 500 Aktiengesellschaften.[779] Die Größe dieser Teilmenge wurde so gewählt, daß sie groß genug ist, um statistisch signifikante Ergebnisse zu erzielen. Gleichzeitig sollten die Ergebnisse noch darstellbar und überschaubar bleiben. Durch die Verwendung der Standardsoftware Excel gab es weitere Beschränkungen. Die kritische Größe stellen dabei nicht die quadratisch wachsen-

779 Vgl. Tabelle A6 im Anhang und Abschnitt 4.2.2.3.

den Rechenzeiten, sondern die Beschränkung der Matrizengröße in einer Excel-Tabelle dar. Als aussagekräftig und operativ machbar erwies sich eine Menge bestehend aus 200 Aktiengesellschaften.

Aus den ursprünglich 500 Unternehmen wurden zufällig 200 Alternativen ausgewählt. Die Auswahl erfolgte mehrstufig. Um eine unangreifbare, reell existente Datenbasis zu erhalten, wurden in einem ersten Schritt die Unternehmen ausgeschlossen, bei denen eine oder mehrere manuelle Korrekturen vorgenommen worden sind. Das betraf im analysierten Zeitraum 81 von 500 Aktiengesellschaften. Dieser Schritt ist nicht zwingend notwendig. Die korrigierten Werte weichen nur in Ausnahmen stark von den Ausgangswerten ab. Da die Grundgesamtheit verkleinert werden sollte, war der Ausschluß dieser Unternehmen als erste Maßnahme jedoch unbedenklich.

Die ersten Analysereihen erfolgten ohne eine Berücksichtigung unterschiedlicher Standardisierungskreise. Der Einfluß der Bildung unterschiedlicher Standardisierungskreise wird in dieser Arbeit eingehend analysiert, ist aber erst Untersuchungsgegenstand späterer Untersuchungen.[780] Um keine Verzerrung durch die Standardisierung bei jedem Versuch zuzulassen, wurde als Basis des ersten Teils der Analysen bewußt nur der größte Standardisierungskreis – die Industrieunternehmen – zugelassen. Von den 419 nicht manuell korrigierten Aktiengesellschaften gehören 56 Unternehmen in die Gruppe der Banken oder Versicherungen, 48 sind Verwaltungs- und 315 Industrieunternehmen.[781]

Aus der Gruppe der 315 Industrieunternehmen wurde eine Zufallsstichprobe von 200 Aktiengesellschaften gezogen. Dazu wurde die Menge anhand des Unternehmensnamens alphabetisch geordnet und zuerst jedes zweite Element sowie von den verbleibenden jedes vierte Element ausgewählt. Die selektierten Alternativen mußten zuletzt um zwei weitere ergänzt werden, so daß eine Stichprobe von genau 200 Aktiengesellschaften vorliegt. Die Namen der ausgewählten Industrieunternehmen sind im Anhang Tabelle A7 zu entnehmen.

Basis der Analysen sind für jedes Unternehmen die sechs Kennzahlen R1 bis W2. Sie wurden wie in Abschnitt 2.7.3.2 beschrieben auf Basis der Geschäftsjahre 1994, 1995 und 1996 kalkuliert. Die Ausgangsdaten sind nicht standardisiert.[782]

4.4.2 Veränderung der Methoden

Die 200 ausgewählten Aktiengesellschaften werden mit Hilfe der drei Methoden bewertet. Dazu werden zunächst die Verfahren ohne Modifikation der Inputparameter angewandt und die resultierenden Rankings miteinander verglichen. Es

780 Vgl. Abschnitt 4.5.2.

781 Vgl. Balzer, A. et al. (1997), S. 198 ff.

782 Vgl. Tabelle A6 im Anhang.

soll gezeigt werden, daß die Anwendung der Methoden die Gesellschaften unterschiedlich bewerten und weshalb es zu Abweichungen kommt.

Die drei Verfahren werden so wie in Abschnitt 4.3 beschrieben angewandt. Das Zielsystem bleibt unverändert, die Zielerreichungsgrade der Alternativen sind kalkuliert.[783] Zur Gewichtung der Kennzahlen wird der durch das RSW-Verfahren vorgegebene Gewichtungsvektor[784] implementiert.

Die Nutzwertanalyse ist auch für große Stichproben einfach anzuwenden. Die Ergebnisse können unter Verwendung neuer PCs ohne relevanten Zeitaufwand kalkuliert werden. Ein weiterer großer Vorteil der Methode ist, daß die konkrete Bewertung eines Unternehmens sehr einfach nachvollzogen oder überprüft werden kann. Um die sechs Kennzahlen vergleichen und zu einem Gesamtnutzen aggregieren zu können, werden die Ausgangsdaten auf Basis der beschriebenen z-Transformation standardisiert. Die Vergleichsgruppe bilden die 200 Unternehmen selbst. Die Standardisierung ist als unproblematisch zu charakterisieren, da die Alternativenmenge ausreichend groß ist. In Tabelle 39 sind die Standardisierungsparameter für die sechs Kriterien zusammengefaßt. Ein Vergleich dieser Parameter und des arithmetischen Mittels beziehungsweise der Standardabweichung aller Industrieunternehmen (dies ist VGIII in Abschnitt 4.3, siehe Tabelle 13) ergibt keine nennenswerten Unterschiede.

Tabelle 39 Standardisierungsparameter von 200 Industrieunternehmen

	R1	R2	S1	S2	W1	W2
$\bar{x}$	6,9038	7,8837	32,5135	10,1263	5,1386	3,6942
s	28,8725	6,8181	16,1741	10,3811	13,3822	15,1213

Quelle: Eigene Berechnung.

Der AHP wird mit den selben Spezifikationen angewandt, wie er in Abschnitt 4.3.3 beschrieben wurde. Da die Alternativenmenge neu bestimmt wurde, verändert sich die unterste Hierarchieebene – sie wird nun durch die 200 Alternativen gebildet. Aus dem Paarvergleich der 200 Aktiengesellschaften wurden aus Paarvergleichen 1200 Gewichte abgeleitet. Die Berechnung besteht aus Matrizenoperationen, welche mit Excel standardisiert gelöst werden. Auf die Publikation der Zwischenergebnisse wurde verzichtet.

Bei der Anwendung von PROMETHEE II ist für jede Kennzahl abweichend von den Definitionen der Präferenzfunktionen im Rahmen von Abschnitt 4.3.4.1

783 Die einzelnen Kennzahlenausprägungen sind standardisiert der Diskette „Manager Magazin 500 Unternehmenstest und Aktienanalyse Deutschland 1997“ zu entnehmen. Vgl. auch Schmidt, R. (1997b).

784 Vgl. Schmidt, R. (1995b), S. 4.

das gewöhnliche Kriterium als Präferenzfunktion gewählt worden. Die Präferenzfunktion lautet für jede der sechs Kennzahlen k_j:

$$p_j(f_j(a_i)-f_j(a_l))=\begin{cases}0 & \text{für } (f_j(a_i)-f_j(a_l))\leq 0\\ 1 & \text{für } (f_j(a_i)-f_j(a_l))>0\end{cases}$$

Zur Bewertung von Bayer, BASF und Hoechst in Abschnitt 4.3.4.1 wurden die Präferenzfunktionen von R1 und R2 ebenfalls durch das gewöhnliche Kriterium dargestellt. Für S1 und S2 wurde jedoch abweichend das Stufen-Kriterium, für W1 und W2 das Kriterium mit linearer Präferenz als Präferenzfunktion ausgewählt.

Es sind zwei Gründe für die Veränderung der Definitionen einiger Präferenzfunktionen zu nennen: Zum einen wird im folgenden im Gegensatz zum vorigen Beispiel eine große Alternativenmenge analysiert. Es ist das Ziel, eine vollständige Ordnung aller Alternativen zu erlangen. Bei 200 Aktiengesellschaften ist es wahrscheinlich, daß zwei oder mehr Alternativen in fünf Kriterien nahezu gleiche Kennzahlenausprägungen aufweisen und sich nur in der Ausprägung eines Kriteriums unterscheiden. Wenn diese Differenz dann in den Indifferenzbereich der ausgewählten Präferenzfunktion fällt, würde der Vergleich zu einer Indifferenz führen. Liegen die Kennzahlenausprägungen vieler Elemente dicht beieinander, so könnte der Verzicht auf ein vollständiges Ranking sinnvoll sein. Wird jedoch als Ergebnis unverändert ein Ranking erwartet, so sollten keine Indifferenzbereiche eingeführt werden.

Zweiter und inhaltlich wichtigerer Grund für die Veränderung der Präferenzfunktionen ist, daß der Grad der Substituierbarkeit der Kennzahlenausprägungen untereinander bei der Anwendung von PROMETHEE II durch die Definition der Präferenzfunktionen mit beeinflußt wird. Es zeigte sich in Rahmen von Tests von PROMETHEE II zur Bewertung von Aktiengesellschaften, daß je größer die Indifferenzbereiche und Bereiche mit nur eingeschränkter Präferenz gewählt wurden, desto mehr ähnelten die resultierenden Rankings denen der Nutzwertanalyse mit lineare Nutzenfunktion, welche eine vollständige Substitution der Kriterien bewirkt.[785] Frühere Tests zur Analyse von Aktiengesellschaften zeigen, daß die Verwendung des gewöhnlichen Kriteriums die Substituierbarkeit einzelner Kriterien am wirkungsvollsten einschränkt.[786]

Das im folgenden gewählte Vorgehen – für jede Präferenzfunktion das gewöhnliche Kriterium auszuwählen – kann den Eindruck vermitteln, eine wichtige Besonderheit von PROMETHEE, nämlich die Erweiterung des Präferenzbegriffs, nicht zu nutzen. Ausgangspunkt für die Auswahl von PROMETHEE II war jedoch die eingeschränkte Substituierbarkeit der Kennzahlen. Diese Eigenschaft soll bei den großzahligen Analysen nicht durch eine weniger günstige De-

785 Diese Eigenschaft von PROMETHEE II ist Grund für die Formulierung von Hypothese 6.

786 Vgl. Tamm, S. (1997), S. 15 ff.

finition der Präferenzfunktionen eingeschränkt werden. Überdies analysieren die Sensitivitätstests in Abschnitt 4.4.4 die Reaktion des Ergebnisses auf Änderungen der Definition der Präferenzfunktionen.

Zur Darstellung der drei Rankings bieten sich mehrere Möglichkeiten an. Die Ergebnisse werden nicht einzeln dargestellt, sondern direkt miteinander verglichen. Dazu sind die drei Rankings einander gegenübergestellt worden. Sortiert nach dem auf Basis der Nutzwertanalyse erstellten Ranking ist die Liste in Tabelle A7 im Anhang zu finden.[787] Die Rankings der besten zwanzig Unternehmen enthält Tabelle 40.

Tabelle 40 zeigt, daß die drei Methoden eine große Übereinstimmung darin zeigen, welche Unternehmen zu den besten gehören. Die konkrete Reihenfolge variiert jedoch auffällig. So wurde sowohl auf Basis der Nutzwertanalyse als auch bei PROMETHEE II SAP als bestes Unternehmen identifiziert. Die Performance von SAP ist in jedem Kriterium als sehr gut zu bewerten: $f_1(a_{SAP})$=42,1049; $f_2(a_{SAP})$=20,2685; $f_3(a_{SAP})$=65,6740; $f_4(a_{SAP})$; $f_5(a_{SAP})$=38,7212; $f_6(a_{SAP})$=42,7212.[788]

Interessant ist, daß SAP nicht als dominante Alternative bezeichnet werden kann, da SAP nicht hinsichtlich jeder Kennzahlenausprägung besser ist als alle anderen Alternativen. Um die relative Performance einer Aktiengesellschaft hinsichtlich jedes Kriteriums bewerten zu können, werden die Ränge jeder Kennzahlenausprägung einzeln berechnet. Der Rang einer einzelnen Kennzahlausprägung in Relation zur relevanten Vergleichsgruppe – hier zu den 200 bewerteten Alternativen – wird durch $R_j(a_i)$ symbolisiert. Hinsichtlich der einzelnen Kennzahlenausprägungen erreicht SAP die folgenden Rangkennzahlen: $R_1(a_{SAP})$=13; $R_2(a_{SAP})$=11; $R_3(a_{SAP})$=7; $R_4(a_{SAP})$=19; $R_5(a_{SAP})$=5 und $R_6(a_{SAP})$=3. Die für den Vergleich der 200 Industrieunternehmen berechneten Ränge jeder Kennzahlenrealisationen sind Tabelle A8 im Anhang zu entnehmen.

787 Es sei darauf hingewiesen, daß das Ranking der Nutzwertanalyse oft nicht mit der fundamentalen Bewertung, wie sie im Manager Magazin zu finden ist (vgl. Balzer, A. et al. (1997), 198 ff.), übereinstimmt. Grund hierfür ist, daß in diesem Abschnitt nur ein Teilmenge der 513 Aktiengesellschaften bewertet wird. Die Auswirkungen unterschiedlicher Stichprobendefinitionen und das Auftreten von Rangumkehrungen bei der Nutzwertanalyse wird ausführlich in Abschnitt 4.5.3 analysiert werden.

788 Die Kennzahlenausprägungen von SAP sind ebenfalls der Ergebnismatrix in Tabelle A6 im Anhang zu entnehmen.

Tabelle 40 Ranking der ersten 20 Aktiengesellschaften

Rang	Nutzwertanalyse	AHP	PROMETHEE II
1	SAP	Reckitt & Colman Deutschland	SAP
2	Reckitt & Colman Deutschland	SAP	MLP
3	Puma	Puma	Puma
4	Kampa-Haus	MLP	Schwarz Pharma
5	Aigner	SKW Trostberg	Aigner
6	MLP	Schwarz Pharma	Plettac
7	Keramag	Plettac	Boss
8	Schwarz Pharma	Adidas	Indus
9	Boss	Kampa-Haus	Keramag
10	Adidas	Keramag	CeWe Color
11	Plettac	Aigner	Kampa-Haus
12	Data Modul	Boss	Merck
13	SKW Trostberg	Indus	Friatec
14	Hach	Ver. Filzfabriken	Reckitt & Colman Deutschland
15	Ver. Filzfabriken	Data Modul	Adidas
16	Indus	Buderus	Böwe Systec.
17	Grünzweig+Hartmann	Grünzweig+Hartmann	Hach
18	Buderus	Hucke	Müag
19	Friatec	Hach	FHW Neukölln
20	FHW Neukölln	Böwe Systec.	Berentzen

Quelle: Eigene Berechnung.

Auffällig ist, daß im analysierten Untersuchungszeitraum kein Unternehmen in allen Kennzahlenausprägungen dominant in dem Sinne war, das es hinsichtlich jedes Kriteriums höhere Kennzahlenausprägung als jede andere Alternative aufweisen kann.[789] Am Beispiel des Fehlens einer in allen Kriterien besten Alternative zeigt sich, daß die Bewertung von Aktiengesellschaften kein triviales Problem ist. Auch wenn „nur" die beste Alternative gesucht würde, ist ihre Bestimmung nicht offensichtlich.

Grundsätzlich kann die Performance von SAP als ausgewogen bewertet werden. Auch die Kennzahlenausprägung des Kriteriums S2 ist kein Ausreißer – wäre dies der Fall, würden die Nutzwertanalyse und PROMETHEE II das Unternehmen nicht gleich bewerten.

Betrachtet man das AHP Ranking so erscheint verwunderlich, daß der AHP Reckitt und Colman Deutschland[790] als bestes Unternehmen identifiziert. Dies ist hier nur möglich durch die überdurchschnittlich starke Betonung der Eigenkapitalrendite bei Anwendung des AHP.[791] Die Kennzahlenausprägungen von Reckitt und Colman entsprechen folgenden Einzelrängen: $R_1(a_{Reckitt\ und\ Colman})=1$; $R_2(a_{Reckitt\ und\ Colman})=60$; $R_3(a_{Reckitt\ und\ Colman})=68$; $R_4(a_{Reckitt\ und\ Colman})=164$; $R_5(a_{Reckitt\ und\ Colman})=59$ und $R_6(a_{Reckitt\ und\ Colman})=31$.[792] Mit Ausnahme der Eigenkapitalrendite sind alle Kennzahlenausprägungen von Reckitt und Colman wenig überzeugend. Im Ranking der Nutzwertanalyse steht Reckitt und Colman auf Platz zwei. Anhand dieser Bewertungen fällt auf, daß die Annahme der vollständigen Substitution der Kriterien bedenklich ist. Insbesondere bei Unternehmen wie Reckitt und Colman, deren Kennzahlenausprägungen als uneinheitlich zu bewerten sind, führt eine vollständige Substitution im Rahmen der Aggregationsbedingung zu einem unbefriedigenden Ergebnis. Die detaillierte Analyse von Bewertungsunterschieden ist Inhalt der folgenden Abschnitte.

Vergleicht man die Rankings aller 200 Aktiengesellschaften im Ganzen, so ist das auffällige Ergebnis, daß die unter Verwendung der Nutzwertanalyse, des AHP und durch PROMETHEE II erzeugten Rankings sehr hoch miteinander korreliert sind. Um den Grad der Übereinstimmung der Ränge zu messen, wird der Spearman Rangkorrelationskoeffizient verwandt.[793] Die drei unterschiedlichen Korrelationskoeffizienten sind Tabelle 41 zu entnehmen.

789 Vgl. Tabelle A6 im Anhang.

790 Die Kennzahlenausprägungen von Reckitt und Colman Deutschland sind Tabelle A6 im Anhang zu entnehmen.

791 Eine befriedigende Erklärung kann erst durch die Analyse unterschiedlicher Skalenniveaus bei der Anwendung des AHP in Abschnitt 4.4.5 erfolgen.

792 Vgl. ebenfalls Tabelle A8 im Anhang.

793 Vgl. Abschnitt 4.2.3

Tabelle 41 Korrelationen der Rankings

	Nutzwertanalyse	AHP	PROMETHEE II
Nutzwertanalyse	1	0,9813	0,9811
AHP	0,9813	1	0,9670
PROMETHEE II	0,9811	0,9670	1

Quelle: Eigene Berechnung.

In jedem der drei Fälle ist die Korrelation größer als 0,96 und damit als sehr hoch zu bewerten. Wie bereits die Bewertung der drei Alternativen gezeigt hat, führen die unterschiedlichen Methoden zu unterschiedlichen Rankings.[794] Insbesondere für die Bewertung von großzahligen Alternativenmengen muß der Fall, daß zwei der drei verglichenen Methoden zum selben Ergebnis kommen, als äußerst unwahrscheinlich bewertet werden.[795]

Die Übereinstimmung der Ergebnisse der Nutzwertanalyse und des AHP sind mit r_s=0,9813 am größten. Mit r_s=0,9670 sind die auf Basis des AHP und durch PROMETHEE II erzeugten Ränge am wenigsten stark miteinander korreliert – was erstaunen mag, weil beide Verfahren auf Paarvergleichen basieren. Da die Koeffizienten maximal nur um 0,0143 Punkte voneinander abweichen, ist die Differenz jedoch zu gering, als daß eine Aussage darüber abgeleitet werden könnte, welche Rankings sich mehr und welche sich weniger gleichen.

Um genauer als durch die Korrelation die Unterschiede der Rankings zu zeigen, wurden für den Vergleich Nutzwertanalyse/AHP, Nutzwertanalyse/ PROMETHEE II und AHP/PROMETHEE II die drei Rankingergebnisse jeder Aktiengesellschaft einander gegenüber gestellt. Die Bewertungsunterschiede wurden paarweise als einfache Rangdifferenz ermittelt. Die Verteilung der dreimal 200 Rangdifferenzen ist Abbildung 24 zu entnehmen. Es sei darauf hingewiesen, daß es sich bei der Abbildung um eine frei gewählte Form der Darstellung und nicht um ein Histogramm handelt. Die Wahl der Klassenbreiten ist nicht konstant.

Die Gleichheit der Rankings einer Alternative war am häufigsten bei dem Vergleich der Nutzwertanalyse mit dem AHP zu finden. Die beiden anderen Vergleiche zeigen nicht nur häufiger Rangdifferenzen, sondern auch betragsmäßig höhere Rangdifferenzen. Der Mittelwert der Rangänderungen ergibt jeweils Null. Die in Tabelle 41 aufgezeigte unterschiedliche Korrelation der Rankings korrespondiert mit der Verteilung der Rangdifferenzen. Die relative Häufigkeit von großen Bewertungsunterschieden ist für den Vergleich AHP/PROMETHEE II am höchsten.

794 Die erste Hypothese aus Abschnitt 4.2.1.1 wurde damit nicht widerlegt.

795 Vgl. zum Beispiel die Ergebnisse in Abschnitt 4.4.4.

Abbildung 24 Verteilung der Rangdifferenzen

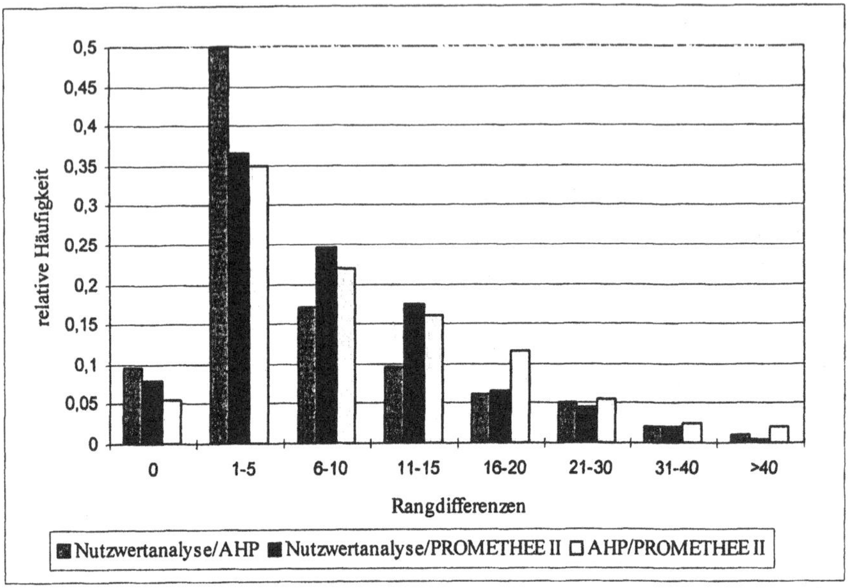

Quelle: Eigene Berechnung.

Wäre das Ziel des Vergleichs nicht die genaue Ordnung aller Aktiengesellschaften, sondern nur die ungefähre Gruppierung, so könnte die sehr hohe Übereinstimmung der drei Methoden ein weiteres Testen des AHP oder von PROMETHEE II als unnötig erscheinen lassen. Diese Schlußfolgerung entspricht hingegen nicht der Fragestellung dieser Arbeit. Da es – wie beschrieben – das Ziel ist, die Performance der Vergangenheit so gut als möglich zu messen, und das Ranking vollständig publiziert werden soll, sind auch kleine Verbesserungen erstrebenswert. Das Problem der Substitution von Ausreißern betrifft überdies nur wenige Aktiengesellschaften.

Um beantworten zu können, warum eine Methode eine Aktiengesellschaft auf Basis derselben Kennzahlen und Verwendung der identischen Gewichtung anders als eine zweite bewertet, werden im folgenden jeweils zwei Methoden miteinander verglichen. Gegen einen gleichzeitigen Vergleich der drei Rankings sprach, daß diese Analyse schnell zu komplex geworden wäre.

4.4.2.1 Vergleich der Nutzwertanalyse und des AHP

Das durch Anwendung der Nutzwertanalyse erzielte Ranking wird mit dem AHP Ergebnis verglichen. Wie festgestellt wurde, ist die Korrelation der beiden Rankings am größten. Um dem Leser einen schnelleren Überblick über die Gemeinsamkeiten sowie das Ausmaß der Unterschiede zu geben, ist in Abbildung 25 der Vergleich der beiden Rankings graphisch dargestellt. In Ergänzung zu der

Berechnung des Rangkorrelationskoeffizienten wird diese graphische Darstellung gewählt, um eine bessere Vorstellung über die absolute Höhe und die Verteilung der Rangdifferenzen zu vermitteln. So ist das Auftreten relativ hoher Rangdifferenzen oft nicht unabhängig vom Ranking der Alternativen. Ferna werden im folgenden eine Vielzahl von Rangkorrelationskoeffizienten berechnet. Die Korrelationskoeffizienten unterscheiden sich oft erst auf der zweiten Nachkommastelle, wogegen die graphische Gegenüberstellung der Rankings ein differenzierteres Bild vermittelt.

Die Rankings der zwei Methoden werden in einer zweidimensionalen Ebene vektoriell in Form eines Koordinatensystems dargestellt. Ein Punkt *(x,y)* der Ebene entspricht dabei dem Sachverhalt, daß ein Unternehmen bei einem Verfahren den Rang *x* und bei einem zweiten Verfahren den Rang *y* erreicht hat. In der Abbildung 25 ergibt sich die erste Koordinate (Abszisse) aus der Nutzwertanalyse und die zweite Koordinate (Ordinate) aus dem AHP Verfahren. Wenn hervorgehoben werden soll, zu welchem Unternehmen ein bestimmter Punkt gehört, so wird folgende Bezeichnung verwandt: [Unternehmen] *(x,y)*, zum Beispiel: Gerry Weber (24, 48).

Abbildung 25 Vergleich der Rankings der Nutzwertanalyse und des AHP

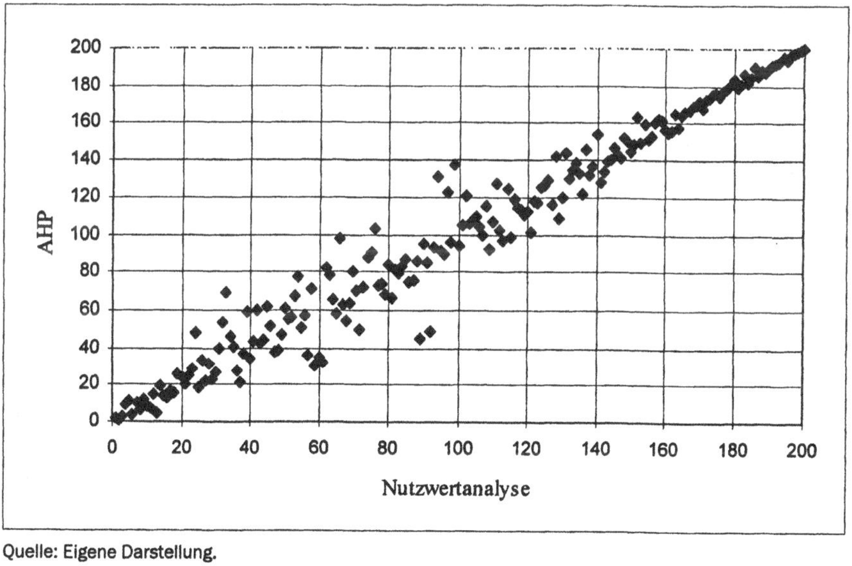

Quelle: Eigene Darstellung.

Inhaltlich bedeutet ein x-Wert von 24, daß Gerry Weber bei einer Bewertung durch die Nutzwertanalyse den Rang 24 (von 200) erhält und bei einer Bewertung auf Basis des AHP Rang 48. Die Bewertung dieser Aktiengesellschaft durch die zwei Verfahren weicht deutlich voneinander ab, was sofort dadurch zu erkennen ist, daß der die Gerry Weber AG symbolisierende Punkt nicht auf der Winkelhalbierenden der x- und y-Achse liegt.

Insgesamt ist die Korrelation der Rankings groß. Überdies zeigt die Analyse von Abbildung 25, daß die Übereinstimmung hinsichtlich der Bewertung der schlechten Unternehmen besonders hoch ist. Ebenso scheinen die guten Unternehmen in ihrer Bewertung besser übereinzustimmen als das „mittlere Feld". Ein Zusammenhang zwischen der Korrelation der Rankings und der Performance der Aktiengesellschaften zeigte sich bereits in früheren Untersuchungen.[796]

Zum Zweck einer inhaltlichen Interpretation werden im folgenden einige Unternehmen herausgegriffen, welche durch große Bewertungsdifferenzen auffallen. Dazu wurde der Rangunterschied der zwei Rankings für jede Aktiengesellschaft ausgerechnet. Beispielhaft wird das Zustandekommen der größten Rangunterschiede analysiert. Die Unternehmen sind in Abbildung 26 markiert, es wurden vier Unternehmen ausgewählt.

Abbildung 26 Aktiengesellschaften mit großen Bewertungsunterschieden bei dem Vergleich von Nutzwertanalyse und AHP

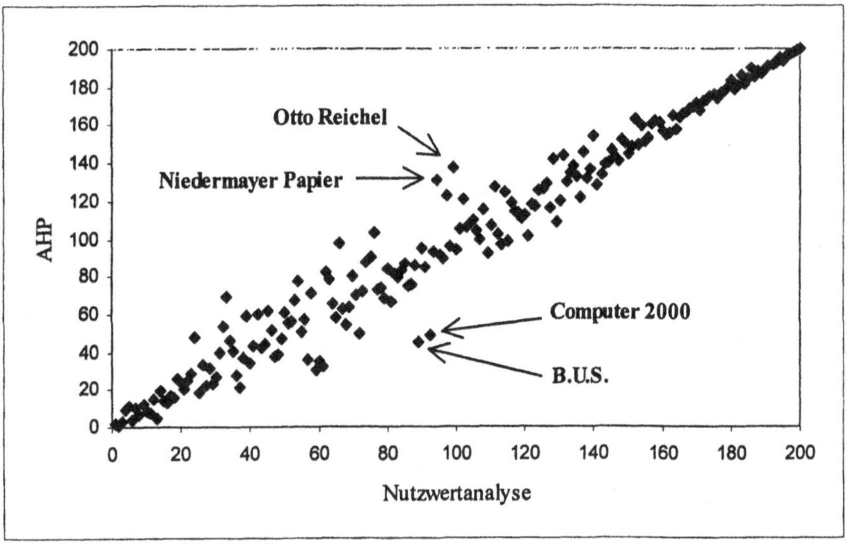

Quelle: Eigene Darstellung.

796 Vgl. Tamm, S. (1997), S. 15 ff.

Die größte Differenz mit einem Rangunterschied von 44 Rängen ergab die Bewertung von B.U.S.[797] Auf Basis der Nutzwertanalyse erzielte die Aktiengesellschaft Rang 89, bei Anwendung des AHP hingegen Rang 45. In Abbildung 26 ist B.U.S. entsprechend durch den Punkt (89, 45) symbolisiert. Bei näherer Betrachtung der sechs Kennzahlenausprägungen der Aktiengesellschaft fällt eine sehr unausgewogene Performance auf: Die Wachstumskennzahlen sind sehr gut, wogegen die Renditekennzahlen unterdurchschnittlich bis schlecht sind. Die Unausgewogenheit der Performance verdeutlichen die den Kennzahlenausprägungen entsprechenden Ränge besonders. B.U.S. hatte das größte gemessene Bilanzsummenwachstum, wogegen die Cash-flow-Rendite mit Rang 167 von nur 33 weiteren Unternehmen unterschritten wurde. Bei vollständiger Substituierbarkeit der Kriterien, wie sie die Nutzwertanalyse vornimmt, schloß B.U.S. mit einer Gesamtbewertung von Rang 89 ab. Auf Basis des AHP hingegen prägten die positiven Wachstumsraten das Ergebnis und B.U.S. erzielte mit Rang 45 ein deutlich besseres Ranking.

Ähnlich unausgewogen ist die Performance von Computer 2000 in den einzelnen sechs Kennzahlen.[798] Mit einer Rangdifferenz von 43 Rängen – die Nutzwertanalyse ergab Rang 92, der AHP Rang 49 – ist es die Aktiengesellschaft mit dem zweitgrößten Bewertungsunterschied. Grund für die hohe Rangdifferenz ist wie im Fall von B.U.S. die unausgewogene Performance von Computer 2000. Der AHP führt in diesem Fall nicht zu einem Ausgleich der Kriterien. Ein Vergleich der aus den Paarvergleichen abgeleiteten Gewichtungsvektoren des AHP zeigt deutlich, daß die hohen Wachstumsraten das Ergebnis treiben.

Ein umgekehrtes Bild zeigt Otto Reichelt, welches die größte negative Rangdifferenz hat. Die Nutzwertanalyse bewertet das Unternehmen als durchschnittlich und vergab Rang 99; die Bewertung auf Basis des AHP war mit Rang 137 deutlich schlechter. Wie bei den vorhergehenden Beispielen ist die Performance in den einzelnen Kriterien unausgeglichen. Die Kennzahlenausprägungen entsprechen folgenden Einzelrängen: $R_1(a_{Otto\ Reichelt})=125$; $R_2(a_{Otto\ Reichelt})=143$; $R_3(a_{Otto\ Reichelt})=9$; $R_4(a_{Otto\ Reichelt})=14$; $R_5(a_{Otto\ Reichelt})=171$ und $R_6(a_{Otto\ Reichelt})=160$.[799] Anders als bei B.U.S. oder Computer 2000 dominieren die hohen Sicherheitszahlen das Ergebnis aber nicht. Hier bewertet der AHP das Unternehmen schlechter als die Nutzwertanalyse. Die unterdurchschnittliche Performance der Rendite- und Wachstumsquoten wird durch die hohen Sicherheitskennzahlen nicht annähernd kompensiert.

797 Die Kennzahlenausprägungen von B.U.S. sind Tabelle A6 im Anhang und die abgeleiteten Ränge beim Vergleich der 200 Industrieunternehmen sind Tabelle A8 im Anhang zu entnehmen.

798 Vgl. Tabelle A6 und Tabelle A8 im Anhang.

799 Vgl. ebenfalls Tabelle A8 im Anhang.

Niedermayer Papier steht im AHP Ranking auf Platz 131, im Ranking der Nutzwertanalyse auf Platz 94. Die zweitgrößte negative Rangdifferenz ist erneut durch eine unausgeglichene Performance der Kriterien zu erklären. Die sehr hohe Eigenkapitalquote S1 kann als Ausreißer interpretiert werden. Wie bei Otto Reichelt führt das Scoring-Verfahren zu einem Ausgleich der Kennzahlen. Der AHP zeigt nicht diesen Substitutionseffekt und bewertet die Aktiengesellschaft schlechter.

Als Ergebnis des Vergleichs der Nutzwertanalyse mit dem AHP ist festzuhalten, daß die Performance eines Unternehmens in seinen sechs Kriterien heterogen war, wenn größere Bewertungsunterschiede festgestellt wurden. Der Umkehrschluß gilt nicht: Einige Unternehmen mit einer auffallend unausgeglichenen Performance wurden durch beide Methoden fast gleich bewertet. Ein Beispiel hierfür ist Alexanderwerk.[800] Seine Bewertung durch die Nutzwertanalyse ergab Rang 153, der AHP vergab Rang 149.

Wie nicht anders zu erwarten, führt die Nutzwertanalyse zu einer vollständigen Kompensation der Kennzahlen. Bei Anwendung des AHP fällt die hohe Korrelation der Rankings mit denen der Nutzwertanalyse auf. Wenn eine größere Rangdifferenz zwischen beiden Verfahren auftritt, dann war die Performance der einzelnen Kriterien unausgeglichen. In welcher Art der AHP von der Bewertung der Nutzwertanalyse abweicht, ist schwierig zu prognostizieren. Es ist jede Reaktion festgestellt worden: Die Ausreißer dominieren das Ergebnis[801] (siehe Computer 2000 und B.U.S.), sie wirkten kompensierend[802] (siehe Alexanderwerk) oder ihr Einfluß ist unterdurchschnittlich[803] (siehe Niedermayer Papier und Otto Reichelt). Wie und in welchen Fällen Ausreißer das AHP Ranking dominieren oder wenig beeinflussen ist bisher noch ungeklärt und wird in weiteren Analysen untersucht.[804]

4.4.2.2 Vergleich von Nutzwertanalyse und PROMETHEE II

In Abbildung 27 sind die auf Basis der Nutzwertanalyse und durch PROMETHEE II erzeugten Rankings einander gegenüber gestellt. Wenn auch die Korrelation der Ergebnisse wie beschrieben geringfügig kleiner ist als bei dem Vergleich der Nutzwertanalyse und AHP, ist das folgende Gesamtbild der obigen Abbildung 25 sehr ähnlich.

800 Vgl. Tabelle A6 und Tabelle A8 im Anhang.

801 Bei negativen Ausreißern war das AHP-Ranking schlechter, bei positiven Ausreißern war das AHP-Ranking besser als das der Nutzwertanalyse.

802 AHP und Nutzwertanalyse weichen in ihren Ergebnissen kaum voneinander ab.

803 Negative Ausreißer wirken sich unterdurchschnittlich aus – AHP war besser als die Nutzwertanalysenbewertung. Positive Ausreißer beeinflussen das Ergebnis ebenso weniger – die AHP-Bewertung ist schlechter als die der Nutzwertanalyse.

804 Vgl. Abschnitt 4.4.5.

Die Bewertung eines Unternehmens auf Basis von PROMETHEE II ist nicht im vorhinein einfach abzuschätzen. Dennoch können Evaluierungsunterschiede zwischen der Nutzwertanalyse und PROMETHEE II leicht prognostiziert oder erklärt werden. Wie im vorangegangenen Abschnitt werden die Unternehmen mit den größten Rangdifferenzen herausgegriffen und analysiert.[805]

Abbildung 27 Vergleich der Rankings der Nutzwertanalyse und von PROMETHEE II

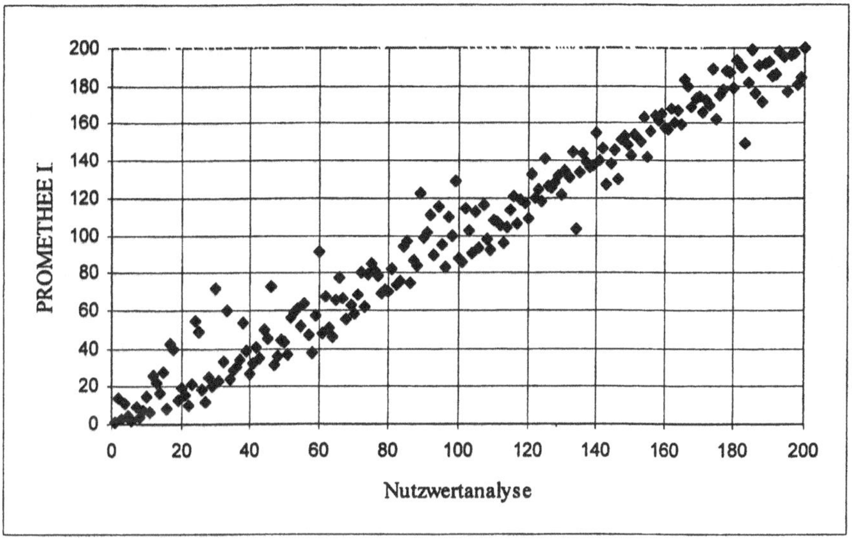

Quelle: Eigene Darstellung.

Den größten Bewertungsunterschied mit einer Differenz von 42 Rängen weist RWE-DEA auf. Auf der Basis der Nutzwertanalyse erhält diese Aktiengesellschaft den Rang 30, wogegen PROMETHEE II ihr den Rang 72 zuordnet. Grund für diese starke Rangdifferenz ist die unausgeglichene Performance bezüglich der einzelnen Kennzahlen von RWE-DEA.[806] Mit Ausnahme der Eigenkapitalrendite, die mit $f_1(a_{RWE-DEA})$=39,8820 weit über dem arithmetischen Mittel der Stichprobe ($\bar{x}$=6,9038) liegt, sind alle anderen Kriterienausprägungen von RWE-DEA durchschnittlich oder sogar stark unterdurchschnittlich. PROMETHEE II führt nur zu einer abgeschwächten Substituierbarkeit der Kennzahlen, der Ausreißer k_1 beeinflußt das Gesamtergebnis weniger. RWE-DEA wird hier weniger gut bewertet als durch die Nutzwertanalyse.

805 Vgl. Abbildung 28.

806 Vgl. Tabelle A6 und Tabelle A8 im Anhang.

Noch unausgewogener ist, korrespondierend zu den Ergebnissen des vorherigen Abschnitts, die Performance von B.U.S. Die Rangdifferenz beträgt hier 34 Ränge: die Nutzwertanalyse vergab Rang 89, PROMETHEE II nur Rang 123. Die extrem hohen Wachstumsraten können als ein Ausreißer bezeichnet werden und sind für den Bewertungsunterschied verantwortlich. Die lineare Scoring-Funktion führt zu einem Ausgleich der Kriterien. Die Anwendung von PROMETHEE II führt zu einer deutlich schwächeren Substitution der Kennzahlen: B.U.S. erhält nur Rang 123. Das Wachstum konnte die sonst weniger gute Performance nicht ausgleichen. Der AHP kam zu einem gegenteiligen Ergebnis, er vergab Rang 45. Hier wurde das Wachstum stark honoriert und B.U.S. noch deutlich besser bewertet als durch die Nutzwertanalyse.

Abbildung 28 Aktiengesellschaften mit großen Bewertungsunterschieden bei dem Vergleich von Nutzwertanalyse und PROMETHEE II

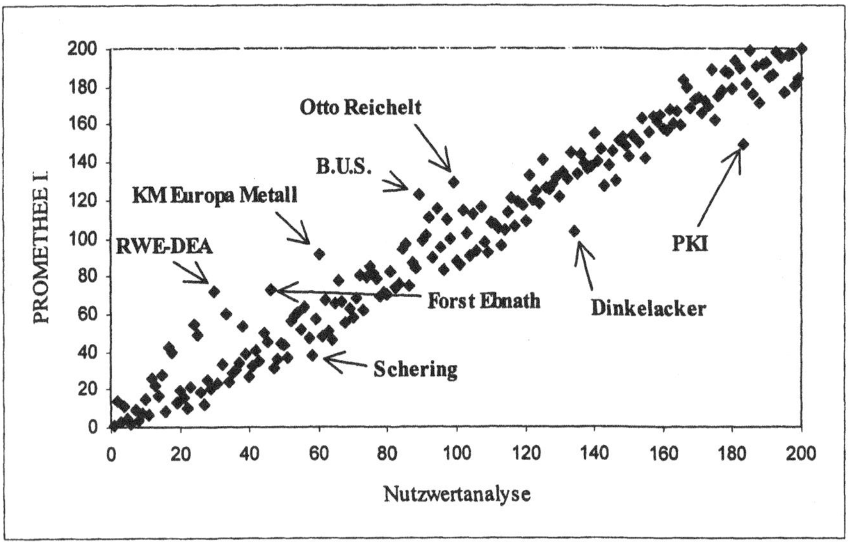

Quelle: Eigene Darstellung.

Weitere Beispiele bekräftigen die Aussage der Literatur, daß Outranking-Verfahren eine geringere Substitution der Kriterienausprägungen vornehmen.[807] Ist die Performance eines Unternehmens gemessen anhand der einzelnen Kennzahlen einer Alternative unausgewogen, dann ist mit einer Rangdifferenz beim Vergleich Nutzwertanalyse und PROMETHEE II zu rechnen. Dieses Ergebnis zeigt auch der frühere Vergleich der Bewertung der Geschäftsjahre 1993, 1994 und 1995.[808] Ist die Performance gemessen anhand der einzelnen Kriterien über-

807 Vgl. unter anderem Le Téno, J. F./Mareschal, B. (1998), S. 522.

808 Vgl. Tamm, S. (1997).

wiegend unterdurchschnittlich und sind nur ein oder zwei Kennzahlen im Vergleich dazu überdurchschnittlich gut, so schneidet das Unternehmen bei dem PROMETHEE-Ranking schlechter ab als bei einer Bewertung durch die Nutzwertanalyse. Neben RWE-DEA und B.U.S ist KM Europa Metall[809] ein Beispiel hierfür. Die Wachstumsquoten verbessern die Gesamtbewertung auf Basis der Nutzwertanalyse, KM Europa Metall hat Rang 60. PROMETHEE II bewertet die Gesellschaft schlechter und vergibt Rang 91. Ähnlich ist die Bewertung von Gerry Weber.[810] Seine Sicherheitsquoten und die Eigenkapitalrendite sind hoch, sonst ist die Performance weniger überzeugend. PROMETHEE kommt zu einer schlechteren Bewertung (Rang 54) als die Nutzwertanalyse (Rang 24). Otto Reichelt fällt durch hohe Sicherheitsgrößen auf.[811] Die Rangdifferenz beträgt 30 Ränge, die Nutzwertanalyse vergab Rang 99, PROMETHEE II Rang 129.[812] Ebenfalls schlechter bewertet wird Forst Ebnath[813] bei Anwendung von PROMETHEE II (Rang 73). Die Cash-flow-Rendite ist als einzige Kennzahl viel besser als die anderen fünf. Bei Anwendung der Nutzwertanalyse kann diese Kennzahl eine um 27 Ränge bessere Plazierung bewirken (Rang 46).

Eine positive Rangdifferenz beim Vergleich der Nutzwertanalyse und PROMETHEE II kommt dann zustande, wenn die Performance einer Aktiengesellschaft bezüglich der einzelnen Kriterien wieder stark uneinheitlich ist, aber die schlechten Kriterienausprägungen in der Minderzahl sind. Die folgenden Unternehmen wurden durch PROMETHEE II besser bewertet als durch die Nutzwertanalyse. So ist die Eigenkapitalrendite von Dinkelacker niedrig, die anderen Kennzahlen sind jedoch alle über dem Durchschnitt.[814] Die Bewertung auf Basis von PROMETHEE II – Dinkelacker erhält Rang 103 – berücksichtigt die negative Ausprägung von R1 jedoch weniger stark als die Nutzwertanalyse. Letztere vergibt Rang 134.

PKI weist im Analysezeitraum ein negatives Wachstum und eine negative Eigenkapitalrendite auf. Die Liquiditätsquote ist die niedrigste in der Vergleichsgruppe, aber die Cash-flow-Rendite erstaunlich gut.[815] Es wird bei PROMETHEE II berücksichtigt, daß die Kennzahlenausprägungen von k_2 und k_3

809 Die Kennzahlenausprägungen von KM Europa Metall und aller folgenden Alternativen sind in Tabelle A6 im Anhang zusammengefaßt. Die aus den Kennzahlenausprägungen abzuleitenden Einzelrängen von KM Europa Metall und der im folgenden in diesem Abschnitt genannten Aktiengesellschaften enthält Tabelle A8 im Anhang.

810 Vgl. Tabelle A6 und Tabelle A8 im Anhang.

811 Vgl. Tabelle A6 und Tabelle A8 im Anhang.

812 Im Fall von Otto Reichelt bewertet der AHP, wie im vorigen Abschnitt beschrieben, das Unternehmen noch schlechter als PROMETHEE II und vergab Rang 137.

813 Vgl. Tabelle A6 und Tabelle A8 im Anhang.

814 Vgl. Tabelle A6 und Tabelle A8 im Anhang.

815 Vgl. Tabelle A6 und Tabelle A8 im Anhang.

gut waren: PKI schließt mit Rang 149 besser ab als bei der Bewertung durch die Nutzwertanalyse (Rang 183). Die Rangdifferenz von Schering ist ebenfalls positiv: die Nutzwertanalyse vergab Rang 58, PROMETHEE II Rang 38.

Zusammenfassend ist darauf hinzuweisen, daß PROMETHEE ein mehrkriterielles Entscheidungsmodell ist. Auch die „Ausreißer" werden bewertet, sie bestimmen aber das Ergebnis weniger als es durch die additive Nutzenfunktion möglich ist. Ob PROMETHEE II eine Alternative besser oder schlechter bewertet als die Nutzwertanalyse kann leicht beantwortet werden, wenn die Kennzahlenausprägungen und die durchschnittliche Performance der Vergleichsgruppe bekannt sind.

4.4.2.3 Vergleich von AHP und PROMETHEE II

Abbildung 29 zeigt den Vergleich zwischen den Rankings des AHP und von PROMETHEE II graphisch. Das AHP und das PROMETHEE II Ranking zeigen mit einer Korrelation von $r_s = 0{,}9670$[816] die vergleichsweise niedrigste Übereinstimmung der Ergebnisse. Die mit $r_s > 0{,}9$ als sehr hohe Übereinstimmung zu bewertende Korrelation wird durch den großen Stichprobenumfang mit beeinflußt.

Abbildung 29 Vergleich der Rankings des AHP und von PROMETHEE II

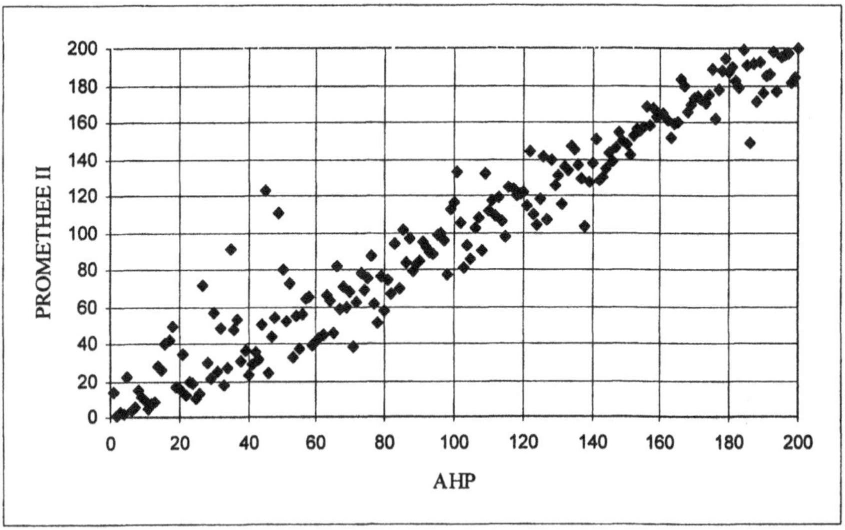

Quelle: Eigene Darstellung.

816 Vgl. Tabelle 41.

Die graphische Darstellung der Rangunterschiede zeigt jedoch auch erhebliche Rangdifferenzen. Die sieben größten Bewertungsunterschiede sind exemplarisch herausgegriffen und in Abbildung 30 markiert. Es fällt auf, daß die markierten Unternehmen bereits in den vorhergehenden Vergleichen analysiert worden sind.

Abbildung 30 Aktiengesellschaften mit großen Bewertungsunterschieden bei dem Vergleich von AHP und PROMETHEE II

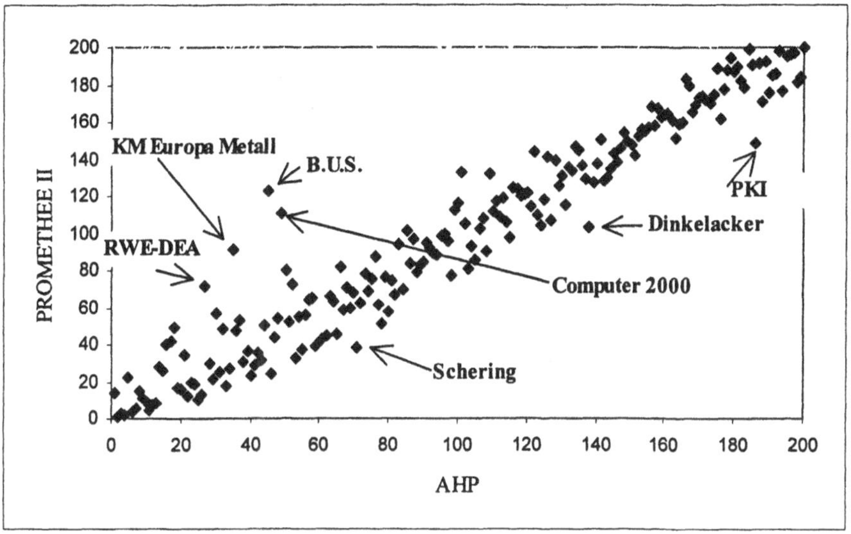

Quelle: Eigene Darstellung.

Unternehmen, die auf Basis des AHP deutlich besser bewertet wurden als durch PROMETHEE II sind B.U.S (45, 123)[817], Computer 2000 (49, 111), KM Europa Metall (35,91) und RWE-DEA (27, 72). Die hohen Wachstumsquoten dominieren bei Anwendung des AHP das Ergebnis von KM Europa Metall, die Nutzwertanalyse vergab Rang 60 und liegt zwischen den beiden anderen Verfahren. Ähnlich ist die Bewertung von RWE-DEA. Hier ist die überdurchschnittliche Eigenkapitalrendite ausschlaggebend für das AHP Ergebnis.

PKI (186, 149), Dinkelacker (138, 103) und Schering (71, 38) werden durch AHP schlechter bewertet als auf Basis von PROMETHEE II. Der AHP vergibt für sie ebenfalls höhere Ränge als die Nutzwertanalyse, die Differenz ist jedoch weniger groß. Die drei Unternehmen haben gemeinsam, daß ihre positiven Cash-flow-Renditen sich nur wenig auf das AHP Ergebnis ausgewirkt haben.

817 Der Punkt auf der x-Achse symbolisiert den Rang des Unternehmens, welchen es bei dem AHP-Rankings erhält, wobei der Punkt auf der y-Achse den entsprechenden Rang in dem PROMETHEE II-Ranking darstellt.

Als vorläufiges Ergebnis auf Basis der bisherigen Beobachtungen ist herauszustellen, daß bei der Anwendung des AHP einige Kriterien stärker, andere Kriterien schwächer das Gesamtergebnis beeinflussen. Dieser Effekt ist nicht ausschließlich durch die unterschiedliche Gewichtung der Kennzahlen zu erklären. Wieso es zu dieser „Verzerrung" kommt, ist durch den Vergleich der Ergebnisse nicht zu erkennen. Eine Antwort bietet die Analyse unterschiedlicher Skalenniveaus in Abschnitt 4.4.5.

Abschließend kann festgehalten werden, daß die drei getesteten Verfahren zu einer sehr hohen Übereinstimmung in ihren Rankings führen. Ausnahmen sind wenige Unternehmen, die in der Regel bei mehr als nur einem Methodenvergleich hohe Rangdifferenzen aufwiesen. Für diese Unternehmen ist charakteristisch, daß ihre Performance gemessen anhand der einzelnen Kennzahlenausprägungen uneinheitlich ist und oft sogar klare Ausreißer zu identifizieren sind.

4.4.3 Veränderung der Gewichte

Nachdem die Nutzwertanalyse, der AHP und PROMETHEE II angewandt und ihre Ergebnisse verglichen worden sind, sollen die Methoden auf ihre Sensitivität bezüglich Veränderungen der Gewichtungsfaktoren getestet werden. Die Fragestellung entspricht der 3. Hypothese.[818]

Für eine Stichprobe von 200 Aktiengesellschaften erwies sich die Methode der Berechnung von Stabilitätstests als nicht sinnvoll anwendbar. Bei jedem der drei Verfahren führten kleinste Veränderungen der Gewichtungsfaktoren zu Rangumkehrungen. So sind die Gewichte als Brüche in Excel beziehungsweise Visuell Basic implementiert worden. Die geringfügige Änderung, diese nur mit vier Stellen nach dem Komma anzugeben, bedingt ein verändertes Ranking bei jeder der drei Methoden.

Als Alternative zu der Methode der Berechnung von Stabilitätsintervallen sind zwei Arten von Sensitivitätstests denkbar. Zum einen können die sechs Gewichte gleichzeitig verändert werden,[819] zum anderen wird jeweils ein Kriteriengewicht modifiziert, während die anderen fünf in ihrem Verhältnis zueinander konstant bleiben. Im folgenden wurde die zweite Vorgehensweise gewählt. Durch sie kann eindeutiger gezeigt werden, wie stark oder weniger stark die Gewichtung einer speziellen Kennzahl das Gesamtranking beeinflussen kann.

4.4.3.1 Nutzwertanalyse

Die Sensitivität des Rankings der Nutzwertanalyse wurde analysiert, indem für jedes der sechs Kriteriengewichte sechs alternative Gewichtungsfaktoren eingesetzt und die neuen Rankings berechnet wurden. Theoretisch könnten überab-

818 Vgl. Abschnitt 4.2.1.2.

819 Vgl. zum Beispiel Schmidt, R. (1991), S. 13 ff.

zählbar viele differierende Gewichtungsfaktoren analysiert werden. Je Testreihe wird ein Gewichtungsfaktor verändert und die Auswirkungen dieser Modifikation auf das Ergebnis überprüft. Um nicht unüberschaubar viele Tests durchzuführen, wurde die Anzahl der Tests auf insgesamt sieben Modifikationen eines Gewichtungsfaktors begrenzt. Ein Ranking entspricht dabei immer dem Ausgangsranking der Methode, diese Ranking ist hervorgehoben.[820]

Die Auswahl der sechs alternativen Gewichte orientiert sich an der ursprünglichen Definition der Gewichte als Brüche mit dem Nenner 18.[821] Um die Normierungsbestimmung des Gewichtevektors

$$\sum_{j=1}^{n} w_j = 1$$

nicht aufzugeben, müssen – auch wenn die Wirkung nur eines Gewichtungsfaktors analysiert werden soll – ebenfalls die weiteren fünf Gewichte angepaßt werden. Dabei werden die fünf übrigen Gewichte in jedem Fall so verändert, daß sie in ihrem Verhältnis zueinander konstant blieben und dennoch die Summe der Gewichtungsfaktoren stets eins ergibt.

Zwei „Extremfälle" werden jeweils mit analysiert. Zum einen bedeutet das Gleichsetzen des analysierten Gewichts mit Null eine Verkürzung des Tests auf fünf Kriterien. Wird zum andern der Gewichtungsfaktor gleich Eins gesetzt, so entspricht dies nicht mehr einem mehrkriteriellen Vergleich, vielmehr werden die Gesellschaften ausschließlich auf Basis der einen Kennzahl sortiert.

Die Korrelation der sechs neuen Rankings im Vergleich zu ihrem Ausgangsranking wurde berechnet. Die Werte von r_s sind in der zweiten Spalte der Tabelle aufgeführt. Da die Korrelation als einziges Maß nur einen Eindruck über das Ausmaß der Gewichtsveränderungen vermittelt, sind jeweils die veränderten Ränge der ursprünglich besten zehn Aktiengesellschaften mit aufgeführt worden.

Tabelle 42 zeigt die Auswirkungen auf die Veränderungen des Gewichtes von R1 (k_1) bei Anwendung der Nutzwertanalyse. Es zeigt sich für diese Beispiel, daß auch durch extreme Veränderungen des Gewichtungsfaktors das Ergebnis nicht modifiziert wird und die Korrelation mit dem Ausgangsranking in jedem Fall hoch bleibt. Wird R1 mit Eins gewichtet, so ist die Korrelation des neuen und des Ausgangsrankings noch größer als 0,95. Würde R1 nicht in die Bewertung mit einbezogen, das heißt w_1=0, so beträgt die Korrelation noch immer 0,8562. Das Ergebnis darf als relativ erstaunlich bewertet werden und ist selbstverständlich nicht zu verallgemeinern.

Aufgrund der unterschiedlichen Positionierung beispielsweise von Reckitt & Colman[822] kann ohne Betrachtung der Kennzahlenausprägungen gefolgert

820 Vgl. Tabelle 42.

821 Vgl. Schmidt, R. (1995b), S. 4.

822 Siehe Fußnote 790.

werden, daß diese Aktiengesellschaft die höchste Eigenkapitalrendite der Stichprobe hat, aber in den anderen Kriterien eine deutlich schlechtere Performance aufweist.

Tabelle 42 Modifikation der Gewichte von R1 bei Anwendung der Nutzwertanalyse

R1	r_s	SAP	Reckitt & Colm.	Puma	Kampa-Haus	Aigner	MLP	Keramag	Schwarz Pharma	Boss	Adidas
0	0,8562	1	64	7	37	10	2	39	12	15	30
0,0556	0,8982	1	44	5	26	7	2	31	9	12	21
0,1111	0,9322	1	24	5	13	6	2	17	7	9	14
0,2222	0,9725	1	8	3	7	4	2	12	6	9	13
0,4444	**1**	**1**	**2**	**3**	**4**	**5**	**6**	**7**	**8**	**9**	**10**
0,8889	0,9663	10	1	3	2	5	18	4	9	11	7
1	0,9554	13	1	4	2	6	18	3	9	11	7

Quelle: Eigene Berechnung.

Tabelle 43 Modifikation der Gewichte von R2 bei Anwendung der Nutzwertanalyse

R2	r_s	SAP	Reckitt & Colm.	Puma	Kampa-Haus	Aigner	MLP	Keramag	Schwarz Pharma	Boss	Adidas
0	0,9898	2	1	3	4	5	7	6	10	9	8
0,0556	0,9993	2	1	3	4	5	7	6	8	10	9
0,1111	0,9976	2	1	3	4	5	6	7	8	10	9
0,2222	**1**	**1**	**2**	**3**	**4**	**5**	**6**	**7**	**8**	**9**	**10**
0,4444	0,9858	1	2	5	6	4	3	8	7	11	13
0,8889	0,8401	6	32	29	28	16	14	42	20	53	66
1	0,7239	11	60	49	43	22	18	64	24	77	91

Quelle: Eigene Berechnung.

Die Variation des Gewichtungsfaktors von R2 (k_2) – dargestellt in Tabelle 43 – ergibt ein ähnliches Ergebnis. Nur bei einer extrem hohen Gewichtung dieser Kennzahl verändert sich das Ranking deutlich.

Ein Ranking, welches die Eigenkapitalquote mit über 50 % gewichtet, weist keine sehr hohe Übereinstimmung mit dem Ausgangsergebnis auf. Die Korrelation entspricht jedoch mindestens einem Spearman Rangkorrelationskoeffizienten von r_s=0,5362. Da es den Präferenzen keines Aktionärs entsprechen dürfte, Aktien nur oder fast nur auf Basis der Eigenkapitalquote auszuwählen – wenn Sicherheit das wichtigste Kriterium wäre, würden festverzinsliche Wertpapiere präferiert – ist diese Sensitivität ohne große praktische Relevanz.

Die in den folgenden drei Tabellen zusammengefaßten Werte stimmen mit den Zahlen in Tabelle 43 weitgehend überein. Der Ausschluß von S2, W1 oder W2 bewirkt kaum eine Veränderung. Solange der entsprechende Gewichtungsfaktor kleiner als 0,5 bleibt, kann von einer sehr hohen Korrelation der Rankings gesprochen werden. Sobald die fokussierten Gewichte darüber hinaus erhöht werden, modifiziert dies das Ranking maßgeblich.

Tabelle 44 Modifikation der Gewichte von S1 bei Anwendung der Nutzwertanalyse

S1	r_s	SAP	Reckitt & Colm.	Puma	Kampa-Haus	Aigner	MLP	Keramag	Schwarz Pharma	Boss	Adidas
0	0,9831	2	1	3	4	9	5	11	6	13	10
0,0556	0,9957	2	1	3	4	6	5	8	7	12	10
0,1111	**1**	**1**	**2**	**3**	**4**	**5**	**6**	**7**	**8**	**9**	**10**
0,2222	0,9831	1	2	5	4	3	6	7	11	9	12
0,4444	0,8786	1	13	9	6	3	11	8	16	7	22
0,8889	0,6070	6	59	30	17	8	29	20	47	16	61
1	0,5362	7	68	39	19	11	32	23	52	16	67

Quelle: Eigene Berechnung.

Tabelle 45 Modifikation der Gewichte von S2 bei Anwendung der Nutzwertanalyse

S2	r_s	SAP	Reckitt & Colm.	Puma	Kampa-Haus	Aigner	MLP	Keramag	Schwarz Pharma	Boss	Adidas
0	0,9978	2	1	3	4	5	8	7	6	11	9
0,0556	**1**	**1**	**2**	**3**	**4**	**5**	**6**	**7**	**8**	**9**	**10**
0,1111	0,9974	1	2	3	4	5	6	7	9	8	10
0,2222	0,9770	1	6	3	5	2	4	8	11	7	12
0,4444	0,8895	2	17	4	5	1	3	14	30	7	33
0,8889	0,5933	14	116	17	13	7	9	50	89	20	103
1	0,4298	19	164	22	18	9	10	61	115	25	134

Quelle: Eigene Berechnung.

Tabelle 46 Modifikation der Gewichte von W1 bei Anwendung der Nutzwertanalyse

W1	r_s	SAP	Reckitt & Colm.	Puma	Kampa-Haus	Aigner	MLP	Keramag	Schwarz Pharma	Boss	Adidas
0	0,9937	3	1	5	2	4	14	6	9	7	13
0,0556	0,9983	2	1	5	3	4	9	6	7	8	11
0,1111	**1**	**1**	**2**	**3**	**4**	**5**	**6**	**7**	**8**	**9**	**10**
0,2222	0,9926	1	5	4	9	11	2	10	6	12	7
0,4444	0,9316	3	10	4	16	15	2	11	5	12	6
0,8889	0,6056	5	41	8	115	106	2	31	6	25	7
1	0,5012	5	59	8	146	136	2	40	6	30	7

Quelle: Eigene Berechnung.

Tabelle 47 Modifikation der Gewichte von W2 bei Anwendung der Nutzwertanalyse

W2	r_s	SAP	Reckitt & Colm.	Puma	Kampa-Haus	Aigner	MLP	Keramag	Schwarz Pharma	Boss	Adidas
0	0,9964	2	1	3	4	5	7	6	8	9	10
0,0556	**1**	**1**	**2**	**3**	**4**	**5**	**6**	**7**	**8**	**9**	**10**
0,1111	0,9956	1	2	3	5	6	4	8	7	11	9
0,2222	0,9756	1	2	4	10	9	3	13	5	12	7
0,4444	0,8876	2	6	12	23	17	5	27	11	18	8
0,8889	0,5898	3	26	30	111	63	10	127	22	44	12
1	0,4778	3	31	38	147	91	13	152	24	56	17

Quelle: Eigene Berechnung.

Es ist zu erwähnen, daß die praktische Relevanz einiger Gewichtungsvektoren klein ist. Würde jedoch ein Investor ohne Berücksichtigung von Rendite und Sicherheitsaspekten nur Wachstumsgesellschaften suchen, so würde die Liste seiner präferierten Aktiengesellschaften deutlich von dem Ranking des RSW-Tests differieren.

Insgesamt läßt sich zu den Sensitivitätstests der Gewichte im Rahmen der Nutzwertanalyse sagen, daß die am RSW-Test geäußerte Kritik bezüglich der Festlegung der Gewichtungsfaktoren[823] wenig stichhaltig ist. Die Gewichte werden nicht willkürlich festgelegt, sie sind – wie in der Entscheidungstheorie fast immer – subjektive Schätzungen. Diese Schätzungen können natürlich eine mehr oder weniger gute Abbildung der wirklichen Präferenz des Entscheiders sein. Erfreuliches Ergebnis der Sensitivitätstests ist jedoch, daß sich kleinere Verschiebungen der Gewichte kaum auf das Ranking auswirken.

4.4.3.2 AHP

Im methodischer Übereinstimmung zu den Sensitivitätstests der Nutzwertanalyse sind 36 neue Rankings unter Verwendung des AHP und modifizierten Gewichten erzeugt worden. Wieder werden im folgenden in tabellarischer Form die Rankings der besten zehn Unternehmen dargestellt. Da unter Verwendung des AHP ein anderes Ranking als unter Anwendung der Nutzwertanalyse ausgewiesen wurde, unterscheiden sich die genannten Unternehmen beziehungsweise ihre Reihenfolge untereinander.

823 Vgl. Küting, K./Weber, C. P. (1993), S. 373.

Tabelle 48 Modifikation der Gewichte von R1 bei Anwendung des AHP

R1	r_s	Reckitt & Colm.	SAP	Puma	MLP	SKW Trostberg	Schwarz Pharma	Plettac	Adidas	Kampa-Haus	Keramag
0	0,8164	52	3	12	2	1	10	13	15	83	59
0,0556	0,8779	29	3	9	2	1	6	12	13	53	40
0,1111	0,9201	18	3	6	2	1	5	8	10	33	26
0,2222	0,9728	8	1	4	3	2	5	6	7	18	17
0,4444	**1**	**1**	**2**	**3**	**4**	**5**	**6**	**7**	**8**	**9**	**10**
0,8889	0,9659	1	10	3	18	19	9	8	7	2	4
1	0,9549	1	13	4	18	19	9	8	7	2	3

Quelle: Eigene Berechnung.

Tabelle 49 Modifikation der Gewichte von R2 bei Anwendung des AHP

R2	r_s	Reckitt & Colm.	SAP	Puma	MLP	SKW Trostberg	Schwarz Pharma	Plettac	Adidas	Kampa-Haus	Keramag
0	0,9901	1	2	3	5	4	7	8	6	9	10
0,0556	0,9939	1	2	3	5	4	7	8	6	9	10
0,1111	0,9968	1	2	3	5	4	7	8	6	9	10
0,2222	**1**	**1**	**2**	**3**	**4**	**5**	**6**	**7**	**8**	**9**	**10**
0,4444	0,9824	2	1	4	3	5	6	7	10	8	11
0,8889	0,8181	31	6	28	12	33	19	22	58	29	42
1	0,6858	60	11	49	18	61	24	27	91	43	64

Quelle: Eigene Berechnung.

Das Ranking in der letzten Spalte von Tabelle 48 entspricht dem von Tabelle 42 und Tabelle 54. Wird die Bewertung nur auf ein Kriterium reduziert, so ist das Ergebnis bei jeder Methode gleich. Da die Ausgangsrankings jedoch unterschiedlich sind, differieren die Rangkorrelationskoeffizienten. Tabelle 48 zeigt, daß ein Unter- oder Übergewichten von R1 ebenfalls im Rahmen des AHP nur geringe Auswirkungen hat.

Wie aus Tabelle 49 zu entnehmen ist, hätte der Ausschluß von R2 aus dem Test nur minimalen Effekt, sofern die übrigen fünf Kennzahlen in ihrem Gewichtungsverhältnis zueinander unverändert bleiben. Eine Verdoppelung des Gewichtes von R2 führt zu einer hohen Korrelation mit dem Ausgangsranking.

Tabelle 50 und Tabelle 51 zeigen, daß extrem hohe Gewichtungsveränderungen der Sicherheitskennzahlen das Ergebnis modifizieren. Die Sensitivität scheint größer zu sein als im Rahmen der Nutzwertanalyse.

Tabelle 50 Modifikation der Gewichte von S1 bei Anwendung des AHP

S1	r_s	Reckitt & Colm.	SAP	Puma	MLP	SKW Trostberg	Schwarz Pharma	Plettac	Adidas	Kampa-Haus	Keramag
0	0,9989	1	2	4	5	3	6	7	8	9	10
0,0556	0,9995	1	2	3	5	4	6	7	8	9	10
0,1111	**1**	**1**	**2**	**3**	**4**	**5**	**6**	**7**	**8**	**9**	**10**
0,2222	0,9985	2	1	3	4	5	6	8	7	9	11
0,4444	0,9810	2	1	3	4	10	7	12	9	5	8
0,8889	0,6843	28	3	17	15	93	27	54	36	10	13
1	0,4241	68	7	39	32	171	52	104	67	19	23

Quelle: Eigene Berechnung.

Tabelle 51 Modifikation der Gewichte von S2 bei Anwendung des AHP

S2	r_s	Reckitt & Colm.	SAP	Puma	MLP	SKW Trostberg	Schwarz Pharma	Plettac	Adidas	Kampa-Haus	Keramag
0	0,9985	1	2	4	5	3	6	7	8	9	10
0,0556	**1**	**1**	**2**	**3**	**4**	**5**	**6**	**7**	**8**	**9**	**10**
0,1111	0,9984	2	1	4	3	5	6	8	9	7	11
0,2222	0,9857	4	1	3	2	7	8	9	10	5	12
0,4444	0,9145	7	1	3	2	10	14	18	17	5	12
0,8889	0,5954	102	13	15	8	90	80	97	95	14	47
1	0,3833	164	19	22	10	131	115	138	134	18	61

Quelle: Eigene Berechnung.

Tabelle 52 Modifikation der Gewichte von W1 bei Anwendung des AHP

W1	r_s	Reckitt & Colm.	SAP	Puma	MLP	SKW Trostberg	Schwarz Pharma	Plettac	Adidas	Kampa-Haus	Keramag
0	0,9883	1	2	4	16	18	9	7	10	3	6
0,0556	0,9969	1	2	3	10	11	6	5	8	4	9
0,1111	**1**	**1**	**2**	**3**	**4**	**5**	**6**	**7**	**8**	**9**	**10**
0,2222	0,9902	5	3	4	2	1	6	8	7	13	9
0,4444	0,9204	10	3	4	2	1	5	9	7	24	14
0,8889	0,6552	43	5	8	2	1	6	10	7	130	34
1	0,5870	59	5	8	2	1	6	10	7	146	40

Quelle: Eigene Berechnung.

Tabelle 53 Modifikation der Gewichte von W2 bei Anwendung des AHP

W2	r_s	Reckitt & Colm.	SAP	Puma	MLP	SKW Trostberg	Schwarz Pharma	Plettac	Adidas	Kampa-Haus	Keramag
0	0,9863	1	3	2	4	6	7	9	10	5	8
0,0556	**1**	**1**	**2**	**3**	**4**	**5**	**6**	**7**	**8**	**9**	**10**
0,1111	0,9930	2	1	5	4	3	7	6	8	9	12
0,2222	0,9522	5	1	10	4	3	9	7	6	18	20
0,4444	0,8410	14	2	17	8	4	13	11	9	44	52
0,8889	0,6107	29	3	32	11	7	23	18	15	132	142
1	0,5489	31	3	38	13	7	24	19	17	147	152

Quelle: Eigene Berechnung.

Die Rankings reagieren unrobust auf eine sehr hohe Gewichtung des Wachstums, wie in Tabelle 52 und Tabelle 53 zu sehen ist. Die Korrelationskoeffizienten sind jedoch höher als die entsprechenden Korrelationen der Nutzwertanalyse, womit in bezug auf die Veränderung von W1 und W2 die AHP Rankings weniger sensitiv reagieren als die der Nutzwertanalyse.

Insgesamt kann zu den Sensitivitätstests der Gewichte beim AHP festgehalten werden, daß sich die Rankings durch Modifizieren der Gewichte verändern. Dies ist ein wünschenswerter Effekt. Die Veränderungen sind in den relevanten Bereichen[824] erstaunlich gering.

4.4.3.3 PROMETHEE II

Wie robust PROMETHEE II auf Veränderungen der Gewichte reagiert, zeigen die folgenden Tabelle 54 bis Tabelle 59.

Durch Weglassen des Kriteriums R1 wird das Ergebnis mehr beeinflußt als durch das Eliminieren jedes anderen Kriteriums. Dies war auch bei der Nutzwertanalyse und dem AHP der Fall. Grund hierfür ist primär das hohe Ausgangsniveau dieses Gewichtes.

824 Als praktisch unrelevant kann die Gewichtung von S1, S2, W1 und W2 mit jeweils einem Gewichtungsfaktor größer als 0,5 bewertet werden.

Tabelle 54 Modifikation der Gewichte von R1 bei Anwendung von PROMETHEE II

R1	r_s	SAP	MLP	Puma	Schwarz Pharma	Aigner	Plettac	Boss	Indus	Keramag	CeWe Color
0	0,9086	1	2	4	5	18	22	17	16	35	9
0,0556	0,9292	1	2	4	5	12	17	13	14	30	9
0,1111	0,9467	1	2	4	5	9	14	11	13	23	7
0,2222	0,9764	1	2	3	4	5	9	8	10	15	6
0,4444	**1**	**1**	**2**	**3**	**4**	**5**	**6**	**7**	**8**	**9**	**10**
0,8889	0,9608	7	12	1	6	5	8	11	13	4	21
1	0,9474	13	18	4	9	6	8	11	16	3	26

Quelle: Eigene Berechnung.

Tabelle 55 Modifikation der Gewichte von R2 bei Anwendung von PROMETHEE II

R2	r_s	SAP	MLP	Puma	Schwarz Pharma	Aigner	Plettac	Boss	Indus	Keramag	CeWe Color
0	0,9747	1	3	2	5	10	11	4	17	7	15
0,0556	0,9984	1	3	2	5	8	9	4	14	6	13
0,1111	0,9931	1	2	3	4	7	8	5	10	6	13
0,2222	**1**	**1**	**2**	**3**	**4**	**5**	**6**	**7**	**8**	**9**	**10**
0,4444	0,9686	1	2	5	3	4	6	19	7	17	9
0,8889	0,8250	2	11	41	20	18	24	71	16	58	28
1	0,7901	11	18	49	24	22	27	77	21	64	31

Quelle: Eigene Berechnung.

Tabelle 56 **Modifikation der Gewichte von S1 bei Anwendung von PROMETHEE II**

S1	r_s	SAP	MLP	Puma	Schwarz Pharma	Aigner	Plettac	Boss	Indus	Keramag	CeWe Color
0	0,9900	1	2	3	5	8	6	10	4	12	14
0,0556	0,9968	1	2	3	4	7	5	8	6	10	11
0,1111	**1**	**1**	**2**	**3**	**4**	**5**	**6**	**7**	**8**	**9**	**10**
0,2222	0,9868	1	2	3	4	5	12	6	23	7	8
0,4444	0,8916	1	3	6	11	2	42	4	64	8	10
0,8889	0,5791	2	27	30	42	6	95	10	136	17	22
1	0,5148	7	32	39	52	11	104	16	145	23	27

Quelle: Eigene Berechnung.

Tabelle 57 **Modifikation der Gewichte von S2 bei Anwendung von PROMETHEE II**

S2	r_s	SAP	MLP	Puma	Schwarz Pharma	Aigner	Plettac	Boss	Indus	Keramag	CeWe Color
0	0,9967	1	2	4	3	6	5	8	9	10	11
0,0556	**1**	**1**	**2**	**3**	**4**	**5**	**6**	**7**	**8**	**9**	**10**
0,1111	0,9969	1	2	3	5	4	11	6	7	8	9
0,2222	0,9742	1	2	3	11	4	21	5	8	9	10
0,4444	0,8466	2	1	4	40	3	60	5	17	20	19
0,8889	0,5022	8	3	16	103	4	129	20	52	54	51
1	0,4283	19	10	22	115	9	138	25	58	61	57

Quelle: Eigene Berechnung.

Tabelle 58 Modifikation der Gewichte von W1 bei Anwendung von PROMETHEE II

W1	r_s	SAP	MLP	Puma	Schwarz Pharma	Aigner	Plettac	Boss	Indus	Keramag	CeWe Color
0	0,9910	1	3	4	6	2	11	7	13	12	8
0,0556	0,9970	1	2	3	5	4	8	7	11	10	9
0,1111	**1**	**1**	**2**	**3**	**4**	**5**	**6**	**7**	**8**	**9**	**10**
0,2222	0,9886	1	2	3	4	16	5	6	7	8	13
0,4444	0,8876	1	2	3	4	47	5	10	6	13	17
0,8889	0,5884	2	1	5	4	128	8	23	12	34	58
1	0,5324	5	2	8	6	136	10	30	17	40	64

Quelle: Eigene Berechnung.

Tabelle 59 Modifikation der Gewichte von W2 bei Anwendung von PROMETHEE II

W2	r_s	SAP	MLP	Puma	Schwarz Pharma	Aigner	Plettac	Boss	Indus	Keramag	CeWe Color
0	0,9973	1	2	3	4	5	9	7	12	6	11
0,0556	**1**	**1**	**2**	**3**	**4**	**5**	**6**	**7**	**8**	**9**	**10**
0,1111	0,9969	1	2	3	4	8	5	7	6	14	9
0,2222	0,9748	1	2	4	3	12	5	8	6	28	14
0,4444	0,8567	1	2	6	3	33	5	15	4	76	24
0,8889	0,5593	1	6	30	20	84	14	49	10	142	60
1	0,4943	3	13	38	24	91	19	56	14	152	68

Quelle: Eigene Berechnung.

Bezogen auf die Sensitivität hinsichtlich der Gewichtung von R2 ist PROMETHEE II robuster als die Ergebnisse der Nutzwertanalyse oder des AHP. Bei S1 hingegen reagiert die Nutzwertanalyse robuster, der AHP sensitiver. Veränderungen der Gewichtung von S2 zeigen keine eindeutigen Unterschiede. Schwarz Pharma fällt durch eine sehr niedrige Liquiditätsquote (S2) auf. Die Sensitivität des PROMETHEE II-Rankings hinsichtlich unterschiedlicher Gewichtung von W1 und W2 ist geringer als die der Nutzwertanalyse und größer als die bei dem AHP gemessenen Vergleichszahlen.

Grund für die überwiegend sehr hohe Übereinstimmung der Rankings ist die Korrelation der Kennzahlenausprägungen. Die entsprechende Korrelationsmatrix ist Tabelle 60 zu entnehmen. Anhand der unterschiedlichen Korrelation ist zu erklären, warum die Modifikation einiger Kriterien eine größere Auswirkung auf das Gesamtergebnis hat als die anderer Kennzahlen.

Tabelle 60 Korrelationen der Kennzahlenausprägungen

	R1	R2	S1	S2	W1	W2
R1	1	0,4748	0,4748	0,2585	0,5036	0,3784
R2	0,4748	1	0,2676	0,2192	0,2532	0,1241
S1	0,4748	0,2676	1	0,3363	0,0346	0,1181
S2	0,2585	0,2192	0,3363	1	0,1062	0,0744
W1	0,5036	0,2532	0,0346	0,1062	1	0,6620
W2	0,3784	0,1241	0,1181	0,0744	0,6620	1

Quelle: Eigene Berechnung.

Als zusammenfassende Schlußfolgerung ist festzuhalten, daß die Nutzwertanalyse, der AHP und PROMETHEE II unterschiedlich sensitiv auf Modifikationen der Gewichtungsfaktoren reagieren. Welche Methode robuster ist als eine andere ist nicht zu erkennen, da die Reaktion in bezug auf die sechs Kennzahlen stark schwankt. Insgesamt kann festgehalten werden, daß die Sensitivität der Rankings sich mehr im Hinblick auf die einzelnen Kriterien als die Methoden unterscheidet.

Als erfreulich ist das Ergebnis festzuhalten, daß die Rankings bei keiner Methode stark von den Gewichtungsfaktoren verändert werden. Ein Ranking, welches negativ mit dem Ausgangsranking korreliert, kann auf Basis der definierten Kennzahlen nicht konstruiert werden. Jeder Aktionär, dessen Präferenzen ungefähr mit der Aussage übereinstimmen, daß die Rendite wichtiger ist als Wachstum und Sicherheit, kann der tendenziellen Bewertung durch den RSW-Test gut zustimmen.

4.4.4 Veränderungen der Präferenzfunktion

Für PROMETHEE II ist zusätzlich zu den bisher durchgeführten Sensitivitätstests zu analysieren, in welchem Umfang die Definition der Präferenzfunktionen das Ergebnis beeinflußt. Tabelle 61 zeigt die Modifikationsspannweite des Rankings auf unterschiedliche Definitionen der Präferenzfunktion. Jeder der sechs vorgestellten Funktionstypen wurde analysiert. Die sechs Kennzahlendefinitionen beziehungsweise ihre Kriteriengewichte wurden nicht verändert.

Neben den konkreten Schwellenwerten *q, s, r* und dem Ranking der ursprünglich besten zehn Aktiengesellschaften wurden je Ranking zwei Spearman Rangkorrelationskoeffizienten berechnet. Vergleichsbasis für r_s* ist das PROMETHEE II Ausgangsranking.[825] Bezugsgröße für r_s** ist das ursprüngliche Ranking der Nutzwertanalyse, das heißt, das ursprüngliche RSW-Ranking.[826] Der zusätzliche Korrelationskoeffizient r_s** wurde zur Überprüfung von Hypothese 6[827] eingeführt. Das PROMETHEE II Ranking entspricht genau dann dem Ranking der Nutzwertanalyse, wenn r_s** den Wert Eins annimmt.

Es zeigt sich, daß der Einfluß der Definition der Präferenzfunktionen auf das Ergebnis deutlich geringer ist als der Einfluß der Gewichtung. In keinem der 27 untersuchten Fälle unterschritt der Korrelationskoeffizient r_s* den Wert 0,98. Damit kann in diesem Fall die Auswirkung der Definition der Präferenzfunktion als verschwindend gering bewertet werden.

Die Übereinstimmung des PROMETHEE II-Rankings mit dem der Nutzwertanalyse wird für hohe Schwellenwerte größer. So entspricht bei der Auswahl des Gaußschen Kriteriums mit r=10 für alle Kennzahlen das PROMETHEE II-Ranking fast dem der Nutzwertanalyse (r_s**=0,9970). Hypothese 6[828], daß die Nutzwertanalyse und PROMETHEE II bei geeigneter Definition der Präferenzfunktionen zum selben Ergebnis kommen können, konnte auf Basis der vorliegenden Stichprobe nicht belegt werden.

Inhaltlich bedeuten die gezeigten Tests, daß der Grad der Substitution der Kriterien bei Anwendung von PROMETHEE II von der Definition der Präferenzfunktionen abhängt. Mit höheren Schwellenwerten nimmt der Grad der Substituierbarkeit zu. Es muß der Aussage, daß die Nutzung von PROMETHEE grundsätzlich eine eingeschränkte Substituierbarkeit der Kriterien zur Folge hat,[829] widersprochen werden.

825 Vgl. im Tabelle A7 Anhang.

826 Vgl. im Tabelle A7 Anhang.

827 Vgl. Abschnitt 4.2.1.3.

828 Vgl. Abschnitt 4.2.1.3.

829 Vgl. Le Téno, J. F./Mareschal, B. (1998), S. 522.

Tabelle 61 **Veränderungen des Rankings durch unterschiedliche Definition der Präferenzfunktionen aller Kriterien gleichzeitig**

Typ der Präferenz-funktion	q	s	r	r_s*	r_s**	SAP	MLP	Puma	Schwarz Phar.	Aigner	Plettac	Boss	Indus	Keramag	CeWe Color
Gewöhnliches Kriterium	0	0	0	1	0,9811	1	2	3	4	5	6	7	8	9	10
Quasi-Kriterium	0,25	0	0	0,9999	0,9813	1	2	3	4	5	6	7	8	9	10
	0,5	0	0	0,9998	0,9811	1	2	3	4	5	7	6	8	9	10
	1	0	0	0,9997	0,9814	1	2	3	4	5	7	6	8	9	10
	2	0	0	0,9994	0,9820	1	2	3	4	5	7	6	9	8	10
	5	0	0	0,9970	0,9875	1	2	3	4	5	7	6	8	9	13
	10	0	0	0,9864	0,9940	1	2	3	4	5	7	6	10	11	20
Kriterium mit linearer Präferenz	0	0,25	0	1	0,9808	1	2	3	4	5	6	7	8	9	10
	0	0,5	0	0,9999	0,9811	1	2	3	4	5	6	7	8	9	10
	0	1	0	0,9999	0,9811	1	2	3	4	5	6	7	8	9	10
	0	2	0	0,9998	0,9816	1	2	3	4	5	7	6	8	9	10
	0	5	0	0,9993	0,9838	1	2	3	4	5	7	6	9	8	10
	0	10	0	0,9975	0,9883	1	2	3	4	5	7	6	8	9	13
Stufen-Kriterium	0,25	0,5	0	0,9999	0,9812	1	2	3	4	5	6	7	8	9	10
	0,5	1	0	0,9998	0,9812	1	2	3	4	5	7	6	8	9	10
	1	5	0	0,9989	0,9851	1	2	3	4	5	7	6	8	9	12
	5	10	0	0,9941	0,9918	1	2	3	4	5	7	6	8	10	19
Kriterium mit linearer Präferenz und Indifferenz-bereich	0,25	0,5	0	0,9999	0,9808	1	2	3	4	5	6	7	8	9	10
	0,5	1	0	0,9998	0,9811	1	2	3	4	5	7	6	8	9	10
	1	5	0	0,9989	0,9842	1	2	3	4	5	7	6	9	8	11
	5	10	0	0,9936	0,9915	1	2	3	4	5	7	6	8	9	20
Gaußsches Kriterium	0	0	0,25	0,9999	0,9811	1	2	3	4	5	6	7	8	9	10
	0	0	0,5	0,9999	0,9810	1	2	3	4	5	7	6	8	9	10
	0	0	1	0,9997	0,9817	1	2	3	4	5	7	6	8	9	10
	0	0	2	0,9992	0,9836	1	2	3	4	5	7	6	9	8	10
	0	0	5	0,9963	0,9901	1	2	3	4	5	7	6	8	9	16
	0	0	10	0,9873	0,9970	1	3	2	4	5	8	6	13	10	21

r_s* Korrelation mit dem PROMETHEE II- Ausgangsranking.
r_s** Korrelation mit dem ursprünglichen RSW-Ranking.

Quelle: Eigene Berechnung.

In Extremfällen kann auch bei einer großen Stichprobe das PROMETHEE II-Ranking mit dem der Nutzwertanalyse sogar vollständig übereinstimmen. Ein Fall dieser Art wurde für die Bewertung von Aktiengesellschaften in früheren Studien aufgezeigt.[830] Das bedeutet, auch wenn die Auswirkungen der Definition der Präferenzfunktion auf die Bewertung der Aktiengesellschaften gering sind, so sollte überprüft werden, ob der gewünschte Grad der Substituierbarkeit nicht durch eine ungeeignete Auswahl zu hoher Schwellenwerte für die Präferenzfunktionen unterschritten wird.

Wie in Abschnitt 4.3.4.4.2 gezeigt ist es möglich, daß die gleiche Definition aller sechs Präferenzfunktionen eine kompensierende Wirkung hat. Da die Definition der Präferenzfunktionen selbst bei der Wahl extrem hoher Schwellenwerte wie in diesem Abschnitt gezeigt nur einen geringen Effekt hat und Hypothese 5 nicht widerlegt werden konnte, wird auf weitere Tests verzichtet.

4.4.5 Veränderungen des Skalenniveaus

Die Skalenniveaus der sechs Kriterien R1 bis W2 differieren, was sich in unterschiedlichen Mittelwerten und Standardabweichungen niederschlägt.[831] Das RSW-Verfahren erfordert eine Standardisierung der Kennzahlen, um einen inhaltlich gehaltvollen Gesamtnutzen bilden zu können. Diese Standardisierung erfolgt, wie beschrieben, auf Basis einer z-Transformation.[832] Es muß als ein Vorteil des RSW-Tests bewertet werden, daß das Problem des Vergleichs unterschiedlicher Standandardisierungskreise gelöst wurde.[833]

Wird die Nutzwertanalyse fehlerfrei angewandt, so werden die Kriteriengewichte in Abhängigkeit von den Ausprägungsintervallen der Kriterien bestimmt und unterschiedliche Skalenniveaus adäquat berücksichtigt. Die Anpassung der Gewichtungsfaktoren an die realisierten Kriterienausprägungen wurde im Rahmen der Anwendung des RSW-Tests bisher nicht vorgenommen. Dieses Vorgehen ist unter der Voraussetzung nicht fehlerhaft, daß die transformierten Kennzahlen alle standardnormalverteilt sind und so dasselbe Ausprägungsintervall aufweisen.

PROMETHEE II bewertet die Alternativen der Alternativenmenge auf Basis von Rangvergleichen. Überschreiten die einzelnen Kriteriendifferenzen die durch die Definition der Präferenzfunktionen festgelegten Schwellenwerte, so ist die absolute Höhe der Differenz zweier Alternativen für die Bewertung dieser ohne Bedeutung. Die intervallskalierten Ausgangsdaten werden in eine Ordi-

830 Vgl. Tamm, S. (1997), S. 15 ff.

831 Vgl. die arithmetischen Mittelwerte und Standardabweichungen der 200 Aktiengesellschaften in Tabelle 39 oder aller 500 Alternativen in Tabelle 13.

832 Vgl. Abschnitt 2.7.3.3.

833 Vgl. Schmidt, R. (1990a), S. 73.

nalskala überführt. Dieser zunächst negativ erscheinende Informationsverlust erweist sich bei genauerer Analyse der Methode als Vorteil. So besteht die Möglichkeit, stark differierende Skalenniveaus unverzerrt zu vergleichen. Ebenso ist die nur eingeschränkte Substituierbarkeit von Ausreißern bei PROMETHEE II auf dieses Methodeneigenschaft zurückzuführen.

Die Unempfindlichkeit von PROMETHEE bezüglich differierender Skalenniveaus könnte allgemeingültig mathematisch hergeleitet werden. Auf den Beweis wird im Rahmen dieser Arbeit verzichtet. Grundsätzlich gilt, daß die Addition oder Multiplikation sämtlicher Ausprägungen eines Kriteriums mit einer Konstanten keine Auswirkung auf das Ranking hat.[834]

Der AHP basiert wie PROMETHEE auf Paarvergleichen aller Kriterienrealisationen jedoch nicht auf Rangvergleichen. Die Differenzen der Ausgangsdaten werden nicht in eine Ordinalskala überführt. Positive lineare Transformationen aller Kennzahlenausprägungen eines beliebigen Kriteriums wirken sich daher – wie im folgenden gezeigt wird – auf das Ergebnis aus. Dennoch können unterschiedliche Skalenniveaus einzelner Kriterien grundsätzlich verglichen werden, ohne daß das Ergebnis verzerrt wird. Empirisch kann diese Eigenschaft des AHP durch die sehr hohe Übereinstimmung des Rankings der Nutzwertanalyse und des AHP als für diesen Fall bestätigt gelten.

Neben dem grundsätzlich guten Verarbeiten unterschiedlicher Skalenausprägungen sind bei der Bewertung der 200 Aktiengesellschaften einige Unternehmen aufgefallen, die eine sehr unausgeglichene Performance in den einzelnen Kriterien aufwiesen. Die Wirkung von Ausreißern war, wie in Abschnitt 4.4.2.1 dargestellt, uneinheitlich. Teilweise bewertete der AHP eine Alternative ähnlich wie PROMETHEE II und zeigte eine nur eingeschränkte Substitution einzelner Kriterien. Aber auch das Gegenteil war aufzufinden, nämlich daß einzelne Ausreißer das Ergebnis dominierten.

Die Erklärung für die uneinheitliche Bewertung von sehr großen oder sehr kleinen Kennzahlenausprägungen liegt in der Bestimmung der Gewichte auf Basis der Eigenvektor-Methode. Betrachtet man die aus Paarvergleichsmatrizen abgeleiteten Gewichte der 200 Alternativen, so fällt auf, daß die Gewichte der sechs Kennzahlen gleiche Mittelwerte, aber unterschiedlich große Streuungen aufweisen.[835] Zum besseren Verständnis sind in Tabelle 62 Lage- und Streuungsparameter zur Beschreibung der Verteilung der Gewichte jeder Kennzahl zusammengestellt. Graphisch könnten die unterschiedlichen Verteilungen durch

834 Die Aussage wurde dennoch von der Verfasserin vielfältig und für unterschiedlichste, teilweise sehr große Mengen von Aktiengesellschaften empirisch getestet. Selbst extreme Verzerrungen einer Kennzahl wirkten sich nicht aus.

835 Die zur Bewertung der Performance w_P^T oder der Ziele w_R^T, w_S^T beziehungsweise w_W^T benötigten Gewichte sind für jede Aktiengesellschaft gleich.

Box-Plots[836] einander gegenübergestellt werden. Da die Unterschiede auch durch ausschließlichen Vergleich der Streuungsparameter offensichtlich sind, wird auf die graphische Darstellung verzichtet.

Tabelle 62 Verteilungsparameter der auf Basis des AHP bestimmten Gewichte

	w_{R1}	w_{R2}	w_{S1}	w_{S2}	w_{W1}	w_{W2}
x_{min}	-0,0835	-0,0103	-0,0007	0,0001	-0,0324	-0,1017
$x_{0.25}$	0,0008	0,0024	0,0032	0,0011	-0,0009	-0,0017
$\bar{x}$	0,0050	0,0050	0,0050	0,0050	0,0050	0,0050
$x_{0.75}$	0,0163	0,0071	0,0065	0,0065	0,0096	0,0123
x_{max}	0,0487	0,0245	0,0126	0,0236	0,0809	0,1188
s	0,0209	0,0043	0,0025	0,0051	0,0130	0,0205

Quelle: Eigene Berechnung.

Das arithmetische Mittel jedes Gewichts ist 0,005. Da 200 Aktiengesellschaften verglichen und die Gewichte in ihrer Summe auf 1 normiert wurden, muß dies der Mittelwert sein. Die Streuung der Gewichte schwankt zwischen s=0,0025 und s=0,0209. Die unterschiedliche Streuung der Verteilungen ist ebenso anhand des 25-Prozent- und 75-Prozent-Quantil sowie der entsprechenden Spannweite ersichtlich.

Vergleicht man die Parameter aus Tabelle 62 mit den Ergebnissen aus Abschnitt 4.4.2.1, so ergibt sich folgender Zusammenhang: Besonders große oder kleine Kennzahlenrealisationen dominierten bei der Bewertung von B.U.S. (sehr hohes W1 und W2) oder Computer 2000 (niedriges R2, hohes W1 und W2). Die hohe Eigenkapitalrendite dominiert die Bewertung von Reckitt und Colman Deutschland.[837] Gleichzeitig ist die Streuung der Wachstumskennzahlen und der Eigenkapitalrendite groß, von R2 niedrig. Im umgekehrten Fall bei Niedermayer Papier (hohes S1) und Otto Reichelt (hohes S1 und S2) gingen die hohen Sicherheitskennzahlen nur unterdurchschnittlich in das Gesamtergebnis ein – die Streuung von S1 und S2 ist verhältnismäßig klein. Das bedeutet, daß im Rahmen des AHP die Streuung der Gewichte des speziellen Kriteriums bestimmt, ob die extrem gute oder extrem schlechte Performance einer Alternative in einem der sechs Kriterien das Gesamtergebnis dominiert oder nicht. Zur Verdeutlichung sind in Tabelle 63 die Gewichte der vier Unternehmen zusammengefaßt.

836 Vgl. Schlittgen, R. (1991), S. 38 ff.

837 Vgl. Fußnote 790.

Tabelle 63 Beispielhafte Gegenüberstellung der unter Verwendung des AHP bestimmten Gewichte von vier Aktiengesellschaften

	w_{R1}	w_{R2}	w_{S1}	w_{S2}	w_{W1}	w_{W2}
B.U.S.	0,0015	0,0004	0,0006	0,0003	0,0022	0,0066
entsprechender Rang	138	167	79	70	16	1
Computer 2000	0,0050	0,0000	0,0001	0,0001	0,0025	0,0026
entsprechender Rang	71	186	195	111	11	8
Niedermayer Papier	0,0016	0,0015	0,0013	0,0000	-0,0001	0,0003
entsprechender Rang	136	54	4	167	147	94
Otto Reichelt	0,0026	0,0004	0,0011	0,0008	-0,0005	-0,0002
entsprechender Rang	125	143	9	14	171	160

Quelle: Eigene Berechnung.

Ursache der dargestellten Verzerrung sind unterschiedliche Skalenniveaus der sechs Kennzahlen – der AHP gleicht unterschiedliche Skalenniveaus nicht aus, sie führen zu einer Verzerrung der Ergebnisse bei dieser Methode. Um die aufgestellte These zu prüfen, soll die Gegenthese getestet werden. Damit sicher abgelehnt werden kann, daß unterschiedliche Skalenniveaus keinen Einfluß auf die Bewertung durch den AHP haben, wurde exemplarisch ein Vergleich auf Basis einer kleinen Alternativenmenge durchgeführt. Zehn Aktiengesellschaften wurden dazu analysiert. Vorab wurde die Menge der 200 Alternativen auf Basis der Firmennamen alphabetisch geordnet. Die ersten zehn Alternativen wurden ausgewählt. Durch dieses Vorgehen konnte gewährleistet werden, daß die ursprünglichen Ränge durchschnittlich weit auseinander liegen. Wären die Tests zum Beispiel auf Basis der besten zehn oder schlechtesten zehn Unternehmen durchgeführt worden, wäre es schneller zu Rangumkehrungen gekommen.

Die zehn Aktiengesellschaften wurden wie im vorigen Abschnitt beschrieben auf Basis der drei Methoden bewertet. Das resultierende Ranking bei dem AHP und PROMETHEE II entspricht nicht der Bewertung der Alternativen auf Basis der großen Stichprobe. Die Verkleinerung der Stichprobe führte zu Rangumkehrungen.[838] Für die Anwendung des AHP wurden die Nutzengrößen, welche aus dem Paarvergleich der einzelnen Kriterienrealisationen abgeleitet werden, neu berechnet. Die Bestimmung Gewichtungsfaktoren, welche aus den Paarvergleichen der Ziele abgeleitet werden, erfolgt ohne Berücksichtigung der Ausprägungsintervalle der Kennzahlen bei der Anwendung des AHP. Die auf der Basis des AHP vergebenen Nutzengrößen und Ränge enthält Tabelle 64.

838 Vgl. auch Abschnitt 4.5.3.

Tabelle 64 **Bewertung von zehn Aktiengesellschaften durch den AHP mittels der nicht transformierten Kennzahlen**

	$w_P w_R w_{R1}$	$w_P w_R w_{R2}$	$w_P w_S w_{S1}$	$w_P w_S w_{S2}$	$w_P w_W w_{W1}$	$w_P w_W w_{W2}$	Summe	Rang
ABB	0,0295	0,0202	0,0047	0,0055	0,0013	-0,0024	0,0589	7
Adidas	0,1242	0,0247	0,0129	0,0018	0,0479	0,0126	0,2242	1
Agiv	0,0025	0,0100	0,0089	0,0095	-0,0178	-0,0078	0,0053	10
Aigner	0,1296	0,0476	0,0222	0,0179	0,0012	0,0028	0,2212	2
Akzo-Faser	0,0265	0,0379	0,0126	0,0008	0,0065	0,0012	0,0854	5
Alexanderwerk	0,0064	0,0115	0,0039	0,0117	0,0292	-0,0151	0,0477	8
Allweiler	0,0298	0,0179	0,0086	0,0017	0,0127	0,0056	0,0763	6
Alno	0,0663	0,0265	0,0134	0,0007	0,0087	0,0055	0,1211	4
Aqua Signal	0,0169	0,0178	0,0123	0,0007	-0,0111	-0,0003	0,0363	9
B.U.S.	0,0129	0,0081	0,0116	0,0053	0,0325	0,0534	0,1237	3

Quelle: Eigene Berechnung.

In einem zweiten Schritt wurden die Unternehmen auf Basis derselben Kennzahlen und Gewichte erneut miteinander verglichen. Die Nutzwerte wurden neu berechnet. Im Unterschied zu der ersten Bewertung wurde nur die Eigenkapitalrendite R1 durch eine additive Konstante transformiert. Zu jeder Ausprägung der Kennzahl R1 der zehn Aktiengesellschaften wurde 100 addiert,[839] die anderen Kennzahlenrealisationen blieben konstant. Das neue Ranking wurde dem zuerst ermittelten gegenübergestellt.

Die Rankings der Nutzwertanalyse und von PROMETHEE II wurden hierdurch nicht beeinflußt. Auf die Darstellung der Ergebnisse wurde deshalb verzichtet. Grund hierfür ist bei der Anwendung des RSW-Verfahrens und der Nutzwertanalyse die Standardisierung der Kennzahlen, welche unterschiedliche Skalenniveaus zwischen den Kriterien ausgleicht. PROMETHEE II ist durch die Überführung der Elemente auf ordinales Skalenniveau ebenso unempfindlich gegen lineare Transformationen der Kennzahlen. Im Gegensatz dazu reagiert der AHP stark empfindlich, was in Tabelle 65 deutlich wird.

839 Die Konstante wurde beliebig ausgewählt.

Tabelle 65 Bewertung durch den AHP mit linear transformiertem R1

	$w_P w_R w_{R1}$	$w_P w_R w_{R2}$	$w_P w_S w_{S1}$	$w_P w_S w_{S2}$	$w_P w_W w_{W1}$	$w_P w_W w_{W2}$	Summe	Rang
ABB	0,0423	0,0202	0,0047	0,0055	0,0013	-0,0024	0,0717	8
Adidas	0,0557	0,0247	0,0129	0,0018	0,0479	0,0126	0,1556	1
Agiv	0,0385	0,0100	0,0089	0,0095	-0,0178	-0,0078	0,0413	10
Aigner	0,0565	0,0476	0,0222	0,0179	0,0012	0,0028	0,1480	3
Akzo-Faser	0,0419	0,0379	0,0126	0,0008	0,0065	0,0012	0,1008	5
Alexander-werk	0,0391	0,0115	0,0039	0,0117	0,0292	-0,0151	0,0804	7
Allweiler	0,0424	0,0179	0,0086	0,0017	0,0127	0,0056	0,0889	6
Alno	0,0475	0,0265	0,0134	0,0007	0,0087	0,0055	0,1024	4
Aqua Signal	0,0406	0,0178	0,0123	0,0007	-0,0111	-0,0003	0,0600	9
B.U.S.	0,0400	0,0081	0,0116	0,0053	0,0325	0,0534	0,1508	2

Quelle: Eigene Berechnung.

Vergleicht man das Ranking in Tabelle 64 mit dem in Tabelle 65, so erkennt man erwartungsgemäß, daß nur die Nutzwerte von w_{R1} sich ändert und alle anderen konstant bleiben. Der Mittelwert der Nutzwerte von R1 ist konstant 0,005, die neue Standardabweichung differiert: im ersten Fall ist s=0,1056, im zweiten Fall s=0,0149. Die Auswirkung der veränderten Streuung auf das Ranking ist erheblich. Gleich vier Rangveränderungen ergeben sich: ABB fällt von Rang 7 auf Rang 8, Aigner von 2 auf 3, Alexanderwerk verbessert sich von Platz 8 auf Platz 7 und B.U.S. von 3 auf 2.

Anhänger des AHP würden das gewählte Beispiel kritisieren und argumentieren, daß es gegen die Axiome des AHP verstößt. „Small elements cannot be directly compared with large ones without making large errors in judgement."[840] Wie bereits in Abschnitt 3.3.3 erörtert, fordert Saaty, daß nur homogene Elemente miteinander verglichen werden dürfen.[841] Dabei sollten nicht nur die zu vergleichenden Alternativen ähnlich sein, sondern auch die Ausprägungen unterschiedlicher Kriterien dürften keine großen Unterschiede aufweisen. Dieses Zugeständnis der Einschränkung des Verfahrens durch Saaty kann als ein Beleg für die These interpretiert werden, daß differierende Ausprägungsintervalle der Zielvariablen nicht bei allen Paarvergleichen genügend berücksichtigt werden.

Das obige Beispiel ist fiktiv konstruiert und durch die extreme Verzerrung der Ausgangsdaten nicht unproblematisch. Ob grundsätzlich die Bewertung Aktiengesellschaften ein für die sinnvolle Anwendung des AHP ausreichend ho-

840 Saaty, T. L. (1994), S. 598.

841 Vgl. Saaty, T. L. (1994), S. 598 ff., Harker, P. T./Vargas, L. G. (1987), S. 1385 ff., Ossadnik, W. (1998), S. 100.

mogenes Anwendungsbeispiel darstellt, ist nur situativ unter Berücksichtigung der konkreten Alternativenmenge zu entscheiden. Beachtet werden muß, daß in dieser Arbeit bisher nur Industriegesellschaften verglichen worden sind, somit eine relative homogene Gruppe. Die dieser Arbeit zugrunde liegende Fragestellung verfolgt das Ziel, auch Banken, Versicherungen und Verwalter in das Ranking zu integrieren. Die Gruppe wird damit zunehmend heterogener.

Der Ausweg der Standardisierung der Kennzahlen durch eine z-Transformation, wie der RSW-Test sie vorschlägt, ist für die Anwendung des AHP kein Ausweg. Der Grund hierfür liegt in der Bestimmung der Gewichte durch die Eigenvektor-Methode. Wie in Abschnitt 3.2.1.2.4 beschrieben, wird aus der Paarvergleichsmatrix der Gewichtevektor abgeleitet, indem in einem ersten Schritt die Spalten der Matrix normiert werden. Die Summe jeder Spalte soll Eins ergeben. Dazu wird jedes Element der Matrix durch die zugehörige Spaltensumme dividiert. Dieser Schritt verbietet die Bewertung standardisierter Kriterien. Die Summe von z-transformierten Kennzahlen ist nach dem Zentralen Grenzwertsatz[842] für genügend große Stichproben gleich Null. Eine Division durch Null ist nicht definiert und somit eine Division durch die Spaltensumme nicht möglich. Tests auf Basis der selektierten 200 Aktiengesellschaften zeigten, daß die standardisierten Kennzahlen gut durch die Standardnormalverteilung approximiert werden können. Die Spaltensumme der 200 Elemente war häufig gleich Null. Auch wenn die Summe leicht von Null abwich (zum Beispiel durch Rundungsfehler), so konnte der AHP auch hier nicht angewandt werden. Die Division durch eine sehr kleine Zahl bewirkt, daß der Quotient sehr groß wird. Die Summe der Gewichte war unverändert Eins, die einzelnen Werte hatten jedoch positive und negative sieben- und mehrstellige Zahlen. Skaleneffekte würden sich bei diesen Ausgangsdaten besonders stark zeigen. Aus dem aufgezeigten Grund kann auch die Standardisierung durch andere Lageparameter wie den Median kein Ausweg sein.

Zusammenfassend ist zur Anwendung des AHP bei der Bewertung von Aktiengesellschaften zu sagen, daß das Verfahren geeignet ist, wenn nur Unternehmen verglichen werden, die den Homogenitätsanforderungen des AHP genügen. Die Aktiengesellschaften sollten so ausgewählt sein, daß die Realisation der Kriterien einer Alternative nicht zu unausgewogen sind. Um alle börsennotierten Gesellschaften direkt miteinander zu vergleichen, und ein alle Elemente enthaltendes Ranking zu erstellen, bedarf es einer Transformation der Kennzahlen. Eine andere operative Möglichkeit müßte für den Vergleich unterschiedlicher Branchen bei der Anwendung des AHP entwickelt werden. Hypothese 7[843] kann nicht bestätigt werden.

842 Vgl. zum Beispiel Schlittgen, R. (1991), S. 228 ff.

843 Vgl. Abschnitt 4.2.1.4.

Aus den oben dargestellten Gründen – insbesondere wegen einer bisher nicht entwickelten Alternative zur Standardisierung der Kennzahlen – wird der AHP zur Erstellung eines Rankings aller Aktiengesellschaften im folgenden nicht weiter angewandt. Daher werden in Abschnitt 4.5 ausschließlich die Nutzwertanalyse und PROMETHEE II verglichen. Das noch ausstehende Problem ist die Integration unterschiedlicher Branchen zu einem Ranking bei der Anwendung von PROMETHEE II.

4.5 Großzahlige Analyse unterschiedlicher Branchen

In den bisher durchgeführten Analysen sind ausschließlich Industrieunternehmen bewertet worden. Die Gruppe der Industrieunternehmen zerfällt in die unterschiedlichsten Einzelbranchen. So zählen zum Beispiel Unternehmen folgender Branchen zu den in Deutschland börsennotierten Industriewerten: Maschinenbau, Chemie, Pharma, Automobil und Textil/Mode. Die genannten Segmente sind wiederum Obergruppen, welche eine Fülle von Teilsegmenten oder Subbranchen zusammenfassen. Der Vergleich von Aktiengesellschaften, die zur Gruppe der Industrieunternehmen gehören, bereitet keine größeren Schwierigkeiten,[844] auch wenn zusätzlich Handels- und Verkehrsunternehmen integriert werden.[845]

Unternehmen, die bisher aus der Analyse ausgeschlossen wurden, sind Verwalter, Banken und Versicherungen. Verwaltungsgesellschaften können nicht im direkten Vergleich mit Industrieunternehmen bewertet werden. Zwar haben sie dasselbe Bilanzierungsschema wie letztgenannte, erwirtschaften jedoch zumeist keinen Umsatz und weisen stellvertretend sonstige betriebliche Erträge aus. Zwei der sechs Kennzahlen müssen daher – wie in Abschnitt 2.7.3.2 bereits gezeigt – anders berechnet werden. Anstelle der Cash-flow-Rendite ermittelt der RSW-Test ihre Gesamtkapitalrendite. Das Umsatzwachstum wird durch das Wachstum des Anlagevermögens ersetzt.[846]

Auch wenn die börsennotierten Banken und Versicherungen im folgenden häufig in einem Zuge genannt werden, so zeigt sich hier ein deutlich heterogeneres Bild. Analysiert man deutsche Banken, so sind Universalbanken (wie zum Beispiel Deutsche Bank, Dresdner Bank) und Hypothekenbanken (Deutsche Hypothekenbank, Frankfurter Hypothekenbank) zu unterscheiden. Ihre Betriebs-

844 Kleinere Verzerrungen wie die überdurchschnittlich hohen Cash-flow-Quoten der Versorgungsunternehmen existieren. Sie beeinträchtigen das Gesamtranking aber nicht wesentlich.

845 Hauptgrund hierfür ist die noch weitgehend einheitliche Bilanzierung von Aktiengesellschaften dieser Gruppe in Deutschland. Vgl. Abschnitt 2.4.2.

846 Vgl. Demmer, C. et al. (1988), S. 126 ff., Baden, K. (1992), S. 113, Schmidt, R. (1995b), S. 7.

renditen und Liquiditätsquoten sind nicht direkt miteinander zu vergleichen.[847] Die Branchennummer der Universalbanken ist 601, die der Hypothekenbanken 602. Die exakte Branchenzugehörigkeit wird im folgenden teilweise durch diese Branchennummer symbolisiert.

Die Bewertung der Versicherungsunternehmen ist differenzierter. Börsennotiert sind in Deutschland sowohl allgemeine Versicherungen wie die Vereinte Versicherung oder Hermes – ihre Branchennummer lautet 611 – Lebensversicherungen (612), Versicherungskonzerne (613) sowie Rückversicherungen (614). Drei Kennzahlen werden jeweils für die allgemeinen Versicherungen, die Lebensversicherungen, die Versicherungskonzerne und Rückversicherungen separat kalkuliert, wobei die zwei letztgenannten zusammen bewertet werden.[848] Anstatt von „der Gruppe“ der Banken und Versicherungen zu sprechen, wäre es korrekter den Plural zu verwenden. Aus Vereinfachungsgründen wird darauf im folgenden stellenweise verzichtet.

Eine neue Stichprobe bestehend aus 200 Aktiengesellschaften wurde gebildet. Ziel war es dabei, Unternehmen jeder Branche – nicht nur Industriegesellschaften wie bisher – in einem repräsentativen Umfang auszuwählen. Die neue Stichprobe wurde wie folgt zusammengestellt: Die Ausgangsmenge der 513 fundamental bewerteten Aktiengesellschaften besteht aus 394 Industrieunternehmen, 60 Verwaltern und 59 Banken oder Versicherungen.[849] Die Gruppe der Banken und Versicherungen teilt sich wie beschrieben in sechs Untergruppen. Damit die einzelnen Standardisierungskreise dieser Aktiengesellschaften nicht noch kleiner als in der Ausgangsmenge werden, sind alle 59 Banken und Versicherungen in einem ersten Schritt ausgewählt worden.

Die Gruppe der 60 Verwalter ist problemlos im Rahmen des RSW-Tests zu standardisieren, da sie ausreichend groß ist. Die Auswahl nur eines Teils der Verwalter wäre möglich. Damit aber der Anteil der Industrieunternehmen nicht zu übermächtig in der Stichprobe war, wurden alle Verwalter einbezogen.

In einem letzten Schritt erfolgte die Selektion von 81 Industriegesellschaften. Dazu wurden die 394 Unternehmen anhand ihres Firmennamens alphabetisch geordnet und jedes fünfte markiert; drei fehlende Werte wurden ergänzt. Die Gruppe der ausgewählten Industrieunternehmen entspricht den Anforderungen an eine Zufallsstichprobe.

Die Namen alle Alternativen der neuen Alternativenmenge sind Tabelle A23 im Anhang zu entnehmen. Durch die bewußte Steuerung der Branchenverteilung innerhalb der Menge handelt es sich um keine Zufallsstichprobe. Der Anteil von Industrieunternehmen im Verhältnis zu den anderen Branchen ist deutlich geringer als in der Ausgangsmenge der 500 Gesellschaften.

847 Vgl. Schmidt, R. (1997b), S. 49 ff.

848 Vgl. Tabelle 68.

849 Vgl. Balzer, A. et al. (1997), S. 198 ff.

Die Gruppe der 200 neuen Aktiengesellschaften wird nun bewertet. Da der AHP durch seine Beschränkung in der Anwendbarkeit auf ausschließlich homogene Stichproben wie oben angekündigt nicht weiter getestet wird, werden im folgenden nur die Ergebnisse der Nutzwertanalyse und von PROMETHEE II miteinander verglichen. Beide Methoden werden so wie in Abschnitt 4.4.2 beschrieben angewandt. Die Gewichtungsvektoren sind konstant und so definiert, wie sie durch den RSW-Test vorgegeben wurden. Als Präferenzfunktion wurde bei PROMETHEE II für jede Kennzahl das gewöhnliche Kriterium implementiert.

Ziel der folgenden Analysen ist, alle Unternehmen der unterschiedlichen Branchen in Form eines einzelnen Rankings miteinander zu vergleichen. Um genau untersuchen zu können, wie durch die Integration mehrerer Branchengruppen das Endergebnis beeinflußt wird, werden zunächst die drei Branchengruppen einzeln bewertet.

4.5.1 Isolierte Bewertung der einzelnen Branchen

Die Gruppe der Industrieunternehmen, der Verwalter, der Banken und Versicherungen werden einzeln bewertet. Die selektierten Aktiengesellschaften werden auf Basis der Nutzwertanalyse und von PROMETHEE II bewertet. Die Ausgangsdaten beider Methoden sind die nicht standardisierten Kennzahlen. Die zur Anwendung der Nutzwertanalyse benötigten Standardisierungsparameter sind durch die selektierte Vergleichsgruppe bestimmt. Dabei handelt es sich jeweils um eine Teilmenge der 200 Alternativen.

Die konkreten Ergebnisse der beiden Methoden enthalten die Tabellen A9, A11, A13, A15, A17, A19 und A21 im Anhang. Vergleicht man die Rankings, zeigt sich ein sehr ähnliches Ergebnis wie es für die Stichprobe der 200 Industrieunternehmen bereits erarbeitet wurde.[850] Die Korrelation der Rankings ist mit r_s=0,9618 auffallend hoch. Auf dem ersten Platz beider Rankings steht – wie bei der Analyse der 200 Industrieunternehmen – SAP. MLP ist nicht in der neuen Stichprobe enthalten. Zweitbeste Alternative ist bei Anwendung der Nutzwertanalyse Reckitt & Colman Deutschland, hingegen Eff-Eff bei PROMETHEE II. Eine graphische Gegenüberstellung der Rankings enthält Abbildung 31.

Eine genauere Analyse, warum es zu Rangdifferenzen beim Vergleich beider Rankings kommt, ergibt dieselben Gründe, wie sie in Abschnitt 4.4.2.2 aufgezeigt wurden. Bewertungsunterschiede treten auf, wenn die Performance einer Aktiengesellschaft gemessen anhand der sechs Kennzahlen stark differiert. Die Unternehmen mit den größten Rangdifferenzen sind bei Mühl Produkt, Anzag, Nuclectron und B.U.S. Mühl Produkt (15; 35) fällt durch das hohe Wachstum

850 Vgl. Abschnitt 4.4.2.2.

auf, welches bei Anwendung der Nutzwertanalyse das unterdurchschnittliche Abschneiden in den Kriterien R2, S1 und S2 kompensiert.[851] Die Kennzahlen von Anzag (19;37) zeigen ebenfalls eine unausgewogene Performance, PROMETHEE II bewirkt eine nur eingeschränkte Kompensation.[852] Nuclectron (17; 33) schneidet gut bezüglich seiner Eigenkapitalrendite ab, das Wachstum ist negativ.[853] Warum B.U.S. (38; 53) unterschiedlich bewertet wird, wurde bereits beschrieben.[854] Es ist auch in der neuen Stichprobe enthalten und fällt durch seinen Bewertungsunterschied auf.

Abbildung 31 Vergleich der Rankings der 81 Industrieunternehmen

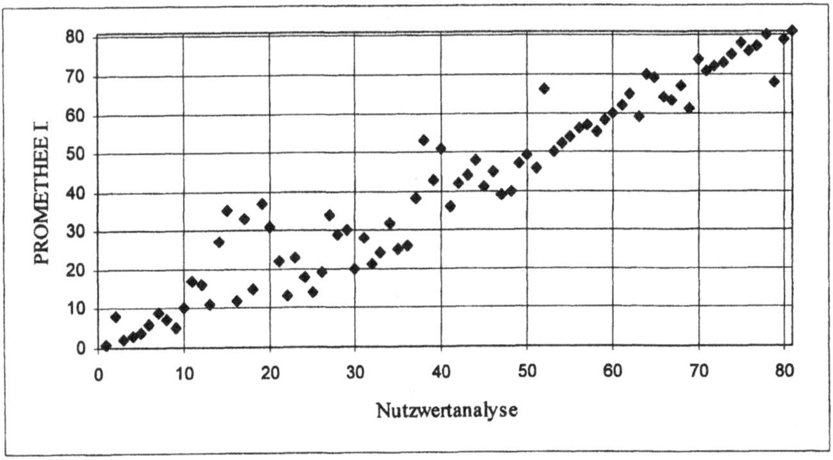

Quelle: Eigene Darstellung.

Die Übereinstimmung beider Rankings der zweiten Gruppe, den 60 Verwaltern, ist mit r_s=0,9350 nur leicht niedriger als die der Industrieunternehmen. Da die Stichproben unterschiedlich groß sind und wegen des Einflusses der Alternativen in der Stichprobe, ist eine allgemeine Schlußfolgerung, welche Rankings stärker korrelieren, jedoch nicht sinnvoll. Tabelle A11 im Anhang enthält die ausführliche Aufstellung der beiden Bewertungsergebnisse. Die Bewertung erfolgte ähnlich wie die der Industrieunternehmen. Da alle auch im ursprüngli-

851 Die Kennzahlenausprägungen von Mühlprodukt sind Tabelle A6 im Anhang zu entnehmen. Die für den Vergleich der 81 Industrieunternehmen neu berechneten Ränge der einzelnen Kennzahlenausprägungen faßt Tabelle A10 im Anhang zusammen.

852 Vgl. Tabelle A6 und Tabelle A10 im Anhang.

853 Vgl. Tabelle A6 und Tabelle A10 im Anhang.

854 Vgl. Abschnitt 4.4.2.2.

chen RSW-Test von 1997 enthaltenen Verwalter hier analysiert werden, sind die Standardisierungsparameter in beiden Fällen identisch.[855]

Bester Verwalter in beiden Rankings ist Breitenburger Portland, welches mitnichten als eine dominante Alternative zu charakterisieren ist.[856] Die zweitbeste Verwaltungsgesellschaft im Ranking der Nutzwertanalyse ist Hacker-Pschorr (2, 6), bei PROMETHEE II Schloßgartenbau (4, 2). Die graphische Gegenüberstellung der Rankings enthält Abbildung 32.

Abbildung 32 Vergleich der 60 Rankings der Verwalter

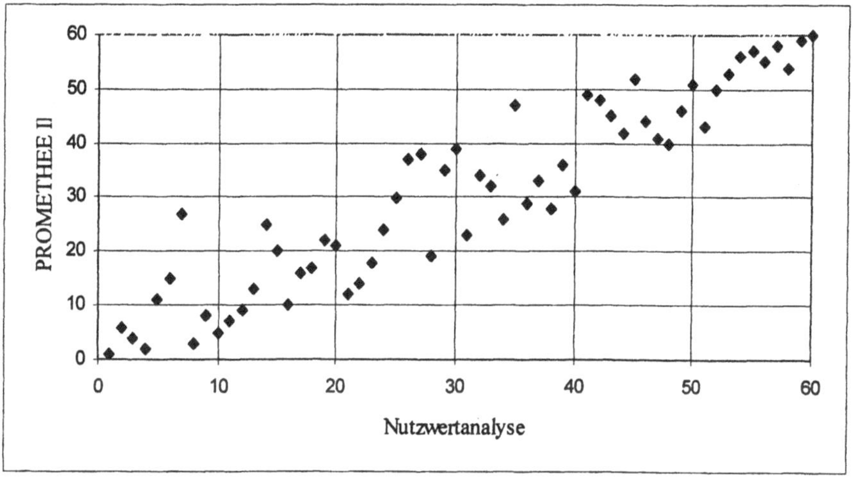

Quelle: Eigene Darstellung.

Die größte Rangdifferenz hat Pegasus (7; 27).[857] Das Umsatzwachstum dieser Gesellschaft ist mit 234,21% ein eindeutiger Ausreißer. Da die Eigenkapitalrendite im gleichen Zeitraum nur durchschnittlich ist, führt PROMETHEE zu einer schlechteren Bewertung. Ähnlich sind große Rangdifferenzen anderer Aktiengesellschaften zu begründen. Die Performance von Hesser (14; 25) ist durchschnittlich, nur die Sicherheitsquotienten sind hier sehr gut. Stolberger Zink (26; 37) fällt durch sein gutes Wachstum im analysierten Zeitraum auf, welches PROMETHEE II weniger stark honoriert als die Nutzwertanalyse.[858]

855 Vgl. Tabelle 68.

856 Die Ränge der Kennzahlenausprägungen berechnet auf Basis des Vergleichs der 60 Verwalter sind Tabelle A12 im Anhang zu entnehmen.

857 Vgl. Tabelle A6 und Tabelle A12.

858 Vgl. Tabelle A6 und Tabelle A12.

Sowohl die DSL-Holding (27; 38) als auch Patrizier Bräu (35; 47) sind fast vollständig durch Eigenkapital finanziert.[859] Die Eigenkapitalquote ist entsprechend hoch und verbessert die sonst durchschnittliche Performance in ihrer Gesamtbewertung bei Anwendung des Scoring-Modells stark. Kaum ein Analyst dürfte dieser Bewertung zustimmen. Die vollständige Eigenfinanzierung ist positiv zu bewerten, aber sie sollte die Renditekennzahlen nicht völlig substituieren. Bezüglich der Bewertung der DSL-Holding und von Patrizier Bräu kann das Ranking von PROMETHEE II unstrittig als eine Verbesserung bewertet werden.

Aufgrund der nur eingeschränkten Vergleichbarkeit der Banken und Versicherungen in den Kennzahlen R2, S1 und S2 sind fünf Gruppen isoliert zu bewerten: die Universalbanken (601), die Hypothekenbanken (602), allgemeine Versicherungen (611), Lebensversicherungen (612) sowie Versicherungskonzerne und Rückversicherungen (613, 614).[860] Die fünf Gruppen sind isoliert auf Basis der Nutzwertanalyse und PROMETHEE II bewertet worden, die Ergebnisse enthalten die Tabellen A13, A15, A17, A19 und A21 im Anhang. Die Ränge der einzelnen Kennzahlenausprägungen bezogen auf die jeweilige Vergleichsgruppe sind den Tabellen A14, A16, A18, A20 und A22 im Anhang zu entnehmen.

Die Übereinstimmung bezüglich der Bewertung der Universalbanken ist groß, der Spearman Rangkorrelationskoeffizient beträgt r_s=0,9649. Tendenziell trifft dies auch für die weiteren vier Rankingvergleiche zu. Ihre Korrelationskoeffizienten lauten: r_s=0,5659 bei der Bewertung der Hypothekenbanken, r_s=0,8929 bei allgemeinen Versicherungen, r_s=1 bei Lebensversicherungen und r_s=0,9583 bei Versicherungskonzernen und Rückversicherungen. Auffällig sind hierbei die gleiche Bewertung der vier bewerteten Lebensversicherungen durch beide Verfahren und die ungewöhnlich geringe Korrelation der Hypothekenbanken.

Die relativ niedrige Korrelation der Rankings der 13 Hypothekenbanken kommt, wie Tabelle A15 zu entnehmen ist, zu einem maßgeblichen Teil durch die differierende Bewertung der Berlin-Hannoverschen Hypothekenbank zustande. Die Nutzwertanalyse bewertet diese Gesellschaft als beste Hypothekenbank wogegen die Anwendung von PROMETHEE II den Rang 11 ergibt. Auch hier ist die unausgeglichene Performance in den einzelnen Kriterien Grund für diese große Rangdifferenz. Die Wachstumsquoten der Berlin-Hannoverschen Hypothekenbank sind mit 70 % beziehungsweise 62 % extrem hoch, wobei die Eigenkapitalrendite die zweit niedrigste der Stichprobe ist.[861]

859 Die fast vollständige Eigenkapitalfinanzierung ist den hohen Kennzahlenausprägungen von S1 und S2 in Tabelle A6 im Anhang zu entnehmen.

860 Vgl. Tabelle 68.

861 Vgl. Tabelle A6 und Tabelle A16 im Anhang.

4.5.2 Integration unterschiedlicher Branchen zu einem Gesamtranking

Die größte Schwierigkeit bei der Erstellung eines gemeinsamen Rankings für alle börsennotierten deutschen Aktiengesellschaften liegt in der Integration nicht direkt vergleichbarer Branchen. Eine Reihe von Kennzahlen wie das Umsatzwachstum sind nicht für jede Branche definiert.[862] Andere Kennzahlen werden für jedes Unternehmen gleich berechnet. Aufgrund von Branchenspezifika können diese Kriterien jedoch nicht sinnvoll über alle Branchen miteinander verglichen werden. Ein Beispiel hierfür ist die Eigenkapitalquote. Die durchschnittliche Eigenkapitalquote der Banken beträgt in Deutschland im analysierten Zeitraum 3,6799 %, die der Verwalter 50,1827 %. Daraus kann nicht gefolgert werden, daß Verwalter substantiell sicherer als Banken sind. Die empirische Konkurswahrscheinlichkeit letztgenannter dürfte in der Vergangenheit deutlich geringer gewesen sein. Neben differierenden Lageparametern unterscheiden sich die Kennzahlenverteilungen hinsichtlich ihrer Streuung.[863]

4.5.2.1 Bewertung auf Basis ausschließlich direkt vergleichbarer Kennzahlen

Eine einfache Lösung, unterschiedliche Branchen zu vergleichen, besteht in der ausschließlichen Nutzung vergleichbarer Kriterien. Zwei der sechs Kennzahlen sind für jede Aktiengesellschaft gleich definiert und können direkt sinnvoll miteinander verglichen werden: die Eigenkapitalrendite R1 und das Bilanzsummenwachstum W1. Reduziert man das Ranking auf einen zweikriteriellen Vergleich, so kann PROMETHEE II problemlos angewandt werden. Die Ausgangskennzahlen sind Basis für die Bewertung durch PROMETHEE. Die Nutzwertanalyse benötigt nach wie vor standardisierte Kennzahlenausprägungen, um Skaleneffekte ausgleichen zu können. Das Bilden unterschiedlicher Standardisierungskreise jedoch entfällt.

Die Kennzahlen R1 und W1 wurden mit 0,8 beziehungsweise 0,2 gewichtet, dies entspricht ihrem ursprünglichen Gewichtungsverhältnis zueinander. Das einfach zu kalkulierende Ergebnis ist wieder hoch korreliert (r_s=0,9786). Die besten zehn Aktiengesellschaften sind in Tabelle 66 und die vollständigen Rankings in Tabelle A23 im Anhang gegenübergestellt.

862 Vgl. zum Beispiel Schmidt, R. (1994), S. 88 ff.

863 Die Lage- und Streuungsparameter sind im folgenden in Tabelle 68 zusammengefaßt.

Tabelle 66 Ranking der besten zehn Alternativen auf Basis von R1 und W1

Rang	Nutzwertanalyse	PROMETHEE II
1	Hacker-Pschorr	Hacker-Pschorr
2	Reckitt & Colman Deutschland	Schwarz Pharma
3	Breitenburger Portland	Plettac
4	SAP	SAP
5	Schwarz Pharma	Eff-Eff
6	Plettac	Burgbad
7	Dibag	Grammer
8	Eff-Eff	Reckitt & Colman Deutschland
9	ICN	MD Bau Holding
10	Burgbad	Walter

Quelle: Eigene Berechnung.

Die in Tabelle 66 gezeigten Rankings beider Methoden müssen als ein Rückschritt hinsichtlich der Güte der Bewertung im Vergleich mit dem ursprünglichen RSW-Test interpretiert werden. So erhält Hacker-Pschorr[864] in beiden Fällen Rang 1. Die Eigenkapitalrendite von 67 % macht diesen Verwalter zu einem für Aktionäre interessanten Wert. Die für Verwalter jedoch überaus geringe Eigenkapitalquote bedeutet gleichzeitig ein sehr hohes Risiko. Ob es sich um die bestmögliche Alternative im untersuchten Zeitraum handelt, ist zu bezweifeln. Das nur durchschnittliche Bilanzsummenwachstum von Reckitt und Colman Deutschland[865] wird im Ranking der Nutzwertanalyse durch R1 kompensiert, PROMETHEE II bewertet die Aktiengesellschaft – wie schon gezeigt – auch in diesem Fall schlechter. Schwarz Pharma[866] ist im PROMETHEE II-Ranking das zweitbeste Unternehmen. Dieser Einschätzung könnte zugestimmt werden, auch wenn die Sicherheitskennzahlen nicht berücksichtigt wurden.

864 Vgl. Tabelle A6. Die Ränge der einzelnen Kennzahlenausprägungen der 200 Aktiengesellschaften sind Tabelle A24 im Anhang zu entnehmen. Die Ränge der Kennzahlenausprägungen wurde abgeleitet aus den unter Verwendung der ursprünglichen RSW-Parameter standardisierten Kennzahlen.

865 Vgl. Tabelle A6 und Tabelle A24 im Anhang.

866 Vgl. Tabelle A6 und Tabelle A24 im Anhang.

Ob eine Modifikation beziehungsweise Verkürzung des Tests sinnvoll ist, muß von jedem Aktionär individuell bewertet werden. Selbstverständlich kann die Bewertung auf Basis von weniger als den sechs ursprünglich vorgeschlagenen Kriterien unter Umständen die Präferenzen eines Entscheidungsträgers besser widerspiegeln als der Ausgangstest. Es ist denkbar, daß ein Aktionär ausschließlich renditeorientiert ist, und Sicherheitsgrößen für ihn belanglos sind. Für die meisten Aktionäre jedoch dürfte die Reduktion des Rankings auf nur zwei Kriterien nicht wünschenswert sein und eine klare Verschlechterung des Ausgangsverfahrens bedeuten. Aus diesem Grunde wird die Nutzung von ausschließlich für alle Branchen direkt vergleichbaren Kennzahlen in dieser Arbeit als ein nicht sinnvoller Lösungsvorschlag angesehen und folglich nicht weiter verfolgt.

4.5.2.2 Nicht-Standardisieren der Kennzahlen bei PROMETHEE II

Die Entscheidung für ein Ranking basierend auf den durch den RSW-Test vorgeschlagenen sechs Kennzahlen eröffnet die Frage, wie die Kriterien zu einem Gesamturteil verbunden werden sollen. Für die Anwendung der Nutzwertanalyse wird dieser Anforderung unverändert durch die Standardisierung der Kennzahlen entsprochen. Für die Anwendung von PROMETHEE II ist das Problem des Vergleichs unterschiedlicher Branchen bisher noch nicht gelöst.

Die einfachste Möglichkeit, unterschiedliche Branchengruppen mit PROMETHEE II gleichzeitig zu bewerten, ist der direkte Vergleich ohne Transformation der Ausgangsdaten. Dieser Ansatz wird im folgenden analysiert.

Ausgangsbasis der Bewertung durch PROMETHEE II sind in diesem Abschnitt die untransformierten Ausgangskennzahlen. Da für jedes Kriterium jeder Branche eine Kennzahl definiert wurde, ist dies technisch problemlos möglich.

Die inhaltliche Zweckmäßigkeit eines solchen Vorgehens muß – wie bereits erörtert – in Frage gestellt werden. Sicherheitskennzahlen, aber auch R2 und W2, sind nur branchenimmanent zu interpretieren. Dennoch wird die Nutzung nicht standardisierter Kennzahlen bei der Anwendung von PROMETHEE II getestet. Ziel ist es, zu zeigen, ob das resultierende Ranking vollständig abzulehnen oder als Ausgangsbasis zu verwenden ist. Gleichzeitig werden die Ergebnisse für Vergleiche mit weiteren im folgenden zu erstellenden Rankings benötigt.

Tabelle A24 im Anhang enthält das unter Verwendung nicht standardisierter Kennzahlen erzeugte PROMETHEE-Ranking. Um eine Vergleichsmöglichkeit zu haben, wurden die 200 Aktiengesellschaften ebenfalls auf Basis der Nutzwertanalyse bewertet. Wären für das Scoring-Modell die Ausgangsdaten nicht standardisiert, würden Skaleneffekte das Ergebnis verzerren. Daher ist als Vergleichsranking der ursprüngliche RSW-Test gewählt worden. Die hierfür benötigten Standardisierungsparameter enthält Tabelle 68. Das Ranking der ersten zehn Werte zeigt Tabelle 67.

Tabelle 67 **Die besten zehn Aktiengesellschaften unter Verwendung nicht standardisierter Kennzahlen für PROMETHEE II**

Rang	PROMETHEE II	Nutzwertanalyse
1	SAP	eff-eff
2	eff-eff	SAP
3	Schwarz Pharma	Dt. Bank Lübeck
4	Plettac	Breitenburger Portland
5	Walter	Reckitt & Colman Deuts.
6	Burgbad	Schwarz Pharma
7	Grammer	Forst Ebnath
8	ICN	Hacker-Pschorr
9	Schloßgartenbau	Burgbad
10	Reckitt & Colman Deuts.	Hach

Quelle: Eigene Berechnung.

Abbildung 33 **PROMETHEE II unter Verwendung nicht standardisierter Kennzahlen**

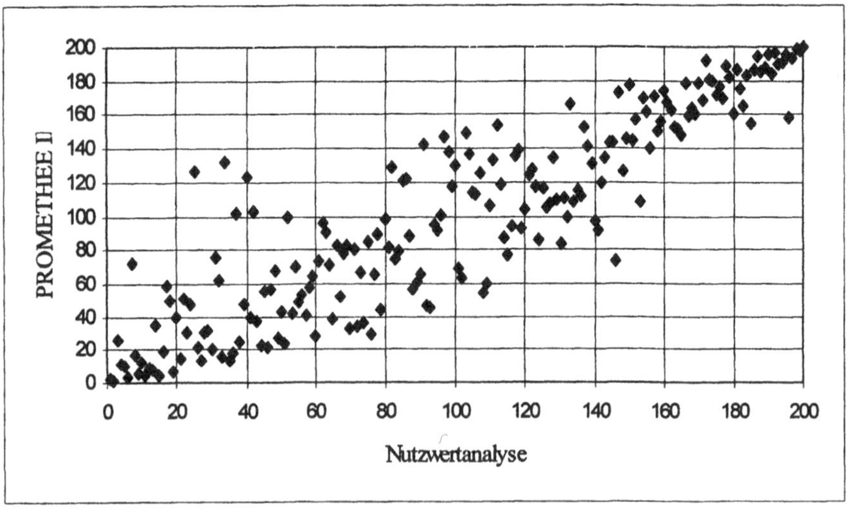

Quelle: Eigene Darstellung.

Die Liste der besten zehn Aktiengesellschaften scheint inhaltlich auch bei Verwendung nicht transformierter Kennzahlen akzeptabel zu sein. Wenn wichtige Werte unter den besten zehn vermißt werden, ist zu berücksichtigen, daß die Stichprobe nur 81 Industrieunternehmen enthält. Die Korrelation der Rankings ist mit r_s=0,8979 geringer als die bisher gemessenen Korrelationskoeffizienten, kann aber noch als hoch bewertet werden. Den Grad der Übereinstimmung der Rankings zeigt Abbildung 33 graphisch.

Die aufgetretenen Rangdifferenzen sind teilweise hoch. Die größten Bewertungsunterschiede weisen folgende Unternehmen auf: Württembergische Leben (25, 127), SCOR Deutschland (34,132), Berlin-Hannoversche Hypothekenbank (40, 123), Forst Ebnath (7, 72), Allianz Leben (37, 102), Allbank (91, 142), AM/Leben (141, 92), Aachener und Münchner Versicherung (108, 54) und die Vereinte Versicherung (146, 74). Grund für die aufgetretenen Abweichungen sind zwei Faktoren, die sich teilweise überlagern: PROMETHEE II bewirkt eine nur eingeschränkte Substitution der Kennzahlen – dieser Effekt wurde bereits mehrfach im Rahmen dieser Arbeit nachgewiesen – und die fehlende Standardisierung der Kennzahlen. Um beide Faktoren exakt zuweisen zu können, wird auf die genaue Analyse der Effekte an dieser Stelle verzichtet. In folgenden Tests kann die Auswirkung des Fehlens der Standardisierung bei PROMETHEE II isoliert und damit exakter untersucht werden.

4.5.2.3 Standardisieren der Kennzahlen

Als großes Verdienst bei der Entwicklung des RSW-Tests ist die Schaffung der Vergleichbarkeit nicht direkt vergleichbarer Kennzahlen einzustufen.[867] Der RSW-Test ermöglicht durch die Standardisierung der Kennzahlen die gleichzeitige Bewertung unterschiedlicher Branchen.[868] Das Problem der gleichzeitigen Analyse unterschiedlicher Standardisierungskreise wurde in den bisher durchgeführten empirischen Vergleichen ausgeklammert. Bisher wurden ausschließlich Rankings von Alternativenmengen mit Aktiengesellschaften einer Branchengruppe erstellt. Diese Einschränkung wird im folgenden aufgehoben. Industrieunternehmen, Verwalter, Banken und Versicherungen sollen in Form eines Performance-Rankings analysiert werden.

Die Statistik kennt eine Fülle unterschiedlicher Standardisierungsformen, um unterschiedlich verteilte Ausgangsdaten in Daten mit gleicher Verteilung zu transformieren.[869] Der Erwartungswert und die Varianz einer Verteilung können durch unterschiedliche empirische Maße geschätzt werden. So kann als Lagemaß alternativ zum arithmetischen Mittel der Median, das geometrische Mittel

867 Vgl. unter anderem Abschnitt 2.7.8.

868 Vgl. Schmidt, R. (1990a), S. 70.

869 Vgl. Büning, H. (1991), S. 21 ff.

oder auch das harmonische Mittel[870] genutzt werden. Die Approximation des Erwartungswerts durch den Schätzer ist in Abhängigkeit von der Datenbasis unterschiedlich gut. Alternativ zur Standardabweichung kann die Spannweite, ein Quantilsabstand, der Quartilsabstand und die mittlere absolute Abweichung vom Mittelwert oder Median[871] implementiert werden. Die Liste der möglichen Lage- und Streuungsparameter ist einfach zu erweitern. Die standardisierten Daten können, müssen aber nicht notwendig standardnormalverteilt sein. Wichtig ist ausschließlich, daß die standardisierten Kennzahlen jedes Standardisierungskreises die gleiche Verteilung aufweisen. Als erste Möglichkeit wird die im RSW-Test vorgeschlagene z-Transformation durch das arithmetische Mittel und die Standardabweichung getestet. Sind die Ausgangsdaten normalverteilt, dann sind dies die besten Schätzer.[872]

4.5.2.3.1 Arithmetisches Mittel und Standardabweichung

Als erste Transformationsmöglichkeit wird die im RSW-Test vorgeschlagene Standardisierung der Kennzahlen durch das arithmetische Mittel x und die Standardabweichung S analysiert.[873] Das bedeutet, von jeder Kennzahlenausprägung wird der geschätzte Erwartungswert des jeweiligen Kriteriums subtrahiert. Der Erwartungswert wird durch das arithmetische Mittel geschätzt. Die Differenz wird durch die geschätzte Varianz, das heißt die Standardabweichung, dividiert.

Die zur Anwendung der Nutzwertanalyse verwandten Daten sind in jedem der vorangegangenen Tests bereits standardisiert gewesen. Die relevante Vergleichsgruppe zur Standardisierung der Industrieunternehmen bilden zunächst alle 394 fundamental bewerteten Industriewerte. Damit entsprechen die Standardisierungsparameter denen des ursprünglichen RSW-Tests mit 513 fundamental bewerteten Aktiengesellschaften[874] und sind neben den relevanten Standardisierungskreisen und der Anzahl der Unternehmen je Vergleichsgruppe Tabelle 68 zu entnehmen.

Als Ausgangsdaten von PROMETHEE II werden in dieser Arbeit zum ersten Mal ebenfalls standardisierte Werte verwandt. Um die Kennzahlen R2, S1, S2 und W2 jedes Unternehmens vergleichen zu können, werden diese Kennzahlen wie bei der Anwendung der Nutzwertanalyse durch die in Tabelle 68 zusammengefaßten Parameter standardisiert. Die Kennzahlen R1 und W1 werden

870 Vgl. zum Beispiel Bosch, K. (1992), S. 14 ff.

871 Vgl. Mood, A. M./Graybill, F. A./Boes, D. C. (1987), S. 67 ff., Schlittgen, R. (1991), S. 126 ff., Bosch, K. (1992), S. 28 ff.

872 Für den Beweis vgl. Mood, A. M./Graybill, F. A./Boes, D. C. (1987), S. 241 ff.

873 Vgl. Abschnitt 2.7.3.3.

874 Vgl. Balzer, A. et al. (1997) S. 198 ff. Für Industriewerte sind die Standardisierungsparameter beispielhaft publiziert. Vgl. Balzer, A. et al. (1997), S. 196.

nicht transformiert. Es können z-transformierte und nicht standardisierte Ausgangsdaten gleichzeitig durch PROMETHEE verarbeitet werden.[875]

Tabelle 68 Standardisierungskreise und Standardisierungsparameter des RSW-Tests von 1997

	Kennzahl	Branche	$\bar{x}$	s	n
R1	Eigenkapitalrendite	alle Branchen	7,0111	29,2909	513
R2	Cash-flow-Rendite	Industrie	7,4719	7,9048	394
	Gesamtkapitalrendite	Verwalter	4,8530	14,0884	60
	Betriebsrendite	601	5,4601	5,0969	18
	Betriebsrendite	602	4,5908	1,2215	13
	Betriebsrendite	611	4,9054	2,4539	7
	Betriebsrendite	612	1,7826	0,3738	4
	Betriebsrendite	613, 614	2,3845	1,8343	17
S1	Eigenkapitalquote	Industrie	31,9893	15,7541	394
	Eigenkapitalquote	Verwalter	50,1827	30,5116	60
	Eigenkapitalquote	Banken	3,6799	1,5599	31
	Eigenkapitalquote	611	17,2528	4,2457	7
	Eigenkapitalquote	612	0,9531	0,2913	4
	Eigenkapitalquote	613, 614	6,4596	4,2038	17
S2	Liquiditätsquote	Industrie	9,2079	10,3748	394
	Liquiditätsquote	Verwalter	10,8283	20,0769	60
	Liquiditätsquote	601	6,4299	6,4287	18
	Liquiditätsquote	602	7,8034	7,1135	13
	Beitragsdeckung	611	45,2176	22,0749	7
	Beitragsdeckung	612	9,0285	4,0132	4

875 Würden bei Anwendung von PROMETHEE die Kennzahlen standardisiert, würde dieses das Ergebnis nicht verändern.

	Kennzahl	Branche	$\bar{x}$	s	n
	Beitragsdeckung	613, 614	26,4919	15,1967	17
W1	Wachstumsrate Bilanzsumme	alle Branchen	6,3509	18,9359	513
W2	Wachstumsrate Umsatz	Industrie	4,7691	16,6440	394
	Wachstumsrate Anlagevermögen	Verwalter	-0,8046	42,7168	60
	Wachstumsrate Bruttoerträge	Banken und Versicherungen	5,2185	12,2216	59

Quelle: Datenbank Halle.

Abbildung 34 Standardisierung der Kennzahlen auf Basis der RSW-Standardisierungsparameter bei der Anwendung beider Methoden

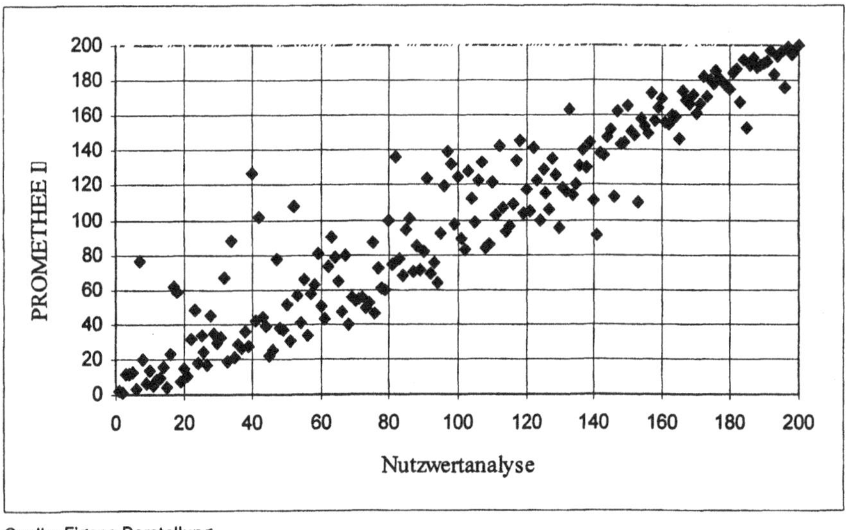

Quelle: Eigene Darstellung.

Bei dem Vergleich der zwei resultierenden Rankings, der in Abbildung 34 graphisch dargestellt ist, fällt auf, daß die Anwendung von PROMETHEE II mit teilweise standardisierten Ausgangsdaten als erfolgreich im Hinblick auf die Integration von Industrieunternehmen, Verwaltern, Banken und Versicherungen zu bewerten ist. Die Korrelation der Rankings der Nutzwertanalyse und von PROMETHEE II ist mit r_s=0,9447 sehr hoch, wenn auch leicht niedriger als bei der ausschließlichen Bewertung von Industrieunternehmen. Der Korrelationskoeffizient der ursprünglichen Bewertung der 200 Industriewerte in Abschnitt

4.4.2.2 ist r_s=0,9811. Würde ausschließlich die Korrelation der Rankings der 81 Aktiengesellschaften der Industriebranche berechnet, so betrüge diese hier r_s=0,9618.

Die resultierenden Rankings sind vollständig Tabelle A24 im Anhang zu ent-nehmen. Die besten zehn Aktiengesellschaften beider Methoden zeigt Tabelle 69.

Tabelle 69 Die besten zehn Aktiengesellschaften unter Verwendung des arithmetischen Mittels und der Standardabweichung zur Standardisierung

Rang	Nutzwertanalyse	PROMETHEE II
1	Eff-Eff	SAP
2	SAP	Eff-Eff
3	Dt. Bank Lübeck	Schwarz Pharma
4	Breitenburger Portland	Walter
5	Reckitt & Colman Deuts.	Plettac
6	Schwarz Pharma	Burgbad
7	Forst Ebnath	Grammer
8	Hacker-Pschorr	Schloßgartenbau
9	Burgbad	ICN
10	Hach	CeWe Color

Quelle: Eigene Berechnung.

SAP beziehungsweise Eff-Eff[876] sind Sieger der beiden Rankings. Im Rahmen des 1997 publizierten RSW-Tests erzielte Eff-Eff fundamental ebenfalls Rang 1.[877] Die Deutsche Bank Lübeck ist bei der Nutzwertanalyse das drittbeste Unternehmen. Bei PROMETHEE II erzielt sie nur Rang 12, da die Betriebsrendite R2 hier das unterdurchschnittliche Wachstum weniger stark ausgleicht.[878] Als schlechtestes Unternehmen wurde von beiden Methoden Autania identifiziert. Dies Bewertung von Autania wird auch in den meisten kommenden Vergleichen erzielt werden, da es sich um eine in vier von sechs Kriterien von allen anderen dominierte Alternative handelt.

876 Vgl. Tabelle A6 und Tabelle A24 im Anhang.

877 Vgl. Balzer, A. et al. (1997), S. 199.

878 Vgl. Tabelle A6 und Tabelle A24 im Anhang.

Bei dem Vergleich der isolierten und der gemeinsamen Bewertung der Aktiengesellschaften sind Rangumkehrungen sowohl bei PROMETHEE II als auch bei der Nutzwertanalyse festzustellen. So ist bei der Anwendung der Nutzwertanalyse und ausschließlicher Bewertung der 81 Industriewerte SAP auf Rang 1 und Eff-Eff erst auf Platz 3 gewesen.[879]

Grund für die Rangumkehrungen ist, daß die Standardisierungsparameter durch die größere Vergleichsgruppe andere als bei der isolierten Bewertung im vorigen Abschnitt sind. Dieser Effekt wird durch weitere Analysen genauer erörtert werden.[880] Vorab werden die größten Rangunterschiede in Abbildung 35 graphisch herausgestellt und folgend interpretiert.

Abbildung 35 Aktiengesellschaften mit großen Rangdifferenzen

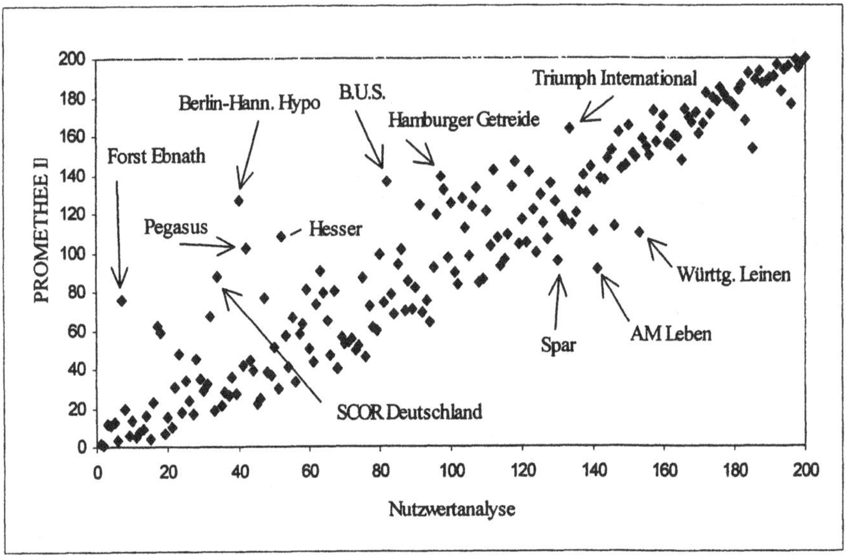

Quelle: Eigene Darstellung.

Die Mehrzahl der in in Abbildung 35 hervorgehobenen Aktiengesellschaften sind bereits durch große Rangdifferenzen aufgefallen: Forst Ebnath, Hesser, Berlin-Hannoversche Hypothekenbank, B.U.S. und Pegasus.[881] Da die Gründe für die Rangdifferenzen entsprechen den bereits erörterten Gründen.[882] Hamburger Getreide fällt durch unterdurchschnittliche Renditekennzahlen und hohe Sicherheitsquotienten auf. Die Performance von Triumph International ist in je-

879 Vgl. Tabelle A9 im Anhang.

880 Vgl. Abschnitt 4.5.3.

881 Vgl. Tabelle A6 und Tabelle A24 im Anhang.

882 Vgl. Abschnitt 4.4.2.2, 4.5.1, 4.5.2.1.

dem Kriterium unbefriedigend, die sehr gute Eigenkapitalrendite stellt einen Ausreißer dar. Ebenso sind die Kennzahlenausprägungen der Württembergischen Leinen wenig einheitlich.[883] Auch sind die Rangdifferenzen von Spar und AM/Leben entsprechend zu erklären. Die besonders guten Sicherheits- und Wachstumsquoten von SCOR Deutschland bei gleichzeitig schlechten Renditekennzahlen besonders auf. Die gute Bewertung dieses Unternehmens bei Anwendung der Nutzwertanalyse ist als kritisch zu beurteilen.

Als erstes Ergebnis kann die Anwendung von PROMETHEE II auf der Basis von standardisierten Kennzahlen als erfolgreich bewertet werden. Die Integration der unterschiedlichen Branchengruppen erfolgte bei beiden Methoden ähnlich. Wenn die Bewertung durch PROMETHEE II von der der Nutzwertanalyse abweicht, sind diese Rangdifferenzen inhaltlich gleich zu begründen wie die Rangdifferenzen, die bei der Bewertung der nur Industrieunternehmen enthaltenden Gruppe auftraten. Weitere Analysen müssen folgen.

Interessant ist es zu analysieren, auf welche Art und Weise die Integration der unterschiedlichen Branchengruppen zu einem Ranking erfolgt. Dazu wird das neue PROMETHEE II-Ranking mit dem im vorherigen Abschnitt auf der Basis untransformierter Ausgangsdaten erzeugten Ranking[884] verglichen. Die graphische Gegenüberstellung der zwei PROMETHEE-Rankings ist Abbildung 36 zu entnehmen.

Abbildung 36 Vergleich von PROMETHEE II mit und ohne standardisierte Kennzahlen

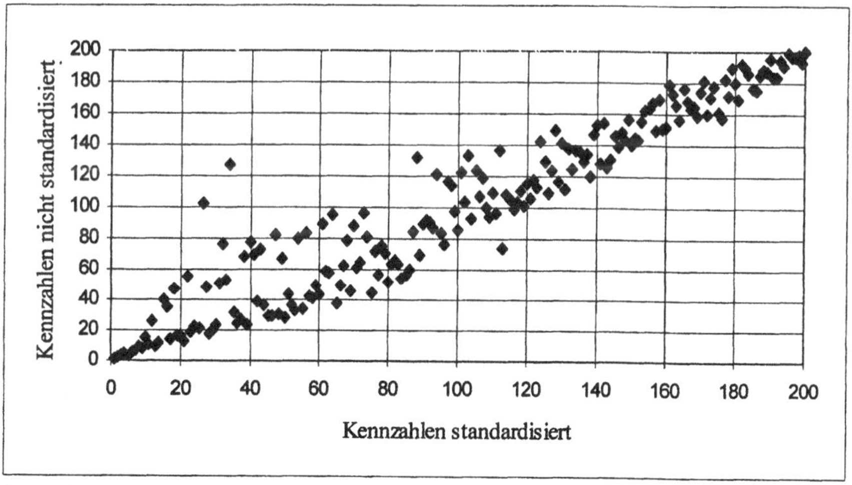

Quelle: Eigene Darstellung.

883 Vgl. Tabelle A6 und Tabelle A24 im Anhang.

884 Vgl. Tabelle A24 im Anhang.

Tabelle 70 Die größten Rangdifferenzen des Vergleichs von PROMETHEE-Rankings mit und ohne Standardisierung der Kennzahlen

Negative Rangdifferenzen				Positive Rangdifferenzen			
Aktiengesellschaft	P II*	P II**	RD		P II*	P II**	RD
Württg. Leben	34	127	-93	Vereinte Vers.	113	74	39
Allianz Leben	26	102	-76	Aach.u.Münch. Vers.	84	54	30
Allianz Holding	32	76	-44	Dürkopp Adler	75	45	30
SCOR Deutschland	88	132	-44	Nucletrom	85	56	29
Württg. Vers.-Bet.	40	78	-38	Marsaille	80	52	28
Münchener Rück	47	82	-35	RWE-DEA	65	38	27
Kölnische Rück	22	55	-33	FAG Kugelfischer	86	60	26
Nürnberger Beteiligung	64	95	-31	IWKA	69	46	23
Albingia	103	133	-30	Tarkett	50	28	22
Dt. Hypo. Frankfurt	38	68	-30	Fränkische Überland	55	34	21
Hypo.bank Hamburg	43	73	-30	Fröhlich	89	69	20
DBV Holding	18	47	-29	Lehnkering	53	33	20
Rheinische Hypo	41	70	-29	Mühl Product	77	57	20
Nürnberger Hypo	61	89	-28	SAI	83	63	20
BHF-Bank	94	121	-27	Drägerwerk	131	112	19
Süddt. Bodencredit	56	83	-27	SG Holding	96	77	19
AMB	54	80	-26	Hochtief	119	101	18
Frankfurter Hypo	112	137	-25	Köln-Düsseldorfer	176	158	18
Oldenburgische LB	15	40	-25	Thyssen	138	120	18
Baden-Württg. Bank	73	96	-23	Bijou Brigitte	66	49	17
Colonia Konzern	27	48	-21	Continental	143	126	17
IKB	101	122	-21	Dibag	48	31	17
Vereins- u. Westbank	128	149	-21	Dt. Beteiligung	81	64	17

Negative Rangdifferenzen				Positive Rangdifferenzen			
Aktiengesellschaft	P II*	P II**	RD		P II*	P II**	RD
Commerzbank	97	117	-20	Koenig & Bauer	116	99	17
Norddeutsche Hypo	33	53	-20	Ver. Dt. Nickel	58	41	17
Trinkaus & Burkhardt	31	51	-20	Volksfürs.Holding	46	29	17
Nordstern Allgemein	16	35	-19	Hamborner	52	36	16
Victoria Holding	105	124	-19	Hucke	39	23	16
Allbank Konzern	124	142	-18	Lahmeyer	82	66	16
Deutsche Bank	70	88	-18	Pfleiderer Bau	60	44	16
HR	49	67	-18	Württg. Hypo	126	110	16
Krediet Bankverein	161	179	-18	Gerry Weber	45	30	15
Bayr. Vereinsbank	98	114	-16	KIH	121	106	15
Dt. Bank Lübeck	12	26	-14	Progress	109	94	15

P II* PROMETHEE II auf der Basis von standardisierten Kennzahlen
P II** PROMETHEE II auf der Basis von nicht standardisierten Kennzahlen
RD Rangdifferenzen

Quelle: Eigene Darstellung.

Die gemessene Korrelation der zwei PROMETHEE-Rankings ist mit r_s=0,9557 hoch. Aufschlußreich ist die Analyse der Rangdifferenzen. In Tabelle 70 sind die Aktiengesellschaften mit den größten negativen Rangdifferenzen – das heißt, bei der Verwendung von standardisierten Kennzahlen schnitten diese Gesellschaften besser ab – und die höchsten positiven Bewertungsunterschiede – das heißt, die nicht standardisierte Bewertung der Unternehmen war besser – aufgeführt.

Das Ergebnis ist auffällig: Die größten negativen Rangdifferenzen haben ausschließlich Banken und Versicherungen. Die Erklärung hierfür ist durch einen Vergleich der in Tabelle 68 zusammengestellten Standardisierungsparameter zu finden. Die für R2, S1, S2 und W2 berechneten arithmetischen Mittel der Banken und Versicherungen liegen fast ohne Ausnahme unter den entsprechenden Parametern der Industrie. Die Banken und Versicherungen werden in Folge dessen bei der Verwendung standardisierter Ausgangsdaten systematisch besser bewertet als sie es ohne die Definition der Standardisierungskreise würden. Dieser Effekt ist – wie bereits erörtert – erwünscht. Die Eigenkapitalquoten oder

Liquiditätsquoten können nicht ohne Berücksichtigung der Branche sinnvoll verglichen werden.

Gewichtiger als die Differenz der Mittelwerte ist die Abweichung bei den Standardabweichungen. Mit Ausnahme der Kennzahl S2 sind alle berechneten Standardabweichungen der Banken und Versicherungen erheblich kleiner als die entsprechenden Industrieparameter. Für die auffallend großen Abweichungen gibt es zwei Gründe: Als erstes Argument ist zu nennen, daß die Kennzahlenausprägungen der Banken und Versicherungen weniger streuen. Da die einzelnen Standardisierungskreise homogener sind als die große Gruppe der Industriewerte ist dies leicht zu begründen. Eine kleinere Varianz der Kennzahlen der Nicht-Industrieunternehmen ist zu erwarten.

Ein weiterer Grund ist die Auswirkung der unterschiedlichen Stichprobengrößen auf das Schätzen der Varianz. Die Standardisierungskreise sind unterschiedlich groß. 394 Industrieunternehmen bilden eine Gruppe, wogegen nur vier Lebensversicherungen, sieben allgemeine Versicherungen und 13 Hypothekenbanken jeweils eine Vergleichsgruppe bilden. Die Güte der Approximation der wirklichen Varianz durch den Schätzer, die empirische Standardabweichung, ist unterschiedlich. Unterstellt werden soll der theoretische Fall, daß aus einer Grundgesamtheit zwei Stichproben zufällig gezogen werden. Wenn die erste Stichprobe sehr groß und die zweite klein ist, so ist mit hoher Wahrscheinlichkeit die erste Standardabweichung größer als die der kleinen Stichprobe. Da die Ausgangsdaten transformiert werden, indem sie durch die Standardabweichung dividiert werden, haben kleine Streuungsparameter einen wichtigen Einfluß.

Auch in der dargestellten Gruppe der positiven Rangdifferenzen sind Versicherungen enthalten. Die Vereinte Versicherung sowie die Aachener und Münchner Versicherung weisen die größten positiven Bewertungsunterschiede auf. Dies widerspricht der bisherigen Argumentation. Beide Aktiengesellschaften gehören zu dem Standardisierungskreis der allgemeinen Versicherungen (611). Die Standardisierungsparameter dieser Gruppe weichen von denen der übrigen Banken und Versicherungen ab. Besonders die Standardabweichung von S2 ist sehr hoch (s=22,0749), höher als die der Industriewerte (s=10,3748) oder Verwalter (s=20,0769).

Um die These zu überprüfen, daß unterschiedliche Standardisierungskreise differierende Schätzer für Lage- und Streuungsparameter erzeugen, und sich dies auf das Ranking auswirkt, wird ein neuer Test angeschlossen. Dabei soll nicht analysiert werden, wie das Ranking auf eine neue Stichprobendefinition reagiert; die untersuchten 200 Aktiengesellschaften bleiben unverändert. Die Vergleichsgruppe der Industrieunternehmen wird statt dessen verkleinert. Die arithmetischen Mittel und die Standardabweichungen werden auf Basis der 200 Aktiengesellschaften beziehungsweise 81 Industriewerte neu berechnet. Die veränderten Parameter enthält Tabelle 71.

Tabelle 71 **Standardisierungsparameter berechnet unter Verwendung von nur 81 Industrieunternehmen**

	Kennzahl	Branche	$\bar{x}$	S	n
R1	Eigenkapitalrendite	alle Branchen	11,5563	21,3166	200
R2	Cash-flow-Rendite	Industrie	7,9889	6,7607	81
S1	Eigenkapitalquote	Industrie	33,1466	15,8239	81
S2	Liquiditätsquote	Industrie	9,7993	9,4061	81
W1	Wachstumsrate Bilanzsumme	alle Branchen	6,4664	15,4763	200
W2	Wachstumsrate Umsatz	Industrie	6,3814	17,8810	81

Quelle: Eigene Berechnung.

Tabelle 72 **Auswirkung der Standardisierung auf die ersten zehn Unternehmen**

	Nicht stand. Kenn-zahlen	Standardisierte Kennzahlen			
		513 Aktien-gesellschaften		200 Aktien-gesellschaften	
	P II	N	P II	N	P II
Eff-Eff	2	1	2	1	2
SAP	1	2	1	2	1
Deutsche Bank Lübeck	26	3	12	7	11
Breitenburger Portland	11	4	11	3	9
Reckitt & Colman Deuts.	10	5	13	4	13
Schwarz Pharma	3	6	3	6	3
Forst Ebnath	72	7	76	10	80
Hacker-Pschorr	17	8	20	5	18
Burgbad	6	9	6	9	6
Hach	12	10	14	12	14

P II PROMETHEE II
N Nutzwertanalyse

Quelle: Eigene Berechnung.

Ein Vergleich der neuen Standardisierungsparameter mit den ursprünglichen Werten in Tabelle 68 zeigt nur kleinere Abweichungen. Das Schätzen der Parameter auf Basis von 81 Industriewerten kann als eine gute Approximation bewertet werden. Dennoch verändern sich die Rankings beider Methoden. Die vollständigen Rankings sind Tabelle A25 im Anhang zu entnehmen. Die ersten zehn Zeilen dieser Tabelle sind auszugsweise in Tabelle 72 enthalten.

Obige Tabelle zeigt deutlich, daß die Veränderung der Standardisierungsparameter das Ranking beider Methoden beeinflußt. Wenn in beiden Fällen die Ergebnisse auch hoch korreliert sind – bezogen auf die zwei Rankings der Nutzwertanalyse ist r_s=0,9942, die zwei PROMETHEE II-Rankings sind mit r_s=0,9986 korreliert – ist es bemerkenswert, daß es eine große Anzahl von Rangumkehrungen gibt. Die 9. Hypothese[885] wird folglich nicht widerlegt.

Die Korrelation des neuen PROMETHEE II-Rankings und der Nutzwertanalyse ist mit r_s=0,9593 geringfügig größer, als bei den auf der größeren Vergleichsgruppe basierenden Rankings. Die Gründe für Rangdifferenzen sind ähnlich, weshalb sie nicht explizit genannt werden.

Die Veränderung der Stellung der Banken und Versicherungen innerhalb des Gesamtrankings ist uneinheitlich. Bemerkenswert ist zunächst, daß sich auch das Ranking einzelner Alternativen der übrigen Branchen ändert, auch wenn nur die Vergleichsgruppe der Industrieunternehmen variiert wurde. Einige Banken oder Versicherungen verschlechterten sich hierdurch. So erzielte zum Beispiel die Deutsche Bank Lübeck im ersten Ranking der Nutzwertanalyse Rang 3, die Nutzung der Standardisierungsparameter der verkleinerten Stichprobe ergibt Rang 7, wogegen PROMETHEE II bei der Verwendung standardisierter Kennzahlen diese Bank nur als elft- oder zwölftbeste Alternative einschätzt. Andere Banken wie die Bayerische Handelsbank oder Baden-Württg. Bank verbessern sich. Da die Veränderung der Standardisierungsparameter nicht einheitlich war, konnte mit diesem Ergebnis gerechnet werden.

Da wie gezeigt das Schätzen der Standardisierungsparameter einen signifikanten Einfluß auf die Rankings beider Methoden hat, ist zu überprüfen, ob andere empirische Lage- und Streuungsmaße zum Standardisieren der Kennzahlen robustere Ergebnisse liefern. Sind die Ausgangsdaten nicht normalverteilt,[886] können zum Schätzen der Verteilung andere Maße als das arithmetische Mittel und die Standardabweichung besser geeignet sein. Ein mögliches weiteres Vorgehen ist, die Verteilung der sechs Kennzahlen jedes Standardisierungskreises zu testen und einen optimalen Schätzer theoretisch abzuleiten. Gegen diesen

885 Vgl. Abschnitt 4.2.1.6.

886 Die Verteilung der einzelnen Kennzahlenausprägungen wird in dieser Arbeit nicht analysiert. Die Annahme der Normalverteilung der Kennzahlenausprägungen kann durch die Häufigkeit des Auftretens von Ausreißern und die oft nicht erfüllte Symmetrieeigenschaft bezweifelt werden.

Weg spricht, daß die Datenmengen vieler Standardisierungskreise hierfür zu klein sind. Das Ziel ist nicht, theoretisch optimale sondern robustere Schätzer abzuleiten, welche unterschiedlich große Stichprobengrößen unverzerrter beschreiben können.

4.5.2.3.2 Median und Quartilsabstand

Alternativ zu dem bisher benutzten arithmetischen Mittel wird der Median als Lagemaß zur Standardisierung der Ausgangsdaten genutzt. Der Median ($\tilde{x}$), auch Zentralwert genannt, ist für eine Beobachtungsreihe so definiert, daß mindestens die Hälfte der Beobachtungswerte kleiner oder gleich und mindestens die Hälfte der Werte größer oder gleich dem Median sind.[887] Soll der Median einer Stichprobe berechnet werden, so sind die Beobachtungswerte ihrer Größe nach zu ordnen. Besteht die Stichprobe aus einer ungeraden Menge von Elementen, so ist der Median gleich dem Wert, der in der Mitte der geordneten Reihe steht. Bei einer geraden Zahl von Merkmalsausprägungen kann der Median jeder Wert zwischen den zwei Elementen der Mitte der geordneten Reihe sein.[888] In dieser Arbeit wird bei einer ungeraden Anzahl von Elementen das arithmetische Mittel gebildet. Der Grund für die Auswahl des Medians als neues Lagemaß ist seine Unempfindlichkeit gegenüber Ausreißern. Da einzelne extreme Werte den Median nicht verzerren, ist er ein besonders robustes Lagemaß.[889]

Zur Messung der Streuung wird der Quartilsabstand ($\tilde{x}_{0,75} - \tilde{x}_{0,25}$) benutzt. Er ist definiert als der Abstand zwischen dem 75 %-Quartil (oberes Quartil) und 25 %-Quartil (unteres Quartil). Er beschreibt die Länge des Bereichs, innerhalb dessen mindestens 50 % der Beobachtungswerte liegen.[890] Im Gegensatz zur Spannweite ist der Quartilsabstand ein robustes Maß und weniger von der Größe der Stichprobe abhängig. Die Spannweite wurde aus diesen Überlegungen als Alternative zur Standardabweichung abgelehnt.

Die neu berechneten Parameter sind in Tabelle 73 zusammengefaßt. Die relevante Vergleichsgruppe hierfür bilden die 200 in der selektierten Alternativenmenge enthaltenen Aktiengesellschaften.[891]

887 Vgl. Bosch, K. (1992), S. 18.

888 Vgl. zum Beispiel Büning, H./Trenkler, G. (1978), S. 57, Schlittgen, R. (1991), S. 108 ff.

889 Vgl. Schlittgen, R. (1991), S. 109.

890 Vgl. Bosch, K. (1992), S. 28.

891 Die vollständige Namensliste enthält erstmals Tabelle A23 im Anhang.

Tabelle 73 **Median und Quartilsabstand berechnet für 200 Aktiengesellschaften**

Kennzahl	Branche	$\tilde{x}$	$\tilde{x}_{0,75} - \tilde{x}_{0,25}$	n
R1 Eigenkapitalrendite	alle Branchen	12,6856	14,9706	200
R2 Cash-flow-Rendite	Industrie	6,1441	6,6759	81
Gesamtkapitalrendite	Verwalter	6,5408	9,1435	60
Betriebsrendite	601	4,9402	4,2342	18
Betriebsrendite	602	5,1743	1,5841	13
Betriebsrendite	611	4,5951	1,6015	7
Betriebsrendite	612	1,8184	0,6093	4
Betriebsrendite	613, 614	2,4330	1,7404	17
S1 Eigenkapitalquote	Industrie	29,5003	20,0564	81
Eigenkapitalquote	Verwalter	51,0549	52,4513	60
Eigenkapitalquote	Banken	3,1154	2,8670	31
Eigenkapitalquote	611	17,8828	5,9856	7
Eigenkapitalquote	612	0,9457	0,3529	4
Eigenkapitalquote	613, 614	5,1187	3,1763	17
S2 Liquiditätsquote	Industrie	6,2066	9,6677	81
Liquiditätsquote	Verwalter	0,5010	10,3589	60
Liquiditätsquote	601	6,5215	10,3531	18
Liquiditätsquote	602	6,6910	7,5611	13
Beitragsdeckung	611	33,8388	29,6073	7
Beitragsdeckung	612	9,1961	7,5858	4
Beitragsdeckung	613, 614	21,1941	6,4372	17
W1 Wachstumsrate Bilanzsumme	alle Branchen	6,4636	14,5466	200
W2 Wachstumsrate Umsatz	Industrie	5,0990	15,1709	81

Kennzahl	Branche	$\tilde{x}$	$\tilde{x}_{0,75} - \tilde{x}_{0,25}$	n
Wachstumsrate Anlagevermögen	Verwalter	-0,8751	17,2005	60
Wachstumsrate Bruttoerträge	Banken/Versicherun gen	5,6998	8,4587	59

Quelle: Eigene Berechnung.

Auf Basis der neu berechneten Standardisierungsparameter wird für die Gruppe der 200 Aktiengesellschaften das Ranking der Nutzwertanalyse und von PROMETHEE II berechnet. Alle anderen Modellparameter bleiben wie durch den RSW-Test vorgegeben unverändert. Beispielhaft sind die resultierenden Rankings der besten zehn Unternehmen in Tabelle 74 gegenübergestellt. Die vollständigen Rankings enthält Tabelle A26 im Anhang.

Tabelle 74 Die besten zehn Aktiengesellschaften

Rang	Nutzwertanalyse	PROMETHEE II
1	SAP	SAP
2	Eff-Eff	Eff-Eff
3	Reckitt & Colman Deutschland	Schwarz Pharma
4	Breitenburger Portl.	Walter
5	Hacker-Pschorr	Burgbad
6	Schwarz Pharma	Plettac
7	Plettac	Grammer
8	ICN	CeWe Color
9	Kali-Chemie	Schloßgartenbau
10	Burgbad	ICN

Quelle: Eigene Berechnung.

Die Auswirkungen der neuen Standardisierungsparameter auf das Ergebnis sind deutlich erkennbar. War in der ursprünglichen Bewertung der Nutzwertanalyse Eff-Eff auf Rang 1[892] so ist in den neuen Rankings in beiden Fällen SAP

892 Vgl. Tabelle 69.

Testsieger. Weitere Veränderungen fallen auch beim ausschließlichen Vergleich der besten Unternehmen auf.

Die Korrelation des neuen Rankings der Nutzwertanalyse und von PROMETHEE II ist unverändert hoch mit r_s=0,9591. Die Übereinstimmung wird graphisch in Abbildung 37 dargestellt.

Die Gründe für große Rangdifferenzen sind ähnlich wie in den Beispielen der vorherigen Abschnitte. Die größten Rangdifferenzen weisen Pegasus (22, 114), Berlin-Hannoversche Hypo (44, 129), Forst Ebnath (17, 79) und SCOR Deutschland (35, 91) auf.[893]

Abbildung 37 Vergleich der unter Verwendung von Median und Quartilsabstand standardisierten Rankings

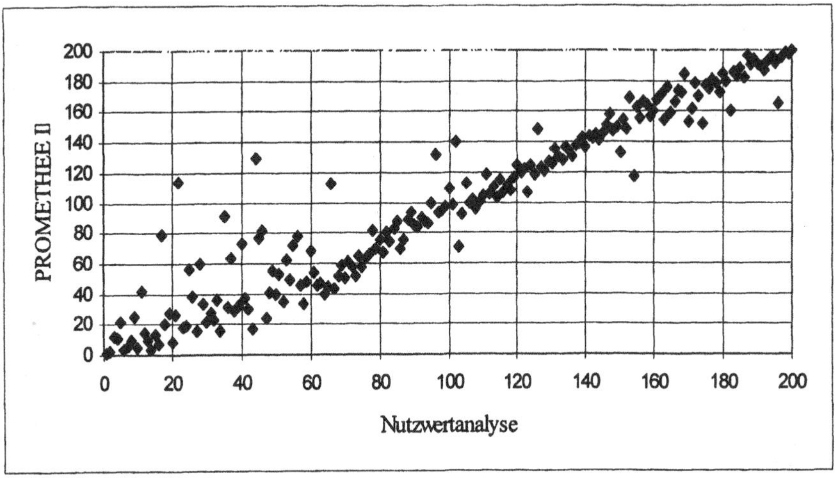

Quelle: Eigene Berechnung.

Interessanter als der Vergleich zwischen den beiden Methoden ist zu analysieren, welche Methode in einem stärkeren Maße sensitiv auf die Veränderung der Standardisierungsparameter reagiert. Für die Nutzwertanalyse ist diese Gegenüberstellung des Ausgangsrankings mit dem neuen Ranking der Abbildung 38 zu entnehmen.

893 Vgl. Abschnitt 4.4.2.1, 4.5.1, 4.5.2.3.1.

Abbildung 38 **Vergleich der Verwendung des arithmetischen Mittels und der Standardabweichung beziehungsweise des Medians und des Quartilsabstands bei der Anwendung der Nutzwertanalyse**

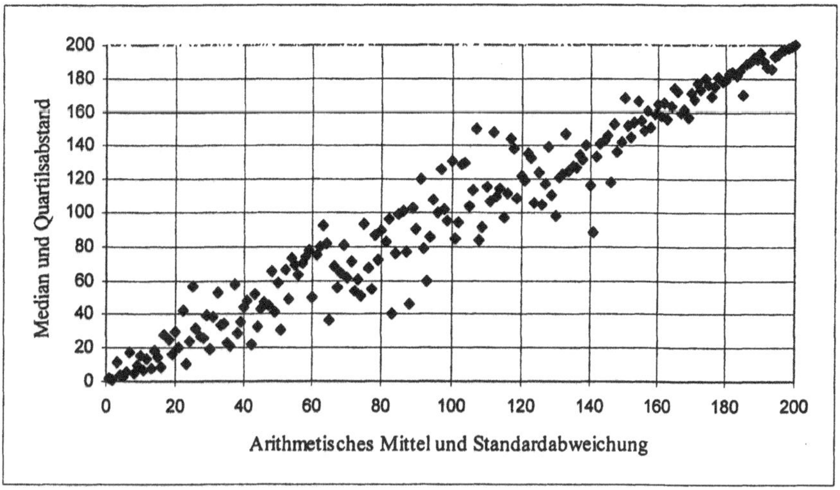

Quelle: Eigene Berechnung.

Abbildung 39 **Vergleich der Verwendung des arithmetischen Mittels und der Standardabweichung beziehungsweise des Medians und des Quartilsabstands bei der Anwendung von PROMETHEE II**

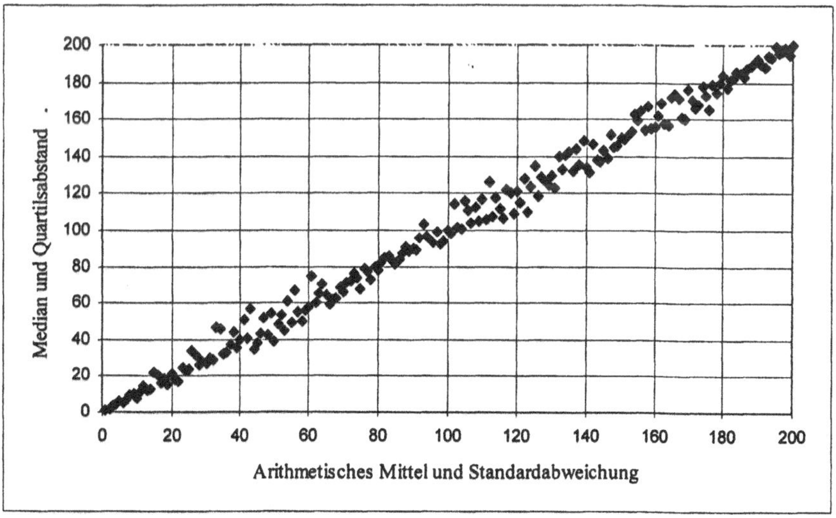

Quelle: Eigene Darstellung.

Deutliche Bewertungsunterschiede sind zu erkennen, auch wenn die Korrelation mit r_s=0,9681 gewohnt hoch ist. Die Auswirkungen der Verwendung neuer Standardisierungsparameter bei der Anwendung von PROMETHEE II sind weniger gravierend wie Abbildung 39 zeigt.

Die Korrelation der beiden PROMETHEE II-Rankings ist mit r_s=0,9967 deutlich höher als bei Anwendung der Nutzwertanalyse. In Tabelle 75 sind die für alle Industrieunternehmen berechneten Parameter zusammengefaßt.

Tabelle 75 Median und Quartilsabstand berechnet für 394 Industrieunternehmen

	Kennzahl	Branche	$\tilde{x}$	$\tilde{x}_{0,75} - \tilde{x}_{0,25}$	N
R1	Eigenkapitalrendite	alle Branchen	11,6188	23,0466	513
R2	Cash-flow-Rendite	Industrie	6,6970	7,5860	394
S1	Eigenkapitalquote	Industrie	29,8717	22,0915	394
S2	Liquiditätsquote	Industrie	5,4092	9,5355	394
W1	Wachstumsrate Bilanzsumme	alle Branchen	3,9934	12,1127	513
W2	Wachstumsrate Umsatz	Industrie	3,2482	11,3627	394

Quelle: Eigene Berechnung.

Auch für die Ausgangsmenge bestehend aus 513 Unternehmen zeigt sich, daß PROMETHEE II weniger sensitiv auf die Wahl der Standardisierungsparameter reagiert. Bei der Anwendung der Nutzwertanalyse ist r_s=0,9737, bei Anwendung von PROMETHEE II ist die Korrelation mit r_s=0,9971 deutlich höher.

Bei beiden Methoden zeigt sich, daß die Übereinstimmung mit dem RSW-Ausgangsranking bei der größeren Stichprobe größer ist. Dieses Ergebnis ist dadurch zu erklären, daß sich für größere Stichproben der Median und das arithmetische Mittel sowie der Quartilsabstand und die Standardabweichung mehr angleichen.

Der Quartilsabstand wurde gewählt, weil er unempfindlich gegenüber Ausreißern ist. Diesem Vorteil steht als negative Eigenschaft entgegen, daß der Quartilsabstand nur einer von vielen beliebig definierbaren Abständen ist, und es schwer begründet werden kann, warum dieser und nicht ein anderes Abstandsmaß ausgewählt wurde.[894] Diese Kritik entfällt, wenn als Streuungsmaß nicht ein Abstand, sondern das Mittel aller möglichen Abstände, somit der mittlere Abstand vom Median, gewählt wird.

894 Beispiele für andere Distanzmaße sind der Abstand zwischen dem 90 %- und dem 10 %-Quantil, zwischen dem 95 %- und dem 5 %-Quantil oder dem 80 %- und dem 20 %-Quantil.

4.5.2.3.3 Median und mittlerer Abstand vom Median

Der mittlere Abstand vom Median (MAVM) ist ein Streuungsmaß, welches definiert ist als

$$MAVM = \frac{1}{n}\sum_{i=1}^{n}|x_i - \tilde{x}|$$

Von der Varianz unterscheidet sich der mittlere Abstand vom Median in zwei Aspekten: die einzelnen Abstände werden nicht mehr auf das arithmetische Mittel sondern auf den Median bezogen und die Differenzen werden nicht quadriert sondern lediglich ihr Betrag wird summiert.[895] Der mittlere Abstand vom Median ist stets kleiner gleich der Varianz, wenn beide auf Basis desselben Datensatzes berechnet werden. Vorteil der Mittelwertbildung der Abstände gegenüber der Berechnung der Standardabweichung ist, daß letztere durch eine große Anzahl von Werten aufgebläht wird.[896] Ausreißer werden nicht wie bei der Standardabweichung quadriert und verzerren folglich weniger das Ergebnis.

In Tabelle 76 wird der mittlere Abstand vom Median dem Quartilsabstand und der Standardabweichung gegenübergestellt damit direkt analysiert werden kann, für welche Kennzahlen die neuen Standardisierungsparameter von den ursprünglichen abweichen. Die Werte wurden auf der Basis der aus 200 Aktiengesellschaften bestehenden Stichprobe berechnet.

Sowohl bei der Schätzung des Erwartungswerts als auch der Streuung kommen die Schätzer teilweise zu stark unterschiedlichen Ergebnissen. Erstaunlich ist, daß das arithmetische Mittel und der Median auch bei großen Standardisierungskreisen wie der Eigenkapitalrendite erheblich voneinander abweichen. Besonders stark zeigt sich dieser Effekt bei R2 und S1. Da durch die Streuung dividiert wird besteht die Gefahr, daß die Banken und Versicherungen systematisch besser abschneiden. Es ist möglich, daß dieser Effekt sinnvoll ist, nämlich dann, wenn auch größere Gruppen dieser Vergleichsgruppe eine ebenso kleine Streuung aufweisen, wahrscheinlicher ist jedoch, daß die kleinen Streuungen auf die nicht ausgewogene Größe der Vergleichsgruppen zurückzuführen sind, und die Bewertung eine Verzerrung impliziert. Das überdurchschnittlich gute Abschneiden der Rückversicherer in der Vergangenheit könnte so begründet sein.

Bezüglich der Streuung ist nicht eindeutig, ob die Standardabweichung und der Quartilsabstand oder der Quartilsabstand und der mittlere Abstand vom Median zu ähnlicheren Ergebnissen kommen. Wie theoretisch gefordert ist der mittlere Abstand vom Median nur immer kleiner als die Standardabweichung. Eindeutig ist aus Tabelle 76 lediglich zu entnehmen, daß die Wahl des Schätzers zu teilweise stark differierenden Schätzern für das Lage- und das Streuungsmaß führt.

895 Vgl. Schlittgen, R. (1991), S. 127, Bosch, K. (1992), S. 29.

896 Vgl. Schlittgen, R. (1991), S. 127.

Neben der Bedeutung der Wahl des Schätzers für die Standardisierung ist ein weiterer Aspekt von zentraler Bedeutung für das Ranking, welcher in Tabelle 76 deutlich gezeigt wird. Die Streuungsmaße der kleinen Standardisierungskreise sind in der Mehrzahl kleiner als die der Industrieunternehmen oder Verwalter. Die Kennzahlen werden durch die Standardabweichung beziehungsweise den Quartilsabstand oder den mittleren Abstand vom Median geteilt. Es besteht die Gefahr, daß die Performance von Banken und Versicherungen durch die sehr kleinen Streuungsmaße zu positiv angegeben wird. Es wäre sinnvoll, dieses Problem einer gesonderten Prüfung zu unterziehen.

Tabelle 76 Gegenüberstellung der für 200 Aktiengesellschaften berechneten Standardisierungsparameter

	Kennzahl	Branche	$\bar{x}$	$\tilde{x}$	S	$\tilde{x}_{0,75}-\tilde{x}_{0,25}$	MAVM	n
R1	Eigenkapitalr.	alle Branchen	7,0111	12,685	29,290	14,970	12,797	200
R2	Cash-flow-R.	Industrie	7,4719	6,1441	7,9048	6,6759	4,4919	81
	Gesamtkapitalr.	Verwalter	4,8530	6,5408	14,0884	9,1435	7,1683	60
	Betriebsr.	601	5,4601	4,9402	5,0969	4,2342	3,5637	18
	Betriebsr.	602	4,5908	5,1743	1,2215	1,5841	1,0058	13
	Betriebsr.	611	4,9054	4,5951	2,4539	1,6015	1,6970	7
	Betriebsr.	612	1,7826	1,8184	0,3738	0,6093	0,3570	4
	Betriebsr.	613, 614	2,3845	2,4330	1,8343	1,7404	1,2290	17
S1	Eigenkapitalq.	Industrie	31,989	29,500	15,754	20,056	12,244	81
	Eigenkapitalq.	Verwalter	50,182	51,054	30,511	52,451	25,700	60
	Eigenkapitalq.	Banken	3,6799	3,1154	1,5599	2,8670	1,3110	31
	Eigenkapitalq.	611	17,252	17,882	4,2457	5,9856	3,6141	7
	Eigenkapitalq.	612	0,9531	0,9457	0,2913	0,3529	0,2506	4
	Eigenkapitalq.	613, 614	6,4596	5,1187	4,2038	3,1763	2,6322	17
S2	Liquiditätsq.	Industrie	9,2079	6,2066	10,3748	9,6677	6,7048	81
	Liquiditätsq.	Verwalter	10,8283	0,5010	20,0769	10,3589	10,6951	60
	Liquiditätsq.	601	6,4299	6,5215	6,4287	10,3531	5,5993	18
	Liquiditätsq.	602	7,8034	6,6910	7,1135	7,5611	4,8508	13
	Beitragsd.	611	45,2176	33,8388	22,0749	29,6073	17,0302	7
	Beitragsd.	612	9,0285	9,1961	4,0132	7,5858	3,9902	4
	Beitragsd.	613, 614	26,4919	21,1941	15,1967	6,4372	7,9142	17

	Kennzahl	Branche	$\bar{x}$	$\tilde{x}$	S	$\tilde{x}_{0,75}-\tilde{x}_{0,25}$	MAVM	n
W1	Wachstumsrate Bilanzsumme	alle Branchen	6,3509	6,4636	18,935	14,546	10,720	200
W2	Wachstumsrate Umsatz	Industrie	4,7691	5,0990	16,6440	15,1709	11,8999	81
	Wachstumsrate Anlagevermögen	Verwalter	-0,8046	-0,8751	42,7168	17,2005	23,1643	60
	Wachstumsrate Bruttoerträge	Banken/ Versicherungen	5,2185	5,6998	12,2216	8,4587	7,0752	59

Quelle: Eigene Berechnung.

Die Auswirkungen der Nutzung des mittleren Abstands vom Median auf das Ergebnis kann nicht ohne Analyse der Rankings abgeleitet werden. Die besten zehn Unternehmen enthält Tabelle 77, das gesamte Ranking ist Tabelle A26 im Anhang zu entnehmen.

Tabelle 77 Die besten zehn Aktiengesellschaften

Rang	Nutzwertanalyse	PROMETHEE II
1	SAP	SAP
2	Eff-Eff	Eff-Eff
3	Reckitt & Colman	Schwarz Pharma
4	Breitenburger Portl.	Walter
5	Hacker-Pschorr	Burgbad
6	Schwarz Pharma	Plettac
7	Plettac	Grammer
8	Burgbad	ICN
9	ICN	CeWe Color
10	Forst Ebnath	Schloßgartenbau

Quelle: Eigene Berechnung.

Die Korrelation des Rankings der Nutzwertanalyse und von PROMETHEE II ist r_s=0,9614. Interessanter als diese Kennzahl ist wieder der direkte Vergleich. So wirkt sich das bloße Austauschen des Quartilsabstands durch den mittleren Abstand vom Median auch auf das Ranking der zehn besten Unternehmen aus, wie dem Vergleich von Tabelle 77 mit Tabelle 74 zu entnehmen ist.

Abbildung 40 **Vergleich der Rankings der Nutzwertanalyse unter Verwendung des arithmetischen Mittels und der Standardabweichung beziehungsweise des Medians und des mittleren Abstands vom Median**

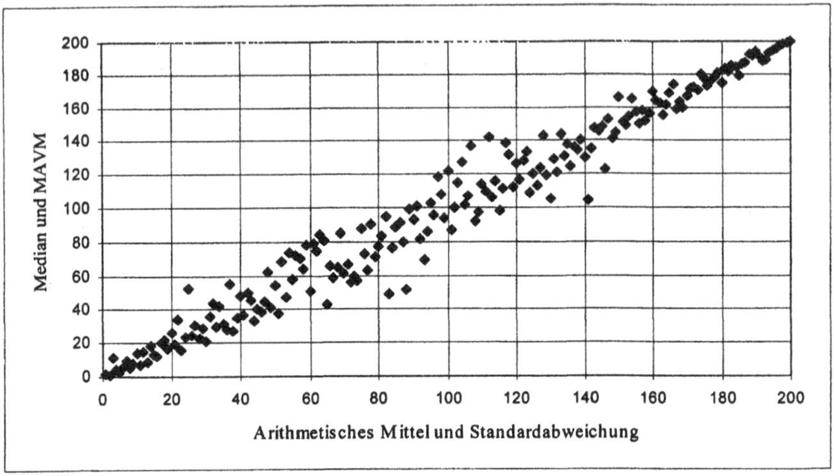

Quelle: Eigene Berechnung.

Abbildung 41 **Vergleich der Rankings der Nutzwertanalyse unter Verwendung des Quartilsabstands und des mittleren Abstands vom Median**

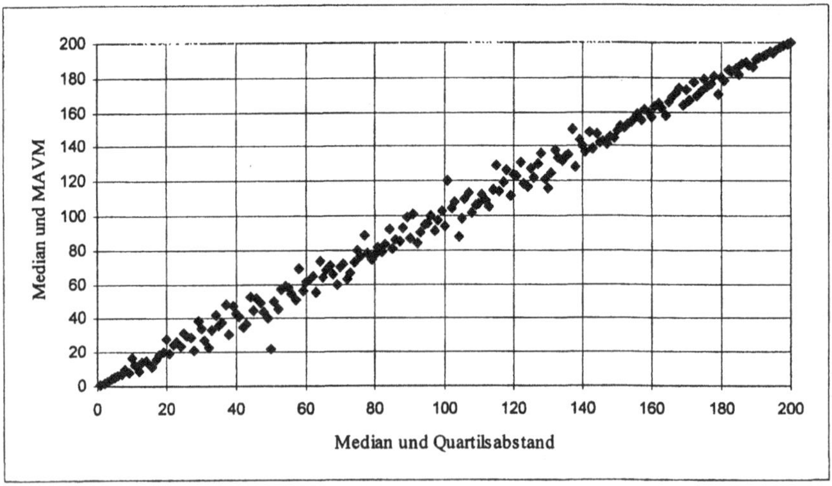

Quelle: Eigene Berechnung.

Das ursprüngliche RSW-Ranking ist dem modifizierten Nutzwertanalyseranking in Abbildung 40 gegenübergestellt. Die Korrelation ist mit r_s=0,9823 leicht höher als bei der Verwendung des Quartilsabstands[897], das Resultat ist jedoch ähnlich.

Abbildung 41 zeigt die Auswirkung der Nutzung des mittleren Abstands vom Median. Auch hier ist die Korrelation mit r_s=0,9955 von 1 deutlich verschieden.

Abbildung 42 Vergleich der PROMETHEE II Ergebnisse

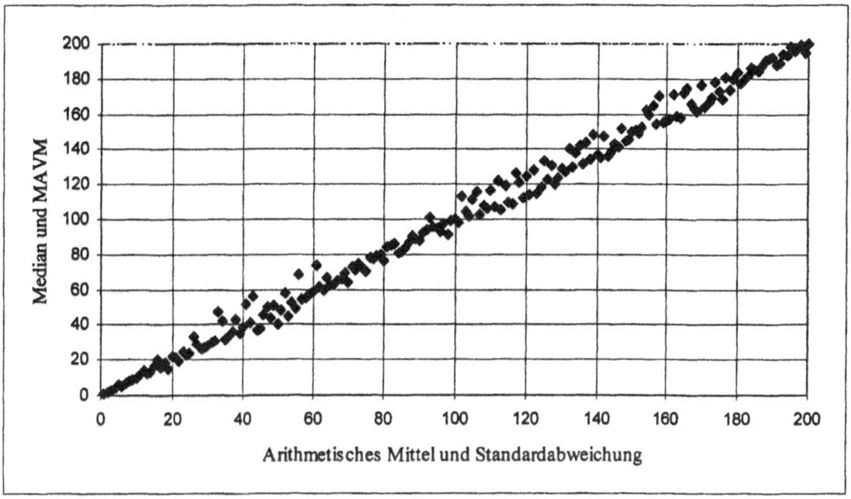

Quelle: Eigene Berechnung.

PROMETHEE II zeigt konstant eine leicht geringere Sensitivität auf die Definition der Standardisierungsparameter. Die Rankings in Abbildung 42 sind mit r_s=0,9970 korreliert.

Die Standardisierung der 200 Aktiengesellschaften auf Basis der für alle 513 Unternehmen berechneten Standardisierungsparameter zeigt nahezu identische Ergebnisse. Der Korrelationskoeffizient beträgt bei Anwendung der Nutzwertanalyse r_s=0,9902 und bei PROMETHEE II r_s=0,9971, erneut sind die Unterschiede nicht gravierend. Auf graphische oder tabellarische Darstellungen der Ergebnisse wird verzichtet, da sie keine neuen Erkenntnisse enthalten.

Die gezeigten Tests sind keinesfalls als eine abschließende Analyse der Auswirkung der Definition der Standardisierungsparameter zu verstehen. Nur einige Schätzer wurden getestet. Eine nicht getestete Transformationsmöglichkeit wäre zum Beispiel eine lineare Transformation.[898]

Auf Basis der wenigen Vergleiche kann dennoch die Empfehlung abgeleitet werden, daß die Schätzung der Parameter auf Basis ähnlich großer Vergleichs-

897 Vgl. Abbildung 38.

898 Vgl. zum Beispiel Wagner, W. C. (1991), S. 213 ff.

gruppen erfolgen sollte. Anders kann nicht sichergestellt werden, daß ungewollte Verzerrungen das Ranking nicht beeinflussen. Diese Anforderung ist für einige Standardisierungskreise besonders schwierig zu erfüllen. So ist die Anzahl der Rückversicherungen in Deutschland zu klein, auch wenn nicht börsennotierte Unternehmen in die Vergleichsgruppe zum Berechnen der Standardisierungsparameter hinzugezogen würden. Doch auch hier sind Lösungen zu finden. Zum Beispiel könnte die Vergleichsgruppe vergrößert werden, indem die Kennzahlen mehrerer Jahre gemischt werden. Dies setzt voraus, daß die Parameter einigermaßen zeitstabil sind. Weitere Lösungen sind denkbar. Generell wird angeraten, die Schätzung der Streuungsmaße der Banken und Versicherungen auf Plausibilität zu überprüfen.

Abschließend ist festzuhalten, daß die Definition der Standardisierungskreise sowie der Standardisierungsparameter das Ergebnis beeinflussen. Verändert sich die Größe nur eines Standardisierungskreises, hat dies nicht nur auf die in ihm zusammengefaßten Aktiengesellschaften eine Auswirkung, sondern auch auf die nicht zu dieser Gruppe gehörenden Unternehmen. Die Definition von in ihrer Größe stark differierenden Standardisierungskreisen erwies sich als problematisch. Der Einfluß der Stichprobengröße wird im folgenden Abschnitt gesondert getestet.

4.5.3 Veränderung der Stichprobengröße

Veränderungen der Alternativenmenge sind mehrfach in vorangegangenen Abschnitten vorgenommen worden. In Abschnitt 4.5.2 wurde bereits gezeigt, daß eine Rangumkehrung einzig durch die Veränderung der Stichprobe erzeugt werden kann. Die isolierte Bewertung der Banken und Versicherungen führte beispielsweise nicht zu der gleichen Reihenfolge wie die gemeinsame Bewertung mit anderen Branchen. Ebenso wurden Verkleinerungen der Stichprobe bereits getestet. Der Vergleich der auf Basis von 513 und 200 Aktiengesellschaften gebildeten Rankings ist hierzu zu zählen, auch wenn das primäre Interesse die Analyse unterschiedlicher Standardisierungskreise war. Darüber hinaus sind in Abschnitt 4.4.5 zehn zufällig selektierte Industrieunternehmen gerankt worden, was ebenfalls einer Stichprobenverkleinerung entspricht. Die These, daß Veränderungen der Stichprobengröße zu Rangumkehrungen führen können, ist daher bereits empirisch für die Bewertung von Aktiengesellschaften belegt, auch wenn dieser Effekt nicht explizit herausgearbeitet wurde.

Als Ausgangsmenge der folgenden Sensitivitätstests dienen jeweils 200 Aktiengesellschaften. Um weiterhin unterschiedliche Branchengruppen berücksichtigen zu können, bilden erneut die in Tabelle A23 im Anhang aufgeführten Aktiengesellschaften die Ausgangsmenge. Die Art der Anwendung der Nutzwertanalyse und von PROMETHEE II bleibt ebenfalls unverändert.

Die genutzten Standardisierungsparameter sind im folgenden für die zwei Methoden unterschiedlich. Bei der Nutzwertanalyse entsprechen die Parameter denen des ursprünglichen RSW-Tests, das heißt, die Ausgangskennzahlen werden durch das arithmetische Mittel und die Standardabweichung standardisiert. Die Kennzahlenausprägungen werden auch bei der Nutzung von PROMETHEE II transformiert. Basis hierfür sind der Median und der Quartilsabstand. Die Definition der Standardisierungskreise bleibt stets unverändert.[899] Durch das Verkleinern der Stichprobe reduzieren sich jedoch die Größen der jeweiligen Standardisierungskreise.

4.5.3.1 Halbieren der Stichprobe

Als erste Stichprobenveränderung wird das Halbieren der Ausgangsmenge untersucht. Dazu werden die 200 Aktiengesellschaften alphabetisch anhand ihres Unternehmensnamens sortiert und jede zweite Alternative selektiert. Die resultierenden 100 Gesellschaften sind entsprechend sowohl Industrieunternehmen, Verwalter und Banken als auch Versicherungen.

Die Stichprobe der 200 und der 100 Aktiengesellschaften werden auf Basis der PROMETHEE II und der Nutzwertanalyse gerankt. Damit haben die Elemente, welche in der ersten und zweiten Menge enthalten sind, zwei Ränge, welche miteinander verglichen werden. Es ist von besonderem Interesse, ob die ursprüngliche Reihenfolge der ausgesuchten Unternehmen stabil bleibt oder sich durch das Weglassen anderer Werte verändert. Den Vergleich der zwei Nutzwertanalyserankings zeigt Abbildung 43, den der zwei PROMETHEE II-Rankings Abbildung 44.

Erfreulich ist festzuhalten, daß die dargestellten Nutzwertanalyse Rankings mit r_s=0,9912 hoch korreliert sind. Wichtiger jedoch als das Maß der Übereinstimmungen ist festzuhalten, daß Rangumkehrungen durch Stichprobenveränderungen bei der Nutzwertanalyse auftreten. Wie bereits an anderer Stelle auch für einen einzigen Standardisierungskreis gezeigt wurde,[900] trifft das Phänomen der Rangumkehrungen nicht nur auf PROMETHEE II (oder den AHP) zu. Grund der Instabilität der Rangfolgen durch Stichprobenveränderungen ist bei der Nutzwertanalyse die Standardisierung der Kennzahlen. Würden ein einfaches Scoring-Modell und die nicht transformierten Kennzahlenausprägungen genutzt, so wären Stichprobenvariationen ohne Auswirkung auf das Ergebnis. Es ist somit für das vorliegende Anwendungsbeispiel falsch, PROMETHEE II aufgrund der in Abschnitt 3.4.4 geschilderten Kritik theoretisch abzulehnen und die Nutzwertanalyse als die eindeutig überlegene Methoden zu bewerten.

899 Vgl. zum Beispiel Tabelle 68.

900 Vgl. Abschnitt 4.4.5.

Abbildung 43 Reaktion der Nutzwertanalyse auf das Halbieren der Stichprobe

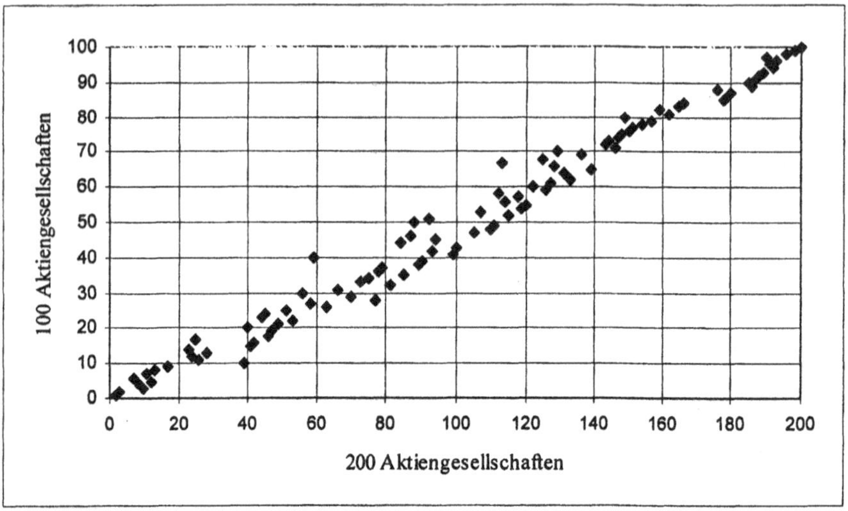

Quelle: Eigene Berechnung.

Abbildung 44 Reaktion von PROMETHEE II auf das Halbieren der Stichprobe

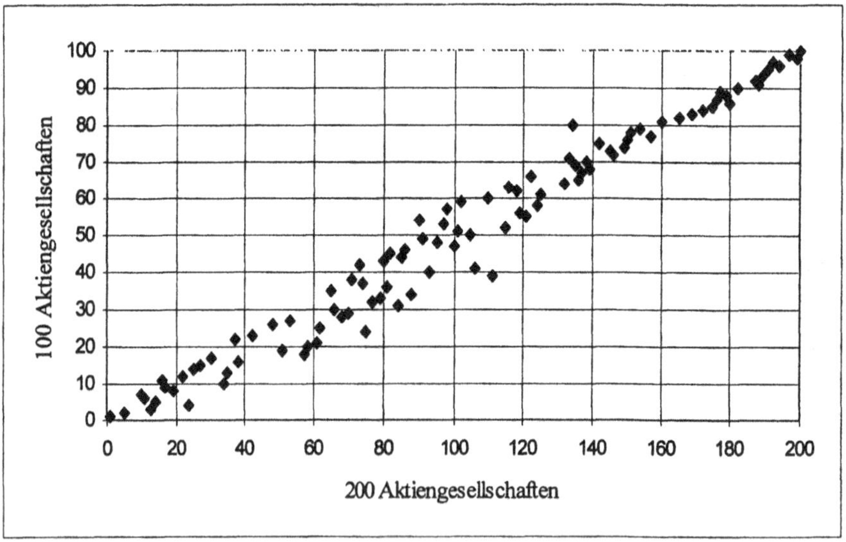

Quelle: Eigene Berechnung.

Die Korrelation der zwei PROMETHEE II-Rankings ist mit r_s=0,9862 leicht niedriger als bei der Nutzwertanalyse. Dieses Ergebnis wird jedoch durch die Gruppe der Banken und Versicherungen bedingt. Ihre Standardisierungskreise sind, wenn nur 100 Unternehmen bewertet werden, in der Regel zu klein, um einen sinnvollen Quartilsabstand zu berechnen. Ohne die Berücksichtigung der Banken und Versicherungen betrüge die Übereinstimmung der Rankings r_s=0,9922.

Stärkere Verkleinerungen der Stichprobe zu testen – wie zum Beispiel die Selektion von nur 50 Unternehmen – können sinnvoll nur mit Industrieunternehmen und Verwaltern getestet werden. Das Schätzen der Standardisierungsparameter wäre ansonsten als absolut unrepräsentativ abzulehnen. Aus diesem Grund werden stärkere Verkleinerungen der Menge nicht untersucht.

4.5.3.2 Ausschluß von 50 Aktiengesellschaften

In einem zweiten Test wird die Menge der 200 Unternehmen auf 150 Aktiengesellschaften reduziert. Dazu wurde die Ausgangsmenge erneut alphabetisch sortiert und zusätzlich jede vierte Alternative ausgeschlossen. Die Ergebnisse sind in Abbildung 45 und Abbildung 46 einander gegenübergestellt.

Abbildung 45 Reaktion der Nutzwertanalyse auf den Ausschluß von 50 Aktiengesellschaften

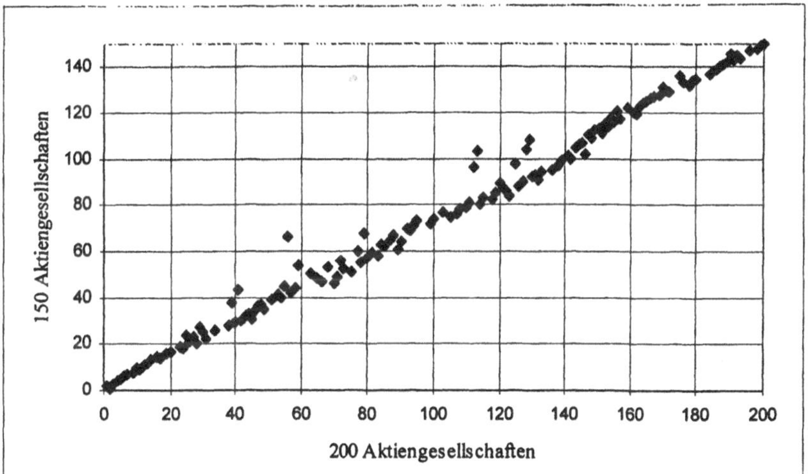

Quelle: Eigene Darstellung.

Mit r_s=0,9950 bleibt die Korrelation hoch, dennoch ist auf den ersten Blick offensichtlich, daß es Rangumkehrungen gibt. Besonders anfällig für Rangdifferenzen sind Aktiengesellschaften, die in einer Kennzahl eine extrem hohe oder eine extrem niedrige Performance aufweisen. Ändern sich hier die Standardisierungsparameter nur wenig, kann dies zu einer neuen Stellung des Unternehmens innerhalb des Rankings führen. Den größten Bewertungsunterschied hat zum Beispiel Hesser mit seinen überdurchschnittlichen Sicherheitskennzahlen.

Abbildung 46 Reaktion von PROMETHEE II auf den Ausschluß von 50 Aktiengesellschaften

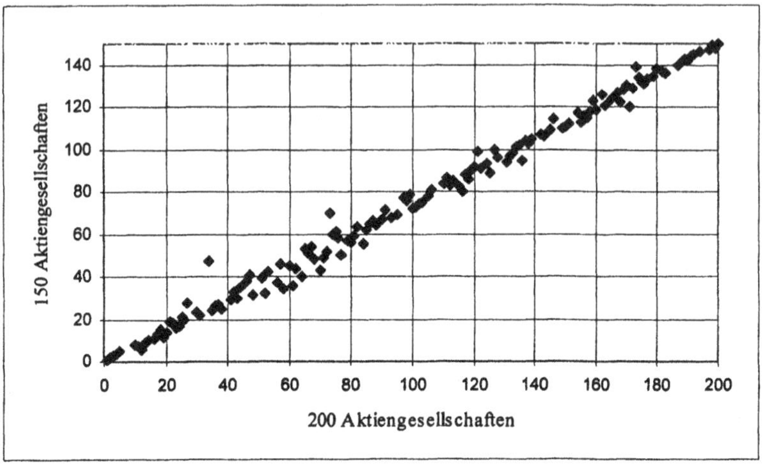

Quelle: Eigene Darstellung.

Das Ergebnis des Vergleichs der PROMETHEE II-Rankings entspricht im wesentlichen denen der Nutzwertanalyse. Die Korrelation beträgt r_s=0,9959. Bisher reagierte keine Methode auffällig robuster oder sensitiver als die andere.

4.5.3.3 Ausschluß von zehn Aktiengesellschaften

Bisher wurden relativ große Stichprobenveränderungen untersucht. Mindestens ebenso interessant ist die Reaktion der Verfahren auf relativ kleine Veränderungen der Bewertungsmenge. Um dies zu überprüfen wurden zehn Aktiengesellschaften zufällig ausgewählt und aus der Menge der 200 Alternativen ausgeschlossen.

Die Stichprobenveränderung bewirkt bei der Nutzwertanalyse nur relativ wenige Rangumkehrungen. Die Korrelation ist mit r_s=0,9989 höher als bisher, was auch in Abbildung 47 zum Ausdruck kommt.

In Abbildung 48 ist zu sehen, daß sich die Methoden bezüglich ihrer Reaktion nicht wesentlich unterscheiden. Der Spearman Korrelationskoeffizient beträgt r_s=0,9985. Damit zeigen die bisherigen Ergebnisse keine gravierenden Unterschiede zwischen den zwei Methoden hinsichtlich ihrer Sensitivität auf Stichprobenveränderungen. Sollten die Resultate auf statistische Signifikanz überprüft werden, müßten weitere Stichproben mit grundsätzlich anderen Kennzahlensystemen analysiert werden. Da in dieser Arbeit ausschließlich Aktiengesellschaften bewertet werden, kann eine Überprüfung mit generellem Aussagegehalt nicht erfolgen.

Abbildung 47 Reaktion der Nutzwertanalyse auf den Ausschluß von zehn Aktiengesellschaften

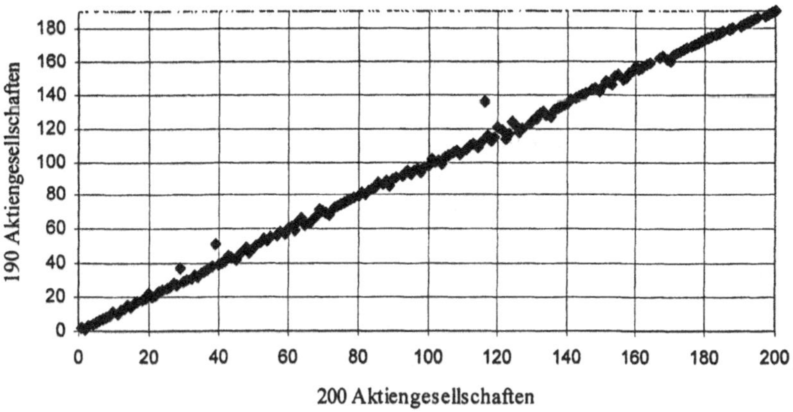

Quelle: Eigene Darstellung.

Abbildung 48 Reaktion von PROMETHEE II auf den Ausschluß von zehn Aktiengesellschaften

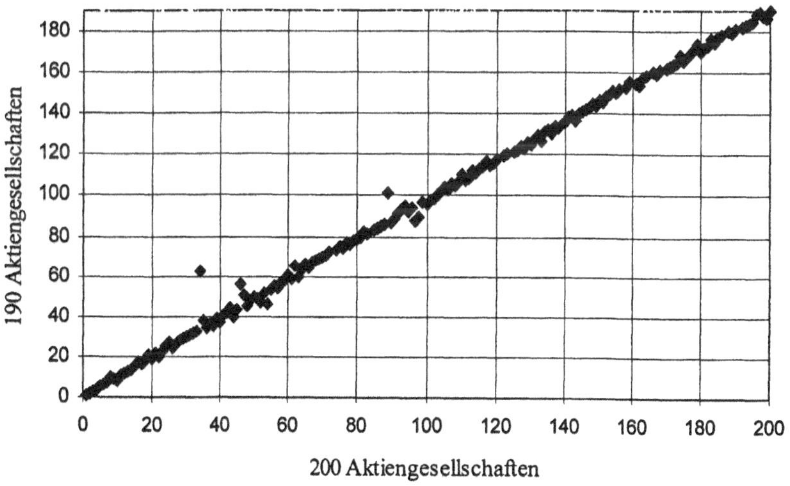

Quelle: Eigene Darstellung.

Im obigen Test sind ausschließlich Verkleinerungen der Untersuchungsmenge untersucht worden. Die verglichenen Stichproben waren ausschließlich echte Teilmengen der Grundgesamtheit der 513 Aktiengesellschaften. Diese Problemstellung ist grundsätzlich relevant. Ist hingegen das Ziel die Bewertung von genau 500 börsennotierten deutschen Aktiengesellschaften, wie es bei den im Manager Magazin veröffentlichten Tests der Fall ist,[901] so sind die Möglichkeiten, viele Unternehmen aus dem Ranking auszuschließen, gering.[902] Wichtig ist insofern zu analysieren, wie stark die Verfahren auf kleinste Änderungen der Alternativenmenge reagieren können. Die Reaktionsstärke der Methoden auf den Austausch einer einzelnen Alternative wird im folgenden gezeigt.

4.5.4 Ausreißertests

Als letzte Reihe von Sensitivitätstests wird in diesem Abschnitt untersucht, wie robust ein Ranking auf das Hinzufügen von Ausreißern reagiert. Dazu wird eine einzelne, beliebig ausgewählte Alternative durch eine in jedem Kriterium dominierte Alternative – einen negativen Ausreißer – ersetzt. Ebenso wird getestet, wie das Auswechseln einer zufällig ausgewählten Aktiengesellschaft durch eine in jedem Kriterium alle anderen Aktiengesellschaften dominierenden Alternative – einen positiven Ausreißer – reagiert. Theoretisch wird gefordert, daß das Hinzufügen einer dominierten Alternative keinen Einfluß auf das übrige Ranking haben darf.[903] Empirisch wird sich, wie im folgenden gezeigt wird, ein anderes Ergebnis zeigen.

In bisherigen Analysen wurde die Stichprobengröße und die Stichprobendefinition verändert. Als Grundgesamtheit wurden hierfür ausschließlich die 500 im Test von 1997 enthaltenen börsennotierten, deutschen Aktiengesellschaften[904] verwandt. Diese Auswahl erfolgte bewußt und mit dem Ziel, nicht unrealistisch homogene beziehungsweise untypisch heterogene Ergebnismatrizen für das Ranking zu verwenden.

In diesem Abschnitt wird die Beschränkung auf die genannte Grundgesamtheit aufgehoben. Es werden zusätzlich zwei fiktive Alternativen bewertet, um zu testen, ob das Hinzufügen einer alle anderen Alternativen dominierenden Aktiengesellschaft beziehungsweise eines von allen anderen dominierten Unternehmens Auswirkungen auf das Ranking hat. Da keine der 500 in der Grundge-

901 Vgl. Demmer, C. et al. (1988), S. 126 ff., Baden, K./Wilhelm, W. (1994), S. 96 ff., Baden, K./Wilhelm, W. (1995), S. 132 ff., Baden, K./Wilhelm, W./(1996), S. 55 ff., Balzer, A. et al. (1997), S. 150 ff., Döhle, P. et al. (1998), S. 196 ff.

902 Börsennotiert waren 1996 im Amtlichen Handel und dem Geregelten Markt 679 Aktiengesellschaften. Vgl. www.dai.de/infos/notierte_ags.html. Berücksichtigt man, daß darunter Neulinge sind, einige Unternehmen zu spät ihren Jahresabschluß vorlegen und ein kleiner Teil nicht über drei Jahre sinnvoll bewertet werden kann, so sind die Ausschlußmöglichkeiten sehr gering.

903 Vgl. unter anderem Keyser, W. de, Peeters, P. (1996), S. 457 ff.

904 Vgl. Balzer, A. et al. (1997), S. 198 ff.

samtheit vorhandenen Aktiengesellschaften diese Eigenschaften im positiven oder negativen Extrem aufweist – SAP[905] kommt einer dominanten Stellung noch am nächsten – werden fiktive Aktiengesellschaften integriert.

Um nur die Auswirkung des Ausreißers und gleichzeitig keinen Effekt durch Veränderungen der Stichprobe zu messen – auch wenn letzterer in dieser Versuchsreihe minimal wäre – wird dem ursprünglichen Ranking mit den 200 Ausgangsdaten[906] eine gleich große Stichprobe gegenübergestellt. Ein Unternehmen wurde beliebig selektiert. Dazu wurde diejenige Aktiengesellschaft ausgewählt, welche bei alphabetischer Ordnung der Unternehmensnamen auf der letzten Position stand: die Wünsche AG. Jede andere Gesellschaft hätte genauso gewählt werden können.

Die Wünsche AG, ein in die Gruppe der Industrieunternehmen gehörendes Handelsunternehmen, wurde, um die Wirkung eines positiven Ausreißers zu analysieren, in einem ersten Schritt durch das fiktive Unternehmen „Positiv" ersetzt. Als Kennzahlenausprägungen jeder der sechs Kennzahlen von „Positiv" wurde 100 ausgewählt. Somit sind die Kennzahlen der „Positiv AG": $f_1(a_{Positv\ AG})=100$, $f_2(a_{Positv\ AG})=100$, $f_3(a_{Positv\ AG})=100$, $f_4(a_{Positv\ AG})=100$, $f_5(a_{Positv\ AG})=100$ und $f_6(a_{Positv\ AG})=100$.

In dem auf Basis der Nutzwertanalyse berechneten Ausgangsranking erhielt die Wünsche AG den Rang 177. Das Ausgangsranking und die neue Bewertung der Stichprobe darf theoretisch, wenn die einzige Modelländerung der Austausch von Wünsche durch die „Positiv AG" ist, genau zwei Effekte zeigen: Die „Positiv AG" erhält Rang eins, und alle in der Stichprobe unverändert enthaltenen Unternehmen mit einem Rang kleiner als 177 erhalten im neuen Ranking einen um eine Position erhöhten Rang. Das bedeutet, daß die zweidimensionale Gegenüberstellung der Rankings in einem Koordinatensystem folgendes Bild ergeben müßte: Alle Punkte lägen auf der Winkelhalbierenden der x- und y-Achse beziehungsweise einer um +1 verschobenen Parallelen und ein Punkt hätte die Koordinaten (177, 1). Die tatsächliche Reaktion der Nutzwertanalyse auf den positiven Ausreißer zeigt Abbildung 49.

Die Sensitivität des Nutzwertanalyserankings auf den Austausch einer einzelnen Aktiengesellschaft ist als gravierend zu bewerten. Es ist nicht nur zu kritisieren, daß in diesem Punkt die theoretischen Anforderungen an das Modell nicht erfüllt werden, sondern als noch gravierender ist festzuhalten, daß die Bewertung vieler Unternehmen durch den Austausch einer von 200 Alternativen deutlich beeinflußt wurde. Nur die Bewertung von fünf Unternehmen entspricht den theoretischen Erwartungen. Fast jedes Unternehmen weist somit eine Rangumkehrung auf. Die Bewertungsunterschiede betragen stellenweise mehr

905 Vgl. Tabelle A6 und Tabelle A24 im Anhang.

906 Vgl. Abschnitt 4.5.2.3.1.

als 50 Ränge. Die Korrelation der Rankings ist mit r_s=0,9218 im Vergleich zu den bisher durchgeführten Tests unterdurchschnittlich niedrig.

Abbildung 49 Reaktion der Nutzwertanalyse auf einen positiven Ausreißer

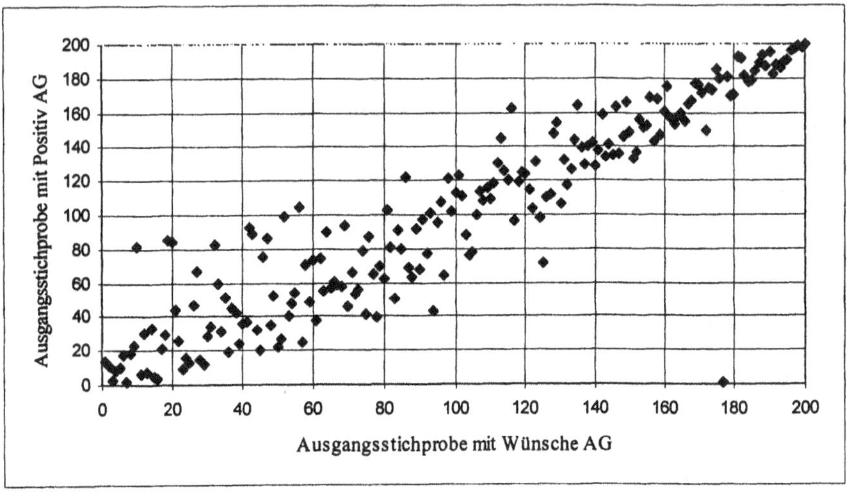

Quelle: Eigene Darstellung.

Betrachtet man die einzelnen Standardisierungskreise bezüglich ihrer Reaktion auf die alle anderen dominierende Alternative, so zeigen sich leichte Unterschiede: Die Gruppe aller Versicherungen verschlechtert sich in ihrem Ranking durchschnittlich um mehr als drei Ränge, während sich die zusammengefaßte Gruppe der Banken leicht verbessert. Die Unterschiede hinsichtlich der Zugehörigkeit zu unterschiedlichen Standardisierungskreisen sind jedoch nicht groß und können zufällig sein.

Einer der Gründe für die wenig robuste Reaktion der Nutzwertanalyse auf Ausreißer ist die Verwendung des arithmetischen Mittels und der Standardabweichung zur Transformation der Kennzahlen. Um diesen Effekt zu separieren, wurde der Test wiederholt, wobei die Ausgangskennzahlen beider Stichproben auf Basis des Medians und des Quartilsabstands standardisiert wurden. Die Ergebnisse zeigt Abbildung 50.

Die Nutzung eines robusten Lage- und Streuungsmaßes kann als eine Verbesserung bewertet werden. Der Austausch von Wünsche durch den positiven Ausreißer zeigt bei Verwendung der Nutzwertanalyse eine deutlich geringere Veränderung – die Korrelation ist mit r_s=0,9600 größer.

Der gleiche Versuch wird für das PROMETHEE II-Ranking durchgeführt. Die Reaktion auf den positiven Ausreißer zeigt Abbildung 51.

Abbildung 50 **Reaktion der Nutzwertanalyse auf einen positiven Ausreißer unter Verwendung des Medians und des Quartilsabstands zur Standardisierung**

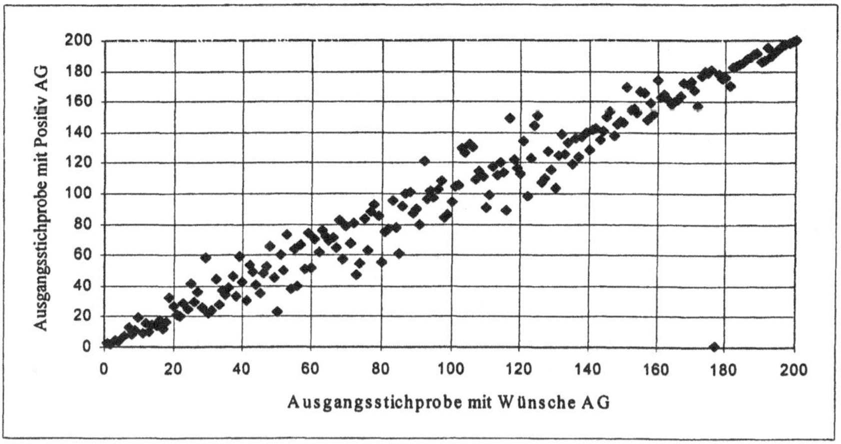

Quelle: Eigene Darstellung.

Abbildung 51 **Reaktion von PROMETHEE II auf einen positiven Ausreißer**

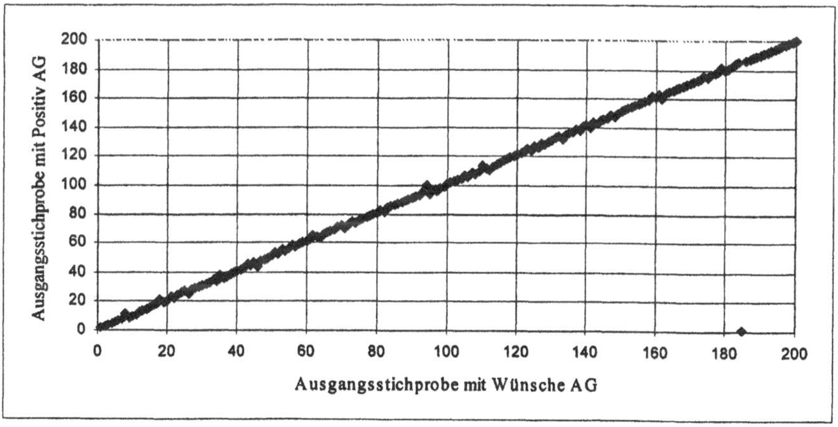

Quelle: Eigene Darstellung.

Das PROMETHEE-Ranking reagiert robuster auf das Hinzufügen eines Ausreißers als die Nutzwertanalyse. Mit Ausnahme des Punktes (185, 1) – Wünsche erzielte im Ausgangsranking bei PROMETHEE Rang 185 – gibt es keine gravierenden Rangverschiebungen. Die maximale Veränderung beträgt vier Ränge, die Korrelation ist r_s=0,9743.

Unabhängig davon, ob das Scoring-Modell, wie in Abbildung 49 gezeigt, unter Verwendung des arithmetischen Mittels und der Standardabweichung oder, wie in Abbildung 50 gezeigt mit Median und Quartilsabstand implementiert wird, reagiert PROMETHEE deutlich weniger sensitiv. Das ist bemerkenswert, da die verwandten Kennzahlen auch zur Anwendung von PROMETHEE standardisiert wurden und spricht eindeutig für die Verwendung eines auf Paarvergleichen basierenden Modells. Kritisch ist jedoch der Tatbestand festzuhalten, daß auch bei PROMETHEE II das Hinzufügen einer alle anderen dominierenden Alternative das Ranking verändert und es zu Rangumkehrungen kommt. Dieser Tatbestand mag in der hier wenig ausgeprägten Form viele Anwender weniger erschrecken, theoretisch ist er äußerst unangenehm. Das in Abbildung 51 gezeigte Ergebnis ist nicht als befriedigend sondern nur als weniger unbefriedigend als die Ausreißerempfindlichkeit der Nutzwertanalyse zu bewerten.

Das Testen des Hinzufügens einer von allen anderen Aktiengesellschaften dominierten Alternative – eines negativen Ausreißers – wird analog zu den Analysen des positiven Ausreißers durchgeführt. Die Wünsche AG wird durch die „Negativ AG“ substituiert. Das fiktive Unternehmen hat folgende Kennzahlenausprägungen: $f_1(a_{Negativ\ AG})= -100$, $f_2(a_{Negativ\ AG})= -100$, $f_3(a_{Negativ\ AG})= -100$, $f_4(a_{Negativ\ AG})= -100$, $f_5(a_{Negativ\ AG})= -100$ und $f_6(a_{Negativ\ AG})= -100$.

Die Kennzahlenausprägungen wurden wie bei der Positiv AG so gewählt, daß das fiktive Unternehmen in seiner Performance nicht unrealistisch ist, und daß die Ergebnisse nicht mit dem Argument abgelehnt werden können, daß ein Ausreißer dieser Art nie real zu finden sein wird. Sicherlich ist das Auftreten einer reellen Performance wie die der Positiv AG oder Negativ AG unwahrscheinlich. Die tatsächlich allein unter den 200 Alternativen der Stichprobe vorkommenden Extremwerte zeigen jedoch, daß mit Ausreißern gerechnet werden muß. Zum Beispiel kommen die Kennzahlenausprägungen von Autania dem negativen Ausreißer recht nahe.

Die Reaktion des Rankings unter Verwendung der Nutzwertanalyse auf den negativen Ausreißer zeigt Abbildung 52. Das erneut stark sensitive Verhalten der Rankings bei der Verwendung der ursprünglichen Standardisierungsparameter im Rahmen der Nutzwertanalyse wird deutlich. Die zwei Rankings korrelieren mit r_s=0,9474 miteinander.

Wie bereits am Beispiel des positiven Ausreißers gezeigt, führt auch hier die Verwendung robuster Lage- und Streuungsmaße zu einem weniger sensitiven Ergebnis. Abbildung 53 zeigt den Effekt graphisch. Die Korrelation ist mit r_s=0,9830 wesentlich größer. Die genaue Höhe des Korrelationskoeffizienten wird durch die Stichprobe und die Definition des Ausreißers stark mitbestimmt. Damit ist die genaue Differenz der Korrelationen ohne allgemeine Aussagekraft.

Abbildung 52 Reaktion der Nutzwertanalyse auf einen negativen Ausreißer

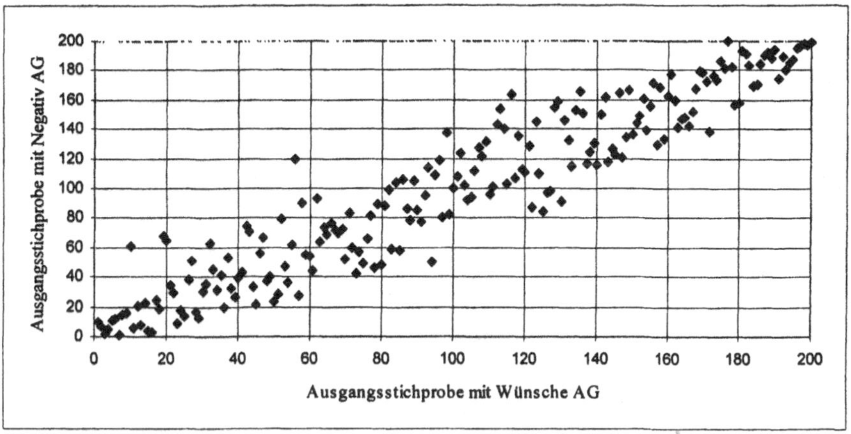

Quelle: Eigene Darstellung.

Abbildung 53 Reaktion der Nutzwertanalyse auf einen negativen Ausreißer unter Verwendung des Medians und des Quartilsabstands zur Standardisierung

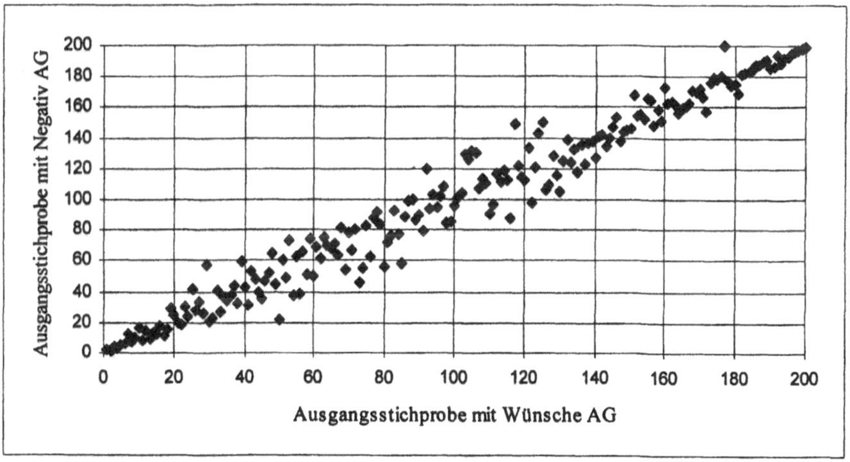

Quelle: Eigene Darstellung.

Allein die am Beispiel des positiven und negativen Ausreißers gezeigte geringere Ausreißeranfälligkeit bei der Verwendung des Medians und des Quartilabstands ist ein ausreichendes Argument für eine Veränderung der Standardisierungsparameter im RSW-Test. Sofern sichergestellt ist, daß nicht sehr kleine Standardisierungskreise existieren, gibt es kein Argument, welches für den Beibehalt des arithmetischen Mittels und der Standardabweichung spricht.[907] Das Testen von PROMETHEE II bei einem negativen Ausreißer ist Abbildung 54 zu entnehmen.

Abbildung 54 Reaktion von PROMETHEE II auf einen negativen Ausreißer

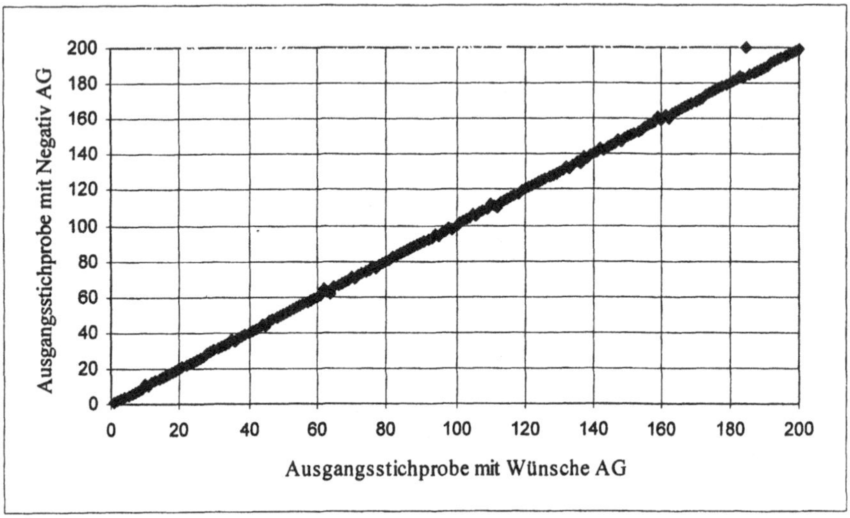

Quelle: Eigene Darstellung.

Die Reaktion des PROMETHEE II-Rankings auf das Hinzufügen einer von allen dominierten Aktiengesellschaft, die Negativ AG, ist ähnlich zu den Tests des positiven Ausreißers. Mit r_s=0,9998 sind das Ausgangs- und das modifizierte Ranking fast identisch.[908] Es bestätigen sich die positiven, robusten Eigenschaften der Verwendung eines auf Paarvergleichen basierenden Modells – trotz der Verwendung von standardisierten Ausgangsdaten bleiben die Rankings fast konstant. Dieser Punkt spricht für die Verwendung von PROMETHEE II zur Bewertung von Aktiengesellschaften und gegen die Nutzwertanalyse, wenn Ausgangsdaten standardisiert werden. Nach wie vor bleibt jedoch das prinzipielle Auftreten von Rangumkehrungen theoretisch bedenklich.

Es wird abschließend betont, daß das Auftreten von reellen Aktiengesellschaften, die ähnliche Eigenschaften aufweisen wie die fiktiv konstruierten Aus-

907 Diese Aussage gilt nicht, wenn sich herausstellt, daß die Kennzahlenausprägungen normalverteilt sind. Bei normalverteilten Werten sind das arithmetische Mittel und die Standardabweichung als Schätzer für die Verteilung optimal. Vgl. zum Beispiel Mood, A. M./Graybill, F. A./Boes, D. C. (1987), S. 107 ff.

908 Dies gilt um so mehr als daß allein der Austausch der Wünsche AG durch die Negativ AG keine vollständige Korrelation der Rankings zuläßt.

reißer, wahrscheinlich ist.[909] Unabhängig davon, welche Methode zur Bewertung von Unternehmen der Entscheidungsträger anwendet, ist dringend zu empfehlen, Sensitivitätstests der vorgestellten Art durchzuführen.

4.6 Zusammenfassung und Wertung der Ergebnisse

Die Zusammenfassung und Wertung orientiert sich an den drei in Abschnitt 4.1 aufgeführten Zielen des empirischen Tests. Anspruch der Analyse ist es zu zeigen, wie die drei getesteten Methoden für das Ranking von Aktiengesellschaften angewandt werden können. Des weiteren soll die Sensitivität der Verfahren überprüft werden. Zur Strukturierung der Sensitivitätsanalysen dienten die in Abschnitt 4.2.1 aufgeführten Hypothesen. Die abschließende Bewertung der Ergebnisse ist Bestandteil von Abschnitt 4.6.3.

4.6.1 Anwendbarkeit der Methoden

Kapitel 4 zeigt, wie die Nutzwertanalyse, der AHP und PROMETHEE II zur relativen Bewertung von Aktiengesellschaften eingesetzt werden können. Bei der Beschreibung der Anwendung der Nutzwertanalyse und der Ermittlung der Rankings handelt es sich um die Reproduktion des RSW-Tests, wie er von Schmidt konzipiert wurde.[910] Jedes Ranking wurde neu berechnet, da durch die von dem Ausgangstest[911] abweichende Stichprobengröße die Ergebnisse beeinflußt werden.

Für die Erstellung von Performancerankings deutscher Aktiengesellschaften ist der AHP bisher nicht großzahlig eingesetzt und die Ergebnisse publiziert worden. Die ersten Ergebnisse der Anwendung von PROMETHEE II zur Bewertung von 100 deutschen börsennotierten Aktiengesellschaften wurden 1997 publiziert.[912]

Die empirischen Untersuchungen zeigen, daß jede der drei Methoden für die Erstellung von Rankings von Aktiengesellschaften genutzt werden kann.[913] Die für jedes Modell benötigten Ausgangsdaten liegen vor beziehungsweise können – wie im Fall der Präferenzfunktionen bei PROMETHEE II – erzeugt werden. Die für die Anwendung der Verfahren erforderlichen Ergebnismatrizen sind

909 Die Hotelkette Kempinski zum Beispiel zeigte in dem relevanten Untersuchungszeitraum negative Kennzahlenausprägungen in vergleichbarer Höhe wie die fiktive Negativ AG.

910 Vgl. unter anderem Schmidt, R. (1995b).

911 Vgl. Balzer, A. et al. (1997).

912 Vgl. Tamm, S. (1997).

913 Für die sinnvolle Anwendung des AHP ist vorauszusetzen, daß die Alternativenmenge ausreichend homogen ist.

identisch. Insgesamt können trotz der Unterschiedlichkeiten der Methoden die benötigten Ausgangsdaten als ähnlich bewertet werden. Daß der AHP und PROMETHEE II auch ordinales Informationsniveau verarbeiten können und nicht wie die Nutzwertanalyse zwingend auf kardinales Informationsniveau angewiesen sind, wurde im Rahmen dieser Arbeit nicht genutzt.

Eine lohnende Fragestellung für weiterführende Analysen wäre zu untersuchen, ob der Gewichtungsvektor in Abhängigkeit von dem eingesetzten Verfahren von Aktionären unterschiedlich geschätzt wird. Bei Analysen dieser Art ist zu berücksichtigen, daß Kriteriengewichten im Rahmen der drei Verfahren jeweils eine andere Bedeutung haben und so die unterschiedlichen Verfahren zur Bestimmung der Gewichte zu erklären sind. Ebenfalls ist zu betonen, daß um ein aussagekräftiges Ergebnis abzuleiten, bei der Verwendung der Nutzwertanalyse die Variation der Gewichte immer im Zusammenhang zur Veränderung der Einzelwertfunktion steht.

In Form eines Experiments könnte getestet werden, ob Testpersonen bei Anwendung der Nutzwertanalyse, des AHP und von PROMETHEE II zur Bewertung der Performance von Aktiengesellschaften Gewichte signifikant anders schätzt würden. Ein Experiment könnte dabei in der Art gestaltet werden, daß als Versuchsgruppe eine genügend große Gruppe von Aktionären oder potentiellen Aktionären mit einem guten Basiswissen über Aktien auszuwählen wäre. Optimal wäre hierfür eine Expertengruppe bestehend zum Beispiel aus Aktienanalysten. Eine ausreichend große Gruppe von Hauptstudiumsstudenten der Finanzwirtschaft ist beispielsweise auch geeignet. Die ausgewählte Testgruppe wäre in drei Untergruppen zu teilen. Als Vorgabe sind die Ziele Rendite, Sicherheit und Wachstum und die sechs Kennzahlen des RSW-Tests anzugeben. Jede Gruppe müßte dann ein Ranking unter Anwendung einer der drei Methoden erstellen und im Zuge dessen die Kriteriengewichte schätzen. Es könnte ebenfalls darüber nachgedacht werden, die Ziele beziehungsweise Kennzahlen in einem gesonderten Experiment vorab schätzen zu lassen. Auch hier ist eine Abhängigkeit des Ergebnisses von der eingesetzten Methode zu erwarten.

In dieser Arbeit wird die Definition der sechs Kennzahlen nicht modifiziert, und so übernommen, wie sie durch den RSW-Test vorgegeben sind. Die Methoden gehen unterschiedlich ausführlich auf die Ermittlung der Ziele und Kennzahlen ein. Während PROMETHEE II – wie bei den Gewichten – die Festlegung der relevanten Kriterien als gegeben voraussetzt und die Mehrzahl der Literatur zur Nutzwertanalyse nur allgemein auf ihre Ermittlung eingeht, gibt der AHP vor, daß die Kriterien unter Verwendung einer Hierarchie zu identifizieren sind. Für weniger erfahrene Anwender ist die gesteuerte Herangehensweise des AHP als positiv zu bewerten, es sei jedoch auf die bei diesem Vorgehen häufige Fehlerquelle, nämlich den in Kapitel 3 beschriebenen Splitting-Effekt, hingewiesen.

In Abschnitt 4.3 wird die Anwendung der Nutzwertanalyse, des AHP und von PROMETHEE II anhand des Beispiels der Bewertung von drei Aktiengesellschaften in sämtlichen Teilschritten aufgezeigt. Anschließend wird gezeigt, daß ebenfalls die Bewertung großzahliger Alternativenmengen sinnvoll durch jede der drei Methoden möglich ist, sofern die zu bewertende Menge ausreichend homogen ist. Der Rangkorrelationskoeffizient der drei Rankings der Bewertung von 200 Industriewerten ist hoch. Die Arbeit analysiert, wann und weshalb es zu auffallenden Rangdifferenzen kommt.

Als erfreulich ist herauszustellen, daß PROMETHEE II auch für die Performancebewertung heterogener Alternativenmengen genutzt werden kann. Hier zeigte sich der Vorteil der Verwendung einer auf Paarvergleichen basierenden Methode deutlich. Unterschiedliche Skalenniveaus können unverzerrt miteinander verglichen werden. Die Kennzahlen, die über alle Branchen hinweg gleich definiert sind (R1 und W1), können direkt – das heißt ohne Transformation – in die Bewertung eingehen. Nur die Kennzahlen bedürfen einer Transformation, welche für die einzelnen Branchen unterschiedlich definiert sind. Als erfreulich hinsichtlich der Anwendbarkeit stellte sich heraus, daß die Standardisierung der Ausgangswerte in Form der z-Transformation mit dem PROMETHEE Verfahren verknüpft werden kann.

Abschließend ist festzuhalten, daß grundsätzlich jedes der drei Verfahren sinnvoll für die Erstellung eines Ranking von Aktiengesellschaften zur Performancemessung einsetzbar ist. In bezug auf den AHP muß jedoch einschränkend betont werden, daß das Verfahren ausschließlich zur Bewertung ausreichend homogener Alternativenmengen genutzt werden darf. Welches der Methoden die richtige oder beste Methode zur relativen Bewertung von Aktiengesellschaften ist, ist aus den Präferenzen des Anwenders und der Übereinstimmung dieser Präferenzen mit den Annahmen der Methode abgeleitet werden. Eine situative Bewertung erfolgt in Abschnitt 4.6.3.

4.6.2 Sensitivität der Methoden

Die Zusammenfassung der Ergebnisse der durchgeführten Sensitivitätstests ist gegliedert anhand der in Abschnitt 4.2.1 aufgestellten Hypothesen, die im folgenden nochmals vorangestellt werden.

Hypothese 1 Die Wahl der Methode zur Aggregation der Kennzahlen hat Einfluß auf das Ranking.

Bei keinem der durchgeführten großzahligen Vergleiche kamen die Nutzwertanalyse und der AHP oder PROMETHEE II zum selben Ergebnis. Die Korrelation der Rankings war bei den großzahligen Tests gemessen auf Basis des Spearman Rangkorrelationskoeffizienten fast immer größer als 0,9. In der Mehrzahl der Fälle war r_s sogar größer als 0,95. Damit ist die Übereinstimmung der Rankings als sehr hoch zu bewerten. Es ist einschränkend zu bemerken, daß die häufig nahe bei Eins liegenden Koeffizienten zu einem Teil durch die Größe der Stichprobe bedingt sind. Die für beliebige Teilmengen der analysierten Stichproben berechneten Korrelationskoeffizienten waren immer kleiner als die der Ausgangsmenge. Die Rangdifferenzen variieren in Abhängigkeit von der bewerteten Aktiengesellschaft stark. Teilweise waren die Bewertungsunterschiede erheblich. Abbildung 24 zeigt die Verteilung der Rangdifferenzen am Beispiel der Bewertung der 200 Industrieunternehmen. Die größte Häufigkeit haben Rangdifferenzen mit ein bis fünf Rängen Unterschied. Dieses Ergebnis ist unabhängig davon, welche Methoden verglichen werden.

Auch bei der beispielhaften Bewertung von nur drei Alternativen in Abschnitt 4.3 unterschied sich die Bewertung auf Basis der Nutzwertanalyse von der des AHP und von PROMETHEE II. Es ist eindeutig, daß die Methodik einen signifikanten Einfluß auf das Ergebnis hat. Die 1. Hypothese kann – wie zu erwarten war – nicht abgelehnt werden.

Hypothese 2 Der Grad der Substituierbarkeit des einzelnen Kriteriums ist im Hinblick auf das Gesamtergebnis je nach Methode unterschiedlich.

Die Gründe für die Abweichungen der auf Basis der Nutzwertanalyse und von PROMETHEE II erzeugten Rankings sind auf die unterschiedliche Substituierbarkeit der Kriterien im Rahmen der Aggregation der Verfahren zurückzuführen.

Der theoretische Anspruch von PROMETHEE II, eine nur eingeschränkte Substituierbarkeit der Kriterien zu bewirken, konnte empirisch nachgewiesen werden. So zeigen Abbildung 28 und Abbildung 35 für den Vergleich von PROMETHEE II und der Nutzwertanalyse, daß das Auftreten der größten Rangdifferenzen durch das unterschiedliche Ausmaß der Substitution stark differierender Kennzahlenausprägungen erklärt werden kann. Es zeigt sich weiterhin, daß der Grad der Substituierbarkeit durch die Definition der Präferenzfunktionen beeinflußt wird. Damit ist die 2. Hypothese nicht uneingeschränkt gültig. PROMETHEE II erzeugt nicht immer eine geringere Substitution der Kennzahlen als die Nutzwertanalyse. Für spezifische Definitionen der Präferenzfunktionen kommt PROMETHEE II zu nahezu identischen Ergebnissen wie das Scoring-Modell.[914] Die zweite These müßte vielmehr lauten: „PROMETHEE II kann zu einer geringeren Substituierbarkeit der Kennzahlen als die Nutzwertanalyse führen."

Der Grad der Kompensation der Kriterien bei der Anwendung des AHP zur Bewertung von 200 Industriegesellschaften ist nicht sicher zu prognostizieren. Schon die Bewertung von Industrie-, Handels- und Verkehrsgesellschaften erweist sich als Grenzfall hinsichtlich der Anwendbarkeit des AHP. Der AHP ist

914 Vgl. auch Hypothese 7.

geeignet zur Erstellung eines Rankings deutscher Aktiengesellschaften, wenn die Alternativenmenge den Homogenitätsanforderungen genügt. Dabei ist an der Beschreibung der Methode zu kritisieren, daß Saaty keine Methode oder ein Maß anbietet, um sicher zu bewerten, welche Alternativenmengen ausreichend homogen sind. Da das AHP Ranking verglichen mit den beiden anderen Methoden für die Bewertung der 200 Industrieunternehmen zu sehr ähnlichen Ergebnissen kommt,[915] kann das Ranking dieser Stichprobe durch den AHP noch als erfolgreich eingestuft werden. Die Bewertungsunterschiede zu den beiden anderen Methoden sind jedoch nur schwer zu begründen und nicht zu prognostizieren.

Für die Bewertung einer gemischten Stichprobe bestehend aus Unternehmen jeder Branche zeigt sich der AHP als nicht geeignet. Die Daten dieser Alternativenmenge sind für eine sinnvolle Anwendung zu heterogen. Wie in Abschnitt 4.4.5 analysiert wurde, führen unterschiedliche Skalenniveaus zu einer Verzerrung der Ergebnisse. Die elegante Lösung der Standardisierung der Ausgangsdaten bietet sich hier nicht an.[916]

Die Analysen in den Abschnitten 4.3.2.6.1, 4.3.3.6, 4.3.4.4.1 und 4.4.3 zeigen den Einfluß des Gewichtungsvektors auf das Ergebnis. Selbstverständlich bewirken auch kleine Veränderungen der Gewichte eine Veränderung der resultierenden Rankings. Auch bei extremen Veränderungen des Gewichtungsvektors, wie es die Gewichtung eines Kriteriums mit Eins und entsprechend aller übrigen Gewichte mit Null ist, wird keine negative Korrelation mit dem Ausgangsranking erzeugt. Die Ursache hierfür liegt in der Definition der Gewichte, welche ausschließlich Werte im Intervall [0, 1] annehmen können, und in der positiven Korrelation der Kennzahlenausprägungen für alle Paarkombinationen begründet.[917]

Positiv fällt bei Anwendung jeder der drei Methoden auf, daß für viele Kriterien das Ranking als relativ stabil bezüglich der Gewichtung der Kennzahl zu interpretieren ist. Zum Beispiel zeigte sich das durch die Nutzwertanalyse erzeugte Ranking robust hinsichtlich der Gewichtungsveränderungen von R1. Wie Tabelle 42 zu entnehmen ist, beträgt die minimal durch Variation des Gewichtungsfaktors von R1 zu erzeugende Korrelation mit dem Ausgangsranking noch immer r_s=0,8562. Bei PROMETHEE II ist die minimale Korrelation im entsprechenden Vergleichsfall sogar r_s=0,9086.[918] Insgesamt kann geschlußfolgert werden, daß die Veränderung der Gewichtungsvektoren innerhalb inhaltlich sinnvoller Grenzen – viele der getesteten Parameterkonstellationen sind dies

915 Vgl. Abschnitt 4.4.2.1, 4.4.2.3.

916 Vgl. Abschnitt 4.4.5.

917 Vgl. Tabelle 60.

918 Vgl. Tabelle 54.

nicht – ein deutlich geringeres Ausmaß hat, als Kritiker der Verwendung subjektiv geschätzter Gewichte vermuten würden.

Hypothese 3 Die Sensitivität des Rankings auf Veränderungen des Gewichtungsvektors ist je nach verwandter Methode unterschiedlich groß.

Die Tests zeigen, daß die Rankings der drei getesteten Methoden unterschiedlich robust auf Veränderungen des Gewichtungsvektors reagieren. Dabei ist am Beispiel der Bewertung von Aktiengesellschaften nicht ersichtlich, ob sich eine Methode deutlich sensitiver verhält als eine andere. Vielmehr zeigte sich, wie zum Beispiel Tabelle 38 zu entnehmen ist, daß die Sensitivität auch von den Kennzahlen beeinflußt wird. So reagiert die Nutzwertanalyse robuster als PROMETHEE II auf Veränderungen der Kriteriengewichte von R2, S1, und W2 bei der Bewertung von Bayer, BASF und Hoechst, wogegen sich PROMETHEE II stabiler bei den übrigen drei Kennzahlen zeigte.

Insgesamt konnte keine der drei Methoden in bezug auf Veränderungen der Kriteriengewichte als robuster als eine zweite identifiziert werden. Die Sensitivität wird beeinflußt durch die Alternativenmenge und differiert in Abhängigkeit von den modifizierten Kennzahlen. Aussagekräftiger als die ursprüngliche 3. Hypothese ist folgende Formulierung: „Die Rankings der Nutzwertanalyse, des AHP und von PROMETHEE II reagieren unterschiedlich aber ähnlich stark auf Veränderungen des Gewichtungsvektors." Es wäre lohnend zu testen, ob dieses Ergebnis auch durch andere Anwendungsbeispiele gestützt oder verworfen wird.

Hypothese 4 Die Definition unterschiedlicher Präferenzfunktionen bei PROMETHEE II hat Einfluß auf das Ranking.

Die Definition der Präferenzfunktion hat – wie intendiert – einen meßbaren Einfluß auf das Ergebnis.[919] Natürlich kann auch Hypothese 4 nicht abgelehnt werden. Interessanter als die Tatsache, daß der theoretisch erwünschte Einfluß der Definition der Präferenzfunktion empirisch meßbar ist, sind Hypothese 5 und 6.

Hypothese 5 Der Einfluß, den die Definition der Präferenzfunktion auf das Ergebnis hat, ist auch bei maximalen Schwellenwerten geringer als der, welchen die Schätzung des Gewichtungsvektors besitzt.

Die Veränderung der Definition einer Präferenzfunktion zeigt eine ähnliche Wirkung auf die resultierenden Rankings wie die Reduktion des zugehörigen Kriteriengewichts, wenn als Ausgangskriterium das gewöhnliche Kriterium verwandt wird. Die Wirkungen der beiden Modellparameter unterscheiden sich: Kriteriengewichte wirken sich gleichmäßig auf alle Kennzahlenausprägungen aus, während die Präferenzfunktion mit Indifferenzbereichen genügend kleine

919 Vgl. Abschnitt 4.3.4.4.2, 4.4.4.

Differenzen nicht honorieren und größere Unterschiede der Kennzahlenrealisationen voll bewerten. Dennoch kann die Wirkung beider Inputgrößen als ähnlich bewertet werden, wobei der Einfluß der Präferenzfunktion auf das Ergebnis schwächer ist. Die 5. Hypothese konnte nicht widerlegt werden.

Hypothese 6 Die Nutzwertanalyse und PROMETHEE II können bei bestimmter Definition der Präferenzfunktionen zum selben Ergebnis kommen.

Durch geeignete Definition der Präferenzfunktion und der Schwellenwerte kann sich das durch PROMETHEE II erzeugte Ranking der Nutzwertanalyse annähern. Die größte Annäherung im Fall der Bewertung der 200 Industrieunternehmen war bei Anwendung des Gaußschen Kriteriums für alle Kennzahlen zu erlangen. Abbildung 55 zeigt die Reaktion des Rankings der in der Bewertung der Nutzwertanalyse besten zwölf Aktiengesellschaften auf die Erhöhung von *r*. Bei *r=0* entspricht das Gaußsche Kriterium dem gewöhnlichen Kriterium.

Abbildung 55 Veränderung der Rankings durch Variation des Gaußschen Kriteriums

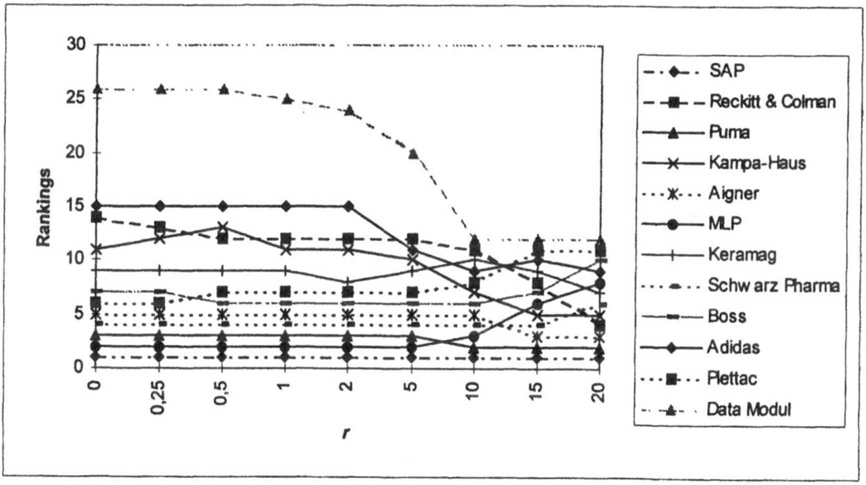

Quelle: Eigene Darstellung.

Berechnet man die Korrelation der PROMETHEE II-Rankings mit den Rankings der Nutzwertanalyse über alle 200 Alternativen, so wird der Spearman Rangkorrelationskoeffizient mit steigendem *r* größer. Die größte Übereinstimmung ergibt sich für $r=15$ mit $r_s=0,9984$. Höhere Schwellenwerte bewirken wieder eine leicht geringere Korrelation, zum Beispiel ist bei $r=20$ $r_s=0,9981$. Bei der Bewertung einer Stichprobe bestehend aus 100 Industrieunternehmen konnte eine vollständige Übereinstimmung der Ergebnisse für eine spezielle

Definition der Schwellenwerte erzielt werden.[920] Diese totale Übereinstimmung scheint eine Ausnahme zu sein, eine sehr hohe Übereinstimmung konnte jedoch immer durch geeignete Variation der gewöhnlichen Kriterien erzeugt werden.

Auch wenn Hypothese 6 in dieser Arbeit nicht bestätigt werden konnte, ist es wichtig festzuhalten, daß die Anforderung von PROMETHEE, eine geringere Substitution der Kriterien zu bewirken,[921] nur bedingt gültig ist. PROMETHEE II bewirkt für die Mehrzahl der Definitionen der Präferenzfunktionen eine eingeschränkte Substitution. Dies ist jedoch nicht zwingend. Der Entscheider sollte in Abhängigkeit davon, welchen Effekt er wünscht, die Definition der Präferenzfunktionen bei PROMETHEE II besonders gut überprüfen.

Hypothese 7 Differierende Skalenniveaus bei den Ausprägungen der einzelnen Kriterien haben keinen Einfluß auf das Ranking.

Hypothese 7 ist mehr eine Bedingung als eine These. Der Zusammenhang wurde dennoch als These formuliert, da von der Alternativenmenge zu erwarten war, daß stärkere Differenzen der Skalenniveaus auftreten. Daß Kennzahlen mit unterschiedlichen Skalenniveaus verglichen und zu einem Gesamtergebnis unverzerrt verarbeitet werden können, ist daher eine zwingende Bedingung für jede Methode. Der Vergleich in Abschnitt 4.4.5 ergab, daß die durch Anwendung des AHP erzeugten Rankings auf unterschiedliche Skalenniveaus mit differierenden Ergebnissen reagierten. Aus diesem Ergebnis kann geschlußfolgert werden, daß die analysierte Alternativenmenge – deutsche Aktiengesellschaften unterschiedlichster Branchen – wahrscheinlich nicht homogen genug für die sinnvolle Anwendung des AHP ist. Bei dieser Schlußfolgerung handelt es sich um eine situative Bewertung, die nicht verallgemeinert werden kann. Saaty macht auf diese Einschränkung in der Anwendung des AHP aufmerksam.[922] Als negativ ist zu kritisieren, daß kein Maß von ihm angegeben wird, mit Hilfe dessen überprüft werden kann, wann eine Gruppe ausreichend homogen ist. Der AHP genügt damit nicht der in Hypothese 7 enthaltenen Bedingung.

Hypothese 8 Wird ein Standardisierungsverfahren zur Herstellung der Vergleichbarkeit der Kriterien verwandt, so ist diese Wahl der Standardisierungsparameter nicht ohne Einfluß auf das Ergebnis.

Es wurden drei unterschiedliche Verfahren der Standardisierung getestet: das Ausgangsverfahren der z-Transformation mit arithmetischem Mittel und Standardabweichung, als zweites der Median und der Quartilsabstand und zuletzt der Median und der mittlere Abstand vom Median als Streuungsmaß. Wie zu erwarten hat die Wahl der Standardisierungsparameter Einfluß auf das Ergebnis. In jedem der durchgeführten Versuche in Abschnitt 4.5.2.3 schnitt das auf der

920 Vgl. Tamm, S. (1997), S. 16.

921 Vgl. Le Téno, J. F./Mareschal, B. (1998), S. 522.

922 Vgl. Abschnitt 3.3.3.

Basis von PROMETHEE II abgeleitete Ranking robuster ab als das der Nutzwertanalyse. Grundsätzlich zeigte sich die Verwendung des Medians als Abstandsmaß und des Quartilsabstands oder des mittleren Abstands vom Median als Streuungsmaß weniger sensitiv auf Ausreißer und andere Stichprobenveränderungen. Hypothese 8 kann nicht abgelehnt werden.

Hypothese 9 Die Definition der Stichprobe beeinflußt das Ergebnis in der Art, daß auch die Rangfolge innerhalb von nicht modifizierten Teilmengen sich verändern kann.

Veränderungen der Stichprobengröße sind vielfältig getestet worden. In jedem der getesteten Fälle kam es bei der Anwendung von PROMETHEE II zu Rangumkehrungen. Dieses Phänomen ist bekannt und in der Literatur hinreichend erörtert.[923] Die Anwendung der Nutzwertanalyse zeigte ein entsprechendes Bild, was nicht durch die Verwendung des Scoring-Modells sondern durch die Standardisierung bedingt ist. Daß Rangumkehrungen bei der Verwendung der Nutzwertanalyse auftreten war durch die vorherige häufige Anwendung des RSW-Verfahrens nicht überraschend, auch wenn die eigentliche Nutzwertanalyse nicht mit dieser Schwierigkeit zu kämpfen hat. In beiden Fällen ist der Tatbestand an sich als negativ zu bewerten. Die 9. Hypothese wurde von jeder Methode bestätigt.

Hypothese 10 Einzelne Ausreißer können das Ergebnis verzerren.

Neben der Veränderung größerer Teile der Alternativenmenge schließt sich die Frage an, ob auch sehr kleine Modifikationen wie die Veränderung einer einzelnen Alternative eine Auswirkung hat, wenn diese Alternative von allen anderen dominiert wird oder selber alle anderen dominiert. Diese fiktiven Unternehmen werden als Ausreißer bezeichnet.

Die Tests zeigen eine hohe Sensitivität derjenigen Modelle auf Ausreißer, die zur Standardisierung das nicht ausreißerempfindliche arithmetische Mittel und die Standardabweichung verwenden. Die Kombination von PROMETHEE II mit auf Basis des Medians und des Quartilsabstands standardisierten Kennzahlen zeigt sich als ungleich robuster und kann in diesem Punkt als besser bewertet werden. Dennoch muß betont werden, daß auch das Auftreten einer einzelnen Rangumkehrung theoretisch bedenklich bleibt. Hypothese 10 konnte nicht widerlegt werden, traf jedoch ungleich stärker auf die Nutzwertanalyse zu.

Neben den durchgeführten Sensitivitätstests sind viele weitere denkbar und sinnvoll durchzuführen. Im Ausblick in Kapitel 5 wird auf einige noch wünschenswert anzuschließende Tests hingewiesen.

Ein allgemeines Urteil bezüglich der Sensitivität der Methoden ist nicht ableitbar, da die Ergebnisse durch das Anwendungsbeispiel beeinflußt werden. Als ein für die Bewertung von Aktiengesellschaften wichtiges Resultat kann jedoch

923 Vgl. Abschnitt 3.4.4.

herausgestellt werden, daß – auch wenn durch Modifikation der Modellparameter das Ranking deutlich beeinflußt wird – die Korrelation der Rankings hoch ist. Dies gilt insbesondere für Aktiengesellschaften mit überdurchschnittlich guter und unterdurchschnittlich schlechter Performance. Man kann das Ergebnis ableiten, daß gute Unternehmen gut bleiben und schlechte Gesellschaften schlecht bewertet bleiben, unabhängig davon, welche Methode verwandt wird. Diese Erkenntnis scheint für sinnvolle Modellmodifikationen bei der Bewertung von Aktiengesellschaften Bestand zu haben. Eine speziell auf diese Fragestellung abzielende Untersuchungsreihe könnte interessante Ergebnisse aufzeigen.

4.6.3 Situative Bewertung der Methoden

Die Ergebnisse dieser Arbeit sind hochgradig von dem ausgewählten Anwendungsbeispiel abhängig, weshalb nur eine situative, auf die Performancebewertung von Aktiengesellschaften bezogene Auswertung der Methoden möglich ist.

Die Tests ergeben, daß keine der drei getesteten Methoden in jedem Punkt besser oder schlechter abschneidet als die anderen. Damit ist keine Methode grundsätzlich vorzuziehen oder grundsätzlich abzulehnen. Somit ist die Frage nach der besten Methode für die Bewertung von Aktiengesellschaften nur in Abhängigkeit von den Präferenzen des Entscheidungsträgers zu beantworten. Wichtige Aspekte, die sich im Rahmen der Analyse herausstellten, sind in Tabelle 78 zusammengefaßt. Die Aufzählung reflektiert die zentralen Punkte und ist nicht vollständig. Ebenfalls ist die Definition der Aspekte nicht überschneidungsfrei. Ziel ist nicht die abschließende Erörterung aller Kriterien. In der vorliegenden Arbeit kann nicht jede Modelleigenschaft getestet werden, sondern es werden die für den potentiellen Anwender wichtigen Aspekte einander gegenübergestellt. Die in der Tabelle vorgenommenen Einstufungen werden im folgenden diskutiert.

Jede der drei analysierten Methoden läßt sich wie gezeigt zur Analyse von großen Stichproben anwenden. Die Einschätzung des Schwierigkeitsgrades der Anwendungen ist nicht eindeutig zu bewerten. Würden nur die Verfahrensschritte der Methoden berücksichtigt, so ist unstrittig die Anwendung eines Scoring-Modells einfacher als die von PROMETHEE II oder des AHP. Ist das Ziel aber die richtige Anwendung der Methoden, zu der unter anderem die Überprüfung der Voraussetzungen, die Festlegung der Gewichte in Abhängigkeit von der Einzelnutzenfunktion und den Kriterienausprägungsintervallen zählt, so stellt sich nach Einschätzung der Verfasserin die Nutzwertanalyse als anspruchsvoller als die anderen zwei Methoden dar. Von Weber/Krahnen/Weber[924] werden die mit der Anwendung von Scoring-Verfahren häufig verbundenen Anwendungsfehler kritisiert. Ein ähnlicher Aufsatz, welcher die häufigsten

924 Vgl. Weber, M./Krahnen, J./Weber, A. (1995).

Anwendungsfehler von PROMETHEE aufzeigt, liegt wahrscheinlich nur deshalb noch nicht vor, da die Methode noch wenig bekannt ist.

Tabelle 78 Situative Bewertung der Methoden

Kriterium	Nutzwert-analyse	AHP	PROMETHEE II
Anwendbarkeit bei großen Stichproben	+	+	+
Schwierigkeitsgrad der Anwendung	+	-	-
Geeignet für unerfahrene Entscheider	-	+	-
Kurze Rechenzeiten	+	-	-
Mögliche Berücksichtigung nicht quantitativer	-	+	+
Geeignet zur Bewertung heterogener	+	-	+
Nicht vollständige Substituierbarkeit der Kriterien erwünscht	-	*	+
Vollständige Substituierbarkeit erwünscht	+	*	+
Bewertung von Ausreißern angemessen	-	*	+
Rangumkehrungen sollen nicht vorkommen	-	-	-
Robust bezogen auf	-	*	+
Erklärungsgrad/Aussagekraft des Ergebnisses	+	-	+/-

\+ Trifft größtenteils zu.
\- Trifft größtenteils nicht zu.
* Dieses Ergebnis ist der vorliegenden Analyse nicht eindeutig zu entnehmen.

Quelle: Eigene Auswertung.

Aufbauend auf diesen Überlegungen kann einem unerfahrenen Anwender der AHP zur Erstellung von Rankings empfohlen werden. Sämtliche zu berücksichtigende Teilschritte des Verfahrens werden von Saaty anhand einfacher Beispiele erklärt – ein Tatbestand, der auf die Dokumentation von PROMETHEE II nicht zutrifft. Es ist zu kritisieren, daß PROMETHEE II an wichtigen Stellen noch unzureichend dokumentiert ist. Wichtige Punkte, wie zum Beispiel das Schätzen der Kriteriengewichte, werden vorausgesetzt. Die Definition der Präferenzfunktionen dürfte jedem, der mit der Methode nicht vertraut ist, schwerfallen. Die Notwendigkeit des Bildens einer hierarchischen Struktur bei der Anwendung des AHP ist für unerfahrene Anwender als uneingeschränkt positiv zu bewerten. Die Gewichtungsfaktoren werden aus Paarvergleichen abgeleitet. Der Konsistenzindex reflektiert den Grad der Konsistenz der vom Anwender gemachten Angaben. Unter der Prämisse, daß die Alternativenmenge ausreichend homogen ist, spiegelt das Ergebnis die Präferenzen auch eines unerfahrenen Anwenders mit hoher Wahrscheinlichkeit unverzerrt wider.

Die Rechenzeiten sind bei der Anwendung des Scoring-Modells am kürzesten. Wie bereits erwähnt handelt es sich hierbei um kein wichtiges Auswahlkriterium.

Nicht quantitative Kriterien können bei der Anwendung des AHP als auch bei PROMETHEE II berücksichtigt werden. Einschränkend für PROMETHEE II ist darauf hinzuweisen, daß der Anwender aus den ordinalen Kriterienausprägungen Präferenzaussagen auf intervallskaliertem Meßniveau ableiten können muß.[925]

Eines der Axiome des AHP schränkt die Anwendung dieser Methode auf homogene Ausgangsmengen ein.[926] Für die Nutzwertanalyse und PROMETHEE II trifft diese Einschränkung nicht zu. PROMETHEE erwies sich als besonders robust.

Die Verwendung einer linearen Aggregationsfunktion bei Anwendung der Nutzwertanalyse setzt als Prämisse voraus, daß eine vollständige Substitution der Kennzahlen erwünscht ist. Stimmt diese Prämisse nicht mit den Präferenzen der Anwender überein, so wirkt sich dies insbesondere auf eine unangemessene Bewertung von Ausreißern aus.

Durch die Definition der Präferenzfunktionen der Kriterien bei der Anwendung von PROMETHEE II legt der Anwender fest, in welchem Umfang eine Substituierbarkeit der Kennzahlen erwünscht ist. Dabei kann eine nicht vollständige Substituierbarkeit bis zu einer fast vollständigen Substituierbarkeit erzielt werden. Variationen dieser Art sind auch bei Anwendung der Nutzwertanalyse möglich, wenn zur Verwendung einer linearen Funktion alternative Aggregationsfunktionen genutzt werden.

Rangumkehrungen ergaben sich – wenn auch in unterschiedlichem Maße – bei der Anwendung jeder der drei Methoden. Dieser Tatbestand könnte Ansatz für weitere Forschungsarbeiten sein. Das Ziel wäre die Entwicklung einer Methode, die unterschiedliche Branchen mit unterschiedlichen Kennzahlendefinitionen in einem Ranking zusammenfaßt und gleichzeitig das Auftreten von Rangumkehrungen ausschließt. Vergleiche der Reaktionen der Nutzwertanalyse und von PROMETHEE II zeigten, daß letzteres Verfahren robuster auf Stichprobenveränderungen reagiert.

Erklärungsgrad des Ergebnisses ist bei der Anwendung der Nutzwertanalyse am höchsten einzuschätzen. Auch weniger erfahrene Anwender können Ergebnisse ohne weitere Überlegungen erklären, sofern die Aggregation auf Basis einer additiven, linearen Funktion. Die Begründung von Einzelrängen des AHP Rankings erwies sich im Rahmen der vorliegenden Arbeit als besonders aufwendig und nicht immer prognostizierbar.

925 Vgl. Abschnitt 3.4.4.

926 Vgl. bezüglich der Annahmen Abschnitt 3.3.3 und bezüglich der abgeleiteten Kritik Abschnitt 3.3.4.

Insgesamt kann festgehalten werden, daß sowohl die Nutzwertanalyse als auch der AHP und PROMETHEE II zur Erstellung eines Rankings von Aktiengesellschaften angewandt werden können, wobei in bezug auf den AHP diese Empfehlung nur eingeschränkt abgegeben werden kann. Positiv am AHP ist festzustellen, daß er sich explizit auch an unerfahrenere Anwender wendet.

Als negativ ergibt sich im Rahmen der empirischen Analyse, daß der AHP nur zur Bewertung ausreichend homogener Alternativenmengen herangezogen werden kann. Die Bewertung deutscher Aktiengesellschaften unterschiedlicher Branchen ist jedoch als nicht hinreichend homogen zu interpretieren. Die Reaktion auf Skaleneffekte ist als erheblich zu bewerten, was auf die Nichtberücksichtigung der realisierten Kennzahlenausprägungen beim Festlegen der Gewichte auf oberer Hierarchieebene zurückzuführen ist. Aus diesem Grund und wegen des für den AHP nicht gelösten Problems des Vergleichs unterschiedlicher Branchen wurde der AHP nach Abschnitt 4.4.5 nicht weiter getestet.

Hinsichtlich der Ergebnisse sind zwei Unterschiede der Methoden besonders auffällig. Erstens führt PROMETHEE II bei geeigneter Definition der Präferenzfunktionen zu einer nur eingeschränkten Substitution der Kennzahlen. Im Gegensatz dazu führt die Nutzwertanalyse in jedem Fall zu einer vollständigen Substitution. Der zweite wesentliche Unterschied ist, daß PROMETHEE II in Kombination mit robusten Standardisierungsparametern meist weniger sensitiv auf Stichprobenveränderungen reagiert, als die Nutzwertanalyse. Ob erstgenannter Effekt gewünscht ist, hängt von den Präferenzen des Aktionärs ab. Es ist zu vermuten, daß die Mehrzahl der Entscheidungsträger ihn begrüßen wird. Der zweite Aspekt ist grundsätzlich positiv, jedoch ist nur bei den Sensitivitätstests der Ausreißer ein starker Unterschied wahrnehmbar.

Aus den genannten Gründen präferiert die Verfasserin eine Anwendung von PROMETHEE II zur Bewertung von Aktiengesellschaften. Die Anwendung der Nutzwertanalyse ist für das vorgegebene Beispiel jedoch ebenfalls positiv zu bewerten.

5 Schlußbetrachtung

Untersuchungsgegenstand der vorliegenden Arbeit waren Rankings börsennotierter Aktiengesellschaften, welche mit dem Ziel durchgeführt wurden, die in der Vergangenheit erzielte Performance aus der Sicht der Aktionäre zu messen. Ausgangsbasis der Analysen ist das RSW-Verfahren.[927] Der RSW-Test mißt die Performance der getesteten Unternehmen anhand der Kriterien Rendite, Sicherheit und Wachstum auf Basis von sechs Kennzahlen im fundamentalen Teil, sowie drei Kennzahlen bei der Börsenbewertung. Im Mittelpunkt der Arbeit stand die fundamentale Bewertung. Die zur Verfügung stehenden Informationen sind ausschließlich publizierte, extern zugängliche Informationen.

Im wesentlichen wurde ein Bestandteil des RSW-Verfahrens modifiziert, nämlich das Scoring-Modell. Dieses zur Nutzwertanalyse gehörende Verfahren der Entscheidungstheorie wurde durch zwei andere multiattributive Verfahren, den AHP und PROMETHEE II, ersetzt. In Kapitel 3 werden die drei Methoden in ihren Teilschritten vorgestellt. Der empirische großzahlige Methodenvergleich ist Bestandteil von Kapitel 4, die detaillierte Zusammenfassung der empirischen Ergebnisse enthält Abschnitt 4.6.

Keine der drei getesteten Methoden schnitt in allen Analysepunkten aus der Sicht eines Aktionärs optimal ab. Der AHP kann für die Bewertung einer heterogenen Alternativenmenge, wie es Aktiengesellschaften unterschiedlicher Branchen sind, nicht empfohlen werden. Die Nutzwertanalyse und PROMETHEE II ließen sich sinnvoll anwenden und sind beide zu empfehlen, wobei PROMETHEE II in einzelnen Aspekten die Präferenzen vieler Aktionäre wahrscheinlich genauer abbilden kann.

Mit der Zielstellung der vorliegenden Arbeit war keine Prognosefunktion verbunden. Diese Einschränkung ist sehr bewußt gewählt. Die Möglichkeiten, ausschließlich auf Basis extern publizierter Informationen gute Schätzungen über zukünftige Kursentwicklungen abzugeben, sind begrenzt. Die Verfasserin stimmt diesem Punkt der Ansicht Gerkes zu: „Das Prognostizieren von Aktienkursen kommt mir immer noch so vor, wie die Versuche der Alchimisten, Gold zu produzieren. Das hat nicht geklappt. Aber viele Alchimisten haben auf diese Weise viel Geld für ihre Versuche kassiert.“[928]

Die Gruppe der in dieser Arbeit aufgezeigten Fragestellungen für weitere Forschungen sind zwei unterschiedlichen Bereichen zuzuordnen. Zum einen sollen sie Anregungen für weitere methodische Untersuchungen geben, zum anderen Möglichkeiten für vertiefende empirische Analysen aufzeigen.

927 Vgl. Abschnitt 2.7.

928 Gerke, W. (1998), S. 207.

Aus methodischer Sicht betrachtet fiel an vielen Stellen der durchgeführten empirischen Analyse der Mangel an Basisliteratur zur Durchführung großzahliger Sensitivitätsanalysen und großzahliger Methodenvergleiche bei multiattributiven Problemstellungen auf. Die Mehrzahl der im Bereich der Entscheidungstheorie durchgeführten Sensitivitätsanalysen beziehen sich auf stetige Probleme,[929] wobei als Fragestellung die Suche nach der besten Alternative dominiert.[930] Diese Arbeiten sind für diskrete Fragestellungen und Rankingprobleme nicht nutzbar. Ebenfalls kaum anwendbar sind Arbeiten mit Sensitivitätsanalysen, welche sich nur auf wenige Alternativen beziehen. Wie zum Beispiel die Bestimmung kritischer Werte im Rahmen der Sensitivitätstests der Gewichtungsfaktoren zeigte, kann die Mehrzahl der Methoden, die für wenige Alternativen sinnvoll anwendbar sind, auf großzahlige Vergleiche nicht angewandt werden. Die Anzahl der Standardwerke zur multiattributiven Entscheidungstheorie, die sich nicht nur mit einer Methode befassen sondern einen methodischen Überblick geben ist, insgesamt gering – ganz zu schweigen von der bisher mangelnden Aufbearbeitung in der deutschen Literatur. Ein anerkanntes Standardwerk für diskrete Fragestellungen, wie großzahlige Methodenvergleiche zu strukturieren und durchzuführen sind beziehungsweise Sensitivitätstests aufgebaut werden sollten, fehlt bisher gänzlich. Hier sind vor allem die theoretisch Forschenden gefordert, ihre Arbeit nicht nur auf die Entwicklung neuer Methoden zu konzentrieren, sondern auch Methodenvergleiche durchzuführen, situative Empfehlungen abzuleiten und für weitere Untersuchungen eine Methodik des multiattributiven Vergleichs großzahliger Alternativenmengen zu entwickeln.

Ebenfalls in bezug auf die Methodik ist zu erwähnen, daß allgemein anerkannte Axiome der Entscheidungstheorie fehlen. Sollte es möglich sein, unabhängig von einer Methodenschule anerkannte Axiome zu entwickeln, so wäre dies eine fundamentale Hilfe für jede Methodenbewertung und für Methodenvergleiche. Noch ist jedoch fraglich, ob allgemein anerkannte Axiome für die Entscheidungstheorie überhaupt entwickelt werden können.[931]

Bezogen auf PROMETHEE II wäre zu analysieren, in welchem Maße der Umfang der Substituierbarkeit durch die Definition der Präferenzfunktionen gesteuert werden kann. Empirisch konnte zufällig in Ausnahmefällen eine vollständige Übereinstimmung der Rankings von PROMETHEE II mit denen der Nutzwertanalyse gezeigt werden. Es wäre theoretisch interessant nachzuweisen, unter welchen Bedingungen es grundsätzlich zu dieser Übereinstimmung kommt.

929 Vgl. Mármol, A. M. J./Puerto, J. (1997), Wiley, V. D./Deckro, R. F./Jackson, J. A. (1998), Seiford, L. M./Zhu, J. (1998), Gal, T. (1973).

930 Vgl. Jansen, B./Jong, J. J. de, Roos, C./Terlaky, T. (1997).

931 Vgl. unter anderem Dietrich, R. (1996).

Bezogen auf weitere empirische Untersuchungen ist festzuhalten, daß nur ein Bruchteil der vielen möglichen Fragestellungen in Form von Sensitivitätsanalysen untersucht werden konnte. Ein Teil der möglichen weiteren Analysen soll genannt werden.

Für das vorliegende Anwendungsbeispiel könnte die Analyse des Zusammenhangs zwischen der Sensitivität der Ergebnisse und der Performance der Aktiengesellschaften interessant sein. Wie in Abschnitt 4.6.2 kurz beschrieben wurde, erscheint es lohnenswert zu testen, ob sehr gute und sehr schlechte Aktiengesellschaften weniger sensitiv auf Veränderungen des Modells reagieren als durchschnittlich bewertete Unternehmen. Hierzu könnten Analysen von Teilmengen durchgeführt werden, wobei die Stichproben nicht zufällig sondern nach der Performance gebildet würden: die besten zehn, die schlechtesten zehn, die zweitbesten zehn, die zweitschlechtesten zehn Aktiengesellschaften und weitere Stichproben. Die Ergebnisse wären selbstverständlich stark von der Basismenge abhängig. Es ist denkbar, daß die Ergebnisse nicht zeitstabil sind beziehungsweise auf andere Länder mit restriktiveren Rechnungslegungsvorschriften nicht direkt übertragbar wären.

Die vorliegende Arbeit untersucht ausschließlich den Analysezeitraum der Geschäftsjahre 1994, 1995 und 1996. Dies könnte als ein Nachteil aufgefaßt werden, falls die Ergebnisse nicht repräsentativ für andere Zeiträume sein sollten. Zu dieser Vermutung gibt es jedoch keine Veranlassung. Sicher wäre es sehr interessant zu testen, ob die Ergebnisse der Sensitivitätstests zeitstabil sind, aber der analysierte Zeitraum weist keine externen Schocks oder andere Verzerrungen auf und kann als repräsentativ bewertet werden.

Ebenfalls nicht untersucht wurden Veränderungen der Kennzahlendefinition der sechs Kennzahlen, außerdem bleiben die drei Kriterien Rendite, Sicherheit und Wachstum als Dimensionen konstant. Die Definition der Kriterien wird teilweise stark kritisiert. Es wäre lohnend, empirisch zu testen, ob von anderen Autoren präferierte Kriterien zum Messen der Performance nicht auch zu Rankings mit sehr hoher Korrelation mit dem Ausgangsranking führen würden. Da die Datenbasis für die Definition anderer Kennzahlen zur Verfügung steht, könnten diese Analysen einfach angeschlossen werden. Die Neuerung des Europa-Tests durch die Integration einer Shareholder Value Bewertung und die in diesem Test vorgenommene Modifikation der Kennzahlen[932] würde besonders eine weitere Analyse lohnen.

An dieser Stelle ist darauf hinzuweisen, daß die Anwendung von PROMETHEE und des AHP auch die Definition qualitativer Kennzahlen erlaubt, sofern sie eine ordinale Ordnung unterstützen. Die Ausweitung des fundamentalen

932 Vgl. Döhle, P. et al. (1998), S. 196 ff., Döhle, P./Seeger, C. (1999), S. 204 ff.

RSW-Tests um qualitative Kennzahlen könnte zu einer Verbesserung der Performancemessung führen.[933]

Der Methodenvergleich könnte auch auf die Börsenbewertung angewandt werden. Da nicht sechs, sondern nur drei Kennzahlen in diesen Test einfließen, ist zu erwarten, daß die durch die drei Methoden erzeugten Rankings noch höher korreliert sind als bei der fundamentalen Bewertung. Die Börsenkennzahlen Rendite und Sicherheit sind weniger hoch korreliert als im fundamentalen Teil, so daß ein Paarvergleich möglicherweise zu präferieren wäre. Da bei der Börsenbewertung keine unterschiedlichen Standardisierungskreise gebildet werden, ist diese Anwendung prinzipiell unproblematischer.

Als besonders lohnend auch für den Methodenvergleich erscheint wie bereits skizziert die zusätzliche Durchführung eines Experiments. Zunächst wäre die Abfrage der Ziele von Aktionären ein wichtiger Untersuchungsgegenstand. Stimmen die tatsächlichen Interessen von Aktionären mit denen aus der Theorie abgeleiteten Dimensionen überein? Es wäre zu testen, welche Gewichtungsfaktoren von der Versuchsgruppe gewählt würden und in welchem Maße die Bestimmung der Gewichtungsfaktoren und Kriterien in Abhängigkeit von der angewandten Methode erfolgt.

Anstelle eines publizierten Tests mit einem Ranking, in dem individuelle Präferenzen nicht einzeln modelliert werden können, könnte eine Software zum Beispiel über das Internet angeboten werden. Jeder Aktionär könnte seine Präferenzen selber modellieren, und so sein eigenes Ranking erzeugen. Es wäre aufschlußreich zu beobachten, wie stark ein solches Angebot genutzt werden würde. Als problematisch sei darauf hinzuweisen, daß nicht jeder potentielle Nutzer über genug Basiswissen hinsichtlich der Aktienanlage verfügt, um seine individuellen Präferenzen unverzerrt angeben zu können. Es ist zu vermuten, daß viele Nutzer lieber einem Sachverständigenurteil vertrauen.

Als letzter Punkt des Ausblicks ist die Beschränkung auf Rankings mit einer vollständigen Ordnung im Rahmen der Problembeschreibung zu erwähnen. Durch eine umfassendere Analyse könnte getestet werden, ob das Zulassen von Ratings und die damit verbundene Anwendung weiterer Methoden zu einer besseren Trennung der Unternehmen nach ihrer Performance führen würde und ob diese Ergebnisse stabiler hinsichtlich möglicher Veränderungen des Modells wären.

933 Für ein Beispiel eines Performancerankings, welches ausschließlich qualitative Informationen auswertet. Vgl. Bertels, K. et al. (1999).

Literaturverzeichnis

Abarbanell, J. S., Bernard, V. (1992): Test of Analysts' Overreaction/Underreaction to Earnings Information as an Explanation for Anomalous Stock Price Behaviour. In: Journal of Finance 47 (1992), S. 1181-1207.

Abarbanell, J. S., Bushee, B. J. (1997): *Fundamental Analysis, Future Earnings, and Stock Prices.* In: Journal of Accounting Research 35 (1997), S. 1-24.

Abu-Taleb, M. F., Mareschal, B. (1995): *Water Resources Planning in the Middle East: Applications of the PROMETHEE V Multicriteria Method.* In: European Journal of Operational Research 81 (1995), S. 500-511.

Al-Rashdan, D., Al-Kloub, B., Dean A. et al. (1999): *Environmental Impact Assessment and Ranking the Environment Projects in Jordan.* In: European Journal of Operational Research 118 (1999), S. 30-45.

Al-Shemmeri, T., Al-Kloub, B., Pearman, A. (1997): *Model Choice in Multicriteria Decision Aid.* In: European Journal of Operational Research 97 (1997), S. 550-560.

Albach, H. (1988): *Maßstäbe für den Unternehmenserfolg.* In: Henzler, H. A. (Hrsg.): Handbuch Strategische Führung. Wiesbaden 1988, S. 69-83.

Ali, I., Cook, W. D., Kress, M. (1986): *On the Minimum Violations Ranking of a Tournament.* In: Management Science 32 (1986), S. 660-672.

Altman, E. I. (1968): *Financial Ratios, Discriminant Analysis and the Prediction of Corporate Bankruptcy.* In: Journal of Finance 23 (1968), S. 589-609.

Altman, E. I. (1989): *Measuring Corporate Bond Mortality and Performance.* In: Journal of Finance 44 (1989), S. 909-922.

Anders, U., Szczesny, A. (1998): *Prognose von Insolvenzwahrscheinlichkeiten mit Hilfe logistischer neuronaler Netzwerke.* In: Zeitschrift für betriebswirtschaftliche Forschung 50 (1998), S. 892-915.

Arbel, A., Vargas, L. G. (1992): *The Analytic Hierarchy Process with Interval Judgements.* In: Giocoechea, A., Duckstein, L., Zionts, S. (Hrsg.): Multiple Criteria Decision Making. Berlin et al. 1992, S. 61-70.

Ashford, R. W., Berry, R. H., Dyson, R. G. (1988): *Operational Research and Financial Management.* In: European Journal of Operational Research 36 (1988), S. 143-152.

Augath, P. O. (1996): *Neuere Verfahren der Kreditwürdigkeitsprüfung im Überblick – Ihre Chancen und Grenzen.* Freiberger Arbeitspapier 96/17, Technische Universität Bergakademie Freiberg 1996.

Avignon, G. R. d', Vincke, P. (1988): *An Outranking Method Under Uncertainty*. In: European Journal of Operational Research 36 (1988), S. 311-321.

Backhaus, K. et al. (1990): *Multivariate Analysemethoden*. 6., überarb. Aufl., Berlin 1990.

Baden, K. (1992): *Vergleichende Unternehmensbeurteilungen und Aktienkurse*. Kiel 1992.

Baden, K. et al. (1989): *Börsenunternehmen im Test: Was deutsche Aktien wirklich wert sind*. In: Manager Magazin 19 (1989), Nr. 11, S. 132-219.

Baden, K. et al. (1990): *Alle Aktien im Test*. In: Manager Magazin 20 (1990), Nr. 11, S. 128-217.

Baden, K. et al. (1991): *500 Aktien im Test – Die Fundamentalanalyse*. In: Manager Magazin 22 (1991), Nr. 11, S. 86-171.

Baden, K. et al. (1992): *Der große Performancetest: Unternehmen des Jahres*. In: Manager Magazin 21 (1992), Nr. 11, S. 114-191.

Baden, K., Wilhelm, W. (1993a): *Die Bilanzakrobatik der deutschen Konzerne*. In: Manager Magazin 22 (1993), Nr. 10, S. 152-156.

Baden, K., Wilhelm, W. (1993b): *Der große Performancetest: Unternehmen des Jahres*. In: Manager Magazin 22 (1993), Nr. 11, S. 81-96.

Baden, K., Wilhelm, W. (1994): *Der große Performancetest: Unternehmen des Jahres*. In: Manager Magazin 24 (1994), Nr. 11, S. 96-123.

Baden, K., Wilhelm, W. (1995): *Alle Aktien im Test*. In: Manager Magazin 24 (1994), Nr. 11, S. 132-148.

Baden, K., Wilhelm, W. (1996): *Aktientest: Was die deutschen Börsenfirmen wert sind*. In: Manager Magazin 26 (1996), Nr. 11, S. 55-70.

Baetge, J. (1989): *Möglichkeiten der Früherkennung negativer Unternehmensentwicklungen mit Hilfe statistischer Jahresabschlußanalysen*. In: Zeitschrift für betriebswirtschaftliche Forschung 41 (1989), S. 792-811.

Baetge, J. (1992): *Bilanzen*. 2., rev. Aufl., Düsseldorf 1992.

Baetge, J. (1994): *Rating von Unternehmen anhand von Bilanzen*. In: Die Wirtschaftsprüfung 47 (1994), S. 1-10.

Baetge, J., Huß, M., Niehaus, H.-J. (1986): *Die statistische Auswertung von Jahresabschlüssen zur Informationsgewinnung bei der Abschlußprüfung*. In: Die Wirtschaftsprüfung 39 (1986), S. 605-613.

Baetge, J., Krause, C., Mertens, P. (1994): *Zur Kritik an der Klassifikation von Unternehmen mit Neuronalen Netzen und Diskriminanzanalysen*. In: Die Betriebswirtschaft 64 (1994), S. 1181-1191.

Baetge, J., Sieringhaus, J. (1996): *Bilanzbonitäts-Ratings von Unternehmen.* In: Büschgen, H. E., Everling, O. (Hrsg.): Handbuch Rating. Wiesbaden 1996, S. 221-249.

Baetge, J., Thiele, S. (1995): *Bilanzanalyse.* In: Gerke, W., Steiner, M. (Hrsg.): Handwörterbuch des Bank- und Finanzwesens. 2., überarb. und erw. Aufl., Stuttgart 1995, Sp. 250-262.

Ballwieser, W. (1990): *Unternehmensbewertung und Komplexitätsreduktion.* 3., überarb. Aufl., Wiesbaden 1990.

Ballwieser, W. (1993): *Bilanzanalyse.* In: Chmielewicz, K., Schweitzer, K. (Hrsg.): Handwörterbuch des Rechnungswesens. 3., völlig neu gestaltete und erg. Aufl., Stuttgart 1995, Sp. 211-221.

Ballwieser, W. (1995): *Aktuelle Aspekte der Unternehmensbewertung.* In: Die Wirtschaftsprüfung 48 (1995), S. 119-129.

Balzer, A. et al. (1997): *Gewinnen mit Aktien.* In: Manager Magazin 27 (1997), Nr. 11, S. 150-224.

Bamberg, G. (1996): *Entscheidungen unter Risiko: Empirische Evidenz und Praktikabilität.* In: Betriebswirtschaftliche Forschung und Praxis (1996), S. 640-662.

Bamberg, G., Coenenberg, A. G. (1992): *Betriebswirtschaftliche Entscheidungslehre.* 7., überarb. Aufl., München 1992.

Bana e Costa, C. A. (1986): *A Multicriteria decision aid methodology to deal with conflicting situations on the weights.* In: European Journal of Operational Research 26 (1986), S. 22-34.

Bana e Costa, C. A. (1988): *A Methodology for Sensitivity Analysis in Three-Criteria Problems: A Case Study in Municipal Management.* In: European Journal of Operational Research 33 (1988), S. 159-173.

Bana e Costa, C. A. (1990): *An Additive Value Function Technique with a Fuzzy Outranking Relation for Dealing with Poor Intercriteria Preference Information.* In: Bana e Costa, C. A. (Hrsg.): Readings in Multiple Criteria Decision Aid. Berlin et al. 1990, S. 351-382.

Bana e Costa, C. A., Rodrigues, J. C. (1990): *Presentation of the School Case-Study: Evaluation of the Personnel, How to Rank Officers for Promotion?* In: Bana e Costa, C. A. (Hrsg.): Readings in Multiple Criteria Decision Aid. Berlin et al. 1990, S. 639-646.

Bana e Costa, C. A., Vincke, P. (1990): *Multiple Criteria Decision Aid: An Overview.* In: Bana e Costa, C. A. (Hrsg.): Readings in Multiple Criteria Decision Aid. Berlin et al. 1990, S. 3-14.

Barron, F. H. (1987): *Influences of Missing Attributes on Selecting a Best Multi-attributed Alternative*. In: Decision Sciences 18 (1987), S. 194-205.

Barron, F. H., Barrett, B. E. (1996): *Decision Quality Using Rankes Attribute Weights*. In: Management Science 42 (1996), S. 1515-1523.

Barron, M. J., Clare, A. D., Thomas, S. H. (1997): *The Effect of Bond Rating Changes and New Ratings on UK Stock Returns*. In: Journal of Finance & Accounting 24 (1997), S. 495-509.

Bartram, W. (1996): *Die Umsatz-Rentabilität – zentrale Kennzahl zur Unternehmensbeurteilung*. In: Die Wirtschaftsprüfung 49 (1996), S. 393-403.

Barzilai, J., Cook, W. D., Kress, M. (1986): *A Generalized Network Formulation of the Pairwise Comparison Consensus Ranking Model*. In: Management Science 32 (1986), S. 1007-1015.

Basak, I. (1997): *Rank-based Statistical Procedures in Analytic Hierarchy Process*. In: European Journal of Operational Research 101 (1997), S. 39-50.

Bea, F. X. (1995): *Rechtsform und Finanzierung*. In: Gerke, W., Steiner, M. (Hrsg.): Handwörterbuch des Bank- und Finanzwesens. 2., überarb. und erw. Aufl., Stuttgart 1995, Sp. 1610-1616.

Beckmann, A. (1978): *Nutzwertanalyse, Bewertungstheorie und Planung*. Bern 1978.

Beermann, K. (1976): *Prognosemöglichkeiten von Kapitalverlusten mit Hilfe von Jahresabschlüssen*. Düsseldorf 1976.

Bell, D. E., Raiffa, H., Tversky, A. (1988): *Descriptive, Normative, and Prescriptive Interactions in Decision Making*. In: Bell, D. E., Raiffa, H., Tversky, A. (Hrsg.): Decision Making: Descriptive, Normative, and Prescriptive Interactions. Cambridge et al. 1988, S. 9-30.

Belton, V. (1986): *Comparison of AHP and a Simple Multi-Attribute Value Function*. In: European Journal of Operational Research 26 (1986), S. 7-21.

Belton, V., Gear, T. (1982): *On a Short-coming of Saaty's Method of Analytic Hierarchies*. In: OMEGA International Journal of Management Science 11 (1982), S. 228-230.

Belton, V., Gear, T. (1985): *A Series of Experiments into the Use of Pairwise Comparison Techniques to Evaluate Criteria Weights*. In: Haimes, Y. Y., Chankong, V. (Hrsg.): Decision Making with Multiple Objectives. Berlin et al. 1985, S. 375-387.

Belton, V., Vickers, S. (1990): *Use of a Simple Multi-Attribute Value Function Incorporating Visual Interactive Sensitivity Analysis for Multiple Criteria*

Decision Making. In: Bana e Costa, C. A. (Hrsg.): Readings in Multiple Criteria Decision Aid. Berlin et al. 1990, S. 319-334.

Berblinger, J. (1996): *Marktakzeptanz des Rating durch Qualität.* In: Büschgen, H. E., Everling, O. (Hrsg.): Handbuch Rating. Wiesbaden 1996, S. 21-110.

Bertels, K. et al. (1999): *Qualitative Company Performance Evaluation: Linear Discriminant Analysis and Neutral Network Models.* In: European Journal of Operational Research 115 (1999), S. 608-615.

Betsch, O. et al. (1997): *Kreditwürdigkeitsanalyse im Firmenkundengeschäft.* In: Die Bank 1997, S. 150-155.

Bieg, H. (1995): *Bilanzpolitik der Kreditinstitute.* In: Gerke, W., Steiner, M. (Hrsg.): Handwörterbuch des Bank- und Finanzwesens. 2., überarb. und erw. Aufl., Stuttgart 1995, Sp. 275-287.

Bitz, M. (1981): *Entscheidungstheorie.* Hagen 1981.

Blin, J.-M. (1977): *Fuzzy Sets in Multiple Criteria Decision Making.* In: Starr, M. K., Zeleny, M. (Hrsg.): Multiple Criteria Decision Making. Amsterdam et al. 1977, S. 129-146.

Blohm, H., Lüder, K. (1991): *Schwachstellen im Investitionsbereich des Industriebetriebes und Wege zu ihrer Beseitigung.* 7. Aufl., München 1991.

Bode, J. (1997): *Der Informationsbegriff in der Betriebswirtschaftslehre.* In: Zeitschrift für betriebswirtschaftliche Forschung 49 (1997), S. 449-468.

Bodensohn, K. (1996): *Entwicklung eines Kredit-Rating-Systems für die Landwirtschaft.* Gießen 1996.

Bois, P. du, Brans, J. P., Cantraine, F., Mareschal, B. (1989): *MEDICIS: An Expert System for Computer-Aided Diagnosis Using the PROMETHEE Multicriteria Method.* In: European Journal of Operational Research 39 (1989), S. 284-292.

Borcherding, K., Eppel, T., von Winterfeldt, D. (1991): *Comparison of Weighting Judgements in Multiattribute Utility Measurement.* In: Management Science 37 (1991), S. 1603-1619.

Born, K. (1994): *Bilanzanalyse international: deutsche und ausländische Jahresabschlüsse lesen und beurteilen.* Stuttgart 1994.

Bosch, K. (1992): *Statistik-Taschenbuch.* München et al. 1992.

Botschen, G., Koll, O., Noisternig, M. (1995): *Zählen nur Rendite und Risiko bei der Anlageentscheidung?* In: Die Bank (1995), S. 500-503.

Bouyssou, D. (1990): *Building Criteria: A Prerequisite for MCDA.* In: Bana e Costa, C. A. (Hrsg.): Readings in Multiple Criteria Decision Aid. Berlin et al. 1990, S. 58-80.

Bouyssou, D. (1992): *Ranking Methods Based on Valued Preference Relations: A Characterisation of the Net Flow Method.* In: European Journal of Operational Research 60 (1992), S. 61-67.

Bouyssou, D., Perny, P. (1992): *Ranking Methods for Valued Preference Relations: A Characterisation of a Method Based on Leaving and Entering Flows.* In: European Journal of Operational Research 61 (1992), S. 186-194.

Bouyssou, D., Pirlot, M., Vincke, P. (1996): *A General Model of Preference Aggregation.* Discussion Paper, Universite Libre de Bruxelles, Institut de Statistique, Série: Mathematiques de la Gestion 96/11.

Bouyssou, D., Vincke, P. (1995): *Ranking Alternatives on the Basis of Preference Relations: a Progress Report with Special Emphasis on Outranking Relations.* Discussion Paper, Universite Libre de Bruxelles, Institut de Statistique, Série: Mathematiques de la Gestion 95/03.

Brans, J. P. (1982): *L'Ingéniérie de la Décision. Elaboration d'Instruments d'Aide à la Décision. Méthode PROMETHEE.* "Universitè LAVAL, Colloque d'Aide à la Dècision, Quebec, Canada 1982, S. 183-213.

Brans, J. P., Mareschal, B. (1990): *The PROMETHEE Methods for MCDM; the PROMCALC, GAIA and Bankadviser Software.* In: Bana e Costa, C. A. (Hrsg.): Readings in Multiple Criteria Decision Aid. Berlin et al. 1990, S. 216-252.

Brans, J. P., Mareschal, B. (1992): *PROMETHEE V: MCDM Problems with Segmentation Constrains.* In: INFOR 30 (1992), S. 85-96.

Brans, J. P., Mareschal, B. (1994a): *How to Decide with PROMETHEE – The PROMETHEE-GAIA Decision Support System for Multicriteria Investigations.* Discussion Paper, Universite Libre de Bruxelles, Institut de Statistique, Série: Mathematiques de la Gestion 94/03.

Brans, J. P., Mareschal, B. (1994b): *The PROMCALC & GAIA Decision Support System for Multicriteria Decision Aid.* In: Decision Support Systems 12 (1994), S. 287-310.

Brans, J. P., Mareschal, B., Vincke, P. (1984): *PROMETHEE: A New Family of Outranking Methods in Multicriteria Analysis.* In: Brans, J. P. (Hrsg.): Operational Research '84, S. 477-490.

Brans, J. P., Vincke, P. (1985): *A Preference Ranking Organisation Method, the PROMETHEE Method.* In: Management Science 31 (1985), S. 647-656.

Brans, J. P., Vincke, P., Mareschal, B. (1986): *How to Select and How to Rank Projects: The PROMETHEE Method.* In: European Journal of Operational Research 24 (1986), S. 228-238.

Briggs, T., Kunsch, P. L., Mareschal, B. (1990): *Nuclear Waste Management: An Application of the PROMOTHEE Methods*. In: European Journal of Operational Research 44 (1990), S. 1-10.

Brockhoff, K. (1976): *Scoring-Modelle in der Forschungsplanung*. In: Zeitschrift für betriebswirtschaftliche Forschung – Kontaktstudium 28 (1976), S. 205-212.

Bromann, O., Schiereck, D., Weber, M. (1997): *Reichtum durch (anti-)zyklische Handelsstrategien am deutschen Aktienmarkt?* In: Zeitschrift für betriebswirtschaftliche Forschung 49 (1997), S. 603-616.

Brunner, J. (1994): *Interaktive Fuzzy Optimierung: Entwicklung eines Entscheidungsunterstützungssystems*. Heidelberg 1994.

Bryson, N., Mobolurin, A. (1995): *An Action Learning Evaluation Procedure for Multiple Criteria Decision Making Problems*. In: European Journal of Operational Research 96 (1995), S. 379-386.

Bryson, N., Mobolurin, A., Ngwenyama, O. (1995): *Modelling Pairwise Comparisons on Ratio Scales*. In: European Journal of Operational Research 83 (1995), S. 639-654.

Büning, H. (1991): *Robuste und adaptive Tests*. Berlin 1991.

Büning, H., Trenkler, G. (1978): *Nichtparametrische statistische Methoden*. Berlin et al. 1978.

Büschgen, H. E. (1966): *Wertpapieranalyse*. Stuttgart 1966.

Büschgen, H. E. (1989): *Das kleine Börsenlexikon*. 18. Auflage, Düsseldorf 1989.

Büschgen, H. E., Everling, O. (Hrsg.) (1996): *Handbuch Rating*. Wiesbaden 1996.

Büttner, U. (1996): *Geschäftsbericht: Wer präsentiert sich am besten?* In: Bank und Markt (1996), S. 32-34.

Bunn, D. W., Silverman, B. G. (1995): *Decision Technology and Intelligent Decision Support*. In: European Journal of Operational Research 84 (1995), S. 1-4.

Burger, A. (1994a): *Zur Klassifikation von Unternehmen mit neuronalen Netzen und Diskriminanzanalysen*. In: Zeitschrift für Betriebswirtschaft 64 (1994), S. 1165-1179.

Burger, A. (1994b): *Plädoyer für eine theoretische Fundierung der Jahresabschlußanalyse*. In: Zeitschrift für Betriebswirtschaft 64 (1994), S. 1193-1197.

Burger, A., Buchhard, A. (1998): *Rating und Risikokosten im Kreditgeschäft.* In: Die Bank (1998), S. 409-411.

Burger, A., Schellberg, B. (1994): *Der Vergleich japanischer und US-amerikanischer mit deutschen Unternehmen anhand von Jahresabschlußkennziffern.* In: Die Wirtschaftsprüfung 47 (1994), S. 406-414.

Busse von Colbe, W., Laßmann, G. (1990): *Betriebswirtschaftstheorie.* Band 3. Investitionstheorie. 3., durchgesehene Aufl., Berlin et al. 1990.

Chamberlain, T. W. (1996): *The Investment Decision of Individuals and Firms.* In: International Review of Financial Analysis 5 (1996), S. 87-97.

Chander, P. G., Shinghal, R., Radhakrishnan, T. (1997): *Using Goals to Design and Verify Rules Bases.* In: Decision Support Systems 21 (1997), S. 281-305.

Chen, S.-J., Hwang, C. L. (1992): *Fuzzy Multiple Attribute Decision Making – Methods and Applications.* Berlin et al. 1992.

Chen, S.-N., Cheng, L. F. (1986): *The Effects of the Sample Size, the Investment Horizon and Market Conditions on the Validity of Composite Preference Measures: A Generalisation.* In: Management Science 32 (1986), S. 1410-1421.

Cheng, C.-H. (1996): *Evaluating Naval Tactical Missile Systems by fuzzy AHP Based on the Grade Value of Membership Function.* In: European Journal of Operational Research 96 (1996), S. 343-350.

Choo, E. U., Wedley, W. C. (1985): *Optimal Criterion Weights in Multicriteria Decision Making.* In: Haimes, Y. Y., Chankong, V. (Hrsg.): Decision Making with Multiple Objectives. Berlin et al. 1985, S. 345-357.

Claßen, W., Enzweiler, T., Hillebrand, W. (1996): *200 Geschäftsberichte auf dem Prüfstand – Wie die deutschen Konzerne mit ihren Bilanzen jonglieren.* In: Capital 35 (1996), S. 36-70.

Coenenberg, A. G. (1997): *Jahresabschluß und Jahresabschlußanalyse: betriebliche, handels- und steuerrechtliche Grundlagen.* 16., überarb. Aufl., Landsberg/Lech 1997.

Collins, J. C., Ruefli, T. W. (1992): *Strategic Risk: An Ordinal Approach.* In: Management Science 38 (1992), S. 1707-1731.

Collins, M. C., Wansley, J. W., Robinson, B. (1995): *Price and Volume Effects Associated with the Creation of Standard & Poor's Midcap Index.* In: The Journal of Financial Research 18 (1995), S. 329-350.

Colson, G., Mareschal, B. (1994): *JUDGES: A Descriptive Group Decision Support System for Ranking of Items.* In: Decision Support Systems 12 (1994), S. 391-404.

Cook, W. D., Krees, M. (1985): *Ordinal Ranking With Intensity of Preference.* In: Management Science 31 (1985), S. 26-35.

Cook, W. D., Krees, M. (1986): *Ordinal Ranking and Preference Strength.* In: Mathematical Social Sciences 11 (1986), S. 295-306.

Cook, W. D., Kress, M., Seiford, L. M. (1996): *A General Framework for Distance-Based Consensus in Ordinal Ranking Models.* In: European Journal of Operational Research 96 (1996), S. 392-397.

Copeland, T., Koller, T., Murrin, J. (1993): *Unternehmenswert. Methoden und Strategien für eine wertorientierte Unternehmensführung.* Frankfurt, New York 1993.

Crabbe, L., Mitchell, A. P. (1994): *The Effects of a Rating Downgrade on Outstanding Commercial Paper.* In: Journal of Finance 49 (1994), S. 39-56.

Crama, Y. (1983): *An Introduction to the ELECTRE Research Programme.* In: Hansen, P. (Hrsg.): Essays and Surveys on Multiple Criteria Decision Making. Berlin et al. 1983, S. 31-42.

Czogala, E., Roubens, M. (1989): *An Approach to Multi-Criteria Decision Making Problems Using Probabilistic Set Theory.* In: European Journal of Operational Research 43 (1989), S. 263-266.

Dambolena, I. G., Khoury, S. J. (1980): *Ratio Stability and Corporate Failure.* In: Journal of Finance 35 (1980), S. 1017-1026.

Daniels, R. L. (1994): *Incorporating Preference Information into Multi-Objective Scheduling.* In: European Journal of Operational Research 77 (1994), S. 272-286.

Davey, A., Olson, D., Wallenius, J. (1994): *The Process of Multiattribute Decision Making: A Case Study of Selecting Applicants for a Ph.D. Program.* In: European Journal of Operational Research 72 (1994), S. 469-484.

Demmer, C. et al. (1988): *500 Börsenunternehmen im Test. Was deutsche Aktiengesellschaften wirklich wert sind.* In: Manager Magazin 18 (1988), S. 126-203.

Desain, V. S., Crook, J. N., Overstreet, G. A. (1996): *A Comparison of Neutral Networks and Linear Scoring Models in the Credit Environment.* In: European Journal of Operational Research 95 (1996), S. 24-37.

Despontin, M., Lehert, F., Roubens, M. (1986): *Multi-attribute Decision Making by Consumers Association.* In: European Journal of Operational Research 23 (1986), S, 194-201.

Diakoulaki, D., Koumoutsos, N. (1991): *Cardinal Rankings of Alternative Actions: Extension of the PROMETHEE Method.* In: European Journal of Operational Research 53 (1991), S. 337-347.

Dias, L. C., Costa, J. P., Clímaco, J. N. (1998): *A Parallel Implementation of the PROMOTHEE Method*. In: European Journal of Operational Research 104 (1998), S. 521-531.

Dicken, A. J. (1999): *Kreditwürdigkeitsprüfung*. 2. Aufl. Berlin 1999.

Diedrich, R. (1996): *Zur Relevanz alternativer entscheidungstheoretischer Konzeptionen für die ökonomische Forschung*. In: Betriebswirtschaftliche Forschung und Praxis (1996), S. 617-639.

Dietz, J., Füser, K., Schmidtmeier, S. (1997): *Neuronale Kreditwürdigkeitsprüfung im Konsumentenkreditgeschäft*. In: Die Betriebswirtschaft 57 (1997), S. 475-488.

Dietz, P., Kruse, G., Otto, S. (1996): *Alle DAX-Werte im Test*. In: Börse Online (1996), Nr. 9, S. 12-19.

Dinkelbach, W. (1969): *Sensitivitätsanalysen und parametrische Programmierung*. Berlin et al. 1969.

Dinkelbach, W. (1980): *Multicriteria Decision Models with Specified Goal Levels*. In: Fandel, G., Gal, T. (Hrsg.): Multiple Criteria Decision Making – Theory and Application. Berlin et al. 1980, S. 52-59.

Döhle, P. et al. (1998): *Keine Angst vor Aktien*. In: Manager Magazin 28 (1998), Nr. 11, S. 196-269.

Döhle, P., Seeger, C. (1999): *Schwache Leistung – Das Euro-Ranking*. In: Manager Magazin 29 (1999), Nr. 11, S. 184-233

Dolan, J. G. (1989): *Choosing Initial Antibiotic Therapy for Acute Pyelenephritis*. In: Golden, B. L., Wasil, E. A., Harker, P. T. (Hrsg.): The Analytical Hierarchy Process. Berlin et al. 1989, S. 213-224.

Dreyer, A. (1974): *Scoring-Modelle bei Mehrfachzielsetzungen – Eine Analyse des Entwicklungsstandes von Scoring-Modellen*. In: Zeitschrift für Betriebswirtschaft 44 (1974), S. 255-274.

Drukarczyk, J. (1995): *DCF-Methoden und Ertragswertmethode – einige klärende Anmerkungen*. In: Die Wirtschaftsprüfung 48 (1995), S. 329-334.

Drukarczyk, J. (1996): *Unternehmensbewertung*. München 1996.

Drukarczyk, J. (1997): *Wertorientierte Unternehmenssteuerung*. In: Zeitschrift für Bankrecht und Bankwirtschaft 9 (1997), S. 217-226.

Duesing, E. (1983): *Multiple Objective Linear Programming and the Theory of the Firm: 1. Substitution and Sensitivity Analysis*. In: Hansen, P. (Hrsg.): Essays and Surveys on Multiple Criteria Decision Making. Berlin et al. 1983, S. 43-52.

Dyer, J. S. (1990a): *Remarks on the Analytic Hierarchy Process*. In: Management Science 36 (1990), S. 249-258.

Dyer, J. S. (1990b): *A Clarification of "Remarks on the Analytic Hierarchy Process"*. In: Management Science 36 (1990), S. 274-275.

Dyer, J. S., Fishburn, P. C., Steuer, R. E., Wallenius, J., Zionts, S. (1992): *Multiple Criteria Decision Making, Multiattribute Utility Theory: The Next Ten Years*. In: Management Science 38 (1992), S. 645-654.

Dyer, J. S., Sarin, R. K. (1979): *Measurable Multiattribute Value Functions*. In: Operations Research 27 (1979), S. 810-822.

Ebeling, R. M. (1995): *Die Einheitsfiktion als Grundlage der Konzernrechnungslegung: Aussagegehalt und Ansätze des Konzernabschlusses nach deutschem HGB unter Berücksichtigung konsolidierungstechnischer Fragen*. Stuttgart 1995.

Edwards, W., von Winterfeldt, D., Moody, D. L. (1988): *Simplicity in Decision Analysis: An Example and a Discussion*. In: Bell, D. E., Raiffa, H. Tversky, A. (Hrsg.): Decision Making: Descriptive, Normative, and Prescriptive Interactions. Cambridge et al. 1988, S. 443-464.

Eichner, T., Pfingsten, A., Wagner, A. (1996): *Strategisches Abstimmungsverhalten bei der Verwendung der Hare-Regel*. In: Zeitschrift für betriebswirtschaftliche Forschung 48 (1996), S. 466-474.

Eisenführ, F. (1992): Geleitwort. In: von Nitzsch, R. (Hrsg.): *Entscheidungen bei Zielkonflikten: Ein PC-gestütztes Verfahren*. Wiesbaden 1992, S. V-VI.

Eisenführ, F., Weber, M. (1986): *Zielstrukturierung: ein kritischer Schritt im Entscheidungsprozeß*. In: Zeitschrift für betriebswirtschaftliche Forschung 38 (1986), S. 907-929.

Eisenführ, F., Weber, M. (1994): *Rationales Entscheiden*. 2., verb. Aufl., Berlin et al. 1994.

Emshoff, J. R., Saaty, T. L. (1982): *Applications of the Analytic Hierarchy Process to Long Range Planning Processes*. In: European Journal of Operational Research 10 (1982), S. 131-143.

Engelen, K. C. (1996): *Grenzenloser Appetit nach hochverzinslichen Papieren*. In: Handelsblatt, 15.07.1996, S. 30.

Enzweiler, T., Friese, U., Nitschke, R. (1997): *200 Bilanzen im Test – Im Auftrag der Aktionäre*. In: Capital 36 (1997), Nr. 10, S. 60-80.

Erxleben, K. et al. (1992): *Klassifikation von Unternehmen. Ein Vergleich von Neuronalen Netzen und Diskriminanzanalyse*. In: Zeitschrift für Betriebswirtschaft 62 (1992), S. 1237-1262.

Escobar, M. T., Moreno-Jiménez, J. M. (2000): *Reciprocal Distributions in the Analytic Hierarchy Process*. In: European Journal of Operational Research 123 (2000), S. 154-174.

Ester, J. (1987): *Systemanalyse und mehrkriterielle Entscheidung*. 1. Aufl., Berlin 1987.

Ester, J. (1993): *Decision Support System "POLYP" for Teaching and Practical Applications*. In: Brosowski, B. et al. (Hrsg.): Multicriteria Decision. Proceedings of the 14th Meeting of the German Working Group „Mehrkriterielle Entscheidung". Frankfurt et al. 1993, S. 1-9.

Evans, G. W. (1984a): *An Overview of Techniques for Solving Multiobjective Mathematical Programs*. In: Management Science 30 (1984), S. 1268-1282.

Evans, J. R. (1984b): *Sensitivity Analysis in Decision Theory*. In: Decision Sciences 15 (1984), S. 239-247.

Everling, O. (1989): *Credit Rating*. In: Wirtschaftswissenschaftliches Studium (1989), S. 673-676.

Everling, O. (1991a): *Ratingagenturen weltweit*. In: Die Bank (1991), S. 151-156.

Everling, O. (1991b): *Projektgesellschaft für europäisches Rating*. In: Die Bank (1991), S. 308-314.

Everling, O. (1991c): *Bestimmungsgründe des langfristigen Ratings*. In: Die Bank (1991), S. 608-612.

Everling, O. (1991d): *Credit Rating durch internationale Agenturen: eine Untersuchung zu den Komponenten und instrumentalen Funktionen des Rating*. Wiesbaden 1991.

Everling, O. (1992a): *Ratings für Vorzugsaktien*. In: Die Bank (1992), S. 151-155.

Everling, O. (1992b): *Ratings für Versicherungen und Investmentfonds*. In: Die Bank (1992), S. 202-205.

Everling, O. (1995): *Rating*. In: Gerke, W., Steiner, M. (Hrsg.): Handwörterbuch des Bank- und Finanzwesens. 2., überarb. und erw. Aufl., Stuttgart 1995, Sp. 1601-1609.

Everling, O. (1998): *Rating in der EWU*. In: Die Bank (1989), S. 480-484.

Fama, E. F., French, K. R. (1995): *Size and Book-to-Market Factors in Earnings and Returns*. In: Journal of Finance 50 (1995), S. 131-155.

Fandel, G. (1980): *Perspectives of the Development in Multiple Criteria Decision Making.* In: Fandel, G., Gal, T. (Hrsg.): Multiple Criteria Decision Making – Theory and Application. Berlin et al. 1980, S. IX-XVI.

Farmer, T. A. (1987): *Testing the Robustness of Multiattribute Utility Theory in an Applied Setting.* In: Decision Sciences 18 (1987), S. 178-193.

Farquhar, P. H. (1984): *Utility Assessment Methods.* In: Management Science 30 (1984), S. 1283-1300.

Felton, J., Hearth, D., Liu, P. (1995): *The Information Content for Security Analyses: Evidence from Standard & Poor's Common Stock Quality Ranking Changes.* In: Journal of Finance & Accounting 22 (1995), S. 975-989.

Ferschl, F. (1975): *Nutzen- und Entscheidungstheorie.* Opladen 1975.

Fishburn, P. C. (1984): *Multiattribute Nonlinear Utility Theory.* In: Management Science 30 (1984), S. 1301-1310.

Fishburn, P. C. (1988a): *Normative Theories of Decision Making Under Risk and Under Uncertainty.* In: Kacprzyk, J., Roubens, M. (Hrsg.): Non-Conventional Preference Relation in Decision Making. Berlin et al. 1988, S. 1-21.

Fishburn, P. C. (1988b): *Nonlinear Preference and Utility Theory.* Brighton 1988.

Fishburn, P. C. (1989): *Foundations of Decision Analysis: Along the Way.* In: Management Science 35 (1989), S. 387-405.

Fischer, G. W. (1979): *Utility Models for Multiple Objective Decision: Do They Accurately Represent Human Preferences?* In: Decision Science 11 (1979), S. 451-479.

Friedman, D. (1983): *Effective Scoring Rules for Probabilistic Forecasts.* In: Management Science 29 (1983), S. 447-454.

Fleischer, K., Folda, R. (1996): *Einsatzmöglichkeiten des Bootstrap-Verfahrens bei der Bonitätsprüfung.* In: OR Spektrum (1996), S. 107-115.

Forman, E. H. (1990): *Multi Criteria Decision Making and the Analytical Hierarchy Process.* In: Bana e Costa, C. A. (Hrsg.): Readings in Multiple Criteria Decision Aid. Berlin et al. 1990, S. 295-318.

Forman, E. H. (1992): *Facts and Fictions about the Analytic Hierarchy Process.* In: Giocoechea, A., Duckstein, L., Zionts, S. (Hrsg.): Multiple Criteria Decision Making. Berlin et al. 1992, S. 123-133.

Freeman, R. E. (1984): *Strategic Management: A Stakeholder Approach.* Boston et al. 1984.

Funk, J. (1995): *Aspekte der Unternehmensbewertung in der Praxis*. In: Zeitschrift für betriebswirtschaftliche Forschung 47 (1995), S. 491-514.

Gal, T. (1973): *Betriebliche Entscheidungsprobleme, Sensitivitätsanalyse und parametrische Programmierung*. Berlin et al. 1973.

Galbraith, C. S., Merrill, G. B. (1996): *Geschäftspolitik mit frisierten Prognosen*. In: Harvard Business Manager (1996), S.85-93.

Gatermann, M., Ulrich, S. (1990): *Die Euro-Champions*. In: Manager Magazin 20 (1990), Nr. 12, S. 65-131.

Geldermann, J., Sprengler, T., Rentz, O. (1996): *Multicriteria Decision Support for Enrichment Assessment – Case Study: Iron and Steel Making Industry*. Manuskript der 44ten Tagung der European Working Group "Multicriteria Aid for Decisions", Brüssel 1996.

Gerke, W. (1998): *Wie die alten Alchimisten*. In: Die Wirtschaftswoche (1998), Nr. 23, S. 204-207.

Gershon, M., Duckstein, L. (1983): *An Algorithm for Choosing of a Multiobjective Technique*. In: Hansen, P. (Hrsg.): Essays and Surveys on Multiple Criteria Decision Making. Berlin et al. 1983, S. 53-62.

Goebel, A. (1995): *Die Konzernrechnungslegung nach HGB, IAS und US GAAP – Eine Synopse wesentlicher Unterschiede und Gemeinsamkeiten*. In: Die Betriebswirtschaft 48 (1995), S. 2489-2492.

Goede, K., Weinrich, G. (1996): *Bessere Kreditentscheidungen durch neuronale Netze?* In: Die Bank (1996), S. 420-423.

Götze, U., Bloech, J. (1995): *Investitionsrechnung: Modelle und Analysen zur Beurteilung von Investitionsvorhaben*. 2., überarb. und erw. Aufl., Berlin et al. 1995.

Goh, J. C., Ederington, L. H. (1993): *Is a Bond Rating Downgrade Bad News, Good News, or No News for Stockholders?* In: Journal of Finance 48 (1993), S. 2001-2008.

Goicoechea, A., Stakhiv, E. Z., Li, F. (1992): *A Framework for Quantitative Experimental Evaluation of Multiple Criteria Decision Support Systems (MCDSS)*. In: Giocoechea, A., Duckstein, L., Zionts, S. (Hrsg.): Multiple Criteria Decision Making. Berlin et al. 1992, S. 1-17.

Golden, B. L., Wang, Q. (1989): *An Alternative Measure of Consistency*. In: Golden, B. L., Wasil, E. A., Harker, P. T. (Hrsg.): The Analytical Hierarchy Process. Berlin et al. 1989, S. 68-81.

Golden, B. L., Wasil, E. A. (1987): *Ranking Outstanding Sports Records*. In: Interfaces 17 (1987), Nr. 5, S. 32-42.

Golden, B. L., Wasil, E. A., Levy, D. E. (1989): *Applications of the Analytic Hierarchy Process: A Categorised, Annotated Bibliography*. In: Golden, B. L., Wasil, E. A., Harker, P. T. (Hrsg.): The Analytical Hierarchy Process. Berlin et al. 1989, S. 37-58.

Goumas, M., Lygerou, V. (2000): *An Extension of the PROMETHEE Method for Decision Making in Fuzzy Environment: Ranking of Alternative Energy Exploitation Projects*. In: European Journal of Operational Research 123 (2000), S. 606-613.

Green, P. E., Srinivasan, V. (1978): *Conjoint Analysis in Consumer Research: Issues and Outlook*. In: Journal of Consumer Research 5 (1978), S. 103-123.

Green, P. E., Srinivasan, V. (1990): *Conjoint Analysis in Marketing: New Developments with Implications for Research and Practice*. In: Journal of Marketing 54 (1990), S. 3-19.

Grenz, T. (1987): *Dimensionen und Typen der Unternehmenskrise*. Frankfurt et al. 1987.

Großfeld, B., Johannemann, U. (1994): *Die Verwendung nichtanonymisierter Jahresabschlüsse im Rahmen von Seminarveranstaltungen zur Bilanzanalyse*. In: Die Wirtschaftsprüfung 47 (1994), S. 415-416.

Gündling, H., Everling, O. (1994): *Rating als Methode der Finanzanalyse*. In: Die Bank (1994), S. 727-731.

Hachmeister, D. (1996): *Die Abbildung der Finanzierung im Rahmen verschiedener Discounted Cash Flow-Verfahren*. In: Zeitschrift für betriebswirtschaftliche Forschung 48 (1996), S. 251-277.

Haedrich, G., Kuß, A., Kreilkamp, E. (1986): *Der Analytic Hierarchy Process*. In: Wirtschaftswissenschaftliches Studium (1986), S. 120-126.

Hand, J. R. M., Holdhausen, R. W., Leftwich, R. W. (1992): *The Effect of Bond Rating Agency Announcements on Bond and Stock Prices*. In: Journal of Finance 47 (1992), S. 733-754.

Hansmann, K.-W. (1995): *Prognose und Prognoseverfahren*. In: Betriebswirtschaftliche Forschung und Praxis (1995), S. 269-286.

Harker, P. T. (1989): *The Art and Science of Decision Making: The Analytic Hierarchy Process*. In: Golden, B. L., Wasil, E. A., Harker, P. T. (Hrsg.): The Analytical Hierarchy Process. Berlin et al. 1989, S. 3-36.

Harker, P. T., Vargas, L. G. (1987): *The Theory of Ratio Scale Estimation: Saaty's Analytical Hierarchy Process*. In: Management Science 33 (1987), S. 1383-1403.

Harker, P. T., Vargas, L. G. (1990): *Reply to the "Remarks on the Analytic Hierarchy Process" by J. S. Dyer*. In: Management Science 36 (1990), S. 269-273.

Harris, T. S., Lang, M., Möller, H. P. (1994): *The Value Relevance of German Accounting Measures: An Empirical Analysis*. In: Journal of Accounting Research 32 (1994), S. 187-209.

Harris, T. S., Lang, M., Möller, H. P. (1995): *Zur Relevanz der Jahresabschlußgrößen Erfolg und Eigenkapital für die Aktienbewertung in Deutschland und den USA*. In: Zeitschrift für betriebswirtschaftliche Forschung 47 (1995), S. 996-1028.

Hasell, N. (1995): *Britain's Most Admired Companies – The Route to High Repute*. In: Management Today (1995), Nr. 12, S. 38-49.

Hauschildt, J. (1977): *Entscheidungsziele. Zielbildung in innovativen Entscheidungsprozessen: Theoretische Ansätze und empirische Prüfung*. Tübingen 1977.

Hauschildt, J. (1987): *Erfolgs- und Finanz-Analyse*. 2., völlig überarb. und erw. Aufl., Köln 1987.

Hauschildt, J., Leker, J. (1995): *Bilanzanalyse unter dem Einfluß moderner Analyse und Prognoseverfahren*. In: Betriebswirtschaftliche Forschung und Praxis (1995), S. 249-268.

Hax, H. (1985): *Investitionstheorie*. 5., bearb. Aufl., Würzburg et al. 1985.

Hecker, R. (1975): *Ein Kennzahlensystem zur externen Analyse der Ertrags- und Finanzkraft von Industriegesellschaftten*. Frankfurt/Main 1975.

Heddergott, S. (1988): *Die Nutzenkalkulation als Instrument der Früherkennung von Insolvenzen*. Berlin 1988.

Heigl, H. R. (1995): *Wird das Rating sich bewähren?* In: Der langfristige Kredit (1995), S. 538-540.

Heinemann, F. (1995): *Rating-Agenturen sind keine Hellseher*. In: Anlage Praxis (1995), Nr. 4, S.10-12.

Heinke, V. G. (1999): *Credit Ratings werden immer wichtiger im Euromarkt*. In: Schweizer Bank (1999), Nr. 6, S. 44-45.

Heinke, V. G., Steiner, M. (2000a): *Rating am europäischen Kapitalmarkt: Aktuelle Entwicklungstendenzen – Teil 1*. In: Finanzbetrieb (2000), S. 1-9.

Heinke, V. G., Steiner, M. (2000b): *Rating am europäischen Kapitalmarkt: Nutzenaspekte und empirische Analysen– Teil 2*. In: Finanzbetrieb (2000), S. 138-151.

Henig, M. I., Buchanan, J. T. (1996): *Solving MCDM Problems: Process Concepts*. In: Journal of Multi-Criteria Decision Analysis 5 (1996), S. 3-21.

Henry, A. (1996): *Streit um Benotung*. In: Die Wirtschaftswoche, Nr. 50, 5.12.1996, S. 148-150.

Hens, L., Pastijn, H., Struys, W. (1992): *Multicriteria Analysis of the Burden Sharing in the European Community*. In: European Journal of Operational Research 59 (1992), S. 248-261.

Hielscher, U. (1990): *Investmentanalyse*. München et al. 1990.

Hillebrand, W. (1995): *Summa cum laude, 200 Geschäftsberichte auf dem Prüfstand*. In: Capital 34 (1995), Nr. 9, S. 58-66.

Hillebrand, W. (1996): *Im Dienst der Aktionäre*. In: Capital 35 (1996), Nr. 4, S. 87-106.

Hirsch, U. (1996): *Rating ist objektiv subjektiv*. In: Büschgen, H. E., Everling, O. (Hrsg.): Handbuch Rating. Wiesbaden 1996, S. 657-671.

Hoffmann, P. (1991): *Bonitätsbeurteilung durch Credit Rating: Funktionsweise und Einsatzmöglichkeiten eines Instruments zur Optimierung von Investitions- und Finanzierungsprozessen*. Berlin 1991.

Hokkanen, J. (1997): *Aiding Public Environmental Decision Making by Multicriteria Analysis*. In: Report of the university of Jyväskylä, department of mathematics, Nr. 72, Jyväskylä 1997.

Honert, R. C. von d., Lootsma, F. A. (1996): *Group Preference Aggregation in the Multiplicative AHP – The Model of the Group Decision Process and Pareto Optimality*. In: European Journal of Operational Research 96 (1996), S. 363-370.

Huber, G. P. (1974): *Methods for Quantifying Subjective Probabilities and Multi-Attribute Utilities*. In: Decision Sciences 5 (1974), S. 430-458.

Huch, B. (1993): *EDV und Bilanzanalyse*. In: Chmielewicz, K., Schweitzer, K. (Hrsg.): Handwörterbuch des Rechnungswesens. 3., völlig neu gestaltete und erg. Aufl., Stuttgart 1995, Sp. 429-436.

Hüfner, B., Möller, H. P. (1997): *Erfolge börsennotierter Unternehmen aus der Sicht von Finanzanalysten: Zur Verläßlichkeit von DVFA-Ergebnissen und deren Prognosen*. In: Zeitschrift für Bankrecht und Bankwirtschaft 9 (1997), S. 1-14.

Huylenbroeck, G. van (1995): *The Conflict Analysis Method: Bridging the Gap Between ELECTRE, PROMETHEE and ORESTE*. In: European Journal of Operational Research 82 (1995), S. 490-502.

Hwang, C.-L., Masud, A. S. (1979): *Multiple Objective Decision Making – Methods and Applications*. Berlin et al. 1979.

Hwang, C.-L., Yoon, K. (1981): *Multiple Attribute Decision Making – Methods and Applications*. Berlin et al. 1981.

Jaccard, J., Brinberg, D., Ackerman, L. J. (1986): *Assessing Attribute Importance: A Comparison of Six Methods*. In: Journal of Consumer Research 12 (1986), S. 463-468.

Jacobs, O. H. (1994): *Bilanzanalyse: EDV-gestützte Jahresabschlußanalyse als Planungs- und Entscheidungsrechnung*. 2. neubearb. und erw. Aufl., München 1994.

Jacquet-Lagrèze, E. (1982): *Binary Preference Indices: A New Look on Multicriteria Aggregation Procedures*. In: European Journal of Operational Research 10 (1982), S. 26-32.

Jacquet-Lagrèze, E., Siskos, J. (1982): *Assessing a Set of Additive Utility Functions for Multicriteria Decision-Making, the UTA Method*. In: European Journal of Operational Research 10 (1982), S. 151-164.

Jaeger, A. (1988): *Multikriteria-Analyse im Bankbereich: Von PROMETHEE zu BANKADVISER*. In: Die Bank (1988), S. 324-328.

Jaeger, A., Wäscher, G. (1987): *Mathematische Propädeutik für Wirtschaftswissenschaftler – Lineare Algebra und Lineare Optimierung*. München et al. 1987.

Jäpel, W. (1985): *Die Qualität alternativer Rating-Formen und ihre Einflußgrößen*. Regensburg 1985.

Jahn, E. (1994): *Rating im Kreditgeschäft deutscher Banken*. In: Der langfristige Kredit (1994), S. 823-827.

Jahn, E. (1995): *Ratings als Bonitätsindikator – eine Analyse*. In: Kreditwesen (1995), S. 28-31.

Jahn, T., Prandl, P. (1997): *100 Aktien im Test*. In: Capital 36 (1997), Nr. 3, S. 93-125.

Jansen, B., Jong, J. J. d., Ross, C., Terlaky, T. (1997): *Sensitivity Analysis in Linear Programming: Just be Careful!* In: European Journal of Operational Research 101 (1997), S. 15-28.

Janssen, R., Nijkamp, P. (1985): *A Multiple Criteria Evaluation Typology of Environmental Management Problems*. In: Haimes, Y. Y., Chankong, V. (Hrsg.): Decision Making with Multiple Objectives. Berlin et al. 1985, S. 494-514.

Jensen, R. E. (1971): *A Cluster Analysis Study of Financial Performance of Selected Business Firms*. In: Accounting Review 46 (1971), S. 36-56.

Johnson, E. J., Schkade, D. A. (1989): *Bias in Utility Assessments: Further Evidence and Explanations*. In: Management Science 35 (1989), S. 406-424.

Kahlen, R. M. (1995): *Nochmals: Ratings und Rankings von Lebensversicherungsunternehmen*. In: Versicherungswirtschaft (1995), S. 1644.

Kamenetzky, R. D. (1982): *The Relation Between the Analytic Hierarchy Process and the Additive Value Function*. In: Decision Sciences 13 (1982), S. 702-713.

Kane, G. D., Meade, N. L. (1997): *Rank Transformations in Cross-Sectional Comparisons Using Ratio Analysis*. In: The Journal of Financial Statement Analysis, 2 (1997), S. 61-73.

Karagiannidis, A., Moussiopoulos, N. (1997): *Application of ELECTRE III for the Management of Municipal Solid Wastes in the Greater Athens Area*. In: European Journal of Operational Research 97 (1997), S. 439-449.

Karkazis, J. (1989): *Facilities Location in a Competitive Environment: A PROMETHEE Based Multiple Criteria Analysis*. In: European Journal of Operational Research 42 (1989), S. 294-304.

Kaserer, C. (1995): *Die Ankündigung von Ratingänderungen und die Kurseffekte auf dem Markt für DM-Auslandsanleihen*. In: Österreichisches Bankarchiv (1995), S. 263-273.

Kasten, H.-H. (1995): *Rating von Lebensversicherungsunternehmen*. In: Versicherungswirtschaft (1995), S. 701-704.

Keeney, R. L. (1988): *Value-Focused Thinking and the Study of Values*. In: Bell, D. E., Raiffa, H., Tversky, A. (Hrsg.): Decision Making: Descriptive, Normative, and Prescriptive Interactions. Cambridge et al. 1988, S. 465-494.

Keeney, R. L., Raiffa, H. (1976): *Decisions with Multiple Objectives: Preferences and Value Tradeoffs*. New York et al. 1976.

Keyser, W. de, Peeters, P. (1996): *A Note on the Use of PROMETHEE Multicriteria Methods*. In: European Journal of Operational Research 89 (1996), S. 457-461.

Keyzlar, F., Wagner, B. (1996): *Scoring: vom Punktezählen zum Risikomanagement*. In: Bank und Markt (1996), Nr. 7, S. 25-29.

Kienzel, A. (1996): *Die 100 Rentabelsten – Die Liste*. In: Bilanz (1996), Nr. 7, S. 38-46.

Kirchgäßner, A. (1983): *Vergleich von Verfahren zur Lösung von Entscheidungsproblemen mit mehrfacher Zielsetzung.* Frankfurt a. M. et al. 1983.

Kiss, L. N., Martel, J.-M., Nadeau, R. (1994): *ELECCALC – an Interactive Software for Modelling Decision Maker's Preferences.* In: Decision Support Systems 12 (1994), S. 311-326.

Kleber, P. (1989): *Prognoseprobleme in der Unternehmensbewertung.* Wiesbaden 1989.

Klingman, D., Phillips, N. V. (1984): *Topological and Computational Aspects of Preemptive Multicriteria Military Personnel Assignment Problems.* In: Management Science 30 (1984), S. 1362-1375.

Kolen, M. J. (1988): *Defining Score Scales in Relation to Measurement Error.* In: Journal of Educational Measurement 25 (1988), S. 97-110.

Konings, J., Roodhooft, F. (1997): *Financial Ratio Cross-Section Dynamics: A Non-Parametric Approach.* In: Journal of Business Finance & Accounting 24 (1997), S. 1331-1342.

Korhonen, P. J. (1986): *A Hierarchical Interactive Method for Ranking Alternatives with Multiple Quantitative Criteria.* In: European Journal of Operational Research 24 (1986), S. 265-276.

Korhonen, P. J., Wallenius, J. (1983): *Principles for Solving Sequential Multiple Criteria Decision Problems.* In: Hansen, P. (Hrsg.): Essays and Surveys on Multiple Criteria Decision Making. Berlin et al. 1983, S. 195-213.

Korhonen, P. J., Wallenius, J., Zionts, S. (1980): *A Bargaining Model for Solving the Multiple Criteria Problem.* In: Fandel, G., Gal, T. (Hrsg.): Multiple Criteria Decision Making – Theory and Application. Berlin et al. 1980, S. 178-188.

Korhonen, P. J., Wallenius, J., Zionts, S. (1984): *Solving the Discrete Multiple Criteria Problem Using Convex Cones.* In: Management Science 30 (1984), S. 1336-1345.

Kornbluth, J. S. H., Steuer, R. E. (1980): *On Computing the Set of all Weakly Efficient Vertices in Multiple Objective Linear Fractional Programming.* In: Fandel, G., Gal, T. (Hrsg.): Multiple Criteria Decision Making – Theory and Application. Berlin et al. 1980, S. 189-202.

Kottermann, J. E., Davis, F. D. (1991): *Decisional Conflict and User Acceptance of Multicriteria Decision-Making Aids.* In: Decision Sciences 22 (1991), S. 918-926.

Kreikebaum, H. (1991): *Strategische Unternehmensplanung.* 4. Aufl., Stuttgart et al. 1991.

Küting, K. (1995): *Bilanzpolitik.* In: Gerke, W., Steiner, M. (Hrsg.): Handwörterbuch des Bank- und Finanzwesens. 2., überarb. und erw. Aufl., Stuttgart 1995, Sp. 262-275.

Küting, K., Weber, C. P. (1991): *Der Konzernabschluß: Lehrbuch und Fallstudie zur Praxis der Konzernrechnungslegung.* 3., grundlegend überarb. und wesentlich erw. Aufl., Stuttgart 1991.

Küting, K., Weber, C. P. (1993): *Die Bilanzanalyse: Lehrbuch zur Beurteilung von Einzel- und Konzernabschlüssen.* Stuttgart 1993.

Labonde, B. (1986): *Die Bedeutung der Nutzwert-Wirtschaftlichkeits-Analyse als Instrument zur stofflichen und finanzökonomischen Bewertung von Arbeitssystemen.* Köln 1986.

Lachnit, L. (1979): *Systemorientierte Jahresabschlußanalyse.* Wiesbaden 1979.

Lackes, R. (1992): *Sensitivitätsanalyse in der Investitionsrechnung durch kritische Werte.* In: Wirtschaftswissenschaftliches Studium (1992), S. 259-264.

Larichev, O. I., Moshkovich, H. M. (1995): *ZAPROS-LM – A Method and System for Ordering Multiattribute Alternatives.* In: European Journal of Operational Research 82 (1995), S. 503-521.

Lassak, G. (1991): *Liquidität am deutschen Rentenmarkt.* In: Zeitschrift für Betriebswirtschaft 61 (1991), S. 75-85.

Lauenstein, G., Renger, K., Hoffmann, T. (1996): *Methodik zur Sensibilitätsanalyse für den Barwert einer Investition mit linear sinkenden Erträgen.* In: Betrieb und Wirtschaft (1996), S. 269-275.

Laux, H. (1991): *Entscheidungstheorie – 1. Grundlagen.* 2., verb. Aufl., Berlin et al. 1991.

Laux, H. (1993): *Entscheidungstheorie – 2. Erweiterungen und Vertiefungen.* 3., Aufl., Berlin et al. 1993.

Lawson, G. H. (1996): *The Measurement of the Economic Performance of the US Nonfinancial Corporate Business Sector 1946-1990: An Application of the Shareholder Value Creation Concept.* In: The European Accounting Review (1996), S. 715-741.

Lee, J. K., Hurst, E. G. (1988): *Multiple-Criteria Decision Making including Quantitative Factors: The Post-Model Analysis Approach.* In: Decision Sciences 19 (1988), S. 334-352.

Leffson, U. (1984): *Bilanzanalyse.* 3., verb. Aufl., Stuttgart 1984.

Lehner, A. H. (1995): *Rating für Immobilienfinanzierungen.* In: Der langfristige Kredit (1995), S. 366-369.

Leker, J. (1994): *Fraktionierende Frühdiagnose von Unternehmenskrisen anhand von Jahresabschlüssen. Entwicklung eines multiplen Diskriminanzmodells zur Diagnose von unterschiedlichen Krisenstadien.* In: Zeitschrift für betriebswirtschaftliche Forschung 46 (1994), S. 732-750.

Leker, J., Schewe, G. (1998): *Beurteilung des Kreditausfallrisikos im Firmenkundengeschäft der Banken.* In: Zeitschrift für betriebswirtschaftliche Forschung 50 (1998), S. 877-891.

Le Téno, J. F., Mareschal, B. (1998): *An Interval Version of PROMETHEE for the Comparison of Building Products' Design with Ill-defined Data on Environmental Quality.* In: European Journal of Operational Research 109 (1998), S. 522-529.

Leung, L. C., Cao, D. (2000): *On Consistency and Ranking of Alternatives in Fuzzy AHP.* In: European Journal of Operational Research 124 (2000), S. 102-113.

Levine, P., Pomerol, J. Ch. (1986): *PRIAM, an Interactive Program for Choosing Among Multiple Attribute Alternatives.* In: European Journal of Operational Research 25 (1986), S. 272-280.

Lillich, L. (1992): *Nutzwertverfahren.* Heidelberg 1992.

Linnhoff, U., Pellens, B. (1994): *Kreditwürdigkeitsprüfung mit den neuen Jahresabschlußkennzahlen des Bundesaufsichtsamts für Versicherungen (BAV).* In: Der Betrieb 47 (1994), S. 589-594.

Löffler, G. (1999): *Die Verarbeitung von Gewinnprognosen am deutschen Aktienmarkt.* In: Zeitschrift für betriebswirtschaftliche Forschung 51 (1999), S. 128-147.

Löhne, I., Peldschus, F. (1993): *LEVI – A Program for the Solution of Multiple Criteria Decision Making Problems.* In: Brosowski, B. et al. (Hrsg.): Multicriteria Decision. Frankfurt a. M. et al. 1993, S. 63-68.

Löhrer, G. (1994): *Bilanz 100.* In: Die Bilanz (1994), Nr. 7, S. 24-32.

Loistl, O. (1993): *Management von Kursrisiken bei Aktien.* In: Gebhardt, G., Gerke, W., Steiner, M. (Hrsg.): Handbuch des Finanzmanagements. München 1993, S. 751-762.

Longo, J. M., Long, M. S. (1997): *Using Neural Networks to Differentiate Between Winner and Loser Stocks.* In: Journal of Financial Statement Analysis 2 (1997), Nr. 2, S. 5-15.

Lootsma, F. A. (1980): *Saaty's Priority Theory and the Nomination of a Senior Professor.* In: Operations Research 4 (1980), S. 380-388.

Lootsma, F. A. (1992): *The French and the American School in Multi-Criteria Decision Analysis*. In: Giocoechea, A., Duckstein, L., Zionts, S. (Hrsg.): Multiple Criteria Decision Making. Berlin et al. 1992, S. 253-267.

Loughran, T. (1997): *Book-to Market across Firm Size, Exchange, and Seasonality: Is There an Effect?* In: Journal of Financial and Quantitative Analysis 32 (1997), S. 249-268.

Luber, T., Nitschke, R. (1999): *Nur die Wahrheit zählt*. In: Capital 38 (1999), Nr. 10, S. 40-88.

Luce, R. D., Raiffa, H. (1967): *Games and Decisions*. 7. Aufl., New York et al. 1967.

Lynn, M. (1996): *How Best to Measure Performance*. In: The Sunday Times, 11.8.1996, S. 26.

März, T. (1983): *Interdependenzen in einem Kennzahlensystem: eine empirische Untersuchung zur Aussagefähigkeit von Kennzahlen bei der Unternehmensanalyse*. München 1983.

Mag, W. (1990): *Grundzüge der Entscheidungstheorie*. München 1990.

Mahmood, M. A., Lawrence, E. C. (1987): *A Performance Analysis of Parametric and Nonparametric Discriminant Approaches to Business Decision making*. In: Decision Science 18 (1987), S. 308-326.

Malakooti, B. (1985): *A Nonlinear Multi-Attribute Utility Theory*. In: Haimes, Y. Y., Chankong, V. (Hrsg.): Decision Making with Multiple Objectives. Berlin et al. 1985, S. 190-200.

Mangelsdorff, L. (1990): *Aggregationsmechanismen in der Kollektiventscheidungstheorie*. In: Wirtschaftswissenschaftliches Studium (1990), S. 189-192.

Marchant, T. (1997): *Ranking with Scoring Functions*. Discussion Paper, Universite Libre de Bruxelles, Institut de Statistique, Série: Mathematiques de la Gestion 97/05.

Mareschal, B. (1986): *Stochastic Multicriteria Decision Making and Uncertainty*. In: European Journal of Operational Research 26 (1986), S. 58-64.

Mareschal, B. (1988): *Weight Stability Intervals in Multicriteria Decision Aid*. In: European Journal of Operational Research 33 (1988), S. 54-64.

Mareschal, B., Brans, J. P. (1988): *Geometrical Representations for MCDA*. In: European Journal of Operational Research 34 (1988), S. 69-77.

Mareschal, B., Brans, J. P. (1991): *BANKADVISER: An Industrial Evaluation System*. In: European Journal of Operational Research 54 (1991), S. 318-324.

Mármol, A. M., Puerto, J. (1997): *Special Cases of Tolerance Approach in Multiobjective Linear Programming*. In: European Journal of Operational Research 98 (1997), S. 610-616.

Markowitz, H. M. (1959): *Portfolio Selection*. New York 1959.

Martel, J.-M., Avignon, G. R. d' (1982): *Projects Ordering with Multicriteria Analysis*. In: European Journal of Operational Research 10 (1982), S. 56-69.

Martel, J.-M., Avignon, G. R. d', Coullard, J. (1986): *A Fuzzy Outranking Relation in Multicriteria Decision Making*. In: European Journal of Operational Research 25 (1986), S. 258-271.

Matarazzo, B. (1988): *Preference Ranking Global Frequencies in Multicriterion Analysis (PRAGMA)*. In: European Journal of Operational Research 36 (1988), S. 36-49.

Matarazzo, B. (1990): *A Pairwise Criterion Comparison Approach: The MAPPAC and PRAGMA Methods*. In: Bana e Costa, C. A. (Hrsg.): Readings in Multiple Criteria Decision Aid. Berlin et al. 1990, S. 253-273.

Matolcsy, Z. P., Lianto, T. (1995): *The Incremental Information Content of Bond Rating Revisions: The Australian Evidence*. In: Journal of Banking & Finance 19 (1995), S. 891-902.

Mattern, E. (1984): *Rating im internationalen Kreditgeschäft*. In: Die Bank (1984), S. 374-378.

May, A. (1994): *Pressemeldungen und Aktienindizes*. Kiel 1994.

Meier, K. (1992): *Modellbildung bei Mehrfachzielen*. Heidelberg 1992.

Meierhofer, L. (1983): *Projektselektion in der Forschungsförderung*. Unveröffentlichte Dissertation Basel 1983.

Merkl, J. (1996): *Falsch beraten – Geld zurück*. Düsseldorf 1996.

Mertens, P. (1989): *Expertisesysteme als Variante der Expertensysteme zur Führungsinformation*. In: Zeitschrift für betriebswirtschaftliche Forschung 41 (1989), S. 835-854.

Meyer, C. (1989): *Kunden-Bilanz-Analyse der Kreditinstitute. Eine Einführung in die Jahresabschluß-Analyse und in die Analyse-Praxis der Kreditinstitute*. Stuttgart 1989.

Meyer, C. (1994): *Betriebswirtschaftliche Kennzahlen und Kennzahlen-Systeme*. 2., erw. und überarb. Aufl., Stuttgart 1994.

Miller, G. A. (1956): *The Magical Number Seven Plus or Minus Two: Some Limits on Our Capacity for Processing Information*. In: Psychological Review 63 (1956), S. 81-97.

Mitchell, K. H., Wasil, E. A. (1989): *AHP in Praxis: Applications and Observations from Management Consulting Perspective.* In: Golden, B. L., Wasil, E. A., Harker, P. T. (Hrsg.): The Analytical Hierarchy Process. Berlin et al. 1989, S. 192-212.

Mladineo, N., Margeta, J., Brans, J. P., Mareschal, B. (1987): *Multicriteria Ranking of Alternative Locations for Small Scale Hydro Plants.* In: European Journal of Operational Research 31 (1987), S. 215-222.

Moll-Iffland, E. (1995): *Mehr Transparenz durch Ratings?* In: Versicherungswirtschaft (1995), S. 1596-1598.

Monsuur, H. (1996): *An Intrinsic Consistency Threshold for Reciprocal Matrices.* In: European Journal of Operation Research 96 (1996), S. 387-391.

Mood, A. M., Graybill, F. A., Boes, D. C. (1987): *Introduction to the Theory of Statistics.* 3. Aufl., Singapore 1987.

Moody's Investor Service (Hrsg.) (1998): *Issuer Ratings Provide New Tool for Investors and Issuers.* New York 1998.

Moody's Investors Service (Hrsg.) (1999): *Global Rating Guide.* New York 1999.

Moore, J. R., Baker, N. R. (1969): *Computational Analysis of Scoring Models for R and D Project Selection.* In: Management Science 16 (1969), S. B212-B232.

Morgenstern, O. (1950): *On the Accuracy of Economic Observations.* Princeton 1950.

Moshkovich, H. M., Schellenberger, R. E., Olson, D. L. (1998): *Data Influences the Result more than Preferences: Some Lessons from Implementation of Multiattribute Techniques in a Real Decision Task.* In: Decision Support Systems 22 (1998), S. 73-84.

Mosler, K. C. (1984): *Stochastic Dominance Decision Rules when the Attributes are Utility Independent.* In: Management Science 30 (1984), S. 1311-1322.

Mosler, K. C. (1991): *Multiattribute Utility Functions, Partial Information on Coefficients, and Efficient Choice.* In: OR Spektrum 13 (1991), S. 87-94.

Moxter, A. (1983): *Grundsätze ordnungsmäßiger Unternehmensbewertung.* 2. Aufl., Wiesbaden 1983.

Mueller, D. C. (1995): *Public Choice II.* 6. Aufl., Cambridge 1995.

Müller, M. (1996): *Umstrittene Zensuren – Ratingagenturen werden auch für deutsche Firmen immer wichtiger.* In: Die Zeit (1996), Nr. 20, S. 18.

Müller, W. (1992): *Bilanzinformationen und Aktienbewertungen.* Frankfurt a. M. 1992.

Munda, G. (1995): *Multicriteria Evaluation in a Fuzzy Environment.* Heidelberg 1995.

Murphy, C. K. (1993): *Limits on the Analytical Hierarchy Process from its Consistency Index.* In: European Journal of Operational Research 65 (1993), S. 138-139.

Murrell, S., Plant, R. T. (1997): *A Survey of Tools for the Validation and Verification of Knowledge-Based Systems: 1985-1995.* In: decision Support Systems 21 (1997), S. 307-323.

Nakamura, Y. (1997): *Lexicographic Additivity for Multi-Attribute Preferences on finite Sets.* In: Theory and Decision 42 (1997), S. 1-19.

Nakayama, H., Takeguchi, T., Sano, M. (1983): *Interactive Graphics for Portfolio Selection.* In: Hansen, P. (Hrsg.): Essays and Surveys on Multiple Criteria Decision Making. Berlin et al. 1983, S. 280-289.

Narasimhan, R., Vickery, S. K. (1988): *An Experimental Evaluation of Articulation of Preferences in Multiple Criterion Decision-Making (MCDM) Methods.* In: Decision Sciences 19 (1988), S. 880-888.

Nau, R. F. (1985): *Should Scoring Rules Be "Effective"?* In: Management Science 31 (1985), S. 527-535.

Nayar, N., Rozeff, M. S. (1994): *Ratings, Commercial Paper, and Equity Returns.* In: Journal of Finance 49 (1994), S. 1434-1449.

Neufville, R. d., McCord, M. (1984): *Unreliable Measurement of Utility: Significant Problems for Decision Analysis.* In: Brans, J. P. (Hrsg.) Operational Research'84, S. 464-476.

Neumann, M. J. M., Klein, M. (1982): *Probleme der Theorie effizienter Märkte und ihre empirische Überprüfung.* In: Kredit und Kapital 15 (1982), S. 165-187.

Nguyen-Khac, T. Q., Homolka, W. (1995): *Ethik und Ökologie – Maßstäbe bei der Geldanlage.* In: Die Bank (1995), S. 583-587.

Oelsnitz, D. v. d. (1999): *Stand und Entwicklungsperspektiven der betriebswirtschaftlichen Entscheidungsforschung.* In: Zeitschrift für Planung (1999), S. 157-176.

Oestereicher A., Piotrowski-Allert, S. (1996): *Klassifikation und Beurteilung von Unternehmen mit Hilfe von Selbstorganisierenden Neuronalen Netzen.* In: Zeitschrift für betriebswirtschaftliche Forschung 48 (1996), S. 335-371.

Oestereicher, A., Spengel, C. (1996): *Vergleichende Analyse internationaler Jahresabschlüsse.* In: Die Wirtschaftsprüfung 49 (1996), S. 381-393.

Ohlenroth, W., Reuter, A. (1985): *Zensuren für Unternehmen und Bilanzen – Statistische Bilanzanalyse im STS.* In: Betriebswirtschaftliche Blätter 34 (1985), S. 336-346.

Olson, D. L. (1996): *Decision Aids for Selection Problems.* New York et al. 1996.

Olson, D. L., Fliedner, G., Currie, K. (1995): *Comparison of the REMBRANDT System with Analytic Hierarchy Process.* In: European Journal of Operational Research 82 (1995), S. 522-539.

Ossadnik, W. (1994): *Strategiewahl mittels AHP.* In: Die Unternehmung (1994), S. 159-169.

Ossadnik, W. (1998): *Mehrzielorientiertes strategisches Controlling. Methodische Grundlagen und Fallstudien zum führungsunterstützenden Einsatz des Analytischen Hierarchie-Prozesses.* Heidelberg 1998.

Ossadnik, W., Lange, O. (1999): *AHP-based Evaluation of AHP-Software.* In: European Journal of Operational Research 118 (1999), S. 578-588.

Ostanello, A. (1990): *Action Evaluation and Action Structuring: Different Decision Aid Situations Reviewed Through Two Actual Cases.* In: Bana e Costa, C. A. (Hrsg.): Readings in Multiple Criteria Decision Aid. Berlin et al. 1990, S. 36-57.

Ozernoy, V. M. (1992): *Choosing the "Best" Multiple Criteria Decision-Making Method.* In: INFOR 30 (1992), S. 159-171.

O. V. (1993): *Vergleichsweise sehr gut – wem hilft ein Leistungsrating?* In: Bank und Markt (1993), Nr. 6, S. 34-35.

O. V. (1997a): *Performance Rankings of the S&P 500.* In: Business Week, March 24 (1997), S. 45-57.

O. V. (1997b): *Industry Rankings of the S&P 500.* In: Business Week, March 24 (1997), S. 59-93.

O. V. (1997c): *Künstler-Rating 97.* In: Die Bilanz (1997), Nr. 6, S. 140-143.

O. V. (1998a): *Das sind die Schweizer Golfparadiese.* In: Die Bilanz (1998), Nr. 5, S. 152-155.

O. V. (1998b): *Top-Travel.* In: Die Bilanz (1998), Nr. 8, S. 70-78.

O. V. (1999a): *Die besten Visitenkarten.* In: Die Bilanz (1999), Nr. 3, S. 86-93.

O. V. (1999b): *Das Euro-Ranking – Methode: Nach welchen Kriterien und Kennzahlen Manager Magazin die 500 größten europäischen Aktiengesell-*

schaften analysiert und bewertet. In: Manager Magazin 29 (1999), Nr. 11, S. 204-206.

O. V. (1999c): *Die Euro 500 im Test.* In: Manager Magazin 29 (1999), Nr. 11, S. 208-233.

Park, K. S., Kim, S. H., Yoon, W. C. (1996): *Establishing Strict Dominance Between Alternatives with Special Type of Incomplete Information.* In: European Journal of Operational Research 96 (1996), S. 398-406.

Pastijn, H., Leysen, J. (1989): *Constructing an Outranking Relation with ORESTE.* In: Mathematical Computer Modelling 12 (1989), S. 1255-1268.

Pawlak, Z., Slowinski, R. (1994): *Rough Set Approach to Multi-Attribute Decision Analysis.* In: European Journal of Operational Research 72 (1994), S. 443-459.

Peemöller, V. H., Bömelburg, P., Denkmann, A. (1994): *Unternehmensbewertung in Deutschland – Eine empirische Erhebung.* In: Die Wirtschaftsprüfung 47 (1994), S. 741-749.

Pellens, B. (1989): *Der Informationswert von Konzernabschlüssen: eine empirische Untersuchung deutscher Börsengesellschaften.* Wiesbaden 1989.

Pellens, B. (1997): *Internationale Rechnungslegung.* Stuttgart 1997.

Perlitz, M. (1979): *Empirische Bilanzanalyse.* In: Zeitschrift für Betriebswirtschaft 49 (1979), S. 835-849.

Perry, L. G., Cronan, T. P. (1986): *A Note on Rank Transformation Discriminant Analysis.* In: Journal of Banking and Finance 10 (1986), S. 605-610.

Perry, L. G., Cronan, T. P., Henderson, G. V. (1985): *Industry Classification, Ordinal Data, and Bond-Rating Decision Models.* In: Decision Sciences 16 (1985), S. 14-24.

Person, H. B. (1979): *Cross-Comparison of Anova and SCJM: A New Approach to Axiomatic Conjoint Measurement for Noisy Data.* In: Decision Science 10 (1979), S. 177-194.

Peters, P., Waterman, R. (1982): *In Search of Excellence: Lessons from America's Best Run Companies.* New York 1982.

Pfanzagl, J. (1978): *Allgemeine Methodenlehre der Statistik.* 5., unveränd. Aufl., Berlin et al. 1978.

Pfisterer, S. (1989): *Empirische Untersuchungen zu einem Rating-System für Banken – am Beispiel des Platzes Dänemark.* Manuskript aus dem Institut für Betriebswirtschaftslehre der Universität Kiel, Kiel 1989.

Pfohl, H.-C., Braun, G. E. (1981): *Entscheidungstheorie: normative und deskriptive Grundlagen des Entscheidens.* Landsberg am Lech 1981.

Plinke, K. (1988): *Die Nutzwertkalkulation als Instrument der Banken für die Kapitalanlage.* Unveröffentlichte Dissertation, Berlin 1988.

Popper, K. R. (1973): *Logik der Forschung.* 5. Aufl., Tübingen 1973.

Prandl, P. (1998): *Falsch verstanden.* In: Capital 37 (1998), Nr. 11, S. 410-416.

Prevot, M., Chouaf, M. (1984): *Three Multiobjective Methods Applied to the French Industry.* In: Brans, J. P. (Hrsg.): Operational Research '84, S. 505-516.

Quiggin, J. (1982): *A Theory of Anticipated Utility.* In: Journal of Economic Behaviour and Organisation 3 (1982), S. 323-343.

Radner, R. (1972): *Normative Theory of Individual Decision: An Introduction.* In: McGuire, C. B., Radner, R. (Hrsg.): Decision and Organisation. Amsterdam et al. 1972, S. 1-18.

Raiffa, H. (1968): *Decision Analysis – Introductory Lectures on Choices under Uncertainty.* 2. Aufl., Massachusetts 1968.

Raimbourg, P. (1990): *Les Agences de Rating.* Paris 1990.

Raju, K. S., Pillia, C. R. S. (1999): *Multicriterion Decision Making in Performance Evaluation of an Irrigation System.* In: European Journal of Operational Research 112 (1999), S. 479-488.

Ramanthan, R., Ganesh, L. S. (1994): *Group Preference Aggregation Methods Employed in AHP: An Evaluation and an Intrinsic Process for Deriving Members' Weightages.* In: European Journal of Operational Research 79 (1994), S. 249-265.

Rappaport, A. (1967): *Sensitivity Analysis in Decision Making.* In: Accounting Review 42 (1967), S. 441-456.

Rappaport, A. (1987): *Stock Market Signals to Managers.* In: Harvard Business Review (1987), Nr. 6, S. 57-62.

Rappaport, A. (1999): *Shareholder Value: Ein Handbuch für Manager und Investoren.* 2., vollständig überarbeitete und aktualisierte Aufl., Stuttgart 1999.

Regan, P. J., Holtzman, S. (1995): *R & D Decision Advisor: An Interactive Approach to Normative Decision System Model Construction.* In: European Journal of Operational Research 84 (1995), S. 116-133.

Rehkugler, H. (1986): *Entscheidungstheorie: Erklärung und Gestaltung betrieblicher Entscheidungen.* 3. Aufl., München 1986.

Rehkugler, H., Poddig, T. (1992): *Klassifikation von Jahresabschlüssen mittels Multilayer-Perceptrons – Erste Ergebnisse und weiterführende Fragestellungen.* Workingpaper 87/1992

Rehkugler, H., Poddig, T. (1993): *Bilanzanalyse.* 3. völlig überarb. und stark erw. Aufl., München et al. 1993.

Reichmann, T. (1990): *Controlling mit Kennzahlen: Grundlage einer systemgestützten Controlling-Konzeption.* 2. verb. Aufl., München 1990.

Reichmann, T. (1995): *Kennzahlenanalyse.* In: Gerke, W., Steiner, M. (Hrsg.): Handwörterbuch des Bank- und Finanzwesens. 2., überarb. und erw. Aufl., Stuttgart 1995, Sp. 1200-1213.

Reuter, A. (1996): *Kredit-Rating und Kreditrisiko-Analyse.* In: Betriebswirtschaftliche Blätter (1996), S. 321-326.

Richter, F. (1997): *DFG-Methode und Unternehmensbewertung: Analyse der systematischen Abweichungen der Bewertungsergebnisse.* In: Zeitschrift für Bankrecht und Bankwirtschaft 9 (1997), S. 226-237.

Rios-Garcia, S., Rios-Insua, S. (1983): *The Portfolio Selection Problem with Multiattributes and Multiple Criteria.* In: Hansen, P. (Hrsg.): Essays and Surveys on Multiple Criteria Decision Making. Berlin et al. 1983, S. 317-325.

Rios Insua, D. (1990): *Sensitivity Analysis in Multiobjective Decision Making.* Berlin et al. 1990.

Rohrmann, B., Schütz, H. (1993): *The Evaluation of Decision Aids.* In: Nagel, S. S. (Hrsg.): Computer-aided Decision Analysis: Theory and Applications. Westport et al. 1993, S. 5-32.

Rommelfanger, H. (1994): *Fuzzy Decision Support-System.* 2. verb. u. erw. Aufl., Berlin et al. 1994.

Rommelfanger, H., Unterharnscheidt, D. (1987): *Kreditwürdigkeitsprüfung im Mittelständischen Unternehmensbereich.* Diskussionspapier des Instituts für Statistik und Mathematik, Fachbereich Wirtschaftswissenschaften, Universität Frankfurt a. M. 1987.

Rommelfanger, H., Unterharnscheidt, D. (1988): *Modelle zur Aggregation von Bonitätskriterien. Eine empirische Untersuchung zur Kompensation divergierender Kennzahlenausprägungen bei der Kreditvergabe an mittelständische Unternehmen.* In: Zeitschrift für betriebswirtschaftliche Forschung 40 (1988), S. 471-503.

Rosenbloom, E. S. (1996): *A Probabilistic Interpretation of the Final Ranking in AHP.* In: European Journal of Operational Research 96 (1996), S. 371-378.

Rosinger, E. E. (1991): *Beyond Preference Information Based Multiple Criteria Decision Making.* In: European Journal of Operational Research 53 (1991), S. 217-227.

Roubens, M. (1982): *Preference Relations on Actions and Criteria in Multicriteria Decision Making.* In: European Journal of Operational Research 10 (1982), S. 51-55.

Roy, B. (1977): *A Conceptual Framework for a Prescriptive Theory of "Decision-Aid".* In: Starr, M. K., Zeleny, M. (Hrsg.): Multiple Criteria Decision Making. Amsterdam et al. 1977, S. 179-210.

Roy, B. (1980): *Selektieren, Sortieren und Ordnen mit Hilfe von Prävalenzrelationen: Neue Ansätze auf dem Gebiet der Entscheidungshilfe für Multikriteria-Probleme.* In: Zeitschrift für betriebswirtschaftliche Forschung 32 (1980), S. 465-497.

Roy, B. (1990a): *Decision-Aid and Decision-Making.* In: Bana e Costa, C. A. (Hrsg.): Readings in Multiple Criteria Decision Aid. Berlin et al. 1990, S. 17-35.

Roy, B. (1990b): *The Outranking Approach and the foundations of ELECTRE Methods.* In: Bana e Costa, C. A. (Hrsg.): Readings in Multiple Criteria Decision Aid. Berlin et al. 1990, S. 155-183.

Roy, B. (1990c): *Decision-Aid and Decision-Making.* In: European Journal of Operational Research 45 (1990), S. 324-331.

Roy, B., Bouyssou, D. (1985): *Comparison of Multi-Attribute Utility and an Outranking Model Applied to a Nuclear Power Plant Siting Example.* In: Haimes, Y. Y., Chankong, V. (Hrsg.): Decision Making with Multiple Objectives. Berlin et al. 1985, S. 482-494.

Roy, B., Bouyssou, D. (1986): *Comparison of Two Decision-Aid Models Applied to a Nuclear Plant Siting Example.* In: European Journal of Operational Research 25 (1986), S. 200-215.

Roy, B., Hugonnard, J. C. (1982): *Classement des prolongements de linges de métro en banlieue Parisienne.* Cahiers Scientifiques de la Revue Transport 6 (1982).

Roy, B., Vincke, P. (1981): *Multicriteria Analysis: Survey and New Directions.* In: European Journal of Operational Research 8 (1981), S. 207-218.

Roy, B., Vincke, P. (1984): *Relational Systems of Preference with One or More Pseudo-Criteria: Some New Concepts and Results.* In: Management Science 30 (1984), S. 1323-1335.

Rubinstein, M. (1975): *Securities Market Efficiency in an Arrow-Debreu Economy.* In: American Economic Review 65 (1975), S. 812-824.

Rudolph, F. (1993): *ZP-Stichwort: Kennzahlensysteme.* In: Zeitschrift für Planung (1993), S. 97-100.

Rüsberg, L. (1992): *Banken-Rating: Rendite, Risiko und Wachstum von Kreditinstituten.* Wiesbaden 1992.

Saaty, T. L. (1977): *A Scaling Method for Priorities in Hierarchical Structures.* In: Journal of Mathematical Psychology 15 (1977), S. 234-281.

Saaty, T. L. (1980): *The Analytical Hierarchy Process.* New York et al. 1980.

Saaty, T. L. (1983): *Priority Setting in Complex Problems.* In: Hansen, P. (Hrsg.): Essays and Surveys on Multiple Criteria Decision Making. Berlin et al. 1983, S. 326-336.

Saaty, T. L. (1986): *Axiomatic Foundation of the Analytical Hierarchy Process.* In: Management Science 32 (1986), S. 841-855.

Saaty, T. L. (1987): *Concepts, Theory, and Techniques – Rank Generation, Preservation, and Reversal in the Analytic Hierarchy Decision Process.* In: Decision Sciences 18 (1987), S. 157-177.

Saaty, T. L. (1989): *Group Decision Making and the AHP.* In: Golden, B. L., Wasil, E. A., Harker, P. T. (Hrsg.): The Analytical Hierarchy Process. Berlin et al. 1989, S. 59-67.

Saaty, T. L. (1990a): *Decision Making for Leaders.* 2. Aufl., Pittsburgh 1990.

Saaty, T. L. (1990b): *An Exposition of the AHP in Reply to the Paper "Remarks on the Analytic Hierarchy Process".* In: Management Science 36 (1990), S. 259-268.

Saaty, T. L. (1994): *Homogeneity and Clustering in AHP Ensures the Validity of the Scale.* In: European Journal of Operational Research 72 (1994), S.598-601.

Saaty, T. L., Kearns, K. P. (1985): *Analytic Planning: The Organisation of Systems.* Oxford et al. 1985.

Saaty, T. L., Takizawa, M. (1986): *Dependence and Independence: From Linear Hierarchies to Nonlinear Networks.* In: European Journal of Operational Research 26 (1986), S. 229-237.

Saaty, T. L., Vargas, L. G. (1984a): *Inconsistency and Rank Preservation.* In: Journal of Mathematical Psychology 28 (1984), S. 205-214.

Saaty, T. L., Vargas, L. G. (1984b): *The Legitimacy of Rank Reversal.* In: OMEGA International Journal of Management Science 12 (1984), S. 513-516.

Saaty, T. L., Vargas, L. G. (1990): *Prediction, Projection, and Forecasting.* Boston et al. 1990.

Sabel, H. (1996): *Governance Structures in Deutschland – Mißerfolge, Leitungsstrukturen und Führungsverhalten.* In: Zeitschrift für Betriebswirtschaft -Ergänzungsheft 3/1996, S. 103-123.

Salinger, E. (1993): *Betriebswirtschaftliche Entscheidungstheorie.* 3., verb. Aufl., München 1993.

Salminen, P., Hokkanen, J., Lahdelma, R. (1998): *Comparing Multicriteria Methods in the Context of Environmental Problems.* In: European Journal of Operational Research 104 (1998), S. 485-496.

Sarin, R. K. (1980): *Ranking of Multiattribute Alternatives with an Application to Coal Plant Siting.* In: Fandel, G., Gal, T. (Hrsg.): Multiple Criteria Decision Making – Theory and Application. Berlin et al. 1980, S. 405-429.

Sarin, R. K. (1990): *Conjoint Measurement: Theory and Methods.* In: Bana e Costa, C. A. (Hrsg.): Readings in Multiple Criteria Decision Aid. Berlin et al. 1990, S. 277-294.

Scarelli, A., Venzi, L. (1997): *Nonparametric Statistics in Multicriteria Analysis.* In: Theory and Decision 43 (1997), S. 89-105.

Schärlig, A. (1996): *Pratiquer ELECTRE et PROMETHEE. Un complément à Décider sur plusieurs critères.* Lausanne 1996.

Schildbach, T. (1986): *Kapitalmarkteffizienz und Informationsfunktion des Jahresabschlusses.* Berlin et al. 1986.

Schiereck, D., Weber, M. (1995): *Zyklische und antizyklische Handelsstrategien am deutschen Aktienmarkt.* In: Zeitschrift für betriebswirtschaftliche Forschung 47 (1995), S. 3-24.

Schlittgen, R. (1991): *Einführung in die Statistik. Analyse und Modellierung von Daten.* 3. durchges. Aufl., München et al. 1991.

Schmidt, R. (1976): *Wertpapieranalyse.* In: Grochla, E., Wittmann, W. (Hrsg.): Handwörterbuch der Betriebswirtschaft, 4. völlig neu gestaltete Aufl., Stuttgart 1976, Sp. 4429-4437.

Schmidt, R. (1990a): *Rating börsennotierter Unternehmen.* In: Gerke, W. (Hrsg.): Anleger an die Börse. Berlin et al. 1990, S.55-88.

Schmidt, R. (1990b): *Early Warning Systems.* In: Grochla, E., Gaugler, E. (Hrsg.): Handbook of German Business Management. Stuttgart 1990, Sp. 753-764.

Schmidt, R. (1991): *Financial Ratio Analysis of Large European Listed Companies.* In: Manuskripte aus den Instituten für Betriebswirtschaftslehre der Universität Kiel, Nr. 280, Kiel 1991.

Schmidt, R. (1992): *Druckbericht, Inhaltsanalyse.* In: Coenenberg, A. G., Wysocki, K. von (Hrsg.): Handwörterbuch der Revision. 2. neugestaltete und ergänzte Aufl., Stuttgart 1992, Sp. 368-376.

Schmidt, R. (1993): *Das Shareholder Value-Konzept.* In: von Fritsch, U., Liener, G., Schmidt, R. (Hrsg.): Die deutsche Aktie. Stuttgart 1993, S. 277-296.

Schmidt, R. (1994): *Handbuch „Manager Magazin 500 – Unternehmenstest und Aktienanalyse Deutschland 1994“.* Hamburg 1994.

Schmidt, R. (1995a): *Fundamentalanalyse.* In: Gerke, W., Steiner, M. (Hrsg.): Handwörterbuch des Bank- und Finanzwesens. 2., überarb. und erw. Aufl., Stuttgart 1995, Sp. 829-839.

Schmidt, R. (1995b): *Erläuterungen zur Performancemessung deutscher Aktiengesellschaften nach dem RSW-Verfahren im Manager Magazin 11/1995.* Arbeitspapier Halle 1995.

Schmidt, R. (1997a): *Alternative Ansätze zur Erteilung von Ratings.* In: Vorzeitige Beendigung von Finanzierungen – Ranking von Unternehmen. Bankrechtstag 1997, Berlin et al. 1997, S. 137-161.

Schmidt, R. (1997b): *Handbuch „manager magazin 500 – Unternehmenstest und Aktienanalyse Deutschland 1997“.* Hamburg 1997.

Schmidt, R., Wilhelm, W. (1987): *Rendite – Sicherheit – Wachstum. 300 Börsengesellschaften unter der Lupe.* In: Manager Magazin 17 (1987), Nr. 11, S. 233-265.

Schmidt, R., Wilhelm, W. (1988): *Rendite – Sicherheit – Wachstum. 52 Finanzdienstleister unter der Lupe.* In: Manager Magazin 18 (1988), Nr. 2, S. 137-150.

Schmidt, U. (1996): *Entwicklungstendenzen in der Entscheidungstheorie unter Risiko.* In: Betriebswirtschaftliche Forschung und Praxis (1996), S. 663-678.

Schneeweiß, C. (1990): *Kostenwirksamkeitsanalyse, Nutzwertanalyse und Multi-Attributive Nutzentheorie.* In: Wirtschaftliches Studium (1990), S. 13-18.

Schneeweiß, C. (1991): *Planung 1. Systemanalytische und entscheidungstheoretische Grundlagen.* Berlin et al. 1991.

Schneider, D. (1985): *Eine Warnung vor Frühwarnsystemen – Statistische Jahresabschlußanalyse als Prognose zur finanziellen Gefährdung einer Unternehmung?* In: Der Betrieb 38 (1985), S. 1489-1494.

Schneider, D. (1987): *Allgemeine Betriebswirtschaftslehre.* 3., überarb. und erw. Aufl., München 1987.

Schneider, D. (1989): *Erste Schritte zu einer Theorie der Bilanzanalyse.* In: Die Wirtschaftsprüfung 22 (1989), S. 633-642.

Schneider, D. (1995): *Informations- und Entscheidungstheorie.* München et al. 1995.

Schneller, G. O., Sphicas, G. (1985): *On Sensitivity Analysis in Decision Theory.* In: Decision Sciences 16 (1985), S. 399-409.

Schroeder, D. (1995): *Rating für Bausparkassen?* In: Der langfristige Kredit (1995), S. 638-643.

Schulz, J. (1995): *Ratings und Rankings zur Beurteilung von Lebensversicherungsunternehmen.* In: Versicherungswirtschaft (1995), S. 1474-1479.

Schwab, K.-D. (1983): *Ein auf dem Konzept der unscharfen Mengen basierendes Entscheidungsmodell bei mehrfacher Zielsetzung.* Frankfurt a. M. et al. 1983.

Serfling, K., Pries, A. (1990): *Möglichkeiten und Grenzen des Ratings.* In: Die Bank (1990), S. 381-384.

Serfling, K., Badack, E., Jeiter, V. (1996): *Möglichkeiten und Grenzen des Kredit Ratings.* In: Büschgen, H. E., Everling, O. (Hrsg.): Handbuch Rating. Wiesbaden 1996, S. 629-655.

Seiford, L. M., Zhu, J. (1998): *Stability Regions for Maintaining Efficiency in Data Envelopment Analysis.* In: European Journal of Operational Research 108 (1998), S. 127-139.

Shields, M. D. (1983): *Effects of Information Supply and Judgement Accuracy: Evidence from Corporate Managers.* In: Accounting Review 58 (1983), S. 284-303.

Sieben, G., Barion, H.-J., Maltry, H. (1993): *Bilanzpolitik.* In: Chmielewicz, K., Schweitzer, K. (Hrsg.): Handwörterbuch des Rechnungswesens. 3., völlig neu gestaltete und erg. Aufl., Stuttgart 1993, Sp. 229-239.

Sieben, G., Schildbach, T. (1994): *Betriebswirtschaftliche Entscheidungstheorie.* 4., durchges. Aufl., Düsseldorf 1994.

Sieg, G. (1993): *Zur Theorie und Empirie von Rankingumkehrungen – Eine Untersuchung der Fußball-Bundesliga.* Diskussionsbeitrag Nr. 65 aus dem Volkswirtschaftlichen Seminar der Universität Göttingen 1993.

Sieg, G. (1994): *Die empirische Bedeutung von Rankingumkehrungen bei Scoring-Verfahren.* In: Zeitschrift für Planung (1994), S. 163-172.

Siskos, J., Zopounidis, C. (1987): *The Evaluation Criteria of the Venture Capital Investment Activity: An interactive Assessment.* In: European Journal of Operational Research 31 (1987), S. 304-313.

Siskos, Y., Zopounidis, C., Pouliezos, A. (1994): *An Integrated DSS for financing Firms by an Industrial Development Bank in Greece.* In: Decision Support Systems 12 (1994), S. 151-168.

Shioyama, T., Tanaka, K. (1995): *A New Aggregation-Disaggregation Algorithm.* In: European Journal of Operational Research 83 (1995), S. 655-669.

Sönnichsen, C. (1992): *Rating-Systeme am Beispiel der Versicherungswirtschaft.* Berlin 1992.

Solymosi, T., Dombi, J. (1986): *A Method for Determining the Weights of Criteria: The Centralized Weights.* In: European Journal of Operational Research 26 (1986), S. 35-41.

Sprengler, T., Geldermann, J., Rentz, O. (1997a): *Ganzheitliche Bewertung von Produktionsprozessen durch multikriterielle Entscheidungsunterstützung.* In: Zimmermann, U. et al. (Hrsg.): Operation Research Proceedings 1996. Berlin et al. 1997, S. 415-420.

Spengler, T., Geldermann, J., Rentz, O. (1997b): *Multikriterielle Entscheidungsverfahren zur ganzheitlichen Bewertung von Investitionsalternativen – dargestellt am Beispiel von Oberflächenreinigungssystemen.* In: Zeitschrift für Planung (1997), S. 55-79.

Sperber, H., Mühlenbruch, M. (1995): *Die Praxis der Bonitätsanalyse.* In: Die Bank (1995), S. 199-203.

Sprage, R. H., Watson, H. J. (1976): *A Decision Support System for Banks.* In: OMEGA International Journal of Management Science 4 (1976), S. 657-671.

Srinivasan, V., Kim, Y. H. (1987): *Credit Granting: A Comparative Analysis of Classification Procedures.* In: Journal of Finance 42 (1987), S. 665-683.

Srinivasan, V., Ruparel, B. (1990): *CGX: An Expert Support System for Credit Granting.* In: European Journal of Operational Research 45 (1990), S. 293-308.

Standard & Poor's (Hrsg.) (1997): *Standard & Poor's Rolle in den Finanzmärkten.* Frankfurt 1997.

Standard & Poor's (Hrsg.) (1998a): *Ratings Performance 1997 – Stability & Transition.* Updated August 1998, New York et al. 1998.

Standard & Poor's (Hrsg.) (1998b): *Corporate Rating Criteria.* New York 1998.

Standard & Poor's (Hrsg.) (1999a): *Bank Rating Criteria – Bank Ratios.* New York, 8. February 1999.

Standard & Poor's (Hrsg.) (1999b): *Bank Rating Criteria – Bank Rating Analysis Methodology Profile*. New York, 8. February 1999.

Standard & Poor's (Hrsg.) (1999c): *Global Ratings Handbook*. New York March 1999.

Starr, M. K., Zeleny, M. (1977): *MCDM – State and Future of the Arts*. In: Starr, M. K., Zeleny, M. (Hrsg.): Multiple Criteria Decision Making. Amsterdam et al. 1977, S. 5-29.

Staudt, E., Goeters, U., Hafkesbrink, J., Treichel, H.-R. (1985): *Kennzahlen und Kennzahlensysteme*. Berlin 1985.

Steiner, M. (1992): *Rating – Risikobeurteilung von Emittenten durch Ratingagenturen*. In: Wirtschaftswissenschaftliches Studium (1992), S. 509-515.

Steiner, M., Heinke, V. G. (1996): *Rating aus der Sicht der modernen Finanzierungstheorie*. In: Büschgen, H. E., Everling, O. (Hrsg.): Handbuch Rating. Wiesbaden 1996, S. 579-628.

Steiner, M., Heinke, V. G. (2000): *Der Informationswert von Ratings – Eine empirische Analyse am Markt für internationale DM-Anleihen*. In: Zeitschrift für Betriebswirtschaft 70 (2000), S. 541-565.

Strebel, H. (1975): *Forschungsplanung mit Scoring-Modellen*. Baden-Baden 1975.

Sun, M., Steuer, R. E. (1996): *InterQuad: An interactive quad tree based procedure for solving the discrete alternative multiple criteria problem*. In: European Journal of Operational Research 89 (1996), S. 462-472.

Takeda, E., Yu, P. L., Cogger, K. O. (1985): *A Comparative Study on Eigen Weight Vectors*. In: Haimes, Y. Y., Chankong, V. (Hrsg.): Decision Making with Multiple Objectives. Berlin et al. 1985, S. 388-399.

Tamm, S. (1997): *Ranking Joint stock Companies: An Analysis of different Multi-Criteria Methods*. Martin-Luther-Universität Halle-Wittenberg, Wirtschaftswissenschaftliche Fakultät – Halle (Saale), Betriebswirtschaftliche Diskussionsbeiträge, Beitrag Nr. 97/20.

Tecle, A., Duckstein, L. (1992): *A Procedure for Selecting MCDM Techniques for Forest Resources Management*. In: Giocoechea, A., Duckstein, L., Zionts, S. (Hrsg.): Multiple Criteria Decision Making. Berlin et al. 1992, S. 19-32.

Telgen, J. (1983): *An MCDM Problem in Banking*. In: Hansen, P. (Hrsg.): Essays and Surveys on Multiple Criteria Decision Making. Berlin et al. 1983, S. 372-378.

Thiele, O., Lohmann, K. (1995): *Möglichkeiten und Grenzen der Insolvenzprognose auf der Grundlage von Jahresabschlüssen.* Freiberger Arbeitspapier 95/17, Technische Universität Bergakademie Freiberg 1995.

Thome, R. (1989): *Sensitivitätsanalysen.* In: Szyperski, N. (Hrsg.): Handwörterbuch der Planung. 1989 Stuttgart, Sp. 1774-1781.

Tscheulin, D. K. (1991): *Ein empirischer Vergleich der Eignung von Conjoint-Analyse und „Analytic Hierarchy Process" (AHP) zur Neuproduktplanung.* In: Zeitschrift für Betriebswirtschaft 61 (1991), S. 1267-1280.

Tung, S. L., Tang, S. L. (1998): *A Comparison of the Saaty's AHP and modified AHP for Right and Left Eigenvector Inconsistency.* In: European Journal of Operational Research 106 (1998), S. 123-128.

Tuomela, R. (1990): *What are Goals and Joint Goals?* In: Theory and Decision 28 (1990), S. 1-20.

Vanderpooten, D. (1990): *The Construction of Prescriptions in Outranking Methods.* In: Bana e Costa, C. A. (Hrsg.): Readings in Multiple Criteria Decision Aid. Berlin et al. 1990, S. 184-215.

Vansnick, J.-C. (1986): *On the Problem of Weights in Multiple Criteria Decision Making (the Noncompensatory Approach).* In: European Journal of Operational Research 24 (1986), S. 288-294.

Vansnick, J.-C. (1990): *Measurement Theory and Decision Aid.* In: Bana e Costa, C. A. (Hrsg.): Readings in Multiple Criteria Decision Aid. Berlin et al. 1990, S. 81-118.

Vetschera, R. (1986): *Sensitivity Analysis for the ELECTRE Multicriteria Method.* In: Zeitschrift für Operations Research, 30 (1986), S. B 99-B 117.

Vetschera, R. (1994): *MCView: An Integrated Graphical System to Support Multi-attribute Decisions.* In: Decision Support Systems 11 (1994), S. 363-371.

Vetschera, R. (1995): *Informationssysteme der Unternehmensführung.* Berlin et al. 1995.

Vincke, P. (1982a): *Aggregation of Preferences: A Review.* In: European Journal of Operational Research 9 (1982), S. 17-22.

Vincke, P. (1982b): *Arrow's Theorem is not a Surprising Result.* In: European Journal of Operational Research 10 (1982), S. 22-25.

Vincke, P. (1986): *Analysis of Multicriteria Decision Aid in Europe.* In: European Journal of Operational Research 25 (1986), S. 160-168.

Vincke, P. (1992): *Multicriteria Decision-Aid.* Chichester 1992.

Vlek, C., Timmermans, D., Otten, W. (1993): *The Idea of Decision Support*. In: Nagel, S. S. (Hrsg.): Computer-aided Decision Analysis: Theory and Applications. Westport et al. 1993, S. 33-68.

Von Nitzsch, R. (1992): *Entscheidung bei Zielkonflikten. Ein PC-gestütztes Verfahren*. Wiesbaden 1992.

Von Nitzsch, R. (1993): *Analytic Hierarchy Process und Multiattributive Werttheorie im Vergleich*. In: Wirtschaftswissenschaftliches Studium (1993), S. 111-116.

Von Nitzsch, R. (1997): *Separation bei betrieblichen Investitionsentscheidungen*. In: OR Spektrum (1997), Nr. 19, S. 55-65.

Von Nitzsch, R., Schauff, M. (1995): *Software zur Unterstützung von Mehrfachzielentscheidungen*. In: Die Betriebswirtschaft 55 (1995), S. 513-529.

Von Nitzsch, R., Weber, M. (1986): *Die verläßliche Bestimmung von Nutzenfunktionen*. In: Zeitschrift für betriebswirtschaftliche Forschung 38 (1986), S. 844-862.

Von Nitzsch, R., Weber, M. (1991): *Bandbreiten-Effekte bei der Bestimmung von Zielgewichten*. In: Zeitschrift für betriebswirtschaftliche Forschung 43 (1991), S. 971-986.

Von Randow, P. (1995): *Rating und Regulierung*. In: Zeitschrift für Bankrecht und Bankwirtschaft 7 (1995), S. 140-156.

Von Randow, P. (1996): *Rating und Wettbewerb*. In: Zeitschrift für Bankrecht und Bankwirtschaft 8 (1996), S. 85-97.

Von Rosen, R. (1989): *Finanzplatz Deutschland*. Frankfurt am Main 1989.

Von Winterfeldt, D., Edwards, W. (1986): *Decision Analysis and Behavioural Research*. Cambridge 1986.

Wallmeier, M. (2000): *Determinanten erwarteter Renditen am deutschen Aktienmarkt – Eine empirische Untersuchung anhand ausgewählter Kennzahlen*. In: Zeitschrift für betriebswirtschaftliche Forschung 52 (2000), S. 27-57.

Wäscher, G. (1982): *Innerbetriebliche Standortplanung bei einfacher und mehrfacher Zielsetzung*. Wiesbaden 1982.

Wagner, W.-C. (1991): *Rating mittelständischer Unternehmen: Fundierung und Konzeption einer standardisierten Unternehmensbeurteilung durch Rating*. Frankfurt a. M. et al. 1991.

Webber, S. A., Apostolou, B., Hassel, J. M. (1996): *The Sensitivity of the Analytic Hierarchy Process to Alternative Scale and Cue Presentations*. In: European Journal of Operational Research 96 (1996), S. 351-362.

Weber, K. (1993): *Mehrkriterielle Entscheidungen*. München et al. 1993.

Weber, K. (1994): *Europäische MBA-Schulen, AHP-Ansatz zur Einstufung und Wahl*. In: Die Unternehmung (1994), S. 357-368.

Weber, K. (1995): *AHP-Analyse*. In: Zeitschrift für Planung (1995), S. 185-195.

Weber, M. (1983a): *Entscheidung bei Mehrfachzielen: Verfahren zur Unterstützung von Individual- und Gruppenentscheidungen*. Wiesbaden 1983.

Weber, M. (1983b): *An Empirical Investigation on Multi-Attribute-Decision-Making*. In: Hansen, P. (Hrsg.): Essays and Surveys on Multiple Criteria Decision Making. Berlin et al. 1983, S. 379-388.

Weber, M. (1985a): *Entscheidungen bei Mehrfachzielen und unvollständiger Information*. In: Zeitschrift für betriebswirtschaftliche Forschung 37 (1985), S. 311-331.

Weber, M. (1985b): *A Method of Multiattribute Decision Making with Incomplete Information*. In: Management Science 31 (1985), S. 1365-1371.

Weber, M. (1992): *Nutzwertanalyse*. In: Frese, E. (Hrsg.): Handwörterbuch der Organisation. 3., völlig neu gestaltete Aufl., Stuttgart 1992, Sp. 1435-1448.

Weber, M., Borcherding, K. (1993): *Behavioural Influences on Weight Judgements in Multiattribute Decision Making*. In: European Journal of Operational Research 67 (1993), S. 1-12.

Weber, M., Eisenführ, F., von Winterfeldt, D. (1988): *The Effects of Splitting Attributes on Weights in Multiattribute Utility Measurement*. In: Management Science 34 (1988), S. 431-445.

Weber, M., Krahnen, J., Weber, A. (1995): *Scoring-Verfahren – häufige Anwendungsfehler und ihre Vermeidung*. In: Der Betrieb 48 (1995), S. 1621-1626.

Wendel, R. E. (1985): *Goal Programming Sensitivity Analysis: The Tolerance Approach*. In: Haimes, Y. Y., Chankong, V. (Hrsg.): Decision Making with Multiple Objectives. Berlin et al. 1985, S. 300-307.

Werner, U. (1990): *Die Analyse des Lageberichts als Instrument empirischer Zielforschung*. In: Zeitschrift für betriebswirtschaftliche Forschung 42 (1990), S. 1014-1035.

Werner, U. (1991): *Die Messung des Unternehmenserfolgs auf Basis einer kommunikationstheoretisch begründeten Jahresabschlußanalyse*. Wiesbaden 1991.

Wiemann, V., Mellewigt, T. (1998): *Das Risiko-Rendite Paradoxon. Stand der Forschung und Ergebnisse einer empirischen Untersuchung*. In: Zeitschrift für betriebliche Forschung 50 (1998), S. 551-572.

Wierzbicki, A. P. (1980): *The Use of Reference Objectives in Multiobjective Optimisation.* In: Fandel, G., Gal, T. (Hrsg.): Multiple Criteria Decision Making – Theory and Application. Berlin et al. 1980, S. 468-486.

Wiley, V. D., Deckro, R. F., Jackson, J. A. (1998): *Optimization Analysis for Design and Planning of Multi-Project Programs.* In: European Journal of Operational Research 107 (1998), S. 492-506.

Williams, H. P. (1990): *Model Building in Mathematical Programming.* 3. Aufl. Chichester et al. 1990.

Wilson, R. L., Sharda, R. (1994): *Bankruptcy Prediction Using Neutral Networks.* In: Decision Support Systems 11 (1994), S. 545-557.

Winkler, R. L. (1990): *Decision Modelling and Rational Choice: AHP and Utility Theory.* In: Management Science 36 (1990), S. 247-248.

Winkler, R. L. (1994): *Evaluating Probabilities: Asymmetric Scoring Rules.* In: Management Science 40 (1994), S. 1395-1405.

Wolf, M. F. (1994): *Innovative Technologien für das Kundenrating: Integration von wissensbasierten Systemen und menschlicher Urteilsfähigkeit.* In: Kirn, S., Weinhardt, C. (Hrsg.): Künstliche Intelligenz in der Finanzberatung. Wiesbaden 1994, S. 25-41.

Wolf, M. F. (1995): *New Technologies for Customer Rating: Integration of Knowledge-Based Systems and Human Judgement.* In: Intelligent Systems in Accounting, Finance and Management 2 (1995), S. 289-301.

Wolter, H.-J. (1995): *Alternative Risikomaße bei der Performance-Messung.* In: Finanzmarkt und Portfolio Management 9 (1995), S. 384-392.

Zanakis, S. H., Mavrides, L. P., Roussakis, E. N. (1986): *Applications of Management Sciences in Banking.* In: Decision Sciences 17 (1986), S. 114-128.

Zangemeister, C. (1976): *Nutzwertanalyse in der Systemtechnik.* 4. Aufl., München 1976.

Zangemeister, C., Bomsdorf, E. (1983): *Empfindlichkeitsuntersuchungen in der Nutzwertanalyse (NWA): Ermittlung kritischer Zielgewichte und Empfindlichkeitsmaße.* In: Zeitschrift für betriebswirtschaftliche Forschung 35 (1983), S. 375-397.

Zdral, W. (1994): *Die Top 100 auf dem Prüfstand.* In: TopBusiness (1994), Nr. 11, S. 21-26.

Zhu, J. (2000): *Multi-factor Performance Measure Model with an Application to Fortune 500 Companies.* In: European Journal of Operational Research 123 (2000), S. 105-124.

Zhu, S.-H., Anderson, N. H. (1991): *Self-Estimation of Weight Parameter in Multiattribute Analysis*. In: Organisational Behaviour and Human Decision Processes 48 (1991), S. 36-54.

Zimmermann, H.-J. (1986): *Fuzzy Set Theory – and Its Applications*. 2. Aufl., Boston et al. 1986.

Zimmermann, H.-J. (1987): *Operations Research Methoden und Modelle*. Braunschweig 1987.

Zimmermann, H.-J. (1990): *Decision Making in Ill-Structured Environments and With Multiple Criteria*. In: Bana e Costa, C. A. (Hrsg.): Readings in Multiple Criteria Decision Aid. Berlin et al. 1990, S. 119-151.

Zimmermann, H.-J., Gutsche, L. (1991): *Multi-Criteria Analyse. Einführung in die Theorie der Entscheidung bei Mehrfachzielsetzung*. Berlin et al. 1991.

Zionts, S. (1980): *Methods for Solving Management Problems Involving Multiple Objectives*. In: Fandel, G., Gal, T. (Hrsg.): Multiple Criteria Decision Making – Theory and Application. Berlin et al. 1980, S. 540-558.

Zionts, S. (1992): *The State of Multiple Criteria Decision Making: Past, Present, and Future*. In: Giocoechea, A., Duckstein, L., Zionts, S. (Hrsg.): Multiple Criteria Decision Making. Berlin et al. 1992, S. 33-43.

Zopounidis, C., Doumpos, M., Matsatsinis, N. F. (1997): *On the Use of Knowledge-Based Decision Support in Financial Management: A Survey*. In: Decision Support Systems 20 (1997), S. 259-277.

Zitierte Internetseiten

www.dai.de/infos/notierte_ags.html

www.expertchoice.com/hierarchon/references/reflist.html

Anhang

Tabelle A1 Veränderungen des Rankings durch unterschiedliche Definitionen der Präferenzfunktion für R2

Typ der Präferenzfunktion	q	s	r	Rang 1	Rang 2	Rang 3
Gewöhnliches Kriterium	0	0	0	Bayer	BASF	Hoechst
Quasi-Kriterium	0,1	0	0	Bayer	BASF	Hoechst
	0,2	0	0	Bayer	BASF	Hoechst
	0,5	0	0	Bayer	BASF	Hoechst
	1	0	0	Bayer	BASF	Hoechst
	2	0	0	Bayer	BASF	Hoechst
	10	0	0	Bayer	BASF	Hoechst
Kriterium mit linearer Präferenz	0	0,1	0	Bayer	BASF	Hoechst
	0	0,25	0	Bayer	BASF	Hoechst
	0	0,5	0	Bayer	BASF	Hoechst
	0	1	0	Bayer	BASF	Hoechst
	0	2	0	Bayer	BASF	Hoechst
	0	10	0	Bayer	BASF	Hoechst
Stufen-Kriterium	0,1	0,25	0	Bayer	BASF	Hoechst
	0,25	0,5	0	Bayer	BASF	Hoechst
	0,5	1	0	Bayer	BASF	Hoechst
Kriterium mit linearer Präferenz und Indifferenzbereich	0,1	0,25	0	Bayer	BASF	Hoechst
	0,25	0,5	0	Bayer	BASF	Hoechst
	0,5	1	0	Bayer	BASF	Hoechst
Gaußsches Kriterium	0	0	0,1	Bayer	BASF	Hoechst
	0	0	0,25	Bayer	BASF	Hoechst
	0	0	0,5	Bayer	BASF	Hoechst
	0	0	1	Bayer	BASF	Hoechst
	0	0	2	Bayer	BASF	Hoechst
	0	0	10	Bayer	BASF	Hoechst

Quelle: Eigene Berechnung.

Tabelle A2 Veränderungen des Rankings durch unterschiedliche Definitionen der Präferenzfunktion für S1

Typ der Präferenzfunktion	q	s	r	Rang 1	Rang 2	Rang 3
Gewöhnliches Kriterium	0	0	0	Bayer	BASF	Hoechst
Quasi-Kriterium	0,25	0	0	Bayer	BASF	Hoechst
	0,5	0	0	Bayer	BASF	Hoechst
	1	0	0	Bayer	BASF	Hoechst
	2	0	0	Bayer	BASF	Hoechst
	5	0	0	Bayer	BASF	Hoechst
	10	0	0	Bayer	BASF	Hoechst
	15	0	0	Bayer	BASF	Hoechst

Typ der Präferenzfunktion	q	s	r	Rang 1	Rang 2	Rang 3
Kriterium mit linearer Präferenz	0	0,5	0	Bayer	BASF	Hoechst
	0	1	0	Bayer	BASF	Hoechst
	0	2	0	Bayer	BASF	Hoechst
	0	5	0	Bayer	BASF	Hoechst
	0	10	0	Bayer	BASF	Hoechst
Stufen-Kriterium	0,5	1	0	Bayer	BASF	Hoechst
	1	2	0	Bayer	BASF	Hoechst
	2	6	0	Bayer	BASF	Hoechst
	5	10	0	Bayer	BASF	Hoechst
Kriterium mit linearer Präferenz und Indiffe-renzbereich	0,5	1	0	Bayer	BASF	Hoechst
	1	2	0	Bayer	BASF	Hoechst
	2	6	0	Bayer	BASF	Hoechst
	5	10	0	Bayer	BASF	Hoechst
Gaußsches Kriterium	0	0	0,5	Bayer	BASF	Hoechst
	0	0	1	Bayer	BASF	Hoechst
	0	0	2	Bayer	BASF	Hoechst
	0	0	5	Bayer	BASF	Hoechst
	0	0	10	Bayer	BASF	Hoechst

Quelle: Eigene Berechnung.

Tabelle A3 Veränderungen des Rankings durch unterschiedliche Definitionen der Präferenzfunktion für S2

Typ der Präferenzfunktion	q	s	r	Rang 1	Rang 2	Rang 3
Gewöhnliches Kriterium	0	0	0	Bayer	BASF	Hoechst
Quasi-Kriterium	0,25	0	0	Bayer	BASF	Hoechst
	0,5	0	0	Bayer	BASF	Hoechst
	1	0	0	Bayer	BASF	Hoechst
	2	0	0	Bayer	BASF	Hoechst
	5	0	0	Bayer	BASF	Hoechst
	10	0	0	Bayer	BASF	Hoechst
	15	0	0	Bayer	BASF	Hoechst
Kriterium mit linearer Präferenz	0	0,25	0	Bayer	BASF	Hoechst
	0	0,5	0	Bayer	BASF	Hoechst
	0	1	0	Bayer	BASF	Hoechst
	0	2	0	Bayer	BASF	Hoechst
	0	10	0	Bayer	BASF	Hoechst
Stufen-Kriterium	0,25	0,5	0	Bayer	BASF	Hoechst
	0,5	1	0	Bayer	BASF	Hoechst
	1	2	0	Bayer	BASF	Hoechst
	5	10	0	Bayer	BASF	Hoechst

Typ der Präferenzfunktion	q	s	r	Rang 1	Rang 2	Rang 3
Kriterium mit linearer Präferenz und Indifferenzbereich	0,25	0,5	0	Bayer	BASF	Hoechst
	0,5	1	0	Bayer	BASF	Hoechst
	1	2	0	Bayer	BASF	Hoechst
	5	10	0	Bayer	BASF	Hoechst
Gaußsches Kriterium	0	0	0,25	Bayer	BASF	Hoechst
	0	0	0,5	Bayer	BASF	Hoechst
	0	0	1	Bayer	BASF	Hoechst
	0	0	2	Bayer	BASF	Hoechst
	0	0	10	Bayer	BASF	Hoechst

Quelle: Eigene Berechnung.

Tabelle A4 Veränderungen des Rankings durch unterschiedliche Definitionen der Präferenzfunktion für W1

Typ der Präferenzfunktion	q	s	r	Rang 1	Rang 2	Rang 3
Gewöhnliches Kriterium	0	0	0	Bayer	BASF	Hoechst
Quasi-Kriterium	0,25	0	0	Bayer	BASF	Hoechst
	0,5	0	0	Bayer	BASF	Hoechst
	1	0	0	Bayer	BASF	Hoechst
	2	0	0	Bayer	BASF	Hoechst
	5	0	0	BASF	Bayer	Hoechst
	10	0	0	BASF	Bayer	Hoechst
	15	0	0	BASF	Bayer	Hoechst
Kriterium mit linearer Präferenz	0	0,25	0	Bayer	BASF	Hoechst
	0	0,5	0	Bayer	BASF	Hoechst
	0	1	0	Bayer	BASF	Hoechst
	0	2	0	Bayer	BASF	Hoechst
	0	5	0	Bayer	BASF	Hoechst
	0	10	0	Bayer	BASF	Hoechst
Stufen-Kriterium	0,25	0,5	0	Bayer	BASF	Hoechst
	0,5	1	0	Bayer	BASF	Hoechst
	1	2	0	Bayer	BASF	Hoechst
	5	10	0	BASF	Bayer	Hoechst
Kriterium mit linearer Präferenz und Indifferenzbereich	0,25	0,5	0	Bayer	BASF	Hoechst
	0,5	1	0	Bayer	BASF	Hoechst
	1	2	0	Bayer	BASF	Hoechst
	5	10	0	BASF	Bayer	Hoechst

Typ der Präferenzfunktion	q	s	r	Rang 1	Rang 2	Rang 3
Gaußsches Kriterium	0	0	0,25	Bayer	BASF	Hoechst
	0	0	0,5	Bayer	BASF	Hoechst
	0	0	1	Bayer	BASF	Hoechst
	0	0	2	Bayer	BASF	Hoechst
	0	0	10	BASF	Bayer	Hoechst

Quelle: Eigene Berechnung.

Tabelle A5 Veränderungen des Rankings durch unterschiedliche Definitionen der Präferenzfunktion für W2

Typ der Präferenzfunktion	q	s	r	Rang 1	Rang 2	Rang 3
Gewöhnliches Kriterium	0	0	0	Bayer	BASF	Hoechst
Quasi-Kriterium	0,25	0	0	Bayer	BASF	Hoechst
	0,5	0	0	Bayer	BASF	Hoechst
	1	0	0	Bayer	BASF	Hoechst
	2	0	0	Bayer	BASF	Hoechst
	5	0	0	Bayer	BASF	Hoechst
	10	0	0	Bayer	BASF	Hoechst
	15	0	0	Bayer	BASF	Hoechst
Kriterium mit linearer Präferenz	0	0,25	0	Bayer	BASF	Hoechst
	0	0,5	0	Bayer	BASF	Hoechst
	0	1	0	Bayer	BASF	Hoechst
	0	2	0	Bayer	BASF	Hoechst
	0	5	0	Bayer	BASF	Hoechst
	0	10	0	Bayer	BASF	Hoechst
Stufen-Kriterium	0,25	0,5	0	Bayer	BASF	Hoechst
	0,5	1	0	Bayer	BASF	Hoechst
	1	2	0	Bayer	BASF	Hoechst
	5	10	0	Bayer	BASF	Hoechst
Kriterium mit linearer Präferenz und Indifferenzbereich	0,25	0,5	0	Bayer	BASF	Hoechst
	0,5	1	0	Bayer	BASF	Hoechst
	1	2	0	Bayer	BASF	Hoechst
	5	10	0	Bayer	BASF	Hoechst
Gaußsches Kriterium	0	0	0,25	Bayer	BASF	Hoechst
	0	0	0,5	Bayer	BASF	Hoechst
	0	0	1	Bayer	BASF	Hoechst
	0	0	2	Bayer	BASF	Hoechst
	0	0	10	Bayer	BASF	Hoechst

Quelle: Eigene Berechnung.

Tabelle A6 Egebnismatrix der 500 Aktiengesellschaften

i	Alternativenname	k_1	k_2	k_3	k_4	k_5	k_6
1	A.A.A.	-9,3930	1,8346	29,9055	0,0603	-0,9257	-3,4305
2	Aach. u. Münch. Vers.	22,3150	4,5951	13,9420	28,1977	8,8654	0,3103
3	Aachener Rück	-5,2862	-3,5103	17,7055	77,9679	-30,0044	-36,7763
4	ABB	10,9179	6,4383	13,6326	10,7808	0,8325	-3,8835
5	Adidas	45,9169	7,8714	37,5485	3,4397	30,3811	20,7934
6	Agiv	0,9238	3,1688	25,7529	18,7227	-11,2883	-12,8163
7	Agrippina Rück	8,2255	0,7738	5,6911	16,9498	16,1399	16,8571
8	Agrob	-6,1604	0,3498	18,6131	0,0115	45,4095	53,8568
9	Ahlers	24,2243	7,9332	42,5772	6,6269	27,2547	16,0117
10	Aigner	47,9061	15,1437	64,2671	35,0989	0,7611	4,5333
11	Aktienbr. Kaufbeuren	18,1041	17,3204	24,1549	6,0529	16,4057	9,0576
12	Akzo-Faser	9,7772	12,0788	36,4326	1,5229	4,1112	1,9312
13	Albingia	12,1239	2,4330	5,9040	25,6637	9,4163	-0,9295
14	Alcatel SEL	-84,9939	-2,9639	20,7577	2,9497	-9,0475	-4,9144
15	Alexanderwerk	2,3480	3,6757	11,3573	22,9740	18,5303	-24,7503
16	Allbank Konzern	6,0339	2,5971	4,9313	19,1125	17,6414	14,2984
17	Allerthal-Werke	-13,7368	1,3160	9,5099	1,0509	-39,6460	-83,0960
18	Allianz Holding	16,8717	4,7259	6,8121	34,4439	11,1129	6,3298
19	Allianz Leben	20,0979	2,0707	1,0479	12,7916	8,4013	4,7624
20	Allweiler	11,0117	5,7031	25,0562	3,3419	8,0757	9,1716
21	Alno	24,4906	8,4214	38,9787	1,4298	5,5434	9,0476
22	Altana	19,3570	18,7238	50,6567	41,1341	9,1785	-10,5526
23	AM/Leben	25,2595	1,2851	0,8434	5,6005	11,3164	6,6621
24	AMB	22,6960	3,7169	2,7720	16,6284	6,3430	1,7028
25	Anterra	8,8308	2,6797	24,9918	0,0332	0,1409	-52,1874
26	Anzag	27,0550	1,4095	39,6146	0,0124	6,5173	31,5960
27	Apcoa Parking	47,1500	6,1469	34,0253	50,1708	-19,1964	7,8186
28	Aqua Signal	6,2405	5,6688	35,6527	1,3876	-7,0637	-0,4290
29	Audi	35,4890	4,6293	20,3014	43,5729	18,9075	18,1340
30	Autania	-96,2200	-85,3700	-31,9800	4,7300	-47,1700	-50,1100
31	Ava	8,7655	2,1327	24,2275	4,0821	7,9028	4,7862
32	B.U.S.	4,7532	2,5636	33,6035	10,3768	20,6440	87,7557
33	Babcock-BSH	-0,7388	1,7619	27,4889	1,3091	1,9954	1,3849
34	Badenwerk	9,4458	16,7324	19,8632	21,0949	8,8774	4,5721
35	Baden-Württg. Bank	12,0760	7,1192	4,2031	11,6288	15,6835	1,9209
36	Balcke-Dürr	11,7190	3,7265	32,5375	12,6748	5,8190	11,6271

i	Alternativenname	k_1	k_2	k_3	k_4	k_5	k_6
37	Ballmeier & Schulz	-37,2655	-43,9375	27,0520	8,6039	-0,2540	-39,4550
38	Bankges. Berlin	5,8649	3,0893	2,5501	1,5841	17,0864	8,9030
39	Barmag	-22,2052	-0,6183	26,3629	29,6235	-21,2404	-13,2975
40	BASF	20,6567	13,0697	46,8671	8,7531	4,7296	5,6797
41	Baumwolle Gronau	-21,3573	1,4486	16,0619	3,8661	-5,2715	-4,2689
42	Bausch	40,9371	10,0313	32,4764	4,4505	19,4700	3,1400
43	Bayer	21,4409	11,7124	42,5821	9,5757	8,0391	5,8057
44	Bayr. Handelsbank	16,6183	4,2455	2,5001	7,8539	7,6403	3,9458
45	Bayr. Vereinsbank	12,8142	5,0366	3,1154	7,6936	12,6254	5,0032
46	BayWa	8,3896	2,4675	19,0459	2,5737	0,7436	-0,1947
47	BBS	2,8552	2,2886	24,0602	2,1052	7,8011	15,1125
48	Behrens	21,8607	5,2773	36,0717	4,1328	8,9131	5,5297
49	Beiersdorf	26,4428	8,8192	45,7343	11,2509	5,3450	5,8964
50	Berentzen	24,5119	9,4437	39,2996	13,1021	18,4825	20,3093
51	Berliner Elektro	0,7396	4,8832	16,7728	8,0151	16,1963	40,8162
52	Berliner Kindl	27,3765	14,9803	32,0818	0,1992	-1,8845	-6,0065
53	Berlin-Hann. Hypo	11,1060	4,1755	2,3084	-0,7308	69,9208	62,3468
54	Bewag	8,4374	18,7960	42,5208	1,4312	3,4820	-0,4269
55	BHF-Bank	10,3467	5,7360	5,2401	4,0377	12,9631	6,0179
56	Bien-Haus	21,1441	12,3589	27,2284	7,0520	49,0700	-4,6420
57	Bijou Brigitte	17,1181	7,1908	60,7072	17,3608	0,2235	-3,1578
58	Bilfinger + Berger	11,6881	4,3333	21,9785	37,3911	6,1491	9,1711
59	Binding	31,1463	12,7991	14,8346	2,4583	1,5418	-1,0633
60	Biotest	16,3302	9,0372	35,0008	2,3466	17,1179	9,1748
61	Blaue Quellen	64,5080	2,0989	18,7590	0,4213	4,9570	3,5411
62	BM Bäckermühlen	-22,3293	1,9648	18,4432	5,5969	7,3722	-4,8128
63	BMW	16,1018	7,9654	20,1667	8,8946	8,2516	11,3873
64	Boss	42,9598	8,9649	59,0293	26,0951	14,6819	7,7686
65	Böwe Systec.	26,8209	9,2635	45,5212	12,7430	22,3977	21,1183
66	Brau und Brunnen	-76,2909	8,3347	8,1503	6,1839	-3,0860	3,5081
67	Brauerei Cluss	-5,4483	-2,6497	61,7371	36,5750	-1,5427	-62,0084
68	Brauerei Moninger	3,6931	7,5264	23,0538	5,3843	-3,3154	-8,5166
69	Brauhaus Ravensburg	2,0276	11,8344	16,2001	0,3895	1,0478	0,1874
70	Breitenburger Portl.	62,5996	19,3378	61,6591	0,0498	3,0371	0,7808
71	Bremer Lagerhaus	9,5017	6,7594	15,8966	0,1014	15,0014	16,4291
72	Brillantleuchten	28,2922	7,6239	49,7892	0,5383	15,2392	14,1592
73	Buderus	41,4779	8,4364	27,5610	16,7631	1,5955	4,7854
74	Burgbad	40,4783	10,4201	44,9269	40,0974	17,9268	2,6399

i	Alternativenname	k_1	k_2	k_3	k_4	k_5	k_6
75	Bürgerl.Brauh.Ingol.	4,0157	10,9314	20,4857	0,9831	9,8168	-0,5158
76	BWK	-10,4918	1,0157	21,1622	1,6676	-9,5584	-6,7013
77	C.H.A.	-108,493	1,8211	-4,2701	13,7475	7,3947	-2,6162
78	Calwer Decken	-19,3068	-0,6605	11,2164	6,5779	28,7570	6,4330
79	Ceag	-5,6904	1,8061	8,3486	0,6843	7,7502	7,0301
80	CeWe Color	28,3924	13,3556	50,1776	12,0797	8,3179	6,3721
81	Colonia Konzern	29,4570	4,0903	3,4922	17,9727	8,7905	6,6021
82	Commerzbank	11,8540	4,8438	3,8683	3,0323	14,4435	16,0930
83	CompuGROUP	32,6830	17,2848	28,0175	1,6183	118,442	56,5138
84	Computer 2000	18,5315	0,2392	8,1331	5,4092	23,6693	31,3667
85	Concordia Holding	15,4186	7,1252	26,4307	3,8632	1,0043	-4,6461
86	Contigas	10,8164	27,4123	57,2325	0,9919	3,1913	3,0980
87	Continental	11,4717	4,8843	27,6753	2,7789	-0,8507	2,7648
88	Creaton	29,8033	28,9751	44,9942	27,7312	7,2880	4,7510
89	CS-Interglas	24,2700	8,8026	33,4097	0,3880	-5,9369	7,2639
90	Custodia Holding	-8,1250	5,5906	33,5155	8,5340	-0,6711	-5,7630
91	DAB	-5,4577	4,2308	11,0060	1,0050	10,4869	-4,9077
92	Dahlbusch	6,6905	6,5341	87,3396	0,0782	-8,0377	-7,6104
93	Daimler-Benz	-3,4512	5,8027	24,3009	12,7511	9,6507	1,0818
94	Data Modul	42,2760	5,2204	68,2005	19,3681	1,9667	9,1369
95	DBV Holding	18,7247	4,4978	4,5325	24,4099	28,3302	26,8015
96	Degussa	18,5324	6,2165	26,0171	8,4556	5,9345	-0,0850
97	Depfa-Bank	12,5479	3,8782	2,5364	6,6910	19,4454	9,0053
98	Deutsche Babcock	-68,9472	0,7166	5,9451	8,5672	2,8298	2,9335
99	Deutsche Bank	14,5753	6,4599	3,2102	-1,8671	22,9896	10,6653
100	Deutz	-115,228	5,4735	10,6887	4,7110	-8,3621	4,1069
101	Dibag	57,4131	9,3010	8,0456	15,9477	-6,6333	-9,2351
102	Didier	10,0792	4,2252	20,9228	5,1533	-1,4128	-3,9534
103	Dierig Holding	0,1566	3,5001	55,4325	0,0046	-0,8885	-0,0892
104	Dinkelacker	-0,6110	12,9694	31,4526	11,2092	11,6004	6,7847
105	DLW	-27,1485	3,5692	17,3001	3,8795	-10,2690	-5,0862
106	Doag	12,3807	3,2369	28,0392	3,7099	3,9442	6,0676
107	Dolerit-Basalt	4,6237	4,4029	89,0332	21,6466	5,7353	0,4060
108	Douglas	22,8917	6,9188	47,1693	10,0653	13,9260	11,0277
109	Drägerwerk	10,6907	6,6970	26,4102	1,8116	5,4209	6,3093
110	Dresdner Bank	15,2537	7,1616	3,2226	1,5776	18,4245	6,2771
111	DSL-Holding	3,9170	3,8709	98,5310	0,0402	1,2574	-0,0005
112	Dt. Bank Lübeck E	25,9526	19,6691	6,2282	14,5652	5,2272	-8,2497

i	Alternativenname	k_1	k_2	k_3	k_4	k_5	k_6
113	Dt. Beteiligung	11,2596	9,3277	76,9479	0,0000	13,9421	31,3501
114	Dt. Eisenhandel	-16,7063	0,5590	14,7339	1,4569	7,9596	-1,1780
115	Dt. Hypo. Frankfurt	18,0476	6,1747	2,1960	8,5774	13,7252	6,3013
116	Dt. Hypothekenbank	15,6478	3,4589	1,9456	11,2655	19,7670	10,9334
117	Dt. Spezialglas	14,9907	9,5952	42,9122	19,8260	3,7209	-0,0063
118	Dt. Steinzeug	4,6014	3,8757	17,8718	18,2548	-14,2947	-30,5900
119	Duewag	-15,1498	4,0416	17,2242	0,0241	11,4676	3,9107
120	Dürkopp Adler	28,6262	7,0202	20,5089	0,4522	3,9934	-1,0085
121	Dürr	11,8455	3,2406	43,0627	29,1953	5,6202	17,6827
122	DVB	3,3481	0,4502	4,1344	10,7373	5,4617	-18,1660
123	Dyckerhoff	33,8557	18,1314	38,5654	3,2213	35,3086	16,7485
124	DyWidag	9,4578	3,5082	20,4266	47,7812	-0,9152	2,5323
125	Edding	30,6494	10,0874	53,2582	19,3302	1,2406	1,9815
126	Edelstahlwerk Witten	12,5570	11,9260	95,4023	0,0000	-1,2899	-12,7166
127	eff-eff	32,1933	29,7345	61,3054	15,5359	48,0105	19,9969
128	Ehlebracht	7,6296	10,5014	40,1689	8,7704	4,2526	0,2463
129	Eichbaum	-6,0210	8,2126	28,6812	0,8946	-1,3814	-7,2571
130	Eifelhöhen-Klinik	-11,8408	0,9492	31,0822	0,7177	12,6530	5,4398
131	Einbecker Brauhaus	8,0278	10,6033	55,2977	0,5711	-6,5414	1,5783
132	Einhell	15,8226	3,1406	34,6277	1,6862	9,4660	7,0526
133	Eisenbahn-Verkehr	13,6614	11,1820	74,6019	0,0217	-11,9157	-7,5609
134	Eisen-Hütten	14,3635	12,0252	82,2871	0,0744	-0,9715	0,0000
135	Elektra Beckum	-8,7739	1,2893	18,7244	2,0041	2,0393	-0,7185
136	Elikraft	-23,9864	-1,3771	8,2510	0,8881	-13,2673	-48,7334
137	Energie Oberfranken	25,4643	14,6094	27,0180	12,5301	10,7600	1,2021
138	Energiev. Ostbayern	31,6940	12,9908	18,4594	23,6354	9,3017	1,3288
139	Erlus	30,2058	17,3983	27,0772	2,2292	-1,0373	-11,5053
140	Escada	13,1623	5,3311	36,3986	1,7269	7,1694	4,3824
141	EURAG Holding	13,4016	10,5043	84,2320	0,3177	-1,5194	-3,2689
142	Euro-Kai	27,4472	10,2151	22,1012	1,7966	6,7463	11,3890
143	Ex-Cell-O	-31,3439	-1,7193	11,8133	1,5519	-4,5737	29,0678
144	FAG Kugelfischer	18,5848	7,3914	25,6845	1,2502	2,3399	5,2312
145	Felten & Guilleaume	8,2849	6,6850	30,9587	14,8280	2,7012	5,8597
146	FHW Neukölln	24,1729	29,6212	49,6308	8,5863	0,6309	7,4814
147	Fielmann	28,5596	12,1006	57,7190	3,1292	0,5219	12,5991
148	Flachglas AG	12,4800	9,9794	51,0833	0,4445	-0,6850	-9,4306
149	Flender	-11,7553	3,9476	23,7353	4,3293	-0,1703	6,3566
150	Flender ATB	-87,4434	-5,3414	28,7490	1,7411	-23,7587	-2,0782

i	Alternativenname	k_1	k_2	k_3	k_4	k_5	k_6
151	Ford	-2,2418	2,4983	7,9908	2,8831	3,8200	6,2298
152	Forst Ebnath	10,9915	38,5872	37,7362	2,3443	8,5278	5,6396
153	FPB Holding	3,3697	6,6370	48,8600	0,4359	-2,2616	4,6077
154	Frankf. Bankges.	0,1278	-1,1876	6,2314	5,3493	-0,7408	-22,9162
155	Frankfurter Hypo	12,0563	5,2873	3,0961	3,9007	2,9641	-0,8382
156	Fränkische Überland	19,6818	13,0489	17,4756	2,7052	15,2303	0,3783
157	Frankona	8,9424	1,5973	8,4533	20,9587	9,1939	-2,0317
158	Fresenius	16,8983	9,4939	28,4100	3,4771	123,907	33,3296
159	Friatec	25,6218	11,9638	64,7888	26,6665	12,3638	0,9925
160	Friedrich Grohe	27,2422	10,1908	51,9999	21,0925	10,3658	10,7258
161	Fröhlich	14,6801	5,6186	23,8726	4,6003	28,1061	7,6940
162	Fuchs Petrolub	22,5020	4,5734	27,5825	3,2564	2,1552	1,1873
163	GAB Beteiligung	-6,0516	-2,9951	23,9432	12,5258	-28,4936	-31,2173
164	Garant Schuh	3,7275	5,1805	24,7480	7,1236	9,1573	8,1186
165	Garny	0,3063	3,3393	30,3902	0,7234	0,1468	-1,9614
166	Gea	13,8069	6,4325	28,9107	6,5345	5,8265	14,5850
167	Gehe	16,9598	2,5672	37,7515	0,1853	8,9462	18,7217
168	Gelsenwasser	23,8913	21,0874	35,7019	4,7730	1,2843	2,8153
169	Gem. AG f. Wohnung.	2,9865	2,4625	16,2817	5,6269	7,2798	6,1128
170	Gerresheimer Glas	29,0022	9,3869	22,4460	0,8206	2,4039	0,2362
171	Gerry Weber	30,3381	5,9885	64,3916	38,3643	-3,6804	-14,0665
172	Gilde Brauerei	22,5680	11,7135	52,1469	3,8864	-2,7608	0,5459
173	Gildemeister	-32,3415	0,2652	16,3910	2,5860	-0,9989	42,9053
174	Glunz	-49,6199	1,5726	4,3222	0,4802	-2,3871	0,8947
175	Goldschmidt	10,7993	7,3099	38,2896	7,7142	4,1623	2,0066
176	Gold-Zack	-12,7819	-7,4303	58,3151	85,6291	-27,8681	-76,9316
177	Greiffenberger	-63,1584	-4,5618	11,2384	0,4491	-15,3187	-12,6406
178	Großkraftw. Franken	34,1638	15,9208	36,9523	7,8778	-58,1115	-61,4405
179	Grünzweig + Hartm.	43,4089	13,4285	32,8846	0,3405	-2,1320	-6,4807
180	Gruschwitz	35,1851	5,2872	30,6291	16,7770	7,7747	6,9345
181	Hach	35,2294	8,8168	79,6482	28,1336	-0,5910	10,4035
182	Hacker-Pschorr	67,0972	7,4506	4,9350	0,2595	29,8383	20,2327
183	Hagen Batterie	-123,290	-25,2282	23,9028	0,0987	5,6043	-8,5246
184	Hamborner	30,5464	6,5474	21,4356	6,7246	1,5279	1,4043
185	Hamburger Getreide	2,5300	3,3900	77,8800	78,6000	9,0200	-59,6700
186	Hapag-Lloyd	26,2249	12,4424	22,6521	3,7530	-1,9808	3,9238
187	Harpen	19,7266	24,2750	20,6510	6,6090	12,6447	36,5688
188	Hasen-Bräu	12,1667	10,8660	15,0828	3,1626	-2,3300	-1,9210

i	Alternativenname	k_1	k_2	k_3	k_4	k_5	k_6
189	HB AG	1,2380	13,9767	93,6693	50,5814	-14,4249	-100,000
190	Heidelberger Zement	16,7386	17,2214	39,5661	8,0785	5,1080	1,6844
191	Hellit + Woerner	6,5795	2,8093	19,2872	41,0654	6,5811	-3,3118
192	Heinrich Industrie	22,6853	8,8354	50,0799	21,5566	2,8800	-14,6834
193	Henkel	17,5544	10,2681	34,3350	3,9200	13,2240	7,6405
194	Henninger-Bräu	-94,9174	4,8343	7,6573	2,5258	-6,6310	-1,9080
195	Herlitz	-5,1018	3,3019	26,9765	8,7801	-1,0514	9,4417
196	Herlitz Int. Trading	10,8945	1,8871	36,7579	6,5707	7,8192	7,7499
197	Hermes	20,3753	3,9920	19,3525	86,5819	5,5932	9,8756
198	Hermle	20,6787	9,2497	36,7714	5,1563	5,1965	19,3095
199	Hesser	7,6565	7,4087	96,7821	90,3332	3,3246	-29,6685
200	HEW	28,2260	17,2972	26,3299	3,1722	6,3877	1,5123
201	Hindrichs-Auffermann	17,2644	15,9452	91,9517	0,1545	-3,1905	0,0000
202	Hirsch	-1,8913	1,7537	47,8091	0,7501	0,3912	-11,0927
203	Hochtief	9,2429	6,6134	30,9599	35,3663	4,6681	7,2382
204	Hoechst	19,3930	11,7684	32,8018	0,9977	16,5559	1,2911
205	Hofbr. Wolters	38,9035	14,4812	22,8001	0,8485	-3,6873	-5,1000
206	Hohner	-73,7046	5,0910	21,8477	0,9185	-7,7888	-4,5838
207	Holsten-Brauerei	15,6800	8,6653	26,3578	0,0114	-2,2428	2,4913
208	Holzmann	-5,3782	2,7473	12,5938	21,4793	9,1140	3,8138
209	Honsel	-10,2314	6,2374	12,7655	2,0779	30,5563	18,9395
210	Hornbach Baumarkt	17,5590	7,5719	36,2438	9,9742	16,1926	13,0301
211	Hornbach Holding	17,3258	9,3902	38,5525	8,5800	12,0060	13,0290
212	Hornschuch	-11,9003	3,9941	28,3651	0,5981	-3,8446	4,7345
213	Horten	8,2472	5,5418	59,4255	0,0040	-24,0797	-79,6740
214	HR	24,4614	2,3833	5,2324	17,7617	15,3695	4,1248
215	Hucke	26,9296	5,3042	30,8845	4,1311	41,6853	12,1465
216	Hutschenreuther	-63,3317	-1,7819	8,1782	9,2706	-8,7313	-7,1470
217	Hüttenwerke Kayser	7,7696	2,0089	21,9189	0,0770	10,3762	16,0208
218	Hymer	11,2805	5,6532	55,2439	10,0600	11,8920	6,0181
219	Hypo.bank Hamburg	18,4567	5,4623	1,6628	12,0655	13,3080	8,8774
220	Hypobank	12,3017	4,8391	3,0505	8,0587	11,0044	5,4374
221	ICN	45,8712	21,2325	59,2909	0,0072	4,7106	4,8855
222	Ifa Hotel	13,2351	19,9828	39,3829	6,6048	16,5941	8,2144
223	IKB	12,3027	5,7236	5,9776	1,2946	5,4191	2,0404
224	Ikon	-9,5719	3,5923	25,2082	3,5822	-6,5894	-3,0514
225	Indus	38,1210	15,2721	21,7550	11,8718	19,0784	21,2272
226	Info	-46,2318	-16,2757	79,3785	2,3085	-14,3239	0,5747

i	Alternativenname	k_1	k_2	k_3	k_4	k_5	k_6
227	Isar-Amperwerke	25,0074	20,0967	14,4973	15,2675	4,9160	2,6608
228	IVG	9,7414	28,0961	51,2176	7,3736	16,4713	10,9237
229	IWKA	17,5303	5,0617	27,9550	7,5457	14,5552	22,1954
230	Jacobsen	25,3053	12,0207	29,0852	4,6289	30,3993	37,4599
231	Jado	-32,6106	-5,0058	14,9338	1,6970	-2,7066	-5,7021
232	Jagenberg	-9,9642	2,4762	24,8366	6,4182	-7,7501	14,3499
233	Jean Pascale	5,4297	6,4974	36,7080	5,7676	13,9921	4,5624
234	Jil Sander	29,7155	11,4169	62,8902	7,1984	13,6872	6,9792
235	Jungheinrich	3,8611	4,5136	29,9524	12,7408	5,2137	19,0109
236	Kali u. Salz Bet.	9,2591	30,6303	35,7092	33,6150	2,3694	-11,7436
237	Kali-Chemie	49,8951	22,0864	46,7900	0,0119	-9,1600	-7,7877
238	Kampa-Haus	55,1139	11,7970	55,3240	27,4043	-0,6447	-0,7415
239	KAP-Beteiligung	24,9764	10,8654	52,3766	0,7171	-3,8799	1,1842
240	Karstadt	3,3416	4,6995	21,0310	5,1593	2,0641	-0,2788
241	Kaufhalle	1,1811	2,2185	49,3575	5,7179	2,9830	-7,5260
242	Kaufring	1,1836	2,3131	38,2625	4,1411	-1,9253	2,7784
243	Kennametal Hertel	12,6650	10,9266	53,3697	4,7557	6,5213	64,3629
244	Keramag	50,6726	10,1249	52,9513	11,4092	12,4401	-1,5984
245	Kiekert	56,1884	8,1365	42,7933	17,9147	22,0359	6,9726
246	KIH	5,7596	6,8581	29,8717	5,6497	18,1144	23,2787
247	KKK	1,0649	8,0983	25,5535	5,8517	5,3770	9,0200
248	Klöckner-Werke	-16,1120	2,3360	9,3814	1,4688	-1,9905	4,5831
249	KM Europa Metal	11,0204	4,9203	43,6079	2,6177	45,1759	35,0936
250	Knürr	8,8777	4,8455	23,5645	2,1514	0,6552	9,0847
251	Koenig & Bauer	13,7334	6,2103	29,9332	18,6571	-12,3256	2,0579
252	Koepp	-9,4796	2,7027	18,6335	10,0510	-6,2434	-2,6489
253	Kögel Fahrzeugwerke	4,5970	4,3887	45,0897	6,6583	-0,1666	1,9890
254	Kolb & Schüle	-64,4784	-35,6617	-11,4965	0,9567	4,2615	1,4128
255	Kolbenschmidt	12,6739	11,3480	33,5102	2,8174	2,0306	2,9130
256	Köln-Düsseldorfer	-61,3210	8,0477	10,2776	0,6618	33,2676	-6,5855
257	Kölnische Rück	21,0015	2,8588	8,4381	23,3917	23,9459	10,3788
258	Kötitzer Leder	-1,1254	1,0738	50,7470	0,0001	-5,8105	9,9300
259	Kraftanlagen Heidlb.	-58,3370	-1,2732	20,8239	3,8982	-30,2777	-60,5103
260	Kraftw. Rheinfelden	10,7263	25,8203	41,5751	19,3886	2,4167	0,8399
261	Kraftwerk Altwttbg.	29,8754	14,3354	17,8727	26,1702	3,6189	-0,4544
262	Krediet Bankverein	0,5706	-1,8178	5,3541	-3,9078	13,8780	12,8290
263	Kromschröder	40,8051	11,2299	44,6861	5,6325	8,2010	4,2644
264	Krones	6,3500	6,2659	45,7224	15,1834	-4,2048	0,2082

i	Alternativenname	k_1	k_2	k_3	k_4	k_5	k_6
265	Krupp Hoesch	12,9092	5,9436	18,1675	2,0543	3,1666	8,5883
266	KSB	-1,1070	3,5697	25,5855	10,1851	1,2171	1,9008
267	Kühlhaus Zentrum	0,6243	10,5083	49,2193	0,0387	-5,2472	6,3330
268	Kunert	-23,6127	-0,9916	28,9414	1,4456	-7,7157	-3,5139
269	Kupferberg	6,8462	3,7970	14,9084	3,9109	18,8261	1,3648
270	Küppersbusch	-27,8912	-6,8475	19,3276	2,8969	3,9455	2,1747
271	KWS	22,4449	9,2593	39,5498	21,8813	12,6977	10,4533
272	Lahmeyer	14,4881	8,7986	58,0326	15,0917	-0,9016	-1,4105
273	Langbein Pfanhauser	19,0856	4,6409	58,0326	15,0917	-0,9016	-10,7216
274	Lech-Elektrizitätsw.	20,7455	13,0576	18,9984	8,4068	3,0089	0,8454
275	Leffers	-18,2297	4,1084	33,1180	0,3392	2,1125	-1,4629
276	Lehnkering	20,5912	5,9360	31,6198	16,9335	8,7610	15,3437
277	Leifheit	20,0586	11,0376	57,2916	10,5963	4,0382	9,3664
278	Leonische Draht	10,5381	8,4506	35,6821	2,0750	10,3997	2,5424
279	Lewag	13,7563	9,4710	67,1141	13,5357	-4,5967	0,9893
280	Linde	14,4372	10,8879	51,3189	19,6027	14,2852	5,0990
281	Lindner	28,1960	6,8122	47,0669	16,2622	6,9443	11,0674
282	Linotype-Hell	-96,2417	-6,8354	0,4491	7,7890	-5,6484	-8,9625
283	Lufthansa	10,6361	13,5640	28,6392	10,7579	1,5168	5,2433
284	Macrotron	15,6283	0,8174	17,7792	1,8448	22,3433	35,7937
285	MagnaMedia	-26,8114	-3,5368	22,3316	27,6049	-23,0281	12,4938
286	Maihak	-50,9977	-6,0614	13,9763	3,8060	-1,1196	-2,0189
287	Maingas	24,1909	12,1235	35,8969	26,4551	0,7383	3,2266
288	Main-Kraftwerke	29,1924	12,7199	21,9741	18,0638	5,5814	1,2233
289	Mainzer Aktien-Bier	10,4064	6,2479	32,9828	0,0000	-4,4257	-2,6102
290	MAN	10,3968	5,3241	30,2523	17,4840	2,3464	5,6950
291	MAN Roland	-23,1837	-0,7182	22,0552	0,0927	0,6779	7,5586
292	Mannesmann	8,1104	7,6707	32,0502	11,0825	5,6227	6,8176
293	Mannheimer	10,5132	1,8026	4,3220	23,6508	11,0558	6,2098
294	Markant-Südwest	10,7757	2,8456	28,0752	6,4958	8,4569	6,8300
295	Markt-u. Kühlhallen	2,6331	8,9810	17,6584	10,6703	23,4823	-3,7684
296	Marseille	17,3453	4,6173	16,3149	10,3903	36,8144	36,8144
297	Maschinen Esslingen	29,8862	16,9621	47,8217	0,0066	-8,1603	-8,9597
298	Maschinen Esterer	-19,9501	0,2144	9,4164	1,0349	-8,3649	-4,1498
299	Massa	-24,4220	-1,4791	55,3323	2,0199	-26,7695	-14,8510
300	Mauser Waldeck	-35,7234	-2,9011	31,9531	2,8656	-15,3220	-19,8831
301	Max	46,1620	10,4754	19,7917	9,8191	63,4697	55,3007
302	MCS	12,2501	4,9702	48,4218	11,5937	-2,5353	1,4761

i	Alternativenname	k_1	k_2	k_3	k_4	k_5	k_6
303	MD Bau Holding	42,4497	13,0030	20,6588	2,4449	10,1439	-10,6039
304	Merck	27,7063	13,5227	31,8364	9,9194	16,4558	10,8350
305	Metallgesellschaft	-3,9200	0,6768	6,7415	20,7442	-17,0969	-12,1224
306	MG Vermögensverw.	-1,6963	-0,2065	49,9906	7,4975	-4,5817	49,1563
307	MHM Mode Holding	-80,0167	-0,7934	12,4924	3,3969	-8,2689	-3,3196
308	Minneralb Überkingen	11,6426	23,7567	61,8991	14,7611	3,4460	-0,1830
309	MLP	31,2051	16,7140	47,6383	33,6756	68,3258	22,0130
310	Möbel Walther	10,7512	5,5029	31,0784	7,2600	16,3445	25,8280
311	Moksel	-184,966	0,2385	6,8903	2,6579	-13,2366	-5,6285
312	Monachia	34,4128	13,8979	31,7653	9,2867	3,6407	2,9006
313	Müag	23,5894	21,5394	40,7248	22,6652	7,0982	1,1070
314	Mühl Product	18,7418	2,4804	22,1156	6,4285	58,6312	49,4650
315	Mühle Rüningen	15,0402	4,6041	41,2131	4,1085	7,2413	9,7961
316	Müller-Weingarten	-144,368	-0,0980	0,4915	1,5756	10,4099	6,0192
317	Münchener Rück	21,0635	3,5430	4,2389	20,5089	7,7591	0,6106
318	MVS	20,4915	32,8172	37,8936	2,7515	14,7557	6,8550
319	Neckarwerke	9,8957	2,7338	18,2717	4,0177	3,6382	0,6345
320	Neue Baumwollspinn.	-79,0414	4,4745	9,9718	0,4940	-22,5049	-21,5843
321	Niedermayr Papier	4,9982	10,9276	77,5941	1,4912	-0,8352	4,3065
322	Nordcement	37,5029	20,5140	46,8453	41,9588	5,3497	-3,8372
323	Nordd. Steingut	9,4164	6,2219	43,9494	11,5554	17,9270	-4,5410
324	Norddeutsche Hypo	20,4368	5,1743	1,9840	10,5009	18,1361	12,3865
325	Nordstern Allgemein	19,3372	9,7459	24,0648	69,7104	5,9411	1,0004
326	Nordstern Leben	39,3894	1,5661	0,5615	4,4760	11,5568	10,8337
327	Nordstern Lebensm.	18,5681	7,9068	25,8157	1,1561	9,9694	2,1882
328	Nucletron	42,8600	5,1602	13,0079	13,2806	-20,1414	-6,1752
329	Nürnberger Beteilig	17,5463	2,9770	3,4419	21,1941	11,3283	2,9642
330	Nürnberger Hypo	16,8878	5,3996	2,5602	1,8426	12,5761	9,7449
331	Oberland Glas	22,0308	14,3475	37,2631	0,3943	1,4572	-0,9304
332	Oelmühle Hamburg	10,2085	2,8282	18,3407	2,2768	15,7695	10,1671
333	Oldenburgische LB	19,6939	12,4675	5,3821	12,1621	8,7203	2,5598
334	Oppermann	-2,7106	1,7015	39,6744	0,3089	-9,3678	-3,8541
335	Orenstein & Koppel	-55,6529	5,9613	12,4007	2,3077	-11,6799	-11,8952
336	Otavi	21,6267	13,2437	53,7444	26,7712	-0,9611	2,0765
337	Otto Reichelt	8,0217	4,3138	64,4400	29,6391	-4,9026	-2,7112
338	Parkbrauerei	-5,1697	8,1364	15,1087	1,1541	19,0120	31,1370
339	Patrizier Bräu KGaA	-1,5810	-0,0358	97,1035	0,0000	-7,6231	15,2827
340	Paulaner	14,1649	20,7302	36,8673	4,9783	16,0685	-0,5015

i	Alternativenname	k_1	k_2	k_3	k_4	k_5	k_6
341	Pegasus	6,0328	4,0886	57,8334	38,8411	17,3248	234,213
342	Pfaff	-3,2154	0,2358	13,9153	1,5407	-3,0639	-7,8749
343	Pfleiderer Bau	16,3526	11,0162	27,2504	4,3208	10,7904	10,1445
344	Phoenix	6,2780	8,1600	31,9910	1,8599	12,6365	15,3157
345	Piper	1,3132	2,1843	40,9608	1,3632	-26,6421	-13,0136
346	Pirelli	12,5963	5,5093	19,9487	0,0822	1,7620	8,1095
347	PKI	-29,6860	25,7516	39,4009	0,0025	-31,0517	-75,1252
348	Plettac	45,7312	13,6092	29,5003	3,0834	26,2384	20,1681
349	Pongs u. Zahn	-23,1302	-4,3180	60,0485	22,3755	-16,1030	-2,4997
350	Porsche	1,6794	5,2206	25,1298	23,8470	9,3511	9,7226
351	Praktiker	29,5058	4,9263	40,4175	3,3425	9,0999	6,5667
352	Preussag	12,6556	5,2980	20,8691	16,6930	2,5209	3,8737
353	Preussag Stahl	11,1058	6,5710	29,8869	1,0434	1,0482	0,1720
354	Progress	11,9377	8,0773	27,7178	5,2299	-0,5253	15,0716
355	Puma	50,4722	11,4011	46,5582	26,4169	29,6434	10,5605
356	PWA	23,6782	9,0248	30,9320	6,0908	1,0035	6,0766
357	Quante	7,5971	6,0118	23,7487	3,2547	8,7078	14,5203
358	Rabobank Dtschld.	-0,0608	-0,0936	6,9654	-3,6258	3,0220	-14,8013
359	Rathgeber	5,6313	3,6401	32,6264	0,0890	-1,2336	-1,8337
360	Ravensberger Bau-B.	-36,0026	-1,3914	7,7782	60,2985	11,9688	1,0725
361	Reckitt & Colm. Dtld	67,2066	10,4729	37,5000	1,6168	8,9956	12,0381
362	Reichelbräu	4,9901	13,9364	29,6254	0,9195	26,1210	6,4552
363	Renk	-2,5682	5,5943	10,5611	0,6638	26,0505	57,2650
364	Rheinboden	6,8937	1,7790	2,1325	5,8533	16,3133	12,5465
365	Rheiner Moden	4,9253	1,1633	62,9835	5,1472	-9,6904	-12,7838
366	Rheinhold u. Mahla	-8,5019	0,3059	12,1107	3,9138	7,5379	7,6547
367	Rheinische Hypo	19,1350	5,9004	2,3601	2,9398	13,1467	7,1198
368	Rheinmetall	4,4562	6,2958	25,5577	9,7802	-2,3192	6,2805
369	Rhenag	17,6438	21,8606	47,0292	6,1108	-1,0231	-4,7347
370	Rhön Klinikum	30,6530	15,2035	19,8020	10,4615	17,6980	35,4766
371	Rieter Ingol.	-12,2242	0,9031	31,7308	1,2155	-10,2038	5,7745
372	Robert Cordier	-26,1872	0,8617	12,5698	1,2813	-5,7776	2,9704
373	Röder	-51,6469	7,0742	24,6538	2,2599	-12,9817	1,1760
374	Rolf Benz	26,1469	5,0390	42,4559	13,7962	-2,6939	-3,9859
375	Rosenthal	-40,8523	-3,7764	8,3537	4,9295	0,6073	-5,9517
376	Ruberoid	8,4614	2,3017	18,0322	5,1147	-0,3490	1,1017
377	Rütgers	1,7814	6,0943	29,0195	6,2274	-0,9493	-1,9440
378	RWE	22,7561	12,1161	17,5929	22,3359	9,6756	-0,8729

i	Alternativenname	k_1	k_2	k_3	k_4	k_5	k_6
379	RWE-DEA	39,8820	5,7566	18,8496	9,3680	5,7574	-22,6405
380	SAI	14,0511	7,2860	35,8862	5,3974	12,7201	2,2073
381	Salamander	1,0287	3,7776	46,7306	7,9602	-6,1596	-0,9435
382	SAP	42,1049	20,2685	65,6740	26,7971	38,7212	42,5725
383	Sartorius	-0,2905	5,8799	39,0115	10,3284	0,2620	6,8678
384	Schaerf	12,5084	7,8751	42,2461	5,9175	-4,5590	-3,8251
385	Schaltbau	8,4312	5,1770	20,2657	6,6210	22,1670	19,7032
386	Schenck	-8,8060	1,0475	17,7072	2,8760	5,6765	3,3408
387	Schering	15,5976	16,3894	44,5132	21,9825	8,5803	6,0016
388	Scheu + Wirth	2,8583	1,6838	14,6088	10,3547	-5,6250	10,5339
389	Schleicher & Co.	-33,9000	-14,2800	28,7400	4,9800	-9,0700	-17,2664
390	Schlenk	23,4734	7,5118	32,6564	9,9424	2,5747	9,2022
391	Schloßgartenbau	29,0422	26,5055	92,3934	34,3950	1,2402	-0,3396
392	Schmalbach-Lubeca	8,3463	7,1305	22,6713	1,6887	0,9586	2,5950
393	Schneider	-7,5009	0,3150	13,0925	2,0380	-13,2304	-13,1501
394	Schumag	24,5552	11,8286	56,1960	37,0290	1,4161	19,8190
395	Schwabenverlag	3,9607	5,3689	46,4621	14,3347	-5,7596	1,3899
396	Schwäbische Zellst.	-9,4272	9,9374	26,2779	0,0560	-5,6088	0,8280
397	Schwälbchen	10,9794	1,7437	29,0801	4,2051	13,6541	4,4335
398	Schwarz Pharma	44,4968	14,6106	41,7000	5,1581	31,3884	16,4172
399	Schweizer Electr.	11,6188	10,3819	50,8398	7,2731	5,3366	10,9867
400	SCOR DEUTSCHLAND	6,5290	2,1414	16,4846	50,8707	24,6383	19,5193
401	Securitas	7,1225	1,0508	3,6358	16,9125	6,3971	2,5807
402	Sedlbauer	-9,7275	7,9106	40,6606	5,6980	-8,1484	4,6868
403	Sedlmayer	21,8709	13,7606	6,3486	8,2370	1,3198	3,2482
404	Sero Entsorgung	9,7030	11,1402	44,3428	1,6854	23,4543	41,0961
405	SG Holding	13,5381	10,1277	13,6828	0,2776	13,5507	7,1154
406	SGL Carbon	40,9857	16,1342	42,5948	0,7731	17,9175	11,2111
407	Siemens	11,9336	8,8635	28,7974	8,7405	5,6193	5,5114
408	Signalbau Huber	4,5477	5,7384	71,1826	0,8256	-3,0647	0,5434
409	Simona	21,3350	11,6376	61,7688	24,5781	2,6943	6,4376
410	Sinalco	10,2406	14,1716	51,3737	6,2066	-1,6258	-21,6216
411	Sinn	-6,7877	5,4123	31,2915	5,2235	-5,4758	-1,4682
412	Sinner	17,4528	13,7940	78,2993	20,8949	20,9286	46,1281
413	Sixt	22,2110	12,9732	16,8649	2,5619	18,7708	19,6708
414	SKW Trostberg	30,6547	10,3239	16,9382	3,8217	83,1530	31,5568
415	Sloman Neptun	7,3926	15,1405	13,4751	13,6451	9,9860	-2,1580
416	Spar	21,3620	2,3532	22,5257	3,8872	10,4449	1,2069

i	Alternativenname	k_1	k_2	k_3	k_4	k_5	k_6
417	Springer	38,3905	8,8630	29,7328	26,6777	3,1702	5,6255
418	Stahlwerke Bochum	15,7987	7,6006	44,0111	0,1350	-3,8903	-12,2577
419	Steffen	-111,267	-3,6886	7,9457	1,7594	-17,7131	-14,2939
420	Stelcon	6,9685	6,3713	36,4832	4,3199	23,7060	-3,4920
421	Stern-Brauerei	6,6887	13,0892	39,7454	10,0178	-9,4851	-1,4812
422	Steucon	-92,7500	-3,7228	-7,5446	17,3616	-11,6822	-17,6543
423	Stixi	-84,0494	-3,8611	31,9422	1,2891	-33,3331	-41,0299
424	Sto	24,1351	10,6565	53,2989	6,5143	5,8369	6,6214
425	Stöhr	-3,0221	4,0635	50,7390	29,8715	-6,9712	-17,8680
426	Stolberger Zink	4,4148	2,3545	40,3094	2,1005	39,6992	55,8447
427	Stollwerck	18,0314	3,9607	32,2125	3,3996	4,2796	2,3087
428	Strabag	-16,1455	3,4381	16,7647	26,2104	1,6651	-7,6117
429	Stürtz	4,0872	5,2897	35,3556	3,0848	12,2092	12,2493
430	Stuttg. Hofbräu	28,7519	20,0556	43,6603	8,8086	3,8837	-2,5089
431	Süd-Chemie	21,4893	9,7590	40,9880	3,7623	14,7706	9,8853
432	Süddt. Bodencredit	18,1920	5,5664	2,5879	2,0410	11,4581	5,6998
433	Südw. Salzwerke	17,9801	20,5016	54,3292	3,5562	3,3558	-16,8719
434	Südzucker	26,2545	10,2088	22,9515	10,8780	10,0476	10,1243
435	Tarkett	27,3726	7,9300	33,4004	11,3123	-0,5933	0,4366
436	Temming	-88,0659	7,0364	12,1792	9,4718	-11,0866	-6,3858
437	Tempelhofer Feld	-21,4418	-3,9129	18,6894	4,4643	7,6926	-3,9006
438	Terrex	-91,2981	-0,5482	50,1689	5,9935	-27,3056	-29,5039
439	Teutonia Zement	21,5860	21,6176	40,0889	23,8652	8,3572	-2,1103
440	Thüga	11,9541	35,6834	76,8919	0,3235	2,6910	3,0231
441	Thuringia	29,4503	6,3126	14,1147	33,8388	11,6819	6,9445
442	Thyssen	9,9591	6,1441	22,9576	4,3908	6,5970	5,1931
443	Thyssen Industrie	13,8285	5,3021	24,5727	4,3340	8,3028	15,4375
444	Tiag Tabbert	-2,4906	0,6942	45,9261	5,7039	-2,7904	-4,8852
445	Tiptel	7,0000	17,8311	81,7347	40,7447	9,6104	24,7766
446	Trinkaus & Burkhardt	15,6727	11,8412	5,4750	12,2714	15,2537	0,4766
447	Triton-Belco	-5,2919	0,9457	20,1651	0,8785	-5,0447	-4,1819
448	Triumph Internat.	5,9963	1,3483	73,8480	0,0738	-4,8424	-1,3206
449	Triumph Investex	11,4709	7,2514	51,3628	0,0000	-5,3926	-3,7631
450	Triumph-Adler	11,3012	5,4856	22,9809	14,3318	13,6702	4,6276
451	Tucher Bräu	-23,4478	-6,4111	99,3056	0,0000	-30,6247	-19,8766
452	Turbon Intern.	25,4578	14,8881	45,1479	3,3088	20,4280	25,3940
453	Überlandwk. Unterfr.	24,3910	10,3659	25,3225	4,4549	4,4114	0,3080
454	Varta	-10,0587	1,5218	19,5404	5,6282	0,2919	-6,2532

i	Alternativenname	k_1	k_2	k_3	k_4	k_5	k_6
455	VBH	17,2108	3,5588	28,0234	2,0037	9,8910	6,8117
456	Veba	18,1434	10,5975	32,0383	6,9094	7,5926	2,1639
457	Ver. Dt. Nickel	16,6716	13,1472	68,3639	0,1234	3,5004	9,4025
458	Ver. Filzfabriken	49,3172	9,8826	31,2713	11,6443	-3,9055	5,0722
459	Ver. Schmirgel	23,1685	4,0939	25,7954	5,3333	1,8247	4,2545
460	Vereins- u. Westbank	9,1202	4,3473	5,3775	12,0335	5,4566	-4,0002
461	Vereinte Vers.	19,7274	3,8704	10,7373	26,5854	12,9117	-1,0143
462	Verseidag	12,4453	5,3314	24,0552	0,5348	-5,4276	3,5658
463	VEW	18,5747	18,1647	17,7073	12,4517	3,7886	-3,1264
464	VGT	10,4179	4,3695	18,2767	0,5500	-4,5696	1,0543
465	Viag	23,4755	9,5120	19,0061	16,5470	12,1009	21,0804
466	Victoria Holding	13,8241	2,3601	3,5379	19,6204	9,3980	3,4352
467	Victoria Vers.	15,4332	4,7527	20,6753	44,6555	12,7417	-0,1476
468	Villeroy & Boch	-3,0464	4,5250	34,4974	46,1396	2,5938	-4,1665
469	VK Mühlen AG	-39,4540	0,5124	21,4537	1,9138	-17,3405	-5,0703
470	Vogel Draht	14,4113	13,1670	90,9987	9,6771	-31,1171	3,4383
471	Vögele	4,4630	6,9113	57,8158	5,1361	-2,3766	-6,6835
472	Vogt Electronic	14,6542	10,8375	32,4231	8,2084	21,2901	47,7056
473	Vogtl. Baumwoll	-19,8742	8,1612	33,7485	0,0791	-4,2617	-15,9851
474	Volksfürs. Holding	22,2143	8,6531	38,7700	0,2285	6,4098	6,6903
475	Vossloh	21,0817	9,0583	47,1056	5,1725	10,3015	13,6275
476	VW	12,2927	8,3860	12,6205	17,5313	7,9952	11,8435
477	Walter	34,8625	14,4379	44,8452	8,3439	14,5150	26,1623
478	Walter Bau	3,7705	2,9711	18,6093	38,3499	21,1995	24,0504
479	Wanderer	13,6443	6,9915	16,4182	8,5606	-0,0363	-7,6150
480	WASAG-CHEMIE	5,8400	-21,6000	10,4600	4,9400	11,6500	20,7700
481	Wayss & Freytag	-17,3049	0,2598	9,4464	19,9384	10,5512	13,9053
482	WCM	10,1391	6,5475	32,7830	7,7542	5,1419	11,5084
483	Weinig	23,9183	7,7904	47,4364	7,5244	3,5298	1,0833
484	Wella	22,1753	7,8047	25,4776	11,3421	3,0864	5,9151
485	Weru	13,2020	11,7398	63,7375	32,7797	0,6687	-5,3003
486	Westag & Getalit	26,1111	8,8681	62,6992	21,1978	2,9536	0,0939
487	Wickrather Bau	-3,4685	2,0465	45,4576	5,9486	0,6503	-9,7359
488	Windhoff Gruppe	5,8079	2,9467	20,8126	21,0811	8,4829	17,9776
489	WMF	8,3652	7,6357	62,3778	7,7117	0,9396	4,4319
490	Wünsche	2,7027	2,5714	23,0330	4,6113	-3,6765	-3,0244
491	Württg. Hypo	13,0231	3,1779	1,6905	28,6434	24,5946	12,2786
492	Württg. Leben	15,4318	2,2085	1,3594	13,2458	6,9429	4,8440

i	Alternativenname	k_1	k_2	k_3	k_4	k_5	k_6
493	Württg. Leinen	13,9662	6,3353	55,1711	0,0384	-42,5003	-2,4128
494	Württg. u. Badische	4,9137	1,0694	17,8828	26,9536	5,1028	4,5274
495	Württg. Vers.-Bet.	20,5656	3,0951	5,1187	21,4565	8,9798	6,1761
496	Würzb. Hofbr.	8,2439	14,3941	46,3772	0,1141	-2,4188	-4,2519
497	Ymos	11,9252	9,3431	23,0093	2,7103	4,2448	0,9469
498	Zanders	-20,8058	0,5976	21,2819	1,1988	-6,6896	-1,7446
499	Zeag	17,8820	16,0990	49,8463	38,7724	3,7595	1,7475
500	ZWL Grundbesitz u. B.	4,6672	5,2051	59,1420	0,0137	4,6297	23,7993

Quelle: Eigene Berechnung.

Tabelle A7 Bewertung von 200 Industrieunternehmen auf Basis der Nutzwertanalyse, des AHP und mit PROMETHEE II

	Nutzwert-analyse	AHP	PROME-THEE II
SAP	1	2	1
Reckitt & Colman Deutschland	2	1	14
Puma	3	3	3
Kampa-Haus	4	9	11
Aigner	5	11	5
MLP	6	4	2
Keramag	7	10	9
Schwarz Pharma	8	6	4
Boss	9	12	7
Adidas	10	8	15
Plettac	11	7	6
Data Modul	12	15	26
SKW Trostberg	13	5	22
Hach	14	19	17
Ver. Filzfabriken	15	14	28
Indus	16	13	8
Grünzweig + Hartmann	17	17	42
Buderus	18	16	40
Friatec	19	26	13
FHW Neukölln	20	24	19
Böwe Systec.	21	20	16
CeWe Color	22	25	10
Edding	23	29	21

	Nutzwert-analyse	AHP	PROME-THEE II
Gerry Weber	24	48	54
Hucke	25	18	49
Müag	26	33	18
Merck	27	22	12
Lindner	28	31	25
Berentzen	29	23	20
RWE-DEA	30	27	72
Teutonia Zement	31	40	23
Simona	32	53	33
Tiptel	33	69	60
Sto	34	46	24
Beiersdorf	35	41	29
Kraftwerk Altwttbg.	36	28	30
Harpen	37	21	34
Praktiker	38	37	53
Otavi	39	59	39
Main-Kraftwerke	40	34	27
Gelsenwasser	41	43	32
Zeag	42	60	41
Douglas	43	42	35
Erlus	44	44	50
Leifheit	45	62	45
Forst Ebnath	46	52	73
Südzucker	47	38	31
Isar-Amperwerke	48	39	36
Süd-Chemie	49	47	44
BASF	50	61	43
Bayer	51	55	37
Berliner Kindl	52	56	56
Weinig	53	67	59
Gilde Brauerei	54	77	61
Alno	55	51	52
Tarkett	56	57	64
Viag	57	36	47
Schering	58	71	38
Vogt Electronic	59	30	57
KM Europa Metal	60	35	91

	Nutzwert-analyse	AHP	PROME-THEE II
Sixt	61	32	48
Rhenag	62	82	67
Linde	63	78	51
Ifa Hotel	64	65	46
Hermle	65	58	65
Weru	66	98	77
Schlenk	67	63	66
RWE	68	54	55
Hoechst	69	64	63
Heidelberger Zement	70	80	58
PWA	71	70	68
Sero Entsorgung	72	50	80
Hornbach Holding	73	72	62
Kraftw. Rheinfelden	74	88	79
Kali u. Salz Bet.	75	90	85
Lewag	76	103	81
Wella	77	73	78
Biotest	78	74	69
Fränkische Überland	79	68	71
Veba	80	84	70
IWKA	81	66	82
VEW	82	81	74
Lech-Elektrizitätsw.	83	79	76
Ver. Schmirgel	84	83	94
Fuchs Petrolub	85	87	97
Sedlmayer	86	75	75
Fröhlich	87	76	87
Nordstern Lebensm.	88	86	84
B.U.S.	89	45	123
Dürr	90	95	99
Spar	91	85	101
Computer 2000	92	49	111
Mühle Rüningen	93	93	89
Niedermayr Papier	94	131	115
FAG Kugelfischer	95	91	95
BMW	96	89	83
WMF	97	123	110

	Nutzwert-analyse	AHP	PROME-THEE II
Einhell	98	96	100
Otto Reichelt	99	137	129
Gea	100	94	88
Kolbenschmidt	101	105	86
MCS	102	121	114
Escada	103	106	102
Lufthansa	104	108	90
Hochtief	105	110	112
Siemens	106	104	93
Bilfinger + Berger	107	100	116
Akzo-Faser	108	115	98
SG Holding	109	92	92
Balcke-Dürr	110	107	108
Schaerf	111	127	107
Triumph-Adler	112	102	105
VW	113	97	96
Ehlebracht	114	124	104
KIH	115	99	113
MAN	116	119	121
Ymos	117	114	106
Preussag	118	113	119
Allweiler	119	111	117
Phoenix	120	112	109
Walter Bau	121	101	133
Drägerwerk	122	118	120
Markant-Südwest	123	117	124
Jean Pascale	124	125	118
DyWidag	125	126	141
Preussag Stahl	126	129	126
Pirelli	127	116	125
Krones	128	142	128
Oelmühle Hamburg	129	109	132
Thyssen	130	120	122
Vögele	131	144	135
Continental	132	130	131
Heilit + Woerner	133	135	145
Dinkelacker	134	138	103

	Nutzwert-analyse	AHP	PROME-THEE II
Jungheinrich	135	133	134
Hüttenwerke Kayser	136	122	144
Schwabenverlag	137	146	139
ABB	138	132	136
Schmalbach-Lubeca	139	136	137
Rheiner Moden	140	154	155
Kupferberg	141	128	140
Neckarwerke	142	134	147
Bürgerl.Brauh.Ingol.	143	139	127
Garant Schuh	144	140	138
Aqua Signal	145	147	146
KKK	146	143	130
BBS	147	141	151
Salamander	148	152	153
Rütgers	149	150	148
Brauhaus Ravensburg	150	145	143
Karstadt	151	148	154
Stöhr	152	163	152
Alexanderwerk	153	149	150
Hirsch	154	159	163
Daimler-Benz	155	151	142
KSB	156	153	156
Tiag Tabbert	157	160	164
Wickrather Bau	158	162	161
Agiv	159	161	165
Herlitz	160	157	158
Holzmann	161	155	157
Ford	162	156	168
Sinn	163	165	160
DAB	164	158	167
Eifelhöhen-Klinik	165	164	159
Pfaff	166	166	183
Triton-Belco	167	167	180
Hornschuch	168	169	169
Koepp	169	170	173
Varta	170	171	174
Duewag	171	168	166

	Nutzwert-analyse	AHP	PROME-THEE II
Rieter Ingol.	172	172	172
Strabag	173	173	170
Schneider	174	175	189
Vogtl. Baumwoll	175	176	162
Dt. Eisenhandel	176	174	175
MAN Roland	177	177	178
Zanders	178	178	188
Kunert	179	180	187
Barmag	180	183	179
Maschinen Esterer	181	179	194
Robert Cordier	182	181	190
PKI	183	186	149
Küppersbusch	184	182	182
Elikraft	185	184	199
Info	186	190	176
Rosenthal	187	185	191
Röder	188	188	171
Glunz	189	187	192
Maihak	190	189	193
Orenstein & Koppel	191	191	185
Hohner	192	192	186
Kraftanlagen Heidlb.	193	193	198
Neue Baumwollspinn.	194	195	195
Temming	195	194	177
Flender ATB	196	196	196
Stixl	197	197	197
C.H.A.	198	198	181
Deutz	199	199	184
Steffen	200	200	200

Quelle: Eigene Berechnung.

Tabelle A8 Ränge der Kennzahlenausprägungen der 200 Industrieunternehmen

	$R_1(a_i)$	$R_2(a_i)$	$R_3(a_i)$	$R_4(a_i)$	$R_5(a_i)$	$R_6(a_i)$
ABB	109	108	181	67	135	165
Adidas	7	91	67	134	7	17
Agiv	152	158	123	37	188	187
Aigner	6	22	11	9	136	91
Akzo-Faser	118	40	71	166	99	113
Alexanderwerk	147	152	188	28	20	196
Allweiler	107	117	128	136	66	48
Alno	38	82	64	170	87	51
Aqua Signal	133	118	75	171	180	144
B.U.S.	138	167	79	70	16	1
Balcke-Dürr	101	151	85	55	82	33
Barmag	179	189	120	15	195	189
BASF	63	33	37	82	95	78
Bayer	58	47	50	76	67	75
BBS	146	170	132	154	70	27
Beiersdorf	33	79	42	64	90	74
Berentzen	37	70	63	51	21	18
Berliner Kindl	29	23	87	194	156	174
Bilfinger + Berger	102	142	141	7	79	49
Biotest	78	75	76	147	23	47
BMW	79	87	153	79	65	34
Boss	11	77	16	25	30	56
Böwe Systec.	32	73	44	53	13	15
Brauhaus Ravensburg	148	42	174	191	131	141
Buderus	14	81	116	41	124	87
Bürgerl. Brauh. Ingol.	140	53	151	182	51	146
C.H.A.	198	173	200	49	72	158
CeWe Color	26	31	27	57	64	68
Computer 2000	71	186	195	111	11	8
Continental	103	136	114	142	148	104
DAB	165	144	189	180	46	171
Daimler-Benz	160	115	131	52	53	127
Data Modul	12	129	5	35	120	50
Deutz	200	122	190	121	183	96
Dinkelacker	153	37	93	65	44	64
Douglas	48	100	34	72	34	36

	$R_1(a_i)$	$R_2(a_i)$	$R_3(a_i)$	$R_4(a_i)$	$R_5(a_i)$	$R_6(a_i)$
Drägerwerk	112	104	119	157	88	69
Dt. Eisenhandel	175	184	176	168	69	150
Duewag	173	147	170	199	45	97
Dürr	100	157	49	16	84	23
DyWidag	120	154	152	1	149	107
Edding	20	65	22	36	128	112
Ehlebracht	127	59	58	81	97	139
Eifelhöhen-Klinik	170	178	96	187	37	81
Einhell	80	159	77	162	55	62
Elikraft	182	193	194	184	192	198
Erlus	22	16	117	153	153	183
Escada	91	125	72	160	74	93
FAG Kugelfischer	68	96	124	174	116	83
FHW Neukölln	39	3	29	84	140	59
Flender ATB	196	197	109	159	197	156
Ford	156	168	196	140	102	70
Forst Ebnath	108	1	66	148	61	79
Fränkische Überland	66	35	169	144	28	138
Friatec	35	41	8	21	41	128
Fröhlich	83	119	133	122	9	57
Fuchs Petrolub	51	139	115	137	117	123
Garant Schuh	144	130	129	94	56	54
Gea	86	109	107	98	81	28
Gelsenwasser	42	10	74	120	127	103
Gerry Weber	21	113	10	5	164	190
Gilde Brauerei	50	46	24	130	161	136
Glunz	188	175	199	190	159	131
Grünzweig + Hartmann	10	30	82	192	157	177
Hach	17	80	2	17	144	39
Harpen	65	6	150	96	38	5
Heidelberger Zement	77	17	60	89	93	116
Heilit + Woerner	130	163	158	2	78	162
Herlitz	162	156	118	80	154	44
Hermle	62	74	69	116	92	21
Hirsch	155	174	31	186	142	182
Hochtief	122	105	97	8	96	60
Hoechst	67	44	83	181	25	120
Hohner	193	131	144	183	182	168

	$R_1(a_i)$	$R_2(a_i)$	$R_3(a_i)$	$R_4(a_i)$	$R_5(a_i)$	$R_6(a_i)$
Holzmann	164	164	184	32	57	99
Hornbach Holding	76	71	65	85	43	29
Hornschuch	171	148	111	188	165	88
Hucke	31	127	99	124	4	30
Hüttenwerke Kayser	126	172	143	198	48	25
Ifa Hotel	89	13	62	97	24	53
Indus	16	21	145	58	17	14
Info	187	200	3	149	193	135
Isar-Amperwerke	36	12	177	45	94	105
IWKA	75	132	113	92	31	12
Jean Pascale	135	107	70	107	33	90
Jungheinrich	142	140	101	54	91	22
Kali u. Salz Bet.	121	2	73	11	114	184
Kampa-Haus	2	43	19	18	146	147
Karstadt	145	137	147	114	118	143
Keramag	3	64	23	61	40	152
KIH	134	102	103	109	22	11
KKK	150	86	126	106	89	52
KM Europa Metal	106	135	48	145	3	6
Koepp	168	166	162	73	177	159
Kolbenschmidt	92	50	80	141	119	102
Kraftanlagen Heidlb.	192	192	149	128	198	199
Kraftw. Rheinfelden	111	4	53	34	113	133
Kraftwerk Altwttbg.	23	25	166	24	106	145
Krones	131	110	43	46	167	140
KSB	154	153	125	71	129	114
Kunert	181	191	106	169	181	163
Kupferberg	129	149	175	127	18	119
Küppersbusch	184	199	157	139	101	109
Lech-Elektrizitätsw.	61	34	160	86	109	132
Leifheit	64	52	18	69	100	45
Lewag	87	69	6	50	170	129
Linde	85	55	25	33	32	85
Lindner	27	103	35	44	76	35
Lufthansa	113	28	110	68	125	82
Maihak	189	198	178	132	155	155
Main-Kraftwerke	25	38	142	38	86	121
MAN	114	126	100	40	115	77

	$R_1(a_i)$	$R_2(a_i)$	$R_3(a_i)$	$R_4(a_i)$	$R_5(a_i)$	$R_6(a_i)$
MAN Roland	180	190	140	195	137	58
Markant-Südwest	110	161	112	100	62	63
Maschinen Esterer	177	188	192	179	184	166
MCS	97	133	30	60	160	117
Merck	28	29	91	75	26	37
MLP	18	18	32	10	2	13
Müag	44	9	56	29	75	125
Mühle Rüningen	82	138	54	125	73	43
Neckarwerke	117	165	165	126	105	134
Neue Baumwollspinn.	194	141	191	189	196	194
Niedermayr Papier	136	54	4	167	147	94
Nordstern Lebensm.	70	89	121	177	50	108
Oelmühle Hamburg	115	162	164	151	27	40
Orenstein & Koppel	191	114	186	150	189	185
Otavi	55	32	20	20	151	111
Otto Reichelt	125	143	9	14	171	160
Pfaff	159	187	179	165	163	180
Phoenix	132	85	89	156	39	26
Pirelli	94	120	155	196	122	55
PKI	185	5	61	200	199	200
Plettac	8	27	104	138	10	19
Praktiker	24	134	57	135	58	66
Preussag	93	128	148	42	112	98
Preussag Stahl	105	106	102	178	130	142
Puma	4	49	39	22	8	38
PWA	43	76	98	103	132	71
Reckitt & Colm. Dtld	1	60	68	164	59	31
Rheiner Moden	137	177	13	117	185	186
Rhenag	74	7	36	102	152	169
Rieter Ingol.	172	180	92	175	186	76
Robert Cordier	183	181	185	173	175	101
Röder	190	98	130	152	190	124
Rosenthal	186	195	193	119	141	173
Rütgers	149	112	105	101	150	154
RWE	49	39	168	30	52	148
RWE-DEA	15	116	161	78	83	195
Salamander	151	150	38	90	176	149
SAP	13	11	7	19	5	3

	$R_1(a_i)$	$R_2(a_i)$	$R_3(a_i)$	$R_4(a_i)$	$R_5(a_i)$	$R_6(a_i)$
Schaerf	95	90	51	105	169	164
Schering	81	19	46	31	60	72
Schlenk	46	95	84	74	111	46
Schmalbach-Lubeca	124	97	138	161	133	106
Schneider	167	185	182	155	191	188
Schwabenverlag	141	124	40	47	174	118
Schwarz Pharma	9	24	52	115	6	24
Sedlmayer	54	26	198	87	126	100
Sero Entsorgung	119	51	47	163	12	4
SG Holding	88	63	180	193	36	61
Siemens	98	78	108	83	85	80
Simona	60	48	15	26	110	67
Sinn	166	123	94	113	173	151
Sixt	52	36	172	146	19	20
SKW Trostberg	19	61	171	131	1	7
Spar	59	169	139	129	47	122
Steffen	199	194	197	158	194	191
Stixi	195	196	90	172	200	197
Sto	40	57	21	99	80	65
Stöhr	158	146	26	13	179	193
Strabag	174	155	173	23	123	179
Süd-Chemie	57	67	55	133	29	42
Südzucker	34	62	137	66	49	41
Tarkett	30	88	81	63	145	137
Temming	197	99	187	77	187	176
Teutonia Zement	56	8	59	27	63	157
Thyssen	116	111	136	123	77	84
Tiag Tabbert	157	182	41	108	162	170
Tiptel	128	15	1	3	54	9
Triton-Belco	163	179	154	185	172	167
Triumph-Adler	104	121	135	48	35	89
Varta	169	176	156	110	143	175
Veba	72	58	88	95	71	110
Ver. Filzfabriken	5	66	95	59	166	86
Ver. Schmirgel	47	145	122	112	121	95
VEW	69	14	167	56	103	161
Viag	45	68	159	43	42	16
Vögele	139	101	17	118	158	178

	$R_1(a_i)$	$R_2(a_i)$	$R_3(a_i)$	$R_4(a_i)$	$R_5(a_i)$	$R_6(a_i)$
Vogt Electronic	84	56	86	88	14	2
Vogtl. Baumwoll	176	84	78	197	168	192
VW	96	83	183	39	68	32
Walter Bau	143	160	163	6	15	10
Weinig	41	93	33	93	107	126
Wella	53	92	127	62	108	73
Weru	90	45	12	12	138	172
Wickrather Bau	161	171	45	104	139	181
WMF	123	94	14	91	134	92
Ymos	99	72	134	143	98	130
Zanders	178	183	146	176	178	153
Zeag	73	20	28	4	104	115

Quelle: Eigene Berechnung.

Tabelle A9 Isolierte Bewertung von 81 Industrieunternehmen

	Nutzwert-analyse	PROME-THEE II
SAP	1	1
Reckitt & Colman Deutschland	2	8
eff-eff	3	2
Schwarz Pharma	4	3
Plettac	5	4
Burgbad	6	6
Hach	7	9
Grammer	8	7
Walter	9	5
CeWe Color	10	10
Gerry Weber	11	17
Hucke	12	16
Ahlers	13	11
RWE-DEA	14	27
Mühl Product	15	35
Otavi	16	12
Nucletron	17	33
Erlus	18	15
Anzag	19	37
Forst Ebnath	20	31

	Nutzwert-analyse	PROME-THEE II
GBH	21	22
Bayer	22	13
Minneralb. Überkingen	23	23
Tarkett	24	18
Schering	25	14
Linde	26	19
Marseille	27	34
Weru	28	29
Dürkopp Adler	29	30
Heidelberger Zement	30	20
Bijou Brigitte	31	28
Lehnkering	32	21
Fränkische Überland	33	24
IWKA	34	32
VEW	35	25
Pfleiderer Bau	36	26
Fröhlich	37	38
B.U.S.	38	53
Spar	39	43
Macrotron	40	51
FAG Kugelfischer	41	36
VBH	42	42
Einhell	43	44
MCS	44	48
Sinalco	45	41
Hochtief	46	45
SG Holding	47	39
Progress	48	40
KIH	49	47
MAN	50	49
Koenig & Bauer	51	46
Triumph Internat.	52	66
Drägerwerk	53	50
Krones	54	52
Thyssen	55	54
Vögele	56	56
Continental	57	57

	Nutzwert-analyse	PROMETHEE II
Stürtz	58	55
Jungheinrich	59	58
Kupferberg	60	60
Berliner Elektro	61	62
Didier	62	65
Rheinmetall	63	59
Kaufhalle	64	70
BayWa	65	69
Rütgers	66	64
Brauerei Moninger	67	63
Alexanderwerk	68	67
Daimler-Benz	69	61
Wünsche	70	74
Herlitz	71	71
Holzmann	72	72
Flender	73	73
Ikon	74	75
Schneider	75	78
BM Bäckermühlen	76	76
Barmag	77	77
Robert Cordier	78	80
Köln-Düsseldorfer	79	68
Neue Baumwollspinn.	80	79
Stixi	81	81

Quelle: Eigene Berechnung.

Tabelle A10 Ränge der Kennzahlenausprägungen der 81 Industrieunternehmen

	$R_1(a_i)$	$R_2(a_i)$	$R_3(a_i)$	$R_4(a_i)$	$R_5(a_i)$	$R_6(a_i)$
Ahlers	19	28	22	38	9	17
Alexanderwerk	66	62	79	9	15	80
Anzag	17	75	25	81	39	8
B.U.S.	59	69	31	28	13	1
Barmag	76	80	51	5	79	75
Bayer	21	18	21	31	36	36
BayWa	54	71	65	64	52	57
Berliner Elektro	69	55	71	36	18	4

	$R_1(a_i)$	$R_2(a_i)$	$R_3(a_i)$	$R_4(a_i)$	$R_5(a_i)$	$R_6(a_i)$
Bijou Brigitte	31	32	8	15	54	64
BM Bäckermühlen	77	74	67	45	37	66
Brauerei Moninger	64	30	58	46	69	72
Burgbad	6	22	18	1	17	45
CeWe Color	15	14	13	24	35	31
Continental	45	54	46	62	59	44
Daimler-Benz	70	45	55	21	28	52
Didier	51	59	63	49	64	65
Drägerwerk	48	36	50	70	42	33
Dürkopp Adler	14	33	64	78	46	58
eff-eff	11	2	7	17	2	14
Einhell	34	66	30	71	29	29
Erlus	13	7	48	66	62	73
FAG Kugelfischer	26	31	52	75	51	39
Flender	75	60	57	54	55	32
Forst Ebnath	47	1	27	65	34	38
Fränkische Überland	24	16	70	63	19	54
Fröhlich	37	47	56	52	8	26
GBH	46	4	16	30	40	5
Gerry Weber	12	43	4	2	71	76
Grammer	8	24	24	42	12	12
Hach	9	25	1	6	57	23
Heidelberger Zement	32	8	26	35	44	48
Herlitz	71	65	49	33	63	25
Hochtief	53	37	35	3	45	27
Holzmann	72	67	77	11	30	42
Hucke	18	49	36	56	3	21
Ikon	74	63	54	59	75	62
IWKA	28	52	44	37	20	11
Jungheinrich	63	57	38	22	43	15
Kaufhalle	68	73	14	43	49	71
KIH	58	35	40	44	16	10
Koenig & Bauer	39	40	39	13	76	47
Köln-Düsseldorfer	79	27	80	76	6	69
Krones	56	39	17	18	72	55
Kupferberg	55	61	73	57	14	50
Lehnkering	23	44	34	16	32	18
Linde	38	20	12	12	22	41

	$R_1(a_i)$	$R_2(a_i)$	$R_3(a_i)$	$R_4(a_i)$	$R_5(a_i)$	$R_6(a_i)$
Macrotron	35	78	68	69	11	7
MAN	49	48	37	14	50	37
Marseille	29	56	72	27	5	6
MCS	42	53	15	25	68	49
Minneralb. Überkingen	44	3	6	19	48	56
Mühl Product	25	70	62	39	1	2
Neue Baumwollspinn.	80	58	81	77	80	77
Nucletron	4	51	76	20	78	68
Otavi	20	15	10	8	61	46
Pfleiderer Bau	33	19	47	55	25	24
Plettac	2	13	41	61	10	13
Progress	43	26	45	47	56	19
Reckitt & Colm. Dtld	1	21	28	72	31	22
Rheinmetall	61	38	53	29	66	34
Robert Cordier	78	77	78	74	74	43
Rütgers	67	42	42	40	60	60
RWE-DEA	7	46	66	32	41	79
SAP	5	5	3	7	4	3
Schering	36	9	20	10	33	35
Schneider	73	79	75	67	77	74
Schwarz Pharma	3	10	23	48	7	16
SG Holding	40	23	74	79	23	28
Sinalco	50	12	11	41	65	78
Spar	22	72	61	58	26	51
Stixl	81	81	33	73	81	81
Stürtz	62	50	29	60	24	20
Tarkett	16	29	32	26	58	53
Thyssen	52	41	60	53	38	40
Triumph Internat.	57	76	2	80	73	59
VBH	30	64	43	68	27	30
VEW	27	6	69	23	47	63
Vögele	60	34	9	50	67	70
Walter	10	11	19	34	21	9
Weru	41	17	5	4	53	67
Wünsche	65	68	59	51	70	61

Quelle: Eigene Berechnung.

Tabelle A11 Isolierte Bewertung der 60 Verwalter

	Nutzwert-analyse	PROME-THEE II
Breitenburger Portl.	1	1
Hacker-Pschorr	2	6
ICN	3	4
Schloßgartenbau	4	2
Kali-Chemie	5	11
Dibag	6	15
Pegasus	7	27
Sinner	8	3
MD Bau Holding	9	8
Monachia	10	5
Jacobsen	11	7
Hindrichs-Auffermann	12	9
Maschinen Esslingen	13	13
Hesser	14	25
Dt. Beteiligung	15	20
Ver. Dt. Nickel	16	10
Eisen-Hütten	17	16
Hamborner	18	17
Edelstahlwerk Witten	19	22
EURAG Holding	20	21
Volksfürs. Holding	21	12
Vogel Draht	22	14
Lahmeyer	23	18
Eisenbahn-Verkehr	24	24
Dolerit-Basalt	25	30
Stolberger Zink	26	37
DSL-Holding	27	38
SAI	28	19
Dahlbusch	29	35
Hamburger Getreide	30	39
Stahlwerke Bochum	31	23
ZWL Grundbesitz u. B.	32	34
Triumph Investex	33	32
WCM	34	26
Patrizier Bräu KGaA	35	47
Bremer Lagerhaus	36	29

	Nutzwert-analyse	PROME-THEE II
HB AG	37	33
Wanderer	38	28
Mainzer Aktien-Bier	39	36
Württg. Leinen	40	31
Agrob	41	49
MG Vermögensverw.	42	48
Dierig Holding	43	45
Rathgeber	44	42
Kötitzer Leder	45	52
Gem. AG f. Wohnungsbau	46	44
Anterra	47	41
Horten	48	40
Dt. Steinzeug	49	46
Brauerei Cluss	50	51
WASAG-CHEMIE	51	43
Ceag	52	50
A.A.A.	53	53
Gold-Zack	54	56
GAB Beteiligung	55	57
Pongs u. Zahn	56	55
Tucher Bräu	57	58
Tempelhofer Feld	58	54
Steucon	59	59
Autania	60	60

Quelle: Eigene Berechnung.

Tabelle A12 Ränge der Kennzahlenausprägungen der 60 Verwalter

	$R_1(a_i)$	$R_2(a_i)$	$R_3(a_i)$	$R_4(a_i)$	$R_5(a_i)$	$R_6(a_i)$
A.A.A.	54	46	43	41	32	37
Agrob	53	49	50	49	1	3
Anterra	31	43	45	45	28	55
Autania	60	60	60	25	60	54
Brauerei Cluss	50	52	19	6	37	57
Breitenburger Portl.	2	4	20	42	24	24
Bremer Lagerhaus	30	28	54	37	7	11
Ceag	51	47	56	30	13	16

	$R_1(a_i)$	$R_2(a_i)$	$R_3(a_i)$	$R_4(a_i)$	$R_5(a_i)$	$R_6(a_i)$
Dahlbusch	34	31	11	39	46	41
Dibag	3	19	57	13	44	45
Dierig Holding	46	41	28	52	30	29
Dolerit-Basalt	39	36	10	9	17	25
DSL-Holding	42	39	2	43	26	28
Dt. Beteiligung	27	18	16	55	8	7
Dt. Steinzeug	40	38	51	11	51	52
Edelstahlwerk Witten	25	15	5	55	35	48
Eisenbahn-Verkehr	22	16	17	46	50	40
Eisen-Hütten	19	13	13	40	33	26
EURAG Holding	24	17	12	31	36	36
GAB Beteiligung	52	53	46	15	56	53
Gem. AG f. Wohnungsbau	43	44	53	22	15	18
Gold-Zack	55	58	25	2	55	58
Hacker-Pschorr	1	23	58	32	4	10
Hamborner	8	30	47	21	25	23
Hamburger Getreide	44	42	15	3	12	56
HB AG	45	7	6	4	52	60
Hesser	33	24	4	1	23	51
Hindrichs-Auffermann	14	6	8	34	38	26
Horten	32	34	22	53	54	59
ICN	5	3	23	50	19	19
Jacobsen	11	14	44	26	3	6
Kali-Chemie	4	2	34	48	48	43
Kötitzer Leder	47	48	31	54	43	14
Lahmeyer	17	20	26	14	31	31
Mainzer Aktien-Bier	28	33	39	55	40	35
Maschinen Esslingen	9	5	33	51	47	44
MD Bau Holding	6	12	48	28	11	46
MG Vermögensverw.	49	51	32	20	41	4
Monachia	7	8	42	17	21	21
Patrizier Bräu KGaA	48	50	3	55	45	12
Pegasus	35	37	27	5	6	1
Pongs u. Zahn	57	56	21	8	53	34
Rathgeber	37	40	41	38	34	32
SAI	20	25	38	23	9	22
Schloßgartenbau	10	1	7	7	27	30
Sinner	13	9	14	10	5	5

	$R_1(a_i)$	$R_2(a_i)$	$R_3(a_i)$	$R_4(a_i)$	$R_5(a_i)$	$R_6(a_i)$
Stahlwerke Bochum	16	22	35	35	39	47
Steucon	59	54	59	12	49	49
Stolberger Zink	41	45	36	29	2	2
Tempelhofer Feld	56	55	49	27	14	39
Triumph Investex	26	26	30	55	42	38
Tucher Bräu	58	57	1	55	57	50
Ver. Dt. Nickel	15	11	18	36	22	15
Vogel Draht	18	10	9	16	58	20
Volksfürs. Holding	12	21	37	33	16	17
Wanderer	23	27	52	18	29	42
WASAG-CHEMIE	36	59	55	24	10	9
WCM	29	29	40	19	18	13
Württg. Leinen	21	32	29	44	59	33
ZWL Grundbesitz u. B.	38	35	24	47	20	8

Quelle: Eigene Berechnung.

Tabelle A13 Isolierte Bewertung der 18 Universalbanken

	Nutzwert-analyse	PROME-THEE II
Dt. Bank Lübeck E	1	1
Oldenburgische LB	2	2
Trinkaus & Burkhardt	3	3
Deutsche Bank	4	5
Dresdner Bank	5	4
Baden-Württg. Bank	6	6
Commerzbank	7	10
Bayr. Vereinsbank	8	8
Hypobank	9	11
BHF-Bank	10	9
IKB	11	7
Allbank Konzern	12	12
Vereins- u. Westbank	13	13
Bankges. Berlin	14	14
Krediet Bankverein	15	15
DVB	16	16
Rabobank Dtschld.	17	18
Frankf. Bankges.	18	17

Quelle: Eigene Berechnung.

Tabelle A14 Ränge der Kennzahlenausprägungen der 18 Universalbanken

	$R_1(a_i)$	$R_2(a_i)$	$R_3(a_i)$	$R_4(a_i)$	$R_5(a_i)$	$R_6(a_i)$
Allbank Konzern	13	14	10	1	3	2
Baden-Württg. Bank	9	5	11	6	5	12
Bankges. Berlin	14	13	18	13	4	5
Bayr. Vereinsbank	6	9	16	9	10	9
BHF-Bank	11	7	9	11	9	7
Commerzbank	10	10	13	12	7	1
Deutsche Bank	5	6	15	16	1	4
Dresdner Bank	4	4	14	14	2	6
Dt. Bank Lübeck E	1	1	3	2	16	15
DVB	15	15	12	7	13	17
Frankf. Bankges.	17	17	2	10	18	18
Hypobank	8	11	17	8	11	8
IKB	7	8	4	15	15	11
Krediet Bankverein	16	18	8	18	8	3
Oldenburgische LB	2	2	6	4	12	10
Rabobank Dtschld.	18	16	1	17	17	16
Trinkaus & Burkhardt	3	3	5	3	6	13
Vereins- u. Westbank	12	12	7	5	14	14

Quelle: Eigene Berechnung.

Tabelle A15 Isolierte Bewertung der 13 Hypothekenbanken

	Nutzwert-analyse	PROME-THEE II
Berlin-Hann. Hypo	1	11
Norddeutsche Hypo	2	1
Hypo.bank Hamburg	3	4
Rheinische Hypo	4	2
Dt. Hypo. Frankfurt	5	3
Württg. Hypo	6	10
Dt. Hypothekenbank	7	8
Süddt. Bodencredit	8	5
Nürnberger Hypo	9	6
Bayr. Handelsbank	10	7
Depfa-Bank	11	9
Frankfurter Hypo	12	12
Rheinboden	13	13

Quelle: Eigene Berechnung.

Tabelle A16 Ränge der Kennzahlenausprägungen der 13 Hypothekenbanken

	$R_1(a_i)$	$R_2(a_i)$	$R_3(a_i)$	$R_4(a_i)$	$R_5(a_i)$	$R_6(a_i)$
Bayr. Handelsbank	7	8	5	6	12	12
Berlin-Hann. Hypo	12	9	7	13	1	1
Depfa-Bank	10	10	4	7	4	7
Dt. Hypo. Frankfurt	5	1	8	5	7	10
Dt. Hypothekenbank	8	11	11	3	3	5
Frankfurter Hypo	11	6	1	9	13	13
Hypo.bank Hamburg	3	4	13	2	8	8
Norddeutsche Hypo	1	7	10	4	5	3
Nürnberger Hypo	6	5	3	12	10	6
Rheinboden	13	13	9	8	6	2
Rheinische Hypo	2	2	6	10	9	9
Süddt. Bodencredit	4	3	2	11	11	11
Württg. Hypo	9	12	12	1	2	4

Quelle: Eigene Berechnung.

Tabelle A17 Isolierte Bewertung der sieben allgemeinen Versicherungen

	Nutzwert-analyse	PROMETHEE II
Aach. u. Münch. Vers.	1	1
Hermes	2	4
Nordstern Allgemein	3	2
Thuringia	4	3
Vereinte Vers.	5	5
Victoria Vers.	6	6
Württg. u. Badische	7	7

Quelle: Eigene Berechnung.

Tabelle A18 Ränge der Kennzahlenausprägungen der sieben allgemeinen Versicherungen

	$R_1(a_i)$	$R_2(a_i)$	$R_3(a_i)$	$R_4(a_i)$	$R_5(a_i)$	$R_6(a_i)$
Aach. u. Münch. Vers.	2	4	6	5	4	5
Hermes	3	5	3	1	6	1
Nordstern Allgemein	5	1	1	2	5	4
Thuringia	1	2	5	4	3	2
Vereinte Vers.	4	6	7	7	1	7
Victoria Vers.	6	3	2	3	2	6
Württg. u. Badische	7	7	4	6	7	3

Quelle: Eigene Berechnung.

Tabelle A19 Isolierte Bewertung der vier Lebensversicherungen

	Nutzwert-analyse	PROME-THEE II
Allianz Leben	1	1
AM/Leben	2	2
Nordstern Leben	3	3
Württg. Leben	4	4

Quelle: Eigene Berechnung.

Tabelle A20 Ränge der Kennzahlenausprägungen der vier Lebensversicherungen

	$R_1(a_i)$	$R_2(a_i)$	$R_3(a_i)$	$R_4(a_i)$	$R_5(a_i)$	$R_6(a_i)$
Allianz Leben	3	2	2	2	3	4
AM/Leben	2	4	3	3	2	2
Nordstern Leben	1	3	4	4	1	1
Württg. Leben	4	1	1	1	4	3

Quelle: Eigene Berechnung.

Tabelle A21 Isolierte Bewertung der 17 Versicherungskonzerne und Rückversicherungen

	Nutzwert-analyse	PROME-THEE II
Colonia Konzern	1	2
DBV Holding	2	1
Kölnische Rück	3	3
HR	4	4
AMB	5	8
Württg. Vers.-Bet.	6	7
Allianz Holding	7	5
Münchener Rück	8	6
SCOR DEUTSCHLAND	9	11
Nürnberger Beteilig	10	9
Victoria Holding	11	12
Albingia	12	10
Mannheimer	13	13
Agrippina Rück	14	15
Frankona	15	14
Securitas	16	17
Aachener Rück	17	16

Quelle: Eigene Berechnung.

Tabelle A22 Ränge der Kennzahlenausprägungen der 17 Versicherungskonzerne und Rückversicherungen

	$R_1(a_i)$	$R_2(a_i)$	$R_3(a_i)$	$R_4(a_i)$	$R_5(a_i)$	$R_6(a_i)$
Albingia	11	9	6	4	9	15
Allianz Holding	9	1	5	3	7	6
AMB	3	4	17	17	16	13
Colonia Konzern	1	3	15	13	13	5
DBV Holding	7	2	10	5	1	1
Mannheimer	12	13	11	6	8	7
Nürnberger Beteilig	8	7	16	9	6	11
Securitas	15	15	13	16	15	12
Victoria Holding	10	11	14	12	10	10
Württg. Vers.-Bet.	6	6	9	8	12	8
Aachener Rück	17	17	1	1	17	17

	$R_1(a_i)$	$R_2(a_i)$	$R_3(a_i)$	$R_4(a_i)$	$R_5(a_i)$	$R_6(a_i)$
Agrippina Rück	14	16	7	15	4	3
Frankona	13	14	3	10	11	16
HR	2	10	8	14	5	9
Kölnische Rück	5	8	4	7	3	4
Münchener Rück	4	5	12	11	14	14
SCOR DEUTSCHLAND	16	12	2	2	2	2

Quelle: Eigene Berechnung.

Tabelle A23 Ranking unter ausschließlicher Berücksichtigung der Eigenkapitalrendite und des Bilanzsummenwachstums

	Nutzwert-analyse	PROME-THEE II
Hacker-Pschorr	1	1
Reckitt & Colman Deutschland	2	8
Breitenburger Portl.	3	13
SAP	4	4
Schwarz Pharma	5	2
Plettac	6	3
Dibag	7	21
eff-eff	8	5
ICN	9	14
Burgbad	10	6
Grammer	11	7
MD Bau Holding	12	9
Kali-Chemie	13	24
Nordstern Leben	14	11
Hucke	15	12
RWE-DEA	16	16
Mühl Product	17	31
Walter	18	10
Berlin-Hann. Hypo	19	92
Jacobsen	20	15
Monachia	21	23
Nucletron	22	32
Hach	23	27
Ahlers	24	17
Thuringia	25	18

	Nutzwert-analyse	PROME-THEE II
Colonia Konzern	26	20
CeWe Color	27	26
Marseille	28	50
Hamborner	29	28
HR	30	20
Kölnische Rück	31	23
Dürkopp Adler	32	33
Erlus	33	39
DBV Holding	34	35
AM/Leben	35	26
Anzag	36	30
Schloßgartenbau	37	37
Gerry Weber	38	42
Dt. Bank Lübeck E	39	39
Norddeutsche Hypo	40	29
Tarkett	41	46
Maschinen Esslingen	42	52
Aach. u. Münch. Vers.	43	34
Fränkische Überland	44	40
Fröhlich	45	70
Sinner	46	53
Spar	47	37
AMB	48	42
Vereinte Vers.	49	44
Volksfürs. Holding	50	45
Bayer	51	44
Macrotron	52	66
Rheinische Hypo	53	51
Münchener Rück	54	47
Württg. Vers.-Bet.	55	49
Lehnkering	56	48
Hypo.bank Hamburg	57	55
Deutsche Bank	58	73
Dt. Hypo. Frankfurt	59	57
Allianz Leben	60	54
Dt. Hypothekenbank	61	66
IWKA	62	58

	Nutzwert-analyse	PROME-THEE II
Oldenburgische LB	63	56
Süddt. Bodencredit	64	60
Hermes	65	59
Württg. Hypo	66	84
Dresdner Bank	67	74
Nürnberger Beteilig	68	62
Nürnberger Hypo	69	64
Nordstern Allgemein	70	63
Trinkaus & Burkhardt	71	69
Otavi	72	61
Allianz Holding	73	68
VBH	74	67
Pfleiderer Bau	75	75
Victoria Vers.	76	77
Depfa-Bank	77	88
VEW	78	71
Linde	79	79
Stolberger Zink	80	136
Bayr. Handelsbank	81	78
FAG Kugelfischer	82	73
Einhell	83	76
SAI	84	85
Schering	85	81
SG Holding	86	89
Heidelberger Zement	87	80
Baden-Württg. Bank	88	93
Württg. Leben	89	86
Ver. Dt. Nickel	90	83
Bayr. Vereinsbank	91	91
Victoria Holding	92	90
Commerzbank	93	96
Bijou Brigitte	94	82
Dt. Beteiligung	95	100
Hypobank	96	95
SCOR DEUTSCHLAND	97	118
Hindrichs-Auffermann	98	87
Albingia	99	98

	Nutzwert-analyse	PROME-THEE II
BHF-Bank	100	104
Bremer Lagerhaus	101	108
Mannheimer	102	105
Agrippina Rück	103	117
IKB	104	102
Stahlwerke Bochum	105	94
Forst Ebnath	106	110
Lahmeyer	107	97
Kupferberg	108	120
Eisen-Hütten	109	100
GBH	110	113
Wanderer	111	101
Weru	112	103
Rheinboden	113	123
Frankfurter Hypo	114	114
Minneralb. Überkingen	115	116
Allbank Konzern	116	127
EURAG Holding	117	106
Drägerwerk	118	122
KIH	119	132
B.U.S.	120	134
Pegasus	121	128
Thyssen	122	126
Frankona	123	125
Bankges. Berlin	124	131
WCM	125	129
Edelstahlwerk Witten	126	112
Progress	127	119
Agrob	128	157
MAN	129	131
MCS	130	122
Vereins- u. Westbank	131	135
Continental	132	124
Hochtief	133	137
WASAG-CHEMIE	134	139
Sinalco	135	141
Securitas	136	139

	Nutzwert-analyse	PROME-THEE II
Didier	137	142
Alexanderwerk	138	147
Triumph Investex	139	133
Eisenbahn-Verkehr	140	111
Koenig & Bauer	141	110
Hesser	142	145
Anterra	143	143
Stürtz	144	147
Mainzer Aktien-Bier	145	140
BayWa	146	144
Berliner Elektro	147	149
Württg. u. Badische	148	149
Dolerit-Basalt	149	150
ZWL Grundbesitz u. B.	150	152
Hamburger Getreide	151	156
Krediet Bankverein	152	153
Jungheinrich	153	161
Gem. AG f. Wohnungsbau	154	158
DVB	155	162
Rathgeber	156	159
Krones	157	154
DSL-Holding	158	163
Triumph Internat.	159	160
Dahlbusch	160	155
Rheinmetall	161	165
Vögele	162	164
Brauerei Moninger	163	171
Vogel Draht	164	107
Kaufhalle	165	170
Rütgers	166	172
Wünsche	167	173
Rabobank Dtschld.	168	174
Daimler-Benz	169	166
Frankf. Bankges.	170	177
Dierig Holding	171	176
Dt. Steinzeug	172	168
Horten	173	152

	Nutzwert-analyse	PROME-THEE II
Holzmann	174	169
Württg. Leinen	175	115
Ceag	176	175
Kötitzer Leder	177	182
MG Vermögensverw.	178	183
HB AG	179	179
Patrizier Bräu KGaA	180	184
Herlitz	181	181
Brauerei Cluss	182	185
A.A.A.	183	187
Flender	184	187
Ikon	185	189
Schneider	186	190
Aachener Rück	187	188
GAB Beteiligung	188	191
Tempelhofer Feld	189	178
BM Bäckermühlen	190	180
Gold-Zack	191	192
Robert Cordier	192	194
Pongs u. Zahn	193	195
Barmag	194	194
Tucher Bräu	195	196
Köln-Düsseldorfer	196	167
Neue Baumwollspinn.	197	198
Stixl	198	199
Steucon	199	197
Autania	200	200

Quelle: Eigene Berechnung.

Tabelle A24 Ränge der Kennzahlenausprägungen der 200 Industrieunternehmen, Verwalter, Banken und Versicherungen berechnet unter Verwendung der ursprünglichen RSW-Standardisierungsparameter

	$R_1(a_i)$	$R_2(a_i)$	$R_3(a_i)$	$R_4(a_i)$	$R_5(a_i)$	$R_6(a_i)$
A.A.A.	186	127	142	137	149	114
Aach. u. Münch. Vers.	38	114	156	183	83	156
Aachener Rück	179	199	2	3	195	200
Agrippina Rück	134	185	101	165	38	20
Agrob	184	141	175	145	4	14
Ahlers	36	86	54	88	15	30
Albingia	106	91	98	72	76	165
Alexanderwerk	165	157	191	19	28	193
Allbank Konzern	142	164	50	11	33	28
Allianz Holding	70	12	85	44	67	77
Allianz Leben	49	31	68	28	89	107
AM/Leben	34	193	121	192	66	71
AMB	37	34	163	168	103	147
Anterra	131	118	158	141	139	186
Anzag	30	179	59	195	100	11
Autania	200	200	200	96	200	185
B.U.S.	150	170	83	62	24	2
Baden-Württg. Bank	107	62	67	33	39	144
Bankges. Berlin	145	156	151	178	35	54
Barmag	191	189	117	12	190	182
Bayer	41	48	53	67	91	87
Bayr. Handelsbank	73	136	155	69	95	118
Bayr. Vereinsbank	100	106	118	60	58	104
BayWa	132	173	157	167	136	149
Berliner Elektro	169	143	170	78	37	6
Berlin-Hann. Hypo	116	144	164	197	1	3
BHF-Bank	122	88	41	107	54	86
Bijou Brigitte	68	98	11	35	138	163
BM Bäckermühlen	192	177	161	103	96	168
Brauerei Cluss	181	161	63	20	159	188
Brauerei Moninger	160	93	134	106	165	179
Breitenburger Portl.	3	22	64	138	127	92
Bremer Lagerhaus	127	78	182	133	43	47
Burgbad	12	59	47	5	32	121

	$R_1(a_i)$	$R_2(a_i)$	$R_3(a_i)$	$R_4(a_i)$	$R_5(a_i)$	$R_6(a_i)$
Ceag	182	128	193	122	93	60
CeWe Color	28	32	32	54	90	74
Colonia Konzern	24	23	148	159	84	72
Commerzbank	110	112	82	129	46	25
Continental	112	142	107	163	146	120
Dahlbusch	139	81	31	135	179	124
Daimler-Benz	177	126	128	50	74	138
DBV Holding	56	18	126	79	13	10
Depfa-Bank	102	166	153	81	26	53
Deutsche Bank	85	69	111	198	20	43
Dibag	4	65	195	55	177	132
Didier	125	151	147	110	157	167
Dierig Holding	171	108	78	149	147	101
Dolerit-Basalt	152	97	28	42	107	93
Drägerwerk	118	109	116	175	111	76
Dresdner Bank	83	61	109	179	29	81
DSL-Holding	158	103	17	139	134	97
Dt. Bank Lübeck E	32	3	14	21	113	183
Dt. Beteiligung	115	64	45	153	48	27
Dt. Hypo. Frankfurt	61	11	169	63	50	79
Dt. Hypothekenbank	78	187	181	46	25	40
Dt. Steinzeug	153	102	176	49	186	175
Dürkopp Adler	27	100	152	190	121	151
DVB	161	188	73	37	109	196
Edelstahlwerk Witten	101	51	20	152	156	146
eff-eff	19	2	10	38	3	23
Einhell	75	162	79	176	75	68
Eisenbahn-Verkehr	94	53	51	142	183	123
Eisen-Hütten	89	49	39	136	152	98
Erlus	22	13	112	170	153	180
EURAG Holding	97	56	34	126	158	113
FAG Kugelfischer	57	95	122	182	132	94
Flender	188	154	131	119	141	75
Forst Ebnath	117	1	65	169	88	89
Frankf. Bankges.	172	192	13	84	145	197
Frankfurter Hypo	108	46	120	158	130	164
Fränkische Überland	52	36	167	164	42	142
Frankona	130	153	61	105	78	169

	$R_1(a_i)$	$R_2(a_i)$	$R_3(a_i)$	$R_4(a_i)$	$R_5(a_i)$	$R_6(a_i)$
Fröhlich	84	131	130	116	14	61
GAB Beteiligung	183	163	162	64	194	176
GBH	114	5	44	66	105	7
Gem. AG f. Wohnungsbau	162	121	180	89	97	63
Gerry Weber	21	124	7	7	167	184
Gold-Zack	189	184	74	2	193	194
Grammer	15	70	57	99	22	21
Hach	16	76	1	14	143	51
Hacker-Pschorr	2	72	197	127	12	39
Hamborner	20	79	168	87	133	90
Hamburger Getreide	164	110	43	4	80	187
HB AG	167	38	22	10	187	198
Heidelberger Zement	71	15	60	76	116	130
Herlitz	178	160	113	71	154	57
Hermes	48	148	58	13	108	48
Hesser	135	73	19	1	126	172
Hindrichs-Auffermann	66	29	26	130	164	99
Hochtief	128	111	91	8	119	65
Holzmann	180	167	186	23	79	112
Horten	133	90	70	148	192	195
HR	35	94	108	160	40	117
Hucke	31	134	92	121	5	44
Hypo.bank Hamburg	59	35	189	39	52	55
Hypobank	104	113	123	56	69	100
ICN	6	17	71	146	118	69
IKB	103	89	21	184	112	140
Ikon	187	158	125	157	176	161
IWKA	63	138	105	82	44	19
Jacobsen	33	50	144	97	11	24
Jungheinrich	159	149	96	51	114	26
Kali-Chemie	5	16	95	144	181	128
Kaufhalle	168	176	35	101	129	177
KIH	147	105	99	102	31	17
Koenig & Bauer	93	119	97	29	184	127
Köln-Düsseldorfer	196	85	194	186	9	173
Kölnische Rück	44	68	62	86	19	46
Kötitzer Leder	174	132	87	155	175	58
Krediet Bankverein	170	194	38	200	49	32

	$R_1(a_i)$	$R_2(a_i)$	$R_3(a_i)$	$R_4(a_i)$	$R_5(a_i)$	$R_6(a_i)$
Krones	141	117	46	40	169	145
Kupferberg	138	155	177	123	27	134
Lahmeyer	86	66	75	58	148	103
Lehnkering	45	125	90	36	85	31
Linde	87	55	30	27	47	96
Macrotron	79	183	165	174	21	9
Mainzer Aktien-Bier	120	83	133	156	170	110
MAN	121	133	94	34	131	88
Mannheimer	119	140	129	85	68	82
Marseille	65	147	173	61	8	8
Maschinen Esslingen	23	26	93	147	180	131
MCS	105	139	40	57	163	133
MD Bau Holding	10	44	171	113	72	139
MG Vermögensverw.	176	146	89	83	171	16
Minneralb. Überkingen	111	4	9	43	125	148
Monachia	18	39	140	74	123	80
Mühl Product	55	172	141	90	2	4
Münchener Rück	43	41	132	112	92	153
Neue Baumwollspinn.	197	150	196	189	191	189
Norddeutsche Hypo	47	52	178	48	30	35
Nordstern Allgemein	53	6	16	25	104	150
Nordstern Leben	14	165	192	196	63	41
Nucletron	9	137	185	47	189	171
Nürnberger Beteilig	62	63	150	104	65	129
Nürnberger Hypo	69	37	149	188	59	50
Oldenburgische LB	51	9	36	31	86	137
Otavi	40	33	25	16	151	126
Patrizier Bräu KGaA	175	145	18	151	178	49
Pegasus	143	99	76	18	34	1
Pfleiderer Bau	74	54	110	120	70	52
Plettac	7	30	100	162	16	22
Pongs u. Zahn	193	175	69	41	188	109
Progress	109	84	106	108	142	33
Rabobank Dtschld.	173	190	6	199	128	191
Rathgeber	148	107	138	134	155	105
Reckitt & Colm. Dtld	1	58	66	177	81	45
Rheinboden	137	198	172	92	36	34
Rheinische Hypo	54	21	160	171	53	64

	$R_1(a_i)$	$R_2(a_i)$	$R_3(a_i)$	$R_4(a_i)$	$R_5(a_i)$	$R_6(a_i)$
Rheinmetall	155	116	124	65	161	78
Robert Cordier	195	182	187	181	174	119
Rütgers	166	122	102	93	150	157
RWE-DEA	13	129	159	68	106	192
SAI	90	74	127	91	57	85
SAP	11	7	5	15	7	5
Schering	80	20	52	22	87	84
Schloßgartenbau	26	8	24	24	135	102
Schneider	185	186	184	172	185	181
Schwarz Pharma	8	24	55	109	10	29
SCOR DEUTSCHLAND	140	115	4	17	17	15
Securitas	136	178	143	166	102	136
SG Holding	96	60	183	193	51	67
Sinalco	123	27	29	94	160	190
Sinner	64	40	42	45	23	18
Spar	42	174	139	124	71	135
Stahlwerke Bochum	76	71	103	131	168	143
Steucon	199	168	199	52	182	155
Stixl	198	195	88	180	198	199
Stolberger Zink	156	123	115	114	6	12
Stürtz	157	135	77	161	60	42
Süddt. Bodencredit	60	28	146	185	64	91
Tarkett	29	87	84	59	144	141
Tempelhofer Feld	190	171	174	98	94	116
Thuringia	25	45	154	125	61	66
Thyssen	126	120	137	118	99	95
Trinkaus & Burkhardt	77	14	33	30	41	154
Triumph Internat.	144	180	3	194	172	152
Triumph Investex	113	75	86	154	173	115
Tucher Bräu	194	181	15	150	196	159
VBH	67	159	104	173	73	70
Ver. Dt. Nickel	72	43	56	132	124	59
Vereins- u. Westbank	129	130	37	32	110	178
Vereinte Vers.	50	152	198	191	55	166
VEW	58	10	166	53	122	162
Victoria Holding	92	96	145	117	77	122
Victoria Vers.	81	101	49	70	56	158
Vogel Draht	88	42	27	73	197	73

	$R_1(a_i)$	$R_2(a_i)$	$R_3(a_i)$	$R_4(a_i)$	$R_5(a_i)$	$R_6(a_i)$
Vögele	154	104	12	111	162	174
Volksfürs. Holding	39	67	119	128	101	62
Walter	17	25	48	75	45	13
Wanderer	95	77	179	77	140	125
WASAG-CHEMIE	146	197	190	95	62	38
WCM	124	80	136	80	115	56
Weru	98	47	8	9	137	170
Wünsche	163	169	135	115	166	160
Württg. Hypo	99	191	188	6	18	36
Württg. Leben	82	19	23	26	98	106
Württg. Leinen	91	82	80	140	199	108
Württg. u. Badische	149	196	81	187	117	111
Württg. Vers.-Bet.	46	57	114	100	82	83
ZWL Grundbesitz u. B.	151	92	72	143	120	37

Quelle: Eigene Berechnung.

Tabelle A25 Auswirkung der Standardisierung der Kennzahlen auf Basis des arithmetischen Mittels und der Standardabweichung

	nicht standard. Kenn-zahlen	standardisierte Kennzahlen, Vergleichsgruppe 513 Aktiengesellschaften		standardisierte Kennzahlen, Vergleichsgruppe 200 Aktiengesellschaften	
	PROME-THEE II	Nutzwert-analyse	PROME-THEE II	Nutzwert-analyse	PROME-THEE II
eff-eff	2	1	2	1	2
SAP	1	2	1	2	1
Dt. Bank Lübeck E	26	3	12	7	11
Breitenburger Portl.	11	4	11	3	9
Reckitt & Colman Deuts.	10	5	13	4	13
Schwarz Pharma	3	6	3	6	3
Forst Ebnath	72	7	76	10	80
Hacker-Pschorr	17	8	20	5	18
Burgbad	6	9	6	9	6
Hach	12	10	14	12	14
Plettac	4	11	5	8	5
Schloßgartenbau	9	12	8	15	7
ICN	8	13	9	11	8

	nicht standard. Kennzahlen	standardisierte Kennzahlen, Vergleichsgruppe 513 Aktiengesellschaften		standardisierte Kennzahlen, Vergleichsgruppe 200 Aktiengesellschaften	
	PROMETHEE II	Nutzwertanalyse	PROMETHEE II	Nutzwertanalyse	PROMETHEE II
Nordstern Allgemein	35	14	16	16	16
Walter	5	15	4	14	4
Kali-Chemie	19	16	23	13	22
Minneralb. Überkingen	59	17	62	19	62
GBH	50	18	59	20	59
Grammer	7	19	7	18	10
Oldenburgische LB	40	20	15	23	15
CeWe Color	15	21	10	21	12
Trinkaus & Burkhardt	51	22	31	25	31
Dibag	31	23	48	17	47
DBV Holding	47	24	18	24	19
Württg. Leben	127	25	34	29	37
Otavi	22	26	24	27	24
Sinner	14	27	17	28	17
Gerry Weber	30	28	45	26	49
Schering	32	29	35	32	35
MD Bau Holding	20	30	29	22	27
Allianz Holding	76	31	32	36	32
Weru	62	32	67	42	67
Ahlers	16	33	19	35	23
SCOR DEUTSCHLAND	132	34	88	45	87
Jacobsen	13	35	21	31	20
Monachia	18	36	28	30	25
Allianz Leben	102	37	26	39	26
Erlus	25	38	36	33	38
Colonia Konzern	48	39	27	34	28
Berlin-Hann. Hypo	123	40	127	37	122
Heidelberger Zement	39	41	42	43	42
Pegasus	103	42	102	50	101
Linde	37	43	44	47	46
Hucke	23	44	39	38	48
Kölnische Rück	55	45	22	40	21
Bayer	21	46	25	46	29

	nicht standard. Kenn- zahlen	standardisierte Kennzahlen, Vergleichsgruppe 513 Aktiengesellschaften		standardisierte Kennzahlen, Vergleichsgruppe 200 Aktiengesellschaften	
	PROME- THEE II	Nutzwert- analyse	PROME- THEE II	Nutzwert- analyse	PROME- THEE II
Mühl Product	57	47	77	49	78
Dt. Hypo. Frankfurt	68	48	38	48	36
Maschinen Esslingen	27	49	37	44	34
Hindrichs-Auffermann	43	50	51	51	51
Thuringia	24	51	30	41	30
Hesser	100	52	108	57	107
VEW	42	53	57	52	57
Rheinische Hypo	70	54	41	53	40
Bijou Brigitte	49	55	66	64	71
Norddeutsche Hypo	53	56	33	55	33
Ver. Dt. Nickel	41	57	58	61	55
Hermes	58	58	63	58	60
Dt. Beteiligung	64	59	81	70	77
Tarkett	28	60	50	60	53
Hypo.bank Hamburg	73	61	43	63	41
Baden-Württg. Bank	96	62	73	72	72
Edelstahlwerk Witten	90	63	90	78	88
Eisen-Hütten	71	64	79	75	75
RWE-DEA	38	65	65	54	66
Münchener Rück	82	66	47	65	45
Marseille	52	67	80	74	84
Württg. Vers.-Bet.	78	68	40	67	39
Süddt. Bodencredit	83	69	56	68	54
Lehnkering	33	70	53	76	58
AMB	80	71	54	66	52
Fränkische Überland	34	72	55	69	56
HR	67	73	49	62	44
Hamborner	36	74	52	59	50
EURAG Holding	85	75	87	83	85
Volksfürs. Holding	29	76	46	71	43
Anzag	65	77	72	80	74
Nürnberger Hypo	89	78	61	77	61
Pfleiderer Bau	44	79	60	81	63

	nicht standard. Kenn-zahlen	standardisierte Kennzahlen, Vergleichsgruppe 513 Aktiengesellschaften		standardisierte Kennzahlen, Vergleichsgruppe 200 Aktiengesellschaften	
	PROME-THEE II	Nutzwert-analyse	PROME-THEE II	Nutzwert-analyse	PROME-THEE II
Sinalco	98	80	99	86	98
Victoria Vers.	81	81	74	79	70
B.U.S.	129	82	136	100	139
Nordstern Leben	75	83	78	56	73
Dresdner Bank	79	84	68	82	65
BHF-Bank	121	85	94	87	90
IKB	122	86	101	88	96
Deutsche Bank	88	87	70	84	68
Nucletron	56	88	85	73	86
Vogel Draht	61	89	71	94	69
Lahmeyer	66	90	82	90	82
Allbank Konzern	142	91	124	92	119
IWKA	46	92	69	91	76
Dürkopp Adler	45	93	75	85	83
Nürnberger Beteilig	95	94	64	89	64
Eisenbahn-Verkehr	91	95	92	97	91
Hochtief	101	96	119	101	125
Hamburger Getreide	147	97	139	104	138
Stolberger Zink	138	98	132	96	130
Commerzbank	117	99	97	95	95
Dolerit-Basalt	130	100	125	105	123
Fröhlich	69	101	89	99	97
SAI	63	102	83	93	79
Vereins- u. Westbank	149	103	128	103	126
Frankfurter Hypo	137	104	112	106	111
Bayr. Vereinsbank	114	105	98	102	94
MCS	113	106	123	115	129
HB AG	125	107	133	123	133
Aach. u. Münch. Vers.	54	108	84	98	81
FAG Kugelfischer	60	109	86	109	93
KIH	106	110	121	119	127
Albingia	133	111	103	107	100
DSL-Holding	154	112	142	117	140

	nicht standard. Kenn-zahlen	standardisierte Kennzahlen, Vergleichsgruppe 513 Aktiengesellschaften		standardisierte Kennzahlen, Vergleichsgruppe 200 Aktiengesellschaften	
	PROME-THEE II	Nutzwert-analyse	PROME-THEE II	Nutzwert-analyse	PROME-THEE II
Hypobank	119	113	107	108	105
Stahlwerke Bochum	87	114	93	110	92
SG Holding	77	115	96	111	99
Progress	94	116	109	120	113
Dahlbusch	136	117	134	124	131
Vögele	139	118	146	139	147
Einhell	93	119	104	127	112
WCM	104	120	117	118	115
Victoria Holding	124	121	105	114	104
Krones	128	122	141	138	142
Triumph Investex	118	123	122	122	121
VBH	86	124	100	126	108
MAN	116	125	129	133	134
Macrotron	105	126	115	130	118
Bayr. Handelsbank	107	127	106	112	103
ZWL Grundbesitz u. B.	135	128	135	132	132
Württg. Hypo	110	129	126	113	124
Spar	84	130	95	121	102
Bremer Lagerhaus	111	131	118	125	117
Koenig & Bauer	99	132	116	137	120
Triumph Internat.	166	133	163	145	168
Wanderer	108	134	114	131	114
Depfa-Bank	115	135	120	128	116
Drägerwerk	112	136	131	140	136
Frankona	153	137	140	136	137
Mannheimer	141	138	130	134	128
Stürtz	131	139	144	144	146
Dt. Hypothekenbank	97	140	111	129	110
AM/Leben	92	141	91	116	89
Thyssen	120	142	138	143	143
Mainzer Aktien-Bier	134	143	137	141	135
Jungheinrich	143	144	148	148	149
Berliner Elektro	144	145	152	150	154

	nicht standard. Kenn- zahlen	standardisierte Kennzahlen, Vergleichsgruppe 513 Aktiengesellschaften		standardisierte Kennzahlen, Vergleichsgruppe 200 Aktiengesellschaften	
	PROME- THEE II	Nutzwert- analyse	PROME- THEE II	Nutzwert- analyse	PROME- THEE II
Vereinte Vers.	74	146	113	135	106
Agrob	173	147	162	146	158
Continental	126	148	143	147	145
Agrippina Rück	146	149	145	142	141
Patrizier Bräu KGaA	177	150	165	151	160
Rheinmetall	145	151	151	154	156
Bankges. Berlin	157	152	149	149	148
Württg. Leinen	109	153	110	152	109
Dierig Holding	170	154	158	155	155
Rathgeber	162	155	154	153	150
Kupferberg	140	156	150	157	157
Kaufhalle	171	157	173	163	174
Didier	150	158	157	159	159
Rütgers	156	159	164	165	169
MG Vermögensverw.	174	160	170	162	166
Gem. AG f. Wohnungsbau	167	161	156	158	153
Anterra	163	162	155	156	151
Brauerei Moninger	152	163	160	164	165
Daimler-Benz	151	164	159	167	163
Horten	148	165	147	161	144
Kötitzer Leder	178	166	174	168	170
Alexanderwerk	159	167	169	166	172
Securitas	164	168	167	160	162
BayWa	160	169	172	172	175
Krediet Bankverein	179	170	161	169	161
Dt. Steinzeug	168	171	166	171	164
Rabobank Dtschld.	192	172	182	173	182
DVB	181	173	171	170	171
Brauerei Cluss	180	174	180	174	178
Herlitz	172	175	178	180	180
Wünsche	176	176	185	177	187
Holzmann	169	177	181	179	183
Frankf. Bankges.	189	178	179	176	179

	nicht standard. Kenn-zahlen	standardisierte Kennzahlen, Vergleichsgruppe 513 Aktiengesellschaften		standardisierte Kennzahlen, Vergleichsgruppe 200 Aktiengesellschaften	
	PROME-THEE II	Nutzwert-analyse	PROME-THEE II	Nutzwert-analyse	PROME-THEE II
Ceag	182	179	177	178	176
Württg. u. Badische	161	180	175	175	173
A.A.A.	186	181	184	183	181
Flender	175	182	186	184	188
WASAG-CHEMIE	165	183	168	182	167
Ikon	183	184	192	185	193
Rheinboden	155	185	153	181	152
Gold-Zack	187	186	189	186	189
GAB Beteiligung	194	187	193	187	191
Pongs u. Zahn	185	188	187	189	185
Tempelhofer Feld	188	189	188	188	186
Tucher Bräu	195	190	190	192	190
BM Bäckermühlen	184	191	191	193	192
Schneider	197	192	197	191	197
Aachener Rück	190	193	183	190	184
Barmag	191	194	194	194	194
Robert Cordier	196	195	196	195	199
Köln-Düsseldorfer	158	196	176	196	177
Neue Baumwollspinn.	193	197	199	197	198
Steucon	199	198	195	198	195
Stixi	198	199	198	199	196
Autania	200	200	200	200	200

Quelle: Eigene Berechnung.

Tabelle A26 Bewertung der 200 Industrieunternehmen, Verwalter, Banken und Versicherungen auf Basis unterschiedlicher Standardisierungsparameter

	Nutzwertanalyse			PROMETHEE II		
	I	II	III	I	II	III
Eff-eff	1	2	2	2	2	2
SAP	2	1	1	1	1	1
Dt. Bank Lübeck E	3	12	11	12	14	14
Breitenburger Portl.	4	4	4	11	11	11
Reckitt & Colm. Dtld	5	3	3	13	12	12
Schwarz Pharma	6	6	6	3	3	3
Forst Ebnath	7	17	10	76	79	78
Hacker-Pschorr	8	5	5	20	21	22
Burgbad	9	10	8	6	5	5
Hach	10	15	14	14	13	13
Plettac	11	7	7	5	6	6
Schloßgartenbau	12	13	15	8	9	8
ICN	13	8	9	9	10	9
Nordstern Allgemein	14	18	18	16	20	20
Walter	15	14	13	4	4	4
Kali-Chemie	16	9	12	23	25	25
Minneralb. Überkingen	17	28	20	62	60	61
GBH	18	25	22	59	56	57
Grammer	19	16	17	7	7	7
Oldenburgische LB	20	30	26	15	22	17
CeWe Color	21	20	19	10	8	10
Trinkaus & Burkhardt	22	42	34	31	30	30
Dibag	23	11	16	48	42	44
DBV Holding	24	24	24	18	19	18
Württg. Leben	25	57	53	34	46	42
Otavi	26	32	25	24	23	23
Sinner	27	27	31	17	16	16
Gerry Weber	28	26	23	45	38	38
Schering	29	39	29	35	32	32
MD Bau Holding	30	19	21	29	28	27
Allianz Holding	31	38	36	32	29	31
Weru	32	53	44	67	62	65
Ahlers	33	34	30	19	15	15

	Nutzwertanalyse			PROMETHEE II		
	I	II	III	I	II	III
SCOR DEUTSCHLAND	34	35	42	88	91	90
Jacobsen	35	23	32	21	18	21
Monachia	36	21	28	28	26	26
Allianz Leben	37	58	55	26	34	33
Erlus	38	29	27	36	33	34
Colonia Konzern	39	36	35	27	31	29
Berlin-Hann. Hypo	40	44	48	127	129	131
Heidelberger Zement	41	48	37	42	41	41
Pegasus	42	22	50	102	114	113
Linde	43	52	46	44	35	37
Hucke	44	33	33	39	36	35
Kölnische Rück	45	43	40	22	17	19
Bayer	46	47	39	25	24	24
Mühl Product	47	45	45	77	77	77
Dt. Hypo. Frankfurt	48	65	62	38	44	43
Maschinen Esslingen	49	41	41	37	37	36
Hindrichs-Auffermann	50	59	54	51	48	48
Thuringia	51	31	38	30	27	28
Hesser	52	66	68	108	113	108
VEW	53	49	47	57	55	54
Rheinische Hypo	54	73	74	41	51	52
Bijou Brigitte	55	69	58	66	59	63
Norddeutsche Hypo	56	63	72	33	47	47
Ver. Dt. Nickel	57	70	70	58	50	55
Hermes	58	74	64	63	65	60
Dt. Beteiligung	59	78	78	81	82	84
Tarkett	60	50	51	50	39	40
Hypo.bank Hamburg	61	75	79	43	57	56
Baden-Württg. Bank	62	80	75	73	76	75
Edelstahlwerk Witten	63	92	84	90	90	88
Eisen-Hütten	64	82	81	79	80	80
RWE-DEA	65	37	43	65	64	62
Münchener Rück	66	68	66	47	52	50
Marseille	67	56	59	80	78	76
Württg. Vers.-Bet.	68	64	65	40	40	39
Süddt. Bodencredit	69	81	85	56	67	68

	Nutzwertanalyse			PROMETHEE II		
	I	II	III	I	II	III
Lehnkering	70	62	61	53	45	45
AMB	71	71	67	54	61	53
Fränkische Überland	72	54	56	55	49	49
HR	73	61	60	49	54	51
Hamborner	74	51	57	52	53	58
EURAG Holding	75	93	88	87	87	87
Volksfürs. Holding	76	67	73	46	43	46
Anzag	77	55	63	72	72	71
Nürnberger Hypo	78	87	90	61	75	74
Pfleiderer Bau	79	72	71	60	58	59
Sinalco	80	89	77	99	94	99
Victoria Vers.	81	83	83	74	74	72
B.U.S.	82	96	95	136	132	132
Nordstern Leben	83	40	49	78	73	79
Dresdner Bank	84	76	76	68	63	66
BHF-Bank	85	99	89	94	97	96
IKB	86	101	91	101	98	98
Deutsche Bank	87	77	80	70	66	64
Nucletron	88	46	52	85	81	82
Vogel Draht	89	103	99	71	71	73
Lahmeyer	90	90	93	82	85	85
Allbank Konzern	91	120	101	124	124	118
IWKA	92	79	82	69	69	69
Dürkopp Adler	93	60	69	75	68	70
Nürnberger Beteilig	94	86	86	64	70	67
Eisenbahn-Verkehr	95	108	103	92	96	94
Hochtief	96	100	96	119	109	112
Hamburger Getreide	97	126	118	139	148	148
Stolberger Zink	98	102	108	132	140	140
Commerzbank	99	95	94	97	99	97
Dolerit-Basalt	100	131	122	125	135	133
Fröhlich	101	85	87	89	88	89
SAI	102	94	100	83	86	86
Vereins- u. Westbank	103	129	115	128	127	120
Frankfurter Hypo	104	130	127	112	126	122
Bayr. Vereinsbank	105	104	102	98	92	91

	Nutzwertanalyse			PROMETHEE II		
	I	II	III	I	II	III
MCS	106	113	107	123	110	115
HB AG	107	150	137	133	133	130
Aach. u. Münch. Vers.	108	84	92	84	83	81
FAG Kugelfischer	109	91	97	86	84	83
KIH	110	115	114	121	115	114
Albingia	111	107	110	103	102	104
DSL-Holding	112	148	142	142	147	147
Hypobank	113	110	106	107	104	103
Stahlwerke Bochum	114	114	116	93	103	101
SG Holding	115	97	98	96	93	93
Progress	116	112	111	109	105	106
Dahlbusch	117	144	139	134	141	138
Vögele	118	138	132	146	139	141
Einhell	119	109	112	104	101	102
WCM	120	122	126	117	122	126
Victoria Holding	121	119	117	105	116	111
Krones	122	136	128	141	131	135
Triumph Investex	123	133	133	122	128	128
VBH	124	106	109	100	100	100
MAN	125	124	120	129	125	124
Macrotron	126	105	113	115	112	110
Bayr. Handelsbank	127	117	124	106	111	116
ZWL Grundbesitz u. B.	128	139	143	135	142	142
Württg. Hypo	129	111	119	126	119	123
Spar	130	98	105	95	95	95
Bremer Lagerhaus	131	121	129	118	120	121
Koenig & Bauer	132	123	121	116	107	109
Triumph Internat.	133	147	144	163	158	159
Wanderer	134	125	131	114	118	119
Depfa-Bank	135	128	138	120	121	125
Drägerwerk	136	127	125	131	123	127
Frankona	137	135	136	140	134	137
Mannheimer	138	132	134	130	130	129
Stürtz	139	140	140	144	137	139
Dt. Hypothekenbank	140	116	130	111	106	107
AM/Leben	141	88	104	91	89	92

	Nutzwertanalyse			PROMETHEE II		
	I	II	III	I	II	III
Thyssen	142	134	135	138	136	134
Mainzer Aktien-Bier	143	141	147	137	144	144
Jungheinrich	144	143	146	148	145	145
Berliner Elektro	145	146	148	152	151	149
Vereinte Vers.	146	118	123	113	108	105
Agrob	147	153	153	162	169	171
Continental	148	137	141	143	138	136
Agrippina Rück	149	142	145	145	143	143
Patrizier Bräu KGaA	150	168	166	165	172	172
Rheinmetall	151	152	151	151	149	151
Bankges. Berlin	152	145	149	149	146	146
Württg. Leinen	153	154	154	110	117	117
Dierig Holding	154	166	165	158	167	170
Rathgeber	155	155	157	154	163	162
Kupferberg	156	149	150	150	150	150
Kaufhalle	157	161	158	173	168	169
Didier	158	151	152	157	154	154
Rütgers	159	159	156	164	157	158
MG Vermögensverw.	160	164	169	170	176	176
Gem. AG f. Wohnungsbau	161	158	164	156	164	165
Anterra	162	165	162	155	159	160
Brauerei Moninger	163	156	155	160	156	156
Daimler-Benz	164	163	161	159	155	155
Horten	165	174	168	147	152	152
Kötitzer Leder	166	172	174	174	178	178
Alexanderwerk	167	160	159	169	160	161
Securitas	168	162	163	167	171	166
BayWa	169	157	160	172	166	167
Krediet Bankverein	170	171	167	161	162	157
Dt. Steinzeug	171	167	171	166	174	175
Rabobank Dtschld.	172	177	172	182	181	179
DVB	173	173	170	171	170	164
Brauerei Cluss	174	180	180	180	184	183
Herlitz	175	176	177	178	175	174
Wünsche	176	169	173	185	185	185
Holzmann	177	175	176	181	177	177

	Nutzwertanalyse			PROMETHEE II		
	I	II	III	I	II	III
Frankf. Bankges.	178	181	178	179	180	180
Ceag	179	178	181	177	179	181
Württg. u. Badische	180	179	175	175	173	173
A.A.A.	181	183	183	184	186	186
Flender	182	184	182	186	183	184
WASAG-CHEMIE	183	182	185	168	161	163
Ikon	184	185	184	192	188	189
Rheinboden	185	170	179	153	153	153
Gold-Zack	186	188	186	189	191	191
GAB Beteiligung	187	189	187	193	194	194
Pongs u. Zahn	188	192	192	187	187	187
Tempelhofer Feld	189	191	191	188	189	190
Tucher Bräu	190	195	194	190	192	192
BM Bäckermühlen	191	190	190	191	190	188
Schneider	192	187	188	197	197	197
Aachener Rück	193	186	189	183	182	182
Barmag	194	193	193	194	193	193
Robert Cordier	195	194	195	196	196	196
Köln-Düsseldorfer	196	196	196	176	165	168
Neue Baumwollspinn.	197	197	197	199	195	195
Steucon	198	198	198	195	199	198
Stixi	199	199	199	198	198	199
Autania	200	200	200	200	200	200

I Arithmetrisches Mittel und Standardabweichung.
II Median und Quartilsabstand
III Median und mittlerer Abstand vom Median

Quelle: Eigene Berechnung.

FSC
www.fsc.org
MIX
Papier | Fördert gute Waldnutzung
FSC® C083411

Kolibri 360 GmbH
Ferdinand-Jühlke-Straße 7
99095 Erfurt, Deutschland
produktsicherheit@kolibri360.de

Druck:
CPI Druckdienstleistungen GmbH
im Auftrag der
Kolibri 360 GmbH
Ferdinand-Jühlke-Str. 7
99095 Erfurt